Hermann Weber

Damals, als ich Wunderlich hieß

Hermann Weber

In Zusammenarbeit mit Gerda Weber

Damals, als ich Wunderlich hieß

Vom Parteihochschüler
zum kritischen Sozialisten

Die SED-Parteihochschule »Karl Marx«
bis 1949

Aufbau-Verlag

Mit 91 Abbildungen

ISBN 3-351-02535-1

1. Auflage 2002
© Aufbau-Verlag GmbH, Berlin 2002
Einbandgestaltung Therese Schneider
Druck und Binden Ebner Ulm
Printed in Germany

www.aufbau-verlag.de

Inhalt

5

Anhang

Vorbemerkung

Wunderlich – wieso hießen Sie Wunderlich? Hast Du Dir den Namen selbst ausgesucht? So oder ähnlich bin ich oft gefragt worden, seit Wolfgang Leonhard 1955 in seinem Buch »Die Revolution entläßt ihre Kinder« erwähnte, wie er auf der SED-Parteihochschule »Karl Marx« den jungen Kommunisten Hermann Wunderlich kennenlernte, der eigentlich Weber hieß. Nachdem beispielsweise »Neues Deutschland« in einem Konferenzbericht am 9. September 1994 vom »Genossen Wunderlich« im Zusammenhang mit Hermann Weber schrieb und schließlich Pierre Broué 1997 in seinem Standardwerk über die Kommunistische Internationale in die riesige Liste aufgelöster Pseudonyme auch »Wunderlich – Hermann Weber« aufnahm, wurde ich immer wieder um Aufklärung gebeten. Kam ich diesem Wunsch nach, verwirrte ich meine Zuhörer noch mehr, wenn ich erzählte, daß ich seinerzeit an der Parteihochschule unter dem Namen Stirner bekannter war als unter Wunderlich. Was könnte der Anarchist Max Stirner mit der SED-Parteihochschule »Karl Marx« zu tun haben?

Nun, damals, als ich Wunderlich hieß, von meinem 19. bis zu meinem 21. Lebensjahr, da gab es tatsächlich interessante »wunderliche« Erlebnisse in recht unruhigen Zeiten. Und meine Entwicklung vom zwar nicht unkritischen, aber gläubigen Kommunisten zum desillusionierten und suchenden Sozialisten widerspiegelt einige entscheidende historische Abschnitte: die erneute Stalinisierung der kommunistischen Bewegung, den sich verschärfenden Kalten Krieg, die Spaltung Deutschlands und den schrittweisen Aufbau der SED-Herrschaft. Und da »Wunderlich« diese aufregenden beiden Jahre als Student der höchsten SED-Bildungsstätte verbrachte, wo diese Ereignisse wie in einem Brennglas gebündelt zu beobachten waren, sind Erinnerungen an jene Zeit wohl nicht nur für den Autor bemerkenswert. Für diesen aber ganz besonders, weil die Zusammenarbeit mit Gerda Weber (Gerda Röder, kein Pseudonym, sondern ihr »Mädchenname«) einer nun über 50jährigen Lebensgemeinschaft entspringt, und das für uns wichtigste Ergebnis unseres damaligen gemeinsamen Studiums bleibt.

Kurzum, es gibt Gründe genug, auf diese Zeit zurückzublicken. Neben den eigenen Erinnerungen, der Rückschau und Gesprächen mit einstigen »Mit-Kursanten« und Lehrern, konnten nun auch die in den Archiven lagernden Quellen herangezogen werden. Selbst Gerdas Abschluß-Zeugnis von 1949 ist nach dem Mauerfall wieder in unsere Hände gelangt. Im Nachwort und in den Anmerkungen sind die Quellen ebenso zu finden wie der Dank an die vielen Personen, die freundlicherweise behilflich waren. Und die Erlebnisse sollen nach 50 Jahren nicht bloß dokumentiert werden, der Historiker will natürlich auch reflektieren, welche politischen und gesellschaftlichen, aber auch persönlichen Einschnitte die Jahre 1947 bis 1949 für »Hermann Wunderlich« und Gerda Röder brachten. Somit kann der Leser ein Bild jener Zeit gewinnen und nicht nur Antwort auf die Frage finden »warum Wunderlich?«

I. Von Mannheim nach Liebenwalde

Am 7. Oktober 1947 feierte die Sozialistische Einheitspartei Deutschlands ein besonderes Ereignis. Auf den Tag genau zwei Jahre vor Gründung ihres Staates DDR gab es einen Einschnitt in der SED-Bildungspolitik. Otto Grotewohl, einer der beiden Vorsitzenden, eröffnete in Liebenwalde den ersten Zweijahreslehrgang an der SED-Parteihochschule »Karl Marx«. Damit begann an der höchsten Bildungsstätte der Partei die langfristige Ausbildung der SED-Kader. Ziel war die Erziehung einer eigenen Parteielite. Daß bei der feierlichen Eröffnung noch weitere Mitglieder des SED-Zentralsekretariats wie Franz Dahlem, Anton Ackermann und August Karsten anwesend waren,[1] zeigt, welche Bedeutung diesem neuen Abschnitt der Schulungsarbeit beigemessen wurde.

Von den 79 Studenten dieses Zweijahreslehrgangs kamen sieben aus den Westzonen, da es hier keine SED gab, durchweg Mitglieder der KPD. Aus Mannheim waren Herbert Mies und ich angereist. Weil wir illegal über die Zonengrenze geschleust werden mußten, trafen wir erst verspätet ein, als die offizielle Feier in Liebenwalde schon vorbei war.

Wir hatten in Berlin in der Wallstraße, dem früheren Sitz des ZK der KPD, übernachtet und wurden von dort (mit einigen anderen, ebenfalls »Verspäteten«) per Lastwagen zur Parteihochschule nach Liebenwalde befördert. Im Obergeschoß des Hauses in der Wallstraße befand sich noch immer der Saal mit vielen Betten, in dem ich bereits bei meinem ersten Grenzübergang in die Sowjetische Besatzungszone, auf dem Wege zur FDJ-Schule am Bogensee bei Berlin eineinhalb Jahre zuvor, im Mai 1946, einquartiert worden war.[2]

Das Gelände der Parteihochschule in Liebenwalde, nördlich von Berlin, im Kreis Oranienburg, war recht weitläufig. Der große Gebäudekomplex war 1791 als Märkisches Landgestüt gebaut worden. 100 Jahre später entstand aus dem Gutshof die größte Champignonzüchterei Deutschlands. Nach einem Umbau wurde daraus 1937 eine »Reichsfachschule« des Schuhmacherhandwerks.

Hauptgebäude der Parteihochschule »Karl Marx« in Liebenwalde 1947 mit Parteifahne.

Das Anwesen überstand den Krieg fast unbeschadet, und so konnte dort 1945 zunächst das »Soziale Forschungsinstitut« der KPD eingerichtet werden. Am 15. Juni 1946 hatte hier ein Halbjahreslehrgang der SED-Parteihochschule »Karl Marx« begonnen, im Oktober 1947 nun der erste Zweijahreslehrgang.

Um einen mit Bäumen und Sträuchern bewachsenen Platz waren in einem Karree vier Gebäude angeordnet. Links vom Eingang mit der Pförtnerloge stand das fast hundert Meter lange »Haus 1« mit fünf Aufgängen; im Erdgeschoß waren die Wohnzimmer der Hochschüler, auf der oberen Etage Seminarräume, Schulleitung, Lehrmittelabteilung und Sekretariat. Daneben schloß sich rechtwinklig das frühere, ebenfalls zweistöckige, aber kleinere Hauptgebäude mit Seminarräumen, Leseraum und Sanitätsstube an. Gegenüber dem Haus 1 waren in einem einstöckigen Bau die Speisesäle, Küche, Garagen sowie Bibliothek und Literaturvertrieb untergebracht. Im vierten, ebenfalls einstöckigen Bau lagen die Aula und ein Vorlesungszimmer sowie ein großer Duschraum.

Die großzügige, wenn auch alte Anlage befand sich mitten im Grünen, direkt an einer Kanalschleuse, aber außerhalb von Liebenwalde, und war schwer erreichbar. An diesem ruhigen Platz sollten 1947 rund 200 Studenten verschiedener Lehrgänge in Geschichte, Philosophie und Ökonomie unterrichtet und zugleich mit den programmatischen Vorstellungen der SED vertraut gemacht werden.[3]

Mein erster Eindruck von dieser Parteihochschule wurde indes weniger vom ideologischen Anspruch der »Kaderschmiede« der

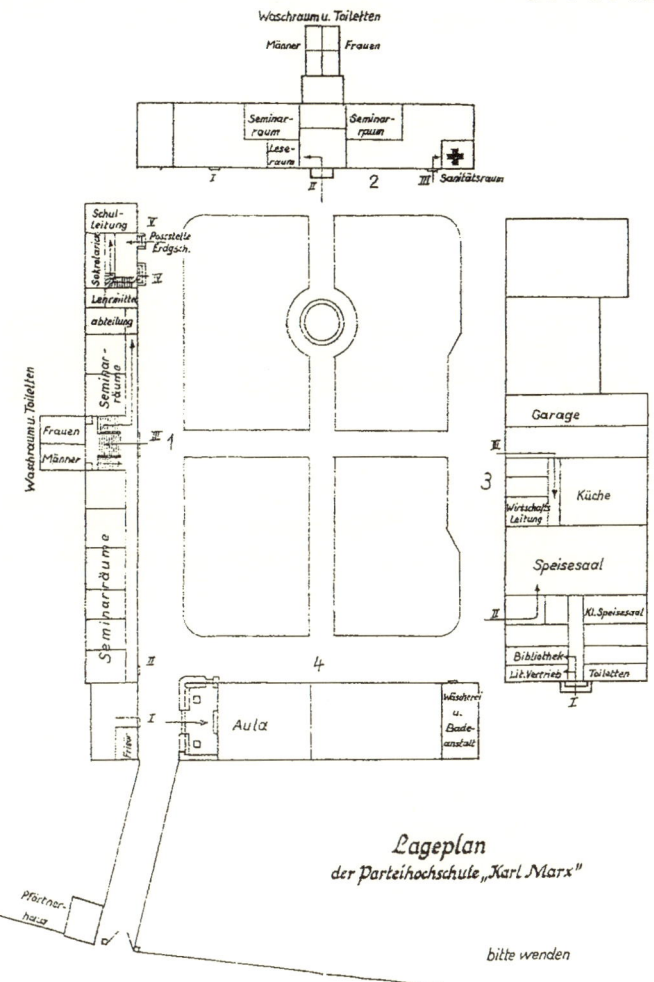

Lageplan
der Parteihochschule „Karl Marx"

bitte wenden

Einheitspartei bestimmt. Otto Grotewohls Referat über den gerade Ende September 1947 durchgeführten II. Parteitag der SED[4] hatte ich ja wegen des verspäteten Eintreffens nicht gehört. Es war vielmehr ein ganz profanes, für die damalige Hungerzeit aber bemerkenswertes und bleibendes Erlebnis, das sich mir einprägte.

Nach meiner Ankunft kam ich zu drei SED-Genossen in ein einfach eingerichtetes Viererzimmer, ausgestattet mit den üblichen Bettgestellen und recht primitiven Schränken. In »Haus 1, Eingang 5« waren entsprechend einem Rundschreiben »Was muß ich

Speisesaal in Liebenwalde. Das Essen war gut, die Fahnen durften nicht fehlen.

wissen, wenn ich zu einem Lehrgang auf die Parteihochschule komme?« Bettwäsche und Wolldecken abzuholen. Zuweisung der Zimmer sowie die »Ausgabe von Verpflegungskarten« erfolgten im »Wirtschaftsbüro, Haus 3, neben dem Speisesaal«. Schon bald war es Zeit für das Abendessen. Im Speisesaal für Hochschüler (die Dozenten aßen in einem Extraraum!) setzten sich Herbert Mies (der in einem anderen Zimmer untergebracht war) und ich an einen Tisch. Es gab Grießbrei mit Zimt und brauner Butter, für uns seit Jahren ausgehungerte junge Menschen ein Leckermahl.

Die eigentliche Überraschung kam, als das junge Mädchen, das uns bediente, fragte, ob wir einen Nachschlag wollten. Und ob! Doch das Festessen ging noch weiter, ein voller Teller nach dem anderen wurde uns serviert, ja es wurde ein wahres Wettessen. Ich weiß nicht mehr, wer am meisten schaffte, aber nach und nach standen immer mehr Mitschüler und Küchenpersonal um unseren Tisch herum und sahen staunend zu, mit welch unbändigem Appetit hungrige Neunzehnjährige Unmengen von Grießbrei wegputzen konnten. Die Aussicht, sich nun in den zwei folgenden Jahren nicht nur unbehindert durch Erwerbsarbeit weiterbilden, sondern sich auch – zwar bescheiden, aber dauernd – sattessen zu können, war also mein erster nachhaltiger Eindruck vom Internat in Liebenwalde. Freilich waren die Folgen des reichlichen Essens zunächst nicht nur positiv. Neben Magenverstimmung litten wir bald an Furunkeln, die uns im Sanitätsraum bei der »hochschuleigenen« Krankenschwester fast zu Dauergästen werden ließen.

Unter falschem Namen: Wunderlich

Am nächsten Tag fielen zwei wichtige Entscheidungen: Namens-
änderungen und Prüfungen. Westdeutsche Teilnehmer wurden zur
Schulleitung gerufen. Dort trafen wir drei Schüler aus der britischen Zone (Köln, Bottrop und Hamburg) und einen aus der französischen Zone (Koblenz). Einzeln betraten wir ein Zimmer, in
dem ein Vertreter der SED-Personalabteilung aus Berlin mit jedem ein Gespräch führte. Vor mir ging der KPD-Genosse Fritz
Wichert aus Bottrop in den Raum – aus dem er als Fritz Walter
wieder herauskam. Anschließend war ich an der Reihe. Mir wurde
erklärt, um was es ging: Alle westdeutschen Kursanten erhielten
einen Decknamen. Zwar blieben Vornamen, Geburtstag usw., jedoch vom Familiennamen nur der Anfangsbuchstabe. Mir wurde
der Name Wunderlich verpaßt, was mir überhaupt nicht gefiel. Es
ärgerte mich, nicht vor Wichert ins Zimmer gegangen zu sein,
denn dann hätte ich vermutlich das Pseudonym Walter erhalten.
So blieb ich zwei Jahre lang Hermann Wunderlich. Nicht nur auf
meinem kleinen Klappausweis der Parteihochschule (von bräun-
licher Farbe in deutscher und russischer Sprache) stand es so, ich
bekam sogar einen amtlichen Personalausweis aus Berlin mit diesem Namen. Angeblich wohnte ich in der Metzer Straße 27 in
Prenzlauer Berg, dabei hatte ich das Haus nie gesehen.

Der Funktionär aus dem Parteivorstand wies mich (und auch
die anderen Westdeutschen) streng an, überall nur diesen neuen
Namen zu benutzen. Niemand dürfe die richtige Identität erfahren, und in Westdeutschland solle nicht bekannt werden, daß ich
auf der SED-Parteihochschule sei, sondern nur, daß ich in Berlin
studiere. Auf die Frage nach dem Sinn solcher 1947 etwas obskur
anmutenden Geheimniskrämerei erklärte der Kaderfunktionär,
»Wachsamkeit« sei immer nötig, und dazu gehöre notfalls auch
Tarnung und Konspiration. Die Situation im Westen zwischen Besatzungsmächten und KPD spitze sich zu, und niemand wisse, wie
es in zwei Jahren aussehen werde, wenn wir zurückgingen.
Schließlich müsse mir auch als jungem Genossen doch bekannt
sein, daß etwa Kommunisten, die in der Weimarer Republik in
Moskau studiert hatten, ebenfalls Pseudonyme trugen. Dies habe
ihnen später ermöglicht, den Kampf nach ihrer Rückkehr unter
richtigem Namen fortzusetzen. Für mich war interessant, daß er –
obwohl sich die SED 1947 noch gar nicht als kommunistische

Partei bezeichnete – sowohl auf die Tradition der KPD verwies als auch ganz selbstverständlich das Gespräch mit mir »unter uns Kommunisten« führte. Von nun an war ich also Hermann Wunderlich.

Das zweite wichtige Ereignis an diesem Tag war die Prüfung. Die SED-Mitglieder unter den Studenten waren bereits vor ihrer Delegierung zur Parteihochschule – das geht aus den Anweisungen der Zentrale, die heute bekannt sind und auf die noch zurückzukommen sein wird, hervor – auch über ihre theoretischen Kenntnisse geprüft worden. Bei uns westdeutschen Kommunisten fand die Examinierung in der Hochschule statt, weil unsere Entsendung anders verlaufen war.

Im Sommer 1947 war der KPD-Bezirksleitung Baden in Mannheim mitgeteilt worden, daß zwei entwicklungsfähige Jungkommunisten, denen man zukünftig Führungspositionen zutraue, im Herbst für zwei Jahre auf die SED-Parteihochschule »Karl Marx« geschickt werden sollten. Die Zahl der jungen Aktivisten in Mannheim war nicht gerade groß. Drei von ihnen waren bereits hauptamtlich, sie hatten in der Bezirksleitung ihren Arbeitsplatz gefunden: Fritz Karg, damals 26 Jahre alt, war 1945 als Soldat aus dem Krieg zurück nach Mannheim gekommen und in die KPD eingetreten. Er brach bereits 1950 mit der Partei. Als aktiver Gewerkschafter war er in den 60er Jahren IG-Metall-Bevollmächtigter und von 1973 bis 1983 Vorsitzender des DGB Mannheim. Wir blieben bis zu seinem Tod im April 2000 Freunde. Mit Recht lobte ihn der DGB in einer Traueranzeige als einen Menschen »mit rauher Schale und einem großen Herzen«. Es waren Kargs »tiefes soziales Verständnis, uneigennütziges Engagement und ein ausgeprägter Sinn für Gerechtigkeit« (so die IG Metall bei seinem Tod), die ihn früh in Gegensatz zur stalinistischen KPD gebracht hatten.

Schließlich waren aktiv Herbert Mies (im Februar 1929 geboren), der spätere DKP-Vorsitzende, und ich (im August 1928 geboren). Karg war bei der Bezirksleitung als Fahrer beschäftigt, Mies in der Geschäftsabteilung und ich in der Organisationsabteilung (zuständig für die Statistik). Ein vierter sehr eifriger Jungkommunist (im Süden Mannheims tätig, wir anderen im Norden) war Hermann Nau (Jahrgang 1927). Nau und ich hatten bereits 1946 am 1. Lehrgang der FDJ-Hochschule am Bogensee teilgenommen. Er absolvierte an der Parteihochschule »Karl Marx« 1951/52 einen Lehrgang und war anschließend in der FDJ eingesetzt. Andere potentielle Parteihochschüler wie Heinz Knapp (im Dezember 1929 geboren) aus Schwetzingen übersiedelten schon 1946 zum »normalen« Universitätsstudium (Vorstudienanstalt) nach Berlin. Er besuchte erst 1954 bis 1956 einen Dreijahreslehrgang der Parteihochschule »Karl Marx«, wo er sich mit der Direktorin Hanna Wolf verkrachte. Anschließend wurde Knapp 1957 stellvertretender Chefredakteur, dann Chefredakteur der »Neuen Berliner Illustrierten« und arbeitete später im DDR-Ministerium für Kultur.

Der 26jährige Otto Walter aus Hockenheim, im Krieg Unteroffizier der Wehrmacht und 1946 auf einer Landesparteischule der SED, war als Jugendsekretär vorgesehen. 1948/49 übernahm er das Jugendsekretariat des KPD-Parteivorstandes und anschließend Funktionen in der FDJ, wurde jedoch 1952 als Landesvorsitzender der FDJ Baden-Württemberg abgesetzt und aller Funktionen enthoben.

Nun ging es 1947 darum, welche Genossen auf die Parteihochschule durften. Karg war als Fahrer ohnehin unabkömmlich. Aber der Kaderchef der KPD-Bezirksleitung Gustav (Gustl) Müller war gegen die Entsendung von uns anderen jungen »Radikalinskis«. Der damals 42jährige ehemalige Spanienkämpfer war ein strammer Stalinist, von uns Jungen damals als »GPU« oder Partei-»Linienschiffer« befrotzelt, doch er konnte sich nicht durchsetzen. Vielmehr entschieden sich der Propagandaleiter Kurt W. Weber, vor allem aber der Politische Leiter Willy Boepple und der Organisationsleiter Jakob Ritter dafür, Herbert Mies und mich zur Parteihochschule zu schicken. So waren wir zwei nach Liebenwalde gekommen und wurden erst hier von der Schulleitung geprüft.

Die beiden Direktoren der SED-Parteihochschule, Rudolf Lindau, der ehemalige Kommunist und entscheidende Mann, sowie Paul Lenzner, der ehemalige Sozialdemokrat und auf den Kultursektor abgedrängt, wurden unterstützt von dem Dekan der Geschichtsfakultät, Erich Paterna, dem Dekan der Philosophischen Fakultät, Victor Stern, und dem Parteisekretär der Schule, Otto Heckert. Seinerzeit waren sie mir unbekannt bis auf Lindau und Paterna, denen ich schon 1946 auf der FDJ-Schule als Referenten über die Geschichte der Arbeiterbewegung bzw. allgemeine Geschichte begegnet war. In den folgenden zwei Jahren bestimmten diese Funktionäre über mein Leben mit, und es wird noch von ihnen zu berichten sein.

Zunächst wollte der bärbeißige Lindau von mir wissen, welche

Von 1947 bis 1950 leiteten die Direktoren Rudolf Lindau und Paul Lenzner (mit Brille) die Parteihochschule »Karl Marx«.

Voraussetzungen ich mitbringe und was das Ziel meines Lernens sei. Ich hoffte, so die Antwort, meine schwache Allgemeinbildung auf dieser Hochschule verbessern zu können, insbesondere was Geschichte und Philosophie angehe, vor allem aber die Schule mit guten Kenntnissen über Marx und die Geschichte der Arbeiterbewegung zu verlassen. Da ich durch eifriges Selbststudium seit 1945 sowie den Besuch der FDJ-Schule 1946 bereits Vorkenntnisse hätte, so meinte ich selbstbewußt, sei ich in der Lage, dem Unterricht zu folgen. Nun klopfte Stern mich etwas auf meine Kenntnisse über Marx ab, die damals relativ gering und formal waren. Immerhin konnte ich stolz darauf verweisen, daß in unserem hektographierten badischen »Schulungsbrief« schon im April 1947 von mir ein kurzer Artikel über Karl Marx abgedruckt war.[5] Stern ging indes auch auf aktuelle Probleme ein. Er beschimpfte den SPD-Führer Kurt Schumacher als »Nationalisten«, betonte aber zugleich die Bedeutung des Nationalen im Marxismus. Meinen Einwand, Marxismus sei reiner Internationalismus, ließ er nicht gelten und verwies auf einen Artikel, der in den nächsten Tagen erscheine.[6]

Eine längere Diskussion gab es mit Paterna. Er fragte mich nach den Schwächen bei der Gründung des Deutschen Reiches 1871. Ich benannte kurz den undemokratischen Charakter, ging aber stärker auf die »kleindeutsche« statt der notwendigen »großdeutschen« Lösung ein. Zu Recht erklärte er mir, daß dies gegenüber dem Defizit an Demokratie unerheblich sei. Starrköpfig versuchte ich meinen falschen Standpunkt zu verteidigen, der sicherlich auch noch vom früheren Unterricht der Lehrerbildungsanstalt herrührte, in der ich 1943/44 Schüler gewesen war. Lindau riß die Geduld, und er wollte – von Heckert lebhaft unterstützt – nun wissen, wie und warum ich überhaupt zur Arbeiterbewegung gekommen und Kommunist geworden war (Lenzner, der einzige Nichtkommunist, hatte sich völlig zurückgehalten).

Welche Einzelheiten ich schilderte, weiß ich heute nicht mehr genau. Doch schließlich wurde mir nach Beantwortung einiger weiterer inhaltlicher Fragen mitgeteilt, ich hätte die Prüfung bestanden und dürfe am Zweijahreslehrgang teilnehmen. Das konnten übrigens alle angereisten Westdeutschen, es wäre ja auch merkwürdig gewesen, uns zurückzuschicken. Die Beschreibung meines persönlichen »Wegs zum Kommunisten« hat die altgedienten SED-Prüfer, die in Hitlers Gefängnissen eingesperrt (Heckert, Paterna, auch Lenzner) oder in die Sowjetunion emigriert waren (Lindau, Stern), wohl kaum beeindruckt. Aber ich konnte – in ihren Augen und nach Ansicht »der Partei« – eine »lupenreine« Herkunft nachweisen, die eine erfolgversprechende Kaderentwicklung ermöglichte.

Ein Jungkommunist: »Heil Moskau!«

Meine positive Kaderakte rührte daher, daß ich aus einer »echten« proletarischen Familie stammte und mein Vater als Kommunist sogar ein unter Hitler inhaftierter Widerstandskämpfer gegen die NS-Diktatur war. Ich wuchs in einer politischen Atmosphäre auf und wurde gewissermaßen von Kindesbeinen an nach dem Vorbild des Vaters selbst Kommunist. Als ich 1928 geboren wurde, stand die Wirtschaftskrise vor der Tür. Mein Vater, Hermann Weber, als Former ein qualifizierter Metallarbeiter, wurde schon kurz nach meiner Geburt für lange Jahre erwerbslos. Der aktive Kommunist widmete jede freie Minute der Parteiarbeit. Da die meisten Verwandten meiner Mutter – ebenfalls Arbeiter – zu den Sozialdemokraten gehörten, kam es innerhalb der Familie oft zu leidenschaftlichen Diskussionen.

Schon meine frühesten Kindheitserinnerungen sind dadurch politisch gefärbt. Ich weiß heute noch, wie ich, wohl kaum älter als vier Jahre, in politische Differenzen hineingezogen wurde. Eines Tages hatte mich meine gutmütige und immer sorgenvolle Mutter Maria (geb. Rutz) zu ihren Angehörigen mitgenommen. Das Reichsbanner und die SPD demonstrierten, und einige meiner Verwandten standen am Fenster, um Beifall zu spenden, andere marschierten im Demonstrationszug mit. In die allgemeinen »Freiheit«-Rufe, den offiziellen Gruß, mischte ich mich plötzlich mit meiner dünnen Kinderstimme und ließ ein vernehmliches »Rot Front«, die Parole der KPD, ertönen. Natürlich wurde ich sofort vom Fenster weggezogen, und es herrschte große Aufregung. Mir war das unverständlich, schließlich hatte ich nur das getan, was mir mein Vater vor unserem Weggang aufgetragen hatte, und so rief ich eben weiter »Rot Front«.

Um die gleiche Zeit durfte ich meinen Vater zu einer anderen politisch aufregenden Veranstaltung begleiten. Die SA war mit Musik und Spiel auf einem Platz aufmarschiert, der in einem »roten« Viertel in Mannheim-Käfertal, meinem Geburtsort, lag. Inmitten der brodelnden Menge ertönten die Sprechchöre der SA-Leute, die dabei ihre Flugblätter verteilten. Einem Mann, der im Volksmund nur »Sowjet-Bauer« hieß, gelang es, der SA eine größere Anzahl Flugblätter wegzunehmen und unter dem Jubel der Gegendemonstranten zu vernichten. Die Stimmung erreichte den Siedepunkt. Während dieses allgemeinen Getümmels, das sich tief in mein Gedächtnis eingegraben hat, stand ich neben meinem Vater und wiederholte lauthals die Parole, die Hunderte riefen und die er mir beigebracht hatte: »Heil Moskau, der Hitler is ä Drecksau! Heil Moskau …«

Nach der Unterdrückung der KPD im März 1933 arbeitete mein Vater illegal für die Partei weiter. Nicht selten nahm er mich auf dem Fahrrad mit, wenn es in den Wald ging, wo wir einer Reihe von »Onkels« begegneten. Erst viel später wurde mir klar, daß ich als Tarnung dieser geheimen Parteitreffs diente. Aufgeschnappte Gesprächsfetzen klangen noch lange in mir nach, etwa daß N. ein Verräter geworden war und daß beim »Sowjet-Bauer« nun die Hakenkreuzfahne statt der roten Fahne heraushänge. Am 2. Februar 1934 wurde mein Vater verhaftet. Frühmorgens machte die Gestapo Hausdurchsuchung. Ich bekam von meiner Mutter etwas zugesteckt, das ich – ein kleiner Junge, den die Beamten kaum be-

Ankunft von Tante Friedel Mathis aus Amerika. Sie wird im Juli 1935 am
Hauptbahnhof Mannheim empfangen von Großvater Joseph Weber. Hermann
Weber sen. (gerade aus dem Gefängnis entlassen) mit dem sechsjährigen Her-
mann Weber, links Onkel Leo Weber.

achteten – Bekannten bringen sollte. Es waren Beitragsmarken der
verbotenen KPD, die meinen Vater noch mehr belastet hätten, als
er es ohnehin schon war.

Als mein Vater nach eineinhalb Jahren 1935 aus dem Gefängnis
zurückkam, hatte er seine Einstellung nicht im geringsten geändert. Und noch immer – wenn auch viel vorsichtiger – fanden die
Zusammenkünfte mit Gleichgesinnten statt. Ich aber war von der
Politik fasziniert, die mich nicht mehr losließ. Kaum konnte ich
richtig lesen, da durchstöberte ich schon Zeitungen. Mein Vater
versuchte mir beizubringen, wie man zwischen den Zeilen liest,
und dabei pflanzte er mir Haß gegen den Nationalsozialismus ein.
Es waren sein Vorbild und die Erziehung zu Kritik und oppositioneller Haltung, die mich prägten.

Neben der Sehnsucht nach Freiheit war es der Wunsch nach sozialer Gerechtigkeit, der mich schon früh politisierte. Dabei hatte ich ja eigene praktische Erfahrung. In unserer Familie war wegen der Erwerbslosigkeit des Vaters immer Schmalhans Küchenmeister. Nach vier Jahren Volksschule sollte ich 1939 auf eine höhere Schule kommen. Ich bestand die Aufnahmeprüfung glänzend. Selbst an der Kletterstange kam ich hoch, was ich (zu lang geraten und die Muskeln noch zu schwach) in der Schule nie zuvor geschafft hatte. Gerade das war für die Prüfung wichtig, galt doch bei den Nazis der Sport eher mehr als die geistigen Fähigkeiten.

Schon nach wenigen Wochen mußten mich meine Eltern jedoch wieder von der Mittelschule nehmen. Ich war zwar sehr gut zurechtgekommen, aber nun sollten sie neben Büchern und Fahrgeld (für den Schulweg in die Stadt) zusätzlich Schulgeld zahlen. Seit 1938 arbeitete mein Vater wieder als Former in der Gießerei, und auch meine Mutter ging in eine Fabrik. Gemeinsam verdienten sie nun so viel, daß für mich erhebliches Schulgeld von ihnen gefordert wurde. Nach über zehn Jahren Arbeitslosigkeit waren etliche Schulden aufgelaufen, schließlich mußten mein jüngerer Bruder Karl und ich (mein jüngster Bruder Fritz wurde erst 1941 geboren) ernährt und gekleidet werden, kurzum, das Schulgeld war nicht aufzubringen. Ein Antrag auf Freistellung wurde abgelehnt, warum sollten NS-Behörden das Kind eines vorbestraften Kommunisten fördern. Das hieß für mich: zurück in die Volksschule. Trotz aller Widrigkeiten gab es natürlich auch schöne Ereignisse. Zudem hatte ich das Glück, in einer Familie aufzuwachsen, in der zwar Armut herrschte, aber niemals geprügelt wurde. Indes bekam ich in jungen Jahren am eigenen Leib zu spüren, was soziale Ungerechtigkeit bedeutet. Viele dieser Erlebnisse in meiner Kindheit haben mich wohl frühreifen Jungen mit Bestimmtheit geprägt.

Als ich – ein Volksschüler mit knapp fünfzehn Jahren – im Mai 1943 während des Krieges in die Lehrerbildungsanstalt nach Bad Rippoldsau im Schwarzwald kam, war ich gefühlsmäßig bereits ein überzeugter Kommunist. Ich glaubte, daß nur in der Sowjetunion die Arbeiter befreit seien und Rußland daher unser Vorbild werden müsse. Dieses innere Bekenntnis zum Kommunismus bedeutete nicht nur allgemeine Ablehnung des Nationalsozialismus, sondern bewußte Auflehnung gegen den militärischen Zwang, der seinerzeit an der Lehrerbildungsanstalt herrschte. Die verbotenen Dinge reizten mich, ob es das Abspielen von Jazzplatten war oder die insgeheim gehörten Nachrichten des Londoner Rundfunks BBC. Die meisten Mitschüler dieser Lehrerbildungsanstalt stammten aus Arbeiterfamilien. Es dauerte nicht lange, da fanden wir, ein kleiner Kreis, deren Väter Kommunisten waren, vorsichtig engen Kontakt. Mit Herbert Mies und Heinz Knapp diskutierte ich politische Probleme. Wir warteten sehnsüchtig auf das Ende des Krieges – über dessen Ausgang wir keinen Zweifel hatten –, um endlich frei leben und unsere Meinung offen vertreten zu können.

Die Lehrerbildungsanstalt mußten Mies und ich Ende 1944 verlassen. Wir jüngeren Schüler (die älteren waren schon beim Militär) wurden im Oktober 1944 zum »Schanzen«, zum Ausheben von Schützengräben am Rhein befohlen. Mit vielen Einheimischen fuhren wir nach Oberrottweil an den Kaiserstuhl. Dort tauchte eines Tages beim gemeinsamen Abendessen aller »Schanzer« eine Werbekommission der Waffen-SS auf. Nach dem Vortrag eines Offiziers sollten alle vortreten, die sich bereits zum Heer, zur Marine usw. gemeldet hatten, sie konnten gehen. Heinz Knapp, von der Lehrerbildungsanstalt Lahr erst später zu uns gekommen, mischte sich darunter und verschwand ebenfalls. Herbert Mies und ich waren den Lehrern zu bekannt, weil wir uns immer wieder davor gedrückt hatten, uns als Reserveoffiziersanwärter zu melden. Nun wurden wir erheblichem Druck ausgesetzt. Doch zu zweit stützten wir uns und lehnten es beide ab, uns »freiwillig« zur Waffen-SS zu melden. Während es der Werbekommission gelang, etwa zehn Jungen zur Unterschrift zu bewegen, blieben wir standhaft. Die Folge war, daß wir bei der Rückkehr vom Kaiserstuhl nach Bad Rippoldsau von der Lehrerbildungsanstalt verwiesen wurden.

Zurück in unserer zerbombten Vaterstadt Mannheim, arbeiteten wir in einem Großbetrieb, dort versteifte sich unsere kommunistische Haltung erst recht. Unsere Verweigerung, die den Rauswurf aus der Lehrerbildungsanstalt nach sich zog, hatte sich anschließend doch positiv für mich ausgewirkt. Obwohl ich schon in Bad Rippoldsau gemustert und in die »Wehrstammrolle« eingetragen worden war, kam der Einberufungsbefehl erst im März 1945 in Mannheim an; kurz danach besetzten amerikanische Truppen bereits die Stadt. Dieser Tatsache verdanke ich es, daß ich nicht wie fast der gesamte Jahrgang 1928 noch als Kanonenfutter in Hitlers Militär eingezogen wurde, sondern das Kriegsende körperlich unbeschadet mit der Familie erlebte. Allerdings ist unsere Wohnung noch im Frühjahr 1945 völlig zerschossen worden.

Es war selbstverständlich, daß ich 1945 sofort der KPD beitrat, für die mein Vater 1934/35 im Gefängnis gesessen hatte. Er arbeitete nun erneut in einer Gießerei, trat natürlich wieder in die KPD ein, war aber mit der aktuellen Partei-Linie unzufrieden und zog sich in den folgenden Jahren ganz von der Politik zurück. Ich wurde Kommunist, weil ich beim Aufbau einer besseren, humanen und solidarischen Gesellschaft mitarbeiten wollte. Die neuen Verhältnisse ermöglichten endlich den Zugang zu Informationen, nach denen ich so lange gehungert hatte. Ich stürzte mich auf die Literatur über den Expressionismus, verschlang die unter Hitler verbotenen Bücher von Brecht, Kafka, Mann, Sternheim, Toller, Zweig oder Gorki und besuchte Ausstellungen moderner Künstler. Vor allem aber interessierten mich politische und philosophische Werke, die damals schwer zu bekommen waren.

Wie öfter, hat ein weiterer Zufall mein Leben beeinflußt. Ende 1946 hatten US-Besatzungssoldaten in einer Villa in Mannheim, die sie beziehen wollten, die Bibliothek ausgeräumt und auf den Müll geworfen. Nachdem die KPD-Bezirksleitung davon erfuhr, ließ sie die Bücher, soweit sie nicht schon von anderen weggeschafft waren, in unser Mannheimer »Hauptquartier« im Quadrat S 3, 10 bringen. Darunter befanden sich auch linke Literatur und viele gebundene Jahrgänge der literarisch und politisch herausragenden Zeitschrift »Die Aktion« des Anarchokommunisten Franz Pfemfert. »Die Aktion« erschien seit 1911, und diese avantgardistische Wochenschrift hatte vor allem bis 1914 die »Entstehung einer revolutionären Literatur und Kunst gefördert«, sie war »das Zentrum des Frühexpressionismus«.[7] In den Räumen der Mannheimer KPD lagerten nun viele Exemplare, die ich eifrig studieren konnte.

Rebellen und Anarchisten – meine Vorbilder

Schließlich wurden die Bände unter den Mitarbeitern verteilt. Ich erhielt einige Jahrgänge aus der Zeit der Weimarer Republik, die mich geradezu begeisterten. Die darin geäußerten radikalen, freiheitlich-kommunistischen Gedanken und Kritiken Pfemferts gegen KPD und SPD, gegen Militarismus, Dummheit, Bürokratie, Stalinismus und Untertanengeist haben mich stark geprägt. Aber auch die oppositionellen Argumente von Leo Trotzki, Paul Levi oder Karl Korsch wurden mir durch »Die Aktion« bekannt. Mit den künstlerischen, zumeist expressionistischen Zeichnungen oder Beiträgen beispielsweise von Rüdiger Berlit, Conrad Felixmüller (der mir bis heute imponiert), George Grosz, Max Herrmann-Neiße (von ihm als einzigem war 1946 im Aufbau-Verlag der schmale Gedichtband »Heimatfern« erschienen), Karl Holtz, Oskar Kanehl, Franz Masereel und Franz W. Seiwert, aber auch Heinrich Vogeler und Ludwig Rubiner eröffneten sich mir ganz neue Horizonte. Persönlichkeiten der Arbeiterbewegung wie Erich Mühsam, Otto Rühle, Herman Gorter, James Broh, Victor Fraenkl, Franz Jung oder Fritz Brupbacher wurden mir durch »Die Aktion« nahegebracht. Alle diese 1945 vergessenen Revolutionäre faszinierten mich. Als jugendlicher Aufrührer, geformt einerseits durch das kommunistische Elternhaus und andererseits durch den Haß auf den Nationalsozialismus sowie gegen den Zwang, den Militarismus und die Unterdrückung in der Lehrerbildungsanstalt, war ich für solche anarcho-kommunistischen Gedanken außerordentlich empfänglich. Das machte mich auch in der KPD früh zum Rebellen, aber mein Antifaschismus und emotionale Bindungen haben mich fest in der kommunistischen Bewegung verwurzelt.

Viele aus meiner Generation, die bis 1945 zu den glühenden Hitler-Anhängern gehörten, haben ja nach dem Krieg aus persönlicher Erfahrung gelernt. Sie fühlten sich mißbraucht und sahen nun, daß nach der schrecklichen Periode der Diktatur und des Krieges für unsere Zukunft Freiheit und Frieden unabdingbar sind. Freilich waren die meisten von ihnen gegen »Parteipolitik«. Aber nicht wenige meinten, daß eine fortschrittliche Politik erforderlich sei, um eine gerechte und menschliche Gesellschaft aufzubauen. Die Überwindung des Kapitalismus schien ja damals selbst der CDU eine notwendige Aufgabe.

Von der weitverbreiteten antifaschistischen Stimmung, dem Wunsch nach Frieden, Demokratie und sozialer Gerechtigkeit, profitierte nach dem Krieg auch die KPD, die im Widerstand gegen Hitler die meisten Blutopfer gebracht hatte. Nicht nur in der Ostzone, sondern ebenso in den Westzonen konnte sie zahlreiche Mitglieder und Anhänger gewinnen. In Mannheim beispielsweise registrierte die KPD 1947 4 300 Mitglieder, und sie errang 18 Prozent der Wählerstimmen. Konnte die Partei also mit ihrem Bekenntnis zum Antifaschismus, zur Demokratie und zum Sozialstaat viele Menschen ansprechen, selbst solche, die mit dem Hitler-Regime sympathisiert hatten, so war ich – seit den Kindertagen gefühlsmäßig mit dem Kommunismus verbunden – erst recht ein aktiver Parteigänger. Mich faszinierten die Ideen, die Marx und Engels im »Kommunistischen Manifest« packend beschrieben hatten: das große Ideal einer Gesellschaft ohne Klassen und Ausbeutung, ohne Entbehrung und Zwang, ohne Rassenhaß und Völkerkriege. Dies war für mich damals der Kern des Kommunismus, und so reihte ich mich fast gläubig in diese Organisation ein. Allerdings hielt ich mich schon früh an das Marxsche Motto: An allem ist zu zweifeln!

Daher war ich als Mitläufer und Ja-Sager wenig geeignet. Die Rebellion gegen das Nazi-Regime schon als Jugendlicher hatte bewirkt, daß mich Minderheitenpositionen nicht schreckten. Bei den Siegen der deutschen Armeen hatte ich nicht mitgejubelt, gegen den Strom zu schwimmen schien mir kein Verrat. An den Nonkonformismus gewöhnt, blieb ich auch in der KPD aufmüpfig. Doch zunächst war das nur Kritik an zweitrangigen Problemen der KPD-Politik. Erst ganz allmählich begriff ich, daß der diktatorische Stalinismus inzwischen diese Bewegung bis in die Wurzel und bis zur Unkenntlichkeit verändert hatte und damit auch nicht mehr in der Tradition der freiheitlichen Arbeiterbewegung stand.

Der praktische Anschauungsunterricht der Politik zerstörte ohnehin rasch viele Hoffnungen. In der ersten Mitgliederversammlung meiner KPD-Ortsgruppe im August 1945 wurde nicht etwa über die Emanzipation der Arbeiter und über die anderen Prinzipien des Kommunismus gesprochen. Vielmehr versuchte ein Funktionär, uns die neue Linie der »Einheitsfront« zu erklären und verbreitete sich dabei über die Mitschuld des gesamten deutschen Volkes am Hitler-Krieg. An die Stelle politischer Diskussionen traten persönliche Auseinandersetzungen und das Waschen von schmutziger Wäsche. Sehr schnell merkte ich, daß meine revolutionär-romantischen Vorstellungen von kommunistischer Politik mit der Wirklichkeit wenig zu tun hatten.

Schon bald kamen mir schwerwiegendere Bedenken. Unter Hitler waren natürlich vor allem die Führer des Weltkommunismus, die Juden waren, besonders infam angeprangert worden. Bei mir hatte das bewirkt, daß ich gerade sie als Symbole bejahte. Aber jetzt wurde von Parteikommunisten behauptet, Trotzki, Radek oder Sinowjew seien »Agenten« Hitlers gewesen; über Rosa Luxemburg wurde im Rahmen der »demokratischen Linie« der KPD möglichst nicht gesprochen, von Paul Levi, Ruth Fischer oder Heinz Neumann, deren Namen mir bekannt waren, hörte man nur gerüchteweise.

Ich war dagegen, daß unsere kommunistischen Grundsätze selbst nach der Zerschlagung des Nationalsozialismus »getarnt« werden sollten. Bei meinem Parteieintritt noch keine siebzehn Jahre alt, wurde ich sofort zur Jugendarbeit herangezogen. Aber gerade in der Jugendarbeit sollte durch getarntes Auftreten Zuspruch erzielt werden. Damals verstand ich noch nicht, daß durch die Stalin-Ära der Kommunismus so diskreditiert war, daß nur eine Politik, in der die Kommunisten nicht offen in Erscheinung traten, erfolgversprechend erschien. Mit einer Reihe politischer Freunde protestierte ich 1945 und Anfang 1946 zunächst gegen die Absicht, statt eines Kommunistischen Jugendverbandes auch in den Westzonen eine »Freie Deutsche Jugend« zu schaffen. Wir waren froh, uns endlich als Kommunisten bekennen zu können und forderten, den traditionellen Kommunistischen Jugendverband wieder zu gründen. Doch die gewieften altkommunistischen Taktiker, nicht zuletzt Emissäre aus Berlin, behielten die Oberhand. Der Widerstand gegen die FDJ bröckelte, eine antifaschistische, aber formal überparteiliche Jugendorganisation, in der die Kommunisten bestimmten, wurde akzeptiert. Da die FDJ in Mannheim zunächst jedoch von der amerikanischen Besatzungsmacht nicht zugelassen wurde, blieben die kommunistischen Jugendgruppen bestehen, und ich war 1946/47 in der KPD aktiv.

In Mannheim-Sandhofen leitete ich die Jugendgruppe der KPD (Herbert Mies die in Mannheim-Schönau). Zu unserem kleinen Kreis gehörten fast nur Kinder aus Familien von Altkommunisten. Die skeptischen Vorbehalte vieler junger Menschen gegenüber den Parteien und insbesondere der KPD waren recht groß. Selbst mein bester Schulfreund Theo Widmann, den ich zu werben suchte, gab mir einen Korb: die KPD sei doch von Moskau abhängig und befürworte letztlich auch eine Diktatur. Dieses Argument war häufig zu hören. Manche jüngeren Freunde, die ja ebenfalls soziale Gerechtigkeit und Freiheit wollten, schlossen sich lieber den »Falken« und den Sozialdemokraten an. Damals mißbilligte ich das, doch rückblickend gesehen haben sie ja völlig richtig gehandelt.

Zunächst leistete ich die Parteiarbeit in meiner Freizeit neben der Berufstätigkeit. Bis November 1945 blieb ich noch im Großbetrieb

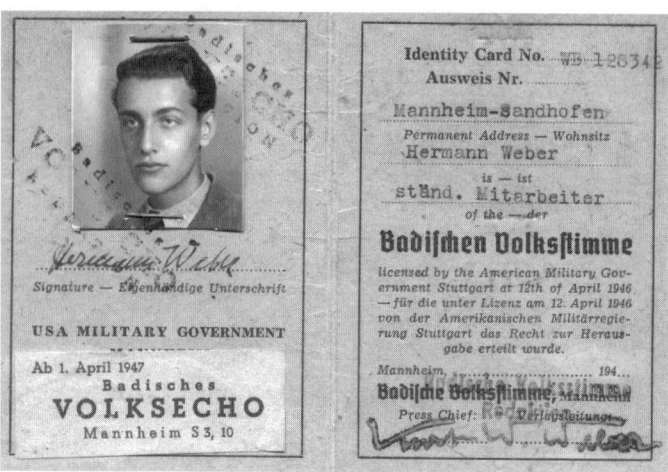

Mein Presseausweis vom Frühjahr 1947.

Brown Boveri, dann war ich bis August 1946 als Straßenbahnschaffner bei der Stadt Mannheim beschäftigt. Anschließend begann am 1. September 1946 meine hauptamtliche Funktion bei der
Bezirksleitung der KPD. Hier hatte ich als Angestellter vor allem
die Statistik der Mitglieder im Bezirk Baden zu bearbeiten. Das war
nicht ganz so harmlos, wie es sich anhört, denn ich verwaltete nicht
nur die offizielle Mitgliederkartei, sondern war auch für eine Ge-
heimkartei verantwortlich. Hier waren einige Dutzend mehr oder
weniger prominenter Personen erfaßt, deren Mitgliedschaft in der
KPD nicht bekannt werden sollte. Hin und wieder schrieb ich auch
kleine Berichte für das KPD-Organ »Badisches Volksecho« und besaß schon einen Presseausweis, auf den ich recht stolz war. Durch
die hauptamtliche Tätigkeit verfügte ich nun auch über mehr Zeit
für Jugendarbeit und für Vorträge. Im Frühjahr 1947 veranstaltete
die KPD mit mir eine regelrechte Vortragsrundreise durch die
nähere Umgebung, den Landkreis Mannheim. Die »Schulungsge-
meinschaften der Jungkommunisten« luden zu öffentlichen Versammlungen ein, unter anderem in Hockenheim oder Dossenheim.
Das Thema lautete: »Jugend, die KPD kämpft für deine Zukunft!«
  Meist waren die Zusammenkünfte nur schwach besucht. Zu
meinem Erstaunen war der Saal im Lokal »Rose« in Dossenheim
an der Bergstraße im April 1947 überfüllt. Hier war es der »Schu-
lungsgemeinschaft der Jungkommunisten« gelungen, von der Be-
satzungsbehörde die Genehmigung zu bekommen, nach dem Vor-

trag eine Tanzveranstaltung durchzuführen. Eine solche Möglichkeit war zu jener Zeit gerade in kleineren Gemeinden selten, daher der überraschend große Andrang. Die Jugendlichen waren nicht etwa herbeigeströmt, um mich, einen Jungkommunisten, anzuhören, sondern um möglichst schnell das Tanzbein zu schwingen. Als ich dann zum Podium hinaufging, gab es Pfiffe und Buhrufe, Jungens schrien, sie wollten tanzen. Da einige Anwesende regelrecht rabiat wurden und die kleine Gruppe der Jungkommunisten in die Ecke drängten, wurde ich ebenso zornig. Schließlich brüllte ich in das Mikrofon, wenn ich hier nicht reden könne, werde die Versammlung aufgelöst und es dürfe überhaupt kein Tanz stattfinden. Das verblüffte selbst die Rabauken, und mit dem Versprechen, mich kurz zu fassen, konnte ich referieren. Ob ich auch nur einen Jugendlichen überzeugte, bezweifle ich heute. Damals, als Achtzehnjähriger, war ich freilich überheblich genug und mir sicher, eine »erfolgreiche« Rede gehalten zu haben.

Wie ich Mitbegründer der FDJ wurde

Um mich »auf Linie« zu bringen, hatte mich die KPD schon im Mai 1946 zur politischen Schulung geschickt. Ich besuchte einige Wochen einen Kursus der FDJ-Hochschule am Bogensee bei Berlin. Es war der erste Lehrgang dieser Art, und die Debatten waren dort noch verhältnismäßig freimütig. Doch rasch wurde Disziplin

29

großgeschrieben, Diskussionen und Kritik allmählich abgewürgt und keine echte Mitbestimmung der insgesamt 60 Schüler zugelassen. Zwar waren FDJ-Uniformen noch ebenso unbekannt wie der spätere Konformismus, aber es gab doch schon so etwas wie »Antreten« und Fahnenappell. Dies und das doktrinäre Verhalten einiger elitärer Wortführer erinnerte mich fatal an Ähnliches in der Nazizeit, deren Ablehnung mich ja auch zum Kommunisten gemacht hatte.

Bestärkt in meiner kritischen Einstellung hatten mich einige Erlebnisse mit dem »1. Parlament«, der Gründung der FDJ in Brandenburg an der Havel Anfang Juni 1946. Wenige Tage vor Beginn des Parlaments wurde ich mit anderen Westdeutschen plötzlich zum »Delegierten« des Parlaments »ernannt«. Sechs »Bogensee-Schüler« aus der sowjetischen und alle 24 aus den westlichen Besatzungszonen kamen so als »Delegierte« nach Brandenburg.[8] Der Älteste von uns war mit 26 Jahren Helmut Müller aus Frankfurt am Main, der jüngste mit 16 Jahren Alfred Hehnen, Klempnerlehrling aus Hannover. Wir beiden Mannheimer waren nicht viel älter, über uns war vermerkt:

»Nau, Hermann, 14. 1. 27, Expedient, Mannheim-Neckarau, Friedrichstr. 58.

Weber, Hermann, 23. 8. 28, Straßenbahnschaffner, Mannheim-Sandhofen, Jutekolonie 27.«

Hermann Weber als Mitbegründer der FDJ.

Und über Herbert Müller aus Ludwigshafen war notiert: »Müller, Herbert, 22. 8. 24, Dreher, Ludwigshafen. Ebertstr. 5.« Ohne wirkliches Mandat – wie gesagt, es gab in Mannheim noch keine FDJ, sondern nur kommunistische Jugendgruppen – sollte ich auf dem 1. Parlament als »Delegierter« auftreten und wurde so Mitbegründer der FDJ. Ich erhielt einen ordentlichen Delegiertenausweis vom »Organisationskomitee des 1. Parlaments der FDJ« für »Baden«. Einerseits bot diese »Delegierung« zwar die Möglichkeit für interessante Kontakte und Einblicke, doch andererseits bestärkte sie meine Zweifel, denn die von der kommunistischen Führung versprochene Demokratie erschien mir erneut als Farce.

Auf dem »Parlament« bin ich – wie im Protokoll nachzulesen[9] – in die Redaktionskommission gewählt worden. Mein Freund aus der gemeinsamen Zeit in der Lehrerbildungsanstalt, Heinz Knapp, war als »Delegierter aus Mannheim« angereist, er kam in die Statutenkommission. Aber auch einige der westdeutschen »Delegierten« der Jugendschule erhielten Funktionen im »1. Parlament«, z. B. Alfred Hehnen in der Mandatskommission, Erika Stuwe aus Gelsenkirchen in der Wahlkommission. Solche Mauscheleien wurden vertuscht. Für die Mandatsprüfungskommission bestätigte Waldemar Borde, daß im Westen nicht überall eine »ordnungsgemäße Bezirkswahl möglich« gewesen sei. Doch er behauptete wahrheitswidrig, alle Westdeutschen seien »als Vertreter ihrer Jugendgruppen bzw. ihrer Kreise hier«.[10]

Auf dem »Parlament« hielt ich am 9. Juni 1946 zum ersten Mal vor so einem großen Auditorium (allein 633 »Delegierte«) eine Rede. Ich sparte nicht mit Kritik an den Verhältnissen im Westen, kritisierte die konfessionellen Jugendverbände und verlangte die Zulassung der FDJ. Damals druckten Zeitungen sogar Passagen ab, mit denen ich das Parlament erheitert hatte: »Wie überall in Westdeutschland gibt es auch in Mannheim Jugendausschüsse. In ihnen sitzen Jugendliche, die die komische Eigenschaft haben, lange Bärte zu tragen. (Große Heiterkeit und Beifall). Man hat ausgerechnet, daß das Durchschnittsalter in dem Mannheimer Jugendausschuß 50 Jahre beträgt (Erneute große Heiterkeit). Der Oberbürgermeister der Stadt ist der Vorsitzende. Man nennt daher diesen Jugendausschuß Greisenrat (Erneute Heiterkeit).«

Diese Aussagen waren wohl nicht der Grund dafür, daß mein Beitrag im offiziell gedruckten Tagungsprotokoll völlig unterschlagen wurde, und ich erst über vier Jahrzehnte später in der stenographischen Mitschrift nachlesen konnte, was die Zensur damals gestrichen hatte. Da SED und FDJ Mitte 1946 noch ein gutes Verhältnis auch zu den westlichen Besatzungsmächten anstrebten, fiel meine Rede Opportunitätserwägungen zum Opfer. Ich hatte nämlich unter anderem auch die Besatzungsmächte angegriffen, und die Tagungsleiterin Edith Baumann, die erste Frau Erich Honeckers, war nahe daran, mir das Wort zu entziehen. Der Text lautete:

[Weber]: »In letzter Zeit wurde von amerikanischen Erziehungsoffizieren betont: die deutsche Jugend muß nach amerikanischem Muster erzogen werden (Rufe: hört, hört).

Vorsitzende Edith Baumann: Jugendfreunde! Ich glaube sagen zu müssen, daß wir hier nicht über Maßnahmen der Besatzungsmacht zu diskutieren haben (Lebhafte Zustimmung). Zur Diskussion stehen lediglich die Fragen der deutschen Jugend. Ich bitte sich darauf zu beschränken.

Weber, Mannheim:[11] Ich bitte zu bedenken, daß gerade für die Fragen der deutschen Jugend letzten Endes die Schwierigkeiten, die uns in den Weg gelegt werden, entscheidend sind (Lebhafte Zustimmung).

Hinzufügen möchte ich, daß ein Jugendlicher daraufhin ausführte: ›Wenn wir nach amerikanischem Muster erzogen werden sollen, dann wollen wir auch das gleiche Essen wie die Amerikaner‹ (Erneute lebhafte Zustimmung).«

Danach vertraten noch ein oder zwei Redner diesen »linken« Standpunkt. Und deren Beiträge fehlten im manipulierten gedruckten Protokoll dann ebenso wie meiner. Festgehalten war darin jedoch der – eigentlich verwirrende Streit – zwischen Sachsen und Thüringen, wer von beiden FDJ-Landesverbänden die Patenschaft für Baden übernehmen könne, außerdem die Mitteilung von Hermann Axen: »Der Kreis Stendal (Provinz Sachsen) übernimmt die Patenschaft für Mannheim«.[12] Laut veröffentlichtem Protokollband hatte doch aus Baden bzw. Mannheim ja überhaupt niemand gesprochen.

Als ich von Brandenburg in die »Zentrale Jugend-Schule am Bogensee« zurückgekehrt war, wurde die Atmosphäre für mich langsam unerträglich. Der Mangel an Humor und die Phantasielosigkeit der oberen Funktionäre stieß mich, der ich viel für Ironie und selbst Sarkasmus übrig hatte und Satire geradezu liebte, ab. Mit der Begründung, wir würden im Westen dringend gebraucht, verließ ich gemeinsam mit Herbert Müller, dem Sohn des damaligen KPD-Vorsitzenden von Rheinland-Pfalz, dann den Lehrgang am 1. Juli 1946 vorfristig. (Er dauerte bis zum 7. Juli).

Von der FDJ-Schule zurück, wurde ich am 1. September 1946 in den hauptamtlichen KPD-Parteiapparat aufgenommen. Damals lernte ich einen Mannheimer Genossen kennen, der Materialien der kommunistischen Opposition verteilte. Wilhelm (Willi) Rihm, ein früherer Angestellter, der nun Lehrer war, gehörte zu den Anhängern von Heinrich Brandler, die 1929 aus der KPD ausgeschlossen wurden, nach 1945 aber fast alle wieder innerhalb der KPD arbeiteten. Von ihm bekam ich nicht nur die von Heinrich Brandler und August Thalheimer im Exil in Kuba[13] verfaßten »Briefe aus der Ferne«, sondern auch Materialien der Trotzkisten und anderer kommunistischer Oppositionsgruppen, ja selbst der Anarchisten. Sie regten mich zur intensiveren Beschäftigung mit marxistischen Grundfragen und der Tagespolitik an und waren Anlaß vieler Diskussionen mit älteren Genossen.

An der Spitze der KPD Baden standen ja damals keineswegs Stalinisten. Der kritische und für seine oppositionelle Haltung bekannte Willy Boepple war seit Herbst 1946 Bezirksvorsitzender, Politischer Leiter der KPD Baden. Von Beruf Kellner und Diplom-Hotelkaufmann, hatte er sich selbst eine solche Bildung und ein so immenses Wissen angeeignet, daß er zu Recht als überragender Intellektueller galt. Seit 1931 in der KPD, gehörte er auch nach dem Zweiten Weltkrieg als Redakteur, stellvertretender Fraktionsvorsitzender der KPD im Landtag von Württemberg-Baden und Leiter der KPD Baden zu den geistigen Wortführern der südwestdeutschen Kommunisten. Dieser glänzende Redner und fundierte Kenner des Marxismus hat mit seiner Opposition 1946/1947 der Berliner SED-Spitze viel Ärger bereitet, bis er im Frühjahr 1949 die KPD verließ und einer der führenden Trotzkisten in Deutschland wurde.[14] Für mich war er einer meiner »politischen Ziehväter«, was ihm, als er bei der Feier zu meinem 60. Geburtstag 1988 anwesend war, noch öffentlich bestätigen konnte.

Der andere war der Organisationsleiter der KPD in Baden, Jakob Ritter.[15] Seit 1905 in der SPD, kam er über die USPD 1920 in die KPD und war von 1921 bis 1929 Abgeordneter im badischen Landtag. Als Vertreter der in Baden starken linken Opposition 1927 aus der Partei ausgeschlossen, ging er 1945 wieder zur KPD. Im Gegensatz zum damals 36jährigen temperamentvollen und rasch aufbrausenden Boepple war der über 60jährige Ritter eher zurückhaltend und überlegt. Mit seinen Erfahrungen aus der Parteigeschichte beeinflußte er Boepple, und beide wurden ein unzertrennliches Gespann. Mich, einen politisch recht naiven und doktrinär denkenden Jugendlichen, hat Ritter, mein »Vorgesetzter« im Apparat der Bezirksleitung, sehr beeindruckt. Daß er als aufrechter Politiker im August 1947 sein Landtagsmandat und danach seine Funktion als Organisationsleiter aus Protest gegen die KPD-Politik niederlegte, entsprach seiner Geradlinigkeit. Im Mai 1948 wurde er Beigeordneter, also Bürgermeister der Stadt Mannheim. In der KPD, die ihn delegiert hatte, war er nicht mehr aktiv.[16] Diese beiden Kommunisten waren es, die mich auf die SED-Parteihochschule »Karl Marx«, die Kaderschmiede der Partei, schickten. Sie nahmen an, daß sich meine eher gefühlsmäßige Opposition dort theoretisch fundieren könne.

Eröffnung des ersten Zweijahreslehrgangs der Parteihochschule »Karl Marx« im Oktober 1947 in Liebenwalde. In der ersten Reihe (von links) Gerhard Neukranz, Lehrer Pürschel, Dekan Paterna, Rudolf Fritsche, Gerda Müller, Lucy Schlef und Fritz Schulze, am rechten Tisch Fritz Seidel.

II. Liebenwalde – eine Parteihochschule

Als ich im Herbst 1947 an die Parteihochschule kam, vertrat die
SED noch immer die These vom »besonderen deutschen Weg«
zum Sozialismus, was viele als Distanzierung vom stalinistischen
Modell der Sowjetunion verstanden. Der II. Parteitag im September
1947 war allerdings ganz auf die damalige Moskauer »Zwei-
Lager-Theorie« eingeschwenkt. Er hatte die SBZ zum »demokratischen« Lager unter Führung der Sowjetunion zugehörig erklärt
und ihren Kampf gegen das »imperialistische Lager«, mit den
USA an der Spitze, verkündet.[17] Aber zu dieser Zeit war die Atmosphäre in der SED noch keineswegs vom »bolschewistischen
Geist« durchdrungen. Auf der Parteihochschule führte der Altkommunist Lindau zwar das Regiment, und alle vier Dekane kamen aus der KPD, doch unter den Lehrern befanden sich auch ehemalige Sozialdemokraten. Selbst frühere Mitglieder der kleinen
oppositionellen Gruppen Kommunistische Partei-Opposition
(KPO) und Sozialistische Arbeiterpartei (SAP) waren als Dozenten tätig. Zahlreiche Studenten stammten ebenfalls aus der SPD.
  Die Parteihochschule war in Liebenwalde das, was ihr Name
aussagte: eine Hochschule für SED-Funktionäre, in der neben Allgemeinbildung eine durchweg »parteiliche« Ausrichtung stattfand.
Doch der endgültige Wandel zu einer Indoktrinationsanstalt stalinistischen Typus vollzog sich dann erst ab 1948 in Kleinmachnow.
Diese Transformation fiel mit der Veränderung der SED zur stalinistischen »Kaderpartei« ebenso zusammen wie mit dem bedin-
gungslosen Bekenntnis der Einheitspartei zur KPdSU Stalins. Die
Prinzipien einer marxistisch-leninistischen »Kaderschmiede« galten in Liebenwalde 1947 erst in Ansätzen. In einem Artikel über
die Parteihochschule hieß es: »Sie ist die höchste Bildungsstätte
unserer Partei, auf der die besten Funktionäre ihr marxistisches
Wissen ... vervollkommnen.« (»Neuer Weg«, Oktober 1947)
  Die Kommunisten, die 1945 sofort ein eigenes Schulungsnetz
aufgebaut hatten, nahmen ab 1946 rasch entscheidenden Einfluß
auf die Bildungsarbeit der SED. Allerdings mußten sie nach der

Zwangsvereinigung vom April 1946 taktieren. Da sie die Einheitspartei zunächst als »neue« Partei ausgaben, gingen sie bei der
ideologischen Arbeit noch Kompromisse mit Sozialdemokraten
ein. Ab 1948/49 wurde dann das Schulungssystem vollständig sta-
linisiert. Insofern ist der erste Zweijahreslehrgang, der ja in der
Zielsetzung der Kommunisten Kernstück eigener Kaderausbildung sein sollte, für die schrittweise Veränderung innerhalb von
nur zwei Jahren symptomatisch. Drastisch zeigte sich die Wandlung auch im äußeren Bild. Bei der Eröffnung des ersten Zweijahreslehrgangs im Oktober 1947 war hinter dem Präsidium die
»neutrale« Losung zu lesen: »Ohne fortschrittliche Theorie und
ohne fortgesetzten geistigen Kampf mit der Reaktion kann es
keine fortschrittliche Bewegung geben«.[18] An der Rückseite
prangte die allgemeine Parole: »Sich zu den Besten seines Volkes
zu bekennen, verpflichtet, für Einheit, Freiheit und Fortschritt zu
streiten«. Und an der Seite stand: »Wir wollen alles, was gut und
edel ist in unserem Volk.«. Vom Marxismus-Leninismus war 1947
an den Wänden nichts zu finden, und ebensowenig waren Porträts
von Lenin und Stalin angebracht, denn noch berief sich die SED
vor allem auf August Bebel.

Kurz nach unserem Weggang dominierte Stalin überall. Hier spricht Direktor
Rudolf Lindau anläßlich der Feier zum 70. Geburtstag Stalins am 21. Dezember 1949 in der Parteihochschule.

Und selbst bei der Übersiedlung nach Kleinmachnow im Januar 1948 zierten das Foyer des Wohngebäudes nur das Bild von Marx und sein Ausspruch: »Die Theorie wird zur materiellen Gewalt, wenn sie die Massen ergreift.« Immerhin hing nun aber schon ein Foto des KPD-Vorsitzenden Ernst Thälmann in dem Klassenraum, in dem auch ich Unterricht hatte. Doch dies war als Reverenz an ein Hitler-Opfer zu sehen. Die Symbolik änderte sich bis 1949 grundlegend. Kurz nach dem Ende unseres Zweijahreslehrgangs sprach Lindau im Dezember 1949 vor einem großen Stalin-Bild, eingerahmt von einem roten Stern. Und charakteristisch war, daß dann im Dezember 1950 bei einer Veranstaltung der Parteihochschule ein riesiges Stalinbild das Präsidium überragte.[19] Nunmehr galt für die SED-Schulung allein die stalinistische Dogmatik.

Stalin hatte am 4. Mai 1935 – kurz vor den blutigen »Säuberungen« in der Sowjetunion – eine Bemerkung gemacht, die ständig zitiert und zum Grundsatz aller kommunistischen Parteien wurde: »Die Kader entscheiden alles.«[20] Im März 1939 hat er diesen Satz noch ergänzt. Er bezeichnete die »Parteikader« als »Kommandobestand« und erhob sie zur »entscheidenden politischen Kraft«. Für Stalin hieß »Kaderauslese« auch, die »jungen Kader« rechtzeitig und kühn auf leitende Positionen zu befördern. Eine Schlußfolgerung war: »Zur Ausbildung qualifizierter theoretischer Parteikader wird beim ZK der KPdSU (B) eine Hochschule für Marxismus-Leninismus mit dreijähriger Dauer organisiert.«[21] Mit anderen Worten, Stalin war der Meinung, wenn die Diktatur in ihren Strukturen gefestigt ist – also die Institutionen herausgebildet, die Mechanismen der Macht eingeübt sind – kommt es darauf an, ergebene Kader zu schulen, um mit ihnen dann führende Posten besetzen zu können.

Die totalitäre stalinistische Diktatur über die Massen setzte außer den entsprechenden Machtstrukturen voraus, daß innerhalb der Partei der Apparat, d. h. die Kader, »funktionierte«. Politisch-ideologischer Konformismus der Funktionäre sollte durch ideologische Indoktrination, allerdings auch durch innerparteiliche Verfolgungen, verharmlosend Säuberungen genannt, erreicht werden. Das bedeutete Terror und Repressalien sogar in den eigenen Reihen. Solche ständigen »Säuberungen« waren eine Besonderheit des Kommunismus. In der jüngeren Geschichte war er die einzige Bewegung, die mehr ihrer eigenen Führer, Funktionäre und Mitglieder ermordet hat, als das ihre Feinde taten.[22]

Den disziplinierten »Parteiarbeiter«, den die stalinistische Führung brauchte, schuf sie sich einerseits durch ideologische Ausrichtung, andererseits prägte ihn das Wissen um die schlimmen Folgen von »Abweichungen«. Den Kadern war sehr wohl bewußt, was dem »Ketzer« blüht. Daraus ergab sich eine weitere Besonderheit. Kommunistische Funktionäre zeichneten sich dadurch aus, daß sie gegenüber ihrem politischen Feind mutig und einsatzbereit bis hin zur Selbstaufopferung waren. Aber innerhalb der eigenen Organisation benahmen sie sich wie abhängige Befehlsempfänger, wie gehorsame Untertanen, ihre unbedingte »Parteidisziplin« bewies mangelnde Zivilcourage.

Und genau auf den Konformismus zielte die manipulierte Indoktrination. Solche »Schulung« stand deshalb im Mittelpunkt der Parteiarbeit, insbesondere nach der Übernahme staatlicher Macht. Das galt auch für die deutschen Kommunisten in der SBZ. Diejenigen, die die blutigen Stalinschen Säuberungen im sowjetischen Exil überlebt hatten (das war nur ein Drittel, zwei Drittel kamen dort ums Leben),[23] haben sofort die ideologische Schulung als notwendiges Instrument der Machteroberung nach dem Krieg forciert. Es war durchaus logisch, wenn der Parteivorsitzende Wilhelm Pieck im Oktober 1944 – noch in Moskau – KPD-Mitglieder (vor allem die Jugend) »im Geiste des Marxismus-Leninismus-Stalinismus schulen«[24] und zu diesem Zweck sogar »ähnliche Einrichtungen, wie sie die Nazipartei auf ihren Ordensburgen« besaß, schaffen wollte. Erstaunliche Forderungen, aber bezeichnend für die beabsichtigte stalinistische Ausbildung ergebener Kader, die »alles entscheiden« sollten.

Doch wegen der Zwangsvereinigung mit der SPD im April 1946, die ja auch eine Betrugsvereinigung war, weil die führenden Kommunisten ihre wahren Ziele tarnten, mußte diese Absicht zunächst zurückgestellt werden. Daher war die Parteischulung 1946/47 noch eine Mischung von parteilicher Bildung in der Tradition der Arbeiterbewegung und Ansätzen stalinistischer Indoktrination. 1948 erfolgte dann die Übernahme der Schulungsprinzipien der KPdSU im Sinne von »Die Kader entscheiden alles«.

Die Herausbildung und allgemeine Entwicklung des SED-Schulungsnetzes ist inzwischen mehrfach untersucht worden.[25] In einer Gesamtdarstellung der SED-Parteischulung bis 1961 wurde von Thekla Kluttig auch die Rolle der Parteihochschule »Karl Marx« aus den Akten rekonstruiert.[26] In Erinnerungen, vor allem von Wolfgang Leonhard[27], aber ebenso von SED-Kadern wurden Ereignisse an der Parteihochschule beschrieben.[28]

Hier soll nun speziell über den ersten Zweijahreslehrgang von Oktober 1947 bis November 1949 berichtet werden. Unsere subjektiven Zeitzeugenerinnerungen werden durch Einschätzungen und Reflexionen des Historikers ergänzt. Diese sind gestützt durch Einsicht in (allerdings nur teilweise überlieferte) Akten[29] sowie die Auswertung bisheriger Darstellungen.

Dabei kommt es weniger darauf an, nochmals über die Funktion der Ideologie zu schreiben, dies ist andernorts geschehen.[30] Auch die Rolle der Parteihochschule »Karl Marx« im System der SED-Schulung oder die Mechanismen ihrer Anleitung sind hier nur am Rande zu thematisieren.[31] Ebenso werden die Inhalte der Schulung in ihren Veränderungen nur beispielhaft geschildert. Anhand der Akten[32], vor allem aber durch Erinnerungen können sowohl die Atmosphäre als auch Erlebnisse und Erfahrungen des Alltags im Internat anschaulich gemacht werden. Die Wirkungen des Unterrichts auf junge Menschen, die Resultate der Indoktrination werden am eigenen Beispiel gezeigt. Die Begegnungen und die Schilderung der vielen Personen, Lehrer und Hochschüler sowie der Spitzenfunktionäre, die referierten, vermitteln ebenfalls Aufschlüsse. Soweit möglich, soll über das Schicksal der Lehrer oder Schüler informiert werden. Über den persönlichen Rückblick hinaus sind daher die eigentlichen Zielsetzungen für den Zweijahreslehrgang den Ergebnissen, Erfolgen und Mißerfolgen dieser »Kaderschmiede« der SED gegenüberzustellen.

Kaderplanung und Hierarchie

Die Vorgaben der SED-Spitze zur Auswahl der Schüler für den ersten Zweijahreslehrgang waren bereits stark von stalinistischen Prinzipien einer »Kaderplanung« bestimmt. Mit einem Rundschreiben an alle Landesvorstände der SED vom 10. Juni 1947 (unterzeichnet von den Mitgliedern des Zentralsekretariats Gniffke, Dahlem, Ackermann und Meier) wurde angekündigt, daß neben einem Halbjahreslehrgang und einem ebenfalls halbjährigen Journalistenlehrgang auch der erste »Zweijahreslehrgang, voraussichtlicher Beginn am 1. 10. 1947« vorzubereiten sei. Zwar könne sich jedes Mitglied bewerben. »Um jedoch eine systematische Heranbildung und Entwicklung führender Funktionäre durch die erwähnten Lehrgänge zu erreichen, ist das Hauptgewicht auf eine planmässige [!] Auswahl und Aufstellung der Kandidaten durch die Abt. Personalpolitik in engster Zusammenarbeit mit den Abt. Parteischulung, Werbung, Presse und Rundfunk zu legen.«[33]

Die aufgezählten Auswahlbedingungen trugen die Handschrift der zwei erfahrenen Altkommunisten Dahlem und Ackermann. Im üblichen »Parteichinesisch« hieß es:

»1. Die entwicklungsfähigsten und in der praktischen Arbeit erprobtesten Genossen und Genossinnen sind vorzuschlagen. Erwiesene Parteitreue und engste Verbundenheit mit den Massen verdienen dabei besondere Beachtung.

2. Die Auswahl der Kandidaten muss eine planmässige sein, d. h. dass die Abt. Personalpolitik und das Sekretariat sich bereits bei der Auswahl in groben Zügen über die Verwendung der Schüler nach Beendigung der Lehrgänge im klaren sein müssen. Für Not- oder Verlegenheitslösungen und sonstige Zufälligkeiten darf bei der Auswahl kein Platz sein.

3. Moralische Sauberkeit und einwandfreie politische Vergangenheit sind eine selbstverständliche Voraussetzung für jeden Kandidaten für die höchsten Parteischulen.«

Es war kein Zufall, daß Franz Dahlem fast zur gleichen Zeit bei einer Arbeitstagung der Abteilung Personalpolitik im Juli 1947 (sie fand übrigens in der Parteihochschule in Liebenwalde statt!) auf die oben erwähnten Ausführungen Stalins zur Kaderpolitik einging und sie als »klassische Formulierungen Stalins« bewertete.[34]

Im Rundschreiben an die Landesvorstände wurden auch organisatorische Maßnahmen genannt, so wurde z. B. angekündigt, daß Anfang September »eine Kommission des Zentralsekretariats die endgültige Auswahl und Aufnahmeprüfung der Schüler« für den Zweijahreslehrgang am Sitz jedes Landesvorstands vornehme. Personalfragebogen der Bewerber sowie deren »Charakteristik« waren durch die Parteiorganisation vorher einzureichen. Zusammen mit dem Rundbrief wurden auf zwei weiteren, speziellen Blättern Hinweise zur Auswahl der »Kandidaten« des Zweijahreslehrgangs verschickt. Unter anderem wurde gefordert, die Parität »der Zugehörigkeit zur ehemaligen SPD und KPD« zu »wahren«. Für den Zweijahreslehrgang wurden sogar noch fünf zusätzliche Aufnahmebedingungen gestellt:

1. »Die in Vorschlag gebrachten Genossen und Genossinnen müssen unbedingt auf theoretischem Gebiet entwicklungsfähig sein«, 2. sollten sie mindestens zwei Jahre der Partei angehören, 3. aktive Parteiarbeiter sein und 4. erfolgreich eine Parteischule absolviert haben. Schließlich mußten 5. die Kandidaten über Literaturkenntnisse verfügen. Die dazu erwähnten Titel ließen wiederum Absichten einer stalinistischen Lenkung erkennen: Neben dem »Kommunistischen Manifest« wurden z. B. Lenins »Karl Marx« sowie seine Schrift über den Imperialismus angeführt, aber ebenso J. Stalin, »Über dialektischen und historischen Materialismus«.[35]

Immerhin war die SED 1947 noch so weit von ihrer späteren Geheimhaltungsmanie entfernt, daß das »Neue Deutschland« am 15. Juni 1947 sogar eine Art Ausschreibung für die Lehrgänge veröffentlichte, wobei die erwähnte Literaturliste abgedruckt war. Zum Zweijahreslehrgang hieß es dort: »Der zweijährige Grundkurs (4 Semester) soll eine wissenschaftliche Ausbildung vermitteln. In vier Fakultäten erfolgt eine Spezialisierung für dialektischen und historischen Materialismus, politische Ökonomie, Geschichte und Grundlagen der marxistischen Politik. Bevorzugt werden solche Bewerber, die bereits einen Lehrgang der Hochschule, Landesparteischule oder ähnliche Lehrgänge mit Erfolg abgeschlossen haben.« Gefordert wurde ein »gefestigter Gesundheitszustand«, der ein »langes, intensives Studium« gewährleistet. Jedes SED-Mitglied, das der Auffassung war, »den Anforderungen« zu »entsprechen«, konnte sich beim Kreis- oder Landesvorstand melden. Die internen Anweisungen an die Leitungen hatte »Neues Deutschland« indes verschwiegen.

Nach dem ersten Vorschlag der Abteilung Schulung sollte der Zweijahreslehrgang 125 Teilnehmer, darunter 25 aus Westdeutschland und mindestens 32 Frauen, umfassen.[36] Das Zentralsekretariat legte am 10. Juni 1947 100 Personen fest, tatsächlich waren es dann wie erwähnt 79 (nur sieben Westdeutsche und 16 Frauen). Ein Blick auf die Zusammensetzung der Genossen, die im Oktober 1947 zum Zweijahreslehrgang an der Parteihochschule »Karl Marx« in Liebenwalde eintrafen, macht deutlich, daß den Ansprüchen des Zentralsekretariats nur teilweise entsprochen wurde.

Die über 70 SED-Studenten (wie beschrieben, verlief die Auswahl bei den sieben KPD-Mitgliedern aus dem Westen ohnehin

anders) waren zwar geprüft worden, doch der Hinweis im Rundschreiben vom 10. Juni 1947, es dürfe keine »Not- oder Verlegenheitslösungen« geben, war offensichtlich vernachlässigt worden.
Nur so ist zu verstehen, daß – wie im Extremfall – die (mit 36 Jahren älteste) Kursantin Anni Lörler aus Zwickau (früher KPD) am
Beginn unseres Lehrgangs öffentlich erklärte, sie sei stolz darauf,
vorher nie ein theoretisches Buch gelesen zu haben, dazu habe sie
als Textilarbeiterin und Mutter keine Zeit gehabt. Immerhin wurde
sie nach dem Besuch der Parteihochschule 1950 Mitglied des Sekretariats der SED-Kreisleitung Zwickau (für Frauenfragen) und
schied später wegen persönlicher Probleme aus sämtlichen Funktionen aus. Sie war natürlich eine Ausnahme, aber die beträchtli-
chen Unterschiede hinsichtlich Alter, sozialer Herkunft, vorhan-
denem Wissen und Lernfähigkeit wurden doch bald spürbar.

Eine Statistik vom Oktober 1947 verdeutlicht dies.[37] 63 Kursanten waren Männer, nur 16 Frauen. Drei Hochschüler waren
jünger als 20 Jahre, 25 zwischen 21 und 25 Jahre, 19 zwischen 26
und 35 Jahre alt, 27 Schüler 36 bis 40, vier von 41 Jahre bis 45
Jahre und einer über 46 Jahre. Der früher erlernte Beruf war bei 33
Arbeiter, 36 waren Angestellte, einer Bauer und neun ohne Beruf.
Direkt vor dem Besuch der Hochschule waren 46 Parteiange-
stellte, 20 Verwaltungsangestellte, je zwei beim FDGB bzw. der
FDJ tätig, einer Intellektueller, nur vier Arbeiter und vier ohne Beruf. Die Mehrheit, nämlich 46 Hochschüler, kamen aus der KPD,
nur 22 aus der SPD, und elf waren erst 1946 in die SED eingetreten.

Vom Herbst 1948 (Beginn des 3. Semesters) ist eine weitere
Statistik überliefert (als allerdings nur noch 68 Teilnehmer übrig-
geblieben waren).[38] Der jüngste der nun 55 männlichen Kursanten
war 19 Jahre, der älteste 47 Jahre, die jüngste der jetzt 13 Schülerinnen 23, die älteste 37 Jahre. 43 Studenten hatten nur die Volksschule, 16 die Mittel- und 9 die höhere Schule besucht. Auch die
vorhergegangene Parteischulung entsprach nicht den geforderten
Bedingungen. So hatten zwar 37 bereits eine Landesschule der
SED absolviert, neun eine Kreisschule, aber 14 überhaupt noch
keine Parteischule. Die meisten Studenten hatten schon Funktionen ausgeübt, zehn auf Landesebene, einer sogar auf zentraler
Ebene, die Mehrheit (41) auf Kreisebene. Von den noch 68 Hochschülern kamen 40 aus der KPD, aus der SPD 22, sechs direkt aus
der SED.

Diese Zahlen der »Auswertungen« von 1947 bzw. 1948 wider-
spiegeln die Unterschiede der Zusammensetzung des ersten Zweijahreslehrgangs, dessen Studenten zu »höheren Kadern« herangebildet werden sollten.

Für die Kursanten der Parteihochschule »Karl Marx« war das
Leben im Internat indes noch von verschiedenen anderen Faktoren
abhängig. Einige kannten sich von früher, waren schon zuvor befreundet und schlossen sich hier erneut zusammen. Es gab Kame-
radschaft unter den Zimmerkollegen, die – wohl absichtlich – etwas gemischt »sortiert« wurden, also voneinander kaum etwas
wußten. Es bildeten sich kleine Cliquen unter den Jüngeren, den
knapp 30 Schülern der bis 25jährigen, die zum Teil sehr an Sport
interessiert waren. Auch zwischen den bereits älteren Studenten
bestanden Freundschaften. Natürlich hielten auch wir Westdeutsche zusammen. Ich hatte darüber hinaus rasch guten Kontakt zu
einigen etwa gleichaltrigen Mitschülern. Mich interessierten aber
besonders ältere Kursanten, die früher oppositionellen Gruppen
der Arbeiterbewegung angehört hatten. Kein Thema war anfangs
noch die ehemalige Zugehörigkeit zur KPD oder SPD und zu den
»Splittergruppen« vor 1933; das änderte sich erst 1948 in Kleinmachnow. In Liebenwalde waren wir Hochschüler recht willkür-
lich vier Gruppen zugeteilt worden, die im ersten Semester noch
bis Februar 1948 beisammenblieben. Ab dem zweiten Semester
erfolgte dann eine Unterteilung nach vier Fakultäten.

Die SED scheute für ihre Parteihochschule keine Kosten, und
das betraf sowohl die direkten Finanzen als auch vor allem die Verpflegung. Am 3. November 1947 beschloß das Zentralsekretariat
der SED für jeden Schüler des Zweijahreskurses ein monatliches
Stipendium von 75 Mark.[39] An die Familien der Verheirateten sollten die Miete sowie Beträge für Ehefrau und Kinder, außerdem als
»sozialer Ausgleich« zehn Prozent des früheren Bruttogehalts ge-
zahlt werden.

Schließlich wurden vom Zentralsekretariat auf der gleichen Sitzung die Rationen für Schüler und Lehrer geregelt, die viel höher
lagen als die der Bevölkerung. 1947 betrug sie in der Parteihochschule 600 Gramm Brot, 130 Gramm Fleisch, 50 Gramm Butter
und 140 Gramm Nährmittel täglich. Allerdings wurde die bereits
damals übliche Privilegierung der »oberen« Ränge praktiziert.
Uns Schülern war bewußt, daß den Dozenten im eigenen Speisesaal, den wir nicht zu betreten hatten, offensichtlich besseres Es-

sen verabreicht wurde. Darüber haben vor allem junge KPD-Mitglieder mit ihrer Vorstellung von Gleichheit in der Partei die Nase gerümpft. Aber unbekannt blieb, wie unterschiedlich es sogar beim Lehrpersonal zuging.

Laut Aufstellung des Zentralsekretariats gab es dort nämlich drei Gruppen: die beiden Direktoren, die Lehrer und die Assistenten, die eine zusätzliche Wochenration erhielten. Während die Brotportion für alle Kategorien der Lehrerschaft gleich war (1500 Gramm), bekamen die Direktoren doppelt soviel Fleisch wie die Lehrer, bei Butter war die zusätzliche Wochenration 350 Gramm (Direktoren), 250 Gramm (Lehrer) und 150 Gramm (Assistenten). Außerdem erhielten die Direktoren 150 Gramm Zucker und 200 Gramm Gebäck, die Assistenten je 100 Gramm. Wie groß die Zigarettenzuteilung war, geht aus der Aufstellung jedoch nicht hervor. Jedem Schüler standen ebenfalls Zigaretten zu. Obwohl ein übles Kraut, war es für die Raucher doch das Beste, was es damals – nur auf Bezugskarte – auf dem deutschen Markt gab. Sie wurden in einer Pankower Tabakfabrik hergestellt und in 200er Packungen verteilt. Bemerkenswert ist, daß sie keine Banderole hatten, die SED sie also unversteuert bekam. Eine 200er Packung mußte – so die Erinnerung – ca. 10 bis 14 Tage reichen.

Wie gesagt, seinerzeit blieb uns die Hierarchie bei der Verpflegung verborgen. Aber langsam entdeckte ich, daß innerhalb dieser angeblichen Arbeiterpartei keine Gleichheit bestand, daß der Glaube, einer Gemeinschaft von ebenbürtigen Kämpfern anzugehören, nur eine Illusion war. Das System der SED kannte schon 1947 ein Oben und Unten. Es existierte aber nicht nur eine Rangordnung der Macht, sondern – besonders spürbar in dieser Zeit des Hungers und der Entbehrungen – es gab zugleich krasse Unterschiede bei der Zuteilung von lebenswichtigen materiellen Gütern. Alle leitenden Funktionäre erhielten bekanntlich von sowjetischen Behörden regelmäßig Lebensmittelpakete, sogenannte Pajoks. Die »Pajok-Ausgabe« an das Lehrpersonal der Parteihochschule erfolgte vierzehntäglich.[40]

Selbstverständlich war auch die Bezahlung der Lehrkräfte unterschiedlich. Im April 1948 forderten Lindau und Lenzner vom Zentralsekretariat die Aufbesserung der Gehälter. Assistenten erhielten 500,– Mark. Nun sollten einige (z. B. Wolfgang Leonhard und Sepp Triebe) Lehrer werden und 700,– bekommen, andere 600,–; die Assistenten aber weiterhin 500,– Mark. Bei den Lehrern

Der Parteivorsitzende Grotewohl in Liebenwalde im Kreis von Hochschulleh-
rern. Von links: Fritz Theilen (Philosophie), Dekan Alfred Lemnitz (Ökonomie), Heinz Abraham (Grundfragen), Bernhard Thiel (Ökonomie, mit Ta-
sche), Bruno Rüffler (Geschichte), Karl Pürschel (Geschichte), Otto Grotewohl, Ilse Fischer (Grundfragen, von hinten) und Alexander Grüttner
(Philosophie).

lag die Spanne zwischen 700,– und 900,– Mark, während den vier
Dekanen 950,– Mark ausgezahlt wurden.[41] Diese finanziellen Unterschiede waren im Frühjahr 1948 freilich nicht so gravierend
wie bei den Lebensmittelzuweisungen. Denn die Reichsmark war
ja kaum etwas wert, und auch nach der Währungsreform vom Juli
1948 hatte die Ost-»Deutsche Mark« geringe Kaufkraft.

Die Lebensmittelversorgung war 1947 und 1948 ja noch in
ganz Deutschland katastrophal, so daß schon die Parteihochschüler gegenüber der Bevölkerung Vorteile genossen, und je
höher die Funktion, um so »nahrhafter« war die Zuteilung, und
um so besser ließ es sich leben. Diese relativ gute Versorgung gelang freilich nur mit großen Anstrengungen. Beispielsweise mußte
sich das Zentralsekretariat der SED Anfang Februar 1948 an die
Sowjetische Militäradministration wenden und sie wegen der »angespannten Lebensmittelversorgung« bitten, »Fett und Fleisch für
die Versorgung der Lehrgänge zu bewilligen«. Ab Februar mußte
dennoch die Fleischration von 130 auf 100 Gramm herabgesetzt
und dreimal wöchentlich die Butter durch Marmelade ersetzt werden.[42]

Doch die SED hatte sich ja nicht nur um die Verpflegung zu kümmern sowie erhebliche Finanzmittel für das Personal aufzubringen, sondern darüber hinaus erforderte auch die Neuausstattung der Parteihochschule viel Geld. Während Liebenwalde 1947 bereits bestand und das Sekretariat der KPD im Januar für Reparaturen nochmals 100000 Reichsmark bewilligt hatte, verschlangen der Umbau und Ausbau der verschiedenen Gebäude in Kleinmachnow ab 1947 horrende Summen. »Auf zwei Millionen Reichsmark beliefen sich die ersten Kosten, die das Zentralsekretariat« zu genehmigen hatte.[43] Die Abteilung Parteischulung beim Vorstand der SED erstellte im Oktober 1947 einen sechsseitigen Überblick der geplanten Inneneinrichtung. Für die Direktoren-, Lehrer- und Sekretariatszimmer, für Schulräume, Hörsäle, Clubräume und die Zimmer der Studenten wurden Hunderte von Schreibtischen, Sesseln, Ruhesofas, Betten usw. benötigt. Aus einer Zusammenstellung der Kosten für den 2. Bauabschnitt von Januar 1948 ergibt sich eine Summe von 963000 Reichsmark. Im April 1949 bewilligt das Kleine Sekretariat für die endgültige Fertigstellung nochmals 450000 Deutsche Mark (Ost). Für das ganze Objekt mußten also damals mehrere Millionen aufgewendet werden.

Finanzen waren noch für andere Zwecke nötig. Beispielsweise wurde laut einem Bericht allein in Liebenwalde von Oktober bis Dezember 1947 Lehrmaterial »mit einem Gesamtpapierverbrauch von 170200 Blatt DIN A 4« gebraucht, davon für den Zweijahreslehrgang 24000 Blatt. Von Beginn an ließ sich die SED ihr gesamtes Schulungsnetz und speziell die Parteihochschule »Karl Marx« große Summen kosten.

Zwei grundverschiedene Direktoren

Da ab Oktober 1947 in Liebenwalde drei größere Kurse mit zusammen über 200 Teilnehmern gleichzeitig begannen (Zweijahreslehrgang mit 79, Halbjahreslehrgang mit 89 und Journalistenlehrgang mit 56), mußte der Lehrkörper erweitert werden. Zunächst nahm die SED-Führung aber eine Auswechslung im Direktorat vor, damit effektiver gearbeitet werden könne. Am 30. September 1947 wandten sich Ackermann und Meier von der Abteilung Parteischulung an das Zentralsekretariat mit dem Vorschlag, »daß die Genossen Kropp und Bose von der Leitung der Hochschule abberufen und anderweitig verwandt werden«. An ihre Stelle sollten als »gleichberechtigte Direktoren die Genossen Rudolf Lindau und Paul Lenzner treten«, Parteisekretär sollte Otto Heckert werden. Willi Kropp, seit 1924 im Apparat der KPD, und seiner »SPD-Parität« Karl Bose wurde vorgeworfen, keine »parteierzieherische Arbeit geleistet« zu haben. Schon einen Tag später, am 1. Oktober 1947, bestätigte das Zentralsekretariat diese Vorschläge.

Ebenso war das Lehrpersonal zu ergänzen. Schon am 5. Juli 1947 war das Zentralsekretariat »ersucht« worden,[44] die 21 Lehrkräfte (13 kamen aus der KPD) zu »bestätigen«. Ferner sollten die »Genossen Heinz [richtig Wolfgang] Leonhardt [sic!] und Herbert Winkler von der Abtl. Parteischulung auf die Hochschule überführt werden«. Schließlich wurde vorgeschlagen, 13 »bisherige Schüler« (des beendeten Halbjahreskurses) zu übernehmen (sechs früher in der SPD, sieben in der KPD). Tatsächlich blieben neun als Lehrer auf der Parteihochschule (vier ehemals SPD, fünf KPD). Nunmehr waren bis Ende 1947 (die Angaben variieren) zwischen 27 und 34 Lehrkräfte beauftragt, die jetzt noch 182 Studenten der drei Lehrgänge in Liebenwalde zu unterrichten. Außerdem wurde die Einteilung in vier Fakultäten festgelegt, die Philosophische Fakultät wie bisher mit ihrem Dekan Dr. Victor Stern, die Historische Fakultät mit Dekan Erich Paterna und die Ökonomische Fakultät mit Dekan Alfred Lemnitz. Die in der Sowjetunion übliche Fakultät für Marxismus-Leninismus gab es noch nicht. Doch die bislang von Frida Rubiner geleitete – politisch getarnte – »Lehrmittelabteilung« wurde dann in die vierte Fakultät umgewandelt. Sie hieß nun »Grundfragen des Marxismus« mit der Dekanin Dr. Frida Rubiner.[45]

Ab Oktober 1947, damit zu Beginn des Zweijahreslehrgangs, war Rudolf Lindau der bestimmende Mann der Parteihochschule »Karl Marx«. Als Transportarbeiter war er 1907 der SPD beigetreten, nahm als Vertreter der »Linksradikalen« an der Spartakus-Konferenz im Januar 1916 teil und gehörte 1919 in Hamburg zu den Mitbegründern der KPD. Lindau wurde 1921 Abgeordneter der Hamburger Bürgerschaft und 1923 für kurze Zeit sogar in die Zentrale der KPD gewählt; 1924 MdR, war er 1924/25 aber für längere Zeit inhaftiert. Er übernahm 1926 die Leitung des KPD-Bezirks Wasserkante (Hamburg), arbeitete später als Redakteur und mußte 1933 in die Sowjetunion emigrieren. Sein Sohn Rudolf wurde von den Nazis 1934 in Hamburg hingerichtet. Aus Moskau

Direktor Rudolf Lindau.

zurückgekehrt, war Lindau 1945 zunächst in der Schulungsabteilung des Parteivorstandes der KPD/SED eingesetzt, besaß aber nur noch geringen politischen Einfluß.

Dies alles war uns über den Direktor der Parteihochschule mehr oder weniger bekannt. Der damals 59jährige wortkarge und untersetzte Lindau wirkte wie ein aggressiver, kantiger und bulliger Typ. Wegen seiner rotgeäderten Nase hätten wir ihn in der Pfalz eher als Säufer eingeschätzt, doch tatsächlich trank er nicht. Vor allem uns Jüngeren gegenüber war er distanziert. Ich selbst fand kaum Kontakt zu ihm. Er unterhielt sich zwar hin und wieder mit uns Westdeutschen, Vieraugengespräche waren jedoch sehr selten. Als ich ihm 1948 einmal vorschlug, uns Studenten über sein ereignisreiches revolutionäres und schweres Leben zu berichten, lehnte er dies brüsk und ohne Begründung ab. Dabei waren seine Vorlesungen interessant und lehrreich, denn er besaß ein großes Wissen über die Weimarer Republik und die Arbeiterbewegung. Außerdem war er schonungslos gegenüber Wichtigtuerei. So zog er sarkastisch gegen »Schönredner« zu Felde, die ihre Referate vor dem Spiegel übten, nannte dies zu Recht »Mumpitz« (»Neuer Weg«, Juni 1947). Allerdings war er selbst doktrinär und hatte sich den stalinistischen Vorgaben voll angepaßt.

Seinerzeit wußte ich noch nicht, daß ihn die Parteiführung im Februar 1927 als Politischen Leiter der KPD in Hamburg abgelöst hatte, weil er energisch gegen Korruption und Vetternwirtschaft vorgegangen war, die schon damals in deren Bezirk »Wasserkante« betrieben wurden. Lindaus Nachfolger wurde John Wittorf, mit dessen Namen ein Finanzskandal der KPD im Jahr 1928 verbunden ist. Dieser hatte bei weitem nicht den Umfang des CDU-Spendenskandals unserer Tage, für die KPD war er dennoch bedeutsam. Parteisekretär Wittorf hatte 1800 Mark Mitgliedsbeiträge unterschlagen. Das versuchte sein Busenfreund und Saufkumpan, der KPD-Vorsitzende Ernst Thälmann, der ja aus Hamburg stammte, gemeinsam mit anderen Funktionären (darunter der 1934 von den Nazis ermordete John Schehr), zu vertuschen. Die Widersacher Thälmanns in der KPD enthüllten natürlich die Unterschlagung. Daraufhin wurde Wittorf im September 1928 aus der KPD ausgeschlossen und Thälmann wegen der Vertuschung der Affäre seiner Funktion als KPD-Vorsitzender enthoben. Dagegen schritt Stalin sofort ein und hat über die Komintern Thälmanns Absetzung rückgängig gemacht. Statt dessen wurden nun die Gegner des ultralinken Kurses, den die KPD im Frühjahr 1928 eingeleitet hatte (Beschimpfung der Sozialdemokraten als »Sozialfaschisten«, Gewerkschaftsspaltung usw.), ihrerseits abgesetzt oder ausgeschlossen. Die »rechten« Kommunisten unter Heinrich Brandler, August Thalheimer, Jacob Walcher usw. vereinigten sich zur KPO, die »Versöhnler« mit Ernst Meyer, Arthur Ewert, Hugo Eberlein verloren ihre bisherigen führenden Funktionen.

Bei meinen Studien an der Parteihochschule über die KPD entdeckte ich Hinweise auf die Wittorf-Affäre. Aber über diesen Einschnitt der Parteigeschichte wurde im Unterricht geschwiegen. Auch mir ist erst am Ende des Lehrgangs klargeworden, daß Lindau damals auf eine ganz besondere Weise in die Wittorf-Affäre verwickelt war. Er hatte nämlich schon vorher als Intimfeind dieses Thälmann-Vertrauten Korruptionsfälle in Hamburg scharf bekämpft. Und daher war er mit Thälmann (der anders als der KPD-Mitbegründer Lindau erst Ende 1920 mit der linken USPD zur Partei gestoßen war) in Konflikt geraten. Doch nach 1945 bemühte sich Lindau, seine früheren angeblich guten Beziehungen zum Heros Thälmann hervorzukehren. Er hatte kein Interesse daran, die alte Problematik oder gar seine eigene Rolle nochmals zu thematisieren. Später hat Lindau in einer 36seitigen Broschüre über Thälmann[46] die Wittorf-Affäre weiterhin übergangen, jedoch wie früher vom »feigen Verrat« der »Brandler-Führung« getönt.

In Lektionen über die Arbeiterbewegung behandelte der Direktor der Parteihochschule in Liebenwalde selbstverständlich die KPD, er vermied aber »heiße Eisen«. Auch in seiner Hauptvorlesung »Probleme der Geschichte der deutschen Arbeiterbewegung«[47] paßte sich Lindau 1947 der offiziellen Lesart an: er verteidigte den Marxismus, sprach vom »Sieg des Sozialismus in Rußland«, doch hob er weder Lenin noch Stalin hervor. Er prangerte »Fehler« der Sozialdemokratie an, aber auch »Sektierertum und Dogmatismus« in der KPD. Mit der Wandlung der Parteilinie 1948/49 und dem späteren Bekenntnis der SED zur KPD-Tradition hat Lindau dann freilich ganz anders argumentiert.[48] Nun war er einer der ersten, die den Kampf gegen den »Sozialdemokratismus« forderten.

»Abweichler« oder die KPD-Abspaltungen hatte Lindau schon immer scharf angegriffen. Im stalinistischen Jargon nannte er die KP-Opposition (KPO) die »KP-Null«. Auffallend war außerdem, wie er »Parteifeinde« in der Parteihochschule übel diffamierte, gegen sie in Haßtiraden verfiel. Beispielsweise beschimpfte er Wolfgang Leonhard, den ehemaligen Dozenten, nach dessen Flucht 1949 als »Schurken« und »Mistkerl« und rühmte sich, den vorher in der Lehrmittelabteilung der Parteihochschule tätigen »Agenten Möhring überführt« zu haben.

Erst später begriff ich, daß Lindaus Verhalten durchaus typisch war für einen Funktionär der KPD, der sich vom einst unduldsamen Linksradikalen in einen disziplinierten stalinistischen Parteisoldaten verbogen hatte. Ihm war bereits im Prozeß der Stalinisierung der KPD das politische Rückgrat gebrochen worden, er hatte sowohl seine Absetzung in Hamburg 1927 als auch spätere Degradierungen stillschweigend hingenommen und sich konsequent von Freunden aus der KPD-Gründerzeit getrennt, wenn diese ausgeschlossen wurden oder die KPD verließen. Die Unterwerfung unter die Parteiführung und deren Generallinie waren ihm ebenso wie deren Geschichtsauslegung zur Lebensregel geworden und in Fleisch und Blut übergegangen. Daß er die Wünsche eines »jungen Spunds« – der ich wohl in seinen Augen war – nach Aufklärung von brisanten historischen Problemen (gewissermaßen durch eine Art »oral history«) barsch zurückwies, ist also verständlich. Inzwischen ein angepaßter Stalinist, hatte Lindau die angeordneten Geschichtslegenden als Legitimation »der Partei« verstanden. Auch sein späteres Aufbegehren gegen historische

Einschätzungen Ulbrichts (nach seiner Absetzung als Direktor der Parteihochschule durch Beschluß des Politbüros vom 12. September 1950) änderte daran nichts.[49]

Aus ganz anderem Holz geschnitzt als der immer grollende, harte und unversöhnliche Lindau war seine »sozialdemokratische Parität« Paul Lenzner. Der gelernte Lithograph war bereits 1902 in die SPD eingetreten, leitete vor dem Ersten Weltkrieg den Berliner »Abstinentenbund« und führte bis 1915 hauptamtlich ein Arbeiterjugendheim. Im Krieg an der Front, trat er der Unabhängigen Sozialdemokratischen Partei bei. Doch er ging 1920 nicht wie die Mehrheit dieser Organisation zu den Kommunisten, sondern kehrte 1922 in die SPD zurück. Bis 1926 war Lenzner Redakteur in Zeitz, danach bis 1933 Sekretär der Volksbühnenvereine für Westfalen. 1933 arbeitslos, eröffnete er 1935 eine Leihbücherei, stand im Kontakt zum Widerstand und war kurzzeitig inhaftiert. Ab Mai 1946 übernahm er neben Fred Oelßner die Leitung der Abteilung Schulung und Bildung im SED-Parteivorstand und wurde im Oktober 1947 paritätischer Direktor der Parteihochschule.

Der zeitlebens vor allem an Kultur interessierte Lenzner blieb weiterhin auf diesem Feld tätig. Der 63jährige bereitete die kulturellen Veranstaltungen vor und kümmerte sich um Ausstellungsbesuche oder Theatervorstellungen. Im Gegensatz zu Lindau hielt er kaum Vorlesungen. Im persönlichen Umgang war Lenzner ein höflicher, rücksichtsvoller Mensch. Stets ein überzeugter Marxist, hatte er später mit dem »Marxismus-Leninismus« zwar seine Schwierigkeiten, paßte sich aber an. Mit uns westdeutschen Kommunisten pflegte er keinen näheren Kontakt, doch gerne ging er auf Fragen ein, bereitete sich vor, wenn etwa eine Zimmergemeinschaft von ihm etwas wissen wollte. So befindet sich in seinem Nachlaß die schriftliche Antwort auf die Frage des »Zimmers 2204« an die Schulleitung, ob es einen Unterschied zwischen Kultur und Zivilisation gebe. Die Genossen hatten darüber gestritten, und Lenzner versuchte, Unterschiede zu benennen, und ging dabei sogar auf »den idealistischen Philosophen Spengler« ein.

Wegen seiner kulturellen Aktivitäten und umfassenden Kenntnisse wurde Lenzner von den meisten Schülern geachtet, von einigen Altkommunisten dagegen eher mißtrauisch beäugt. Es war durchaus typisch, daß er beim gemeinsamen Ausflug der Parteihochschule auf einem Haveldampfer im Mai 1948 – als er die ganze Fahrt über seekrank an der Reling hing – weniger belächelt, sondern vielmehr bedauert wurde. Hingegen war eher Schadenfreude zu verspüren, als Lindau ein Mißgeschick passierte: Während der Feier zur russischen Oktoberrevolution brach sein Stuhl im Präsidium zusammen, er verschwand hinter dem Podium, und wie bei einem Geist tauchten erst die Hände und schließlich der ganze Lindau wieder auf. Zumindest manche von uns Jungen konnten nicht an sich halten, und es gab Gelächter.

Lenzner wurde im Januar 1950 als Mitarbeiter an das Institut für Marxismus-Leninismus versetzt. Dort schrieb er noch hin und wieder Artikel, in denen auch er nunmehr die Linie der stalinistischen SED verinnerlicht hatte.

Solche Anpassung war bei der dritten »Größe« in der Leitung der Parteihochschule erst gar nicht nötig. Eine wichtigere Rolle als die Dekane spielte nämlich sofort der Parteisekretär. Otto Heckert war in der SED gut angesehen, war er doch der kleine Bruder des legendären KPD-Mitbegründers Fritz Heckert. Der gelernte Gärtner Otto war auch als Bauarbeiter und Zimmermann tätig, seit 1923 in der KPD und ab 1924 vor allem in deren militärischer Organisation Roter Frontkämpferbund aktiv. Von 1933 bis 1937 und erneut von 1939 bis 1945 im Zuchthaus und KZ, berief ihn die KPD-Führung im Oktober 1945 aus Chemnitz zum stellvertretenden Leiter der Abteilung Agitprop des ZK nach Berlin. 1946 wurde er Mitglied der Schulungsabteilung des Parteivorstandes und im Juni 1946 Assistent an der Parteihochschule, ab Oktober 1947 dann deren Parteisekretär.

Parteisekretär Otto Heckert (links) im Gespräch mit einem Kursanten.

Der 42jährige Heckert war ein umtriebiger, wuseliger und äußerlich wenig attraktiver Mensch, sein Schielen hinter dicken Brillengläsern irritierte. Theoretisch kaum beschlagen, war auch die Organisation nicht gerade seine Stärke, und er kam mit Lindau wie mit Lenzner selten zurecht. Mit uns jungen westdeutschen Kommunisten führte er oft Gespräche, berichtete vom illegalen Kampf und der Haftzeit und erzählte natürlich besonders gern von seinem berühmten Bruder. 1949 stolperte Heckert schließlich über die Flucht von Wolfgang Leonhard, ausgerechnet ihm warf man »mangelnde Wachsamkeit« vor, und er wurde in die Abteilung Agitation des ZK »versetzt«. Von 1954 bis 1962 wirkte er als 2. Sekretär in der SED-Bezirksleitung Leipzig.

So unterschiedlich die Direktoren Lindau und Lenzner sowie Parteisekretär Heckert auch waren, ihre Aufgaben nahmen sie ernst: ihr Bestes zu geben zur Erziehung der Studenten an der Parteihochschule »Karl Marx«. In Liebenwalde 1947 freilich lief das noch ohne große Hektik ab, gegenüber dem intensiven Studium schien die »Parteiarbeit« eher zweitrangig.

Schwieriges Studium

Während die Lehrer durch ihre Tätigkeit in drei großen Kursen ohnehin überlastet waren, mußten sich die Schüler oftmals erst an systematischen Unterricht gewöhnen und dabei zu einem Lernkollektiv zusammenfinden. Im Zweijahreslehrgang geschah dies sowohl in den kleinen Zimmergemeinschaften als auch innerhalb der vier Gruppen, in die wir zunächst eingeteilt waren. Lehrer und Assistenten sowie Dekane lernten wir durch ihre Vorlesungen und in den Seminaren näher kennen. Doch die Lektionen wurden in Liebenwalde häufig von führenden Parteifunktionären gehalten, die aus Berlin anreisten. Direkte Bezugsperson sollte der Klassenlehrer sein, der jeweils Verantwortlicher für eine der vier Gruppen war. Diese trugen die Namen: August Bebel (Gruppe 1), Clara Zetkin (Gruppe 2), Franz Mehring (Gruppe 3) und Ernst Thälmann (Gruppe 4).

Mit weiteren 16 Studenten (darunter drei Frauen) kam ich in die Gruppe Thälmann. Unser Klassenlehrer war der damals 41jährige Josef (Sepp) Triebe, mit dem ich nun im ersten Halbjahr zunächst in Liebenwalde und dann bis Februar 1948 in Kleinmachnow engeren Kontakt hatte. Triebe stammte aus Döbeln in Sachsen. Als Lehrer der Fakultät Ökonomie war er auch für die Aufarbeitung der Vorlesungen, die Seminare und das »Selbststudium« in unserer Gruppe zuständig.

Gerade dieses Fach war für viele von uns, auch für mich, besonders schwierig. Wir begannen schon in Liebenwalde Band I des »Kapitals« von Karl Marx durchzuackern. Doch die ganze Begriffswelt vom Doppelcharakter der Ware und ihrem Fetischcharakter sowie von Tausch- und Gebrauchswert, Verwandlung von Geld in Kapital, konstantem und variablem Kapital, Wert der Arbeit und der Arbeitskraft sowie das allgemeine Gesetz der kapitalistischen Akkumulation wurden anhand des Werkes abstrakt durchgenommen und war in dieser Abstraktion schwer zu verstehen. Später fragte ich mich, warum nicht die verständlicheren Arbeiten von Marx über Lohn, Preis, Profit oder Lohnarbeit und Kapital herangezogen wurden, die dem Neuling den Einstieg erleichtert hätten. »Lohnarbeit und Kapital« war ja schon seit 1946 auf dem Buchmarkt, die drei Bände »Kapital« wurden erst ab 1948 vom Dietz-Verlag der SED ausgeliefert (wovon wir dann sofort ein Exemplar erwerben konnten). In den Jahren 1947/48 mußte die Lehrmittelabteilung das »Kapital« teilweise noch mit Rotaprint-Druck vervielfältigen, der Text wurde uns abschnittsweise ausgehändigt.

Die komplizierte Materie ließ mich gerade im Ökonomie-Unterricht zurückhaltend bleiben, ich diskutierte kaum mit, hatte fast Minderwertigkeitskomplexe. Ein weiterer Grund dafür war, daß ich, wie bei uns zu Hause üblich, stark dialektgefärbt sprach, mein Hochdeutsch vom Mannheimer Tonfall geprägt war. Daran änderte sich zunächst wenig, denn mit meinem damaligen engen Freund Mies redete ich ja stets im Pfälzer Dialekt. Hinzu kam, daß ich von Kindesbeinen an zwar eine Leseratte war, aber der Lesestoff im Arbeiterhaushalt klein und zudem bunt gemischt war. Mein winziges Kinder-Bücherbord war vor allem mit billigen Abenteuerheften gefüllt, die ich mit Schulkameraden austauschte. An Literatur war zunächst nur Mark Twains »Huckleberry Finn« dabei, den ich zum 10. Geburtstag geschenkt bekommen hatte. Dieses Buch kannte ich fast auswendig, weil ich es immer wieder las.

Doch in der Volksschule war der Deutschunterricht mehr schlecht als recht. Daher ließ mein Ausdrucksvermögen zu wünschen übrig. Kindheit und Jugend im Arbeitermilieu und der be-

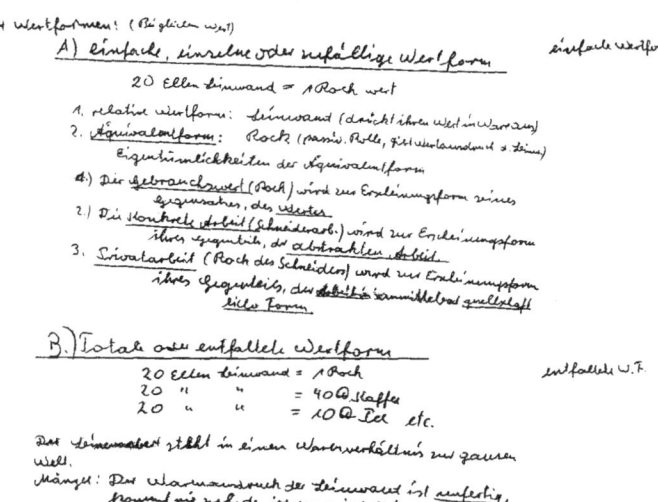

Für das Studium gab es Arbeitsmaterialien, jeder machte sich Notizen, hier Aufzeichnungen von »Wunderlich« zum »Kapital«.

scheidenen Volksschule machten sich da bemerkbar, und auch die anderthalb Jahre Lehrerbildungsanstalt bei den Nazis hatten das kulturelle Niveau kaum gehoben. Trotz unermüdlichen Lesens und Selbststudiums fehlte mir noch viel. Kurzum, ich spürte 1947 selbst, wie ich in den Seminaren – gerade in Ökonomie – nicht selten gehemmt war. Und ich war unzufrieden mit mir, ärgerte mich, wenn in der Diskussion andere das sagten, was ich auch längst gedacht hatte, aber meinte, dies nicht so gut ausformulieren zu können. Niemals hatte ich diese Hemmungen im Umgang mit meinen Mitschülern, und kaum in den vertrauteren Fächern Geschichte oder Politik und überwand sie bald bei Philosophiethemen.

Natürlich fiel Triebe meine Zurückhaltung, mein Schweigen auf. Um so überraschter war er offensichtlich, als ich die erste schriftliche Prüfung mit Bravour ablegte. Daraufhin unterhielt er sich öfter mit mir unter vier Augen. Er besaß pädagogisches Geschick, auch solide Vorbildung, hatte er doch 1928 ein halbes Jahr auf der berühmten Heimvolksschule Tinz studiert und danach die Akademie der Arbeit besucht. Wie so viele bildungshungrige Funktionäre hatte er sich dort und durch Selbststudium ein ausgezeichnetes Wissen erworben. Von Beruf Dreher, war Triebe seit

1922 in der Arbeiterjugendbewegung. Daß ihn dieses geprägt hatte, war ihm auch 1947 anzusehen, trug er doch die berühmten Kord-Knickerbocker, selbstverständlich rauchte und trank er nicht. 1931 hatte ihn die SPD ausgeschlossen, weil er der illegalen Organisation »Roter Kämpfer« angehörte. Er ging dann zur »Kommunistischen Arbeiterpartei« (KAP). Diese schon 1919 von der KPD abgespaltene linksradikale Organisation war freilich zu jener Zeit nur noch eine Sekte. Triebe übernahm wichtige Funktionen, arbeitete nach 1933 illegal. 1937 verhaftet, mußte er vier Jahre im Zuchthaus verbringen. 1943 wurde er zur berüchtigten Division 999 eingezogen, einem Himmelfahrtskommando für politische Gegner der NS-Diktatur. 1946 aus westlicher bzw. jugoslawischer Gefangenschaft heimgekehrt, wirkte er zunächst in Sachsen als Treuhänder eines Betriebs. 1947 absolvierte er den zweiten Halbjahreslehrgang der Parteihochschule in Liebenwalde, blieb anschließend als Assistent, wurde dann Lehrer und hatte seine Frau Margarete und die zwei Kinder zu sich geholt.

Dies alles erfuhr ich nach und nach aus Gesprächen mit ihm. Natürlich ergaben sich für mich unendlich viele Fragen, vor allem über die Rolle der KAP. Er andererseits war völlig überrascht, daß ich »Die Aktion« von Franz Pfemfert so gut kannte, denn dieser Anarchokommunist hatte ja 1920 kurz der KAP angehört, und für Triebe war diese Zeitschrift natürlich ein Begriff. Solche privaten Unterhaltungen zur Entwicklung der kommunistischen Bewegung waren in Liebenwalde sehr lehrreich für mich. Nicht zuletzt auch deswegen, weil Triebe mich auf Literatur verwies, die ich in der Hochschulbibliothek finden konnte, die ohnehin nach und nach zu meinem Hauptaufenthaltsort wurde. Doch es gab bei den Debatten für ihn eine Grenze. Während ich ein Suchender war, der auch andere politische oder organisatorische Möglichkeiten als die SED oder die KPD in Westdeutschland nicht ausschließen wollte, war Triebe fest überzeugt, daß die SED völlig richtig die notwendige Einheit der Arbeiterklasse hergestellt hatte und es dazu in Deutschland keine Alternative gab. Wie so manch anderer wollte er mir anhand seiner Erfahrungen klarmachen, daß die SED generell im Recht war, auch wenn ihre Führung Fehler machte und die politische Linie im einzelnen nicht immer stimmte. Daher war er für die bedingungslose Unterstützung »der Partei«. Dies schien mir, je mehr ich studierte und je länger der Lehrgang dauerte, falsch.

Da ich nach dem 1. Semester mit der Fakultät Ökonomie nur

noch wenig zu tun hatte, lockerten sich die Beziehungen zu Triebe. Als insbesondere nach Wolfgang Leonhards Flucht im März 1949 die Stalinisierung besonders harsch durchgepeitscht wurde, verstärkte sich mein Gefühl, daß dieser Dozent mich bewußt »schnitt«. Waren ihm nun unsere offenen Gespräche von 1947 peinlich, oder schien es ihm gar gefährlich, über so »heiße Eisen« diskutiert zu haben? Inzwischen war er als ehemaliger »Abweichler« persönlich bedroht. Tatsächlich ist Triebe durch Beschluß der Zentralen Parteikontrollkommission (ZPKK) vom Februar 1950 von der Parteihochschule entfernt worden. Kurt Hager hatte 1949 nämlich »entdeckt«, daß von den damals 40 Lehrern der Parteihochschule »Karl Marx« nicht weniger als sieben frühere »Parteifeinde« waren, und die sollten abgelöst werden. Der Vorwurf der ZPKK lautete, »als ehemals leitender Funktionär in der KAP« habe Triebe seine »entscheidenden Fehler nicht restlos überwunden«, insbesondere seine starken »Vorbehalte« gegenüber der Sowjetunion »und Genossen Stalin«. Deshalb wurde seine »Abberufung« vorgeschlagen. Abgehalftert, fand Triebe schließlich später Arbeit in der Betriebsgewerkschaftsleitung des Reglerwerks Teltow. 1953 übersiedelte er nach Rathenow, wo er im VEB Optische Werke arbeitete. Er gehörte der SED nicht mehr an, sondern nur noch dem FDGB und anderen Massenorganisationen. Triebe starb 1985 als Rentner.

Neben den Kontakten zum Klassenlehrer war ich in Liebenwalde in die Studiengruppe und die Wohngemeinschaft eingebunden. Mit im Zimmer lebte der schweigsame und fast scheue Jochen (Joachim) Roland. Obwohl wir gleichaltrig waren und im Seminarraum nebeneinander saßen, kam es zu keiner engeren Verbindung. Als Sohn sozialdemokratischer Eltern hatte er sich gleich 1945 der SPD angeschlossen und war automatisch zur SED gekommen. Er arbeitete als städtischer Angestellter. Ihm war selbst nicht ganz klar, warum die SED-Landesleitung Brandenburg gerade ihn zur Parteihochschule geschickt hatte. Jochen kränkelte sehr, und er ist kurz nach der Übersiedlung nach Kleinmachnow aus dem Zweijahreslehrgang ausgeschieden.

Hingegen war mein zweiter Zimmerkollege Fritz Seidel ein Ausbund an Lebendigkeit. Obwohl bereits 35 Jahre alt, war der relativ kleine und drahtige Sachse ein sprühender Erzähler. Seidel hatte fundierte Kenntnisse. Aus der Arbeiterjugend kommend, unterschied er sich stark von den puritanischen Vorstellungen der meisten Gesinnungsgenossen seiner Generation. Er hatte sich im Gegenteil z. B. für Sexualkunde interessiert, und von ihm erfuhr ich erstmals Genaueres über berühmte Sexualforscher der Weimarer Republik wie Magnus Hirschfeld oder Max Hodann. Darüber hinaus war er auch in der »Sexualökonomie« von Wilhelm Reich beschlagen, und er war für mich der erste, mit dem ich ernsthaft über Sigmund Freud – mit dessen Werken ich mich herumschlug – diskutieren konnte. Vor allem aber war er als Sportler ein As, unter anderem hatte er seinerzeit dem 400-Meter-Lauf-Team von Harbig – dem 800-Meter-Weltrekordler – angehört. Faszinierend berichtete er den Sportenthusiasten – mir hatten die Nazis das Interesse am Sport gründlich ausgetrieben, und ich blieb zeitlebens »unsportlich« – über seinen Laufstil. Seidel unterwies die Sportfreunde in Haltung und Technik, wie beim Laufen die Füße aufzusetzen sind usw. Manchmal hatte er auch schlüpfrige Witze parat und testete damit, wie weit die Prüderie bei uns ging. Der frühere Sozialdemokrat paßte zwar nicht so recht ins Bild eines »Parteistudenten«, er schlug sich aber bis zum Lehrgangsende durch. Er sollte Lehrer an einer Parteischule werden. Doch weil er 1945/46 in

Schüler und Lehrer einer der vier Gruppen des Zweijahreslehrgangs, »Clara Zetkin«. In der ersten Reihe von links Lehrer Karl Pürschel, Franz Schekelinski, Anni Lörler, Annelies Witt, Klassenlehrerin Luise Wagner (Ökonomie), Hans Tammer, Heinz Heuer, Fritz Schulze, Fritz Seidel, dahinter (von links) Fred Voigtländer, unbekannt, Siegfried Witt, Birger Gillensten (Norwegen), unbekannt, Werner Kaufmann.

westlicher Kriegsgefangenschaft war und dort an antifaschistischen Kursen teilgenommen hatte, durfte Seidel keine Parteifunktion wahrnehmen und arbeitete in einem Großhandelsunternehmen; leider ist uns nicht bekannt, was danach aus ihm wurde.

Mein dritter Zimmerkollege indes blieb nach dem Studium zunächst noch auf der Parteihochschule. Heinz Heuer, 1921 in Laubusch in Sachsen geboren, also in Liebenwalde 26 Jahre alt, war bis 1939 in Hoyerswerda Lehrling und danach Industriekaufmann (sein Vater war Buchhalter). 1941 zur Wehrmacht eingezogen, war er am Kriegsende Unteroffizier und 1945 in seiner Heimat Laubusch Arbeiter, trat der SPD bei und wurde 1946 Neulehrer. Er kam 1947 als Lehrer an die Kreisparteischule der SED in Hoyerswerda, die ihn an die Parteihochschule nach Liebenwalde delegiert hat. Der etwas chaotische und manchmal grundlos aufbrausende Heuer war mit Seidel eng befreundet – beide zusammen in der Gruppe »Zetkin« (Dritter im Bund war Hans Tammer). Sie haben mich in ihre »Sachsengruppe« einbezogen, insbesondere, nachdem Heuer wie ich ab dem 2. Semester Philosophie belegte und wir beide 1948 »Aspiranten« wurden. Mit Beschluß des Kleinen Sekretariats vom 9. Juni 1949 ist Heuer als Assistent bestätigt worden und blieb als Lehrer und Professor an der Parteihochschule. Von 1960 bis 1968 war er in der SED-Bezirksleitung Berlin Leiter der Abteilung Kultur. Von dort kam er an die Kunsthochschule in Berlin-Weißensee, wo er von 1971 bis 1981 als Prorektor für Gesellschaftswissenschaften tätig war. Zum 50. Geburtstag 1971 erhielt Heuer den »Vaterländischen Verdienstorden in Bronze«. Aus Gesundheitsgründen verließ er 1981 die Kunsthochschule. In einer Darstellung wurde kürzlich seine konspirative Tätigkeit für das MfS von 1970 bis 1981 dokumentiert. Die Unterlagen im MfS-Archiv zeigen, daß er (sogar noch nach seiner Emeritierung) als IM »Heureka« geführt wurde.[50]

Das MfS lobte den »festen politischen Standpunkt« Heuers, der ja in Liebenwalde durchaus noch kritisch diskutiert hatte. In der Verpflichtung für das MfS 1970 (»durch Handschlag«) sah er persönlich einen »hohen Vertrauensbeweis«. Seine zahlreichen Berichte an das MfS zeigen ihn als schlimmen Denunzianten. Selbst ein Vortrag von Jürgen Kuczynski im Juli 1975 veranlaßte ihn zur Forderung, solche Veranstaltungen »nicht zu wiederholen«. Die Zusammenarbeit mit dem MfS wurde wegen seiner Krankheit 1985 beendet. Heuer lebte nach 1990 zurückgezogen in Berlin.

Ackermann und Oelßner unterrichten

Solche »Karrieren« lagen in Liebenwalde noch in weiter Ferne. Da standen andere Dinge im Vordergrund. Für die meisten von uns galt es wohl zunächst, den Wissensdurst zu stillen. Die Älteren, die als Soldaten, Häftlinge oder in der Illegalität kaum etwas hatten hinzulernen können, wollten das intensiv nachholen. Wir Jüngeren wußten, daß uns in der Nazizeit nicht nur entscheidende Kenntnisse in Kunst und Kultur verwehrt, sondern auch das Wissen sehr einseitig und gefiltert vermittelt worden war. Nun gingen wir ernsthaft daran, zwölf Jahre lang Verbotenes zu erforschen und hier Neues zu lernen. Und nicht alle merkten, daß leider bald wieder nur »gefilterte Wahrheit« gelehrt wurde, hinter dem »Kampf gegen den Objektivismus« 1949 dann auch die Absicht stand, Fakten vorzuenthalten oder zu verfälschen.

Schüler wie Lehrer verband aber in erster Linie die gemeinsame politische Grundüberzeugung. Einerlei, ob frühere Sozialdemokraten oder Kommunisten, ob noch treu gläubig oder mit Vorbehalten und Kritik der SED-Politik gegenüber, wir wollten uns nach den katastrophalen Erlebnissen des deutschen Nationalsozialismus und des Krieges aktiv dafür einsetzen, eine Wiederholung solcher Schrecken zu verhindern. Wir erstrebten eine neue, bessere und humane Gesellschaftsordnung und Frieden in der Welt. Dieser Wille, aus der Vergangenheit Lehren zu ziehen, für Frieden und soziale Gerechtigkeit einzutreten, aber auch eine Wirtschaft zu zerschlagen, in der Profitsucht über allem stand, einte uns. Wir hofften, demokratisch mitbestimmen zu können. Progressive Ideen hatten uns zur SPD oder zur KPD gebracht und uns zum Studium in der Parteihochschule »Karl Marx« in Liebenwalde zusammengeführt. Das waren die Beweggründe unseres Lerneifers und des Wunsches, etwas Besseres aufzubauen. Wir verstanden uns auch nicht etwa nur als Studenten, die nach Neuem suchten, sondern waren darüber hinaus parteilich orientierte Funktionäre. Es verwunderte uns also keineswegs, daß neben den Lektionen und Seminaren zunehmend Parteiversammlungen eine wichtige Rolle spielten. Allerdings begannen sich dadurch schon früh in der Lehre wie in den Parteigruppen die unterschiedlichen individuellen Interessen und Einstellungen abzuzeichnen.

Die erste Vorlesung in Liebenwalde am Donnerstag, 9. Oktober 1947, hat wohl alle Hörer gleichermaßen begeistert. Anton Ackermann referierte zum Thema »Einführung in den Marxismus«. Da wir uns allesamt als Marxisten fühlten, aber doch sehr diffuse Auffassungen davon hatten, lauschten wir gebannt und dachten ähnlich, wie es Hans Tammer in seinem Tagebuch vermerkte: »Die erste Lektion ... hat einen gewaltigen Eindruck bei uns Schülern hinterlassen. Genosse Ackermann versteht es, mit so präziser Sachlichkeit und wissenschaftlicher Tiefe den Stoff zu behandeln, daß fast jeder Satz ein Erlebnis ist.«[51]

Beim Blick in die Niederschrift des Referats (im Archiv überliefert)[52] fällt heute allerdings auf, daß der »gewaltige« Eindruck bei uns damals mehr von der Art und Weise des Vortrags als von seinem Inhalt bestimmt war. Ackermann ging nämlich nicht auf den Marxschen Grundsatz des historischen Materialismus ein, die These von der »Basis« der Produktionsverhältnisse und dem daraus abgeleiteten »Überbau« von Gesellschaft, Politik, Ideologie usw. Vielmehr beschränkte sich der Referent auf eine Längsschnittbetrachtung der Geschichte. Diese »marxistische« Deutung der historischen Entwicklung, mit der er Marx simplifizierte, liest sich in der Niederschrift so:

»Die längste Zeit lebten die Menschen im Zustand der Barbarei, der gleichzeitig primitiver Urkommunismus war. Aus dem Urkommunismus entwickelte sich die Sklavengesellschaft, auf die der Feudalismus folgte. Schließlich löste der Kapitalismus die Feudalgesellschaft ab. Auch diese wissenschaftliche Untersuchung führt zur Parteinahme, denn wenn der Kapitalismus nicht von Ewigkeit her bestand, dann wird er auch wieder vergehen.«

Ackermann betonte, in erster Linie sei eine »Parteinahme« auch in der Wissenschaft nötig. Es kam ihm offenbar darauf an – und dies ist ihm seinerzeit auch geglückt –, uns so zu beeinflussen, daß wir an eine historisch »notwendige« Entwicklung vom Kapitalismus zum Sozialismus glaubten. In seiner Zusammenfassung lautete dies: »Wir können die Kausalität, die Gesetzmäßigkeit, nicht ableugnen, weil wir damit die Geltung der Wissenschaft überhaupt leugnen würden. Mit der Annahme der Kausalität aber ergibt sich die unabdingbare Notwendigkeit des Untergangs der kapitalistischen und des Aufstieges der sozialistischen Gesellschaftsordnung.« Letztlich vereinnahmte, ja instrumentalisierte Ackermann schon damals die Marxsche Theorie zur Rechtfertigung der SED: sie betreibe »wissenschaftliche« Politik, und im Besitz der »historischen Wahrheit« sei ihr Sieg »gesetzmäßig«.

Hier klang bereits das spätere Axiom an, die Partei habe »immer recht«.

Durch sein überzeugendes Auftreten konnte Ackermann uns Laien mit solchen Ansichten für diese einseitige Bewertung des »Marxismus« gewinnen. Wenn ich mich recht erinnere, schienen mir selbst die Seitenhiebe gegen die Theorien der SPD, die sie damals in einer sehr umstrittenen Tagung in Ziegenhain aufgestellt hatte, durchaus berechtigt. Hingegen habe ich seine Einschätzung des Existentialismus als »religiös« und als skeptische Gegentheorie zum Marxismus bezweifelt. Immerhin wurde durch Ackermann mein spezielles Interesse von der Geschichte auf die Philosophie gelenkt, deshalb habe ich bei der Einteilung nach Fakultäten gleich für die Philosophie optiert.

In den etwa zweieinhalb Monaten unseres Studiums in Liebenwalde hielt Ackermann mehrere Vorlesungen zur Philosophie und zu Grundfragen der Politik. Er war damals der maßgebliche Theoretiker der SED und wurde von uns entsprechend geachtet, mehr noch mochten wir ihn aber wohl wegen seines feinen, menschlichen Verhaltens. Wie alle hochrangigen Redner traf Ackermann selbstverständlich mit dem Auto in Liebenwalde ein, mit einem alten deutschen PKW der Marke Horch oder Opel aus dem Fuhrpark des Parteivorstandes. Kennzeichnend für die allgemeine Wertschätzung dieses Parteiführers war, wie sehr sein Fahrer die Kollegialität seines »Chefs« in den höchsten Tönen pries. Dieses Lob hörten wir beim Essen, wo der Fahrer mit uns zusammen im großen Speisesaal Platz genommen hatte, während Ackermann mit den Dozenten im separaten »besseren« Raum speiste. Daran nahm sein Chauffeur jedenfalls keinerlei Anstoß, schließlich gab es im Gebäude des Parteivorstandes sogar eine »Vierklassengesellschaft«, nämlich Speisesäle von der einfachen Kantine für Putzfrauen und Fahrer bis zum exklusiven Séparée der Spitzenfunktionäre.[53] Im Unterricht war Ackermann höflich und zuvorkommend. Wenn ein Student sich selbst meldete, erteilte er ihm sofort das Wort, beantwortete konziliant die Fragen, auch wenn diese manchmal von wenig Sachkenntnis zeugten.

Im völligen Kontrast dazu stand der andere Referent, der in Liebenwalde neben Ackermann die meisten Vorlesungen hielt, Fred Oelßner. Von ihm hörten wir im ersten Semester nicht weniger als zehn Lektionen zum Marxschen »Kapital«. Dabei stellte er immer wieder Zwischenfragen und machte sich bald geradezu einen

Spaß daraus, stets denjenigen »aufzurufen«, von dem er annahm, er wüßte die Antwort nicht und würde sich vor allen Hörern blamieren. Wenn Oelßner sprach, gewöhnte ich mir an, ein »wissendes« Gesicht aufzusetzen und mich neben einigen anderen öfter zu melden. Denn schnell war zu bemerken, daß er sich dann anderen »Opfern« zuwandte. Dieses fast gehässige Vorgehen war charakteristisch für Oelßner. Dennoch beeindruckten uns seine Lektionen ebenso wie die Ackermanns. Sie waren als überragende theoretische Köpfe der SED exzellente Kenner des Marxismus (und Leninismus). Gerade mit ihrem umfangreichen Wissen haben der damals 42jährige Ackermann und der 44jährige Oelßner – beide schon in der KPD, als ich noch gar nicht geboren war – mir, dem suchenden 19jährigen, sehr imponiert. Bei allen Unterschieden sowohl der Themen als auch in Vortragsweise und Form (Ackermann meist vom Pult aus, während Oelßner durch die Reihen schusselte, wie gesagt auf der Suche nach »Opfern«), waren ihre Referate einprägsam und lehrreich. In den folgenden Seminaren und bei der Auswertung der Lektionen war rasch zu erkennen, wie sehr die beiden die meisten unserer Lehrer und Assistenten überragten. Allerdings spürte ich, daß zwischen ihnen eine gewisse angespannte Konkurrenz herrschte, die früheren Kommunisten in der Parteispitze sich also keineswegs so einig waren, wie es nach außen schien. Natürlich wußten wir, daß Ackermann als Mitglied des Zentralsekretariats der SED der »Ranghöhere« gegenüber dem Abteilungsleiter Oelßner war.

Anton Ackermann, mit richtigem Namen Eugen Hanisch, einst Strumpfwirker im Erzgebirge, war seit 1926 Mitglied der KPD. Auch Fred Oelßner kam aus Sachsen, aber aus Leipzig. Sein Vater Alfred war bereits führender KPD-Funktionär in der Weimarer Republik gewesen und gehörte 1946 bis 1949 als Hauptkassierer zur SED-Parteispitze. Fred Oelßner, schon 1920 der KPD beigetreten, war nach dem Studium in Moskau wegen »Abweichung« 1937 abgesetzt worden und blieb dort bis 1940 einfacher Arbeiter. Ackermann hingegen wurde bereits 1935 Mitglied des ZK und Kandidat des Politbüros der Partei. Er gehörte 1945 (neben Ulbricht, Pieck und Dahlem) zu den entscheidenden KPD-Führern und war dann seit 1946 Mitglied im Zentralsekretariat der SED. Schon 1950 änderte sich das Verhältnis, Oelßner wurde Mitglied des Politbüros, während es Ackermann nur zum Kandidaten des SED-Führungsgremiums brachte.

1947 war Ackermann als »Verkünder« der These vom »besonderen deutschen Weg zum Sozialismus« jedoch unangefochten,
und Oelßner leitete damals die Schulungsabteilung. Beide ahnten
sowenig wie wir, daß Oelßner 1953 Ackermann als »Chefideo-
loge« der SED zwar ablösen, aber schon 1957 durch Intrigen Ulbrichts selbst abgesetzt würde. Auch Ackermanns tragisches Ende
durch Selbstmord war nicht vorhersehbar.

In Liebenwalde vertraten sie vor uns Hochschülern stets die von
ihnen mitformulierte SED-Parteilinie. Mir fielen daher nur die
äußeren Gegensätze auf, die zwischen dem zurückhaltenden, aber
freundlichen Ackermann und dem wendigen, aber auch zynischen
Oelßner bestanden.

Idol Hermann Duncker

Allerdings wurden beide Funktionäre in den Schatten gestellt vom
Referenten Dr. Hermann Duncker, der uns allen wohl am meisten
imponierte. Schon wenige Wochen nach Beginn des Lehrgangs
hörten wir von ihm eine grundlegende Lektion über historischen
Materialismus. Der damals bereits 73jährige Hermann Duncker
war schon äußerlich ein stattlicher Mann, überragte die mittel-
großen Ackermann und Oelßner; er besaß Ausstrahlungskraft, und
nicht nur für uns war er eine anerkannte Autorität. Dem Breit-
schultrigen, wenn auch schon etwas Gebeugten, verliehen sein
weißes Haar und der prächtige Schnurrbart ein patriarchalisches
Aussehen. Duncker war 1893 der SPD beigetreten und schon dort
in der Bildungsarbeit tätig gewesen. Als Mitbegründer der KPD
wurde er 1919 in deren erste Zentrale gewählt (ebenso seine Frau
Käte). Viele Jahre war er Wanderredner der Partei und hatte die
Schulungsarbeit der KPD in der Weimarer Republik geleitet. Für
sie hat er zahlreiche Schriftenreihen herausgegeben (unter anderem »Elementarbücher des Kommunismus«). Im Mai 1947 aus
den USA zurückgekommen, wohin er 1941 emigriert war, wurde
Duncker in Berlin feierlich vom Parteivorstand der SED und vor
allem von seinem alten Mitkämpfer Pieck begrüßt.

Diese berühmte Persönlichkeit stand nun vor uns als lebendige
Verkörperung der Tradition der Arbeiterbewegung und der marxistischen Schulung. Ein Mitschüler notierte über eine Vorlesung
zutreffend: »Schon fast erblindet, bewegt er sich trotzdem die

ganze Zeit im Vorlesungsraum. Sein Manuskript bestand aus einem Zettel vom Format A5. Er führte ihn ab und zu dicht an seine Brille heran, um die Stichpunkte erkennen zu können. Ich verfolgte jeden seiner Sätze, die – wohlgeformt und geschliffen – auch alle anderen Zuhörer packten, mit großer Spannung.«[54]

Duncker, seit Oktober 1947 Professor und Dekan an der Universität Rostock und ab März 1949 Leiter der FDGB-Schule, kam öfter zu Vorträgen an die Parteihochschule. In Kleinmachnow wurde im Mai 1949 sogar sein 75. Geburtstag gefeiert. Wir erlebten, daß zu dieser Gratulation die ganze SED-Spitze erschien, darunter Wilhelm Pieck, einige Monate später Präsident der DDR, Otto Grotewohl, dann erster Regierungschef, und Walter Ulbricht, der starke Mann der SED und der DDR.

Besonders einleuchtend waren mir Dunckers Ausführungen zum »Kommunistischen Manifest«. Anschaulich auch seine Bemühungen – etwa am 21. November vor unserem Lehrgang –, anhand der Analyse jedes einzelnen Satzes des berühmten Marxschen Vorworts von 1859 »Zur Kritik der politischen Ökonomie« dessen Grundvorstellungen zu erläutern. Er sah in den nur 15 Sätzen die »übersichtliche Systematik« der Ideen von Marx und interpretierte vor allem dessen am meisten zitierten Ausspruch: »Es ist nicht das Bewußtsein der Menschen, das ihr Sein, sondern umgekehrt ihr gesellschaftliches Sein, das ihr Bewußtsein bestimmt«. Es gelang ihm, das Marxsche »Vorwort« überzeugend und an-

Hermann Duncker hält eine Lektion beim Zweijahreslehrgang.

hand von Beispielen so einprägsam zu erklären, daß es mir und wohl fast allen Zuhörern unauslöschlich blieb. Er faßte die Sätze von Marx in fünf Thesen zusammen, die er allerdings ab 1953 revidierte und dann sogar Stalin – den er in seiner Lektion bei uns noch gar nicht erwähnt hatte – seine Reverenz erwies.[55] Solche Anpassungen an die jeweilige Tagespolitik, die mir freilich erst viel später auffielen, waren bei ihm nicht neu. Selbst seine Vorworte zu verschiedenen Auflagen des »Kommunistischen Manifest« sind davon nicht frei, beispielsweise wenn er Passagen der 1923 »gültigen Linie« danach einfach wegließ.[56] Aber diese stalinistischen Methoden waren auf der Parteihochschule 1947 noch unbekannt, und ich hätte sie Duncker auch nicht zugetraut. Seine Einführung in den Marxismus war exzellent und geradezu faszinierend.

Als Person und Lehrer hinterließ er bei mir einen nachhaltigen Eindruck. Eigene Zweifel und Kritikpunkte am Stalinismus und an der Politik der deutschen Kommunisten, die mich ja 1947 in Liebenwalde durchaus bewegten, mußte ich immer wieder in Frage stellen. Wenn solch hochachtbare Menschen, seit Jahrzehnten Kämpfer für die Sache der Arbeiter, nicht nur die theoretischen Grundlagen des Sozialismus vertraten, sondern Grundsätze und Politik der kommunistischen Bewegung unter Stalin voll befürworteten, wie sollte ich mit meiner jugendlichen Unerfahrenheit dagegen ankommen. Natürlich nahmen Autoritäten wie Duncker, aber auch Ackermann oder Oelßner, immer wieder für sich ein, oder anders ausgedrückt, sie verstellten mir den prüfenden Blick. Zwischen den geradlinig scheinenden und oft überzeugenden Aussagen der Referenten sowie dem eigenen Versuch, durch mühevolles kritisches Studium sowohl der »Klassiker« als auch der Häretiker der Bewegung den »richtigen« Standpunkt zu finden, existierte ein spürbarer Kontrast. Es gab bei mir ein Spannungsverhältnis zwischen Glaube und Hoffnung sowie Zweifel und Kritik, das ich jedenfalls in Liebenwalde nicht aufzulösen vermochte.

Das lag freilich auch an der geringen Kenntnis von den Lebensläufen dieser geachteten Persönlichkeiten. Es gab kaum biographische Handbücher. Gedruckt hatte die SED 1946 lediglich knappe Daten der Mitglieder des Zentralsekretariats. »Unsere führenden Genossen« hieß diese Veröffentlichung mit den Porträts von acht Personen: Pieck, Grotewohl, Ulbricht, Fechner, Ackermann, Gniffke, Dahlem und Lehmann. Im Nachdruck der KPD Baden, den ich besaß, fehlte allerdings Lehmann. Erst 1947 erschien unter gleichem Titel und in größerem Format eine Fassung mit etwas ausführlicheren, wenn auch »geschönten« Angaben über die Spitzenführer der SED, nun zusätzlich über Käthe Kern, Elli Schmidt, Merker, Karsten sowie Matern.

Über die führenden »Kader« war 1947 also wenig bekannt. Weder wußte ich, daß selbst Oelßner in der stalinistischen Sowjetunion zeitweise geächtet gewesen war, noch ahnte ich 1947, daß zwei Drittel der vor Hitler in die Sowjetunion, ihr »Vaterland«, geflüchteten deutschen Kommunisten dort in den »Säuberungen« umgebracht worden waren. Und natürlich blieb mir damals verborgen, daß sich darunter sogar ein Sohn von Hermann Duncker befand. Wolfgang Duncker wurde 1938 in Moskau verhaftet und wegen »Spionage« zu acht Jahren Lager verurteilt. Er kam 1942 im Alter von 33 Jahren in Workuta im GULag ums Leben. Das persönliche Schicksal von Käte und Hermann Duncker (der ältere Sohn verübte 1940 in New York Selbstmord) war also viel härter, als ich seinerzeit vermuten konnte. Für die orthodox-stalinistische Parteiführung blieb der Mitbegründer der KPD trotz aller seiner Bekundungen zu Lenin und Stalin als gemäßigter Kommunist ein verdächtiger »Versöhnler«. Hermann Duncker wurde z. B. vorgeworfen, in einer Frühschrift den Anarchisten Max Stirner einst zu positiv beschrieben zu haben. Noch am 10. Juli 1928 hatte er ein Vorwort zu August Thalheimers Schrift über Spinoza geschrieben – ein halbes Jahr später war Thalheimer als »Parteifeind« aus der KPD ausgeschlossen. Die Kursus-Hefte der »Marxistischen Arbeiterschule« (MASCH) gab Duncker 1930 zusammen mit K. A. Wittfogel heraus, der nach seinem Bruch mit der KPD als »Renegat« bekämpft wurde. Und schließlich hatte Duncker 1939 den Hitler-Stalin-Pakt zunächst kritisiert. Zwar blieb er bis zuletzt dem Stalinismus verbunden, aber solche »Abweichungen« wurden von der Parteiführung nicht vergessen.

Doch Duncker war inzwischen das »politische Rückgrat« gebrochen worden. Der von uns so geschätzte Referent hatte viel mehr ertragen müssen, es für sich behalten und tiefer vergraben, als wir auch nur ahnen konnten. Nachdem 1948 die Stalinisierung der SED forciert wurde, wußte er aus seiner langen Lebenserfahrung mit dem Stalinismus, daß es für ihn praktisch keinen Ausweg gab. Im Kalten Krieg bot der restaurative Westen keine Alternative. Während Käte Duncker bis zu ihrem Tod 1953 schwieg und nicht mehr der SED angehörte, flüchtete er in die »reine Theorie« oder äußerte Glaubensbekenntnisse, die wohlfeil klangen. Wie es wirklich in ihm aussah, erfuhr damals wohl niemand. Ob ihm die Überhäufung mit Orden und Ehrungen (unter anderem Karl-Marx-Orden, 1953, »Held der Arbeit«, 1954, Vaterländischer Verdienstorden in Gold, 1955) über den Mord an seinem Sohn hinweghalf und ihn mit dem Stalinismus aussöhnte? War Duncker vielleicht doppelzüngig oder gar korrumpiert, als er 1952 den »Aufbau des Sozialismus« in der DDR in höchsten Tönen lobte? Oder war er nicht doch ein längst entmutigter, gebrochener alter Mann, der den verlorenen Idealen seines Lebens innerlich nachtrauerte?

Vereinfachungen – wie beispielsweise durch die PDS, die anläßlich Dunckers 40. Todestag (»Neues Deutschland« vom 23. Juni 2000) erklärte, er sei eine »der lautersten Persönlichkeiten der demokratischen, sozialistischen und humanistischen Linken in diesem Jahrhundert« gewesen –, tragen weiterhin zur Legendenbildung bei. Ebenso unzutreffend ist die heutige Behauptung, er habe »niemals den Stalinschen ›Marxismus-Leninismus‹ propagiert«. Im Gegenteil, er scheute sich nicht, auf einer Konferenz im Juni 1951 Lobhudeleien zu Stalins Arbeiten über Sprachwissenschaft zu verzapfen.[57] Duncker sprach damals von Stalins »genialer Zusammenfassung« des historischen Materialismus, obwohl er es wahrlich besser wußte. Ja, als die »drei gewaltigen Dokumente« zum »Wesen des historischen Materialismus« bewertete er neben Marx' Vorwort »Zur Kritik der politischen Ökonomie« sogar zwei Stalin-Texte. Dennoch hat Hanna Wolf, seit 1950 Direktorin der Parteihochschule »Karl Marx«, ihn beschuldigt, Duncker habe Stalin zu kurz »abgefertigt«. Und abermals kroch der Veteran der Arbeiterbewegung demoralisiert zu Kreuze und verteidigte sich: Er sei doch »tief ergriffen und tief erfüllt« von der »ungeheuren Bedeutung, die Stalins Werk für die Arbeiterbewegung hat«. Duncker sprach nun gar von der »Vereinigkeit unserer Klassiker« (also Marx, Engels, Lenin, Stalin), von der er »tief, tief erfüllt« sei. Für ihn sei »mit das schönste«, daß er eine Entwicklung erleben dürfe, die »geführt wird von dem großen Führer des Weltproletariats, von Stalin«. Nach Dunckers Kotau verzeichnet das Konferenzprotokoll »starker, langanhaltender Beifall. Die Teilnehmer erheben sich von den Plätzen.«[58]

Die Person Duncker konnte so fast wie eine Ikone vorgezeigt werden, um das SED-Regime zu schmücken. Ulbricht nannte ihn 1958 »Vorbild und Ansporn« beim »Kampf um den Sieg des Sozialismus«. Und bei seinem Tod im Juni 1960 verkündete das ZK der SED, Duncker habe es verstanden, viele Tausend für den »wissenschaftlichen Sozialismus« zu »entflammen«, und diese Flamme wolle die SED »bis zum Sieg des Sozialismus« weitertragen. Sein Nimbus als »Lehrer dreier Generationen« und Marx-Interpret mußte zur Legitimation der SED-Diktatur herhalten. In seinem Schicksal wie in dem vieler anderer Kommunisten, die aus der Tradition der Arbeiterbewegung kamen, sehe ich eine menschliche Tragödie. Die Ursache dafür liegt für mich indes weniger in der trotz allem bewundernswerten Persönlichkeit Hermann Dunckers, sondern im brutalen System des Stalinismus.

Gruppe »Thälmann«

Solche Gedanken waren uns Jüngeren 1947 noch völlig fremd. Doch bei den persönlichen Vorstellungen und Diskussionen in den Gruppen tauchten durchaus schon Probleme zum Nachdenken auf. In unserer Gruppe »Thälmann« zeigte sich im Oktober 1947, wie unterschiedlich die Lebenserfahrungen waren. Die sieben Älteren, alle Mitte dreißig oder schon über vierzig Jahre, wirkten bereits in der Arbeiterbewegung der Weimarer Republik und waren unter der Hitler-Diktatur verfolgt worden. Die sechs jüngeren, Zwanzigjährigen, stammten aus kommunistischem oder sozialdemokratischem Elternhaus und waren so zur SED gestoßen. Hingegen waren die vier Mitt- und Endzwanziger vom Krieg geprägt, als Soldaten in der Gefangenschaft umerzogen worden.

Zwei ältere Studenten fanden mit ihrer Vorstellung besondere Aufmerksamkeit. Hans Lauter, Jahrgang 1914, hatte seit 1931 den kommunistischen Jugendverband in Chemnitz geleitet und dann die illegale Arbeit in Leipzig. Im Mai 1935 verhaftet, wurde der damals Zwanzigjährige zu 10 Jahren Zuchthaus verurteilt, die er bis 1945 absaß. Seit April 1946 stellvertretender Leiter der Abteilung Werbung und Schulung der SED Sachsens, war er im Oktober 1947 auf seinen Wunsch an die Parteihochschule gekommen. Bei der feierlichen Eröffnung des Zweijahreslehrgangs hatte er für die Schüler gesprochen. Wie er sich erinnert, war die Vorbereitung chaotisch, und er erfuhr erst kurz vor der Veranstaltung, daß auch er etwas sagen sollte. Lauter hatte (wie das »Neue Deutschland« am 10. Oktober 1947 berichtete) versichert, »daß die Genossen keine Mühe und Anstrengung scheuen werden, um die hohen Anforderungen« zu erfüllen.

Der sehr zurückhaltende, bescheidene, aber immer freundliche Lauter genoß bei uns allen Respekt. Wir dachten uns schon, daß er nach dem Studium wichtige Parteifunktionen übernehmen würde. Tatsächlich verließ er den Lehrgang bereits im April 1949, war bis Juli 1950 Mitglied des Sekretariats der SED in Sachsen. Der III. Parteitag der SED im Juli 1950 wählte Lauter zum Mitglied des ZK. Schließlich stieg er im gleichen Jahr zum Sekretär des ZK auf, erreichte also von allen Schülern unseres Lehrgangs die höchste Funktion. An der Spitze der Partei für Kultur zuständig, wurde er wegen seiner berüchtigten Rede vom März 1951 gegen den »Formalismus« (die damals gedruckt wurde) als Scharfmacher im Kampf gegen die moderne Kunst betrachtet. Doch nach dem Prozeß gegen den KPČ-Generalsekretär Slánský in Prag Ende 1952 geriet er in die Säuberungen der SED. Aus dem Sekretariat und dem ZK wurde Lauter im Mai 1953 ausgeschlossen und zwar wegen angeblichen Verrats von KJVD-Funktionären an die Gestapo. Erst 1956 rehabilitiert, kam er 1959 als Sekretär für Kultur in die SED-Bezirksleitung Leipzig, wurde dann jedoch wegen »Differenzen« mit dem Bezirksleiter Paul Fröhlich 1969 erneut abgesetzt. Er war zunächst Dozent, nach seiner Promotion 1974 bis zur Emeritierung 1979 Professor an der TH Karl-Marx-Stadt. Seit 1990 ist Lauter Vorsitzender des Verbandes der Verfolgten des Naziregimes in Chemnitz, für seine Aktivitäten wurde der 86jährige im Dezember 2000 ins Goldene Buch der Stadt Chemnitz eingetragen.

Als Hans Lauter uns in Liebenwalde in aller Bescheidenheit über seinen Werdegang und die Haft berichtete, betraf das ja nur den ersten Teil dieses dramatischen Lebens. Sein folgendes Schicksal war indes für kommunistische Kader ebenfalls typisch. Es wurde von der Willkür der stalinistischen SED bestimmt, von der wir damals noch keine rechte Ahnung hatten.

Der zweite Genosse, der meine besondere Aufmerksamkeit erregte, war der mit 42 Jahren älteste unserer Gruppe. Seit 1923 in der KPD, berichtete Ernst Schneider aus Berlin mit Stolz, daß er 1929 in die KPO von Brandler übergetreten sei. Denn damals habe ja die KPD mit ihrer Beschimpfung der Sozialdemokraten als »Sozialfaschisten«, der Unterschätzung der Nationalsozialisten durch den »Hauptstoß« gegen die SPD, durch ihre Spaltung der Gewerkschaften einen völlig verfehlten, ultralinken Kurs eingeschlagen. Dieses freimütige Bekenntnis hat seinerzeit wohl manchen überrascht, doch es wurde toleriert, denn das Klima war noch liberal. Bald darauf, in Kleinmachnow, ist Schneider dann aber deswegen angegriffen worden.

In Liebenwalde schienen sowohl die Zusammensetzung der Studenten als auch das offene Bekenntnis zur eigenen Vergangenheit zu beweisen, daß die SED eine »Einheitspartei« war. Von den 15 SED-Genossen in meiner Gruppe (außer mir kam noch Otto Krüger aus der westdeutschen KPD) waren zwei vor 1933 in der »abweichlerischen« SAP gewesen (Lehrer Triebe in der KAP), einer in der SPD und vier in der KPD, davon aber, wie erwähnt, Schneider später in der KPO. Die übrigen acht waren erst nach 1945 in die KPD bzw. SPD oder SED eingetreten.

Ergänzend hier lediglich einige Bemerkungen zu weiteren Mitschülern; auf den einen oder anderen wird zurückzukommen sein. Mein westdeutscher KPD-Genosse Otto Krüger, damals 26 Jahre alt, hieß richtig Korb. Als zweitältestes von zehn Kindern einer Arbeiterfamilie aus Engers bei Neuwied am Rhein war er im Oktober 1940 zum Arbeitsdienst und im Februar 1941 zur Wehrmacht eingezogen worden. Im September 1946 kehrte er aus der Kriegsgefangenschaft zu den Eltern nach Engers zurück und trat der KPD bei. Die KPD Koblenz schickte ihn 1947 auf die SED-Parteihochschule. Theoretisch sehr interessiert, ging der höfliche und zuvorkommende Otto später in die Geschichtsfakultät. Wie wir andere Westdeutsche, kehrte auch er 1949 in die Bundesrepublik zurück. Hier war er ein parteitreuer und fleißiger Redakteur des theoretischen Organs der KPD »Wissen und Tat«. Völlig überraschend schloß ihn die KPD 1953 aus. Die Anschuldigung lautete, Otto Korb sei homosexuell, damit erpreßbar und bilde daher eine Gefahr für die Partei. Es war die Prüderie dieser »Arbeiterpartei«, die sein politisches Leben zerstörte.

Zu den Jüngeren, mit denen ich mich näher angefreundet hatte, gehörte Walter Sandring. Vor dem Lehrgang war er beim FDGB in Sachsen-Anhalt tätig gewesen. Schon im Sommer 1948 mußte er wegen Tbc die Parteihochschule verlassen, später wurde er Kulturdirektor eines Staatsgutes.

Freundschaftlich verbunden war ich mit Heinz Busch, ebenfalls Jahrgang 1928. Er stammte aus einer sozialdemokratischen Familie in einem Thüringer Dorf, sein Vater gehörte bis 1933 dem Gemeinderat an. Daß Heinz – wie ich – nicht mehr Soldat wurde, hatte er seiner Mutter zu verdanken. Ihr wurde Anfang 1945 zugetragen, die Einberufung für Heinz liege schon im Gemeindeamt vor. In der Absicht, ihren Sohn zu schützen, verbrühte sie ihm beim Schlachten den Fuß mit heißem Fett. Als dann der Gestellungsbefehl zu Hause eintraf, konnte Heinz Busch wegen der schlimmen Verletzung des vorhergegangenen»Unfalls« nicht zum Militär eingezogen werden.

Der Maurer wirkte zunächst sehr zurückhaltend, da er sich anderen unterlegen fühlte. Aber er lernte unermüdlich und erweiterte sein Wissen ständig. Er organisierte den Sport an der Parteihochschule und war rasch von allen akzeptiert. Nach Abschluß des Zweijahreslehrgangs wurde der 21jährige als guter Organisator Leiter des Landessportausschusses Thüringen, 1953 Vorsitzender des Bezirkskomitees für Körperkultur und Sport in Berlin. 1972 sollte er Vizepräsident des DDR-Sportbundes werden. Doch Busch befürwortete den Massensport, er war gegen die Übertreibung der Rolle des Spitzensports sowie gegen Doping, schied 1972 aus der Sportarbeit aus und blieb bis 1990 zweiter Direktor der»Berlin-Information«. Typisch für den lebenslangen Lerneifer von Heinz Busch, daß der 56jährige 1984 an der Humboldt-Universität Stadtgeschichte belegte, um seine Arbeit besser gestalten zu können. Seit einigen Jahren pflegen wir wieder unsere freundschaftliche Beziehung.

Meine eigene Vorstellung in der Gruppe erwies sich schwieriger als die der eben Genannten. Ich erkundigte mich zuerst bei Otto Heckert, dem Parteisekretär, wie ich mich verhalten solle. Meinen richtigen Namen durfte ich ja nicht nennen, aber wie war es mit dem Lebenslauf? Er meinte, ich könne ruhig meine Lebensgeschichte erzählen, ebenso, daß ich in der KPD Baden aktiv sei. Das tat ich dann auch, obwohl es ja der Geheimniskrämerei eigentlich widersprach. Als Studienkollegen nun aber mehr über die KPD im Westen – nicht nur von mir, sondern auch von Otto »Krüger« – erfahren wollten, berichteten wir ihnen ausführlich über unsere eigene Parteiarbeit in den Westzonen.

Da ich im April 1947 Delegierter des »Landesparteitages der KPD Nordbaden« gewesen war, schilderte ich unter anderem die schweren Differenzen auf dieser Veranstaltung. Für die SED-Genossen, die nur ihre inzwischen straff disziplinierte Organisation kannten, war dies natürlich besonders spannend. Auf diesem Parteitag war es nämlich zwischen dem badischen Vorsitzenden Willy Boepple und Jakob Ritter einerseits und dem württembergischen Vorsitzenden Robert Leibbrand andererseits (von den Delegierten wurde eine Landesleitung Württemberg-Baden beschlossen) zum Streit über die bisherige Politik der KPD und der SED gekommen. Während Leibbrand sie verteidigte, übten die Mannheimer Parteiführer Kritik. Neben taktischen Fragen – wie der zur Verfassung für Württemberg-Baden – kam es auch zu grundsätzlichen Debatten. Boepple und Ritter vertraten den linken Standpunkt, der Klassenkampf gegen den wiedererstarkten Kapitalismus müsse im Vordergrund stehen, während Leibbrand die bisherige »demokratische« Linie in Schutz nahm. Gegenüber der SED waren sie sich aber interessanterweise einig. Leibbrand brandmarkte die Niederlage der SED bei den Wahlen im Oktober 1946, da diese in Berlin weniger Stimmen als die KPD in der Weimarer Republik im Jahr 1932 erreicht habe. Und als Wilhelm Rihm verlangte, vor allem sei Rußland (auch wegen der Behandlung der Kriegsgefangenen) zu kritisieren, meinte auch Leibbrand (ein Altkommunist, der immerhin von 1926 bis 1929 Mitglied des Exekutivkomitees der Kommunistischen Jugendinternationale war, dann 1949 MdB, jedoch 1951 als »Abweichler« in die DDR abgeschoben wurde), nicht alles, was die Sowjetunion mache, sei zu rechtfertigen – worin ihm wiederum Ritter und Boepple eifrig beipflichteten.

Das hörten sich die Genossen meiner Gruppe in Liebenwalde aufmerksam an, und sie baten mich, bei der bevorstehenden Weihnachtsurlaubsreise weitere Entwicklungen zu erkunden und ihnen das dann zu erzählen. Der ehemalige KPO-Genosse Ernst Schneider ging noch einen Schritt weiter. Er verwies auf zwei Fortsetzungen des Artikels in der »Einheit« von März und April 1947 über »marxistische Abweichungen in älterer und jüngster Zeit«. Darin war auch August Thalheimer angegriffen worden, und er würde gerne wissen, welche politische Haltung denn dieser heute vertrete. Der Beitrag in der »Einheit« sei ihm zu unklar, vielleicht könne ich darüber im Westen etwas Genaueres in Erfahrung bringen. Andere Studenten unserer Gruppe hatten den Artikel gar nicht gelesen, doch gab es gegen Schneiders »Auftrag« keine Bedenken.

Mir war der Aufsatz über die »Abweichungen« (attackiert wurden der Anarchismus ebenso wie die linken und rechten Abspaltungen der KPD) durchaus bekannt. Weil sich der Autor auch mit einer Arbeit »des Kommunisten Böpple« [sic!] über »unser Verhältnis zu Marx« befaßte, war er natürlich bei uns in Mannheim diskutiert worden. Boepple hatte in der sozialdemokratischen Zeitschrift »Volk und Zeit. Monatszeitschrift für Demokratie und Sozialismus« im September 1946 an der Diskussion »Wie stehen wir heute zu Karl Marx?« teilgenommen. Sein Beitrag war mit: »Der Kommunist Boepple« überschrieben, und darauf bezog sich der Artikel in der »Einheit«. Sowohl Boepple als auch Ritter hatten freilich über die Ignoranz des Verfassers und die Tendenz der Angriffe auf die »Abweichungen« Hohn und Spott ausgegossen.

Die Abhandlung stammte von dem seinerzeit in Marburg lehrenden Romanisten Werner Krauss, der 1947 einem Ruf nach Leipzig folgte. Unklar geblieben ist, warum gerade dieser Romanist, der weder mit der Arbeiterbewegung noch mit der alten KPD verbunden war, überhaupt erstmals nach 1945 das Problem der »Abweichungen« thematisierte. Werner Krauss[59] war 1942 zum Professor berufen, aber 1943 wegen Zusammenarbeit mit der kommunistischen Spionagegruppe »Rote Kapelle« zum Tod verurteilt und dann begnadigt worden. Im Frühjahr 1947 griff er jedenfalls mit seinem schwachen »Einheit«-Artikel auch die »Abweichler« der »jüngsten Zeit«, darunter Thalheimer, an. Wie so häufig in der stalinistischen Bewegung, traf ihn der gleiche Vorwurf später selber. Schon 1950 wurde Krauss von Sindermann als »Trotzkist« bezeichnet und vom MfS überwacht. 1958 gab er seine Professur auf und arbeitete an der Akademie der Wissenschaften in Ost-Berlin. Im Juni 2000 wurde er zu seinem 100. Geburtstag in etlichen Beiträgen gelobt, und in Marburg fand zu seinen Ehren sogar ein Kolloquium statt. Krauss' Rolle als erster Denunziant von »Abweichlern« blieb unerwähnt. 1947 hatte sein Aufsatz in der »Einheit« allerdings Wellen geschlagen, deshalb wurde ich gebeten, nach den Weihnachtsferien auch über »jüngste Abweichungen« zu informieren.

Während ich über die KPD-Aktivitäten offen berichten durfte, bekam ich anderen Ärger, weil ich mich nicht genügend »konspirativ« verhalten hatte. Was war Schlimmes geschehen? Im Ort Liebenwalde befand sich ein Foto-»Atelier«, in dem Paßbilder angefertigt wurden. Weil ich kein Bild von mir besaß, ging ich – so wie andere Genossen – dorthin und ließ mich fotografieren. Ich hatte das Ganze schon fast vergessen, als ich zu Lindau zitiert wurde. Der Direktor sowie Parteisekretär Otto Heckert empfingen mich mit böser Miene, und sie fragten, wieso der Fotograf in Liebenwalde ein Bild von mir im Schaufenster ausgestellt habe, wo denn meine Wachsamkeit geblieben sei. Verblüfft mußte ich bekennen, davon gar keine Ahnung zu haben, denn die Paßbilder hatte ich ja mitgenommen. Beide forderten mich kategorisch auf, diese Kopie sofort beseitigen zu lassen. Der Fotograf wiederum war verwirrt, als ich – mein Bild hing

Das »Wunderlich«-Porträt, das mir Ärger einbrachte.

in einer vergrößerten Form tatsächlich in seinem Schaufenster – heftig darauf bestand, daß er es entferne. Er fand das Porträt sehr gelungen, deswegen hatte er es als Reklame ausgehängt. Schließlich nahm er es auf mein Drängen heraus. Ich konnte mich wieder einmal nur wundern über die fragwürdige Art von Konspiration, die für uns Westdeutsche auf der Parteihochschule galt.

Ansonsten waren die nur gut zwei Monate in Liebenwalde vor allem vom Lernen bestimmt. Die Vorlesungen wurden in Seminaren vertieft. Einen großen Teil unserer Zeit durften wir mit Selbststudium verbringen. Zwar gab es »Pflichtlektüre«, deren Inhalt in den Seminaren abgefragt wurde, doch stand es frei, auch selbständig zu arbeiten. Insofern ähnelte das Studium dem an Universitäten. In der Parteihochschule fanden daneben zahlreiche Parteiveranstaltungen statt (meist zu aktuellen Themen), doch nahmen diese erst in Kleinmachnow überhand. Da Liebenwalde von Berlin aus eigentlich nur mit dem Auto gut zu erreichen war, gab es relativ selten Kulturveranstaltungen. Ein Bericht (»Neuer Weg«, Oktober 1947) übertrieb: »Auch in der Freizeit tauscht man bei gemeinsamen Spaziergängen und auf den Zimmern Erfahrungen aus der Praxis aus. Sonntags werden den Schülern und Lehrern in der sehr geschmackvoll ausgestatteten Aula Kulturveranstaltungen oder Filmvorführungen geboten.«

Über die Vorlesungen zur Ökonomie habe ich schon berichtet. In Geschichte wurde einerseits allgemeine deutsche Geschichte gelehrt, andererseits spezielle Geschichte der Arbeiterbewegung, wozu auch Direktor Lindau Vorträge hielt. In Philosophie, was mich damals am meisten interessierte, hörte ich zunächst Lektionen über Idealismus und Materialismus in der Philosophie. Im Mittelpunkt stand der historische Materialismus. Die wichtigsten Vorlesungen hielt (neben Hermann Duncker und Anton Ackermann, die dazu referierten) der Dekan Victor Stern selbst. Diese interessante Person hatte ich ja schon bei der Prüfung kennengelernt. Unter uns witzelten wir über seine unnachahmliche ständige Redewendung in österreichischem Tonfall: »Genossen – gestattet eine kleine Bemerküüng«. In einer Fakultätsbesprechung hatte er Anfang November 1947 gefordert, ihm »von Zeit zu Zeit kurze Berichte über Schüler« zu liefern, er war an unserer Entwicklung interessiert.

Von seiner bewegten Biographie wußten wir damals nur wenig, er war zurückhaltend, was seine Vergangenheit anging. Victor Stern stammte aus Mähren. Als Sohn eines Rabbiners streng religiös erzogen, studierte er von 1904 bis 1908 und promovierte 1908 zum Dr. phil. Er gehörte seit 1904 der Sozialdemokratischen Partei an. In seinem Lebenslauf von 1949 schrieb er: »Trotz Anerkennung meiner Habilitationsschrift stieß ich jedoch offenbar wegen meiner Parteizugehörigkeit und Abstammung auf Schwierigkeiten.« Stern wurde

Mein Lehrer Victor Stern, Dekan der Philosophischen Fakultät.

Lehrer an einer Privatmittelschule, 1914 zum Militär eingezogen, am Ende des Krieges Oberleutnant. 1919 arbeitete er einige Monate als Redakteur in Brünn, kam im Juni nach Berlin und wurde Mitglied der USPD. Im Herbst 1919 Chefredakteur des »Ruhrecho«, trat er für die Vereinigung mit der KPD ein. 1921 aus Deutschland ausgewiesen, kehrte Stern illegal zurück und arbeitete als Redakteur der »Roten Fahne« in Berlin, war später Chefredakteur der KPD-Organe »Hamburger Volkszeitung« sowie »Stuttgarter Arbeiterzeitung«. Im Lebenslauf von 1949 notierte er: »In Stuttgart wurde ich verhaftet und neuerlich ausgewiesen. Von 1921 bis Anfang 1923 war ich Chefredakteur der ›Roten Fahne‹ in Wien und Mitglied des pol. Büros der K. P. Ö. Während meiner Tätigkeit in der K. P. Ö. beteiligte ich mich am Fraktionskampf gegen Tomann, trat jedoch nach dem Parteitag 1923 gegen die Weiterführung des Fraktionskampfes auf. Dann wurde ich Chefredakteur des Reichenberger ›Vorwärts‹.«

Von 1925 bis 1926 vertrat er die KP der Tschechoslowakei beim EKKI in Moskau; dort zunächst ein Anhänger Sinowjews, ging er jedoch zu Stalin über. Stern saß als Mitglied des ZK der KPČ zeitweise sogar in deren Politbüro, wurde aber als »Versöhnler« 1929 abgesetzt. Er blieb noch Abgeordneter im Parlament der ČSR und wurde 1935 nach Moskau entsandt, wo er zum Apparat der Komintern gehörte. Im Lebenslauf für die SED heißt es: »Nach der Auflösung der Komintern arbeitete ich als Publizist und Propagandist in Moskau und nach dem Kriege als Vertreter der K.P.Tsch. 1946 kehrte ich nach Deutschland zurück, wo ich ab Januar 1947 als Fakultätsleiter an der Parteihochschule Karl Marx tätig bin.« Während der Vorbereitung eines Schauprozesses durch die SED war Stern als früherer »Versöhnler« und Jude gefährdet. Als »Betroffener« – das war die übliche hinterhältige Methode der SED – mußte er einen Artikel schreiben (»Neues Deutschland« vom 10. Februar 1953), in dem er behauptete, der USA-Imperialismus benutze den Zionismus für das »Einschleusen von Verrätern und Spionen«, weshalb »seine Agentenbanden zu einem großen Teil aus Juden bestehen«. 1954 erhielt Stern dann den Vaterländischen Verdienstorden in Silber, er starb 1958.

In Liebenwalde und Kleinmachnow hatte der damals 62jährige Stern aus dem Auf und Ab seiner Karriere in der kommunistischen Bewegung Lehren gezogen. Deshalb hielt er sich in taktischen Fragen zurück und beschränkte sich auf das Fachgebiet Philosophie oder aber die Nationalitätenproblematik. Seine Vorlesungen waren generell leicht verständlich, auch wenn er sie oft durch Bandwurmsätze verklausulierte. Auffallend war vor allem, wie sehr er bei seinen Angriffen gegen die »Idealisten« in der Philosophiegeschichte in Rage geriet. Auch in den Seminaren legten die Lehrer und Assistenten dieser Fakultät (in Liebenwalde nur fünf) großen Wert auf den »Kampf gegen die idealistische Philosophie«. Unterschieden wurde freilich zwischen »objektivem« und »subjektivem« Idealismus. Während die »objektiven Idealisten« wie Hegel nüchtern diskutiert (seine von Marx übernommene Dialektik ohnehin positiv hervorgehoben) wurden, sind die »subjektiven Idealisten« eher als halbe Spinner verhöhnt worden. Das galt insbesondere für den englischen Philosophen George Berkeley, mit dem wir uns im November 1947 ausführlich befaßten. Seine Philosophie der Wahrnehmung wurde auf die Überlegung verkürzt: für ihn existiere die Welt nur in seiner eigenen Einbildung, er verleugne also jede »objektive« Wirklichkeit und Wahrheit.

Diese Vereinfachung ärgerte mich. Gerade weil ich mich als ein überzeugter Anhänger des historischen Materialismus von Marx fühlte, reizte mich das Herumhacken auf Berkeley zu einer spontanen Provokation. Trotz merklicher herbstlicher Kühle marschierte ich »oben ohne« durchs Gelände und behauptete hemdlos, es sei ja gar nicht kalt. Also habe Berkeley zu Recht verkündet, die äußere Welt sei nur eine Wahrnehmung unseres Gehirns und unseres Denkens.

Das Ganze entwickelte sich fast zu einer Gaudi, die jüngeren Freunde begleiteten mich mit großem Gelächter, andere hielten mich nun eher für verschroben. Als Dekan Stern von dem Auftrieb erfuhr, ließ er mich kommen und wollte wissen, was ich damit bezwecke. Natürlich war ich kein Nachbeter Berkeleys. Aber ich schilderte ihm mein Unbehagen über eine Lehranstalt, die dem Zweifel keinen Raum lassen und Genossen zu gläubigen »Besserwissern« auf allen Gebieten erziehen wolle. Bei unserem riesigen Wissensdurst müsse doch auch der Zweifel erlaubt sein. Erst etwas amüsiert, wurde Stern aber rasch ernst. Die Frage der objektiven Wirklichkeit außer uns sei ja für Lenin stets die zentrale Problematik der Philosophie gewesen, meinte er, und damit sei nicht zu spaßen. Er verwies mich außerdem auf Plechanows Beiträge zur Geschichte des Materialismus, die bereits 1946 im KPD-Verlag »Neuer Weg« herausgekommen waren. Ich aber ging auf Sterns gerade erschienene kleine Schrift »Grundzüge des dialektischen und historischen Materialismus« ein und fragte ihn, ob er in Berkeley einen Vorläufer des Solipsismus sehe. Über diesen hieß es nämlich in Sterns Arbeit, er sei »die Lehre, daß nur das eigene Selbst allein existiert« (S. 27). Er vertröstete mich auf die folgenden Lektionen, erkundigte sich, ob ich mich schon für eine Fakultät ab dem 2. Semester entschieden hatte, und riet mir, Philosophie zu belegen.

Aufgespürte Geschichtsfälschungen

Allerdings hatte ich wieder stärkeres Interesse an der Geschichte
des Kommunismus gefunden. Zum Selbststudium, das uns ja nach
den einzelnen Lektionen auferlegt war, hatte ich mich in den Lesesaal der Bibliothek verzogen und mich dort statt auf die vorgegebenen Texte auf die Historie konzentriert. Die Bibliothek war
für damalige Verhältnisse recht gut ausgestattet, deshalb konnte
ich mich gründlich in die Geschichte der Arbeiterbewegung der
Weimarer Republik einlesen. Auch in die Geschichte des russischen Kommunismus erhielt ich dort neue Einblicke. Allerdings
war auffallend, daß zwar Werke von Sozialdemokraten und Lenin-
Gegnern wie Karl Kautsky und Eduard Bernstein vorhanden waren, aber keine oppositionelle kommunistische Literatur, weder
Schriften von Trotzki noch von Bucharin.

In der Bibliothek der Parteihochschule stand die sogenannte
rote Ausgabe von Lenins »Sämtlichen Werken«, die nach der
2. russischen Ausgabe in Wien/Berlin Ende der zwanziger und
Anfang der dreißiger Jahre herausgekommen war. In deren Anhang befanden sich nicht nur Dokumente, sondern auch ein großer
Anmerkungsapparat und ausführliche biographische Angaben. Erstaunt bemerkte ich beim Vergleich zwischen den einzelnen Werken aus unterschiedlichen Zeiten über die Geschichte der KPdSU
von Jaroslawski (1929), Popow (1934) oder Knorin (1935) zahlreiche Ungereimtheiten und Widersprüche. Diese ließen sich teilweise durch die Angaben im Anhang der Werke von Lenin auflösen. Und mir wurde sehr rasch klar, daß der 1945 sowohl im Verlag der Sowjetischen Militäradministration (SWA) erschienene als
auch vom KPD-Verlag »Neuer Weg« sofort in deutscher Sprache
herausgegebene stalinistische »Kurze Lehrgang« der Geschichte
der KPdSU von 1938 tatsächlich nur ein »Märchenbuch« war, was
Stalins Mitkämpfer Mikojan im Jahre 1956 ja endlich selbst bestätigte.

Mein Interesse an den Stalinschen Geschichtsfälschungen war
indes schon 1947/48 geweckt. Dies ganz besonders, nachdem ich
in der Bibliothek sogar die Protokolle der drei Moskauer Schauprozesse von 1936 bis 1938 vorfand und nun exakt biographische
Gegenüberstellungen vornehmen konnte. Nach und nach festzustellen, daß die Leninsche »alte Garde« den blutigen Säuberungen
Stalins zum Opfer gefallen war, verursachte bei mir tiefes Entset-

zen. Schon die Lektüre der Anhänge in den einzelnen Bänden von Lenins Gesammelten Werken ließ ja das Schlimmste ahnen. Kein Wunder also, daß der Lehrer an der Parteihochschule Heinz Abraham – auf den zurückzukommen sein wird – im Januar 1950 im SED-Organ »Einheit« vor »trotzkistischer Konterbande« in »früheren Lenin-Ausgaben« warnte. Er verwies darauf, daß die KPdSU 1937 mit den »Bucharinschen-trotzkistischen Agenten imperialistischer, faschistischer Mächte aufräumte«. Unter diesen »elenden Kreaturen in der UdSSR« habe sich auch Rykow befunden, über dessen »Schicksal« es im Anhang der Gesammelten Werke Lenins aber noch heiße, er sei ein »bedeutender Funktionär der bolschewistischen Partei gewesen«. Gegen solche »trotzkistische Konterbande« selbst in alten Lenin-Bänden gelte es unbedingt, so forderte Abraham, die »Wachsamkeit« zu schärfen.

Allerdings war es gerade diese »Konterbande«, die mich zum Nachdenken »verführt« hatte. Immerhin war ja Rykow als Regierungschef der Sowjetunion der Nachfolger Lenins, und er saß bis 1929 im Politbüro der KPdSU. Aber 1938 wurde er im Moskauer Schauprozeß wie Bucharin und die anderen Mitangeklagten von Staatsanwalt Wyschinski (1917/18 noch Gegner der Bolschewiki!) aufs abscheulichste beschimpft: »Ein übelriechender Haufen menschlichen Abschaums … Die Verräter und Spione müssen wie räudige Hunde erschossen werden … Zertretet das verfluchte Otterngezücht«. Und diese Mitstreiter Lenins wurden ja tatsächlich erschossen, auch Rykow und Bucharin (Lenin 1922: der »Liebling der Partei«, Wyschinski 1938: eine »verfluchte Mischung von Fuchs und Schwein«). Über solch unmenschliche Sprache und die Tatsache, daß fast die ganze alte Führung der Bolschewiki unter Stalin ermordet wurde, konnte man als gläubiger Kommunist doch nicht einfach hinweggehen. Mit dem Studium wuchsen bei mir die grundsätzlichen Zweifel. »Vielleicht kann ich die Wahrheit finden, indem ich die Lügen vergleiche.« Diesen Satz Trotzkis habe ich erst viel, viel später gelesen. Aber er erinnerte mich daran, wie ich auf der Parteihochschule genau nach diesem Motto gehandelt hatte.

Die »Warnung« des Dozenten Abraham war also keineswegs unbegründet. Wer wie ich in Liebenwalde und Kleinmachnow ältere Literatur – auch die Anmerkungen in früheren Lenin-Bänden – zu Rate zog, dem mußte die abenteuerliche Geschichtsklitterung des Stalinismus auffallen. Und ich nehme wohl zu Recht an, daß diese Lenin-Ausgaben dann 1950 aus der Bibliothek der Parteihochschule verschwanden.

Doch gab es Unterschiede in den »Sämtlichen Werken« Lenins. In Liebenwalde erfuhr ich eines Tages von einem Genossen, der ab und zu in der Bibliothek tätig war, daß es im Literaturvertrieb nebenan Bände der Lenin-Werke der »roten Ausgabe« zu kaufen gebe. Also raste ich sofort hin, aber es hieß dort, diese seien lediglich für Lehrer reserviert. Ich machte einen lautstarken Skandal, und nach einigem Hin und Her bekam ich für wenige Mark drei Bände. Doch diese waren erst 1940/41 in Moskau herausgekommen, und der schmale Anhang vergessenswert. Betrübt und verärgert beklagte ich das gegenüber dem Hilfsbibliothekar, den das aber keineswegs verwunderte. Ausführlich diskutierten wir über gezielte Lücken in neueren sowjetischen Büchern, aber ebenso in der Bibliothek der Parteihochschule.

Dieser Bibliothekar war Reinhold Schedlich aus Berlin-Wedding. In der KPD hatte er zur Gruppe um Hans Schwalbach von der »Weddinger Opposition« gehört und 1933 mit diesem die starke Widerstandsgruppe »Funken« geführt. Nach Schwalbachs Emigration im Juli 1933 leitete Schedlich, von Beruf Bandagist, diese Widerstandsgruppe. Ihre 170 Mitglieder wurden im Frühjahr 1934 verhaftet, Schedlich im Sommer 1934 zu drei Jahren Zuchthaus verurteilt. Danach kam er noch für zwei Jahre ins KZ. 1939 wurde der schwerkranke Schedlich (er war beinamputiert) aus dem KZ Sachsenhausen entlassen. Mit seinen

Reinhold Schedlich, Widerstandskämpfer gegen Hitler in einer trotzkistischen Gruppe, kurze Zeit in der Bibliothek der Parteihochschule beschäftigt.

trotzkistischen Ideen fand er in der SED keinen Boden. Er ließ sich 1947/48 zum Lehrer ausbilden, arbeitete lediglich an einigen Tagen in der Woche für seinen Lebensunterhalt. An der Parteihochschule in Kleinmachnow war er dann nur noch sehr kurz tätig. Schedlich schied wegen politischer Differenzen aus und verließ die SED. Viel später erfuhr ich,[60] daß er die 1. Staatsprüfung als Lehrer abgelegt hatte und an einer Weddinger Schule unterrichtete. Schedlich starb aber schon 1950 an Krebs.

Die Diskussionen mit diesem ersten wirklichen »Trotzkisten«, dem ich begegnete (Jakob Ritter als Anhänger des Leninbundes hatte stets betont, er sei kein Trotzkist), waren für mich außerordentlich spannend. Natürlich verhielt sich Schedlich recht vorsichtig, aber nachdem er mein Interesse an »Abweichungen« bemerkt hatte, führten wir bis zu seinem Ausscheiden aus der Parteihochschule intensive Gespräche.

Allerdings war im Lesesaal in Liebenwalde jedem Studenten der Zugang zu westlichen Zeitschriften und Zeitungen möglich. Ich bevorzugte den »Tagesspiegel«, den »Telegraf« und die von amerikanischen Behörden publizierte »Neue Zeitung«. Daraus entnahm ich auch solche Informationen, die hinter die politischen Lehren der Fakultät Grundfragen viele Fragezeichen setzten.

Die SED vertrat 1947 beispielsweise die These, es komme in Deutschland darauf an, die Revolution von 1848 zu »vollenden«. Das hatte die KPD ja bereits in ihrem Gründungsaufruf vom Juni 1945 propagiert und sich darin nicht nur für die »Demokratisierung Deutschlands« ausgesprochen, sondern zugleich das Aufzwingen des »Sowjetsystems« abgelehnt. 1945/46 hatte die KPD ihren traditionellen Vorstellungen einer »Diktatur des Proletariats« formal abgeschworen, um die ideologische Voraussetzung für die »Einheitspartei« sowie die »Einheitsfront« mit den »bürgerlichen« Parteien CDU und LDP zu schaffen. Deshalb hielt die SED-Führung offiziell an der Forderung einer »Demokratisierung Deutschlands« fest, obwohl sie Ende 1947 mit Hilfe der sowjetischen Besatzungsmacht schrittweise das Fundament ihrer Diktatur errichtete.

In der Realität brachte das Jahr 1947 einen tiefen Einschnitt, der damals freilich kaum erkennbar war. Der Kalte Krieg forcierte die Integration der Besatzungszonen in die jeweiligen Machtblöcke und damit die Spaltung Deutschlands. Parallel zum Ost-West-Konflikt trieb die SMAD die »antifaschistisch-demokratische Umwälzung« weiter voran und leitete damit eine völlige Umgestaltung der SBZ ein. Allmählich übertrugen alle Okkupationsmächte das eigene System auf ihre Zonen; dadurch ist in der Folgezeit in den drei Westzonen der Kapitalismus restauriert und die politische Demokratie eingeführt worden, was in freien Wahlen von der Bevölkerung legitimiert wurde. Der SBZ aber wurde mit Hilfe der SED das Prinzip der zentralgesteuerten Staatswirtschaft und der stalinistischen politischen Diktatur der Sowjetunion aufgezwungen.

Doch selbst auf der Parteihochschule wurde bei der Behandlung der Tagespolitik diese faktische Entwicklung in der Ostzone verschleiert. In einer grundsätzlichen Lektion erläuterte Lenzner den Unterschied zwischen einer »formalen« Demokratie (wozu er auch die Weimarer Republik zählte) und der »realen« Demokratie. Dabei war keineswegs an mehr Mitbestimmung oder den Ausbau des Sozialstaates gedacht, es ging um Verstaatlichung von Teilen der Wirtschaft und deren Planung sowie insbesondere um einen stärkeren Einfluß der SED im Parteiensystem. Ich verstand nicht, warum sich unsere Parteiführer nicht zu Demokratie in Staat und Gemeinde sowie Sozialismus in Wirtschaft und Gesellschaft (wie der Zentralausschuß der SPD in Berlin 1945) bekannten, also zum Aufbau einer sozialistischen Gesellschaft, die ja auch Schumacher im Westen forderte. Auf diese Frage, die nicht etwa nur ich in den Seminaren stellte, wurde mit Ausflüchten geantwortet. Es zeigte sich, daß die SED den Begriff Demokratie schwammig benutzte, um die Realität zu kaschieren. Aber selbst der Sozialismus war nur mehr eine Leerformel: Sie sollte vertuschen, wie hier der »Sozialismus« letztlich auf den Stalinismus in der Sowjetunion eingeengt wurde.

Folgenreiches Jubiläum

Allerdings gab es öffentliche Auftritte, die diese Wendung deutlich werden ließen, besonders drastisch, als in Liebenwalde am 7. November 1947 ein großes Fest aus Anlaß des 30. Jahrestages der bolschewistischen »Oktoberrevolution« in Rußland stattfand. In den Akten der SED befindet sich ein Brief von Rudolf Lindau an Wilhelm Pieck vom 5. November, in dem er den vorgesehenen Ablauf des »Feiertags« in der Parteihochschule beschrieb:

»Morgens um 10 Uhr veranstalten wir eine Morgenfeier, die revolutionäre Dichtkunst zum Inhalt hat und von musikalischen Darbietungen des Pleger-Quartetts, Berlin, umrahmt wird … Die Hauptfeier findet nachmittags um 16 Uhr statt. Im Mittelpunkt dieser Veranstaltung steht ein Referat des Genossen Rudolf Lindau.

Auch hier werden sich künstlerische Darbietungen musikalischer und rezitatorischer Art ablösen. Um 19 Uhr werden verschiedene Genossen persönliche Erlebnisberichte von ihrer Teilnahme an Revolutionsfeiern in der Sowjetunion geben. Der Tag endet mit frohem Ausklang – Tanz, kabarettistische Darbietungen Berliner Künstler (Alfred Braun, Kate Kühl u. a.).«[61]

Bei der großangelegten Feier wich Lindau in seinem Referat teilweise von der damaligen offiziellen Politik der SED ab. Der Altkommunist interpretierte die Sowjetunion unter Stalin als die sozialistische Gesellschaft, die auch für uns und den »demokratischen Aufbau« in Deutschland Vorbild sein müsse. Er berief sich auf die Theorien von »Marx und Engels, Lenin und Stalin«. Wollte er damit bewußt über die Linie des II. Parteitages der SED im September 1947 hinausgehen? Dort war ja ausdrücklich festgelegt, daß sich die SED zum »Marxismus als der wissenschaftlichen Grundlage der Arbeiterbewegung« bekenne. Die Partei war also noch keineswegs auf den »Leninismus« Stalins eingeschworen. Doch Lindau konnte sich auf den Parteivorsitzenden Wilhelm Pieck berufen, der bereits im September geschrieben hatte, die SED könne den großen Anforderungen nur genügen durch Anwendung der »Lehren von Marx-Engels-Lenin-Stalin«.[62] Vielleicht hatte sich Lindau aber auch nur an einem Artikel von Pieck orientiert, in dem dieser am Vortag, am 6. November, in der sowjetamtlichen »Täglichen Rundschau« behauptet hatte: »Wer den Frieden will, muß für den Sozialismus kämpfen. Für den Sozialismus kämpfen heißt aber kämpfen unter dem Banner von Marx, Engels, Lenin und Stalin.«

Da Walter Ulbricht noch deutlicher als Pieck ebenfalls im November 1947 bereits die »Partei neuen Typus« forderte, geleitet von der »Theorie von Marx, Engels, Lenin und Stalin«, war Lindaus »Abweichung« von den offiziellen Thesen der SED bei der Feier im November gar nicht so eklatant, wie es manchem von uns damals scheinen mußte, Lobhudeleien gegenüber der Sowjetunion waren ja an der Tagesordnung. Schließlich war in dem vom Zentralsekretariat zur »Massenschulung« herausgegebenen »Sozialistischen Bildungsheft« (Nr. 18) »30 Jahre Sowjetunion« ebenfalls von der »Verwirklichung des Sozialismus in der Sowjetunion« zu lesen. Und darin wurde auch die Einparteienherrschaft verteidigt und demagogisch erklärt: »Eine zweite politische Partei in der Sowjetunion könnte nur der Wiederaufrichtung des Kapitalismus

Liebenwalde, den 5. November 194 7
Telefon: Liebenwalde 240

An
den Vorsitzenden der
Sozialistischen Einheitspartei
Deutschlands
Genosse Wilhelm P i e c k
Berlin
Haus der Einheit

Werter Genosse!

Wir möchten Dich hierdurch mit unseren Veranstaltungen bekannt
machen, die wir am Freitag, den 7. November 1947 anlässlich des
3o.Jahrestages der grossen Sozialistischen Oktoberrevolution auf
der Parteihochschule "Karl Marx" durchführen.

Morgens um 1o Uhr veranstalten wir eine Morgenfeier, die revolutionäre Dichtkunst zum Inhalt hat und von musikalischen Darbietungen des Pleger-Quartetts, Berlin umrahmt wird. Im Anschluss an die
Feier ist Gelegenheit gegeben, eine mit wertvollem, seltenem und
umfangreichem Material versehene Ausstellung, die Entwicklung
Russlands betreffend, zu besichtigen.

Die Hauptfeier findet nachmittags um 16 Uhr statt. Im Mittelpunkt
dieser Veranstaltung steht ein Referat des Genossen Rudolf Lindau.
Auch hier werden sich künstlerische Darbietungen musikalischer und
rezitatorischer Art ablösen.

Um 19 Uhr werden verschiedene Genossen persönliche Erlebnisberichte
von ihrer Teilnahme an Revolutionsfeiern in der Sowjetunion geben.

Der Tag endet mit einem frohen Ausklang – Tanz, kabarettistische
Darbietungen Berliner Künstler (Alfred Braun, Kate Kühl u.a.).

Wir laden Dich hiermit herzlichst zu diesen Veranstaltungen ein und
würden uns freuen, falls Deine Zeit es zulässt, Dich in der Schule
begrüssen zu können.

Mit sozialistischem Gruß!

Schulleitung

Rudolf Lindau lädt Wilhelm Pieck zur Feier der russischen Oktoberrevolution
in die Parteihochschule ein.

dienen, und für eine solche Partei gibt es in der sozialistischen Sowjetunion keinen Boden.«

Aber 1947 wurde den SED-Genossen die UdSSR noch keineswegs öffentlich als das anzustrebende Modell des Aufbaus in der
SBZ vorgestellt. Im April war den Mitgliedern ja noch erklärt
worden (Bildungsheft Nr. 7), die SED sei keine Fortführung der
KPD (oder der SPD), sondern eine »neue Partei«. Und entgegen

»verleumderischen Behauptungen« sei sie nicht »von der sowjetischen Besatzungsmacht abhängig«, vielmehr eine »unabhängige Partei«. Dies wurde im Juni 1947 (Heft 11) wiederholt. Selbst im Oktober 1947 hatte Grotewohl auf der Parteivorstandssitzung betont, die SED kämpfe als »unabhängige Partei« für die »Interessen ihres Volkes«. Zwar lobte er die Sowjetunion, behauptete aber, es sei eine »Verleumdung«, daß diese »Deutschland in eine sowjetische Staatsform zwingen« wolle (»Neuer Weg«, November 1947). Das Bekenntnis der SED zur Sowjetunion als Vorbild des eigenen Aufbaus war seinerzeit also noch nicht eindeutig. Insofern war die Parteihochschule in ihrer Veranstaltung am 7. November der geltenden Linie bereits ein Stück voraus.

Die Einschwörung auf die Sowjetunion Stalins ist bei dieser Feier zur »Großen Sozialistischen Oktoberrevolution« vor allem emotional betrieben worden. Revolutionsmusik oder Rezitationen über das revolutionäre Rußland beeindruckten auch mich, der ich ja damals diese Revolution noch völlig akzeptierte. Allerdings kamen mir doch schon Bedenken gegenüber der Behauptung einer angeblich geradlinigen 30jährigen Entwicklung von Lenin zur Sowjetunion Stalins.

Am Abend sollten aber gerade die persönlichen Erlebnisberichte und Einschätzungen den Beweis des »sozialistischen Aufbaus« von Lenin zu Stalin vermitteln. Victor Stern wollte insbesondere am Beispiel von Kultur und Wissenschaft in der Sowjetunion zeigen, daß die »großartigen Leistungen der Sowjetwissenschaft in den dreißig Jahren seit 1917« vor allem auf der »sozialistischen Demokratie« in der UdSSR und der »Vorherrschaft des dialektischen Materialismus« beruhten. Sein Vortrag, den er dann erweitert publizierte, sollte in erster Linie Siegesgewißheit einhämmern: der dialektische Materialismus habe einen »sieghaften wissenschaftlichen Wahrheitsgehalt«. Und direkt an uns gewandt, meinte er, jetzt würden die »wissenschaftlichen Kader herangebildet«, um hier wie in der Sowjetunion die neue Gesellschaft durchzusetzen.

Noch deutlicher als der Dekan der Philosophischen Fakultät wurde die Dekanin der Fakultät Marxistische Grundfragen. Frida Rubiner bemühte sich, den Zuhörern die Sowjetunion Stalins einfach als »das Land des Sozialismus« nahezubringen. Sie verwies nicht nur auf das Gemeineigentum an Produktionsmitteln, die »Sowjetdemokratie«, die angebliche »Aufhebung der Klassen«, sondern ebenso enthusiastisch auf die »Kulturrevolution« und die

Frida Rubiner an ihrem 70. Geburtstag im Gespräch mit Hermann Duncker und Otto Franke.

»Friedensliebe« der UdSSR. Frida Rubiner rief den Anwesenden am Ende zu: »Wollt ihr wissen, wie ein sozialistischer Staat aussieht? Seht euch die Sowjetunion an! Das ist ein sozialistischer Staat!«

Ich war allerdings im November 1947 schon zu skeptisch, um jedes Wort für bare Münze zu nehmen, und bestimmt hat manch früherer Sozialdemokrat ebenfalls seine Zweifel gehabt. Aber durch ihre feurige Rede, den Kopf mit der großen, spitzen Nase und den funkelnden Augen hinter der scharfen Brille weit vorgestreckt, konnte die damals 68jährige viele überzeugen.

Über ihren bewegten Lebenslauf wußten wir seinerzeit nur einige Fakten, aber sie genügten, um einen hohen Respekt vor dieser Frau zu haben. Indessen war ihr autoritäres Auftreten nicht jedermanns Sache. Der aus der SPD kommende Lehrer in der Geschichtsfakultät, Felix Rossmann, 15 Jahre jünger als Frida Rubiner, beschwerte sich bei allen, die es hören wollten, über deren »bolschewistische, diktatorische Art«. Tatsächlich haben wir ihren häufig geäußerten Spruch nachgeäfft: »Befehl ist Befehl« (was in ihrer harten Aussprache wie »Bäfell ist Bäfell« klang).

Frida Ichak war 1879 in Litauen in einer ärmlichen, vielköpfigen jüdischen Kleinbürgerfamilie geboren und lernte Schneiderin. Um die Jahrhundertwende kam sie nach Zürich, wo sie sich als Schneiderin das Studium verdiente und unter großen Schwierigkeiten Philosophie studierte und promovierte. Sie heiratete in der Schweiz den deutschen Schriftsteller und Pazifisten Ludwig Rubiner. Mir war Rubiner mit Artikeln und Hinweisen in der »Aktion« als expressionistischer Schriftsteller und zum Anarchokommunismus neigender Publizist aufgefallen, außerdem hatte sein Freund Franz Pfemfert die Grabrede für den früh Verstorbenen gehalten. Als ich (eher beiläufig) auf der Parteihochschule erfuhr, daß Frida einst mit ihm verheiratet war, versuchte ich natürlich mehr über ihre Biographie herauszubekommen. Sie selbst war sehr wortkarg, was ihre eigene Vergangenheit betraf. Und wie von Lindau erhielt ich auch von ihr einen Korb, als ich anregte, sie solle uns doch von ihrem kampfreichen Leben berichten. Immerhin war sie in der Schweiz, wo sie sich im Ersten Weltkrieg wieder aufhielt (von 1908 bis 1914 war sie politisch aktiv in der SPD in Frankfurt am Main), eng mit Lenin verbunden gewesen. Weil sie in der bayerischen Räterepublik 1919 Funktionen ausgeübt hatte, wurde sie nach deren Niederschlagung zu 21 Monaten Festungshaft verurteilt. Später übernahm sie in Österreich, in Deutschland und in der Sowjetunion für die Komintern und die KPD die verschiedensten Positionen.[63]

Frida Rubiner war immer bemüht, kein Jota von der Parteilinie abzuweichen. Persönlich mußte sie in der Stalin-Ära das Schlimmste befürchten, kannte sie doch die Hintergründe der blutigen Säuberung. Heute geht aus den Akten hervor, daß sie in den dreißiger Jahren als »Versöhnlerin« überwacht wurde. Sie hatte ja nicht nur Werke fast aller »Parteifeinde« wie Sinowjew oder Bucharin ins Deutsche übersetzt, sondern war mit den meisten auch ziemlich nahe bekannt gewesen. Und gerade das wollte sie als Dekanin in der Parteihochschule vertuschen. Daher zitierte sie ständig neben Lenin nur Stalin. In späteren Erinnerungen wurde – etwa von Hans Teubner – betont, sie sei »eine Berufsrevolutionärin Leninschen Typs« gewesen. »Ihre Wohnung in Kleinmachnow war eine Bibliothek, groß und enzyklopädischen Gehalts, mir Respekt einflößend«.[64]

Diese private Bibliothek widerspiegelte allerdings auch Frida Rubiners wirkliches politisches Leben. Als einige Schüler ihr bei einem Umzug in Kleinmachnow halfen, die Möbel zu transportieren, passierte es dann: Weil der Schreibtisch zu schwer war, räumten sie einfach einige Bücher aus. Dabei kamen auch Werke von Bucharin (Ökonomik der Transformationsperiode, Theorie des historischen Materialismus) sowie Sinowjew und Lenin (Gegen den Strom) zum Vorschein, die sie vor Jahrzehnten übersetzt hatte. Davon wollte oder konnte sie sich nicht trennen, es gab also auch bei dieser harten Frau sentimentale Schwächen und Nostalgie. Das Gefährlichste jedoch: Sie hatte sogar Leo Trotzkis »Literatur und Revolution« sowie »Geburt der russischen Armee« 1924 ins Deutsche übertragen. Und in all diesen inzwischen verpönten, ja verbotenen Büchern der »Volksfeinde« war immer zu lesen »autorisierte Übersetzung aus dem Russischen von Frida Rubiner«.

So genau konnten sich die »Umzugshelfer« in der Eile freilich nicht vertiefen. Ein Mitschüler – wenn ich mich recht erinnere, war es Herbert Mies (Meier), der zu ihr ein gutes Verhältnis hatte – berichtete mir, sie sei wie eine Furie herumgetobt, als sie bemerkte, daß diese gefährlichen Bücher entdeckt worden waren. Sie fabulierte irgend etwas von »Geheimauftrag« und verpflichtete die Kursanten zum Stillschweigen. Zwar blieb die Angelegenheit ohne unmittelbare Folgen, aber Frida Rubiner dürfte die Angst niemals ganz verlassen haben. Nicht zuletzt um diese zu überspielen, tat sie sich bei der Stalinisierung der SED als besonders eifrige Anhängerin des Diktators hervor. Schließlich konnte sie Ende 1948, als der stalinistische »Kurze Lehrgang« der Geschichte der KPdSU in den Mittelpunkt der SED-Schulung gerückt wurde, darauf verweisen, daß sie über dieses »Werk« bereits 1939 Loblieder verfaßt hatte.[65]

Doch nicht immer ging es ganz so ernst zu. So klärte sie uns über einen Begriff auf, der geradezu anzüglich klang. In einem Seminar zur Geschichte der KPdSU hörten wir verdutzt die Bezeichnung »Schwanzpolitiker« für die »Chwostisten«. Das kam von russisch »Chwost«, d. h. Schwanz, bedeutete aber auf gut deutsch abwertend »Nachtrabpolitiker«. Gemeint waren damit Lenin-Gegner, die leugneten, daß eine aktive Einflußnahme auf den Gang der Geschichte möglich sei.

Nach einem Treppensturz und schweren Verletzungen hielt sich Frida Rubiner schließlich 1950 einige Zeit in der Sowjetunion auf, kam aber wieder nach Kleinmachnow zurück und starb dort im Januar 1952 – die SED-Säuberungen waren inzwischen in vollem Gange. Stets wurde besonders hervorgehoben, daß sie Übersetzerin vieler wichtiger Lenin-Werke war, darunter die erste deutsche Auswahl von 1925, aber auch »Staat und Revolution« schon 1918 und schließlich Lenins philosophisches Hauptwerk »Materialismus und Empiriokritizismus«. Ebenso war bekannt, daß sie ab 1946 Lenin-Schriften für den Dietz-Verlag der SED übersetzte. Dadurch war Frida Rubiner geachtet als die Autorität für Lenins Schriften und für die Sowjetunion und damit an der Parteihochschule neben Lindau oder Stern eine der Respektspersonen.

Weit weniger Ansehen genoß ein anderer Referent bei der Feier zum 30. Jahrestag der »Oktoberrevolution« am 7. November 1947, nämlich Heinz Abraham. Wenn ich zurückdenke, dann war Abraham einer der wenigen Lehrer, zu denen jedermann Distanz hielt. Er galt als Wichtigtuer, ein Dogmatiker, der sich aufspielte als »Hohepriester der reinen Lehre«. Der damals 37jährige Ostpreuße fiel durch seinen fast kahlen Schädel und schräg stehende Augen auf. Von Beruf Zimmerer, hatte er sich 1932 zum Ingenieur ausbilden lassen und flüchtete (erst seit 1931 Mitglied der KPD) im Juni 1933 in die UdSSR. In Moskau arbeitete er bis 1937 als Techniker, von 1937 bis 1939 war er Offizier der Internationalen Brigaden in Spanien. Danach in die Sowjetunion zurückgekehrt, war er Architekt und im Krieg Instrukteur für die politische Arbeit der Roten Armee. 1945 noch an der Parteihochschule in Moskau, kam er 1946 als Lehrer an die Parteihochschule der KPD bzw. SED und blieb dies (mit Unterbrechung als Gesandter der DDR in Moskau 1960–1964) bis zum Zusammenbruch der DDR.

Das Lob der Sowjetunion und speziell bis 1956 natürlich seines Idols Stalin hat Abraham in zahlreichen Artikeln und Broschüren verkündet. Bei der Veranstaltung im November 1947 trat er mit soviel Überschwang auf, daß es eher abstoßend wirkte. In Kleinmachnow hat er sich dann beim »Kampf gegen Parteifeinde« ganz besonders hervorgetan. Er war ständig auf »Agentensuche«. Abraham paßte sich stets der Parteilinie und damit der sich häufig wandelnden SED-Historiographie an. In seinem 1977 (2. Auflage 1982) erschienenen Band »Weltenwende 1917« war Stalin entsprechend der These vom »schädlichen Personenkult« zwar nicht mehr der »Gott«, doch Abraham stellte ihn im ganzen positiv dar, während er Trotzki weiterhin als »verbissenen Feind des Sowjetstaates« bezeichnete und Bucharin eine »trotzkistisch-bauernfeindliche« Position unterstellte.

Der SED-Dozent brachte es fertig, die erste Sowjetregierung unter Lenin das »gebildetste Kabinett der Welt« zu nennen, ohne jedoch die Mitglieder aufzuzählen. Also schwieg er über das Schicksal dieser »Volkskommissare«, zu denen Trotzki, Rykow,

Schlapnikow, Lomow usw. gehörten. Kein Wort davon, daß über die Hälfte der Mitglieder dieser Regierung den stalinistischen Säuberungen zum Opfer fiel. Trotz aller Anpassung blieb Abraham eben immer ein hartgesottener Stalinist, dem Geschichtsfälschung kein Tabu war. Die SED belohnte seine »Parteitreue« mit dem »Karl-Marx-Orden«.

Nach all den Lobhudeleien auf Stalin und die Sowjetunion durch Lindau, Stern, Rubiner und Abraham (möglicherweise sprachen noch weitere Redner) wurde der Abend dann doch noch vergnüglich. Berliner Künstler, darunter Kate Kühl, die hervorragende Interpretin von Tucholsky und Brecht (die später in den Westen ging), boten Kabarett, anschließend wurde getanzt, und so mancher trank zuviel.

Die Revolutionsfeier in Liebenwalde markierte einen ersten Einschnitt. Zumindest war dort zu erkennen, daß sich die SED und somit ihre »Kaderschmiede« allmählich von der »Einheitspartei« mit der Theorie vom »deutschen Weg zum Sozialismus« lossagte; statt dessen wurde das Bekenntnis zur Sowjetunion und zu Stalin unwidersprochen akzeptiert oder doch hingenommen.

Duell: Stern versus Zweiling

Gegenüber dieser grundsätzlichen Problematik erschienen die folgenden Auseinandersetzungen in der Fakultät Philosophie als bloße Schaukämpfe. Der Disput erreichte einen Höhepunkt gleich nach der Feier zur »Oktoberrevolution«. Am Samstag, dem 8. November, wurde eine zweistündige »Konsultation« mit Victor Sterns philosophischem Kontrahenten Klaus Zweiling, dem Chefredakteur der »Einheit«, abgehalten. Der promovierte Mathematiker und Physiker war 1931 von der SPD zur SAP übergetreten und im Widerstand gegen Hitler aktiv. 1936 aus dem Gefängnis entlassen, geriet er im Krieg in russische Gefangenschaft und kam in ein »Umerziehungslager«. 1945 Mitglied der KPD, wurde er durch Beschluß des Politbüros vom 21. Februar 1950 als »Versöhnler« seines Postens bei der »Einheit« enthoben, war bis 1955 Leiter des Verlages Technik und dann (1948 habilitiert) Professor für Philosophie in Leipzig.

Als scharfsinniger Denker ging Zweiling wie ein Florettfechter den Gegner auch sarkastisch an. Das Thema des Duells zwischen Stern und Zweiling lautete »Grundzüge des Materialismus«.

Prüfung des Parteihochschülers Heinz Grüner vom Zweijahreslehrgang durch Dekan Victor Stern (links) und Lehrer Bernhard Thiel (Ökonomie) sowie Vertreter der Fakultäten Grundfragen und Geschichte (rechts am Tisch).

Zweiling nutzte die Gelegenheit indes zu einem Rundumschlag gegen Sterns gerade erschienene Broschüre »Grundzüge des dialektischen und historischen Materialismus«, die der Dietz-Verlag für eine Mark vertrieb. Er warf Stern vor, in dem 88seitigen Büchlein die »Dynamik der Dialektik in der Natur und Gesellschaft« und die »Kraft des dialektischen Denkens« nicht genügend herausgearbeitet zu haben. Da eine zusammenfassende Darstellung »aus der Feder des Genossen Stalin« seit 1945 ja auch in deutscher Übersetzung vorliege, müsse jeder neue Versuch an dieser gemessen werden. Die vernichtende Kritik Zweilings mündete in der These, Stern »halte am alten mechanistischen Materiebegriff fest« und öffne »Geistersehern Tür und Tor«. Damit bringe er ein »subjektivistisches idealistisches Element« in die Beschreibung des dialektischen Materialismus.

Dieser Angriff wirkte auf Stern, der ja immer die Fahne des »Materialismus« in der Philosophie vor sich her trug, wie eine Kriegserklärung. Aufgeregt und mit rotem Kopf – so habe ich ihn nie wieder erlebt – benutzte er Zweiling gegenüber gewissermaßen einen schweren Säbel und gab die Anklage des »Idealismus« zurück. Aus seiner Vergangenheit war Stern bewußt, welche

92

Folgen solche Vorwürfe im Stalinismus haben konnten, während Zweiling ohne diese Erfahrung unbekümmerter diskutierte. Er ließ also nicht locker, sondern versuchte Sterns Thesen mit seinen naturwissenschaftlichen Erkenntnissen zu widerlegen und warf dem Dekan gar vor, davon kein Jota zu verstehen. Schließlich artete der Streit in einen Disput darüber aus, ob sich Masse in Energie verwandeln könne und umgekehrt. Der Ton zwischen den Diskutanten wurde zunehmend schärfer.

Wohl keiner von uns traute sich ein Urteil darüber zu, wer von den Kontrahenten den Marxschen Materialismus genauer kenne und vertrete. Beide beriefen sich ja auf Stalins These, der historische Materialismus – also der Kern der Marxschen Theorie – sei eine »Anwendung« des dialektischen Materialismus (der Natur) auf die Gesellschaft. Später erst begriff ich die Verballhornung, die in dieser These lag. Denn die Unterordnung des historischen Materialismus unter eine Naturphilosophie verfälschte die gesellschaftliche Bezogenheit des Marxismus, da der den Menschen doch als gesellschaftliches Wesen begriff. Die Stalinschen Formeln beabsichtigten nicht nur, den Kern des Marxismus, die Emanzipation, die Überwindung der Selbstentfremdung (dies war weder für Stern noch für Zweiling ein Thema) zu verwischen, sondern sie dienten als Ideologie in erster Linie der Verschleierung und der Rechtfertigung der bestehenden Parteidiktatur.

Damals, bei dieser hitzigen Debatte in Liebenwalde, durchschaute ich nicht, daß solche Auseinandersetzungen durchaus zum ideologischen Dogmatismus gehörten. Die Grundsätze (in diesem Fall der dialektische und der historische Materialismus in der Stalinschen Auslegung) durften nicht kritisiert oder gar in Frage gestellt werden. Aber innerhalb dieser Grenze waren »philosophische Auseinandersetzungen« über zweitrangige Einzelheiten möglich, ja sogar erwünscht. Damit wurden kritische Diskussionen um prinzipielle Fragen ein Tabu, es sollte aber doch der Eindruck entstehen, es gebe »freie« Kontroversen. Es war eine doktrinäre Erziehung, aber genaugenommen noch mehr: die Parteidogmen waren nicht anzuzweifeln oder gar zu kritisieren.

Ob Stern und Zweiling ihren Streit anders bewerteten? Vermutlich. Jedenfalls standen sie sich weiterhin feindselig gegenüber. Im Dezemberheft 1947 der »Einheit« zerriß Zweiling dann Sterns Broschüre noch schärfer, als er dies schon bei der »Konsultation« in Liebenwalde getan hatte. Darüber beschwerte sich Stern prompt beim Zentralsekretariat, und er versuchte, unter den Lehrern seiner Philosophischen Fakultät Anhänger gegen Zweiling um sich zu scharen.

Doch neben solchen Schaukämpfen erlebten wir an der Parteihochschule auch andere Ereignisse, die allen in Erinnerung blieben. Zum zweiten Jahrestag der Proklamierung der Volksrepublik Jugoslawien Ende November 1947 wurde in Liebenwalde ebenfalls eine Veranstaltung durchgeführt. Diese Matinee hatte einen ganz anderen Charakter als die bombastische Feier zum 30. Jahrestag der russischen »Oktoberrevolution«. Zwar gab es den üblichen Personenkult (auf dem Flügel war neben Blumen ein Porträt Titos aufgestellt), aber die Atmosphäre war viel gelöster. Dies lag nicht zuletzt am Redner. Wolfgang Leonhard war mir bereits seit 1946 von der FDJ-Schule am Bogensee her bekannt. Schon dort hatte er den meisten Applaus bekommen, weil er mit jugendlichem Elan, fast frei sprechend, überzeugend gewirkt hatte. Seinerzeit arbeitete er noch in der Schulungsabteilung des Parteivorstandes der SED, verantwortlich für die »Bildungshefte«. Erst mit Beginn unseres Zweijahreslehrgangs war er als Dozent in die Geschichtsfakultät der Parteihochschule nach Liebenwalde gekommen.

Wolfgang Leonhard beschrieb die politische und gesellschaftliche Entwicklung Jugoslawiens nicht nur abstrakt. Von einer Reise nach Belgrad zurückgekehrt, malte er mit Feuereifer ein positives Bild dieses neuen Staates. Ich erinnere mich, daß er dabei einige Besonderheiten der dortigen Struktur erwähnte, etwa die Zurückhaltung der kommunistischen Partei in der jugoslawischen Öffentlichkeit. Außerdem ließ Wolfgang keinen Zweifel daran, daß er Tito für einen der großen Führer der kommunisti-

Wolfgang Leonhard.

schen Weltbewegung hielt. Und im Gegensatz zu den Lobeshymnen auf Stalin am 7. November ging er auf diesen kaum ein. Es gelang Leonhard, auch uns für den Aufbau im rückständigen Jugoslawien zu begeistern. Insbesondere sein Plädoyer für Tito hatte mich sehr persönlich berührt. Ich erinnerte mich nämlich daran, wie ich mich 1943 auf der Lehrerbildungsanstalt in Bad Rippoldsau erstmals über Tito geäußert hatte. Dort für die Zeitungsschau zuständig, hatte ich versucht, meinen Mitschülern klarzumachen, daß der Jugoslawe Tito – dessen Name den meisten damals noch unbekannt war – kein »Bandenführer«, sondern der Leiter einer Kommunistischen Partei war. Auf der Matinee sprach Wolfgang Leonhard dann mit interessanten Hinweisen voller Anerkennung über Tito. Gerade dies blieb freilich für ihn dann in Kleinmachnow nicht ohne Folgen.

Heute ist Wolfgang Leonhard als berühmter »Sowjetologe« international so bekannt, daß hier über ihn nicht viel gesagt werden muß. Damals galt er, der 1945 mit der »Gruppe Ulbricht« aus der Sowjetunion gekommen war, als einer der fähigsten Parteipropagandisten und Hoffnungsträger, und ihm wurde eine große Zukunft in der Bewegung vorausgesagt. In der Parteihochschule wurde der ja erst 26jährige, immer aktive, agile und herumwirbelnde Lehrer als Vorbild herausgehoben. Im Winter fiel er in seinem langen Mantel mit einem schon etwas schäbigen Pelzkragen, der noch aus Moskau stammte, überall auf. Leonhard schien quasi der Prototyp des jungen, intelligenten »Berufsrevolutionärs« zu sein, und viele sahen in ihm den strammen Kommunisten, der die Kominternschule in der Sowjetunion besucht hatte. Denn keinem von uns war bekannt, daß seine Mutter, Susanne Leonhard, eine Freundin von Karl Liebknecht und Rosa Luxemburg und Mitbegründerin des Spartakusbundes, als Opfer Stalins lange im sowjetischen Lager inhaftiert war. Und er behielt es natürlich für sich, welche politischen »Bauchschmerzen« ihn bereits in Liebenwalde quälten. In seinem immer wieder weltweit gedruckten Buch »Die Revolution entläßt ihre Kinder« hat er das dann 1955 auch selbst geschildert.

Vor dem Ende des Liebenwalde-Aufenthaltes standen für alle vier Fakultäten Prüfungen auf dem Plan, von der Philosophie existieren sogar noch die alten Unterlagen. Am Donnerstag, dem 17. Dezember, wurden für die philosophische Prüfung – sie dauerte drei Stunden – 18 »Kontrollfragen« gestellt. Es ging – ganz im Sinne des bis dahin gut zwei Monate währenden Studiums – um die »Grundfrage« der Philosophie, den »entsprechenden Unterschied zwischen Materialismus und Idealismus«, doch eine Aufgabe lautete auch: »Deute kurz die praktische politische Bedeutung des zweiten (Stalinschen) Grundzuges der Dialektik an«. Ebenso sollten die Prüflinge »das entscheidende Argument gegen die subjektiven Idealisten und Agnostiker« nennen. Außerdem wurde nach der Produktionsweise, nach der »grundlegenden Ursache von Revolutionen« und den »Voraussetzungen für das Auftreten großer Persönlichkeiten in der Geschichte« gefragt.

Ich habe keine Ahnung mehr, was ich damals wohl antwortete. Doch meine Ergebnisse in Philosophie und Geschichte waren erfreulich gut, und in Grundfragen und Politischer Ökonomie konnte ich ebenfalls mithalten. Mit diesen Zwischenprüfungen endete die Zeit der Parteihochschule »Karl Marx« in Liebenwalde. Eine Abschiedsfeier hatte bereits am 14. Dezember stattgefunden, sie wurde mit einem Tanzabend abgeschlossen.

»Fraktionsberatung« in Mannheim

Am Samstag, 19. Dezember, begann der Weihnachtsurlaub, am 5. Januar 1948 mußten wir aus den Ferien zurück sein, dann aber in Kleinmachnow anreisen. Zusammen mit Herbert Mies fuhr ich zunächst nach Eisenach. Von dort wurden wir – es lag sehr hoher Schnee, und an einen fast einstündigen Weg, mit dem schweren Koffer voller Bücher beladen, erinnere ich mich sehr deutlich – illegal über die Grenze geschleust, und mit dem Zug ging es weiter nach Mannheim.

Vom Aufenthalt in Liebenwalde hatte ich viele und recht widersprüchliche Eindrücke mitgenommen: Interessante Referate und Seminare, Diskussionen mit (vor allem älteren) Kommilitonen und neue Freundschaften. Geblieben war der Stachel eines Zwiespalts. Zweifel an der »Sache«, aber auch Selbstzweifel stellten sich immer wieder ein. Zunehmend kritischer wurde meine Haltung zur Sowjetunion Stalins, ungeachtet der Tatsache, daß sie Hitler besiegt hatte. Doch nach wie vor lehnte ich den Kapitalismus ab und sah in den bestehenden kapitalistischen westlichen Demokratien keine Alternative. Die Überwindung des Privatkapitalismus und die Aufteilung des Großgrundbesitzes in der Sowjetischen Besatzungszone bewertete ich damals ebenso als einen Fortschritt wie die neuen Bildungsmöglichkeiten für die unteren Klassen.

Was uns in Philosophie, Geschichte und Ökonomie gelehrt

wurde, überzeugte mich im großen und ganzen. Bei den »Grundfragen« und der politischen Strategie und Taktik waren die Vorbehalte indes erheblich. Immer deutlicher bemerkte ich hier eine Instrumentalisierung der sozialistischen Idee, eine Unterordnung, ja
Anpassung an die Taktik der Sowjetunion. Meine naive »linke«
Kritik an der Politik der SED geriet jedoch erst allmählich zu
grundsätzlichen Bedenken am ganzen System.

Ansätze einer oppositionellen Haltung festigten sich während
des Urlaubs in Mannheim. Von Wilhelm Rihm bekam ich wieder
reichlich Material der kommunistischen Oppositionsgruppen, damit erneut Argumente für eine differenzierte Betrachtung. Gleich
nach Weihnachten wurden Herbert Mies und ich von Willy Boepple
eingeladen, zu einer Diskussion bei ihm zu Hause vorbeizuschauen.
Gerade solche Treffen sind später als »Fraktionsberatung« verdammt worden. Boepple hatte sich schon mit seiner Rede auf der
8. Tagung des Parteivorstandes der SED im Januar 1947 unbeliebt
gemacht,[66] nun wurde er in der KPD schrittweise zurückgedrängt.
Doch er gab zunächst nicht auf und versuchte, Anhänger für seine
oppositionell-kommunistische Position zu gewinnen. Bei Boepple
traf ich Jakob Ritter und dessen Sohn Jakob, außerdem Wilhelm
Rihm und Fritz Karg. Aber auch zwei weitere Mitglieder der Bezirksleitung waren anwesend. Paul Engel, damals 37 Jahre alt,
verwaltete seit 1945 die Bezirkskasse der KPD. Während der Hitler-Diktatur in der SAP aktiv und deswegen 1939 zu knapp vier
Jahren Gefängnis verurteilt, hatte er sich 1945 der KPD angeschlossen. Der ruhige und freundliche Kassierer war in der KPD
allseits beliebt, später hat er sich von der Parteiarbeit zurückgezogen und ist früh gestorben. An der Besprechung nahm auch Hans
Babelotzki teil. Der Ingenieur war in der KP-Bezirksleitung für
die Abteilung Wirtschaft verantwortlich. Nach seinem Parteiaus-
tritt arbeitete er wieder in der Industrie.

Außerdem war der Schlosser Karl Heck zugegen. Seit 1945
zweiter Vorsitzender des KPD-Kreisverbandes Mannheim, wurde
er später 2. Bevollmächtigter der IG Metall in Mannheim und verließ die Partei ebenfalls. Ihn traf ich Ende der 50er Jahre öfter bei
Bildungsveranstaltungen, wo wir auch über die Zeit nach 1945
diskutierten. Gekommen war auch Willi Hunsinger, der als Betriebsratsvorsitzender zum erweiterten KPD-Vorstand gehörte.
1933 war der Maschinenarbeiter wegen seiner Aktivität für die
KPD inhaftiert worden, auch er trennte sich später von der Partei.

In den 70er Jahren hatten wir wieder Kontakt, Hunsinger überließ mir einen Teil seiner Bibliothek für meinen Lehrstuhl.

Schließlich war Franz Holzhauer erschienen, mit dem wir 1945/46 Jugendarbeit geleistetet hatten. Er war Betriebsrat bei den Mannheimer Motorenwerken und hatte ebenso Zweifel an der Parteilinie wie wir alle. Später wurde er Betriebsratsvorsitzender und war dann bis zur Pensionierung Sekretär der IG Metall in Mannheim.

Zunächst entschuldigte Boepple den Betriebsratsvorsitzenden von Daimler-Benz, Ludwig Hurm, der aus terminlichen Gründen nicht kommen konnte. Hurm war 1927 zusammen mit Jakob Ritter aus der KPD ausgeschlossen worden und mit diesem im »Leninbund« und der SAP aktiv, aber ebenfalls 1945 wieder der KPD beigetreten. Dann berichtete Boepple, daß einige Genossen, die ebenfalls eingeladen waren, doch »kalte Füße« bekommen hatten und deshalb fehlten. Wenn ich mich recht erinnere, erwähnte er Otto Dreissig, Betriebsrat bei der Mannheimer Verkehrsgesellschaft. Er war es, der mir 1946 die Arbeit als Straßenbahnschaffner vermittelt hatte, denn da ich noch keine 18 Jahre alt war, mußte eine Ausnahmeregelung getroffen werden. Außerdem war Richard Stark eingeladen. Der Ingenieur hatte 1933 bis 1936 in Haft gesessen. Nach 1945 war er Mitglied der Bezirksleitung der KPD Baden, von 1948 bis 1951 Stadtrat der KPD in Mannheim und hier bis 1973 Vorsitzender der VVN.

Boepple gab eine kurze Einleitung, in der er mit Blick auf Dreissig und Stark forderte, sich nicht sklavisch der Parteidisziplin zu unterwerfen, sondern zur oppositionellen Meinung zu stehen. Er berichtete von der Sitzung des Zentralsekretariats der SED vom 18. September 1947, an der er als einer der KPD-Vertreter teilgenommen hatte. Wegen seiner ständigen Abweichungen war er nicht mehr als Kandidat für den neuen Parteivorstand nominiert worden. Hauptkritikpunkt war für ihn die Haltung der Sowjetunion, der er vorwarf, ebenso wie die bürgerlichen westlichen Regierungen gegen die Interessen der deutschen Arbeiter zu handeln. Die Leninsche These von einem »Frieden ohne Annexionen und Kontributionen« sei von Stalin verraten worden. Die KPD schließlich habe sich von der SED zu einer »bürgerlichen« Politik drängen lassen, um den Alliierten zu gefallen, anstatt die Arbeiter zu vertreten. Boepples Ausführungen wurden von Wilhelm Rihm als zu schwach kritisiert. Rihm stand inzwischen in engem Kontakt zur früheren KPO, und er forderte, die Sowjetunion und die SED-Politik öffentlich als opportunistisch zu entlarven.

Ihm widersprach Jakob Ritter. Er warnte aufgrund seiner Erfahrungen in politischen Splittergruppen vor einer Isolierung. Nur innerhalb der (vor allem in Mannheim) noch immer starken KPD sei eine radikale kommunistische Arbeit zu leisten. Sein Sohn hingegen meinte, in dieser Partei sei keine Politik für Arbeiter mehr möglich (er trat kurz darauf zur SPD über). Engel, Karg, Mies, Holzhauer und ich hielten uns mit Prognosen zurück. Auch Babelotzki, Heck und Hunsinger verwarfen einen Konfrontationskurs und unterstützten ebenso wie Boepple die Auffassung von Ritter senior. Schließlich war man sich einig, sich öfter zu Aussprachen zu treffen. Nach der mehrstündigen Diskussion haben Willy Boepple und Jakob Ritter Herbert Mies und mich gebeten, noch zu bleiben. Sie wollten wissen, wie es auf der Parteihochschule zugehe. Beide ermahnten uns, weiterhin eifrig zu studieren, dabei aber die kritische Haltung nicht aufzugeben.

Nachdem sie Herbert Mies und mich verabschiedet hatten, unterhielten wir zwei uns noch eine Weile. Er bezeichnete diese Zusammenkunft als einen Fehler und erklärte, er werde in Zukunft nicht mehr daran teilnehmen. Ich argumentierte dagegen, um ihn davon zu überzeugen, wie notwendig Opposition innerhalb der Partei sei. Denn sonst bestehe die Gefahr, daß der Weltkommunismus von einer Partei, ja am Ende sogar von einem »Führer«, nämlich Stalin, beherrscht würde. Doch damals konnte ich schon erkennen, wie Herbert Mies sich abzusetzen versuchte, um von nun an einen anderen Weg zu gehen. Der hat ihn schließlich 1973 sogar bis zum Vorsitzenden der DKP, einer völlig von Moskau bzw. Ost-Berlin abhängigen Kleinstpartei in der Bundesrepublik, geführt. Zwar blieben wir zunächst noch freundschaftlich verbunden, begannen uns aber politisch zu entfremden.

Wieder über die »grüne Grenze« befördert, trafen wir am 5. Januar, einem Montag, in Kleinmachnow ein. Dort konnten wir dann am Samstag, dem 10. Januar, die große Eröffnungsfeier miterleben.

III. Kleinmachnow 1948 –
Wandel zur »Kaderschmiede«

Als wir in Kleinmachnow ankamen, waren wir über die riesigen Ausmaße des Anwesens und die ausgedehnten Gebäudekomplexe der neuen Parteihochschule überrascht, gegen die der Gutshof in Liebenwalde geradezu winzig war. Ins Auge fielen einerseits die zum Areal gehörende Hakeburg, ein Schloßbau der wilhelminischen Gründerzeit, andererseits sechs große, mehrstöckige, moderne Häuserblocks, die ab 1939 als Forschungsanstalt der Reichspost errichtet worden waren. Das weitläufige, über 250 000 qm große Gelände mit teilweise dichtem Baumbestand wirkte geradezu wie eine imposante Parklandschaft, in der es sogar, halb verborgen, einen malerischen Froschteich gab. Unterhalb der Hakeburg befanden sich der »Kleinmachnower See« sowie eine Schleuse des Teltow-Kanals, insgesamt eine phantastische Anlage.

Über die Hakeburg wurde kürzlich genauer berichtet,[67] daraus hier einige Hinweise: »Die sechs langgestreckten Institutsbauten gehen strahlenförmig im Viertelkreis vom Seeberg aus und werden von Westen nach Osten numeriert ... Die Institutsbauten sind 60 m lang und 16 m breit, weisen Keller-, Erd-, Ober- und ein niedriges Dachgeschoß auf ...«

In dieser weitläufigen Einrichtung konnten nun erheblich mehr Kurse und Studenten untergebracht werden als in Liebenwalde. Allerdings waren Anfang 1948 noch nicht alle Kriegsschäden beseitigt, so daß der Ausbau weiterging. Da auch der Küchentrakt mit Speisesaal noch nicht benutzbar war, mußten wir anfangs zu den Mahlzeiten die Hakeburg aufsuchen. Das war immer mit einem kleinen Spaziergang durch das parkähnliche Wäldchen verbunden. Hier bestand von den Wohnblöcken her so etwas wie ein »Trampelpfad«. Damit wir ihn unbeschadet passieren konnten, mußte er ständig geebnet werden, was zwei Gartenarbeiter mit einer schweren Rollenwalze zu aller Zufriedenheit vorbildlich bewältigten. Eines schönen Tages staunten wir nicht schlecht, denn ein Witzbold hatte das abgestellte Gartengerät mit Kreide be-

Blick auf Parteihochschulgebäude in Kleinmachnow.

schriftet. Und so stand darauf zu lesen: »Rolle der Partei« – ein Thema, das im Unterricht ja ständig gepaukt wurde. Während wir Schüler uns mehrheitlich darüber amüsierten, löste der Scherz bei den »Oberen« Empörung aus, obwohl diese »Rolle« doch wirklich »der Partei« gehörte. Aber für Spott oder Satire hatten die meisten Funktionäre eben keinen Sinn.

Nach unserer Ankunft blieb noch einiges zu improvisieren. Erst als das Wintereis auf dem Teltow-Kanal geschmolzen war, konnten mit Lastkähnen die letzten Umzugsgüter für den Schul- und Internatsbetrieb aus Liebenwalde herbeigeschafft werden. Wir waren hier inzwischen in modern eingerichteten und hellen Dreierzimmern untergebracht.

Doch zunächst hatte die von der Parteiführung öffentlich groß herausgestellte Einweihungsfeier am 10. Januar 1948 alles dominiert. Entsprechend war auch viel Prominenz erschienen: außer den beiden SED-Vorsitzenden Wilhelm Pieck und Otto Grotewohl fast sämtliche Mitglieder des Zentralsekretariats, nämlich Walter Ulbricht, Max Fechner, Franz Dahlem, Erich Gniffke, Käthe Kern, Elli Schmidt und Otto Meier. Nicht weniger als 280 Gäste aus Politik und Wirtschaft, darunter Vertreter der SMAD, außerdem die 34 Lehrkräfte und 240 Schüler der verschiedenen Kurse, also beinahe 600 Personen, waren zusammengekommen. Während die Veranstaltung zur russischen Revolution im November 1947 in Liebenwalde ein eher internes Ereignis ideologischer Vorbereitung

Eröffnungsfeier der Parteihochschule »Karl Marx« in Kleinmachnow. Beim Referat von Otto Grotewohl im Präsidium die Parteiführer: (von rechts) Franz Dahlem, Erich W. Gniffke, Käthe Kern, Max Fechner, Wilhelm Pieck, Rudolf Lindau, Paul Lenzner, Walter Ulbricht, Elli Schmidt und Otto Meier.

der »Partei neuen Typus« war, diente die Einweihung in Kleinmachnow als Ereignis für die Öffentlichkeit.

Der Saal war überfüllt. Paul Lenzner bat bei seiner Begrüßung[68] um 15.30 Uhr, die »Enge des Raumes zu entschuldigen«. Denn: »Die Aula, die für größere Veranstaltungen vorgesehen ist, wird erst später fertig werden, und so haben wir uns notdürftig in diesen engen Räumen der Hakeburg zusammendrängen müssen.«

Im Mittelpunkt der Eröffnung stand das Referat von Otto Grotewohl. Seine Ausführungen druckte das SED-Organ »Neuer Weg« (Nr. 2) dann im Februar als Hauptartikel gekürzt ab und bewertete sie als »eine bedeutungsvolle Rede über die wissenschaftliche Lehre von Marx, Engels, Lenin und Stalin«, die »einen neuen Abschnitt in der ideologischen Arbeit unserer Partei« einleite.[69] Neben den »Gästen« hatten wir also das Privileg, daß die »neue Linie« vorab vor uns Kursanten ausgebreitet wurde. Diese Wende zur »Partei neuen Typus« stalinistischen Charakters hatte ausgerechnet der frühere Sozialdemokrat Grotewohl vorgestellt.

Grotewohl war ein guter Redner, der es verstand, seine Zuhörer lebendig durch gekonnte Rhetorik, aber auch durch anschauliche Beispiele zu fesseln. Seine Herkunft aus Braunschweig – wo er es ja in der Weimarer Republik bis zum Minister gebracht hatte – war noch an der Aussprache des »st« oder »sp« zu merken. Der Lebensweg des damals 53jährigen ist bekannt und braucht hier nicht referiert zu werden. In seiner Ansprache im Januar 1948 in Kleinmachnow berief er sich ständig auf Marx, öfter auf Lenin und Plechanow, Stalin zitierte er allerdings nur einmal. Zwar streute er auch ein Schiller-Wort ein, aber im wesentlichen kam es ihm auf die Kritik des Kapitalismus und die Beschreibung der Rolle des Staates an. Immer wieder beschwor er die Traditionen der Arbeiterbewegung und benutzte sogar die seinerzeit kaum noch verwendete radikale Forderung »Wer nicht arbeitet, soll auch nicht essen«. Diese Floskel wurde im »Neuen Weg« nicht abgedruckt, wohl aber in Band II seiner Reden und Aufsätze »Im Kampf um Deutschland« von 1948, worin die Eröffnungsansprache ungekürzt enthalten ist; ein Zeichen dafür, welche Bedeutung ihr damals beigemessen wurde.

Grotewohl verlangte von der Parteihchschule, sie solle die »unerschütterliche Erkenntnis« vermitteln, daß es unter dem Kapitalismus »keine Freiheit und keine Menschenrechte« geben könne, sondern beide erst im Sozialismus verwirklicht würden. Allerdings sei für diesen Kampf ein »fester und unerschütterlicher Standort« zu »beziehen«. Und einen solchen Standort biete nur die »Lehre von Marx und Engels, Lenin und Stalin«. Er bekannte sich zum Leninismus Stalinscher Art, mit den Worten: »30 Jahre Geschichte der Sowjetunion« würden eine »flammende Sprache« reden: »Der Leninismus ist der Marxismus des Sieges des Sozialismus auf einem Sechstel der Erde.« Nebenbei erwähnte er zwar die »besonderen Bedingungen in Deutschland«, doch das ging unter in der Glorifizierung »Rußlands«, wo »der Marxismus gesiegt hat«.

Wegen seines Umfallens bei der Zwangsvereinigung von vielen Sozialdemokraten sehr negativ gesehen, von orthodoxen Kommunisten eher mißtrauisch betrachtet, wollte Grotewohl nun im Januar 1948 seine Hinwendung vom Sozialismus zum Leninismus beweisen. Ich erinnere mich gut, wie er anderthalb Jahre später (in einem Referat ebenfalls auf der Parteihochschule) sich selbst etwas bespöttelte. Im Sommer 1949 erklärte er nämlich vor uns, ihm sei erst jetzt klargeworden, daß er in der Phase der Vereinigung und danach überhaupt keine Ahnung von Lenin und dem Leninismus gehabt habe. 1949 hatte der zukünftige Ministerpräsident der DDR natürlich die Lacher auf seiner Seite, als er, sich selbstkritisch an die Brust klopfend, meinte, immerhin habe er schneller als viele andere gelernt.

Im Januar 1948 hatte er das wohl noch anders eingeschätzt. Am Ende seiner Eröffnungsrede griff er nochmals die »alten preußisch-junkerlichen, monopolkapitalistischen Elemente« an. Gerade dafür erhielt er den im Protokoll vermerkten »langanhaltenden, lebhaften Beifall«. Und ich als Mannheimer Lokalpatriot und glühender Anhänger der badischen Revolution von 1848 haßte die preußische Tradition geradezu. Begeistert hatte mich Heinrich Manns »Untertan«, denn Preußen war für mich identisch mit verabscheuungswürdigen »Untertanen«. Insofern lag ich in dieser Frage völlig auf der damaligen »Linie« der SED.

Feierlich »übergab« Grotewohl dann die Parteihochschule »Karl Marx« an die Schulleitung mit den Worten, daß Leitung und Schüler verpflichtet seien, daraus eine »Waffenschmiede des Sozialismus« zu machen. Das bot Rudolf Lindau die willkommene Gelegenheit, in seiner Antwort zu versichern, hier solle kein »abstraktes Wissen« gelehrt, sondern das Wissen müsse zur »Waffe in den täglichen Kämpfen« der SED werden, schließlich habe man es weiterhin mit »gefährlichen und mit allen Mitteln arbeitenden Feinden« zu tun. Insgesamt aber gelte es, sich »mit sieghaftem Optimismus zu rüsten«.

Am deutlichsten spürbar wurde die bevorstehende Wandlung der SED zur »Partei neuen Typus« bei den Ausführungen des Vertreters der SMAD. Anstelle des im Programm angekündigten Oberst Tulpanow war Oberstleutnant Nasarow erschienen. Der damals 45jährige Offizier war seit 1925 Mitglied der Kommunistischen Partei, nun in der SMAD in Tulpanows Stab für die deutschen Parteien zuständig. Er sprach Klartext. »Auf einem Sechstel der Erde ist der Sozialismus aufgebaut, aufgebaut nach den Ideen von Marx, Lenin und Stalin. Erfolgreich schreiten dem Sozialismus viele Länder der neuen Demokratie im Osten Europas entgegen.« Der Kapitalismus sei zum »Untergang verurteilt«, und dadurch lasse sich die »Tollwut der internationalen Reaktion erklären«. Jetzt sei der »amerikanische Imperialismus« »der Hauptfeind des Sozialismus in der ganzen Welt«, und als dessen »treue Diener« nannte er Sozialisten wie »Schumacher und Blum«. Er nahm kein Blatt vor den Mund: »Wir leben in einer Zeit, wo alle Wege zum Kommunismus führen. Unsere Kraft liegt im Marxismus. Die Lehre Marx' ist allmächtig, weil sie richtig ist! Und hier die Schlußfolgerung: sich des Marxismus zu bemächtigen, des Leninismus zu bemächtigen, weil der Leninismus der Marxismus von heute ist, die Ideen des Marxismus-Leninismus zu verbreiten, mit diesen Ideen die Arbeiterklasse und seine Avantgarde – Eure Partei – zu bewaffnen, die Feinde des Sozialismus erkennen lernen – unter welcher Fahne sie auch auftreten –, sie hassen lernen, gegen sie zu kämpfen und sie zu beseitigen. Es gibt keine andere ehrenvollere Aufgabe, die unserer Generation zuteil geworden ist.«

Direkt an uns deutsche Zuhörer gewandt, wurde Nasarow noch konkreter. Die bisherige Losung der SED, die Revolution von 1848 zu vollenden, sei »natürlich richtig«. Doch dürfe man nicht »auf halbem Wege stehenbleiben«. Denn die »wichtigere Aufgabe« laute: »vorwärts schreiten und nur auf einem einzigen Wege, auf dem Wege des Sozialismus«. Deshalb glaube er, »daß unsere gemeinsamen Kameraden aus Jugoslawien, Bulgarien, Tschechoslowakei uns zeigen, wie und wohin man gehen soll, ganz zu schweigen von meinem eigenen Lande«. Mit anderen Worten, er verpflichtete die SED auf das stalinistische Modell. Und dazu wünschte er »von ganzem Herzen Erfolge«.

Nasarow erhielt »anhaltenden, lebhaften Beifall«. Ob aber alle Anwesenden begriffen hatten, welche Perspektive er der SED Monate vor der offiziellen Wendung der Partei prognostizierte, wage ich zu bezweifeln.

Auf der Rednerliste stand noch der Ministerpräsident von Brandenburg, Karl Steinhoff (SED), der auf die »Stärke und Lebenskraft des Marxismus-Leninismus« verwies. Zum Schluß kündigte Lenzner »zwei Vertreter des Schülerkollektivs« an. Das Wort erhielten »Maria Baer als Vertreterin der bisherigen Parteihochschule in Liebenwalde« (vom Halbjahreslehrgang) und Erich Reimer für den in der Hakeburg stattfindenden Journalistenkurs. Maria Baer betonte, an diese Hochschule »neuer Art« seien wir »nicht etwa gekommen«, sondern »wir sind an die Hochschule geschickt worden, von unserer Parteiorganisation entsandt und delegiert« und also »der Partei verantwortlich«. In ihrer (mit »stürmischem Beifall« aufgenommenen) kurzen Rede äußerte sie zur Bildungseinrichtung: »Hier werden Wissenschaftler erzogen, die die Welt nicht nur interpretieren, sondern auch verändern sollen und wir nennen sie Parteifunktionäre.« Ihr Schlußruf: »Es lebe der Marxismus« wirkte nach den Hinweisen auf den »Marxismus-Leninismus« allerdings etwas antiquiert.

Das »Rahmenprogramm« wies eindeutiger in die neue Richtung. Nach der musikalischen Einleitung durch das Streichquartett des Berliner Rundfunks hatte die Feierlichkeit mit einer Rezitation aus Majakowskis Gedicht »Wladimir Iljitsch Lenin« begonnen, und sie wurde mit weiteren Versen aus diesem Epos beschlossen. Zum Ende der Veranstaltung folgte der »Gemeinsame Gesang: Die Internationale«. Ich erlebte das damals als überzeugter Anhänger Lenins, und deshalb störte mich dies nicht. Doch ich überlegte mir, wie die früheren Sozialdemokraten die Einweihung der Hochschule unter dem Namen »Karl Marx« mit solcher Lenin-Ehrung wohl einschätzen würden. Klar war jedenfalls, daß dieses bewußte Auftreten der Führung zusammen mit den Darlegungen von Grotewohl und vor allem von Nasarow einen neuen Abschnitt der Entwicklung der »Einheitspartei« einläuten sollte.

Die beiden Majakowski-Rezitatoren kamen aus den Reihen der Schüler. Den Anfang hatte Georg Becker von unserem Zweijahreslehrgang vortragen dürfen. Der damals 26jährige gutaussehende, preußisch-diszipliniert auftretende Berliner war der Sohn eines Schneiders und KPD-Mitglieds. Nach der Oberrealschule 1937 bis 1940 machte er eine kaufmännische Lehre und wurde Expedient. Als Soldat (1941–1944) im Krieg, geriet er dann als Unteroffizier in Italien in amerikanische Gefangenschaft und kam nach Tunesien. Erst im Juli 1946 nach Berlin zurückgekehrt, arbeitete er vor dem Hochschulbesuch als Angestellter. Becker ging wie ich dann in die Fakultät Philosophie. Er wurde Aspirant, Assistent bzw. Lehrer an der Parteihochschule, wo er bis 1962 als Stellvertretender Lehrstuhlleiter der Philosophie wirkte. 1962 in die Abteilung Internationale Verbindungen des ZK versetzt, war er auch Redakteur der Zeitschrift »Probleme des Friedens und des Sozialismus« in Prag. Später wurde er mit Hinweis auf seine schlechte Gesundheit abberufen. Im gleichen Jahr gab es eine Untersuchung gegen Georg Becker, weil sein (1948 geborener) Sohn wegen Fluchtversuchs verhaftet worden war. Er hatte aber bereits 1972 gemeldet, daß sein Sohn plane, aus der DDR zu fliehen. Becker starb, erst 53 Jahre alt.

Weitaus bekannter war der andere Rezitator, Robert Bialek. Der 1915 geborene, also damals 32jährige Bialek war im Breslauer Widerstand der Jugendorganisation der KPO gegen die NS-Diktatur aktiv und deshalb von den Nazis inhaftiert gewesen. Ab 1945 arbeitete er in Sachsen in der KPD. Mitbegründer und Vorsitzender der FDJ in Sachsen, war der aufsässige Bialek auch ein Kon-

Auf dem Gründungsparlament der FDJ 1946, Robert Bialek (3. von rechts). In das 1971 veröffentlichte Foto (unten) wurde Bart und Haarteil hineinretuschiert, um ihn unkenntlich zu machen. Charakteristisch für die Geschichtsfälschungen der SED, die bis zu Bildfälschungen reichten.

kurrent von Honecker. Im Herbst 1947 zum Halbjahreskurs nach Liebenwalde delegiert, durfte er hier nun als ein sehr guter Rhetoriker Majakowski-Verse vortragen. Über Robert Bialek gibt es inzwischen eine ausführliche Biographie, die auch seinen späteren dramatischen Lebensweg genau beschreibt.[70] Daher sei lediglich darauf verwiesen, daß er nach dem Lehrgang Generalinspekteur der Volkspolizei wurde, dann aber 1953 nach West-Berlin flüchtete. Von dort hat ihn das MfS 1956 nach Ost-Berlin entführt, wobei er vermutlich ums Leben kam.

Robert Bialek hatte ich bereits auf dem 1. Parlament der FDJ

1946 kennengelernt, wo seine Auslassungen über die Kirchen damals fast zum Eklat geführt hätten. Zum Halbjahreskurs gab es wenig Kontakte, deshalb kann ich mich nur an einige beiläufige Gespräche (unter anderem über das Parlament in Brandenburg) mit ihm erinnern.

Die Einweihungsfeier hatte die SED-Spitze nicht zuletzt deshalb besonders hervorgehoben, um hier wichtige Signale zu setzen. Seinerzeit wurden in der Partei zunehmend »Zerfallserscheinungen«[71] konstatiert; daher sollte die Schulung einen höheren Stellenwert erhalten und vor allem die Kaderschulung intensiviert werden. Das SED-Funktionärsorgan »Neuer Weg« (Nr. 2/1948) hatte die »Errichtung« der Parteihochschule »Karl Marx« in Kleinmachnow als erfreulichen Fortschritt der »wichtigsten« [!] Arbeit »unserer Partei, der Arbeit für die Schulung und für die Heranbildung neuer, höchstqualifizierter Kader« gepriesen. Zum andern war mit der Verschärfung des Kalten Krieges noch vor dem Konflikt Stalin – Tito klargeworden, daß es galt, die Stalinisierung der SED voranzubringen und dabei insbesondere das Bekenntnis zu Stalin zu forcieren.

»Hochschule neuer Art«

Wie sehr die SED in diesem Prozeß die Parteihochschule in den Vordergrund rückte, zeigte ein weiterer illustrierter Beitrag im »Neuen Deutschland« am 21. Januar, der die »Hochschule neuer Art« beschrieb. Grotewohl, der gefordert hatte, »aus der Parteihochschule eine Waffenschmiede des Sozialismus zu machen«, wurde zitiert und der Zweijahreslehrgang besonders herausgehoben. Die Parteizeitung berichtete, alle Lehr- und Wohnräume in Kleinmachnow seien »einfach und zweckmäßig«, der Unterricht werde in »Lektionen (Vorlesungen), Selbststudium und Seminaren« organisiert. Etwas übertrieben hieß es weiter, »Besuche von Versammlungen, von kulturellen Veranstaltungen, Diskussionen mit der Bevölkerung ergänzen das Studium«. Auch »Unterhaltungsabende mit musikalischen und künstlerischen Darbietungen« wurden erwähnt. Unser Unterricht verlief indes in den wenigen Wochen bis zum Abschluß des 1. Semesters in den bisher üblichen Bahnen. Zunächst bekam ich mit meinen immer stärker abweichenden Auffassungen und mit der zur Schau getragenen Nicht-

Bild und Zitat von Marx schmückten den Eingang. Später wurde das Zitat durch eine üble Parole ersetzt: »Man muß lernen, seinen Gegner zu erkennen, gegen ihn zu kämpfen und ihn zu vernichten« (vgl. Hubert Faensen: Hightech für Hitler, Berlin 2001, S. 145).

konformität im Alltagsleben der Parteihochschule persönlich kaum Schwierigkeiten.

Ausgebaut wurde in Kleinmachnow allerdings die »Parteiarbeit«. Im 1. (und auch im 2.) Semester war Erich Hanke »Sekretär« der »Parteiorganisation« unseres Zweijahreslehrgangs. Hanke, Jahrgang 1911, war von Beruf Maurer. Seit 1930 Mitglied der KPD, war er im Widerstand zuletzt als »technischer Leiter« der Berliner Bezirksleitung aktiv. Im August 1935 verhaftet, wurde er 1936 zu zehn Jahren Zuchthaus verurteilt. Er floh 1945 zusammen mit Erich Honecker. Während dieser sich der Polizei stellte (was später immer wieder Diskussionen veranlaßte), tauchte Hanke in Berlin unter. Schließlich kam er 1946/47 als Kaderreferent in die Kaderabteilung des ZK der KPD bzw. in die personalpolitische Abteilung des Zentralsekretariats der SED. Damit hatte Hanke vor dem Studium also die höchste Funktion aller Teilnehmer des Zweijahreslehrgangs ausgeübt. Kein Wunder, daß wir ihn bereits in Liebenwalde am 27. Oktober 1947 einstimmig zum Leiter der »Parteiorganisation« gewählt hatten. Zum Professor an der Arbeiter-und-Bauernfakultät ernannt, verließ er die Parteihochschule vorzeitig im Juni 1949. Von 1955 bis 1962 war er dann Professor für Finanzwirtschaft in Potsdam. Hanke hat zwei Erinnerungsbände veröffentlicht, darin (»Im

Strom der Zeit«, 1976) hat er auch kurz die Parteihochschule beschrieben. Engeren Kontakt bekam ich zu ihm erst, nachdem wir ab dem 2. Semester gemeinsam in der philosophischen Fakultätsgruppe waren.

Als Erich Hanke im Januar 1948 hörte, daß ich in unserer Gruppe »Thälmann« über die Arbeit der KPD in Westdeutschland berichten sollte, schlug er vor, ich möge dies doch vor der Parteigruppe des ganzen Lehrgangs tun. So konnte ich noch im Januar 1948 über die Situation der KPD in Westdeutschland informieren. Wie vereinbart, ging ich ausführlich auf Oppositionsgruppen ein. Dazu hatte ich die (auf schlechtem Papier mit Rotaprint abgezogene) kleine Schrift mitgebracht, die

Erich Hanke.

August Thalheimer – unter dem Pseudonym »Aldebaran« – veröffentlicht hatte, und sie herumgehen lassen. Ich erzählte, daß die früheren KPO-Mitglieder fast alle wieder in der KPD organisiert waren, aber den »parlamentarischen Kurs«, die Regierungsbeteiligung der KPD in den westdeutschen Ländern und die völlige Abhängigkeit der SED von der Sowjetunion sowie die Politik Stalins kritisierten. Hingegen seien von den früheren SAP-Mitgliedern die meisten in die SPD eingetreten, während die Trotzkisten selbständig operierten. Über die »dritte« Arbeiterpartei neben KPD und SPD konnte ich ebenfalls Auskunft geben. Die »Arbeiter-Partei Hessen«, die im August 1946 in Offenbach gegründet worden war, hatte im März 1947 ihre zweite Landeskonferenz abgehalten. Wilhelm Rihm hatte teilgenommen und mir Material mitgebracht. Initiatoren waren Heinrich Galm, der schon 1929 die Mehrheit der Offenbacher Kommunisten zur Opposition geführt hatte, sowie sein Stellvertreter Philipp Pleß, der später DGB-Vorsitzender in Hessen und SPD-MdL wurde.

In der Diskussion erkundigte sich vor allem Ernst Schneider nach weiteren Einzelheiten. Ansonsten murrten einige ältere frühere KPD-Genossen und runzelten die Stirn, doch außer dem

110

Hinweis, daß solche Aktivitäten von »Sektierern« der Einheit der Arbeiterklasse schadeten, wie damals Hanke und andere meinten, gab es keine Debatten, niemand regte sich auf. In seinen Erinnerungen schrieb Hanke dreißig Jahre später, am Zweijahreslehrgang hätten außer »politisch erfahrenen Genossen« und »jüngeren Parteimitgliedern« auch »westdeutsche Genossen, die bereits unter dem Druck des wiedererstehenden Imperialismus politische Erfahrungen gesammelt hatten«, teilgenommen. Anfang 1948 haben das alle weniger dramatisch gesehen, und auch ich hatte zwar von Schwierigkeiten gesprochen, aber ebenso die freien Möglichkeiten der KPD erwähnt. Die Veranstaltung verlief eher leidenschaftslos.

Allerdings hatte Parteisekretär Heckert von meinem Bericht erfahren und lud mich vor, fragte aber nur, wie ich zu dem Thalheimer-Aufsatz gekommen war, und wollte diesen sehen. Inzwischen war ich schon etwas vorsichtig geworden und gab an, den abgezogenen Artikel bereits mit der Post zurückgeschickt zu haben. Erstaunlicherweise hatten weder meine Informationen noch die anschließende Diskussion irgendwelche unmittelbaren Folgen. Ein Jahr später, vielleicht sogar ein halbes Jahr später, hätte solcher »Objektivismus« mit Sicherheit ernste Konsequenzen gehabt, Anfang 1948 herrschte aber noch ein liberales Klima. Niemand konnte wissen, daß die SMAD schon 1947 die KPO-Leute im Blick hatte und z. B. Tulpanow im November 1947 an Suslow über die »Reste der KPO« berichtete, die »versuchen, auf führende Posten in der SED und der KPD zu gelangen.«[72]

Als die ersten Studenten unseren Lehrgang bereits im Januar 1948 verlassen mußten, geschah dies keineswegs aus politischen Gründen, sondern war Folge ihres sehr schlechten Gesundheitszustandes. Jochen Roland und später Walter Sandring wurden in eine Tbc-Heilstätte eingewiesen, was ebenso auf Franz Schekelinski zutraf. Dieser war als Soldat 1943 in Stalingrad in sowjetische Gefangenschaft geraten und nach dem Besuch einer »Antifaschule« in der Sowjetunion direkt an die Parteihochschule »Karl Marx« gekommen. Als Kriegsbeschädigter humpelte Schekelinski mit einer Beinprothese. Der vierte, der ebenfalls wegen Tbc im Januar aus unserem Lehrgang ausscheiden mußte, war Fred (Manfred) Voigtländer. Er stammte aus Sachsen-Anhalt und war ebenfalls Jahrgang 1928. Als Kind mußte er Laufjunge bei einem Apotheker machen, wofür er – ein eifriger Leser – Bücher bekam.

Während des Krieges hatte er eine Lehre als Maschinenschlosser bei der IG Farben in Schkopau begonnen, war von Januar bis Juni 1945 noch Soldat und Kriegsgefangener, 1945 in den antifaschistischen Jugendausschüssen und dann der FDJ sowie der KPD tätig. Zum II. Parlament der FDJ im Mai 1947 in Meißen delegiert, hinderte ihn bereits damals ein Lungenriß an der Teilnahme. Dennoch durfte er (nach einer Prüfung durch Fred Oelßner im August) im Oktober 1947 zum ersten Zweijahreslehrgang der Parteihochschule nach Liebenwalde. Hier engagierte er sich im kulturellen Bereich. Beispielsweise erhielt Fred für die von ihm initiierte Puschkin-Feier allgemeine Anerkennung und sogar den (von mir verbreiteten) Namen »Puschkin«. Er wurde 1950/51 Leiter der Personalabteilung der Halle-Saale-Werke in Halle; 1951/52 stellvertretender Schulleiter und Dozent für Gesellschaftswissenschaften an der mittleren Medizinischen Fachschule Halle/Dölau; 1952–1960 Leiter des Parteikabinetts der SED-Bezirksleitung Halle und Sekretär der Bezirkskommission zur Erforschung der Geschichte der örtlichen Arbeiterbewegung, dabei Mitarbeiter Wilhelm Koenens; 1960–1968 wissenschaftlicher Oberassistent am IML; dort nach Konflikten mit der Leitung abgelöst und in den VEB Funkwerk Berlin-Köpenick versetzt. Von 1990 bis zu seinem Tod am 18. Februar 2001 standen wir wieder in freundschaftlicher Verbindung.

Spitznamen für Mitschüler zu erfinden war schon auf der Lehrerbildungsanstalt eine Marotte von mir und Herbert Mies gewesen. Im jugendlichen Überschwang führte ich das auf der Parteihochschule fort. Mies und ich nannten uns gegenseitig »Pawel« oder »Vincenz«, was viele irritierte. Nun in Kleinmachnow pflegte ich geradezu die Manie, Spitznamen zu verteilen – und etliche davon hielten sich sogar bis Lehrgangsende. Die Anlässe waren verschieden. Manchmal fast bösartig, wenn ein Schüler wegen einer harmlosen Nierenerkrankung etwa »Schrumpfniere« tituliert wurde. Bei einer Lehrveranstaltung hatte selbst ein Dozent ihn »Schrumpfniere« gerufen, sich aber rasch und erschrocken korrigiert. Andere erhielten »fachbezogene« Namen, Werner Kaufmann hieß »Mehring«, weil er sich schon früh für das Fach Geschichte entschieden hatte, ein anderer aus der Ökonomie »Dühring«. Ein jugendlicher Aufrührer lief als »van der Lubbe« herum, der Kapitän Heinz Nehmer hieß »Schiffmann«. Der Kölner Günther Gärtner (sein richtiger Name war Görres), ein enger Freund von

Günter Stauf (Picasso) und Hermann Wunderlich (mit der Hand vor dem Gesicht) beim Diskussions-Spaziergang im Wäldchen der Parteihochschule in Kleinmachnow.

Heinz Busch und nur wenige Jahre älter als wir, firmierte bald nur noch unter »Sultan«. Und zwar weil Marx einst vom »Sultan, wild und sturmbewegt« geschrieben hatte, und gleichermaßen nach einem Film, der seinerzeit lief. Günther war darüber wenig erfreut. »Gärtner« stammte aus einer kommunistischen Familie in Köln, war seit 1945 in der KPD und wurde nach Ende unseres Lehrgangs Instrukteur des Parteivorstandes der KPD. Nach dem Verbot der Partei zu einem Jahr Gefängnis verurteilt, ging er später in die Wirtschaft und war im Stahlhandel tätig.

Einer der von mir in die Welt gesetzten »Künstlernamen«, nämlich Picasso, hatte sich so tief eingeprägt, daß sein Träger von allen nur noch so gerufen wurde. Sein wirklicher Familienname war Jahrzehnte später nur mit Mühe herauszubekommen. Günter Stauf, nicht viel älter als ich, wurde rasch ein guter Freund, häufig machten wir gemeinsame Spaziergänge und unterhielten uns über Gott und die Welt. Ich nannte ihn stets Picasso, und er hat diesen Namen, der fest an ihm klebte, wohl auch gerne getragen. Nun hieß Günter nicht etwa Picasso, weil er malte wie der berühmte Künstler. Es war vielmehr sein eigenartiger Kopf, etwas eckig und leicht verschoben, der gewissermaßen an ein Picasso-Bild erinnerte. Ur-

113

sprünglich aus dem Ruhrgebiet stammend, war er relativ früh aus sowjetischer Kriegsgefangenschaft entlassen, aber im Osten, in Prenzlau, »hängengeblieben«. Er fand Arbeit in der dortigen Zuckerfabrik. Als aufgeweckter, radikaler junger Genosse wurde er von der Landesleitung Brandenburg auf die Parteihochschule geschickt. Günter war unter uns einer der ärmsten, er besaß anfangs nicht einmal Strümpfe, sondern war der einzige, der sich mit Fußlappen behelfen mußte.

Um so überraschter war ich, als er des öfteren aus Berlin antiquarische Bücher anschleppte, die alle saumäßig teuer waren. Da wir ja nur 75 Mark Stipendium und wenige Mark Büchergeld erhielten, reichte das kaum aus, um die notwendigen neuen Werke oder Zeitschriften zu erstehen. Antiquarische Bücher aber, die damals ein Vermögen kosteten, konnten wir uns absolut nicht leisten. Als ich ihn fragte, wie er das denn mache, vertraute Günter mir sein »Rezept« an. Da er nicht rauche, könne er seine Zigarettenzuteilung auf dem Berliner Schwarzmarkt verkaufen. Das war natürlich verboten und mußte unter uns bleiben. Er hatte inzwischen feste Abnehmer. Picasso war gerne bereit, ebenso für mich meine Ration zu verkaufen, damit quasi als mein Literaturfinanzier zu fungieren. Zigaretten galten ja als wichtige Währung. In Berlin kostete ein einziges Stück der amerikanischen »Chesterfield« oder »Pall Mall« zwischen 12 und 16 Mark. Und selbst unsere »Glimmstengel« erzielten vor der Währungsreform noch eine gute »Rendite«. Während etwa Heinz Busch seine Zuteilung zu Hause ablieferte, damit sich die Familie Lebensmittel eintauschen konnte, hat Gerda Röder alle Zigaretten ihrer stark rauchenden Mutter überlassen, die sie dafür mit Kleidung versorgte. Die meisten rauchten freilich selbst. Ich aber wurde von Stund an Nichtraucher, das Zigarettengeld schuf den »Grundstock« meiner Bibliothek.

Alltag in der Parteihochschule

In den großen Gebäuden und dem weiten Umfeld konnten wir uns im Januar und Februar 1948 rasch zurechtfinden und einleben. Was sich seinerzeit in den einzelnen Bauten befand (in Haus 3 ist heute die Chronos-Filmgesellschaft, in Haus 4 und 5 sind Gastronomie-Betriebe), geht aus einem Merkzettel (»Nur für den inneren Schulgebrauch«) für »Studierende der Lehrgänge« von 1949 hervor, und so war es schon 1948. Darin ist ausgeführt: »Haus 1 und 2: Wohnräume der Studierenden«. In Haus 3 waren im Mittelgeschoß die Bibliothek (sie war von 8 bis 14 und von 15 bis 19 Uhr geöffnet) sowie Literaturverkauf, Zeitungsausgabe und Leseraum (dieser war Montag bis Freitag von 8 bis 23 Uhr benutzbar). Der Zeitungsleseraum war ständig geöffnet. Im Untergeschoß befanden sich der Hörsaal 2 sowie die Seminarräume 9–16. In Haus 4 waren Wirtschaftsleitung, Kasse usw., aber auch »Poststelle und Kontrollpunkt« eingerichtet. Im Haus 5 gab es die Direktion, Sekretariate, Lehrmittelabteilung, im Untergeschoß noch Hörsaal 1 sowie die Seminarräume 1–8. In Haus 6 lagen der Speisesaal, im Untergeschoß die Aula und zwei Klubräume. In Haus 7 schließlich (»hinter der Garage«) hatten Wäscherei, Friseur und die Bäder ihren Platz. Die Parteihochschule war also nicht nur in einem riesigen Park errichtet, sie hatte in den großen Bauten zugleich ausreichend Platz und konnte bis zu 500 Schüler gleichzeitig unterbringen.

Auch in zeitgenössischen Veröffentlichungen wurde die neue Parteihochschule »Karl Marx« vorgestellt. Die Zeitschrift »Neuer Weg« hatte damals nicht nur die Rede Grotewohls abgedruckt, sondern ebenso einen illustrierten Bericht gebracht (darunter den Eingang mit dem Marx-Bild und -Zitat). Verwiesen wurde auf die Kurse sowie den »aus 34 Kräften« bestehenden Lehrkörper, der »jedoch bei vollem Schulbetrieb 80 Lehrkräfte zählen« solle, wobei genannt wurden: »Dr. Frida Rubiner (Grundfragen des Marxismus), Dr. V. Stern (Philosophie), Paterna (Geschichte), Lemnitz (Ökonomie), Teubner (Journalistik) und andere.« Erwähnt wurden die 35 000 Bände zählende Bibliothek und die »schuleigene Verkaufsstelle« für Literatur.

Anders als diese politisch-ideologische Würdigung hat dann die Zeitschrift »bildende kunst« später (Heft 6, 1949) unter dem Titel »Eine sozialistische Hochschule« den modernen Charakter der Bildungsstätte herausgestellt. Die »Architekten Selmanagic, Falkenberg, Hirsche, die gemeinsam den Ausbau der Hochschule durchführten«, so hieß es, mußten vom vorgegebenen baulichen Rahmen ausgehen und sich auf die »Innenraumgestaltung« beschränken. Ihre Lösungen (sie kamen ja von der Bauhaus-Tradition) seien vorbildlich. »Hörsäle und Seminarräume sind ebenfalls sehr einfach, ganz bewußt auf Möglichkeit zur geistigen Konzentration hin gearbeitet. Sehr bequeme Stühle, mit kurzen Armstützen, die beim Schreiben nicht stören, sehr zweckmäßige neuartige

Einzeltische, die ganz automatisch zu einer Aufhebung der üblichen starren Bank- und Tischreihen führen.«

Anerkannt wurde der freundliche Ausbau des Speisesaales. Über das für uns Wichtigste, die Unterkunft, hieß es detailliert: »Der Schlafraum ist für eine Gemeinschaft von drei Studenten bestimmt, die in manchen Lehrgängen sehr lange beieinander ist ... Man kam zu einer sehr glücklichen Lösung, indem man die Funktionen des Säuberns (Körper, Kleidung, Schuhe) und des Aufbewahrens (mit Ausnahme der Bücher) durch die Schrankwand [siehe Grundriß] von den Funktionen des Schlafens, Ruhens, Arbeitens abtrennte. Wer eintritt, steht dadurch auch nicht mehr überfallartig im Zimmer ... Die Funktion des Schlafens wurde durch die Verwendung von breiten gepolsterten Liegebänken [Couch] und den Anbau von niedrigen, durch eine Klappe leicht zugänglichen Bettzeugschränken an die Betten für den Tag und den Abend unsichtbar gemacht. Die kleine Grundrißskizze zeigt besser als die Bilder die Organisation des Raumes.«

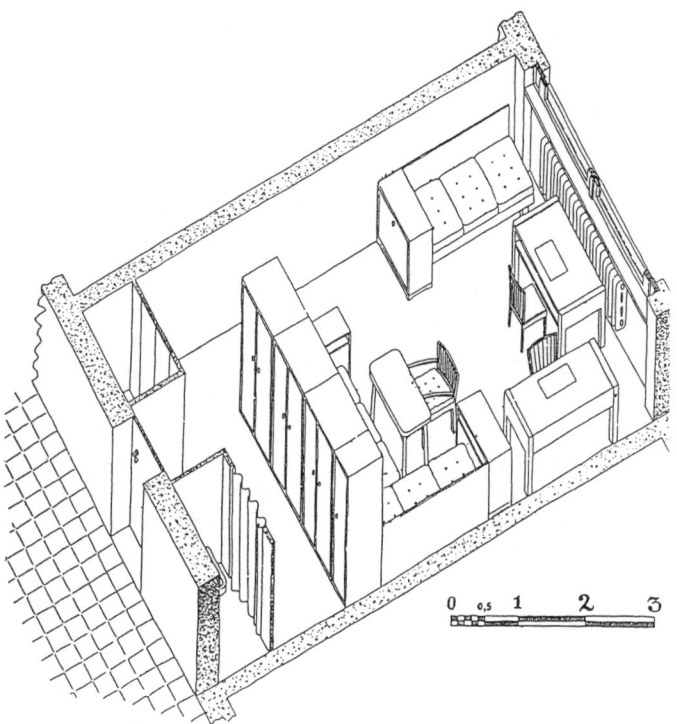

Grundriß der Studentenzimmer in Kleinmachnow.

Nach Öffnen der Tür stand man zunächst vor den drei nebeneinander angeordneten Schränken. Dadurch entstand eine Art kleiner Vorraum. Das war diskret und sehr angenehm, denn in der Ecke war die gemeinsame Waschgelegenheit der Zimmerbewohner. Toiletten waren am Ende des Flurs zu benutzen. Im sogenannten Heiz-Haus mit den technischen Anlagen befanden sich die Duschen. Hier haben Herbert Mies und ich nicht nur Spottlieder wie »Pit und Pat im Wannenbad« gegrölt, sondern auch Pfälzer Weinlieder über den »Rachenputzer«. Den Wohnraum beschrieb die »bildende kunst« so: »An den Schränken vorbeigehend betritt man den eigentlichen Wohnraum, der jetzt trotz seiner geringen Größe von zirka 20 qm genügend Raum für 3 Personen bietet. Ja, durch die aus den Liegebänken gebildete Sitzecke entsteht sogar Raum für größere Diskussionsgruppen, die eine unausbleibliche Folge der geistig angespannten Atmosphäre in den Lehrgängen sind. Bücher stehen auf den Kleider- und Bettzeugschränken, ein weiteres Bücherbord ist an der Wand. Selbst wenn drei Tische gestellt werden, entsteht nie das Gefühl der Enge … Möbel und Beleuchtungskörper sehr einfach. Wände glatt weiß. Decke leicht getönt. Der Raum bekommt eine sehr reizvolle Farbigkeit durch den Ton des Holzes, die Bucheinbände und die Farbe der ungemusterten Vorhänge.«

Aus heutiger Sicht mögen die Zimmer sehr klein und die Möbel der Deutschen Werkstätten Hellerau ziemlich schlicht erscheinen, damals waren sie – vor allem gemessen an der Nachkriegssituation mit krasser Wohnungsnot bei fehlendem Mobiliar, aber auch an den Verhältnissen in Liebenwalde – geradezu pompös. So empfanden wir es wohl alle. In unserem Dreierzimmer waren Werner Horn, Herbert Mies und ich untergebracht. Wir zwei Mannheimer, der schon damals stämmige Mies, der ebenso wie ich mit Baskenmütze herumlief, galten als eine Art Zwillingspaar, da wir meist zusammen waren und viele Streiche gemeinsam aussheckten. Der dritte im Bunde, Werner Horn, stammte aus Zittau in Sachsen. Einige Jahre älter als wir, Jahrgang 1924, hatte er gleichfalls eine Lehrerbildungsanstalt besucht. Seit 1942 bei der Luftwaffe, zuletzt Unteroffizier, kam er schon im Mai 1945 zurück und trat im September der KPD bei. 1946 hatte er die SED-Landesschule absolviert und war Vorsitzender der FDJ in Zittau. Auf der Parteihochschule war er ab April 1948 Student in der Fakultät Geschichte und blieb dort anschließend als Assistent, dann Lehrer

Lehrer Triebe teilt die Fußballer ein, Werner Horn kommt zu spät, Werner Kaufmann nimmt ihm den Pullover ab. Bei der linken Mannschaft ganz hinten Heinz Busch, daneben (in weißer Hose) Herbert Mies.

und später Professor bis zum Ende der DDR. Horn – wie Mies kräftig gebaut – war stets eifrig bestrebt, viel zu lernen, betrieb aber nebenbei noch regelmäßig Sport.

Durch die vorherige Hungerzeit, die Strapazen des Schulbetriebs, Bewegungs- und Schlafmangel wegen des stundenlangen Unterrichts und zahlreicher Sitzungen, vor allem der zunehmenden ewig andauernden Parteiversammlungen wurde der ohnehin schlechte Gesundheitszustand der meisten Kursanten geradezu bedrohlich. Das veranlaßte den Schularzt, Dr. Erdmann, Alarm zu schlagen. Bei Lehrern wie Schülern hatte er diverse Krankheiten und (alle wurden regelmäßig gewogen) erhebliches Untergewicht festgestellt. Beispielsweise war ich mit meinen 1,85 Meter stark abgemagert und erhielt Zusatzverpflegung, um wenigstens wieder über 60 Kilogramm zu kommen.

»Zwei Genossen verschwunden«, stand als provokante Schlagzeile an der Schulwandzeitung im Februar 1948. Was war geschehen? Am 13. Februar mußte die Leitung der Parteihochschule dem Zentralsekretariat berichten, im Zweijahreslehrgang (Durchschnittsalter 28 Jahre) hätten 40 Hochschüler »pro Kopf 2,113 kg abgenommen«, und im Halbjahreslehrgang (Durchschnittsalter 39 Jahre) »66 Personen im Durchschnitt 2,863 kg«. Tatsächlich waren damit gewichtsmäßig ja mindestens zwei Genossen »abhan-

118

den gekommen«. Nun sollte die Belastung vermindert werden, alle Versammlungen mußten spätestens um 22 Uhr beendet sein.

Damals begann der Unterricht an der Parteihochschule bereits früh um 8 Uhr und dauerte bis 13 Uhr (mit einer Pause von 9.40 bis 10 Uhr). Nach der Mittagspause ging es weiter von 15 bis 18 Uhr und abends noch von 19 bis 22 Uhr. Das Programm der letzten Woche vor dem »praktischen Einsatz« im Februar 1948 sah folgendermaßen aus.[73]

Am Sonntag, dem 15. Februar, war »Arbeitseinsatz«, d. h. wir fuhren mit Lastwagen zum »Enttrümmern« der einstigen (und jetzt wieder) Mercedes-Benz-Fabrik nach Ludwigsfelde. An diesem Tag traf uns das besonders hart, denn es herrschte Schneetreiben. Heinz Busch als erfahrener Maurer hatte uns vorher erklärt, wie wir die Ziegelsteine, die aus dem Schutt geborgen und aufgestellt werden mußten, am besten anfassen sollten, um uns nicht die Hände zu verletzen. Schließlich hatten wir für diese ungeübte Arbeit weder die notwendige Kleidung wie festes Schuhwerk, Arbeitshandschuhe noch gar Schutzhelme. Während wir auf der Hinfahrt noch Kampf- und Arbeiterlieder sangen, kamen wir erschöpft und todmüde zurück. Nicht zuletzt auch deswegen, weil am Vortag, am Samstag, eine Faschingsfeier stattgefunden hatte und wir spät ins Bett gekommen waren. Am Montag, 16. Februar, war vormittags im Selbststudium Material über die »Grundfragen der nationalen Einheit« zu erarbeiten. Allerdings hatte ich mich – wie so oft – in die Schulbibliothek zurückgezogen und die Protokolle der Moskauer Schauprozesse von 1936 bis 1938 studiert. Meine Verwirrung war groß. Nicht nur die menschenverachtende Sprache des Anklägers Wyschinski ließ mich schaudern.

Nachmittags von 15 bis 18 Uhr wurde das Thema »Grundfragen der nationalen Einheit« in einem Seminar behandelt. Da hierfür die Fakultät Grundfragen des Marxismus zuständig war, leitete das Seminar einer ihrer Lehrer, und zwar Paul Matthei. Der damals 40jährige Thüringer war von Be-

Paul Matthei.

119

ruf Tischler. Seit 1926 in der KPD, wurde er 1928 aus der Partei ausgeschlossen, ging zur KPO und leitete ab 1929 deren Jugendarbeit in Thüringen. Er gehörte 1933 der KPO-Bezirksleitung an und wurde wegen illegaler Arbeit verhaftet. Danach arbeitete Matthei als Schleifer. Im Dezember 1943 Soldat, verwundet, saß er bis November 1945 in US-Kriegsgefangenschaft. Aktiv in der KPD bzw. SED, besuchte er bis Juli 1947 den Lehrgang an der Parteihochschule und blieb anschließend als Assistent bzw. Lehrer. Obwohl er doppelt so alt war wie ich, hatten wir rasch ein freundschaftliches Verhältnis. Matthei war damals auf seine frühere KPO-Vergangenheit noch durchaus stolz, er war kritisch und immer begierig zu hören, was ich von der Fortsetzung der KPO in Westdeutschland berichten konnte. Er lieh mir seine Broschüren der alten KPO aus, und wir diskutierten uns 1948 die Köpfe heiß.

Am Dienstag, dem 17. Februar, hatten wir am Vormittag von 8 bis 10 Uhr »Vorstudium« für die folgende Vorlesung von Fred Oelßner über »Die sogenannte ursprüngliche Akkumulation und die geschichtliche Tendenz der kapitalistischen Akkumulation«. Oelßner hielt das Referat von 10 bis 13 Uhr in seiner gewohnten Weise. Da er in diesem Falle aber neben der abstrakten Ökonomie auch historische Probleme behandelte, war der Stoff nicht ganz so kompliziert wie sonst. Nach dem Selbststudium zum Thema am Nachmittag des 17. und am Mittwochvormittag (18. 2.) war das folgende Seminar nachmittags recht lebhaft. Der Mittwochabend des 18. Februar und die beiden Stunden von 8 bis 10 Uhr am Donnerstagvormittag waren wieder dem Selbststudium vorbehalten. Danach, von 10 bis 13 Uhr des 19. Februar, gab es von Frida Rubiner eine Lektion. Das umständlich formulierte Thema lautete: »Veränderung der Beziehung der Menschen zueinander in der Entwicklung der Gesellschaft. Individuum und Masse, Individualismus und Kollektivismus. Freiheit und Gleichheit. Sozialistische Moral, Parteimoral«. Der Vortrag, von Frida Rubiner in der gewohnten Lebendigkeit und scharfen Akzentuierung gehalten, lief auf die These hinaus, das Individuum müsse sich im Klassenkampf ins Kollektiv – also die Partei – einfügen. Ihre Darstellung der »Parteimoral« entsprach der stalinistischen Doktrin: Das Mitglied und der Funktionär hatten sich »der Partei« – was im Klartext hieß, der jeweiligen Führung – unterzuordnen. Ich weiß nicht mehr, ob sie damals den Begriff des Parteisoldaten verwandte.

Die Gruppe 4 »Ernst Thälmann«. Sie blieb im 1. Semester bis Februar 1948 beisammen, hier im Januar 1948 in Kleinmachnow. Vorn Lehrer Sepp Triebe, erste Reihe links: Karl Hense, Rudolf Fritsche, Lucy Schlef (?), dahinter Joachim Roland, Hermann Wunderlich (verdeckt), Herbert Sandring, am Ende: Hans Lauter, Heinz Busch, Kurt Pichler. Am Zweiertisch von vorn: Otto Krüger (Korb), Jupp Kurth, dahinter: Behrendt, Ruth Heinrich (Pürschel), dahinter: Helmut Sorge, Ernst Schneider, am Ende Alfred Grün, Sonja Nathan.

Aber ihre Argumente gingen dahin, strikte Parteidisziplin als entscheidendes Prinzip für den Sieg beim Aufbau einer besseren Gesellschaft zu erklären. Und damit war ja jede Opposition, Abweichung oder gar »Fraktionskampf« zu verteufeln. Obwohl das Thema ziemlich geschraubt klang, war es letztlich zur Einübung stalinistischer Verhaltensweisen gedacht.

Am Abend folgte noch eine »Presseschau«, und am letzten Tag, am Freitag, dem 20. Februar, die restlichen Prüfungen (die schon Donnerstag nachmittag begonnen hatten). Der Alltag war also weitgehend geprägt vom Lernen, Diskutieren und Zusammenleben in unserer Gruppe »Ernst Thälmann«, die mit dem Ende des Semesters im Februar 1948 auseinanderging. Im Januar waren wir noch auf einem Foto verewigt worden, das sogar im Februarhaft des »Neuen Weg« publiziert wurde. Ich saß dort zwischen Walter Sandring und Jochen Roland, der – wie gesagt – kurz danach ausscheiden mußte. Hinter mir befanden sich Hans Lauter und Heinz Busch sowie der ältere Student Kurt Pichler. Vor mir die ebenfalls älteren Genossen Karl Hense und Rudolf Fritsche (auf den zurückzukommen ist). Hense aus Schmalkalden gehörte vor 1933 der SAP an, war in der NS-Zeit lange inhaftiert und hatte sich 1945 der KPD angeschlossen. Der damals 40jährige Hense war ein sehr ruhiger und zurückhaltender Genosse, aber von einem festen Standpunkt aus kritisierte er ebenso wie Ernst Schneider die ultralinke Politik der KPD vor 1933, was auch ihm später noch Ärger einbrachte.

Da ich mich – durch die Erfahrungen mit Fotos in Liebenwalde gewarnt – entsprechend vorgebeugt hatte, bin ich auf dem Bild nicht zu erkennen. Um so deutlicher war das aber bei Otto Krüger (Korb) der Fall. Er saß in der ersten Reihe und sein Gesicht war nicht zu übersehen. Als die Aufnahme in »Neuer Weg« erschien, kam das Donnerwetter. Krüger erzählte mir, wie er von Lindau und Heckert wegen seiner mangelnden Wachsamkeit regelrecht »fertiggemacht« wurde. Otto konnte sich darüber gar nicht beruhigen, aber ich kannte das ja schon.

Zu einigen der Gruppenmitglieder hatte ich inzwischen näheren Kontakt, darunter zu Alfred Grün aus Berlin-Kreuzberg. Von Beruf Schneider, war er 1929 dem Kommunistischen Jugendverband beigetreten. Wegen illegaler Arbeit 1935 verhaftet, wurde er 1936 zu 3 Jahren Zuchthaus verurteilt, die er im Zuchthaus Luckau verbringen mußte. Von 1938 bis 1942 arbeitete er als Herrenschneider in Berlin, wurde danach ins Strafbataillon 999 eingezogen und geriet in Tunis im April 1943 in US-Gefangenschaft. Im Februar 1946 nach Berlin zurückgekehrt, wurde er Jugendsekretär der SED in Berlin-Kreuzberg. Als Westberliner war der 35jährige Grün nun Student der Parteihochschule, danach Erster Sekretär der SED in Berlin-Kreuzberg und 1950 Referent in der Berliner SED-Landesleitung. Wohl wegen der US-Gefangenschaft bekam er dann lediglich untergeordnete Funktionen in verschiedenen Betrieben, so ab 1952 in Ost-Berlin beim VEB Textilbetrieb Fortschritt. 1957 arbeitete er als Garderobier beim Kulturensemble Erich Weinert. In den sechziger Jahren war Grün beim Rat bzw. der SED in Berlin-Friedrichshain beschäftigt.

Auf der Parteihochschule war der kleine, drahtige Alfred Grün stets hilfsbereit. Mich hat er damals auf besondere Weise unterstützt. Bei den Mannheimer Jungkommunisten war 1945 auch Henny (Henriette) Dreifuß aktiv. Mit ihrer ganzen Familie war die 1927 geborene Henny mit Tausenden badischer und pfälzischer Juden im Oktober 1940 ins Lager Gurs nach Frankreich verschleppt worden. Dort ist der Vater Eugen (vor 1933 in der Mannheimer SPD aktiv) ebenso ums Leben gekommen wie ihr jüngerer Bruder. Da ich diesem offensichtlich sehr ähnlich sah, ergab sich zwischen uns eine freundschaftliche Beziehung. Sie hatte in Frankreich am Widerstand der KPF teilgenommen, ist dann 1947 wegen ihres schlechten Gesundheitszustandes zu Verwandten nach den USA gereist. Von dort wollte sie mir politische Literatur, aber auch solche Köstlichkeiten wie Schokolade schicken, doch in die SBZ ging dies ja nicht. Hier sprang Grün ein, indem er mir seine West-berliner Adresse zur Verfügung stellte. Über ihn konnte ich sogar von meiner Tante Friedel aus San Francisco (der jüngsten Schwe-ster meines Vaters) manche freilich lädierte Pakete erhalten. Natürlich war dies in vielfacher Hinsicht illegal, was Alfred aber wenig störte. Erfreulich solidarisch und gutmütig, spielte er den »Postboten«, und dabei kamen wir uns auch mit vielen interes-santen Gesprächen näher. Henny Dreifuß, die Ende 1948 nach Deutschland zurückkehrte, leitete zunächst den Buchvertrieb beim KPD-Vorstand in Frankfurt am Main und übersiedelte später in die DDR, lebt aber 2001 wieder im Westen. Nach meinem Bruch mit der KPD hat sie – wie mancher andere – wohl einen »Feind« in mir gesehen. Wie viele Opfer des Faschismus blieb auch Henny gläubig bei der kommunistischen Partei. Schließlich hatte sie schon 1948 auf meine Bitte, mir doch in den USA das Protokoll vom »Gegen-Prozeß« Trotzkis gegen die Moskauer Schaupro-zesse zu beschaffen, erst gar nicht reagiert.

Mit den übrigen Schülern der Gruppe »Thälmann« hatte ich den in einem »Lernkollektiv« üblichen Kontakt. Behrendt, der aus Sachsen-Anhalt stammte, kehrte in den dortigen Parteiapparat zurück. Der gutaussehende damals 25jährige Genosse hatte Ärger bekommen, weil er von einer Freundin – die in der Küche der Par-teihochschule arbeitete – erst spät nachts zurückgekommen war. Da zu dieser Stunde die beiden Eingänge mit den Pförtnern ge-schlossen, das Gelände der Parteihochschule durch einen Draht-zaun abgesperrt war, mußte er über den Zaun klettern und wurde prompt erwischt. Deswegen gab es große Aufregung und sogar eine »Parteiversammlung«, in der Behrendt wegen seines »Fehl-verhaltens« heftig kritisiert wurde.

Jupp (Joseph) Kurth (aus Mecklenburg?), der zu den älteren Genossen in unserer Gruppe gehörte, fiel mir durch seine derben Witze auf. Er verließ schon 1948 die Parteihochschule und soll bei der SED in der Neptun-Werft in Rostock untergekommen sein. Der Sachse Kurt Pichler war sehr um seine mehrköpfige Familie besorgt. Aktenkundig ist er mit seinem Antrag an den SED-Parteivorstand, den Familienzuschuß zu erhöhen. Als sehr zurückhaltend habe ich Helmut Sorge in Erinnerung. Durch Verbrennungen, die er im Krieg erlitten hatte, war sein Gesicht entstellt. Hans Lauter erinnert sich, daß Sorge mit ihm zu einer Volkstanzgruppe geschickt wurde, aber wenig Interesse daran zeigte. Später soll Helmut Sorge bei der Volkspolizei (1950 Polizeichef in Berlin-Friedrichshain) gewesen sein.

Wir alle hatten am Ende des 1. Semesters nun Zwischenprüfungen abzulegen. Jeder erhielt darüber eine Art Bescheinigung »Erste Semesterabschlußprüfung des Zweijahreslehrgangs am 20. Februar 1948.« Vergeben wurden für jede der vier Fakultäten (»Philosophie, Polit-Ökonomie, Geschichte, Grundfragen«) jeweils eine Note von 1 »sehr gut«, 2 »fast sehr gut«, über 4 »fast gut« bis 6 »ungenügend« sowie der »Gesamtdurchschnitt von Ziffern«. Wenn ich mich recht erinnere, bekam ich dabei die Note »2«. Wohl um die schwächer benoteten Studenten zu trösten, war auf jedem Blatt (überliefert ist es für »Urbschat, Gruppe III«) vermerkt: »Das ist das erste Prüfungsergebnis und umfasst sowohl das Resultat der mündlichen Prüfung wie auch die Wertung der Arbeit im Seminar und eventuellen schriftlichen Arbeiten. Im Laufe von zwei Jahren werden vier mündliche Prüfungen vorgenommen werden. Lasse sich niemand entmutigen. Der Marxismus ist eine Wissenschaft, mit der sich jeder bewaffnen kann, der die Ergebenheit zur Sache des Sozialismus mit dem festen Willen zum Lernen verbindet.«

Tatsächlich ließ sich wohl »niemand entmutigen« oder vom »festen Willen zum Lernen« abbringen. Aber was war unter »Ergebenheit zur Sache des Sozialismus« zu verstehen? Noch war der Begriff Sozialismus im allgemeinen ja nicht auf Stalin eingeengt und noch gab es daher Freiräume, die ich auszunutzen wußte.

Max Stirner, DADA und Pablo Picasso

Spitznamen hatte ich nicht nur einigen meiner Freunde verpaßt, sondern mir selbst auch einen zugelegt: Max Stirner. Das entsprach einerseits meinen anarchistischen Neigungen, war aber andererseits ebenso als Provokation gedacht. Dieser Name, der mir außerdem besser gefiel als »Wunderlich«, blieb dann an mir haften. Wolfgang Leonhard erinnert sich daran: Am 6. Dezember 1948 hielt er eine Lektion über »Anarchistisch-syndikalistische Strömungen« (er weiß noch, daß ich wegen des »parteilichen« Inhalts dauernd den Kopf schüttelte); wobei er natürlich auch auf den Individualanarchisten Stirner einging. Er war völlig überrascht, als bei dessen Erwähnung Unruhe, Raunen, auch Gelächter ertönte und etliche mich vielsagend oder grinsend anschauten. Wie die meisten Lehrer hatte er keine Ahnung von unseren Spitznamen. Als sich Wolfgang anschließend mit mir unterhielt, war er sehr erstaunt, als ich ihm ganze Passagen aus Stirners »Einzigem« auswendig zitierte, denn diese habe ich ständig – bei allen möglichen und unmöglichen Anlässen – vorgetragen: »Das Göttliche ist Gottes Sache, das Menschliche Sache ›des Menschen‹. Meine Sache ist weder das Göttliche noch das Menschliche, ist nicht das Wahre, Gute, Rechte, Freie usw., sondern allein das Meinige, und sie ist keine allgemeine, sondern ist – einzig, wie ich einzig bin. Mir geht nichts über Mich!«

Ich war meinerseits weit mehr verwundert, ja vollkommen verblüfft, als nach fast fünfzig Jahren Heinz Busch bei unserem ersten Wiedersehen gerade diese Zeilen fließend aus dem Gedächtnis aufsagte. Stirners Worte hatten sich also nicht nur bei mir, sondern bei manchem meiner Freunde fest eingeprägt. Vor allem unter den jungen Männern traf ein anderer Satz von Stirner auf noch mehr Begeisterung, den Busch ebenfalls nach so langer Zeit noch wußte: »O Lais, o Ninon, wie tatet ihr wohl, diese bleiche Tugend zu verschmähen. Eine freie Grisette gegen tausend in der Tugend grau gewordene Jungfern!«

Ich hatte schon 1947 eine Reclam-Ausgabe von Kaspar Schmidts (der sich bekanntlich Max Stirner nannte) »Der Einzige und sein Eigentum« erstanden, wohl die Ausgabe von 1905 oder 1916 (inzwischen besitze ich eine Erstausgabe von 1845). Es war ebenso die Sprache wie der ins Extrem getriebene Individualismus, die mich seinerzeit beeindruckten. Natürlich hatte mich Stirner nicht von meinem »Marxismus« abbringen können. Im Gegenteil, der »Verriß« des »Sankt Max« durch Marx und Engels in der »Deutschen Ideologie« (die ich auf der Parteihochschule anhand von Band 5 der MEGA, der Marx-Engels-Gesamtausgabe von 1932, erstmals lesen konnte und die für mich zur wichtigsten

Marxschen Lektüre wurde) mit dem spöttischen Motto »Was jehen mir die jrinen Beeme an?« bereitete mir geradezu Vergnügen. Und trotz meiner damaligen Halbbildung begriff ich Marx' Kritik, der Stirner als »Sancho« abkanzelte und ihm vorwarf, daß »er unter allen Philosophen am allerwenigsten von den wirklichen Verhältnissen wußte«. Daß bei Stirner aber »die philosophischen Kategorien den letzten Rest von Beziehung auf die Wirklichkeit und damit den letzten Rest von Sinn verloren« hatten, wollte mir doch nicht einleuchten. Und ich war froh, als ich später herausfand, daß ein »Austromarxist« wie Max Adler schon 1906 Max Stirner verteidigt hatte. Er verwies auf Verbindungen zu Marx, bejahte Stirners »Revolutionierung des Bewußtseins« und sprach von der »geschichtlichen Größe seines geistigen Befreiungsversuchs«.[74] Es war also gar nicht so »unmarxistisch«, sich mit dem seinerzeit (im Gegensatz zu heute) fast vergessenen Stirner zu befassen. Weit mehr schwor ich indes 1948 auf Stirner aus Protest gegen die SED-Behauptung, das Kollektiv sei alles, und das Individuum habe sich lediglich einzuordnen.

Es versteht sich, daß ich mir nicht nur Freunde machte, wenn ich ständig den provokanten Ausspruch verbreitete »Mir geht nichts über Mich«. Aber gerade die Wirkung dieses Satzes, das Entsetzen ehrlicher Sozialisten, haben mich 19jährigen natürlich amüsiert. Zudem merkte ich bald, daß die Abscheu manches Genossen gegen diese »Maxime« des scheinbaren Egoismus auch psychologische Gründe hatte. Fühlte sich der eine oder andere Lehrer oder Schüler vielleicht ertappt, und wollte oder mußte er seine persönlichen Karrierewünsche etwa mit dem Bekenntnis zum Altruismus vertuschen? Manchmal schien mir jedenfalls hinter dem lautstarken Angriff auf Stirners Egoismus und dem Betonen der eigenen Selbstlosigkeit eher solche Abwehrhaltung zu stehen. Hingegen war für etliche Jüngere die Stirner-Euphorie wohl nicht viel mehr als ein Spaß, ein Jux, um humorlose Zeitgenossen zu ärgern.

Nicht viel anders war es, als ich bald darauf den Dadaismus – den seinerzeit kaum noch jemand kannte – entdeckte und immer wieder rezitierte: »Er kommt abhanden mit der Hand, er kommt abfußen mit dem Fuß und trägt in seinem Taschenfleisch den aufgerollten Redefluß. So übermannt und überfraut, daß keiner je und je sich je und an der Tafel nacktes kaut. Sonst triptycht das Grammatikkreuz, stanniolverpackt als schwarzer Spaß, als Einzahl, Mehrzahl,

Rübezahl, als Faselhans am Faselfaß.« So haben sich die Verse
von Hans Arp jedenfalls bei mir eingeprägt und ebenso die harsche
Kritik mancher Genossen, daß dies keine Kunst, sondern Idiotie
sei. Mit dem Bekenntnis zu Stirner oder dem Aufsagen dadaisti-
scher Gedichte bin ich 1948 zwar hier und da angeeckt, zur Verwarnung oder gar Einschüchterung kam es dann aber erst Ende
des Jahres.

Das galt auch für eine weitere jugendliche, spontane Aufrei-
zung, mit der ich gleich nach der Übersiedlung nach Kleinmachnow auffiel: moderne Picasso-Bilder im Zimmer über meinem
Bett anzubringen. Beim Weihnachtsurlaub in Mannheim hatte ich
eine Bildmappe »Picasso. Gemälde 1939–1946« erstanden, die
1947 in Saarbrücken herausgekommen war. Drei der zehn Tafeln
im Format 40 auf 30 cm befestigte ich an der Schrankwand hinter
meiner Couch. Es waren Frauenbilder, die den »Laien«, der unter
»Kunst« möglichst naturalistische Gemälde verstand, entsetzen
mußten. Und so war es auch. Fast alle, die meine Picasso-Drucke
im Zimmer sahen, waren geradezu schockiert, frotzelten oder versuchten ernsthaft zu beweisen, daß dies keine Kunst sein könne.
Meine Mitbewohner Horn und Mies waren ebenfalls böse und
bemühten sich, mich zum Entfernen der »schrecklichen Bilder«
zu bewegen. Bis Ende 1948 blieb ich jedoch stur, verwies auf Picasso nicht nur als bedeutenden Künstler, sondern auch als Friedenskämpfer und Kommunisten, was die Gemüter meist halbwegs
besänftigte. Die ganze Angelegenheit war für mich wieder eine
Mischung zwischen Provokation und jugendlichem Übermut und
wurde zum Bekenntnis zur modernen Kunst.

Den Weg dazu hatte ich noch gar nicht so lange gefunden, denn
Malerei war weder im Elternhaus noch in der Schule ein Thema.
Und auch 1945 dachte ich, Bilder müßten »schön« sein, und darunter war ja zunächst »naturgetreu« zu verstehen. Erst 1947 änderte sich mein »Geschmack«. Beim Durcharbeiten der »Aktion«
war ich ja ständig auf expressionistische Zeichnungen gestoßen.
Schließlich fand vom 19. April bis 1. Juli 1947 in der Mannheimer
Städtischen Kunsthalle eine Franz-Marc-Ausstellung statt. Die
habe ich zusammen mit Fritz Karg und Herbert Mies besucht und
war fasziniert vom »Tiger«, der mit seiner intensiven Farbgebung
besonders gut präsentiert war und der heute als klassisches Beispiel des expressiven Kubismus gilt. Als Karg und Mies in ge-
wohnter Weise solche »Pinseleien« verhöhnten und Karg gar

meinte, so könne er auch malen, erwachte mein Widerspruchs-geist. Wir stritten, ich beschimpfte sie sogar als »Kulturbanausen« und war also gezwungen, mich mit moderner Kunst auseinander-zusetzen. Auch deshalb ging ich mehrmals in diese Ausstellung.

Inzwischen weiß ich[75], unter welchen Schwierigkeiten die Werke überhaupt zur Kunsthalle nach Mannheim gekommen wa-ren. Die 25 Gemälde von Franz Marc konnten nur mit Genehmi-gung der US-Militärbehörden aus München (wo sie vorher gezeigt wurden) herbeigebracht werden. Die Versicherungskosten von 2 730 RM (der Wert wurde damals auf nur 500 000 Mark festge-setzt) mußten beschafft werden usw. Schließlich feierte die Presse mit Recht diese Ausstellung, und der damalige Direktor der Kunst-halle, Walter Passarge, schrieb im Katalog: »Wir nehmen mit die-ser Schau den Reigen der großen, repräsentativen Ausstellungen moderner Kunst wieder auf, mit denen sich die Mannheimer Kunsthalle einst einen ausgezeichneten Ruf im In- und Ausland erworben hatte.« Diese »Schau« war also nicht nur für mich der Anstoß zur Beschäftigung mit moderner Kunst, sie erhielt damals auch für meine Heimatstadt Mannheim Bedeutung. Denn seiner-zeit war – anders als heute, wo Franz Marc zu den Klassikern zählt – die Ablehnung gegenüber moderner Kunst noch deutlich spürbar. Wegen der politischen Situation gab es andererseits auch Klagen. Die in Ludwigshafen (französische Zone) erscheinende »Rheinpfalz« (25. Mai 1947) verwies darauf, daß der Rhein eine Grenze sei und »die Zonengrenzen den meisten Kunstfreunden den Weg« in die Nachbarstadt Mannheim versperrten. Dieses Hin-dernis ist heute kaum noch vorstellbar.

Ich war nun von der modernen Kunst, vor allem dem Expres-sionismus sowie der Neuen Sachlichkeit, gepackt, und daher war das demonstrative Anbringen der Picasso-Reproduktionen nur fol-gerichtig. Im übrigen konnte ich darauf verweisen, daß die Zeit-schrift »bildende kunst« im ersten Heft 1948 eines der Gemälde Picassos wiedergegeben hatte, das auch bei mir hing. Seit Novem-ber 1947 hatte ich die monatlich erscheinende »bildende kunst« abonniert. Sie wurde von Carl Hofer, den ich als Maler besonders schätzte, unter sowjetischer Lizenz herausgegeben. Damals war die Kunstpolitik der SMAD noch großzügig. Die »bildende kunst« konnte sich 1948 neben der Klassik und der sowjetischen Kunst durchaus auch der modernen Kunst widmen. Da Carl Hofer zugleich stellvertretender Vorsitzender des SED-abhängigen Kulturbundes war, hat ihn die Partei ebenfalls »hofiert«. Zu seinem 70. Geburtstag wurde er in der »bildenden kunst« (Septemberheft) groß gewürdigt (im gleichen Heft übrigens auch Ernst Barlach). Sogar im »Neuen Deutschland« (11. Oktober 1948) hieß es noch, daß Carl Hofer »in der ersten Reihe unserer Maler steht«. Hofer erhielt die Ehrendoktorwürde der Humboldt-Universität, Klaus Gysi vom Kulturbund sah in Hofers Werken »die Suche nach Wahrheit« (»Neues Deutschland« vom 14. Oktober 1948). Und der Leipziger Kunstverlag Seemann brachte 1948 eine Kunstmappe mit Gemälden Hofers heraus.

Hofer hatte in der »bildenden kunst« vom Oktober 1948 im Rahmen einer Diskussion über moderne Kunst noch klar Position gegen einen Realismus bezogen, wie er später im »sozialistischen Realismus« traurige Berühmtheit erlangte. Hofer schrieb: »Im Interesse der Wahrhaftigkeit möchte ich mich auch gegen das gedankenlose und der Wirklichkeit nicht entsprechende Klischee von der monopolkapitalistischen bürgerlichen und dem dazu konstruierten Gegensatz einer sozialistischen Kunst wenden. Nie vermochte ich es anders zu empfinden, als daß die gesamte moderne Kunst, soweit sie gut und ernsthaft ist, einer neuen Gesellschaft zugehört, die noch nicht existiert.«[76]

In der gleichen Nummer 5/1948 der »bildenden kunst« wandte sich zwar Hofers Mitherausgeber, der Kommunist Oskar Nerlinger, scharf gegen die abstrakte Kunst, doch die offene Diskussion wirkte durchaus positiv. Mir leuchtete Hofers Argumentation ein, insgesamt sah ich in der damaligen Debatte um moderne Kunst Ansätze einer demokratischen Erneuerung, die so erstrebenswert schien. Mit der Kultur- bzw. Kunstpolitik der SED hatte ich also im Sommer und Herbst 1948 keine Probleme, war ganz »auf Linie«, doch dies änderte sich ja schon zum Jahresende.

Kunst und Satire

Tatsächlich konnte sich gerade die Kunst in der SBZ anfangs noch relativ frei entwickeln. Im Mittelpunkt der bildenden Kunst, der Malerei, aber auch im Film, stand die Auseinandersetzung mit dem Nationalsozialismus und dem Krieg. Nach den Erfahrungen aus der NS-Zeit und ihrem Kampf gegen »entartete Kunst« wurde bewußt ein breites Spektrum akzeptiert, Besatzungsmacht und die

SED gewährten der Kunst Freiräume, in denen sich auch die Moderne entfalten konnte.

Gleiches galt auch für die damalige Literaturpolitik. Nach 1945 wurden in der Sowjetischen Besatzungszone zunächst – wie in ganz Deutschland – jene Bücher wieder aufgelegt, die während der Hitler-Diktatur verboten waren. Vor allem die russische und sowjetische Literatur, darunter beispielsweise die Werke von Gorki, Majakowski oder Scholochow wurden verbreitet. In den folgenden Jahren erschienen nicht nur die Arbeiten kommunistischer Schriftsteller wie Anna Seghers, Erich Weinert oder Willi Bredel, sondern ebenso die von Pazifisten wie Arnold Zweig. Aber auch die Schriften des Amerikaners Upton Sinclair (diese freilich nur bis zu seinem Bruch mit der »fortschrittlichen Bewegung« im Mai 1949), von Egon Erwin Kisch oder von Carl Sternheim wurden Ende der vierziger Jahre in großen Auflagen gedruckt. Schließlich kamen die Bücher von Heinrich Mann, von Leonhard Frank oder Lion Feuchtwanger heraus. Hier zeigte sich, daß die SBZ/DDR den Westzonen bzw. der Bundesrepublik in der Verbreitung antifaschistischer oder der Exilliteratur weit voraus war; diese wurde im Westen erst viel später von breiteren Kreisen »entdeckt«. So konnte sich die DDR in dieser Frage als der fortschrittlichere deutsche Staat präsentieren, in den wichtige Schriftsteller aus der Emigration zurückgekehrt waren. Das trug natürlich dazu bei, daß auch skeptische Leute wie ich trotz aller »politischen Bauchschmerzen« die neuen Verhältnisse in der SBZ positiv einschätzten.

Aber 1948 ahnte ich nicht, daß der Weg zum sowjetischen »Vorbild« eines »sozialistischen Realismus« schon im Gange war und Hofer deshalb mit dem Ostberliner Kunstbetrieb Schluß machen wollte. Denn nicht erst die Einstellung der »bildenden kunst« im Oktober 1949 ließ keinen Zweifel mehr, daß die liberale Ära der Kunstpolitik endgültig vorbei war. Die Angriffe der SED auf Hofer sowie alle »Formalisten« und »Kosmopoliten« ab Ende 1948 setzten einen Schlußstrich; darauf wird zurückzukommen sein. Doch 1948 konnte ich jeden Monat das (mit 2,50 Mark für meine Verhältnisse teure) Exemplar der »bildenden kunst« im Buchvertrieb der Parteihochschule abholen. Außer mir gab es hier freilich nur noch einen regelmäßigen Bezieher, und wir unterhielten uns darüber, wie schade es sei, daß bei den anderen Studenten so wenig Interesse an Malerei bestünde.

Es war Gustav Urbschat, der älteste Teilnehmer unseres Lehr-

gangs. Der kaufmännische Angestellte, bereits 1919 der KPD
beigetreten, war bis 1933 in der
Bezirksleitung der von Willi
Münzenberg begründeten Internationalen Arbeiterhilfe (IAH),
einer Nebenorganisation der
KPD, aktiv. Er emigrierte 1933
nach Holland, kehrte aber im
Oktober 1934 illegal nach Berlin
zurück. Hier war er verantwortlich für Agitprop (Agitation und
Propaganda) in der geheimen
KPD-Kreisleitung Mitte. Den im
Mai 1936 Verhafteten verurteilte
die NS-Justiz zu acht Jahren

Gustav Urbschat.

Zuchthaus, er wurde »Schreiber in der Küche« im Zuchthaus
Brandenburg. Nach der Befreiung 1945 arbeitete Urbschat als
Sekretär in der Berliner Leitung der KPD, dann der SED.

Diese geradezu heroische Biographie machte den großgewach-
senen, damals 47jährigen Urbschat, der durch schwarze Haare mit
»Geheimratsecken« auffiel, zu einer Respektsperson für uns jüngere Genossen. Was der Klassenlehrer schon im Januar 1948 in
einer ersten Beurteilung festhielt, haben alle als angenehm empfunden: »Seine in jeder Situation festzustellende Ruhe ermöglichte
es ihm, seine Gedanken wohlüberlegt zum Ausdruck zu bringen.«
Bei einer Aussprache im Juli 1948 wurde über ihn hervorgehoben,
daß dieser Kursant einer der »positivsten Genossen des Schulkol-
lektivs«, eine »zentrale Figur« sei. Wolfgang Leonhard urteilte: »In
Geschichte der stärkste und aktivste. Ernstes Studium der Tatsachen und manchmal weitschweifend«. Ein anderer Lehrer meinte,
Urbschat sei »in Grundfragen einer der allerstärksten«.

Seit Beginn des Lehrgangs schlossen sich die beiden »Urberli-
ner«, Urbschat und der frühere Sozialdemokrat Paul Flucke, eng
zusammen, beinahe wie Zwillinge. Der sechs Jahre jüngere Flucke
war im Unterschied zu Urbschat sehr umtriebig, ja er hat zu einem
»Schulfest« sogar ein Lied für unseren Lehrgang »gedichtet« und
vertont, das zum »Lied der Parteihochschule« wurde. In diesem
gab es den »schönen« Refrain: »Philosophie, Ökonomie, Klassenkampf und Sozialismus, auf unserem Wege leuchtet hell die Fackel

des Marxismus«. Fluckes Vater war Maschinenfalzer, die Mutter Heimarbeiterin. Er selbst hatte in einer Lebensmittelgroßhandlung gelernt und war 1928 Mitglied der SPD geworden. In verschiedenen Berliner Firmen arbeitete er als Registrator und Expedient. Nach 1933 gehörte er bis zur Verhaftung von Erich Ziegler zu dessen Widerstandsgruppe in Berlin-Neukölln. Flucke wurde nicht verhaftet, aber 1940 zur Wehrmacht eingezogen. Er geriet in sowjetische Gefangenschaft, kehrte im Mai 1946 nach Berlin zurück und trat der SED bei. Er wurde hier Dienststellenleiter beim Arbeitsgericht und kam von dort im Oktober 1947 an die Parteihochschule. Anschließend war er bis Frühjahr

Lied der Parteihochschule

1. Den Freiheitskampf der Arbeiter
gewinnt man nicht durch Beten.
Auf vielen Schulen der Partei
studieren drum Proleten
Philosophie
Ökonomie
Klassenkampf und Sozialismus
auf ihrem Wege leuchtet hell
die Fackel des Marxismus

2. Den Freiheitskampf der Arbeiter
gewinnt man nicht durch Flennen.
Das Wissen um die Zukunft wird
uns stets vom Kleinmut trennen.
Bei jedem Schritt
bei jedem Tritt
denken wir an Sozialismus
auf unserem Weg leuchtet hell
die Fackel des Marxismus

3. Den Freiheitskampf der Arbeiter
gewinnt man nicht durch Hoffen.
Wer diese Welt verändern will
dem steht die Zukunft offen.
Halbjahresplan
Zweijahresplan
Richtung ist der Sozialismus
auf unserem Wege leuchtet hell
die Fackel des Marxismus.

1952 im Ostberliner Magistrat zuständig für »Anleitung und Kontrolle« der Volkshochschulen. Dann kam Flucke (besonders an Ästhetik interessiert) wie Urbschat als Dozent zur Kunsthochschule Berlin-Weißensee.

Urbschat und Flucke gingen wie ich in die Fakultät Philosophie, und so stand ich eineinhalb Jahre in enger Verbindung zu ihnen. Urbschat verhielt sich mir gegenüber geradezu väterlich. Er ermahnte mich, vom Dialekt wegzukommen und eifrig zu üben, um gut hochdeutsch zu sprechen, außerdem solle ich nicht so krumm gehen, sondern mich immer kerzengerade halten. Sein Wunsch, als Lehrer an der Parteihochschule bleiben zu können, ging zwar nicht in Erfüllung, aber bis zum Ende des Lehrgangs 1949 spielte er eine herausragende Rolle.

Während Urbschat ebenfalls die »bildende kunst« abonniert hatte, war ich der einzige, der im Buchvertrieb der Parteihochschule außerdem noch die Zeitschrift »Ulenspiegel« bezog. In meinem Verständnis war das die beste Satirezeitschrift nach dem Krieg. Bis Mai 1948 erschien der »unabhängige und unzensierte«

ULENSPIEGEL

LITERATUR · KUNST · SATIRE

HERAUSGEGEBEN VON HERBERT SANDBERG UND GÜNTHER WEISENBORN

Jahrgang 3 · Nummer 4 · 2. Februarheft 1948 · Preis 70 Pfennig, auswärts 80 Pfennig

Schumacher und Pieck

DIE SOZIALISTISCHE ZWEIHEIT

Ulenspiegel »von der amerikanischen Militärregierung in Berlin zugelassen«; erst danach »mit Genehmigung der SMAD«. Zwar wurde nun das Redaktionskollegium erweitert, jedoch einer der Herausgeber, nämlich Günther Weisenborn, war ausgeschieden. Herbert Sandberg blieb hingegen bis zum Ende der Zeitschrift 1950 Herausgeber. Den Kalten Krieg widerspiegelte der »Ulenspiegel« ab 1949, von nun an verkündete er einäugig die Ansicht des »Ostens«. Zunehmend verlor er den satirischen Biß und wurde fade bis hin zur Langweiligkeit.

Im Jahr 1948 trat er noch ganz anders auf, da war es eine helle

Freude, den »Ulenspiegel« mit all seiner Ironie und dem sarkastischen Spott zu lesen. Deshalb zeigte ich die vierzehntäglich erscheinende farbige Zeitschrift auch meinen Freunden. Besonders amüsierte mich ein Titelbild (2. Februarheft 1948) von Sandberg. Er hatte ein damals weitverbreitetes Plakat, das vor Geschlechtskrankheiten warnen sollte, verfremdet! Im Original wurde ein liebendes Pärchen auf einer Bank gefragt: »Kennt ihr euch überhaupt?« In Sandbergs Version war mit der gleichen Frage über das Pärchen die Silhouette Schumachers und Piecks als »sozialistische Zweiheit« hinzugefügt. Im Aprilheft waren darauf »Antworten« wiedergegeben, die mich als Kommunisten ziemlich beschämten. Der SPD-Vorsitzende Kurt Schumacher schrieb wie gewohnt deutlich und höhnisch: »Ja, ich kenne die anderen. Sie waren niemals Demokraten, sie sind heute nicht mehr Sozialisten. Sie sind für die Unfreiheit, die Ungleichheit, die Unbrüderlichkeit«. Demgegenüber hatte Pieck im üblichen bürokratischen Parteideutsch lamentiert, die Karikatur sei eine »völlige Verzerrung der politischen Situation« und geeignet, »nicht der fortschrittlichen Entwicklung, sondern nur der Reaktion zu dienen«. Dagegen wehrte sich der »Ulenspiegel« und forderte boshaft von der Politik, unseren deutschen »Kardinalfehler«, den »tierischen Ernst«, abzulegen. Doch die SED und ihr Vorsitzender blieben beim »tierischen Ernst«. Der »Ulenspiegel« wurde 1950 eingestellt und vom öden »Eulenspiegel« abgelöst. Einer der besten Zeichner, Karl Holtz, der schon früher in der »Aktion«, vor allem aber in SPD-Organen seine Karikaturen veröffentlicht hatte, landete zeitweise sogar im Gefängnis.

Der SED-Vorsitzende Wilhelm Pieck kam hin und wieder zu Vorträgen an die Parteihochschule »Karl Marx«. Erlebt hatte ich den späteren Präsidenten der DDR erstmals bereits 1946 auf der FDJ-Schule am Bogensee, wo er sich mit uns Schülern fotografieren ließ. Immer leutselig, war er bereit, jedem Kursteilnehmer ein Buch zu signieren. In meiner großen Sammlung des »Kommunistischen Manifest« besitze ich noch heute eine 1945er-Ausgabe dieser Schrift mit Piecks Namenszug. Mit seiner sonoren Stimme verstand es der Altkommunist, wie ein jovialer Landesvater (spöttisch »Wilhelm der Dritte« genannt) aufzutreten. Er war kein so guter Redner wie seine »Parität« Otto Grotewohl, der Mitvorsitzende der SED, wirkte aber überzeugend und keinesfalls als Scharfmacher.

Der Lebensweg des Mitbegründers der KPD, der allen ihren Führungen bis 1933 angehörte, ist bekannt. Der damals über 70jährige wohlbeleibte Pieck genoß als Mitstreiter von Rosa Luxemburg und Karl Liebknecht, als Kämpfer gegen den Faschismus in der Emigration immer ein hohes Ansehen. Erst viel später ist mir klargeworden, daß der »Kleinbürger als Präsident« ebenfalls vom Stalinismus längst gebrochen war und jede ihm von der Partei aufgetragene Rolle übernahm. Bereits in der Weimarer Republik[77] war er der Prototyp desjenigen Teils der kommunistischen Führung, der alle Schwankungen der Parteilinie überlebte und frühere progressive Ideen der Apparatherrschaft opferte. Obwohl er zeitweise eher den »rechten Kommunisten« zugeneigt hatte, machte er darauf die ultralinke Politik ohne Zögern mit. Nach der Wittorf-Affäre, bei der er sich noch gegen Thälmann gestellt hatte, erklärte ihm Stalin in einem Gespräch, daß die KPD zwar ohne Pieck auskäme, er aber nicht ohne die Partei. So hat es mir viel später Heinrich Brandler, der Pieck ja sehr gut kannte, glaubwürdig erzählt und geschrieben.[78] Das wirkte. Als er 1932 Sekretär des Politbüros wurde, haben ehemalige Freunde in der KPO-Zeitung zutreffend über Pieck geschrieben: »Die Moskauer haben ihn Teddy [Thälmann] auf die Nase gesetzt, denn es muß doch wenigstens einer im Sekretariat sein, der bis drei zählen kann. Pieck kann bis drei zählen, wenn er es auch manchmal verbirgt … Der Generalsekretär Pieck von 1932 ist nicht der Revolutionär Pieck von 1918 oder 1920, sondern ein ausgestopfter Papagei.«

Wilhelm Pieck mit den Schülern des 1. Lehrgangs der FDJ-Schule am Bogensee im Mai 1946. Letzte Reihe, vierter links von Pieck: Hermann Weber.

Doch nicht nur zu seinen Lebzeiten, auch nach Piecks Tod benutzte ihn die DDR als ein Symbol der Tradition der Arbeiterbewegung, um ihn wurden bis zuletzt viele Legenden gesponnen. Pieck blieb – im Gegensatz zu Ulbricht oder Honecker – für viele DDR-Bürger ein relativ angenehmer »Landesvater«. Dies erfuhr ich persönlich, als ich Anfang 1990 erstmals vor DDR-Lehrern in Berlin einen Vortrag halten konnte. In der Diskussion kamen wir unter anderm auf Pieck, dessen historische Rolle ich dabei kritisch erläuterte. Bis heute sehe ich eine Lehrerin erregt aufspringen und erschüttert das aussprechen, was wohl viele der Anwesenden dachten: »Nehmen Sie uns *den* nicht auch noch!« Hier zeigte sich, wie stark eine jahrzehntelange SED-Propaganda verinnerlicht war und weiter wirkte.

Praxis in Zeitz

Am 20. Februar 1948 endete das erste Semester unseres Lehrgangs, und am 23., einem Montag, fuhren wir zum »praktischen Einsatz«. In verschiedene Kreise delegiert, mußten wir zunächst die Landesleitung anlaufen. Werner Horn und ich reisten nach Halle, wo uns ein Überblick über die SED in unserem jeweiligen »Einsatzkreis« gegeben wurde. Übernachtet haben wir in einem Hotel in Bahnhofsnähe. Es war bitter kalt, und ich kann mich nicht erinnern, je so gefroren zu haben wie in dieser Eishöhle (es war tatsächlich Eis an den Wänden!). Vollständig angezogen lagen wir im Bett und konnten nur noch vor Kälte zittern. Am nächsten Morgen nach Zeitz geschickt, meldete ich mich beim dortigen Kreisvorstand. Ein junger Genosse brachte mich zur etwas abseits gelegenen Kreisparteischule, wo ich ein recht passables Einzelzimmer bezog. Da ich »voll verpflegt« wurde, konnte ich meine Lebensmittelmarken, die wir für die Zeit der »Praxis« ausgehändigt bekamen, gleich abgeben. Das Zentralsekretariat der SED hatte am 9. Februar beschlossen, daß der Einsatz der Hochschüler von der Führung finanziert werde. Jeder der noch 75 Schüler erhielt 300 Reichsmark, auch die Fahrtkosten wurden erstattet.

Meine »praktische« Aufgabe bestand nun darin, vor Ort bei der Parteiorganisation im Hydrierwerk Zeitz mitzuhelfen, gewissermaßen zu hospitieren. Das Hydrierwerk war ein sogenannter SAG-Betrieb, eine von der Sowjetunion als Reparation übernommene – also nicht demontierte – »Aktiengesellschaft« mit mehr als 10 000 Beschäftigten. Die fast 50 000 Einwohner zählende Stadt Zeitz galt als eine SED-Hochburg. Bei den Wahlen im September 1946 hatte die Partei 52 Prozent der Stimmen erhalten und dominierte im Stadtrat. Anfang 1948 zählte die SED im Kreis Zeitz 18 000 Mitglieder, der FDGB 35 000 Gewerkschafter. Entsprechend war das Büro der Parteileitung im Hydrierwerk – nun vier Wochen lang mein Hauptarbeitsplatz – mit mehreren Sekretären besetzt. In dem riesigen Betrieb war ständig etwas los, die SED-Funktionäre mußten bald in diesen und dann einen anderen Werkteil eilen, weil Material fehlte, die Arbeiter mit der Verpflegung in der Küche unzufrieden waren, der Krankenstand in manchen Abteilungen zu Ausfällen führte, Arbeiter fehlten, weil sie aufs Land gefahren waren, um Lebensmittel zu hamstern usw. Die SED-Leitung arbeitete ohne Kontinuität, sie mußte ständig dringende Probleme lösen helfen. Das Ganze ist mir als heilloses Durcheinander in Erinnerung geblieben.

Noch stärker aufgefallen ist mir die kritische Haltung der Arbeiter, auch vieler SED-Genossen, die oft kein Blatt vor den Mund nahmen. Im Februar existierten ja die von der Belegschaft gewählten Betriebsräte noch, die damals zur »Stimme« auch der unzufriedenen Arbeiter wurden. Nicht zuletzt deswegen schaffte die SED diese Vertreter der Arbeiterinteressen in der SBZ dann bereits im November 1948 ab. Ich lernte in Zeitz einige davon kennen, die meisten kamen aus der Sozialdemokratie. Häufig habe ich mich mit einem Altkommunisten unterhalten, der die Verhältnisse viel schärfer kritisierte als andere Betriebsräte. Ihm war vor allem die neue Hierarchie ein Dorn im Auge. In SAG-Betrieben hatte natürlich der sowjetische Direktor das Sagen. Wie in der UdSSR mußten sich ihm die Betriebsräte, die Gewerkschaften und auch die Partei-Gruppe unterordnen. Und diesem Betriebsleiter kam es in erster Linie darauf an, möglichst viel aus dem Werk herauszuholen und als Reparation an die Sowjetunion zu übergeben. Ich erlebte den sowjetischen Chef nur einmal, während einer Sitzung der SED-Leitung, dort erteilte er in barschem, militärischem Ton seine Anweisungen, Widerspruch gab es nicht. Also wieder ein Schlag gegen meine utopischen Vorstellungen vom Kommunismus und der Gemeinschaft selbstbestimmender Arbeiter.

Der Zeitzer Altkommunist – wenn ich mich nicht täusche, hieß er Berger – lachte mich aus, als ich ihm erzählte, wie sehr mich der Auftritt des sowjetischen Direktors irritiert habe. Berger kannte die Praxis und hatte alle Illusionen verloren. Was in Rußland passiert, so sein Fazit, hat mit Kommunismus oder Sozialismus nichts zu tun, weil dort eine Ausbeutungsgesellschaft und Diktatur existiert. Hier würden wir von der Besatzung noch schlechter behandelt. In der SBZ ist es weit schlimmer als im Westen, meinte er, und deshalb sei er froh, bald Rentner zu werden. Dann wolle er mit der SED und ihren Ideen nichts mehr zu tun haben. So weit wollte ich nun doch nicht gehen und brachte Gegenargumente vor, beispielsweise die Kritik am Kapitalismus, die antifaschistische Haltung der SED usw. Er winkte nur ab, und fortan war es kaum mehr möglich, mit ihm zu diskutieren. Vielleicht hatte er Angst, daß ich unerfahrener Jugendlicher ihn »verpfeifen« könnte. Denn dieser Arbeiter war der erste, der mir (zwar hinter vorgehaltener Hand) von den sowjetischen »Schweigelagern« erzählte. Er habe gehört, daß darin nicht nur Nazis, sondern auch Demokraten und Sozialisten, selbst Kommunisten eingesperrt seien. Das konnte und mochte ich damals einfach nicht glauben, obwohl mir doch auffiel, daß so mancher Genosse nicht wagte, seine Kritik offen auszusprechen. Meine Bedenken wuchsen weiter.

Meine Zweifel suchte der damalige Kreisvorsitzende der SED in Zeitz, Max Benkwitz, zu zerstreuen. Als er hörte, ich sei aus Mannheim, lud er mich gleich zu sich ein. Er befragte mich vor allem nach dem bekanntesten der Mannheimer Kommunisten, Paul Schreck. Denn dieser war in der Nähe von Zeitz geboren und dort zur Schule gegangen, ab 1916 (nach der Wanderschaft) aber in Mannheim tätig geworden. Benkwitz hatte schon in der Zeitzer KPD der Weimarer Republik eine führende Rolle gespielt. Beide kannten sich aber vor allem deshalb gut, weil sie viele Jahre lang im KZ Buchenwald inhaftiert waren. Von mir wollte Benkwitz wissen, wie es seinem Freund Schreck in Mannheim derzeit gehe. Ich konnte ihm berichten, daß Schreck 1945 nach der Heimkehr die Leitung der KPD Baden übernommen habe, nun Sekretär der IG Metall in Mannheim sei und außerdem als Abgeordneter der KPD im Landtag von Württemberg-Baden sitze. Paul Schreck ist bereits ein halbes Jahr später, im November 1948, nach einem Unfall gestorben. Als mein Freund Fritz Karg, inzwischen Schrecks Chauffeur bei der IG Metall, ihn zur Landtagssitzung nach Stuttgart bringen wollte, bestand dieser darauf, das Dienstauto selbst zu fahren, wobei er tödlich verunglückte. Die Trauerfeier für ihn wurde zu einer Massenkundgebung auf dem Mannheimer Hauptfriedhof. Nach langen Diskussionen gibt es seit 1993 auch einen »Paul-Schreck-Platz« im Mannheimer Stadtteil Schönau.

Benkwitz erzählte von der gemeinsamen Haft in Buchenwald und lobte den Neuaufbau, für den er jetzt in Zeitz verantwortlich sei. Meine schüchternen Einwände, unter den Arbeitern gebe es aber viel Kritik, wischte er weg. Ein Kommunist müsse der Parteispitze vertrauen. Allein die KPD habe unter der Führung der Sowjetunion stets eine richtige Politik gegen Kapitalismus, Faschismus und Krieg betrieben. Wortgewaltig und lautstark hielt mir Benkwitz geradezu eine Lektion. Er erinnerte mich sehr an Paul Schreck. Beide waren von kräftiger Statur, neigten zu Vereinfachungen und Freund-Feind-Denken, betonten ihre Parteiergebenheit und waren überzeugende Massenredner. Sie gehörten zu den (wie Stalin sagte) entscheidenden »mittleren Kadern«, unter denen dieser Typus Funktionär sehr verbreitet war. Obwohl sie revolutionär auftraten, wären sie doch autoritäre Personen, in ihrer Wertehaltung eher konservativ. Von Schreck ging in Mannheim gar das Gerücht um, er prügele seine Töchter. Benkwitz wie Schreck zählten aber auch zu jenen führenden Kommunisten, die zwar einst von der KPD-Linie abgewichen, inzwischen aber mit ihr völlig konform waren und über diese »Jugendsünden« schwiegen. Erst viel später habe ich herausgefunden, daß Schreck zeitweise auf dem »rechten Flügel« der Partei gestanden hatte, deshalb 1931 sogar als Politischer Leiter in Baden abgelöst worden war. Umgekehrt hatte Benkwitz 1926 noch der linken Opposition angehört. Wegen »fraktionellem Treiben« verwarnt, hatte ihn nur seine Unterwerfung 1927 vor dem Ausschluß gerettet.[79] Diese Hintergründe, die das ständige Überbetonen der Parteiergebenheit beider Funktionäre erklärlich machten, kannte ich damals natürlich nicht.

Der Kommunist Benkwitz imponierte mir, immerhin hatte er für »die Sache« schon in der Weimarer Republik zwei Jahre Festung verbüßt und bei den Nazis unter fürchterlichen Umständen zehn Jahre in Haft verbracht. Andererseits stieß er mich als Machtmensch ab, und in seiner rigorosen Art erschien er mir recht unbedarft. Mit polternder Lautstärke und Schwarzweißmalerei waren doch komplizierte Probleme nicht zu lösen, Kritik nicht zu erledigen. Benkwitz hat mich dann zwei Wochen später nochmals zu einer Tasse Kaffee eingeladen. Dabei »verdonnerte« er mich, an der Kreisparteischule einen Vortrag und ein Seminar zum Marxismus zu halten und mich außerdem in die Vorbereitungen zum »Kongreß junger Arbeiter« einzubringen. Dieser sollte am 10. April 1948 in Zeitz stattfinden und ein Signal der SED für die Steigerung der Arbeitsproduktivität werden.

An der Zeitzer Kreisparteischule hatte ich es dann mit etwa 40 Funktionären zu tun, die auf der unteren Ebene aktiv waren. Meine Ausführungen über Marx, seine Methoden und die Ziele des Marxismus nahmen die meisten als Pflichtübung hin. Im anschließenden Seminar gab es nur einige Wortführer, die aber rasch weg von der Theorie auf praktische Probleme zu sprechen kommen wollten. Die Genossinnen und Genossen, die in der Stadtverwaltung, in den Massenorganisationen sowie der Partei tätig waren, hielten meinem Eindruck nach von der Schulung nicht allzuviel. Für mein Referat – voller Überzeugung und wohl auch einigermaßen verständlich und lebhaft vorgetragen – erhielt ich zwar reichlich Beifall, dennoch bezweifelte ich schon damals, ob davon etwas »sitzen« blieb. Außerdem enttäuschte mich, daß keinerlei Widerspruch kam, die Konformität war nicht zu übersehen. Im Gegensatz zu kritischen Arbeitern und skeptischen Funktionären im Hydrierwerk wirkten die meist jüngeren Kursteilnehmer bereits sehr angepaßt.

Auf dieser Kreisparteischule erfuhr ich schließlich von Dingen, die meine kommunistische Überzeugung doch wieder festigten. Ich hatte mich mit einer einige Jahre älteren Schülerin angefreundet, die mir ihr Herz ausschüttete. Im Krieg mußte sie als blutjunge Stenotypistin in Warschau arbeiten; nun erzählte sie mir von all dem Schrecklichen, was dort im Ghetto und unter den Juden geschehen war. Entsetzt begriff ich, daß das, was ich bereits in Mannheim über die schlimmen Zustände im Lager Gurs erfahren hatte, nur ein Bruchteil dessen war, was die Nazis an Greueltaten gegen die Juden verübt hatten. Inzwischen war zwar vieles vom Ausmaß der deutschen Verbrechen im Zweiten Weltkrieg bekannt geworden, aber Berichte über solche persönlichen Erlebnisse hatten doch eine ganz andere moralische Wirkung auf junge Menschen: Aufgabe unserer Generation müsse es sein, ein faschistisches Terrorsystem nie wieder zuzulassen. Und eine Garantie dafür schien mir die antifaschistische Politik der deutschen Kommunisten, unabhängig von der Kritik an dieser oder jener aktuellen politischen Maßnahme. Denn damals hatte ich ja noch nicht begriffen, daß ein stalinistisches Terrorsystem keine Alternative sein konnte.

Ende März ging mein Aufenthalt in Zeitz zu Ende. Mit den Vorbereitungen des Jugendkongresses, der dann am 10. und 11. April 1948 mit viel Pomp und Propaganda durchgeführt wurde (unter anderem sprachen Grotewohl, Ulbricht und Honecker vor den 550 Jungarbeitern aus »volkseigenen« Betrieben und SAGs), hatte ich, soweit ich mich erinnere, kaum etwas zu tun gehabt. Zurück in Kleinmachnow, gab es noch einige freie Tage, da Ostern vor der Tür stand und das 2. Semester erst am 6. April begann. Damit blieb auch Zeit zum Nachdenken über das erste Halbjahr an der Parteihochschule. Aus der vierwöchigen »Praxis« in Zeitz war ich wenig ermutigt zurückgekommen und sah der nächsten Zukunft eher zwiespältig entgegen.

Am 8. April gab es in einer »Parteiveranstaltung« eine Diskussion über den »Einsatz in der Praxis«, von dem Lindau meinte, dieser habe sich »bewährt«. Es berichteten unter anderem Gustav Urbschat und Otto Krüger sowie Fritz Schörnig, Hans Tammer und Georg Baumann, auf die zurückzukommen sein wird. Die persönlichen Erfahrungen, die sie vermittelten, waren unterschiedlich, aber selbstkritisch. Mir fiel auf, daß einige Altkommunisten wie Urbschat und Schörnig die SED-Organisation bereits an der »kommunistischen Elle« zu messen begannen. Urbschat, der im Oberbarnim eingesetzt war, kritisierte darüber hinaus, daß der dortige Kreisvorstand am Rande der Stadt, in einem früheren Hotel untergebracht war. Er verlangte, die Partei müsse im Zentrum der Stadt präsent sein, um ihre zentrale Rolle (ich weiß nicht mehr, ob er schon »führende« Rolle sagte) wahrzunehmen. Sehr ähnlich äußerte er sich dann in einem Leserbrief der Wandzeitung.

Inzwischen hatte sich die politische Weltlage und damit die deutsche Situation weiter zugespitzt. Kurz nach unserer Abfahrt in die »Praxis« bewies der kommunistische Putsch im Februar 1948 in Prag, daß Stalin die osteuropäischen Staaten als »Volksdemokratien« unter kommunistischer Herrschaft mit allen Mitteln fester an die Sowjetunion binden wollte. In Zeitz konnte ich der Presse entnehmen, am 9. März seien der im Juni 1947 gegründeten Deutschen Wirtschaftskommission erweiterte Aufgaben übertragen worden; sie war jetzt schon so eine Art Vorregierung für die SBZ. Am 18. März war der 2. Deutsche Volkskongreß in Berlin zusammengetreten und hatte den Deutschen Volksrat gewählt, einen Vorläufer der späteren Volkskammer. Und am 20. März stellte die Sowjetunion ihre Arbeit im Alliierten Kontrollrat in Berlin ein. Allmählich zeichnete sich die Verschärfung des Kalten Krieges und damit eine schrittweise drohende Spaltung Deutschlands ab. Sicherlich war mir das seinerzeit keineswegs so klar. Aber ich erinnere mich, daß ich durchaus befürchtete, die Zeiten würden von nun an schwieriger. Und das galt ja nicht nur für die generelle Politik, sondern auch für den Alltag an der Parteihochschule »Karl Marx«. Das 2. Semester von April bis September 1948 wurde für mich viel unerfreulicher als das vorherige.

Gerda Röders Bericht

Am Dienstag, dem 6. April 1948, wurde vormittags das 2. Semester des Zweijahreslehrgangs mit einer kleinen Feier eröffnet. Wir Studenten waren inzwischen den vier Fakultäten zugeteilt. Vier Kursanten waren ausgeschieden, zwei kamen neu hinzu: der Norweger Janda und Gerda Röder aus Perleberg in der Mark Brandenburg. Ihr Weg – aus einer sozialdemokratischen Familie stammend – zur Parteihochschule war ganz anders verlaufen. Hier ihr Bericht.

»Glaubst du, daß der Sozialismus kommt?« Diese Frage richtete der Leiter der SED-Kreisparteischule, Bruno Langner, an jeden einzelnen Teilnehmer unseres 14-Tage-Kurses im Sommer 1947. »Also, glaubst du, Genosse, daß der Sozialismus kommt?« – »Klar – sicher doch – selbstverständlich«, lauteten die gängigen Antworten. »Na und du, Genossin Gerda, glaubst du auch, daß der Sozialismus kommt?« – »Ja, das glaube ich fest.« Nachdem er von uns allen sehr ähnliche »Glaubensbekenntnisse« erhalten hatte, drehte sich Langner empört um, sah mißbilligend auf uns Neulinge: »Schrecklich! Ihr wollt Sozialisten sein?, davon seid ihr weit entfernt. Ein Sozialist *glaubt* nicht, sondern er *weiß*, daß der Sozialismus kommt.«

Das war – außer den monatlichen Bildungsabenden, die mehr als Monologe denn als Diskussionsveranstaltungen abliefen – der Beginn meiner Parteischulung, oder besser gesagt, meiner Parteierziehung in der SED. Es galt also viel zu tun, um ein »richtiges« Parteimitglied oder gar ein Kader zu sein.

Gleich nach Kriegsende, als das Leben auch in der SBZ geordnet weitergehen sollte, hatte meine Mutter Maria Dornauer ihre alte Mitgliedschaft in der SPD, der sie seit 1924 angehörte, wieder aufgenommen. Als »unbelastete« Person wurde sie auch in etliche neuentstandene Kommissionen berufen (Frauen, § 218, Ernährung usw.). Sie kümmerte sich um Flüchtlinge, Ausgebombte, sogar schon um die ersten Heimkehrer. In unserer (seit Kaisers Zeiten) Garnisonsstadt Perleberg, ab den dreißiger Jahren noch Luftwaffenflugplatz, nun von sowjetischen Truppen besetzt, begann sich der Alltag nur sehr, sehr langsam zu normalisieren. Die Kreisstadt war schon längere Zeit überbelegt mit Frauen und Kindern, die, aus zerstörten Städten oder aus dem Osten geflüchtet, hier Unterschlupf gefunden hatten. Menschenströme bewegten sich von Osten zur Elbe hin, während viele andere versuchten, von Westen her Richtung Brandenburg und Mecklenburg nach Hause, zu ihren Familien zu gelangen. Das erlebte ich besonders hautnah im Sommer 1945.

Ab Herbst 1945 meinte ich, persönlich aktiv werden zu müssen und mitzuhelfen, damit wirklich Frieden eintrete, die Menschen wieder einigermaßen leben könnten. Nach dem Wahn des Faschismus und den Schrecken des Krieges hoffte ich auf solche Parteien, die dafür sorgen würden, daß es nunmehr anders – nein, besser werde für alle. Ich setzte auf die Sozialdemokratie und wurde im September 1945 Mitglied der SPD. Tief im Innern bewog mich wohl noch ein anderer Grund, gerade in diese Partei einzutreten.

Die SPD und die mit ihr verbundenen Organisationen wie z. B. der Arbeiter-Turn- und Sportbund, Arbeiter-Samariter, Reichsbanner usw., in denen meine Eltern vor 1933 aktiv gewesen waren, gehören zu meinen prägenden Kindheitserinnerungen. In diesen Milieus aufgewachsen, wurde ich früh entsprechend sozialisiert. Es gab unter den Sozialdemokraten ein enges, fast familiäres Zusammengehörigkeitsgefühl. Da ich damals noch keine Geschwister hatte, waren die Kinder der nächsten Genossen ein wichtiger Ersatz. Mit ihren Familien machten wir Ausflüge in die nahe Umgebung, zu den Forsthäusern »Alte Eichen«, »Bollbrück« oder an die Stepenitz zum Gasthaus »Neue Mühle«. Dabei wurde gesungen, gespielt, und auch alle privaten Feste wurden stets miteinander gefeiert. Damit war es ab 1933 mit einemmal vorbei. In der Schuhmacherwerkstatt meines Vaters Bernhard Röder hatte ich als

Die vierjährige Gerda Röder vor der Haustür der väterlichen Schusterstube.

Schulmädchen viele erregte Diskussionen mitbekommen – allerdings ohne zu wissen, worum es eigentlich ging. Und ich sah dann eines Tages die Freunde und Genossen unserer Familie völlig erschüttert. Sie hatten im Radio gehört, Adolf Hitler sei zum Reichskanzler ernannt worden, und sie ahnten, daß nun schwere Zeiten folgen würden. Im Juli 1933 verstarb mein Vater nach zwei Schlaganfällen.

Die wenigen unserer Freunde, die Krieg und Faschismus überlebt hatten, versuchten ab Mai 1945, die alten Verbindungen wiederaufzunehmen. Doch das war schwer, jeder hatte seine besonderen Erfahrungen und Hoffnungen. In Deutschland herrschten die Besatzungsmächte, und in der Ostzone wollten jetzt die Kommunisten allein »das Sagen« haben. Aber die ehemaligen »Sozis« – wie meine Mutter – und auch wir Jüngeren lehnten es ab, mit den örtlich eher als Lumpenproletarier angesehenen KPDlern gemeinsame Sache zu machen. Wie überall in der Sowjetischen Besatzungszone entstand – teils aus Überzeugung, vielfach mit Hilfe von Tricks, Verlockungen und nicht zuletzt unter Druck – im April 1946 auch in Perleberg die SED. Schon bald verschwanden Sozialdemokraten aus meiner Heimatstadt. Einige andere machten Karriere, darunter mein Spielfreund Kurt, dessen Vater 1933 wegen seiner SPD-Mitgliedschaft als Leiter des örtlichen Arbeitsamtes abgesetzt worden war. Kurt wurde Ende der vierziger Jahre Landrat des Kreises Westprignitz. Ein Jugendfreund aus unserer Nachbarschaft, Günther Grabow, war noch 1964 Bürgermeister von Perleberg.

Ich erlebte die »Vereinigung« während des neunmonatigen Neulehrerkursus im Prignitz-Dorf Dallmin. Dort war ich seit Januar 1946, um mich mit anderen Jugendlichen auf ein Lehramt vorzubereiten. Wir Teilnehmer kamen aus verschiedenen Berufen, darunter auch heimgekehrte Soldaten, und waren politisch sehr unterschiedlich eingestellt. Uns vereinte aber der Wunsch nach einem neuen friedlichen, demokratischen Gemeinwesen, in dem wir in Zukunft als Lehrer arbeiten könnten. Ob wir regelmäßig Tageszeitungen oder anderes Material erhielten und über die großen Geschehnisse informiert waren, daran kann ich mich nicht mehr erinnern. Allerdings bestand ein großer Bedarf. Nur ist mir bis heute unvergeßlich, wie uns der Physikdozent über die fortschrittlichen – also zivilen – Nutzungsmöglichkeiten von Uran und der Atomtechnik aufklärte. Er erstaunte uns alle ohne Ausnahme mit dem Hinweis, daß ein »kleiner Finger« Uran genüge, um ein Riesenschiff über die Ozeane hin und her zu bewegen. Donnerwetter, welche Chancen, welche Horizonte taten sich auf für eine friedliebende Menschheit!

Eines Tages teilte uns der Direktor des Neulehrerkurses mit, daß die Führer der beiden Arbeiterparteien beschlossen hatten, sich zu vereinigen. Daraufhin übten wir im Dallminer Schloß – in dem unser Internat untergebracht war – mit einem zukünftigen Musiklehrer ein paar traditionelle Arbeiterkampflieder ein, die dann bei der gemeinsamen Feier im Dorf Dallmin vorgetragen wurden. Von da an waren wir Sozialdemokraten mit den Kommunisten endgültig in der SED »vereint« worden. Niemand hatte einen von uns gefragt, ob wir das wollten, oder mit uns darüber diskutiert, was das etwa für uns Junge bedeutete. Nun, was wußten wir im April 1946 schon von den Traditionen der Arbeiterbewegung! Wir glaubten und erwarteten, daß die »alten«, also erfahrenen, erprobten Genossen es besser wüßten und es schon »einrichten« würden. Hiermit seien doch endlich die Lehren gezogen aus dem unnützen Parteienstreit. Vereint würden es alle nun viel richtiger machen. Ja, und das war's 1946 dann auch für mich.

Nach theoretischen und praktischen Prüfungen wurden wir im Kreis Westprignitz als »Lehramtsbewerber« angestellt. Ich kam an die Zentralschule im Dorf Dallmin. Hierher wurden die Schüler aus den kleinen Nachbarorten zum Unterricht gebracht, was allerdings mit ziemlichen Schwierigkeiten verbunden war, denn die Bauern wollten für den Transport keine Gespanne zur Verfügung stellen. Viele Kinder aus Flüchtlings- oder Ausgebombtenfamilien mußten erst wieder an den regelmäßigen Schulbesuch gewöhnt werden. Viele hatten dafür nicht die notwendige Kleidung, einige besaßen nicht einmal Schuhe. Sie alle hatten Hunger, jedes Schulkind bekam zu der Zeit (auf Anordnung der SMAD) in der großen Pause ein frisches Roggenbrötchen als Schulspeisung. Etliche Kinder waren sehr krankheitsanfällig. Für den Unterricht mangelte es an allem, an Lehrbüchern und -material, es gab keine Schreibhefte, Bleistifte usw., kaum jemand besaß eine Schiefertafel und Griffel. Neben der Tätigkeit an der Schule bemühte ich mich in der FDJ um die Jugendlichen vor Ort. Schließlich wurde ich mit anderen Teilnehmern aus dem Kreis Westprignitz im Mai 1947 zum 2. Parlament der FDJ nach Meißen delegiert. Dort wurden unter anderem auch das Hochschulprogramm der FDJ sowie Probleme der Landjugend behandelt.

Nach einem Jahr, im September 1947, wurde ich zu einem weiteren Praktikum an eine kleinere Dorfschule nach Dargardt versetzt. Auf diese Weise lernte ich nicht nur die unterschiedliche Lage der ländlichen Bevölkerung in den märkischen Dörfern kennen, sondern konnte mich hier auf die nächste Fachprüfung vorbereiten.

Bereits in den Sommerferien 1947 stand für die Neulehrer generell die Weiterbildung an. Ich hoffte, dies gehe auf der SED-

Kreisparteischule, und besuchte deshalb den Zweiwochenlehr-
gang. Als wir uns nach der feierlichen Begrüßung und Vorstellung
zum ersten Unterricht einfanden, waren natürlich alle sehr gespannt. Der Leiter, der ehemalige Kommunist Langner, den ich
später als einen Studenten des Zweijahreslehrgangs der Parteihochschule wiedertraf, führte uns ein in das Programm, übergab
uns den zentralen Lehrplan und das erforderliche Material. Schließlich stellte er, wie erwähnt, jedem Anwesenden die »inquisitori-
sche« Frage: »Glaubst du, daß der Sozialismus kommt?« und er-
zielte das niederschmetternde Ergebnis, daß »natürlich« alle Genossen »daran glaubten«. Nach diesem einschneidenden Erlebnis
nahm ich eisern an den Bildungsabenden teil, als Grundlage dienten die vom Parteivorstand herausgegebenen »Sozialistischen Bildungshefte«.

Die Einschätzung meiner persönlichen Voraussetzungen für
eine politische Weiterbildung war wohl positiv ausgefallen. Die
Kreisleitung der SED empfahl der Landesleitung, mich als entwicklungsfähige Genossin zu einer intensiven Kaderschulung zu
entsenden. Allerdings paßte das gar nicht in meine Lebenspla-
nung. Ich wollte rasch meine Lehrergrundausbildung fortsetzen,
um dann eventuell an einer Pädagogischen Hochschule einen endgültigen Abschluß zu erlangen. Dagegen stand die Absicht der
SED-Kreisleitung in Perleberg, der auch meine Mutter angehörte,
mich zu einem längeren Lehrgang an die Parteihochschule zu de-
legieren. Ich hatte schließlich die Parteidisziplin einzuhalten. Also
fuhr ich pflichtgemäß zur Parteihochschule »Karl Marx« zum
Halbjahreslehrgang nach Liebenwalde (der dort laut Beschluß des
Zentralsekretariats [5. 9. 47] vom 1. November 1947 bis zum
1. April 1948 dauern sollte).

Daß ich noch als Nachzüglerin erst Mitte November anreiste,
lag daran, daß ich mich zunächst geweigert hatte, eine Parteihochschule zu absolvieren. Die SED-Landesleitung Brandenburg er-
füllte aber mit meiner verspäteten Delegierung ihr Schüler-Soll
immerhin in mehrfacher Hinsicht: Ich war eine Frau, kam aus der
SPD und war im Kreis Westprignitz in der Jugendarbeit aktiv. Das
Kultusministerium in Potsdam »beurlaubte« mich Neulehrerin
zunächst nur für einen halbjährigen Funktionärs-Kursus.

Als ich an jenem Novemberabend, müde von der Anfahrt und
dem Kofferschleppen, vom Bahnhof Liebenwalde zum entlegenen
Schulgelände an der Kanalschleuse eintraf, war ich ziemlich de-

Halbjahreslehrgang in Liebenwalde. Vierte von links Gerda Röder; sechster von rechts der spätere Philosophie-Lehrer Eppinger.

primiert und hätte am liebsten kehrtgemacht. Zudem gab es in keinem einzigen Schülerinnenzimmer einen Platz für mich. Statt dessen mußte ich mit einem behelfsmäßigen Bett in einem (wasch)küchenähnlichen Raum vorliebnehmen. Ich tröstete mich, das halbe Jahr werde schon irgendwie herumgehen.

Eine Prüfung vor dem Besuch der Parteihochschule hatte ich nicht ablegen müssen. Als ich mich am Tag nach der Ankunft in Liebenwalde bei Direktor Rudolf Lindau meldete, stellte er mir stichprobenartige Fragen über meine Kenntnisse. Zum Beispiel sollte ich ihm sagen, wer das »Kommunistische Manifest« geschrieben habe, wann und wo es erstmals erschienen war. Das klappte ganz gut, weil mich historische Fakten immer besonders interessierten. Bei philosophischen sowie ökonomischen Themen über »dialektischen Materialismus« oder »Mehrwert« haperte es, und ich geriet etwas ins Schlingern. Aus dem Zimmer entließ mich Lindau dann mit ernsten Ermahnungen.

Meine provisorische Unterkunft endete in der Vorweihnachtswoche 1947 mit dem Abschied der Parteihochschule von Liebenwalde. Als der Lehrgang im Januar 1948 dann in Kleinmachnow fortgesetzt wurde, wohnte ich nun mit zwei Genossinnen des Halbjahreskurses, Maria Schmidt und Irene Fischer (eine Porzellanmalerin aus Sachsen), endlich in einem modern eingerichteten, hellen und freundlichen Zimmer zusammen. Etliche Mitschüler hatten bereits im Widerstand oder in der Emigration (wie meine Zimmerkollegin Maria Schmidt in England) Parteiarbeit geleistet.

148

Diese Funktionäre waren zur Auffrischung ihres theoretischen Wissens sowie zur Ausrichtung auf die »Neue Linie« zu dem Halbjahreskursus entsandt worden. Unter solch erfahrenen, teilweise höheren Funktionären fühlte ich mich fehl am Platze.

Deshalb wurde einige Wochen später, schon in Kleinmachnow, nach ausführlichen, intensiven Gesprächen mit Lehrern, dem Parteisekretär Otto Heckert und Kaderfunktionären meinem Wunsch entsprochen und beschlossen, daß ich noch vor dem Ende des Halbjahreslehrgangs – also zum Start des 2. Semesters des Zweijahreslehrgangs – zu einem längeren Studium an der Parteihochschule bleiben sollte. Da sich dessen Teilnehmerzahl inzwischen durch krankheitsbedingte Ausfälle verringert hatte, waren Kapazitäten freigeworden. Das Land Brandenburg, das mich nur für den kürzeren Lehrgang (mit Gehalt) beurlaubt hatte, gab seine Einwilligung, in der Hoffnung, daß ich nach dem erfolgreichen Studium Ende 1949 dem Schuldienst im Lande wieder zur Verfügung stehen würde. Allerdings konnte davon am Ende des Zweijahreslehrgangs keine Rede mehr sein, gab es doch politische und persönliche Gründe für eine andere Entscheidung.

Noch im März 1948 wechselte ich dann zum Zweijahreslehrgang. Als dessen Teilnehmer aus der »Praxis« nach Kleinmachnow zurückgekehrt waren, begann dort das nächste, das 2. Seme-

Studentinnenzimmer. Vorn Gerda Röder, am Radio Maria Schmidt, links Irene Fischer vom Halbjahreskurs.

ster. Da die Studenten nun nach vier Fakultäten »sortiert« wurden, ging ich, meinem Wunsch entsprechend, in die Geschichtsfakultät. Hier hoffte ich, meinem Ziel nach einer Spezialausbildung als Geschichtslehrerin näherzukommen.

Mein Übergang zum Zweijahreslehrgang vollzog sich fließend. Denn in Kleinmachnow – wie zuvor in Liebenwalde – hatten die Kursanten sämtlicher Lehrgänge ja stets anwesend zu sein bei den Vorträgen der aus Berlin angereisten führenden Funktionäre, von Pieck, Grotewohl oder Ulbricht, sowie bei den Vorlesungen z. B. von Fred Oelßner, Ackermann, Zweiling usw. Erst Diskussionen und Nacharbeit fanden dann jeweils in den Seminaren oder auch in verschiedenen Gruppen statt. Im Zweijahreslehrgang hatte ich es in der Geschichtsfakultät dann vor allem mit dem Dekan Erich Paterna zu tun, Dozenten waren Felix Rossmann, Bruno Rüffler u. a.

Den engsten Kontakt bekam ich allerdings zu Wolfgang Leonhard, der in der Geschichtsfakultät inzwischen mein Klassenlehrer war und bei dem es immer besonders munter zuging. Er war zugleich der Jüngste unter den Lehrkräften, und er hat uns nicht nur wegen seiner Herkunft und Erziehung oder etwa wegen seiner Zugehörigkeit zur legendären »Gruppe Ulbricht« imponiert. Vielmehr hat er es uns Anfängern mit seiner in der Sowjetunion verinnerlichten Methode auch ziemlich leicht gemacht »mitzukommen«, wenn er erstens, zweitens (oft bis fünftens) »Kern«- oder besser »Merk«sätze aufzählte. Denn einprägen mußten wir uns seinerzeit ja die »drei Bestandteile des Marxismus«, die vier Grundzüge der Dialektik, die drei des Materialismus oder die elf Thesen von Marx über Feuerbach. Als Geschichtsstudenten hatten wir insbesondere die Entwicklung der »Grundtypen der Produktionsverhältnisse« von der Urgesellschaft über Sklaverei, Feudalismus, Kapitalismus zum Sozialismus/Kommunismus zu büffeln. Und über allem zu Lernenden prangte Lenins Axiom: »Der Marxismus ist allmächtig, weil er wahr ist!«

Zum Selbststudium ausgehändigt wurde uns Schülern hektographiertes Lehrmaterial mit Zitaten aus Werken marxistischer Klassiker. Es war von den Dozenten zu dem jeweiligen Thema zusammengestellt worden, und zwar Pflichtliteratur sowie Hinweise auf zusätzlichen, ergänzenden Lesestoff. 1947/48 gab es ja kaum marxistische Bücher, persönlich besaßen wir meist nur einige kleinere Broschüren. Selbstverständlich hatten wir Studenten uns aus den Parteiorganen »Neues Deutschland«, »Neuer Weg« usw. zu informieren, d. h. die Dokumente, Beschlüsse und die Reden der Führung durchzuarbeiten. Damit wurde zugleich die »Linie« exakt vorgegeben. In diesem Rahmen bewegten sich die Diskussionen und eventuellen Fragen. Aber Marx' Lebensmotto: »An allem ist zu zweifeln« galt zu keiner Zeit für das Studium an der Parteihochschule »Karl Marx«.

Alsbald rückte ich dann dem Zweijahreslehrgang auch räumlich näher. Ich zog in ein Zimmer zu zwei anderen Langzeitschülerinnen. Übrigens wurde im Laufe der Studienzeit mehrmals die Stubenbelegung ausgewechselt, einerseits, um persönliche Animositäten auszugleichen, andererseits wohl auch zwecks gegenseitiger Beeinflussung oder sogar Kontrolle.

Eine der ersten Studentinnen, mit der ich in einem Zimmer wohnte und mich anfreundete, war Ilse Claus (wegen ihrer zierlichen Figur die »kleine Ilse« genannt). Sie kam aus dem Land Sachsen-Anhalt und gehörte im Zweijahreslehrgang zur Fakultät Grundfragen. Ilse Claus war 1914 in Zeitz geboren, ihr Vater war Zimmermann. Sie hatte die Höhere Handelsschule besucht und als Stenotypistin und Sachbearbeiterin in Berlin gearbeitet. 1931 in die Sozialistische Arbeiterjugend eingetreten, war sie 1944/45 aktiv im Berliner Widerstand und schloß sich 1945 der KPD an. Ende 1945 übersiedelte sie wieder nach Zeitz und war beim FDGB Leiterin der Schulungsabteilung. Während der Studienzeit an der Parteihochschule »Karl Marx« war sie mit Werner Scharch liiert. Ein von ihnen beiden »eingefädelter« gemeinsamer Ferienaufenthalt im Sommer 1948 im Harz – mit Pilzesuchen und sogar Forellenfang – ist mir in lebhafter Erinnerung geblieben. Später haben Werner und Ilse noch geheiratet, und sie hat 1951 ein Kind geboren. Nach der Parteihochschule wurde Ilse Instrukteurin der Schulungsabteilung im FDGB-Bundesvorstand. Im März 1950 wurde sie als Mitarbeiterin für die Parteihochschule in Kleinmachnow vorgeschlagen, blieb aber bis Ende 1951 beim FDGB. Sie schied dann wegen Krankheit aus.

Die längste Zeit, bis zum Ende des Lehrgangs, wohnte ich mit der »großen Ilse« zusammen. Ilse Krasemann (Kirschstein), Jahrgang 1925, war in Hamburg geboren. Sie verlebte eine schöne Kindheit in einer Seemannsfamilie, doch verloren die Eltern durch den Bombenkrieg alles. Ilse fand Unterkunft und Arbeit in Mecklenburg. Da sie die Höhere Handelsschule absolviert hatte, wurde sie nach dem Krieg im Magistrat Ueckermünde eingesetzt. Ende

1945 trat sie der KPD bei und war im antifaschistischen Jugendausschuß aktiv. Nach kurzer Tätigkeit in der Landesleitung der
FDJ Schwerin war sie in der SED-Kreisparteischule in Ueckermünde und wurde von dort zum Zweijahreslehrgang delegiert. In
Kleinmachnow studierte sie in der Fakultät Grundfragen, kam
aber im September 1949 als Assistentin zur Philosophischen Fakultät und blieb bis 1980 als Professorin an der Parteihochschule.
Promoviert zum Dr. phil., veröffentlichte sie z. B. 1973 als »Leiter
des Lehrstuhls Wissenschaftlicher Kommunismus« die Broschüre
»Zur Klassenstruktur der sozialistischen Gesellschaft in der
DDR«. Ilse schied 1980 aus der Parteihochschule aus, weil ihr
»die Arbeit unerträglich gemacht wurde. Was mit Enthusiasmus
begann, endete in Bitternis.«[80] Heute haben wir wieder Kontakt
zueinander.

Unsere dritte gemeinsame Zimmerkollegin war bis zum Lehrgangsende Hildegard Bamberger. Anfang der 20er Jahre geboren,
stammte sie aus einem (fast groß-)bürgerlichen Milieu, aus den
östlichen Gebieten des Deutschen Reiches. Nach erfolgreichen
Besuchen von Kreis- und Landesschule der SED im Land Brandenburg war sie an die Parteihochschule delegiert worden. Da
Hilde sehr belesen war und Polnisch als (Mutter-?)Sprache vollkommen beherrschte, arbeitete sie nach dem Besuch der Parteihochschule als Übersetzerin für einen DDR-Verlag und später
als Bibliotheksleiterin. In unserem gemeinsamen Zimmer haben
wir zu dritt eigentlich ganz zufriedenstellend miteinander gewohnt. Das wurde auch begünstigt durch die gelungene Anordnung der Möbel (s. S. 116) und die freundliche Ausstattung, die
wir mit privaten Dingen wie Bücher, Bilder, Blumen usw. indivi-
duell ergänzten.

Natürlich waren wir im Parteihochschulinternat eine irgendwie
(ab)geschlossene Gemeinschaft. Aber das Einleben in den Zweijahreslehrgang ist mir keineswegs schwergefallen. An den Schul-
rhythmus bereits gewöhnt, traf ich hier nun mit ebenso wissens-
durstigen, meist gleichaltrigen Studierenden zusammen, beim Lernen, in der Parteigruppe, bei Kulturveranstaltungen oder auch beim
»Subbotnik«, dem Arbeitseinsatz. Der Alltag ließ uns zwar nicht
viele persönliche Freiräume, immer galt es, das Lernpensum er-
folgsorientiert, zur allgemeinen Zufriedenheit der Fakultätsklasse
zu erfüllen. Die Methode »Kritik und Selbstkritik« sollte das fördern. Hilfe erfuhren wir manchmal von älteren, erfahrenen Genos-

sen. Da es im Speisesaal für uns Studenten keine spezielle Sitzordnung gab, nahm jeder, wie er wollte, an einem der Vierertische Platz. Hier wie auf dem Wege zu den Mahlzeiten oder zu den verschiedenen Veranstaltungen unterhielten wir uns über »Gott und die Welt« und lernten uns dabei besser kennen.

Auch als Frau (wir waren ja nur einige wenige) begegnete ich selten männlicher Arroganz oder gar Herablassung, ich fühlte mich unter den Studierenden völlig gleichberechtigt. Den neuen Schulort Kleinmachnow – in der Nähe Berlins – fand ich ideal, denn in dieser lebendigen Großstadt gab es ja wieder ein vielfältiges Kulturangebot. Für eine begeisterungsfähige Provinzlerin wie mich war das geradezu überwältigend. Dort konnte ich nun jede sich bietende Gelegenheit wahrnehmen und außerdem sehr viel Neues entdecken.

Zwiespältiges im 2. Semester

Gerda Röder verweist zu Recht auf die vielen interessanten Möglichkeiten, die uns durch die Nähe Kleinmachnows zu Berlin geboten wurden. Es gab mehrere günstige öffentliche Verbindungen, beispielsweise konnte man damals mit der S-Bahn noch von und bis Düppel fahren und den Rest dann zu Fuß gehen. Oder aber wir kamen mit der Straßenbahn bis Teltow und über den Zehlendorfer Damm zur Schule. Das Haupttor mit dem Portierhaus lag ganz nahe zum Haus 1, zu dem eine Treppe hochführte. Von der Straße bestanden direkte Eingänge zum oberen Stockwerk der sechs Gebäude, außerdem von der unteren Straße her Zugänge zu den jeweiligen Untergeschossen. Die Flure waren weitläufig, sie führten in Haus 1 und 2 zu 22 Schülerzimmern im Obergeschoß, 20 gab es im Mittelgeschoß, in Haus 1 waren es 19 im Untergeschoß (jeweils für drei Schüler). In Haus 2 lagen zudem 20 Viererzimmer im Keller. Die Studenten waren mit der Unterbringung im Internat der Parteihochschule ebenso wie die Lehrer mit ihren Wohnverhältnissen in Kleinmachnow mehr als zufrieden.

Denn zu Beginn des 2. Semesters waren auch die meisten Lehrkräfte nach Kleinmachnow umgesiedelt. Sie wohnten allerdings außerhalb des eingezäunten Schulgeländes. Wolfgang Leonhard hat darüber bereits 1955 berichtet: »Einige kleinere Villen waren für die Fakultätsleiter reserviert. Die Lehrer, sofern sie Familie hatten, erhielten eine Villa in Kleinmachnow, wenn sie ledig waren, eine schöne Wohnung in einem Neubau.«[81]

Auch Leonhard bezog eine Wohnung in der Nachbarschaft zur Parteihochschule, hatte aber sein Zimmer in Pankow behalten. Der Dekan der Ökonomischen Fakultät, Alfred Lemnitz, hat den Umzug mit seiner Familie 1985 genauer beschrieben: »Mit der Parteihochschule übersiedelte auch meine Familie nach Kleinmachnow. Uns wurde das Einfamilienhaus eines ehemaligen Nazifunktionärs zugewiesen. Es besaß ein Unter- und Obergeschoß, hatte Bad, eine große Küche im Keller und einen Garten. Für uns war das ein Komfort, den wir noch nie gehabt hatten. Ohne die Hilfe meiner Schwiegereltern hätten wir diesen großen Haushalt nicht bewältigen können.«[82]

Die Ausflüge nach Berlin unternahmen wir teilweise »offiziell«, also mit einer Gruppe, beispielsweise zu Veranstaltungen und Kundgebungen (etwa am 5. Mai zur Karl-Marx-Feier), aber auch zu Theater- oder Opernbesuchen. Selbstverständlich waren – wenn es die Zeit erlaubte – daneben andere, private Berlin-Visiten möglich, sei es um eine Ausstellung zu besichtigen, in Antiquariaten zu stöbern usw.

Natürlich hatten wir hauptsächlich in Kleinmachnow zu »büffeln« und zu diskutieren, dennoch sind mir die Berlin-Besuche in lebhafter Erinnerung geblieben, wobei die Anlässe sehr verschieden waren. Die Feier zum 130. Geburtstag von Karl Marx, zu der Lehrer und Schüler gemeinsam fuhren, fand zu Beginn der »1. Kulturtagung« der SED statt, auf der Ackermann und Grotewohl sprachen. In einer Sonderveranstaltung nahm der frühere Sozialdemokrat Otto Meier die Würdigung von Marx vor. Von seiner Rede waren alle angetan. Er kritisierte den Kapitalismus, dabei imponierte mir besonders ein Marx-Zitat: »Wenn das Geld mit natürlichen Blutflecken zur Welt gekommen ist, so das Kapital vom Kopf bis zur Zehe aus allen Poren blut- und schmutztriefend.« Ich registrierte auch, daß Meier weder auf Lenin noch auf Stalin einging.

Am zweiten Tag der Kulturtagung gelang es mir, wenigstens Teile eines Brecht-Abends im Deutschen Theater mitzubekommen, bei dem Ernst Busch und Kate Kühl dessen Texte und Songs vortrugen. Als enthusiastischer Brecht-Bewunderer hatte ich mich mit »Picasso« am 6. Mai einfach früher aus einer Vorlesung über Hegel davongemacht. Wir waren begeistert und überlegten, wie Brecht-Songs auf der Parteihochschule propagiert werden könnten. Da zu den Parteiveranstaltungen auch Lieder der Arbeiterbewegung eingeübt wurden, brachten wir (mit Werner Kaufmann, wenn ich recht erinnere auch mit Heinz Busch, Herbert Mies u. a.) den Wunsch nach Brecht-Liedern vor, den ältere Genossen wie Fritz Seidel sofort unterstützten. Allmählich wurde die Parteileitung aber hellhörig, als wir immer wieder skandierten: »Und weil der Mensch ein Mensch ist, d'rum hat er Stiefel im Gesicht nicht gern, er will unter sich keinen Sklaven sehn und über sich keinen Herrn.« Diese Zeilen und die Musik des Einheitsfrontliedes von Brecht und Eisler wurden als »sektiererisch« abgelehnt. Ganz aus war es dann, als wir ständig schmetterten: »Ja, mach nur einen Plan, sei nur ein großes Licht, und mach dann noch 'nen zweiten Plan, gehn tun sie beide nicht.«

Da ab Mitte 1948 die SED mit einem »Halbjahrplan« die Wirtschaft in der SBZ voranbringen wollte und für 1949/50 der erste »Zweijahrplan« vorbereitet wurde, faßten viele Genossen den von uns vorgetragenen Brechtschen Spott über die »nicht gehenden« Pläne als Provokation auf. Dies insbesondere, da Walter Ulbricht kurz zuvor, am 16. April, auf der Parteihochschule grundlegend zum Thema »Demokratische Wirtschaftsplanung in Deutschland« referiert hatte. Tatsächlich waren wir damals aber wohl alle Anhänger der Planwirtschaft. Wir verstanden die Marxsche Kritik am Kapitalismus nicht nur gegen Profit und Ausbeutung gerichtet, sondern ebenso gegen Krisen, die mit einer Wirtschaftsplanung verhindert werden sollten. Eigentlich wandte sich unsere Ironie mit solchen Brecht-Zitaten ja gegen gläubiges Nachplappern von Parolen, gegen den tierischen Ernst, und war außerdem gedacht als Abwechslung von der vorherrschenden Monotonie. Doch unser Gesang der Brecht-Verse aus der Dreigroschenoper, insbesondere »Erst kommt das Fressen, dann kommt die Moral« brachte das Faß zum Überlaufen: Selbstkritik wurde gefordert. Es traf zunächst Werner Kaufmann, der mit der besten Stimme am meisten aufgefallen war.

Kaufmann (wie gesagt, nannten wir ihn »Mehring«) kam wie »Picasso« aus Prenzlau. Sein Vater Franz, ein Maschinenbauer, hatte dort 1919 die KPD mitbegründet, war aber 1924 ausgetreten. Auch Werner hatte Maschinenschlosser gelernt und danach bei der Prenzlauer Kreisbahn gearbeitet. Im April 1942 wurde er zur Wehrmacht eingezogen. Als Obergefreiter geriet er 1945 in Italien in britische Gefangenschaft. Im Juli 1946 floh er, kam nach Prenzlau zurück und trat der SED und der FDJ bei. Nach dem Besuch der Landesparteischule hatte er von Mai bis Okober 1947 die SED-Kreisparteischule geleitet und war dann an die Parteihochschule delegiert worden, wo wir eng befreundet waren. Nach dem Zweijahreslehrgang wurde Werner Kaufmann bis 1952 Leiter des Landessportausschusses Brandenburg, dann bis 1955 Leiter der Abteilung Körperkultur und Sport beim FDGB. Nach dem Tod seiner Frau Ursula erlitt er einen Zusammenbruch, er wurde »unmoralischen Verhaltens« beschuldigt und seiner Funktion enthoben. Nach einem weiteren Studium war er 1962 bis 1966 im Staatssekretariat für Körperkultur und Sport, nach der Promotion (1965) wissenschaftlicher Mitarbeiter der Sektion Marxismus-Leninismus der Humboldt-Universität. Ab 1975 dort Dozent, starb er, noch nicht 60jährig, am 13. Februar 1983. Im Nachruf der Universität wurde Kaufmann als »treuer und klassenbewußter Kommunist« gelobt, der sich für den »Schutz des Sozialismus« eingesetzt habe. Das war jedoch nicht mehr unser »Mehring« von 1948.

Seinerzeit hatte »Mehring« ebenso wie »Picasso« und ich erklärt, daß Brecht für uns einer der Großen unter den progressiven Dichtern ist und wir die kritischen Verse aus der Weimarer Republik doch weniger unter aktuellen politischen Aspekten sehen würden. Wieder einmal bemerkte ich, wie humorlos und mißtrauisch die höheren Funktionäre waren. Die Gemüter beruhigten sich zwar zunächst. Allerdings hatte Ernst Schneider im Zusammenhang mit der Diskussion bemängelt, daß die Führung inzwischen abgehoben sei und gar nicht mehr wisse, was die Bevölkerung wolle und denke. Darüber kam es nun zu einer langen und harten Debatte. Hans-Joachim Menke, der im Mai gerade erst als Assistent an der Philosophischen Fakultät begonnen hatte (aber bereits 1949 wieder ausschied), wollte wohl seinen Schneid beweisen. Er griff Schneider in einem Wandzeitungsartikel heftig an und warf ihm vor: »... verstieg er [Schneider] sich in der Behauptung, dass unsere verantwortlichen Genossen es verlernt hätten, den permanenten Hunger des Arbeiters nachzuempfinden und entsprechend zu handeln.« Schneider war nicht bange und verteidigte sich mit einer Antwort an der Wandzeitung.

Dagegen mobilisierte Parteisekretär Otto Heckert nun Gustav Urbschat. Dieser ging im Juli 1948 wiederum Schneider hart an. Den verschärften Ton, der nunmehr üblich wurde, kann ein Auszug aus dessen Zuschrift belegen, den die Wandzeitung am 24. Juli brachte: »Genosse Schneider gedenkt also nicht, seinen Standpunkt aufzugeben, er hält sich für einen ›Realisten‹, der den Hunger der Arbeiter nachempfindet, während den verantwortlichen Genossen diese Fähigkeit fehlt … Ich glaube, dass diese Verstiegenheit des Gen. Schneider, seine Flucht in die ›Realität‹ nichts weiter ist, als ein Ausdruck dafür, dass er dem harten Druck der Wirklichkeit, einer feindlichen Wirklichkeit erlegen ist … Deshalb und nur deshalb konnte Gen. Schneider einen Gegensatz zwischen Partei und Parteiführung konstruieren … der ein altes Mittel unserer Gegner ist, Verwirrung und Mißtrauen in die sozialistische Arbeiterbewegung hineinzutragen. Eine solche Haltung ist untragbar für einen verantwortlichen Parteigenossen. Ich bin derselben Meinung wie Gen. Menke. Gen. Schneider muß diese Haltung klar und deutlich revidieren.«

Schneider weigerte sich zunächst, zu Urbschats Artikel Stellung zu nehmen. Er sollte aber von der Redaktion dazu gedrängt werden. Zur Redaktion der Wandzeitung »Schwarz auf weiss«, die im Vorraum des Hörsaalgebäudes als »Organ für Studenten und Lehrer der Parteihochschule Karl Marx« gut beleuchtet angebracht war, gehörte inzwischen auch ich. Da jeder eine Funktion ausüben mußte, und mir dieser Posten noch am liebsten war, hatte ich im Mai zugesagt, als mich die beiden älteren Redakteure, Paul Flucke und Fritz Schörnig, zur Mitarbeit aufforderten.

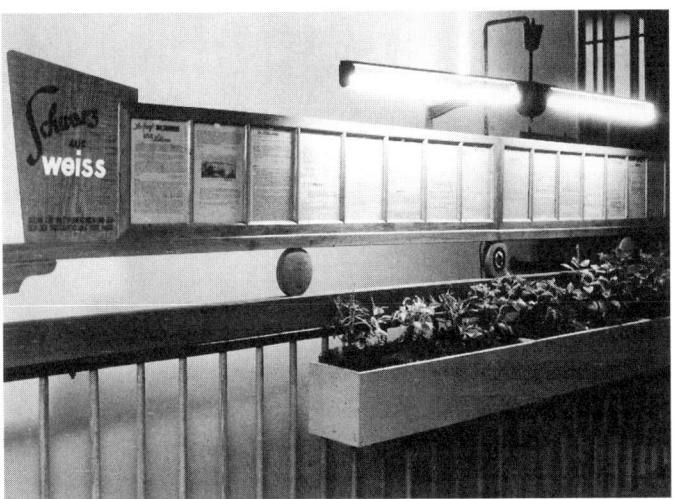

Die Wandzeitung »Schwarz auf weiss« war immer gut ausgeleuchtet.

Während Flucke, wie erwähnt, mit mir an der Philosophischen Fakultät war, studierte Schörnig an der Historischen Fakultät. Schörnig war für uns Jüngere ebenfalls eine der Respektspersonen. Ursprünglich hatte er Tischler gelernt, war dann aber Schuhmacher geworden. Seit 1923 im Kommunistischen Jugendverband aktiv, wurde er 1930 zu einem Lehrgang der Kommunistischen Jugend nach Moskau entsandt, um danach Funktionär von KPD und RGO in Thüringen zu werden. 1933 verhaftet, erhielt er eineinhalb Jahre Gefängnis. Er betätigte sich nach der Entlassung sofort wieder illegal und wurde 1935 zu 15 Jahren Zuchthaus verurteilt, saß also während der ganzen Zeit der NS-Diktatur in Haft. Nach 1945 Sekretär und später Redakteur der KPD in Thüringen, gehörte Schörnig mit seinen fast vierzig Jahren zu den älteren Studenten. Seine erheblich jüngere Frau Waltraud (Traudl) war damals Angestellte an der Parteihochschule. Schörnig trat stets als unbeirrbarer, orthodoxer und auch dogmatischer Kommunist auf. Uns Jungen gegenüber war er hilfsbereit, duldete aber keinerlei »Abweichungen«. Während Flucke meine Eskapaden mit verständnisvollem Humor aufnahm, versuchte Schörnig eher, mich zu »erziehen«. Ich bin mir nicht klar, ob er dazu sogar den Auftrag hatte und ich deshalb in die Redaktion der Wandzeitung geholt wurde.

Wir Redakteure hatten zu entscheiden, welche Artikel gebracht wurden, mußten diese oftmals korrigieren, und in »schwierigen« Fällen war mit den Autoren oder aber auch mit der Schulleitung Rücksprache zu halten, wir sollten jedoch auch selbst Debatten »anleiern«. Da Flucke und Schörnig wußten, daß ich mit dem früheren KPO-Mann Schneider, der ja doppelt so alt war wie ich, häufig beisammen saß, schickten sie mich wegen des Urbschat-Artikels zu ihm. Schörnig verwies darauf, daß die »bedenkliche« Haltung Schneiders nicht von dessen KPO-Vergangenheit zu trennen sei. Es war wohl das erste Mal, daß hier frühere »Abweichungen« als belastend angeführt wurden. Natürlich teilte ich dies Ernst Schneider mit, war jedoch selbst unsicher: Sollte ich ihm zum Einlenken raten oder zur Standhaftigkeit? Ich ahnte, wie schwer es war, dem Druck eines Kollektivs zu widerstehen, und wie rasch aus einer Diskussion »Fehlverhalten« abgeleitet und mit früheren »Abweichungen« verbunden wurde. Ich will nicht behaupten, daß ich die stalinistischen Methoden und den Zweck der »Selbstkritik« bereits verstand oder durchschaute, aber mir war unwohl, und ich kam ins Grübeln.

Doch Schneider war konsequent, es vergingen noch etliche Monate, bis er gebrochen war und nachgab. Er lehnte es ab, einen weiteren Wandzeitungsartikel zu schreiben und zeigte sich nur bereit, in der Parteigruppe darüber zu streiten. Als ich den beiden anderen Redakteuren das Ergebnis meines Gesprächs mitteilte, schäumte Schörnig geradezu. Er verwies auf seine harten Kämpfe gegen die »KP-Null«, die KPO vor 1933 in Thüringen (wo die »rechten« Kommunisten 1929 ja zeitweise in der Mehrheit gewesen waren). Der frühere Sozialdemokrat Flucke nahm das Ganze natürlich gelassener hin. Diese Angelegenheit ging zunächst etwas unter, weil die Parteigruppe des Gesamtlehrgangs beschlossen hatte, eine generelle »Kritik und Selbstkritik« durchzuführen. Und schließlich fuhren wir Schüler noch im August in die Semesterferien.

»Kritik und Selbstkritik« hatte als nunmehr ständiges Ritual in den vier Fakultäten bereits am 9. Juni begonnen. Mir war noch in lebhafter Erinnerung, wie diese Prozedur zwei Jahre zuvor auf der FDJ-Schule erstmals über mich erging. Darüber ist im »Tagebuch der Zentraljugendschule der FDJ«[83] zu lesen, am 26. Mai 1946 »… wird gleich nach dem Frühstück noch vor dem Beginn des allgemeinen Tagesplans die Selbstkritik fortgesetzt. Es werden kritisiert Dieter Braun, Hans Jürgen Salomon, Helga Rosenkranz, Hermann Weber … Hermann Weber ist sehr umstritten. Seine etwas eigenwillige Art hat bedingt, dass ihn mancher falsch eingeschätzt, ja abgelehnt hat. Sein über dem Durchschnitt stehendes Wissen wird anerkannt, doch wirft man ihm vor, dass er auf die anderen manchmal mit einer gewissen Ironie herabsieht. Weber kann diesen Vorwurf entkräften.«

Hatten mich die »Kritik und Selbstkritik« schon 1946 abgestoßen, so erst recht in der Parteihochschule. Daß sie weniger eine Methode zur Selbsteinsicht als vielmehr ein Instrument zur Disziplinierung sein sollte, war nicht zu übersehen. Im Juni 1948 ging dieses Verfahren noch relativ moderat vor sich. In der Philosophischen Fakultät führten vor allem ältere Genossen wie Hanke, Urbschat und Flucke das Wort. Ihre eigene Selbstkritik lief darauf hinaus, durch Unterricht und Parteiarbeit die »Grenze der physischen Belastbarkeit« erreicht (Urbschat) und daher nicht genügend positiv auf die Jüngeren eingewirkt zu haben. In der Kritik anderen Schülern gegenüber waren sie eher behutsam (Schneider gehörte ja nicht zu unserer Fakultät). Meine Eskapaden wurden als jugendlicher Übermut gerügt. Da ich es aber ablehnte, einzugestehen, daß

»Immer diese Individualisten«: Zeichnung von Albert Schäfer-Ast im »Ulenspiegel«, Januar 1948.

meine gezielte Berufung auf Brecht oder gar meine Stirner-Aussprüche Unfug seien, ging die Nörgelei an meiner Person weiter, und mir wurde »Individualismus« vorgeworfen.

Nun wurde ich stur und verlangte eine philosophische Diskussion über Kollektiv und Individuum in der marxistischen Theorie. Dies brachte auch die anwesenden Lehrer auf die Palme. Gerügt wurde, daß ich zu wenig Studiendisziplin hätte, weil ich zu oft in der Bibliothek säße und ganz andere Werke läse als den direkt zum Thema aufgetragenen Stoff. Ich war nicht bereit, dies »selbstkritisch« als Fehler zu akzeptieren, sondern beharrte darauf, hier so viel wie möglich zu lernen. Und selbstbewußt verwies ich auf meine guten Noten im »Pflichtstudium«. Nun wurde der Vorwurf des »Individualismus« durch den des »Skeptizismus« erweitert und noch Beispiele aus meinem »sektiererischen« Verhalten der jüngsten Zeit herangezogen. Es ist anzunehmen, daß dies wohl auch schriftlich festgehalten wurde, doch Unterlagen speziell über mich sind im Parteiarchiv nicht aufzufinden. Jedenfalls war ich sauer, suchte die Januarnummer des »Ulenspiegel« heraus und fragte jeden provokatorisch, ob man auch so mit mir umspringen wolle, wie dies in einer satirischen Zeichnung von Schäfer-Ast mit »Individualisten« geschehe, nämlich sie einen Kopf kürzer machen. Die Reaktion war unterschiedlich, aber die meisten, vor al-

160

lem die Älteren wie Flucke, Urbschat und Hanke, versuchten mich zu beruhigen und spielten die Vorwürfe herunter. Heute habe ich Abstand gewonnen und betrachte die Sache wegen ihrer offenkundigen Absurdität natürlich weniger dramatisch als damals.

Wichtiger war ja im 2. Semester der Unterricht. Und die Vorlesungen und Seminare brachten neben parteilicher Verzerrung oder Allgemeinplätzen Neues und Wissenswertes.

Student der Philosophischen Fakultät

An der Philosophischen Fakultät kam ich nun noch mit anderen Genossen näher zusammen. Von Urbschat, Flucke und Hanke ist bereits berichtet. Unsere Lehrer unter Dekan Stern beschlossen im Mai 1948, engeren Kontakt zu den 16 Schülern der Fakultät aufzunehmen. Es wurden vier Gruppen gebildet, und im Protokoll ist darüber festgehalten: »Gen. Grüttner übernimmt: Gen. Flucke, Wulf, Lorenz, Wunderlich.«[84]

Für uns vier wurde also Alexander (»Sascha«) Grüttner verantwortlich. Über seinen dramatischen Lebensweg wußten wir damals nur sehr wenig. Seine Mutter, Ljubow Rudjak, eine Jüdin aus Charkow, war seit 1911 Zahnärztin. Sie hatte in der Warschauer Klinik den deutschen Dentisten Herbert Grüttner kennengelernt und geheiratet. Ihr Sohn Alexander wurde 1915 in Jekaterinoslaw in der Ukraine geboren. Die Familie ist 1920 nach Kattowitz übergesiedelt, 1933 legte Alexander in Beuthen das Abitur ab. Der Vater verließ die Familie 1928. Seine Scheidungsklage begründete er (wohl Mitglied der NSDAP) 1934 damit, daß sein Frau Jüdin sei. Inzwischen studierte Alexander Mathematik und Philosophie in Breslau, bis er 1936 aus »rassischen« Gründen von der Universität verwiesen wurde. Von 1940 bis 1942 zur Wehrmacht eingezogen, zuletzt Obergefreiter der Panzerabwehr an der Ostfront, wurde er 1943 jedoch als »wehrunwürdig« entlassen und zur Zwangsarbeit in ein oberschlesisches Bergwerk verschickt. Im Februar 1945 Dolmetscher bei der sowjetischen Kommandantur in Hindenburg in Oberschlesien, kam er im August mit einem Flüchtlingstreck nach Dresden. Er trat der KPD bei und wurde 1946 Referent für Kultur beim SED-Landesvorstand. Von Januar bis Juli 1947 Schüler der Parteihochschule, war er anschließend Assistent und blieb dort bis 1950 Lehrer für Philosophie. Beinahe etwas scheu, erzählte er unserer kleinen Gruppe wenig über sein Leben. Kollegen wie Schüler lobten ihn, stellten aber eine »unangebrachte Zurückhaltung« fest. Stern nannte ihn einen »Gelehrtentypus im guten Sinne des Wortes«. Grüttner selbst gab zu, »ein klein wenig Minderwertigkeitskomplexe« zu haben. Da der 33jährige neben seiner Lehrtätigkeit noch an der Humboldt-Universität studierte, war er stets in Zeitnot, und deshalb konnten wir uns auch seltener treffen als eigentlich vorgesehen.

Schon auf der Parteihochschule lebte Grüttner mit einer Dozentin aus der Geschichtsfakultät zusammen. Dr. Margarete (Marga) Taut geb. Wehmer, Tochter eines Frauenarztes aus Wiesbaden, war bereits 1930 der kommunistischen Studentengruppe in Heidelberg und dann der KPD beigetreten. Nach dem Studium der Literatur und Geschichte ab 1933 in Wien, Paris und Basel promovierte sie dort 1935 mit einer Dissertation zur englischen Geschichte. Nach der Heirat mit Heinrich Taut lebte sie bis 1944 in Gera. 1945 gehörte Marga Taut der KPD und dem Zentralen Frauenausschuß der SBZ an und wurde Mitbegründerin des DFD. Sie übernahm 1947 den Vorsitz des DFD in Thüringen. Taut besuchte den Halbjahreslehrgang der Parteihochschule und blieb anschließend von Herbst 1947 bis 1950 Assistentin und dann Lehrerin der Geschichtsfakultät in Kleinmachnow. Da die 38jährige fachlich sehr gut ausgebildet war (außer Rubiner und Stern hatte sie als einzige vor dem Krieg promoviert), fanden ihre Veranstaltungen viel Zuspruch.

Grüttner ging 1950 ins Außenministerium der DDR (von Ackermann angefordert) und war bis 1956 Missionsrat in Peking. Zusammen mit Grüttner kam auch Marga Taut ins DDR-Außenministerium. Nach ihrer Heirat 1950 wurden beide im Juni 1950 an die Botschaft nach Peking geschickt. Dort verstarb Margarete Grüttner schon im März 1954, kurz nach der Geburt ihres Sohnes Alexander. Alexander Grüttner kam 1956 als Abteilungsleiter zurück ins DDR-Außenministerium nach Berlin. Seine Mutter, mittellos und ohne Einkommen, lebte bei ihm. Ende 1959 ins Institut für Gesellschaftswissenschaften berufen, wurde er 1965 Oberassistent am Institut für Marxismus-Leninismus. Nach einem Herzinfarkt ging er 1972 in Rente. Alexander Grüttner starb am 3. August 2001 in Berlin.

Außer mit Flucke wurde ich nun mit den Mitschülern Marianne Lorenz geb. Schaaf und Amandus Wulf intensiver bekannt, mit

Flucke stand ich ja, wie berichtet, bereits in engerem Kontakt. Die damals 26jährige Marianne Lorenz aus Altenburg galt als hochnäsig, war stolz auf ihr gutes Aussehen und geriet bei uns Jüngeren in den Ruf, sich an »Höhere heranzumachen«. Die kluge Frau wurde später wie ich Aspirantin. Sie hatte im Krieg geheiratet; ihre Tochter Barbara war im Kinderheim der Parteihochschule untergebracht, wo das sechsjährige quirlige Mädchen überall auffiel. Mariannes zweiter Ehemann war ein Kursant aus dem Halbjahreslehrgang, der kommunistische Widerstandskämpfer Werner Plesse aus Leipzig. Dieser wurde später verhaftet und saß bis 1956 im Zuchthaus Bautzen. 1950 arbeitete Marianne als SED-Kreissekretärin in Cottbus, dann (verheiratete Libera, später Reinke) im Kulturministerium Berlin. Zeitweise auch schriftstellerisch tätig, starb sie 1982 an Krebs.

Von ganz anderem Kaliber war der 25jährige Amandus Wulf aus Schwerin. Über ihn soll hier etwas ausführlicher berichtet werden, da sein späteres Leben aus dem Rahmen eines üblichen »Parteihochschülers« völlig herausfiel.[85] Als Sohn eines Steuerassistenten begann er nach der mittleren Reife Ostern 1939 selbst eine Ausbildung bei der Finanzverwaltung und mußte 1941 zum Arbeitsdienst. Von 1942 bis 1945 Soldat (Gefreiter) stand er wegen »Selbstverstümmelung« sogar vor einem Marine-Kriegsgericht. Im Juli 1945 trat er der KPD bei. Wulf war zunächst bei der Finanzverwaltung in Schwerin beschäftigt und ab April 1946 in der Informationsabteilung der Landesregierung Mecklenburg. Von dort kam Amandus Wulf an die Parteihochschule. Er fiel mir – von kräftiger und ansehnlicher Gestalt – als kritischer Geist auf, und gerade deshalb führte ich manche interessante Diskussion mit ihm.

Nach Lehrgangsende im November 1949 arbeitete er als Lehrer und Schulleiter an der Verwaltungsschule Hasenwinkel in Mecklenburg. 1951/52 war er beim Landesvorstand der Gesellschaft für Deutsch-sowjetische Freundschaft in Schwerin beschäftigt. Im Juli 1952 in die Kasernierte Volkspolizei eingetreten, wurde er Lehrstuhlleiter an der DDR-Offiziersschule in Babelsberg, dann stellvertretender Leiter der Politabteilung, die verantwortlich für die politische Ausbildung der KVP bzw. NVA-Marine war. Wegen Kritik schon 1956 verwarnt, ist Wulf im November 1963 als Oberstleutnant aus der NVA ausgeschieden. Er wurde Lektor im DEFA-Studio für populärwissenschaftliche Filme in Babelsberg.

Nach der Promotion 1966 an der Universität Rostock (mit einer Dissertation über den Deutschen Flottenverband) war Wulf dann von 1967 bis 1971 Oberassistent an der Akademie für Staats- und Rechtswissenschaft. Nach vielen politischen Auseinandersetzungen im August 1971 entlassen, ging er in Rente.

Seit 1974 hat ihn das MfS – mit dem er 1953 bis 1956 selbst zusammengearbeitet hatte – bespitzelt. Die Stasi entdeckte sein 1973 verfaßtes Memorandum mit dem Titel »Was tun 1974. Fragen und Antworten an die Kommunisten von heute«. Er wollte es mit der Post, aber auch über Personen nach Westdeutschland schaffen, um es dort zu veröffentlichen. Amandus' Sohn Sturmo Wulf (geboren 1953) der im März 1973 in die Bundesrepublik geflüchtet war, hatte das Manuskript ebenfalls verschickt. Doch im Westen fand Wulfs Memorandum, anders als wenige Jahre später Rudolf Bahros »Alternative«, keinen Verlag.

Allerdings hat das MfS Amandus Wulf nun penibel überwacht und sich etliche »Gutachten« über seine Schrift anfertigen lassen. Er wurde beschuldigt, die »antisowjetische Linie der Pekinger Propaganda« zu verbreiten und die Einheit Deutschlands zu propagieren. Ein »Gutachten« bezichtigte ihn, von bürgerlich-idealistischen, nationalistischen sowie antikommunistischen und antimarxistischen Positionen« auszugehen. Die Stasi behielt Wulf in den folgenden Jahren ständig im Visier und setzte Informelle Mitarbeiter auf ihn an. Sie stellte fest, daß er an einem weiteren Manuskript arbeitete. Der »Vorgang Renegat« wurde sehr ernst genommen, die Möglichkeit, Wulf strafrechtlich zu verfolgen, untersucht. Als das MfS ihm »wirre politische Auffassungen« unterstellte, sollte er sich einer »psychiatrischen Untersuchung unterziehen«. Weil Amandus dies verweigerte, wurde ihm im September 1974 die »Invalidenrente und damit im Zusammenhang die Intelligenzrente gestrichen«. Das MfS konstatierte im Dezember 1974: »derzeitig ist nicht klar, aus welchen Quellen er [Wulf] seinen Lebensunterhalt bestreitet«. Er blieb zunächst eisern, doch im April 1975 ist er dann zur medizinischen Untersuchung gegangen. Wie in anderen Fällen versuchte die Stasi zu »beweisen«, daß eine Opposition gegen die Dikatur nicht »normal« sein könne. Also wurde Wulfs früheres Aufbegehren genau registriert und er observiert. Wie standhaft er blieb, notierte das MfS auch 1976, nämlich »daß sich W. bewußt zu den von ihm begangenen Handlungsweisen entschieden hat [sic!]«. Er sei sogar weiterhin mit der »schriftlichen

Ausarbeitung staatsfeindlicher Theorien und antisozialistischer Ideologien befaßt«und gebe deren Inhalt »anderen Personen zur Kenntnis«. Wie viele Menschen er mit seinen Ideen erreichte, ist unbekannt, das MfS hatte ihn ja isoliert. Die Stasi konnte dann die Akte »Renegat« schließen, denn Amandus Wulf ist im Juli 1981 58jährig in Schwerin gestorben.

Auf der Parteihochschule debattierte Wulf auch häufig mit unserem Fakultätsgenossen Fritz Schulze, der einer anderen »Untergruppe« zugeteilt war (»Gen. Klein übernimmt: Gen. Hanke, Schulze, Heuer, Milde«). Für mich wurde Fritz Schulze rasch zu einem Vorbild, zum Freund und auch Mentor. Der mittelgroße, verhärmt aussehende, durch dicke Brillengläser traurig blickende geistreiche Leipziger war der Typus des Weltverbesserers und zugleich des analytischen Denkers, also fast ein Widerspruch in sich selbst. Fritz, damals 36 Jahre alt, mit dunklem Haar und ausgeprägten »Geheimratsecken«, war Sohn eines Arbeiters, konnte das Gymnasium besuchen und wurde nach einer Banklehre Buchdrucker. Schon 1929 trat er der SPD, danach der KPD, schließlich der KPO bei und war sogar unter den Leipziger Trotzkisten aktiv. Er war immer ein politisch Suchender, der die Ziele der Arbeiterbewegung realisieren wollte. Schulze kämpfte im Widerstand gegen die Hitler-Diktatur und wurde deswegen von der NS-Justiz 1934 bis 1937 im Zuchthaus eingesperrt. Danach arbeitete er als Buchdrucker, wurde aber 1943 noch Soldat und geriet bis Juni 1945 in amerikanische Kriegsgefangenschaft. Nach langem Zögern trat er der KPD bei, weil er nunmehr deren Selbstkritik an der verfehlten Politik von 1929 bis 1933 Glauben schenkte. In Leipzig Lehrer an einer Oberschule, wurde er auf eigenen Wunsch im Oktober 1947 nach Liebenwalde an die Parteihochschule geschickt. Erst in Kleinmachnow, in der Philosophie-Fakultät, wurde unser Kontakt enger. Er hatte seine fabelhafte Bibliothek teilweise mitgebracht, vieles (in neutralem Pappdeckel von ihm selbst gebunden) über die Nazi-Zeit hinweggerettet. Noch heute besitze ich den »Bericht über den 2. Parteitag der KPD« von 1919, den Fritz mir als Freundschaftsbeweis schenkte. Zu lesen gab er mir Interessantes, etwa Trotzkis Broschüre »Was nun?« von 1932, durch die mir die ganze katastrophale Politik der KPD vor 1933 und ihre »Sozialfaschismus«-These klar wurde und ich begriff, wie halbherzig die »Selbstkritik« von Pieck und der Parteiführung nach 1945 war.

In meiner Sicht überragte der ruhige, überlegene, manchmal aber auch hitzige Schulze alle anderen Teilnehmer unseres Lehrgangs. Er war nicht nur ein exzellenter Kenner von Marx und Lenin, Trotzki oder Stalin, er wußte in Philosophie ebenso Bescheid wie in Geschichte und Literatur. Vor allem war er belesen und beeindruckte durch seine hervorragenden Kenntnisse in Kultur und Kunst, worauf noch zurückzukommen sein wird. Zunächst wurde er wie alle früheren Oppositionellen kaum behelligt; dies änderte sich schrittweise 1948 und dann ganz kraß 1949.

Neben solchen neuen Freundschaften bot auch der Unterricht im 2. Semester durchaus positive Erlebnisse. Die Lektionen gerade in Philosophie waren für mich Wißbegierigen beeindruckend, aber ebenso in den anderen Fächern. Aus dem »Wochen-Arbeitsplan« geht hervor[86], wie abwechslungsreich die Lehrveranstaltungen waren. Sowohl die Themen der Vorträge, aber oft auch die Referenten waren durchaus interessant, ja manchmal sogar spannend, die Vertiefung in den Seminaren lehrreich, und das Selbststudium bot ausreichend Zeit für selbständige Lektüre und persönliche Neigungen. Fast alle wichtigen Vorlesungen waren »obligatorisch«, also Pflicht für die Studenten sämtlicher Fakultäten. In der Philosophie standen im 2. Semester unter anderem auf dem Plan: Grundbegriffe der Logik, Kant, Hegel, Feuerbach (Referent: Hermann Duncker), Philosophie und Klassenkampf (Referent: Anton Ackermann), aber auch Einführung in die Psychologie. Daß es in unserer Fakultät Philosophie ein breites Spektrum an Informationen gab und der stalinistische Dogmatismus sich noch nicht durchgesetzt hatte, zeigte auch der Name unserer Gruppe, der vom Anfang bis zur Auflösung im Sommer 1949 lautete: »Joseph Dietzgen«. Der marxistische Philosoph Dietzgen war ja in der stalinistischen Ideologie keineswegs akzeptiert, und so war diese Bezeichnung (die Gruppe Geschichte hieß »Pariser Kommune«, Ökonomie »Friedrich Engels«) doch charakteristisch. Victor Stern hatte (was wir nicht wissen konnten) auf einer Sitzung der Fakultätsleitung, also der Lehrer, am 24. Februar 1948 zwar erklärt, das 2. Semester müsse »vor allem einer Vertiefung des dialektischen Materialismus gewidmet sein«. Dies wurde dann erfreulicherweise doch nicht der Schwerpunkt.

Auch in Geschichte waren die Vorlesungen nicht zu sehr eingeengt. Es gab Lektionen über Deutschland (1848–1871, 1871–1890, 1890–1914, Erster Weltkrieg und Weimarer Republik). Ebenso französische Geschichte 1848 bis zur Pariser Kommune 1871, Rußland bis 1917 (Referent: Wolfgang Leonhard), die Sowjetunion bis zum Zweiten Weltkrieg und schließlich »Deutschland in der faschistischen Diktatur«. Stärker auf den Marxismus ausgerichtet waren die Lektionen in der Ökonomie, die wieder hauptsächlich von Fred Oelßner gehalten wurden, darunter »Der Wandel vom Mehrwert in den Profit«, »Wesen und Ursachen der Krisen«, »Die NÖP in Rußland« usw.

Hingegen zielten die Vorträge in »Grundfragen«, wie nicht anders zu erwarten, stärker auf die ideologische Schulung. Sie reichten allerdings auch von Engels, »Der Ursprung der Familie, des Privateigentums und des Staates«, über den »Anti-Dühring« (Referent: Ackermann), »Das Gothaer Programm der SPD« bis Lenins »Staat und Revolution« sowie »Rolle der Partei«. Über »Die Frau und der Sozialismus« dozierte übrigens die später als Justizministerin so berüchtigte Hilde Benjamin.

Den Hauptanteil am Unterricht mußten natürlich unsere Lehrer tragen, die außer den Seminaren zugleich die Vorbereitungen zum Selbststudium betreuten. Die Vorlesungen zur »Logik« wurden von Dekan Victor Stern gehalten. Den übrigen Lehrern und Assistenten fehlte ein so umfangreiches Wissen, sie betraten – was wir rasch merkten – bei den Vorbereitungen auf vielen Gebieten oft selbst Neuland. Zur Fakultät Philosophie gehörten im 2. Semester neben Stern als Lehrer nur Grüttner sowie Sigrid Schwarz, Fritz Theilen und Matthäus Klein, außerdem der Assistent Götz Scharf (auf den später zurückzukommen sein wird). Sie waren übrigens nicht älter als manche Kommilitonen. Mit dieser schwachen Besetzung für die verschiedenen Lehrgänge waren die Lehrer der Fakultät ständig überfordert, nicht zuletzt, weil neben Grüttner auch Sigrid Schwarz noch an der Universität in Berlin weiterstudierte. Im Mai 1948 war zwar, wie erwähnt, Hans Joachim Menke als Assistent dazugekommen, doch war er zunächst zur Lehrmaterialabteilung abgestellt. Wir erlebten also, wie sehr sich einzelne Lehrer abmühten, von einer Veranstaltung in die nächste jagten, überlastet waren und ihnen kaum Zeit für die Vorbereitung blieb. Andererseits gab es außerhalb der Lehre nur geringe Kommunikationsmöglichkeiten, weil sie immer unter Termindruck standen. Selbst die »Betreuung« der Kleingruppe war ja, wie unser Beispiel mit Grüttner zeigte, kaum zu leisten. Daher lernten wir die Lehrer auch persönlich nur begrenzt kennen.

Sigrid Schwarz, geb. Gay, stammte aus Sachsen. Von Beruf Lehrerin, war sie schon vor 1933 in der KPD, 1945 in der Bezirksleitung der Partei tätig, und zwar im Kulturbereich (beispielsweise hatte sie auf der Kulturtagung der KPD im Februar 1946 gesprochen). Seit 1947 in der Philosophischen Fakultät der Parteihochschule als Assistentin und dann als Lehrerin eingesetzt, wirkte die damals 40jährige kleine und etwas unscheinbare Frau immer wie gehetzt. In der Fakultät bekam sie – wie jetzt aus den damaligen Protokollen hervorgeht – zwar mancherlei Schwierigkeiten, doch an ihrer Parteitreue zweifelte niemand. Schon im Juni 1949 verließ sie Kleinmachnow, weil das Kleine Sekretariat der SED sie zur Hauptreferentin der Abteilung Kultur und Erziehung im Parteivorstand ernannt hatte, auch später arbeitete sie im ZK-Apparat.

Fritz Theilen war im 2. Semester der inoffizielle Vertreter von Stern. Der Sohn eines Schneidermeisters hatte sich 1932 der Jugendorganisation der SAP angeschlossen; dies und die Tatsache, daß er einen Onkel in den USA hatte, brachte ihn später in Bedrängnis. Im Mai 1949, also ein Jahr später, bezeichneten Kollegen den 34jährigen in einer »Kritik und Selbstkritik« (die ja auch unter den Lehrern galt) »als einen außergewöhnlich zuverlässigen Genossen, der mit großem Ernst um die Erfüllung seines Parteiauftrages bemüht ist«. Andere nannten ihn »sehr kameradschaftlich«, stellten aber »Mangel an Humor fest«. Stern »bestätigt [über Theilen] das Gesagte. Stellt gute Entwicklung fest, was beim Eintritt in die Fakultät noch ungewiß schien. Packt mitunter Probleme von einer falschen Seite an, läßt sich aber leicht belehren. Hat den Eindruck einer gewissen Einseitigkeit.« Weiter heißt es im Protokoll: [Theilen selbst:] »Stellt fest, daß er nicht auf eigenen Wunsch in die philosophische Fakultät eingetreten wäre, sondern einem dringenden Erfordernis zufolge. Habe trotz großer Sympathie für die Philosophie Hemmungen wegen zu geringen Vorkenntnissen gehabt. Hat von Gen. Stern sehr viel gelernt, besonders aus dessen Diskussionsweise«[87]. Mir ist Theilen als ein »aufgeregtes Huhn« in Erinnerung, weil er besonders rasch redete und immer in Eile war. Seine Schülergruppe (»Genosse Theilen übernimmt: Gen. Urbschat, Arnold, Baumann, Beck«) ist mit ihm aber gut zurechtgekommen. Im April 1950 von Hager als »ideologisch schwach« eingeschätzt, mußte er die Parteihochschule verlassen. Was später aus Theilen wurde, ist mir nicht bekannt.

Ein bemerkenswerter Mensch war der Lehrer Matthäus Klein. Er stammte aus einer badischen Kleinbauernfamilie, studierte 1931 bis 1937 Theologie und war bis 1939 Vikar in der Nähe von Heidelberg. Als Unteroffizier bei der Wehrmacht geriet er bereits 1941 in sowjetische Kriegsgefangenschaft und war dort im »Nationalkomitee Freies Deutschland« aktiv. 1945 zurückgekehrt, schloß sich Klein der KPD an und wurde Personalchef des Berliner Rundfunks. Der 36jährige kam 1947 als Assistent, dann bis 1950 als Lehrer zur Parteihochschule. Später Lehrbeauftragter an der Universität Jena, leitete er von 1957 bis 1960 als Chefredakteur die »Deutsche Zeitschrift für Philosophie«. Klein promovierte 1961 und war von 1962 bis 1973 Professor und stellvertretender Direktor für Philosophie an der Akademie der Wissenschaften der DDR. 1986 erhielt er sogar den »Karl-Marx-Orden«. Auf der Parteihochschule galt Klein als sehr guter Lehrer mit reichen Kenntnissen der Philosophie, er war allerdings auch dafür berüchtigt, daß er sich über Nichtigkeiten aufregte. In der erwähnten »Kritik und Selbstkritik« von 1949 wurden ihm »starke Ungeduld« und zu wenig »Kontakt mit der Arbeiterklasse« vorgeworfen. Stern hob die »intellektuellen Fähigkeiten und die guten Entwicklungsmöglichkeiten des Gen. Klein« hervor und betonte: »Denkt stark selbständig«.

Herkunft und Lebenslauf dieser vier Philosophielehrer an der Parteihochschule von 1948 waren recht unterschiedlich. Schwarz und Theilen kamen aus der Arbeiterbewegung, Grüttner hatte wohl die schwere Jugend mit geprägt, und Klein als Theologe wurde – in der sowjetischen Kriegsgefangenschaft umerzogen – erst spät Kommunist. Die damals zwischen 33 und 40 Jahre alten Funktionäre waren kaum prädestiniert, Lehrer für Philosophie an der Parteihochschule zu sein. Sie standen bei der Umwandlung der SED in eine stalinistische »Partei neuen Typus« vor den gleichen Problemen wie ihre Schüler. Und nachdem die Parteihochschule 1950 endgültig zu einer stalinistischen Indoktrinationsanstalt umgeformt war, ist von ihnen keiner als Lehrer dort geblieben, hier wurden nun andere Leute gebraucht. Im Jahr 1948 jedoch waren sie eifrig bestrebt – wie alle Dozenten –, neben der »parteilichen Erziehung« die wissenschaftliche Ausbildung der Studenten zu gewährleisten.

Schulleitung und Lehrkörper versuchten, gerade bei den Seminaren einen wissenschaftlichen Standard zu erreichen. Beispielsweise hatte Wolfgang Leonhard schon im Februar 1948 ein Papier

»Die Mängel unserer Seminare« ausgearbeitet.[88] Leonhard bemängelte, die Seminare seien nur Fortsetzungen der Vorlesungen, die Autorität der Seminarleiter gering, wichtige Fragen blieben offen, und es stehe zu wenig Zeit zur Verfügung. Er schlug vor, daß in den Seminaren von den Studenten nun Kurzreferate gehalten würden, ein »Fahrplan« mit Aufgabenstellung sei vorher zu erarbeiten, und »jeder Genosse« müßte zu Wort kommen. Schließlich sei zu prüfen, »welche Literatur – sowohl Pflichtliteratur als auch zusätzliche Literatur – sie gelesen haben«. In seinen 14 Punkten schnitt Leonhard auch ein heikles Problem an. Es gelte, »unsere Genossen zu befähigen, Auffassungen der Gegner zu widerlegen«. Dies sei nämlich ein »sehr wichtiges Moment im Seminar«. Allerdings dürfe das nicht »dazu führen, daß die Auffassungen der Gegner sehr breit behandelt werden und unsere Gegenargumente zu kurz kommen«.

Die Auseinandersetzung mit dem »Gegner« blieb ein brisantes Thema. Denn praktisch galten alle Theorien, Vorstellungen und Argumente außerhalb des Marxismus und Leninismus bzw. der aktuellen Parteilinie als »gegnerisch« oder »bürgerlich«. Aber auch im 2. Semester wurde »ausgewähltes« Material mit »gegnerischen« Ansichten verteilt. Durchaus bemerkenswert, daß damals z. B. Lehrmaterial zur Psychologie verbreitet wurde mit dem Hinweis: »Dieses Material ist bürgerlichen Darstellungen der Psychologie entnommen und nur für den internen Schulgebrauch verwendbar«. Es sollte also für die »Elite« so etwas wie »Geheimwissen« geben, das eben nur »auserwählten« Studenten zugänglich war (das gleiche traf ja auch für die Westzeitungen im Leseraum zu). Und noch war es im Selbststudium möglich, die in der Bibliothek teilweise vorhandene »gegnerische« Literatur im Original zu lesen. Wer wollte und wer sich bei der Fülle der Themen und neben den ungewohnten Anstrengungen des Studiums die Zeit nahm, konnte sich ein relativ objektives Bild über ihn interessierende Fragen verschaffen. Ein breites Studium war also, wenn auch erschwert, möglich. Das änderte sich erst im 3. Semester und grundsätzlich vor allem 1949.

Etliche der Empfehlungen Wolfgang Leonhards zur Verbesserung der Seminare hat Direktor Lindau dann übernommen. Er verteilte im März ein 10-Punkte-Papier »Hinweise zur Durchführung von Seminaren« mit dem ausdrücklichen Vermerk, daß er »die Vorschläge des Genossen Leonhard verwerte«. Im Gegensatz zu Lindaus späteren Beschimpfungen Leonhards nach dessen Flucht und der Schutzbehauptung, es habe kaum Kontakte gegeben, hatte der Direktor also durchaus das Wissen seines qualifizierten Lehrers sowie dessen Erfahrungen aus der Sowjetunion aufgegriffen. Von Lindau wurde angeordnet: »Die Grundlage des Studiums bildet das Selbststudium«, und daher müsse in den Seminaren auch eine stärkere »Befragung« stattfinden und »alle Genossen zu Wort kommen«. Schärfer als Leonhard trat Lindau aber bereits 1948 dafür ein, daß jedes Seminar »auch ein Stück Parteierziehungsarbeit« leisten müsse. Die »Erziehung zur richtigen Auffassung der Rolle der Partei und der Aufgaben des Parteimitglieds« sei unerläßlich. Von den Seminarleitern verlangte Lindau außerdem die »Widerlegung der Auffassung unserer Gegner«. Doch dürften die »gegnerischen Auffassungen keinesfalls sehr breit behandelt« werden. Die Anweisungen des Direktors zu den Seminaren (die in der Praxis natürlich nicht immer buchstabengetreu durchzuführen waren) belegen, daß der Unterricht einerseits wissenschaftliche Methoden stärker einbeziehen sollte, andererseits die parteiliche Indoktrination 1948 intensiviert wurde. Aber noch konnten sogar »gegnerische« Argumente teilweise offen diskutiert werden.

Wir profitierten zugleich von anderen Veranstaltungen, die in den Räumen der Parteihochschule abgehalten wurden. So fand vom 12. bis 14. Juni 1948 eine Tagung des »Hochschulausschusses« der SED mit über 200 Professoren, Dozenten und auch Studenten statt. Da es um die marxistische Erkenntnistheorie ging, konnten wir Schüler der Philosophischen Fakultät am 13. und 14. Juni teilnehmen (am 12. sprach Ulbricht vor uns). Die Vorträge, die wir dort von Victor Stern und Arthur Baumgarten hörten, waren informativ, ebenso die lebhafte Diskussion. Baumgarten referierte auch vor dem Zweijahreslehrgang. Der Schweizer Kommunist war 1946 in die SBZ gekommen und übernahm dann ab 1949 eine Professur für Rechtsphilosophie an der Humboldt-Universität. Viele Thesen dieses gelehrten Redners haben sich leicht eingeprägt.

Informationen aus erster Hand
von Tulpanow bis Ulbricht

Die Wissensvermittlung war allerdings nur die eine Seite des Lehrbetriebs. Daneben gab es Vorträge von Politikern, die deswegen so interessant waren, weil sie oft Hintergrundinformationen lieferten und ihnen Änderungen der Parteilinie frühzeitig zu entnehmen waren. Dies sei hier an vier Beispielen verdeutlicht, den Referaten von Tulpanow, Dahlem, Kurt Müller und Ulbricht.

Am 16. April 1948 mußte die Fakultät für Philosophie als erstes ihre Planung ändern, »da am Dienstag, den 20. IV. von 10–13 Uhr Oberst Tulpanow zu einem Vortrag kommt«. Tulpanow, der Leiter der Informationsabteilung der SMAD, sprach zum Thema »Volksdemokratien«. Sergej Tulpanow war seinerzeit in der SBZ der bekannteste Offizier der SMAD. Der stiernackige Mann fiel überall nicht nur durch seine radikale Glatze und durch seine breitschultrige Statur auf, sondern auch wegen der hervorragenden Kenntnis der deutschen Sprache. Über ihn liegen inzwischen so viele Berichte vor[89], daß hier zu Person und Funktion keine näheren Angaben nötig sind. Schon damals wußten wir, daß Tulpanow Philosophie studiert und viele Jahre als Parteisekretär der KPdSU gearbeitet hatte. Unbekannt war uns hingegen, daß seine Eltern in der Stalinschen Säuberung 1937 – wie Millionen anderer Sowjetbürger – verfolgt worden waren.

Ich hatte Tulpanow bereits auf dem 1. Parlament der FDJ 1946 in Brandenburg/Havel erlebt, wo er die »Jugendfreunde« mit seiner impulsiven Begrüßung begeisterte. Während einer Pause hatte er mehrere westdeutsche »Delegierte« zu sich gebeten und sich vor allem mit Hans Wagner aus Frankfurt am Main unterhalten.[90] Dabei hatte ich nur zugehört, denn nach meinen Angriffen auf die westlichen Besatzungsmächte verspürte ich keine Lust, nun etwa der anderen Besatzungsmacht Reverenz zu erweisen. Durch den Einfluß oppositioneller Kommunisten war ich allen Besatzungsmächten gegenüber kritisch.

Oberst Sergej I. Tulpanow von der SMAD.

In Kleinmachnow referierte Tulpanow mit kräftiger und tiefer Stimme vor den Teilnehmern sämtlicher Lehrgänge. Darüber, wie er danach im Kreis der Hochschullehrer weitere Überlegungen und neue Maßnahmen erörterte, hat später Wolfgang Leonhard berichtet.[91] Im Vortrag und bei der Diskussion zeigte sich Tulpanow zurückhaltender als vor dem Lehrkörper, dennoch ließen seine Ausführungen erahnen, daß eine Änderung der politischen Linie bevorstand. Er griff zwar den »besonderen deutschen Weg« zum Sozialismus noch nicht direkt an, verwies aber auf die »gemeinsamen« Inhalte beim »Übergang zum Sozialismus«. Allerdings ließ aufhorchen, daß er von einer fast zwangsläufigen Entwicklung der »Volksdemokratien« zur »Diktatur des Proletariats« sprach. Damit ging er also noch einen Schritt weiter als sein Vertreter Nasarow wenige Monate zuvor bei der Eröffnungsfeier in Kleinmachnow. Entscheidend war, daß Tulpanow über den »Weg zum Sozialismus« sagte, es gebe spezifische Formen, die den nationalen Bedingungen entsprächen, der Inhalt müsse und würde immer gleich sein. Tulpanows Vortrag wurde (wenn auch in abgeschwächter Version) im Organ der SMAD »Neue Welt« unter dem Pseudonym Perling abgedruckt. Fritz Schulze schloß aus Tulpanows Referat in einem Gespräch (natürlich »unter uns«), nun werde schon bald die Übertragung des sowjetischen – also des stalinistischen – Modells auf Osteuropa und wahrscheinlich auch auf die SBZ erfolgen. Mir leuchtete das sofort ein, und tatsächlich ist die Entwicklung dann so verlaufen.

Nur wenige Tage nach Tulpanow, am 24. April, einem Samstag, sprach Franz Dahlem über »aktuelle Parteifragen«. Dahlem galt schon damals in der westlichen Presse zu Recht als Gegenspieler Ulbrichts in der Partei. Auch er hatte bereits seit 1928 dem Polbüro der KPD angehört, ging dann in die Emigration nach Frankreich und war im spanischen Bürgerkrieg aktiv, schließlich von 1941 bis 1945 inhaftiert im KZ Mauthausen. Neben Pieck, Ulbricht und Ackermann saß er im Spitzengremium der KPD, dem Sekretariat. In der SED wurde er für Kader und Westfragen zuständig. Seinerzeit vermuteten viele in Dahlem den Kopf der »Westemigranten« und Gegner der »Moskauer Gruppe«. Ulbricht konnte ihn 1952 absetzen und hatte ihn sogar als Hauptangeklagten für einen DDR-»Schauprozeß« vorgesehen. Nur der Tod Stalins 1953 und die »Entstalinisierung« ab 1956 haben ihn davor bewahrt, doch seinen alten Einfluß erhielt er nie wieder zurück.

Franz Dahlem war in Lothringen geboren, aber in Saarbrücken und Köln aufgewachsen und sprach ein auffallend hartes Deutsch. Er war indes ein viel besserer Redner als Ulbricht. Persönlich fast unnahbar, galt er ebenso wie Pieck oder Ulbricht als Autorität in der SED. An diesem Samstag war Dahlems Vortrag recht lang, und die Diskussion überschritt die eingeplante Zeit von 11 bis 13 Uhr. Das »Neue Deutschland« hatte einen Artikel Dahlems zum 78. Geburtstag Lenins gebracht, und in seinem Referat befaßte er sich ebenfalls mit dem »Schöpfer der Partei neuen Typus«. Er verlangte, die SED müsse »Avantgarde« der Arbeiterklasse werden. Daher sei ein »fester Funktionärsstab« zu bilden und »Selbstkritik als eine der besten Methoden zur Verbesserung der Parteiarbeit anzuwenden«. Der Kaderchef forderte vor uns schon so unverblümt wie wenige Monate später (»Neues Deutschland« vom 3. August), »Feinde der Sowjetunion aus der Partei zu verjagen« und gegen »schädliche und feindliche Elemente rücksichtslos vorzugehen«. Damit machte er deutlich, daß die Parteiführung beabsichtigte, einen härteren Kurs einzuschlagen. Typisch dafür war sein zugespitzter Angriff auf die westdeutsche Sozialdemokratie. Besonders heftig wandte er sich gegen »illegale Arbeit der Schumacher-Organisation in der SBZ«, die er beschuldigte, nun außer Spionage und Sabotage auch noch »Kriegsvorbereitung« zu betreiben. Seine schrillen Töne wirkten wie ein Prolog zur späteren Verleumdung, die »rechten SPD-Führer« seien diese »neuen Kriegsverbrecher«, ja diese »Kriegsverbrecher an der Spitze der SPD« stünden »in der ersten Reihe«, wenn der »Neofaschismus« sein Haupt erhebe (»Neues Deutschland« vom 9. Dezember 1948).

Dahlems Attacken haben viele von uns irritiert, vor allem natürlich ehemalige Sozialdemokraten. Ein kluger Genosse wie Fritz Schulze sah darin die Gefahr, daß die alte »Sozialfaschismus«-theorie von vor 1933 wieder hervorgeholt werde. Aufgrund seiner Erfahrungen sagte er dies vorsichtigerweise nicht in der Diskussion, sondern äußerte seine Bedenken in einem Gespräch mit Picasso, Hense, Schneider, Mehring und mir.

Etwa drei Wochen danach, am 13. Mai, hielt dann ein Führer der westdeutschen Kommunisten ein Referat an der Parteihochschule. Kurt Müller hatte in Berlin auf der Tagung des Parteivorstandes der SED über die Streikbewegung im Westen gesprochen und traf verspätet in Kleinmachnow ein. Die Aufmerksamkeit war dennoch groß, weil sein Thema »Die politische Lage und unsere Arbeitsbedingungen im Westen« ja nicht nur uns KPD-Genossen interessierte.

Kurt Müller kam auch deshalb gut an, weil er – im Berliner Tonfall – überaus fesselnd zu reden verstand. Nur wenige wußten – und auch ich erfuhr viele Tatsachen erst später – was für einen dramatischen Lebensweg der 45-jährige bereits hinter sich hatte. Müller, seit 1919 in der kommunistischen Jugendarbeit aktiv, war 1927/28 Mitarbeiter der Kommunistischen Jugendinternationale in Moskau. Im Jahr 1929 wurde er Vorsitzender des Kommunistischen Jugendverbandes Deutsch-

Kurt Müller.

lands und damit zugleich Mitglied des ZK der KPD. 1931 als Kandidat ins Präsidium des Exekutivkomitees der Komintern, also deren höchstes Organ, berufen, arbeitete er 1931/32 als Sekretär der Jugendinternationale. Dort wurde er 1932 als Anhänger des Thälmann-Gegners Heinz Neumann abgelöst und zur Arbeit in ein Autowerk nach Gorki strafversetzt. Müller kehrte 1934 nach Deutschland zurück, um die illegale Arbeit der KPD in Südwestdeutschland zu leiten. Im September 1934 verhaftet, saß er bis 1940 im Zuchthaus Kassel-Wehlheiden und danach bis 1945 im KZ Sachsenhausen. Nach 1945 leitete er die KPD in Niedersachsen. Kurz vor seinem Besuch in Kleinmachnow war Kurt Müller 2. Vorsitzender der KPD in Westdeutschland und damit Stellvertreter von Max Reimann geworden. Müller zog als KPD-Abgeordneter 1949 in den Deutschen Bundestag ein. Aber schon im März 1950 war er der erste Spitzenfunktionär, der vom (gerade gegründeten) Ministerium für Staatssicherheit (MfS) verhaftet wurde. Im Gefängnis sollte er von Mielke für einen geplanten DDR-Schauprozeß »präpariert« werden.[92] Vom sowjetischen Militärtribunal verurteilt, wurde Kurt Müller im Oktober 1955 aus sowjetischer Haft entlassen. Er kehrte in die Bundesrepublik zurück und wurde Mitglied der SPD. Jahrzehntelang waren wir dann eng miteinander befreundet, bei seiner Beerdigung am 24. August 1990 habe ich die Grabrede gehalten.

Das alles konnte ich 1948 natürlich nicht im entferntesten ahnen. Ich hörte mir seinen Vortrag mit einer gewissen Skepsis an, denn Kurt Müller galt – etwa bei Willy Boepple – als harter Stalinist.

Aber er beurteilte die Lage in Westdeutschland doch nuancierter, als ich es erwartet hatte. Auch die Angriffe des 2. KPD-Vorsitzenden gegen die SPD waren bei weitem nicht so schonungslos wie die von seiten Dahlems. Besonders gespannt waren wir alle auf seinen Bericht über die Konferenz der westdeutschen KPD in Herne am 27. April 1948. Dort wurde erstmals ein Parteivorstand für die drei Westzonen gebildet (und wie gesagt Reimann KPD-Vorsitzender und Müller sowie Walter Fisch seine Stellvertreter). Bemerkenswert aber vor allem: Die etwa 300 Delegierten beschlossen die Umbenennung der KPD in »Sozialistische Volkspartei Deutschlands«. Damals hatte die KPD den Höhepunkt ihrer politischen Bedeutung in Westdeutschland bereits überschritten (bei den Landtagswahlen in Nordrhein-Westfalen hatte die KPD 1947 noch 14 Prozent der Stimmen bekommen), und alle ihre Anstrengungen und Tricks, Sozialdemokraten für eine »Einheitspartei« zu gewinnen, waren kläglich gescheitert.

Ziel der Umbenennung war einerseits der Versuch, durch Tarnung Einfluß zurückzugewinnen, andererseits sich mit dem Namen »Sozialistische Volkspartei« als Alternative zur »verräterischen« SPD auszugeben. Doch die Militärregierungen der drei Westzonen haben diese Änderung nicht gestattet, so klang aus dem Referat Müllers bereits heraus, die KPD würde unter ihrem alten Namen weiterbestehen. Er berichtete auch, daß für die Umbenennung der Partei zwar die Mehrheit von 251 Delegierten votiert habe, sich aber 19 enthalten und sogar 18 dagegen gestimmt hatten, und zwar vor allem Genossen aus dem Südwesten. Das war immerhin sehr erstaunlich bei der gewohnten Einstimmigkeit in den Kommunistischen Parteien. Allerdings geht heute aus den Akten hervor, wie massiv sich das Zentralsekretariat der SED danach einmischte. Schon am 3. Mai 1948 beschloß die SED-Führung: »Wegen der ablehnenden Stellungnahme der Delegierten des Landesverbandes Württemberg-Baden soll vom Parteivorstand der SVD eine Konferenz des Landesverbandes durchgeführt und Kurs darauf genommen werden, die Leitung des Landesvorstandes zu ändern.« Auch bei der KPD hat die Berliner Führung der SED also zu keiner Zeit irgendwelche Abweichungen erlaubt.

Nach dem Referat traf sich Kurt Müller mit uns westdeutschen Hochschülern. Das war seinerzeit gängige Praxis; als z. B. Reimann in Berlin war, kam er im Februar 1948 ebenfalls nach Kleinmachnow, um uns kennenzulernen. An die damalige Unterhaltung mit Kurt habe ich 1990 in der Rede an seinem Grab nochmals erinnert: »Auf der SED-Parteihochschule ›Karl Marx‹ hielt er [Müller] damals einen Vortrag. Wir wenigen westdeutschen Studenten haben uns anschließend mit ihm zusammengesetzt. Da fiel mir allerdings schon auf, daß Kurt Müller wie alle KPD-Funktionäre den Stalinismus verteidigte, stalinistische Positionen einnahm, aber daß er eigentlich doch in einer anderen Art und Weise argumentierte. Der Unterschied zum KPD-Vorsitzenden Max Reimann, der wenige Wochen zuvor zu uns gesprochen hatte, war sehr deutlich. Man merkte, Kurt Müller kam es nicht auf Phrasen an, sondern ihm kam es darauf an, Menschen zu gewinnen, indem er versuchte zu überzeugen. Er hat schon seinen Sach- und Fachverstand eingesetzt, um überzeugend wirken zu können, damals allerdings leider für eine Sache, die diesen Einsatz nicht wert gewesen ist.«[93]

Die Reden von Tulpanow, Dahlem, aber auch Müller im April und Mai waren für uns sehr aufschlußreich, hatten sie doch spüren lassen, daß eine Wende in der SED-Politik bevorstand. Genaugenommen hatte dies Walter Ulbricht in seinem Referat am Freitag, 16. April 1948 (wenige Tage vor Tulpanow und Dahlem), schon signalisiert. Ulbricht war inzwischen zunehmend der immer stärker bestimmende Mann an der SED-Spitze. Seine Biographie ist so bekannt, daß an dieser Stelle darüber nichts ausführlicher zu sagen ist. Seit 1929 gehörte er dem Polbüro der KPD an, bereits in der Emigration und dann 1945/46 hatte er schrittweise seinen Einfluß (auf Kosten des Vorsitzenden Pieck) erweitert. 1950 gelang es ihm, dies als »Generalsekretär« der SED auch nach außen zu demonstrieren. Mit seiner sächsischen Fistelstimme ein schlechter Redner, setzte er sich aber als erfolgreicher Organisator durch. Wie die meisten Menschen, selbst viele Funktionäre, brachte ich für Ulbricht keine Sympathie auf. Und wenn ich mich recht zurückerinnere, habe ich mir weder 1947 (wir hatten ihn ja schon in Liebenwalde erlebt) noch bei seinen großen Auftritten im April, Juni und August 1948 vorstellen können, daß dieser Funktionär einmal der Chef der diktatorischen SED sein würde. In den Vorlesungen und bei Diskussionen schienen mir Pieck, Grotewohl, Dahlem und Ackermann ihm weit überlegen. Das empfand wohl nicht nur ich so, allerdings waren das damals politisch recht unbedarfte Überlegungen. Ulbricht stützte sich auf Moskau, befolgte Stalins Vorgaben und konnte als dessen Vasall aufsteigen. Er besaß nicht nur den politischen Instinkt, um alle Wendungen rechtzeitig zu bemerken und sich anzupassen, sondern verfügte über hervorragende Verbindungen zur SMAD, so daß er alle Konkurrenten beiseite schieben konnte. Erst 25 Jahre später, bei seinem Tod 1973, kam ich zu einer generellen Einschätzung. Und für mich bleibt zutreffend, was ich vor fast dreißig Jahren über ihn geschrieben habe:

»Da Ulbricht kein glänzender Volkstribun, sondern Mittelmaß war, ein miserabler Redner, schlechter Schriftsteller, eine theoretische Null, mußte er andere Fähigkeiten besitzen, um an die Macht zu kommen und diese zu behaupten. Sein Organisationstalent, sein erstaunliches Gedächtnis, seine Arbeitsenergie und die Mischung von starrdogmatischer Haltung und flexibler Anpassung erklären seinen Aufstieg … Ulbricht verstand sich als Marxist, die von ihm mitgeschaffene DDR als sozialistische Gesellschaft. Doch Sozialismus war für ihn nicht Emanzipation des arbeitenden Menschen, sondern Allmacht der Partei. Mit seinem Namen ist daher für Deutschland nicht nur die Teilung verbunden, sondern auch die Diffamierung des Sozialismus …«[94]

Der spätere Personenkult um Ulbricht existierte 1948 noch nicht. Erkennbar war jedoch sein wachsender Einfluß, weil er hier als erster, noch vor Tulpanow oder Dahlem, eine Verschärfung des SED-Kurses durchblicken ließ. Unter dem harmlos klingenden Titel »Demokratische Wirtschaftsplanung in Deutschland« hatte er am 16. April in einer Parteiversammlung vor Lehrern und Schülern sämtlicher Kurse der Parteihochschule referiert. Über diesen Vortrag (und einige andere) hat sich Wolfgang Leonhard 1948 handschriftliche Notizen gemacht und diese erstaunlicherweise über die Jahrzehnte hinweg aufbewahren können. Da er mir dankenswerterweise Kopien überließ, sind Ulbrichts Ausführungen authentisch nachzuzeichnen.

Neben vielen Allgemeinplätzen über den »demokratischen Aufbau« in der SBZ und Kritik an den westdeutschen Zuständen erwähnte Ulbricht bereits Details der Überlegungen der SED-Führung zu einer neuen Parteilinie (die er dann auf der Parteivorstandssitzung im Juni noch genauer erläuterte). Den Hauptteil seines dreistündigen Vortrages nahmen natürlich der Halbjahrplan 1948 und der Zweijahrplan 1949/50 ein. Dessen Ziel war, die Produktion zu erhöhen und die »volkseigene« Wirtschaft mit der in der UdSSR und in den »Volksdemokratien« zu koordinieren. Vor allem aber prognostizierte er eine »Verschärfung des Klassenkampfes« und betonte, es gebe »kein friedliches Hineinwachsen in den Sozialismus«. Ulbricht stellte die – von Kommunisten oft benutzte, auf Lenin zurückgehende – Frage nach dem entscheidenden »Kettenglied«, das ergriffen werden müsse, um voranzukommen. Seine Antwort lautete: »Schaffung eines ideologisch festen, disziplinierten Funktionärskörpers«. Dies sei der dringende nächste Schritt, mit dem sich die Parteiführung derzeit beschäftige. Nur so könne die notwendige Umformung der SED in eine »Partei neuen Typus« erreicht werden. Dabei seien Mitglieder, die »gegnerischen Ideologien« anhingen, insbesondere »Schumacher-Leute«, rasch »rücksichtslos zu entfernen« und »Kritik und Selbstkritik« unerläßlich. Aber jüngere Funktionäre, vor allem Absolventen von Parteischulen, seien besonders zu fördern. Damit wandte Ulbricht sich auch direkt an uns: nach erfolgreichem Abschluß der Lehrgänge würden bedeutende Aufgaben auf die ausgebildeten Kader zukommen.

Helmschrott verschwindet –
und taucht in der Bauernpartei auf

Wie später Tulpanow und Dahlem hatte uns Ulbricht also schon im April auf die beabsichtigte Umformung der SED zur »Partei neuen Typus« und ebenso auf geplante Veränderungen in Wirtschaft und Politik der SBZ hingewiesen. Von Juni bis zur Abfahrt in die Ferien im August 1948 erlebten wir die Wandlungen, die ja auch an der Parteihochschule nicht spurlos vorübergingen.

Eine erste Überraschung gab es 1948 mit der Änderung des Parteiensystems. Immerhin hatte Ulbricht gesagt: »Kein Einparteiensystem, wegen uns können noch ein paar neue gegründet werden«, was Wolfgang Leonhard in seiner Mitschrift hervorhob. Aber »führend« – so Ulbricht weiter – müsse die SED sein. Im April und Mai wurden in der SBZ dann tatsächlich zwei neue Parteien zugelassen: die Nationaldemokraten und die Bauernpartei. Rasch war klar, daß die Nationaldemokraten nach dem Ende der Entnazifizierung ehemalige kleine Nazis für das Regime gewinnen sollten. Der NDPD billigte die SMAD sogar taktische Freiheiten zu, sie konnte etwa Plakate mit der These »Gegen den Marxismus – für Demokratie« verbreiten. Als verlängerter Arm der SED geschaffen, diente sie dazu, die bestehenden bürgerlichen Parteien

16.4.1948

W. Ulbricht.

Der demokratische Neuaufbau unserer Wirtschaft.

Gegenwartsforderungen sind in Durchführung begriffen. Im Zusammenhang mit der Durchführung der Gegenwartsforderungen bedeutende gesellschaftliche Veränderungen

Damals konnten Fragen nicht bis zu Ende dargelegt werden und Schlußweise aufzehen, weil

a) ideologische Rückständigkeit

b) außenpolitische Gründe

Das – Periode des Aufräumens und Schaffung der Grundlagen für eine demokratische Ordnung Diese Periode im wesentlichen beendet.

40 % der Prod. in volkseigenen Betrieben. Dazu SAG-Betriebe. Kapitalismus bedeutend geschwächt. Jetzt – eigene Verwaltungen für die volkseigenen Betriebe im Zonenmaßstab. Dadurch Stärkung des volkseigenen Sektors.

CDU und LDP zu beeinträchtigen. Gleiches galt für die Demokratische Bauernpartei, die außerdem auf dem Land, wo die SED schwach war, deren Position zu vertreten hatte. Beide Parteien waren SED-Satelliten. Beispielsweise geht aus den jetzt veröffentlichten Berichten Tulpanows über die »Zonenkonferenz« der DBD vom Juli 1948 hervor: Deren Vorstand umfaßt »19 Mitglieder, davon sind 15 Mitglieder der SED und 4 Parteilose«. DBD-Vorsitzender wurde Ernst Goldenbaum, ein bisheriger SED-Funktionär, der schon in der Weimarer Republik KPD-Landtagsabgeordneter in Mecklenburg war und weiterhin treuer (getarnter) Kommunist blieb.

Oberes Gesetz des demokratischen Staates

Förderung des volkseigenen Sektors.

Neue Aufgaben des Staatsapparates

Deutschlandpolitik: Unterschiedliche Entwicklung der
drei Parteien.

SED: Sicherstellung der führenden Rolle der Arbeiterschaft im Staat und Wirtschaft. (Wirtschaft,
Inneres, Volksbildung in unseren Händen)

Das Wesen der Blockpolitik: Mit Hilfe der
Blockpolitik breite Schichten der Wähler mit
vorwärts zu führen, und einsetzen bei der
Lösung der wichtigen Aufgaben

Förderung der bürgerlichen Partei: paritätische
Besetzung der Ämter. Abwechslung muß
tragende Kraft im Staate sein

Kein Einparteiensystem, wegen uns können noch
ein paar neue gegründet werden.

Wolfgang Leonhards Aufzeichnungen zu Ulbrichts Referat.

Von der Gründung der Bauernpartei waren wir direkt tangiert.
Denn ohne jede Begründung hatte ein Kursant von heute auf morgen die Schule verlassen. Unser Studienkollege Leonhard Helmschrott, Sohn eines Bauern in der Nähe Augsburgs, war 1947 von
der SED-Landesleitung Mecklenburg an die Parteihochschule geschickt worden. Bis 1941 hatte er auf dem väterlichen Hof gearbeitet, mußte zur Wehrmacht und kam bereits 1942 in sowjetische
Gefangenschaft. Dort »umerzogen«, zählte er 1943 zu den Mitbegründern des »Nationalkomitee Freies Deutschland« und kehrte
1945 nach Deutschland zurück. Das Sekretariat der KPD hatte
schon am 8. Dezember 1945 beschlossen, Helmschrott der »BL-

Mecklenburg zur Verfügung zu stellen«. Er kam als Redakteur zur Landeszeitung nach Schwerin. Der mit leicht bayrischem Tonfall sprechende Helmschrott fiel in Liebenwalde wie in Kleinmachnow kaum auf. Er studierte in der Fakultät Ökonomie. Weder seine Zimmerkollegen (Wölk und Kurth) noch wir anderen (die wir auf dem gleichen Stockwerk wohnten) hatten eine blasse Ahnung, wohin er plötzlich sang- und klanglos verschwunden war. Selbst im Protokoll des Zentralsekretariats (vom 19. Juli 1948) wurde lediglich vermerkt: »Leonhard Helmschrott – scheidet aus dem Zweijahreslehrgang aus«.

Schon kurze Zeit später entdeckten wir zu unser aller Erstaunen, wo er jetzt steckte: Helmschrott fungierte seit Zulassung des Organs der DBD »Bauern Echo« als dessen Chefredakteur. Mehr brauchte man über diese neue Partei nicht zu wissen. Denn natürlich hatte er als ergebener Kommunist nur den »Parteiauftrag« befolgt, und selbst nach 1990 hat er (gegenüber einer ehemaligen Mitschülerin) noch abgestritten, je an einem Kurs der Parteihochschule teilgenommen zu haben. Diesen Abschnitt seiner Biographie hielt er geheim. In den Führungsgremien der DBD ständig höher aufgestiegen, blieb er bis 1989, bis zur Einstellung der Zeitung, Chefredakteur des »Bauern Echo«. Seit 1949 war er auch (bis zur Wahl vom März 1990) Abgeordneter der Volkskammer, von 1986 bis 1990 sogar Mitglied des DDR-Staatsrates. Weder über seine Mitgliedschaft in der KPD/SED noch gar über das Studium an der Parteihochschule war im Handbuch der Volkskammer der DDR je ein Wort zu finden. Es hieß »1945–1947 Redakteur. 1948 DBD«. Und selbstverständlich wurde der heutige Rentner im Laufe von 40 Jahren mit allen möglichen Orden behängt. Seinerzeit hat wohl nicht nur mir das Beispiel mit den »neuen« Parteien und insbesondere der plötzliche Abschied und die heimliche »Verwandlung« Helmschrotts abermals den Beweis geliefert für die bedenkenlose und unehrliche, ja geradezu betrügerische Politik, zu der die SED-Führung griff, wenn es ihr »politisch notwendig« erschien, um die eigene Macht zu festigen.

Mit unserem Kommilitonen Helmschrott war auch der Direktionssekretär Felix Scheffler verschwunden, der seit Januar 1948 sehr betriebsam und tüchtig die laufenden Bürogeschäfte erledigt hatte. Der 32jährige war als Sekretär Lindaus erst in Kleinmachnow aufgetaucht, über ihn wußten wir nur, daß er gerade von der zentralen Antifa-Schule in der Sowjetunion gekommen war. Da

Demonstration am 1. Mai 1948 in Kleinmachnow. In der ersten Reihe von links Gerda Röder, Otto Korb, Fritz Schörnig und Werner Horn. Dahinter rechts außen Werner Kaufmann, weiter hinten mit Baskenmütze Hermann Weber (verdeckt) und Herbert Mies.

immer etwas zu organisieren war, sahen wir ihn stets mit einer großen Aktentasche herumsausen. Sein bemerkenswerter Lebenslauf wurde mir erst viel später bekannt.[95] Scheffler war als blutjunger Mann in der SA, als Unteroffizier ist er 1941 in sowjetische Kriegsgefangenschaft geraten und dort umerzogen worden. Das SED-Mitglied Scheffler wurde wie der Genosse Helmschrott sofort bei deren Gründung zur Bauernpartei delegiert, arbeitete dort als »Orgsekretär« und wurde für diese 1949 Mitglied der Provisorischen Volkskammer. Schon im Februar 1950 zur Kasernierten Volkspolizei abgestellt, erreichte er bereits 1952 den Rang eines Konteradmirals und machte später noch Karriere bis zum Stellvertretenden Chef der Volksmarine (1975 im Ruhestand).

Die politischen Aktivitäten der Parteihochschule nach außen wurden 1948 forciert. Selbstverständlich beteiligten wir uns z. B. am 1.-Mai-Umzug. Die SED hatte in der Umgebung wenig Einfluß, und so bildete die Gruppe der Parteihochschule im Demonstrationszug den stärksten »Block«. Ende Mai wurde vom »Volkskongreß« ein »Volksbegehren« für die »Einheit Deutschlands« durchgeführt. Die SED hatte – nicht weniger als die westlichen Parteien – die Einheit zwar verbal immer wieder beschworen, ihr in der politischen Praxis aber immer mehr Steine in den Weg gelegt. Das Volksbegehren war also doppelbödige Taktik. Natürlich wollten damals wohl alle Bürger die deutsche Einheit, doch diese Aktion betrachteten Nachdenkliche kaum als einen Weg dahin. Entsprechend schwach war am 20. Mai das Referat zum Volksbegehren Otto Meiers, von dem wir kurz zuvor eine so gute Rede über Marx gehört hatten. Abends waren wir zur Lautsprecherpropaganda unterwegs, am Samstag, dem 22. Mai, fand in den Kleinmachnower Kammerlichtspielen eine Kundgebung statt, und am Tag darauf, einem Sonntag, war für die Hochschüler unseres Lehrgangs »Hausagitation« angesetzt.

Also gingen wir – immer zu zweit – von Wohnung zu Wohnung, mein Freund Picasso und ich gemeinsam. Es war alles andere als leicht, denn unsere Überzeugungsbemühungen stießen meist auf wenig Gegenliebe. Zu dieser Zeit war nämlich die Ernährungssituation wieder spürbar schlechter geworden. Selbst Arbeitern wurden lediglich 1400 bis 1600 Kalorien zugestanden, 1000 Kalorien zu wenig, um auch nur zu überleben. Oft fehlten sogar die rationierten Lebensmittel, die teilweise gar nicht geliefert werden konnten. Der Schwarzmarkt blühte. Genau mit diesem Problem konfrontierten uns die Menschen. Das Volksbegehren war ihnen egal, oder sie bezeichneten es als Schwindel. Wenn sie gar merkten, daß wir von der Parteihochschule kamen, verwiesen sie wütend auf unsere viel besseren Lebensbedingungen und schlugen uns nicht selten die Tür vor der Nase zu. Wie sich in einer solchen Situation angeblich 95 Prozent der Bevölkerung im Land Brandenburg für das Volksbegehren eingezeichnet haben sollten (»Neues Deutschland« vom 15. Juni 1948), war mir ein Rätsel. Auch diese Beispiele machten schon seinerzeit die Unredlichkeit der SED-Politik deutlich. Und wenn unterderhand verharmlost wurde, der Zweck heilige die Mittel, so bewegte mich immer häufiger die Frage, ob nicht nur die Mittel, sondern auch der Zweck verfehlt sei. Weder Picasso noch ich wußten so recht, wie wir argumentieren, uns verhalten sollten. Ideologisch geprägt, glaubten wir zwar, die vorgesehene Planwirtschaft werde die Lage aller bessern, aber wir konnten die Augen vor der Wirklichkeit nicht einfach verschließen.

Noch während der »Aktion« machten wir aber auch eine ganz andere Erfahrung. Die West-Alliierten hatten in Westdeutschland und West-Berlin das Volksbegehren faktisch verboten. Eine angekündigte Veranstaltung in Zehlendorf, auf der Otto Nuschke von der CDU (der spätere Vorsitzende der Partei in der DDR) und

Heinz Keßler (1985–1989 Verteidigungsminister der DDR) zum Volksbegehren sprechen sollten, wurde daher von der amerikanischen Besatzungsmacht nicht erlaubt. Daraufhin wurde am 10. Juni die Kundgebung nach Kleinmachnow verlegt, aber unmittelbar an die Grenze zu Zehlendorf. Daran nahmen wir Kursanten der Parteihochschule selbstverständlich teil. Nach dem Ende der Veranstaltung überschritten wir die Sektorengrenze und riefen die Parole »Deutschland ungeteilt, Berlin sektorenfrei, für Freiheit und Frieden!«. Aber die amerikanische Militärpolizei hatte die Kundgebung von Zehlendorf aus beobachtet, sie wollte uns nun mit ihren Jeeps, unterstützt von Westberliner Polizisten, zurückdrängen. »Die Polizisten gingen mit heruntergezogenem Sturmhelm und Gummiknüppeln gegen die Demonstranten vor und trieben sie mit Schlägen auseinander«, wußte das »Neue Deutschland« am 11. Juni 1948 zu berichten. Freilich hatte unser Parteiorgan wieder einmal geschwindelt und behauptet, die Polizeiaktion sei gegen Teilnehmer gerichtet gewesen, die in ihre »Wohnungen im amerikanischen Sektor zurückkehren wollten« – tatsächlich waren kaum Westberliner dabeigewesen.

Auf der Parteihochschule wurde (in einem Wandzeitungsartikel von Fritz Schörnig) anschließend heftige Kritik geübt. Darin beklagte er, daß »unsere Parteimitglieder aus Kleinmachnow und Zehlendorf« gefehlt hätten. »Daß zwei Redner der FDJ zu einer Demonstration in Zehlendorf aufforderten, und der dritte Redner (Gen. Keßler) dagegen sprach, zeigt, daß kein Plan vorhanden war, daß sie sprachen, was ihnen gerade einfiel.«

Aber natürlich waren wir wütend über das Verhalten der US-Besatzung. Mir schien es besonders schmählich, daß wir vor knüppelnden »Amis« wegrennen mußten. Ohnehin stand ich den USA immer feindlicher gegenüber, machte ich sie doch – und da lag ich wieder ganz auf der »Parteilinie« – für den erneuten Aufbau des Kapitalismus und die Verhinderung einer humanen, sozialen Gesellschaft in Westdeutschland verantwortlich. Wie gesagt, betrachtete ich die Planwirtschaft und die Verstaatlichungen in der Ostzone immer noch als den besseren Weg gegenüber der beginnenden Restauration im Westen.

Die Wirtschaftsplanung, verbunden mit den zugleich von Ulbricht, Tulpanow und Dahlem angekündigten politischen Veränderungen, rückte in den Mittelpunkt der Lehrveranstaltungen. Der Dekan der Ökonomischen Fakultät, Alfred Lemnitz, hat dies in einer vierstündigen Vorlesung am 2. Juli nochmals zusammengefaßt und eindringlich vorgetragen. Lemnitz war der weitaus jüngste Dekan, 20 Jahre jünger als Victor Stern. Er war ein guter Redner. Wegen seiner Stirnglatze und seiner etwas umständlichen Art wirkte der damals 43jährige allerdings älter. Von Beruf Schriftsetzer, gehörte er seit 1929 der SPD an. 1930 ging er insgeheim zur KPD, 1931 vollzog er dann seinen offiziellen Übertritt. Nach der Begabtenprüfung studierte er 1931/32 in Leipzig Staatswissenschaften. Danach war er in der KPD Duisburg aktiv, wo er noch im März 1933 zwar zum Stadtverordneten gewählt, aber dann sofort verhaftet wurde. Nach der Entlassung aus der »Schutzhaft« wurde er in den hauptamtlichen illegalen KPD-Apparat übernommen. Die Nazis haben ihn von September 1933 bis Februar 1936 im berüchtigten KZ Börgermoor bzw. Esterwegen eingesperrt. 1937 emigrierte Lemnitz nach Holland, wo er zur illegalen KPD-Leitung gehörte. Nach dem Überfall der deutschen Truppen in den Niederlanden verhaftet, wurde er 1941 zu zehn Jahren Zuchthaus verurteilt und saß bis 1945 im Zuchthaus Brandenburg/Görden. 1945 wurde er zunächst in Berlin-Spandau Stadtrat für Volksbildung und kam im Januar 1947 an die SED-Parteihochschule. Das Zentralsekretariat hatte am 7. Januar beschlossen: »Die Berufung von Lemnitzer [sic!] zum Dekan des Arbeitsgebiets Ökonomie soll erfolgen, sobald sich die Eignung von Lemnitzer [sic!] erwiesen hat.« So wurde er Dekan der Ökonomischen Fakultät. Zweimal hat er seinen Rücktritt angeboten: im September 1948, als er und die Fakultät Ökonomie heftig angegriffen wurden, weil dort Kritik am stalinistischen »Kurzen Lehrgang« der Geschichte der KPdSU laut geworden war, und nochmals im März 1950, als sein Stellvertreter Bernhard Thiel aus der SED ausgeschlossen wurde. Doch Lemnitz blieb bis 1953 Dekan. Danach lehrte er als Professor in Rostock und anderen Hochschulen. Von 1958 bis 1963 war Lemnitz Minister für Volksbildung der DDR, dann kehrte er aber wieder in die Wissenschaft zurück.[96]

Dem inzwischen 87jährigen Lemnitz bin ich noch einmal 1992 begegnet. Nach 1990 habe ich mich mit anderen Historikern intensiv bemüht, die SED-Akten zu retten, und wir gründeten zu diesem Zweck auch einen Verein, den »Förderkreis Archive und Bibliotheken zur Geschichte der Arbeiterbewegung«. In dessen Vorstand war ich aktiv, zahlreiche Wissenschaftler im In- und Ausland hatten sich dem Verein angeschlossen. Die Tätigkeit brachte mir übrigens den

Vorwurf der FAZ ein, ich hätte mit »PDS-Funktionären« einen Verein gegründet. Da ich zur gleichen Zeit von seiten der DKP jedoch wegen anderer Aktivitäten (wir protestierten gegen Versuche des DKP-Funktionärs Carlebach, in einem Buch des Wiener Historikers Schafranek gerichtlich »Schwärzungen« durchzusetzen) beschimpft wurde, einer Gruppe »rechtsextremer Historiker und antikommunistischer Politiker« anzugehören, konnte ich trotz all dieser dummen Angriffe – selbst nach dem Ende der DDR – gelassen bleiben. Während einer Mitgliederversammlung des Vereins in Berlin, bei der auch Lemnitz anwesend war, unterhielten wir uns über die Parteihochschule. Lemnitz, sehr schwerhörig, meinte zwar, mich wiederzuerkennen, was ich aber bezweifle. Dagegen war er mir natürlich noch lebhaft in Erinnerung.

Schritte zur »Partei neuen Typus«

Zurück zu 1948. In diesem Jahr hatte Lemnitz nebenbei in Leipzig promoviert (am 14. Juli), aber weiterhin in Kleinmachnow regelmäßig gelehrt. Sein Vortrag über den Zweijahrplan entsprach fast wörtlich einem Referat, das er zur gleichen Zeit in einer Frauenversammlung der SED gehalten hatte und das – allerdings erst ein Jahr später – als Broschüre »Unser Plan« veröffentlicht wurde. Seine Lektion hatte dieselbe Tendenz wie die Reden der Parteigrößen: Der Zweijahrplan sollte nicht nur ökonomische Fortschritte bringen, sondern parallel politische Veränderungen einleiten. Lemnitz bezeichnete ihn daher als einen »Kampfplan«. »Darum bedarf es einer ernsthaften inneren Klärung und ernsthafter Auseinandersetzungen, damit sich entweder alle Mitglieder von der Richtigkeit der marxistisch-leninistischen Lehre überzeugen oder diejenigen, die sich nicht davon überzeugen, von der Partei trennen. In der Partei können wir solche Leute nicht mehr halten.«

In allen Parteiveranstaltungen sowie im Unterricht der Parteihochschule wurde beunruhigend erkennbar, daß sich nicht nur Änderungen in der Politik anbahnten, sondern auch eine »Säuberung« innerhalb der SED und damit natürlich zugleich der westdeutschen KPD bevorstand.

Ob diese vielen Diskussionen an der Schule, unsere ohnehin ständige Überforderung durch Lernen, dauernde Parteiaufträge, Arbeitseinsätze, etliche Kulturveranstaltungen usw. die dramatische

Realpolitik im Sommer überlagert haben oder wie weit wir – oder genauer ich – sie damals vielleicht im Detail wahrnahmen, weiß ich nicht mehr. Zumindest glaubte ich mich bestens informiert, denn ich las jeden Tag intensiv die wichtigsten westlichen und östlichen Veröffentlichungen sowie die Presse, die im Zeitungssaal von uns allen immer noch einzusehen waren.

Rasch wurde mir die beginnende Teilung Berlins bewußt, weil die Sowjetunion am 16. Juni ihre Vertreter aus der Alliierten Militärkommandantur zurückzog. Einschneidender waren die Währungsreform in den drei Westzonen am 20./21. Juni 1948 und die Währungsreform, die die SMAD für die SBZ vom 23. bis 28. Juni anordnete. Mit den unterschiedlichen Währungen in Ost und West rückte auch die Spaltung Deutschlands ein großes Stück näher. Nachdem der Versuch der Sowjetunion, die Währungsreform der SBZ auf ganz Berlin zu übertragen, am 23./24. Juni gescheitert war, von den Westmächten jedoch am 25. Juni die West-DM in West-Berlin eingeführt wurde, entstand der Riß ja direkt vor unserer Haustür: Kleinmachnow lag noch in der »Zone«, Zehlendorf schon in West-Berlin. Die Berlin-Blockade, von Moskau daraufhin veranlaßt, war ein deutliches Signal des Kalten Krieges, aber auch der Absicht Stalins, ganz Berlin in die Hand zu bekommen. Diese Pläne verhinderten die westlichen Alliierten mit ihrer »Luftbrücke«, die nun bis September 1949 die Bevölkerung im Westen Berlins mit dem Lebensnotwendigen versorgte. Die Eskalation der Spannungen, die wir im Sommer 1948 registrierten, dominierten unsere Diskussionen und beeinflußten das Denken. Aber wie weit hatte sich die »Zwei-Lager-Theorie« bei uns schon eingeprägt und wie stark das Feindbild vom Westen zur Rechtfertigung der sowjetischen Politik geführt? Natürlich entstand Angst vor einem neuen drohenden Krieg, aber ob wir darüber konkret im kleinen Kreis debattierten oder wie sich dies bei mir im Kopf niederschlug, kann ich nicht mehr sagen.

Allerdings ist mir deutlich in Erinnerung geblieben, daß wir dogmatisch auf die innere Entwicklung des Kommunismus und damit natürlich der SED fixiert waren. Die wirklich weltentscheidenden Probleme traten hinter die eigentlich zweitrangigen Auseinandersetzungen der »eigenen« Bewegung zurück. Soviel ist mir heute klar: im Sommer 1948 war ich trotz aller Kritik am Stalinismus überzeugter Kommunist, glühender Feind des Kapitalismus und noch kein Anhänger etwa eines »dritten Weges«. Selbst die regelmäßige Lektüre der verschiedenen Zeitungen und Zeitschriften änderte an dieser Einstellung nichts. Damals waren die Vorbehalte gegenüber den Meldungen der westlichen Presse ohnehin groß. In der Meinung befangen, alle bürgerlichen Medien seien der Propaganda »des Kapitalismus« verpflichtet, las auch ich diese Publikationen eher mit Argwohn. Da mit der Verhärtung des Kalten Krieges außerdem auch die westliche Argumentation primitiver wurde, wuchs bei uns die Skepsis gegen deren Erklärungsmuster. Für viele Hochschüler galt wohl 1948, was Wolfgang Leonhard in seinem Buch »Die Revolution entläßt ihre Kinder« festhielt: Uns hatte die »Westpresse« eher doppelt enttäuscht: »Die großen Ereignisse, die uns bewegten und über die wir nächtelang diskutierten, die uns politische Bauchschmerzen verursachten, wurden in der Westpresse meist überhaupt nicht berührt, relativ kleine Mängel und Unzulänglichkeiten dagegen ausgewalzt. Gerade das aber erschien uns ungerecht, und in solchen Fällen fühlten wir uns wieder mit dem System gegen diese Angriffe verbunden.«

Noch deutlich vor Augen habe ich, wie ein anderes Ereignis uns wie ein Blitz traf: der sowjetisch-jugoslawische Konflikt. Über Titos Verdammung durch Stalin wurde in den Westzeitungen ja bereits seit dem 29. Juni berichtet. Meine Versuche, darüber sofort mit Mitschülern zu diskutieren, schlugen fehl, selbst Fritz Schulze hielt das Ganze zunächst für eine Zeitungsente. Erst am 4. Juli veröffentlichten die SED-Zeitungen eine »Erklärung zur jugoslawischen Frage«. Darin bezeichnete das SED-Zentralsekretariat die »Verurteilung der Politik« der jugoslawischen Kommunisten durch das Kominform (dem die SED freilich nicht angehörte) als »richtig«. Ebenso rasch wurde aus den Meldungen ersichtlich, daß sich die jugoslawischen Kommunisten vor Stalin nicht duckten, keine »Selbstkritik« vornahmen, sondern ihre Politik verteidigten. Eine kommunistische Staatspartei wehrte sich gegen die Moskauer Führung – ein noch nie dagewesener, einmaliger Eklat!

Auch wenn Wolfgang Leonhard vom Bruch zwischen den jugoslawischen und sowjetischen Kommunisten, der ja sehr bald zur Feindschaft eskalierte, tiefer betroffen war als ich,[97] verursachte der Konflikt bei mir doch Aufregung. Mit jedem Monat war meine Kritik an der Politik, aber auch an den Grundsätzen Stalins gewachsen, und deshalb fand der Belgrader Aufstand gegen den Moskauer Diktator nicht nur mein Interesse, sondern ebenso meine Sympathie. Allerdings waren uns die Ideen der »Titoisten«

nicht genau bekannt, ihre Vorstellungen zunächst lediglich teilweise der westlichen Presse zu entnehmen, die zudem stark vergröberte. Daher konnten wir in den Diskussionen – Fritz Schulze, Ernst Schneider, Karl Hense, Picasso, Mehring u. a. – fast nur wie im Nebel stochern. Hinzu kam, daß die SED sofort Stellung für Stalin und gegen Jugoslawien bezog und den Konflikt zum Anlaß nahm, die Maßnahmen zum Umbau der SED zur Partei neuen Typus geradezu hektisch voranzutreiben. Schließlich hatte das Zentralsekretariat am 3. Juli 1948 in seiner Entschließung gegen die jugoslawischen Kommunisten geschrieben: »Die wichtigste Lehre der Ereignisse in Jugoslawien besteht für uns deutsche Sozialisten darin, mit aller Kraft daranzugehen, die SED zu einer Partei neuen Typus zu machen, die unerschütterlich und kompromißlos auf dem Boden des Marxismus-Leninismus steht. Dazu ist es notwendig, einen politisch festen, zielklaren Funktionärkörper in der Partei zu schaffen, die Kritik und Selbstkritik ohne Ansehen der Person zu entfalten und den Kampf gegen alle Feinde der Arbeiterklasse, insbesondere gegen die Schumacher-Agenten, mit rücksichtsloser Schärfe zu führen.«

Es galt also, innerhalb weniger Monate die SED zu einer »Partei neuen Typus« zu formieren. Und die sich steigernde Hetze gegen Jugoslawien hat die SED-Führung sofort mit einer Parteisäuberung verbunden. Schon am 29. Juli 1948 faßte der Parteivorstand den Beschluß über die »Säuberung der Partei von feindlichen und entarteten Elementen«. Diese Sprache erschreckte mich! Hieß es doch, wer sich weigere, am »Parteileben« teilzunehmen, solle ausgeschlossen werden. »Beschleunigte Ausschlußverfahren« waren durchzuführen gegen Mitglieder, »die eine parteifeindliche Einstellung« oder »sowjetfeindliche Haltung« zeigten, wobei der »begründete Verdacht« genügte. Das war der Startschuß für eine gezielte Aktion gegen Sozialdemokraten, Gewerkschafter und oppositionelle Kommunisten in den eigenen Reihen. Gleichzeitig wurde unter der Losung des »Kampfes gegen den Nationalismus« die Anerkennung der »führenden Rolle« der Sowjetunion für alle SED-Mitglieder als verbindlich erklärt. Jeder Widerstand gegen diese neue Linie galt als »antisowjetische Propaganda«, alle, die an der bisherigen Politik festhalten wollten, mußten ausgeschlossen, als »Agenten« sogar strafrechtlich verfolgt werden.

Die Eskalation des Stalin-Tito-Konflikts überstürzte sich förmlich. Wir wurden sofort über die sowjetische Polemik informiert, unter anderem mit einem Artikel aus der Kominform-Zeitung »Für dauerhaften Frieden, für Volksdemokratie« vom August, den wir gleich, als »Lehrmaterial« abgezogen, erhielten. Moskau beschuldigte »Tito und Konsorten«, die »Sache des Proletariats und des Sozialismus verraten« zu haben, sie seien eine »Clique von Verrätern«. Selbstverständlich gehörten wir Parteischüler zu den ersten, die im August eine SED-Broschüre mit dem Titel »Die Lehren aus der Entartung der jugoslawischen Parteiführung«, vom SED-Dietz-Verlag herausgegeben, in die Hände bekamen. Kommunistische Parteiführer aus verschiedenen Ländern – darunter später selbst Verfolgte wie Ana Pauker und Vasile Luca – »entlarvten« und verurteilten darin den »Verrat der Tito-Clique«. Das war freilich noch relativ harmlos gegenüber den Anschuldigungen, die kaum ein Jahr später folgten; nun wurden die jugoslawischen Kommunisten als »Tito-Agenten«, als »Mörder und Spione«, »Kreaturen des amerikanischen Imperialismus« und gar als »Faschisten« beschimpft. Maßgeblich für die SED war, was Wilhelm Pieck im Vorwort zur Broschüre vom August 1948 festgehalten hatte: die »Lehre« aus der »Entartung« der KP Jugoslawiens sei für die Partei, es könne »keinen besonderen deutschen Weg zum Sozialismus geben«, ebenso kein »friedliches Hineinwachsen in den Sozialismus«, sondern nur den »Weg, den Marx und Engels, Lenin und Stalin gelehrt haben«.

Schon vor unserer Abreise in die Semesterferien wurde damit die Wandlung zur stalinistischen »Partei neuen Typus« auch offiziell verkündet. Die SED sollte – wie die Stalinsche KPdSU – so diszipliniert werden, daß keinerlei »abweichende« oder »versöhnlerische« Meinungen in ihren Reihen mehr Ausdruck finden könnten. In diesen Monaten haben mir zwei Erfahrungen die Augen geöffnet, ich erkannte, daß für mich Jungkommunisten jetzt die Zeit vorbei war, hier eine eigene Meinung frank und frei öffentlich zu sagen. Von nun an hieß es, vorsichtig zu argumentieren.

Schockerlebnisse: Angst vor Ulbricht und »gefährliche« Trotzki-Schriften

Zu den dramatischen politischen Ereignissen, die sich vor allem am Ende des 2. Semesters atmosphärisch auch auf der Parteihochschule bemerkbar machten, kamen zwei persönliche Erlebnisse, die damals bei mir einen Schock auslösten. Gerade sie führten dazu, daß meine kritische Haltung gegenüber wesentlichen Teilen der stalinistischen Politik und ihrer Geschichte sich langsam verschärfte und ich mir immer öfter die Frage stellte, ob nicht das ganze System verfehlt sei.

Nach seinem Auftritt im April 1948 kam Walter Ulbricht bereits am 12. Juni wieder zu einem Vortrag nach Kleinmachnow. Diesmal referierte er vor unserem Zweijahreslehrgang zum Thema »Der 1. Weltkrieg und die Novemberrevolution«. Schon vorzeitig mit einem Fahrer aus Berlin eingetroffen, begann er pünktlich um acht Uhr seine Lektion, die (mit der üblichen Pause von 9.40 bis 10 Uhr) um 11 Uhr endete. Anschließend war Gruppenarbeit vorgesehen.

In jenen Monaten beschäftigte sich die SED-Führung mehrfach mit der Novemberrevolution 1918 in Deutschland. Sie wollte an deren 30. Jahrestag erinnern und sie zugleich der »siegreichen russischen Oktoberrevolution« von 1917 gegenüberstellen. Ende Juli 1948 stand diese Thematik auf der Tagesordnung der Sitzung des Parteivorstandes der SED, und im September faßte dieses Gremium einen »Beschluß« über die »Novemberrevolution und ihre Lehren für die deutsche Arbeiterbewegung«. Otto Grotewohl veröffentlichte im Dietz-Verlag im August eine Broschüre »Dreissig Jahre später«. In seiner Einleitung dankte er einem »Kollektiv der Parteihochschule Karl Marx« und »dem Genossen Erich Paterna« für die Mitarbeit.

Verschiedene »Thesen« zur Novemberrevolution waren allerdings bereits ab Mai in Umlauf. Damals sah ich in der Neueinschätzung der Novemberrevolution einen Schwenk nach »links«. Denn nun wurden die bisher eher übergangenen Rosa Luxemburg und Karl Liebknecht, deren Spartakusbund mir noch als Idol galt, als diejenigen genannt, die allein »dem internationalen Sozialismus« treu geblieben waren. In dieser Bewertung vermutete ich seinerzeit eine erfreuliche Umorientierung, wobei ich noch nicht erkannte, daß – wie stets – mit einer neuen Geschichtsdeutung nur eine Kursänderung der Politik legitimiert werden sollte.

Tatsächlich ging es der SED-Spitze vor allem darum, die Sozialdemokraten und ihre Führung in Vergangenheit und Gegenwart für die Niederlagen der Arbeiterbewegung verantwortlich zu machen. Und es war geradezu typisch für ihre Methoden, einen früheren Sozialdemokraten, nämlich Grotewohl, damit zu beauftragen, diese Thesen nach außen zu vertreten. Die SED-Ideologen warfen nicht nur der SPD unter ihrer »rechten Führung« Verrat und »Terror« gegen die Revolution und eine »arbeiterfeindliche« Politik vor, sondern ebenso den einstigen »rechten Führern der USPD«. Die SPD wurde außerdem für den Untergang der Weimarer Republik sowie den Sieg Hitlers verantwortlich gemacht. Entsprechend müsse die SPD im Westen schärfer bekämpft werden. Denn dort habe »unter der Führung der Schumacher und Ollenhauer« die SPD »erneut die verderbliche Politik der rechten Führer von 1918 aufgenommen«. Einseitige parteiliche Geschichtsbetrachtung als Mittel der Politik, mehr bedeuteten die Thesen zur Novemberrevolution nicht.

Die entscheidende »Lehre« aus der Novemberrevolution lautete für die SED, es habe an einer »Kampfpartei des Marxismus-Leninismus« gefehlt, wie es sie in Rußland unter »Lenin und Stalin« gab und die dort siegreich war. Nur deshalb sei es in Deutschland 1918/19 zu einer Niederlage gekommen. Vor der SED stehe die Aufgabe, sich rasch in eine solche Kampfpartei zu wandeln. Jetzt sollten »alle feindlichen und schädlichen Elemente ausgemerzt werden«. Wieder diese fürchterliche Sprache!

Dieses Resultat der »Überlegungen« zur Novemberrevolution wurde im Beschluß vom September festgeschrieben. Erschreckt mußte ich erkennen, wie politisch unbedarft ich Jungkommunist doch war, am Anfang der »Diskussion« an eine Wende nach »links« zu glauben. Dem tonangebenden SED-Führer Ulbricht ging es weder um links noch rechts, sondern allein um die Rechtfertigung, Legitimierung und Durchsetzung des von Stalin bestimmten Ziels einer stalinistischen »Partei neuen Typus« auch in der SBZ.

Genaugenommen hätte mir Ulbrichts Vortrag im Juni dies schon signalisieren müssen. Denn er hatte den Kernpunkt, den Grotewohl in einer über sechsstündigen Rede im Juli vor dem Parteivorstand hielt[98], vorweggenommen: die Notwendigkeit der »Partei neuen Typus«. In einem Wust von bemerkenswerten und weniger interessanten Daten, Tatsachen und Bewertungen des Ersten Weltkrieges und der Novemberrevolution hatte Ulbricht als »die Ursache« der Niederlage das »Fehlen einer festen revolutionären Partei« hervorgehoben. Die Aussagen dieses Referats hat sich Wolfgang Leonhard damals ebenfalls in einer Mitschrift notiert und sie bis heute aufbewahrt. Damit sind nicht nur die Grundzüge, sondern genau dieser Satz bekannt geblieben.

Für mich brachte Ulbrichts Auftreten aber noch eine ganz andere Erfahrung: ein unvergeßliches Schockerlebnis. In der Diskussion fragte er nämlich, ob wir schon einiges zur Bedeutung der Novemberrevolution durchgenommen hätten, was der Dekan der Historischen Fakultät, Erich Paterna, sofort bejahte. Doch ich konnte mich nicht zurückhalten und widersprach – ich saß in der ersten Reihe – ziemlich lautstark. Denn insbesondere darüber, daß wir den Spartakusbund noch immer nicht behandelt hatten, war ich in der Tat ärgerlich gewesen.

Vor mir sehe ich bis heute Ulbrichts böse Miene und dagegen die Unsicherheit, ja Angst des Geschichtsdekans, der einen Parteibeschluß nicht durchgeführt hatte und sich nun dringlich an mich wandte. Erich Paterna, dieser bewährte Kommunist, der sogar in Hitlers Zuchthäusern gesessen hatte, nahm mich Jungkommunisten in der Pause an die Seite und bat mich fast flehentlich, Ulbricht zu sagen, daß ich mich geirrt hätte. Das verstörte mich völlig, wußte ich doch genau, daß ich im Recht war.

Der damals 50jährige Erich Paterna gehörte gegenüber den Älteren Rubiner und Stern zwar nicht zu den herausragenden Dekanen, galt jedoch als »parteigestählt«. Sohn eines Postagenten, besuchte er bis zur Einberufung als Soldat im Weltkrieg 1916 das Lehrerseminar. In der Weimarer Republik Mittelschullehrer, schloß er sich 1927 der SPD an, er wurde Rektor in Frankfurt (Oder). 1932 trat er zur KPD über. 1933 als Rektor abgesetzt, arbeitete er ab August 1933 als Lehrer in der Niederlausitz. In Sorau trat er allerdings in den SA-Reitersturm ein und wurde »Rottenführer«. Das habe er damals im Auftrag der KPD-Genossen zur Tarnung der illegalen Arbeit getan, rechtfertigte er sich in einem späteren SED-Parteiverfahren 1960 bzw. 1963. Doch das brachte ihm den Vorwurf der »Fragebogenfälschung« ein, weil er dies »der Partei« 15 Jahre lang verschwiegen und erst 1960 eingeräumt habe.

Tatsächlich ist Paterna 1936 verhaftet und wegen »Vorbereitung zum Hochverrat« zu vier Jahren Zuchthaus verurteilt worden. Nach der Haftentlassung aus dem Zuchthaus Brandenburg arbeitete er ab 1940 als Buchhalter und stand unter Polizeiaufsicht. Bereits im Juli 1945 wurde er Mitarbeiter des ZK der KPD, nach dem Beschluß des Sekretariats vom 7. August (mit 350 Mark Gehalt, im Oktober auf 450 Mark erhöht) in der Agitpropabteilung angestellt. Im Dezember 1945 in den gemeinsamen Kulturausschuß von KPD, SPD und FDGB berufen, war Paterna als stellvertretender Leiter der Abteilung Kultur und Erziehung ab Januar 1946 zuständig für das Referat Volksschule und aktiv an der Schulreform beteiligt. Schon 1946 an die SED-Parteihochschule abgeordnet, wurde Paterna Lehrer und dann Dekan für Geschichte. Er blieb dort bis 1953, danach (Professor 1953, Promotion 1956, Habilitation 1958) war er Direktor des Instituts für Geschichte an der Humboldt-Universität bis zur Emeritierung 1963.[99]

Der mit seinem vollen dunklen Haarschopf auffallende, immer zuvorkommende, tolerant auf Wünsche der Schüler oder Lehrer eingehende Paterna war – im Gegensatz etwa zur Dekanin Rubiner – ein eher weicher Mensch. Nun hatte er im Juni 1948 offensichtlich wegen Ulbrichts Reaktion Angst bekommen. Denn diesen Apparatschik und seine Methoden kannte er natürlich besser als wir, hatte er doch 1945 öfter an Sitzungen der Parteisekretäre Pieck, Ulbricht, Dahlem und Ackermann teilgenommen. Ich folgte seiner drängenden Bitte »Ich werde dir das später erklären, Genosse Wunderlich. Tue mir nur den Gefallen« und ging zu Ulbricht. »Reuig« müsse ich zugeben, daß ich mich wohl geirrt habe, denn auch andere Genossen bestätigten ja die Durcharbeitung der Thesen. Ulbricht schaute mich nur scharf an, fragte nach meinem Namen und wollte wissen, wo ich herkomme. Zur Sache äußerte er sich nicht weiter. Ob diese Angelegenheit je irgendwelche Folgen hatte, weiß ich nicht, Paterna kam nie wieder darauf zurück. Vielleicht hatte ihn auch sein schlechtes Gewissen wegen der »Fragebogenfälschung« verunsichert, über die 1948 nur er allein Bescheid wußte. Für mich jedoch war der Vorfall einschneidend, ich fragte mich, wie es möglich sei, daß ein erprobter Parteikämpfer vor einem Mitglied des Zentralsekretariats – mehr sah ich damals in Ulbricht nicht – regelrecht Furcht haben konnte.

Ein weiteres aufschlußreiches Erlebnis fast zur selben Zeit heilte mich von meiner Naivität. Bis dahin hatte ich trotz einiger gegenteiliger Erfahrungen immer noch geglaubt, ich befände mich in einer kommunistischen Bewegung, in der ein Genosse soviel wert sei wie der andere, egal, welche Position er einnehme. Vor allem schien mir selbstverständlich, daß sich jedes Mitglied seine Meinung frei bilden und sie offen aussprechen könne.

Oft und gern durchstöberte ich damals Berliner Antiquariate nach historischer kommunistischer Literatur. Am bekanntesten war seinerzeit Pinzkes Buchhandlung unter der Eisenbahnbrücke am Bahnhof Friedrichstraße. Pinzke war ein sehr belesener Kommunist, mit dem ich bald spannende Diskussionen führte. Ihn hat Elisabeth Shaw treffend beschrieben: »Pinzke, ein kleiner Mann mit dunklen traurig-klugen Augen, saß im Hinterzimmer und empfing Freunde, die im Vorübergehen hereinschauten – und es waren nicht wenige. Er zeigte ihnen die bibliophilen Kostbarkeiten, die er erworben hatte.«[100]

Mein besonderes Augenmerk galt Werken von Trotzki und Bucharin. Unerwartet fand ich bei Pinzke im Sommer 1948 eine größere Anzahl alter kommunistischer Schriften, darunter Protokolle der Komintern, Broschüren von Trotzki und anderes mehr. Natürlich wollte ich alles sofort kaufen, doch der Antiquar dämpfte meine »Entdeckerfreude«. Nein, nein, ohne Bescheinigung eines Instituts könne er diese »heiße Ware« nicht abgeben. Daraufhin erzählte ich unserer Bibliothekarin von meinem Raritätenfund, ohne ihr nähere Einzelheiten über die Verfasser mitzuteilen, und erhielt von ihr tatsächlich die gewünschte Bescheinigung. Durch mißliche Umstände kam ich erst einige Tage später wieder nach Berlin, und da waren nur noch drei oder vier Bücher von Trotzki vorhanden. Pinzke verkaufte sie mir, weil ich ihm die Genehmigung der Parteihochschule für den Erwerb »antiquarischer Bücher« zeigen konnte. Wir diskutierten über Trotzki, den er – obwohl kein »linientreuer Stalinist« – scharf ablehnte. Erst aus Elisabeth Shaws Buch erfuhr ich, daß Pinzke 1950 Selbstmord beging. Er war eng mit Willi Kreikemeyer befreundet gewesen, der 1950 wegen seiner Verbindungen in der Emigration zum angeblichen US-Spion Noel Field vom MfS verhaftet wurde und im Gefängnis umkam.

Meine neu erworbenen Bücher brachte ich der Bibliothekarin, Li Seehof. Elise Rennor, Tochter eines Steuermanns, wurde nach dem Besuch der Mädchenhandelsschule Buchhändlerin. In Berlin hatte sie den Buchhändler und anarchistischen Schriftsteller Artur Seehof geheiratet, von dem sie aber schon Ende 1921 geschieden wurde. Im Krieg Mitglied der USPD, gehörte sie der KPD seit Gründung an und war ab 1922 in verschiedenen Buchhandlungen und Verlagen der Partei tätig. Li Seehof emigrierte 1933 zunächst nach Frankreich, in die Schweiz und dann nach Moskau. Dort arbeitete sie als Korrektorin in der »Deutschen Zentral-Zeitung«. Im Jahr 1941 wurde sie nach Kasachstan deportiert, wo ihre Tochter Tanja an Tbc starb. Ende 1945 konnte sie nach Deutschland

Li Seehof.

zurückkehren. Hier beschloß das Sekretariat der KPD am 8. Dezember 1945: »Elise Seehof – als Bibliothekarin für die zentrale Parteischule anstellen«. Seitdem leitete sie die Bibliothek der Parteihochschule »Karl Marx« zunächst in Liebenwalde, dann auch in Kleinmachnow. Schließlich wurde Li Seehof 1952 Mitarbeiterin der Kulturabteilung an der DDR-Botschaft in Moskau, sie trat 1956 in den Ruhestand.

Als ich dieser damals 58jährigen Genossin, die den Terror und die Säuberungen in der Sowjetunion überlebt hatte, nun im Sommer 1948 frohgemut und stolz meine Funde aus dem Antiquariat vorzeigte, sah ich, wie Li Seehof erblaßte und zusammenschrak. »Weißt du denn nicht, daß Trotzki ein Agent war?« fragte sie mich. »Trotzki ist doch seit acht Jahren tot«, wiegelte ich ab. »Und selbst wenn er später eine falsche Politik machte, was ändert das an der Bedeutung und Richtigkeit dieser Bücher, die 1920 offiziell von der Partei herausgegeben wurden? Wir studieren doch auch Kautsky, der später zum Renegaten wurde.« Über meine Einfalt schlug sie die Hände über dem Kopf zusammen. Doch ich meinte, wenn sie die Bücher nicht gebrauchen könne, solle sie sie ruhig mir überlassen, ich würde sie gern bezahlen. Nun war sie völlig entsetzt. Sie kannte mich ja als ständigen Benutzer der Bibliothek und wußte, daß ich aus Westdeutschland kam. »Genosse Wunderlich«, fragte sie, »was glaubst du wohl, was die Sowjetsoldaten mit dir machen, wenn solche Bücher bei der Grenzkontrolle bei dir gefunden werden?« Ihre Furcht war offensichtlich, was mich außerordentlich bestürzte. Li nahm mir die Bücher weg, und ich bin überzeugt, daß sie sie vernichtet hat. Noch heute aber bin ich ihr dankbar, denn es dauerte nicht lange, bis ich erkannte, wovor sie mich bewahrt hatte. Was wäre mir geschehen, wenn sie den Vorfall 1948 gemeldet hätte?

Nach und nach spürte ich auf der SED-Parteihochschule »Karl Marx« wieder etwas, was mich in fataler Weise an die Verhältnisse in der Lehrerbildungsanstalt der Nazis fünf Jahre zuvor erinnerte: die Angst, die eigene Meinung unumwunden auszusprechen. Nur daß es diesmal nicht in einer feindlich gesinnten Umgebung geschah, sondern unter den eigenen Genossen. Der KPD war ich doch auch beigetreten, um meine Gedanken frei von der Leber weg äußern zu können: Von jetzt an war ich auf der Hut. Aber erschreckt registrierte ich, wie ich mich damit auch opportunistisch anpaßte, um eventuelle Schwierigkeiten zu vermeiden. Oder reifte doch ansatzweise schon die Erkenntnis, die sich bei mir dann ab 1949 festigte? Nämlich, daß es für Funktionäre innerhalb der stalinistischen Bewegung nur die Möglichkeit gab, entweder sich (wenigstens offiziell) der gerade gültigen Parteilinie absolut unterzuordnen, oder aber zum völligen Bruch mit der Partei bereit zu sein. Weder eine Teilopposition noch eine »Abweichung« wurden geduldet.

Ob ich zu dieser Überlegung schon im Juli 1948 gekommen war, kann ich heute nicht mehr sagen. Jedenfalls taktierte ich erheblich, hielt mit meiner Meinung und meinem Wissen hinterm Berg, als wir am 5. Juli 1948 den Vortrag von Ernst Melis über die »Schädlingsprozesse« in der Sowjetunion 1936 bis 1938 hörten. Melis war ein rühriger, damals fast vierzigjähriger »Altkommunist«, der sich häufiger mit uns westdeutschen KPD-Genossen unterhielt. Der schmallippige Mann mit hoher Stirn galt als ruhiger, aber auch fanatischer Genosse. Er war 1928 in seiner Heimatstadt Kassel der KPD beigetreten, zunächst im Jugendverband tätig und ab 1930 im illegalen KPD-Apparat, der sowohl als Nachrichtendienst wie als Militärapparat der Partei diente. 1931/32 saß er ein Jahr lang im Gefängnis, mußte nach erneuter illegaler Arbeit im Dezember 1933 aus Deutschland fliehen. Über Paris kam Melis 1934 nach Moskau, wo er die Internationale Leninschule besuchte. Ende 1937 nach Prag, anschließend nach Paris geschickt, arbeitete er als Redakteur für kommunistische Organe. In Paris und ab 1942 in Toulouse und Lyon gehörte er zur illegalen deutschen Parteileitung und schließlich ab 1944 zur Redaktion einer Zeitung des französischen kommunistischen Bergarbeiterverbands. Erst im Dezember 1947 kehrte Melis nach Deutschland zurück und übte dann an der Parteihochschule bis 1951 verschiedene Funktionen aus, unter anderem 1948/49 in der Historischen Fakultät, anschließend war er Parteisekretär. Ab 1951 Redakteur des SED-Organs »Einheit«, blieb er dies bis 1989 und war auch bis 1989 Mitglied der Zentralen Revisionskommission der SED.

In seinem Vortrag berichtete Melis Anfang Juli 1948 als erster vor Parteihochschülern über die Stalinsche Säuberung, der er selbst vermutlich nur durch seine Abkommandierung nach Prag entkommen war. Er nannte diese fürchterlichen Verfolgungen »Schädlingsbekämpfung«. Inhaltlich hielt er sich strikt an die lügenhafte Beschreibung der Säuberungen im stalinistischen »Kurzen Lehrgang« der Geschichte der KPdSU. Dieses Machwerk hatte vorher im Unterricht noch keine Rolle gespielt und wurde auch von kaum jemandem ernst genommen. Das sollte sich nun ändern. Allerdings hatte ich mir ja inzwischen ein – für damalige Verhältnisse – relativ genaues Bild von den Säuberungen und Schauprozessen gemacht.

Ich wußte vor allem über die Verfolgungen der Führungsspitze schon manches von dem, was heute allgemein bekannt ist: In den drei großen Schauprozessen 1936 bis 1938 in Moskau, in den Geheimprozessen gegen hohe Militärs vom Juni 1937 sowie gegen Jenukidse, Karachan u. a. im Dezember 1937 wurde der Großteil der in der russischen Revolution und im Bürgerkrieg führenden Bolschewiki, die gesamte kommunistische Führungsgarnitur der Lenin-Ära, verurteilt und später erschossen. Neben diesen zentralen Tribunalen fanden ungezählte in der Provinz statt, denen die lokalen Führer zum Opfer fielen. Noch weit größer ist die Zahl derjenigen, die stillschweigend liquidiert wurden.

Seinerzeit hatte ich mir beim Studium der Literatur und einiger Dokumente (nicht zuletzt der »roten« Lenin-Ausgabe und der Prozeßprotokolle) schon die Fakten zusammengetragen und die Tragödie der Säuberungen erkannt. Ebenso den Irrsinn der »Begründungen«: wenn die Führer des Bolschewismus in ihrer Mehrheit »Agenten« gewesen waren, warum hatten sie dann überhaupt die Oktoberrevolution organisiert? Dem Zentralkomitee hatten ja in der für das Bestehen der Sowjetmacht entscheidenden Zeit zwischen 1919 und 1921 insgesamt 25 Personen angehört. Von ihnen überstanden außer Stalin nur Andrejew und Kalinin die Repressalien unbeschadet.[101] Heute kennen wir die Schreckensbilanz: Von den 32 Mitgliedern des Politbüros zwischen 1919 und 1938 kamen 17 als Opfer der Säuberung ums Leben, 40 Mitglieder des Zentralkomitees der KPdSU wurden liquidiert, 18 frühere Volkskommissare (d. h. Regierungsmitglieder), 16 Botschafter und Gesandte, fast sämtliche Vorsitzenden der einzelnen Republiken wurden erschossen oder kamen in der Verbannung im GULag um. Auch in der sowjetischen Armee wütete die Säuberung, vermutlich 40 000 höhere Offiziere wurden umgebracht. Von den 2,5 Millionen Mitgliedern, die zwischen 1923 und 1938 aus der KPdSU (B) ausgeschlossen wurden, fiel die Hälfte der blutigen Säuberung nach 1936 zum Opfer.

Darüber berichtete Melis uns natürlich kein Wort, vielmehr denunzierte er die bekannten sowjetischen Führer wie Sinowjew, Kamenew, Bucharin und auch Radek als »Schädlinge« und »Agenten«. Wie gesagt, ich wagte nicht mehr, die Lügen des »Kurzen Lehrgangs« offen als Fälschungen anzuprangern, was ich einige Zeit vorher wohl noch unbefangen getan hätte. Statt dessen verlegte ich mich auf »Fragen«. Beispielsweise erkundigte ich mich beim Referenten, ob denn Karl Radek, der ja die KPD mit begründet und als Funktionär der Komintern dann angeleitet hatte, etwa schon damals ein »deutscher Agent« – so der von Melis aus dem »Kurzen Lehrgang« abgeleitete Vorwurf für die dreißiger Jahre – gewesen sei. Mit diesen und ähnlichen Fragen habe ich nicht nur den Lehrer, sondern auch viele Mitschüler verwirrt. Melis zog es vor, nur noch aus dem »Kurzen Lehrgang« zu zitieren. Nach Ende der Lektion wandte sich Herbert Mies aufgeregt an mich, ob ich denn verrückt geworden sei. Jeder habe doch gemerkt, daß ich nur provokatorisch Auskünfte von Melis gefordert habe. Ob das damals der allgemeine Eindruck war, weiß ich nicht, wenn ja, wäre ich heute halbwegs zufrieden. Denn vor allem ärgerte ich mich über meine Feigheit, daß ich nicht wagte, erworbenes Wissen mutig und deutlich zu äußern. Vermutlich hätte das für mich allerdings das Ende des Lehrgangs an der Parteihochschule bedeutet, was ich aber zu diesem Zeitpunkt keinesfalls wollte.

Lichtblicke

Denn neben all den trüben Erfahrungen während des 2. Semesters war ich ja mit dem Unterricht und den neuen Freundschaften sehr zufrieden, ebenso erfreute mich, daß meine »Eskapaden« – sei es mit Stirner, Brecht oder Picasso – bei einigen »ankamen«. Zu meiner Belustigung stellte ich fest, wie die von mir zugeteilten Spitznamen angenommen, sogar nach und nach gebräuchlich wurden. Vor allem aber hatte ich mich im Juni ernsthaft verliebt und daher sah für mich persönlich die Welt auf einmal ganz anders aus.

Gerda Röders Bericht hat gezeigt, auf welchem Weg sie als frühere Sozialdemokratin zur Parteihochschule, zunächst zum Halbjahreslehrgang gekommen war. Mir war sie schon dort hin und wieder aufgefallen, weil sie sich vom Gros der Genossen ihres Lehrgangs durch jugendliche Frische, Unbekümmertheit und Fröhlichkeit, mit flottem Kostüm und glänzenden Stiefeln abhob. Nachdem sie in Kleinmachnow zu unserem Zweijahreslehrgang gestoßen war, sahen wir uns öfter, auch wenn wir in verschiedenen Fakultäten studierten. Aber wir unterhielten uns doch ab und zu beim Essen, diskutierten über Bücher oder Kunst. Jedenfalls waren wir uns schon näher gekommen, als wir im Juni miteinander die »Sonnenwende« beim Bunten Abend mit Tanz feierten, und dies der Beginn unseres gemeinsamen Lebens wurde. Es hatte für die Schüler schon öfter Tanzveranstaltungen gegeben. Und dazu kam stets eine Drei-Mann-Kapelle (Geige, Klavier, Schlagzeug), die sogar im Frack spielte. Im allgemeinen waren es die gängigen deutschen Schlager, aber auch moderne amerikanische Tanzmusik.

An diesen für uns beide so wichtigen 20. Juni 1948 erinnert sich Gerda: Aber die Musikanten hatten auch schon flotte Glenn-Miller-Melodien oder Boogie-Woogie im Programm, und wenn sie gar den Tiger-Rag spielten, legte Hermann mit mir eine kesse Sohle aufs Parkett. So auch am 20. Juni 1948 am Abend der Sommersonnenwende. Einer unserer Genossen, es war Picasso, hatte etwas Ausgefallenes konstruiert. Um Mitternacht forderte er alle im Tanzsaal auf, ihm durch den Schulpark, vorbei an der Hakeburg zum Hake-See (eine Ausbuchtung des Teltow-Kanals) zu folgen. Dort angekommen, sprang er in den finsteren Fluß, aber keiner von uns ahnte, was nun geschehen würde. Plötzlich, unter vielen Ahs und Ohs, entflammte in der Mitte des Sees ein gewaltiger Holzstoß. Den hatte der Genosse auf einem am Ufer befestigten

Floß errichtet. Beim Anblick des mitternächtlichen Feuers, dessen hoch auflodernde Flammen sich im Wasser widerspiegelten, entstand eine unbeschreibliche Stimmung. – Eben hatten wir noch nach schwingender Musik fröhlich getanzt, und nun – eine beinahe greifbare Stille – kein Ton, nur das Knistern des Feuerholzes inmitten des Sees war zu hören. Am Himmel funkelten tausende Sterne in dieser lauen Sommernacht. Hermann hielt mich in seinen Armen, wie ganz allein auf der Welt standen wir inmitten all der anderen Genossen, lange eng umschlungen. In diesem Moment kamen wir uns für immer ganz nah – wir haben daran festgehalten, uns niemals wieder getrennt.

Wie Gerda schreibt, wurden wir von nun an unzertrennlich. Wir gingen in Kleinmachnow ins Kino, nach Teltow in die Tanzdiele, unternahmen lange Abendspaziergänge am Kanal oder fuhren gemeinsam nach Berlin. Damals liefen so bewegende DEFA-Filme wie »Die Mörder sind unter uns«, »Ehe im Schatten«, »Affäre Blum«, »Wozzeck« oder »Straßenbekanntschaft«. Gerade die Anti-Nazifilme haben uns junge Menschen emotional berührt und unser Bekenntnis zum Antifaschismus gestärkt. Noch tiefer beeindruckt hat uns dann im September 1948 die Ausstellung »Das andere Deutschland«. Gegenüber dem zerstörten Reichstag war eine umfangreiche »Schau der deutschen Widerstandsbewegung gegen das Naziregime« zu sehen. Die »Vereinigung der Verfolgten des Naziregimes« und andere Organisationen hatten die Schrecken der Nazi-Diktatur und den Widerstand auch mit künstlerischen Mitteln dokumentiert, unter anderem war im »Ehrenraum« eine Wandmalerei von Horst Strempel zu sehen. Mich hat diese Ausstellung sehr beeindruckt, auch wenn sie wohl »parteilich« war.

Besondere kulturelle Ereignisse waren Theaterbesuche in Berlin. Im Juni und Juli sahen wir unter anderem in der Staatsoper »La Traviata«, im Deutschen Theater Brechts »Furcht und Elend des Dritten Reiches«, im Haus der Sowjetkultur Wischnewskis »Optimistische Tragödie«, eher ein sowjetisches Propagandastück, allerdings sehr gut gespielt. Aus dieser Aufführung haben wir dann immer wieder spöttisch die unmarxistische Klassendefinition »werktätiger Kleinbürger« zitiert. Aber auch der Auftritt des sowjetischen »Alexandrow-Ensembles« am Gendarmenmarkt mit Musik und Tanz hat uns begeistert. Wir besuchten Kunstausstellungen, etwa von Fritz Duda, ebenso erhaltene Baudenkmäler. Besonders angetan waren wir von zwei Ausstellungen der Werke von Carl Hofer im Oktober, die eine war vom Magistrat Unter den Linden und die andere vom Kulturbund in der Jägerstraße organisiert. Wir empfanden dies alles nicht als pflichtmäßiges »Kulturprogramm«, sondern vielmehr als Kunstgenuß und als Bereicherung, die uns oft noch großen Spaß bereitete. Es waren wunderbare Erlebnisse, sie entschädigten uns und lenkten uns auch ab von den tristen politischen Realitäten. Schon damals begriff ich, daß der Alltag weit mehr ist als nur Politik, selbst bei so politisch Versessenen, wie wir es waren.

Im übrigen war die Parteihochschule seinerzeit keineswegs ein »Rotes Kloster«, wie dies Westzeitungen manchmal schrieben. Der Schulleitung waren allerdings einige »Pärchen« eher suspekt. Dazu bemerkte Gustav Urbschat im Mai in einem Wandzeitungsartikel: »Die Frage der Beziehungen der Geschlechter ist kompliziert und zu elementar, als daß eine Schulleitung hoffen könnte, sie durch irgendwelche Verhaltensmaßregeln lenken zu können. Hier erwächst für das Schülerkollektiv eine gewaltige Aufgabe, die offenbar bisher noch nicht erkannt wurde … Moralinfrei bitte und ohne Klatsch mit dem einzigen Maßstab, die Schule und die Partei, und einen Menschen, der uns nahe steht, einen Genossen, eine Genossin, vor Schaden zu bewahren.« Da Gerda und ich ja zu verschiedenen Fakultätsgruppen gehörten, unsere Beziehung zwar nicht geheimhielten, aber auch nicht an die große Glocke hängten, haben wir deswegen nie Ärger bekommen.

Gefördert wurde das Gemeinschaftsgefühl durch die ständigen Arbeitseinsätze zum »Aufbau« oder Enttrümmern, etwa wenn es am 17. Juli wieder einmal nach Ludwigsfelde zu einer »Ziegelsteinaktion« ging und dabei gesungen und gespottet wurde. »Aufbauarbeit« wurde auch bei Neubauern im Ort Genshagen geleistet. Die Schulleitung meldete im November 1948: Von Schülern und Lehrern sind in 1 800 Arbeitsstunden 60 000 Ziegelsteine geborgen und transportiert sowie zehn Neubauernstellen »ausgeschachtet« worden. Voll Stolz wurde festgehalten: »Ein Erfolg, der ohne Zweifel aus diesem Arbeitseinsatz resultiert, ist die Tatsache, daß sämtliche Neubauern in Genshagen Mitglied unserer Partei sind.«[102]

Die Sportveranstaltungen – bei denen ich freilich meistens nur Zuschauer war – dienten ebenfalls der Entspannung. Außerdem baute das »Schülerkollektiv« im Schulgelände einen Sportplatz, und wir verwandelten den Feuerlöschteich in ein (noch heute vorhandenes) Schwimmbad; das kostete zwar allerhand Schweiß, machte aber auch Spaß. Daß wir im Gegensatz zu den kürzeren Lehrgängen an der Parteihochschule natürlich viel intensiver studieren konnten, wurde uns sehr deutlich bewußt bei der Verabschiedung der Teilnehmer des Halbjahreskurses.

Zum Vortrag auf dieser Abschiedsfeier am 11. Mai 1948 hatte das Zentralsekretariat sein Mitglied Erich W. Gniffke geschickt. Gniffke war 1945 einer der drei gleichberechtigten SPD-Vorsitzenden in Berlin (neben Otto Grotewohl und Max Fechner), und wie diese hatte er die Zwangsvereinigung mitgemacht. Im Zentralsekretariat der SED war er die »Parität« zu Dahlem. Allerdings fiel auf, daß Gniffke hier in seiner Rede noch bei der alten Sprachregelung blieb und die SED eine »marxistische« Partei nannte, nicht, wie inzwischen üblich, eine »marxistisch-leninistische«. Das war von ihm wohl eine bewußte Demonstration gegen die neue Linie, denn nur wenige Monate später, im Oktober 1948, flüchtete Gniffke in den Westen. In einem »Trennungsbrief« hielt er fest, daß die stalinistische Partei neuen Typus zur »Vernichtung aller demokratischen Rechte«, also zur totalitären Diktatur führen werde. Das wollte er als Sozialist nicht mitmachen.

Zum Ende des Halbjahreskurses referierte indes nicht nur Gniffke, sondern von der SMAD abermals Sergej Tulpanow. Er war nach seinem großen Auftritt vom April bereits drei Wochen später wieder zu einem Vortrag an die Parteihochschule gekommen. Dies unterstrich, für wie wichtig die SMAD, die ja die Stalinisierung der Partei systematisch vorantrieb, gerade diese oberste Bildungsstätte hielt. Diesmal wandte sich Tulpanow vor allem an die »gestandenen« Funktionäre des Halbjahreskurses, die nun in leitende Posten der SED verabschiedet wurden. Er stellte den Vorbildcharakter der KPdSU für die SED heraus und warb für die »Freundschaft« mit der Sowjetunion. Nach seinen Darlegungen bedeutete das vor allem »Kampf« gegen den »Antisowjetismus«. Und anders als Gniffke hat Tulpanow den »Marxismus-Leninismus« als unsere »gemeinsame Ideologie« ständig im Munde geführt.

Mit dem Ende des Halbjahreskurses verließen einige mir bekannte Funktionäre die Parteihochschule, unter ihnen Robert Bialek. Ich bin mir nicht sicher, ob ich damals auch schon mit Jakob Goldberg Kontakt hatte. Aber als wir 1950 gemeinsam im Zentralbüro der westdeutschen FDJ in Frankfurt am Main und dann in

Düsseldorf arbeiteten, unterhielten wir uns gelegentlich über die Zeit in Kleinmachnow.

Jakob Goldberg hatte 1935 die Mittelschule zwangsweise verlassen müssen und arbeitete bis 1938 in den Lehrwerkstätten der jüdischen Gemeinde Hamburg. Im Dezember 1938 gelangte er mit einem Kindertransport nach England, dort schloß er sich der FDJ und 1944 der KPD an. Gleichzeitig meldete er sich freiwillig zur britischen Armee und war bis März 1946 in Indien eingesetzt. Ende 1946 aus der Armee entlassen, kam er nach Hannover und wurde Sekretär und Landesvorsitzender der FDJ. Im Oktober 1947 zum Halbjahreskurs an die Parteihochschule entsandt, studierte er dort unter dem Decknamen Jacob Krause. Nach seiner Rückkehr im Mai 1948 wurde er als Orgsekretär der 2. Mann der FDJ im Zentralbüro für Westdeutschland, wo ich dann ab Januar 1950 als Chefredakteur des Verbandsorgans »Junges Deutschland« arbeitete. Goldberg wurde bereits im Oktober 1950 fristlos entlassen. Als Grund dafür genügten seine Westemigration sowie eine Denunziation, »Agent Kurt Müllers« zu sein. Er durfte aber nach »Selbstkritik« genannten Selbstbezichtigungen bis zum Verbot der KPD 1956 Redakteur der Parteizeitung in Essen bleiben.

Als wir uns im August 1951 bei den »Weltfestspielen« in Berlin einmal begegneten, führten wir ein langes Gespräch. Nach einigen Bieren versicherten wir uns gegenseitig offen unsere übereinstimmende Ablehnung des Stalinismus. Dennoch blieb Goldberg in der KPD, er war dann ab 1958 sogar in der Illegalität aktiv. Nach meinem Bruch mit der Partei 1954 hatte ich Jakob aus den Augen verloren. Er schloß sich 1968 der DKP an und wurde wieder deren Parteiredakteur. Mich hat es geradezu verblüfft, daß er für die DKP 1972 ein Buch über den Nahostkonflikt publizierte. Jakobs Frau Helgard (sie hatten 1951 in Leipzig geheiratet) berichtete[103], wie der Zwiespalt zwischen den theoretischen Einsichten und seiner praktischen Arbeit zum körperlichen Zusammenbruch führte. Sehr krank, starb er bereits 1982 mit nur 61 Jahren.

Jakob Goldberg ist für mich beispielhaft für jene Opfer der Nazis, die zu den Kommunisten gingen, weil sie den Faschismus bekämpfen wollten. Als kluger Kopf hat er dann die Ausmaße der stalinistischen Diktatur erkannt, ja er mußte diese am eigenen Leibe erfahren, war aber dennoch außerstande, den Bruch zu vollziehen.

Prüfung eines Studenten durch Vertreter der vier Fakultäten. Vorn links Heinz Abraham (Grundfragen), dahinter Alexander Grüttner (Philosopie), rechts Liesel Wagner (Ökonomie) und Felix Rossmann (Geschichte).

Unser 2. Semester endete im Juli/August mit den üblichen Wiederholungen und Prüfungen. Von diesem Semester sind Zensuren von Mitschülern in den Archiven nur vereinzelt zu finden. Gustav Urbschat bekam wohl als Bester in Philosophie und Geschichte eine Eins, in Grundfragen und Ökonomie eine Eins minus. Fritz Schörnig erhielt in Geschichte eine Eins, in Philosophie und Grundfragen eine Zwei und in Ökonomie eine Zwei minus. Über meine Noten habe ich keine Belege entdeckt und weiß nicht, wie sie ausgefallen waren. Jedenfalls müssen sie gut gewesen sein, denn im 3. Semester wurde ich dann ja als »Aspirant« eingesetzt. Zu meinem 20. Geburtstag am 23. August hat mir meine Fakultätsgruppe »Joseph Dietzgen« nachträglich das Buch »Ditte Menschenkind« von Martin Andersen Nexö mit einer Widmung geschenkt.

Als die Semesterferien begannen, war die Situation für uns Westdeutsche anders als zur Weihnachtszeit. Denn jetzt im Sommer, nach der Währungsreform, besaßen wir kein »Westgeld«. Deshalb rief uns Parteisekretär Otto Heckert zusammen, um uns mitzuteilen, daß wir zwar um den 15. August nach Hause, nach Westdeutschland fahren dürften, allerdings nur, falls wir die Reise selbst finanzierten und spätestens am 5. September zurück seien (das 3. Semester begann am 6. September und endete am 26. Februar 1949). Das machte vor allem Fritz Wichert, der ja hier Fritz Walter hieß, wütend. Woher wir denn das nötige Westgeld nehmen sollten, wollte er wissen.

Fritz, der ebenso wie ich der Philosophischen Fakultät angehörte, scheute keinen Streit. Der damals 24jährige war Sohn eines kommunistischen Bergmanns aus Castrop-Rauxel und hatte Kellner gelernt. Im Krieg Soldat bei den Gebirgsjägern, kam er als Funker nach Norwegen und geriet dort in englische Gefangenschaft. Ende 1945 freigelassen, wurde er Kellner im englischen Hauptquartier. Die KPD-Bezirksleitung Ruhrgebiet schickte Fritz 1947 auf die Parteihochschule. Hier hatte ich zu ihm guten Kontakt. Aber obwohl wir beide Philosophie studierten, waren unsere Interessen und Ansichten oft unterschiedlich. In der Parteihochschule hatte sich Fritz mit Sonja Nathan aus Berlin angefreundet. Sie war wie ich in der »Gruppe Thälmann« gewesen, studierte aber nun in der Fakultät Ökonomie. Sonja bekam im Sommer 1948 persönlichen Ärger mit ihrer Berliner Parteiorganisation und mußte im Oktober die Parteihochschule verlassen. Sie wurde zur »Bewährung« in die Produktion, ins »Bekleidungswerk Fortschritt« in Berlin-Lichtenberg geschickt. Fritz hat die Zumutung der SED strikt abgelehnt, sich daraufhin von Sonja zu trennen. Beide heirateten noch im Oktober 1949 in Berlin.

Die Studenten Sonja Nathan und Fritz Walter (Wichert) 1948 in Kleinmachnow.

Nach seiner Rückkehr wurde Fritz Wichert 1950 Instrukteur des Parteivorstandes der KPD in Düsseldorf. Sonja arbeitete dort bei der FDJ und kam deshalb von März bis Mai 1953 in Untersuchungshaft. Die KPD entließ Fritz wegen seiner Tätigkeit als Kellner im englischen Offiziers-Kasino aber bereits 1951. Damals wurden ja nicht nur »Westemigranten«, sondern auch bei West-Alliierten Beschäftigte, ja selbst ehemalige Kriegsgefangene der Westmächte oder Jugoslawiens ihrer Funktionen enthoben. Es ging beiden Wicherts materiell sehr schlecht. Fritz fand 1958 Arbeit als Stahlbauschlosser bei der Gutehoffnungshütte, wo er zum Betriebsrat gewählt wurde. Seit 1960 standen wir wieder in Verbindung, inzwischen hatten sich Fritz und Sonja schrittweise ebenfalls von der KPD getrennt. Sogar für das in Köln erscheinende Oppositionsorgan »Dritter Weg« verfaßte Fritz Wichert einige Artikel. Von 1964 bis zur Rente arbeitete er als Angestellter in der NRW-Landesversicherungsanstalt, 1988 ist er an Krebs gestorben. Sonja lebt jetzt als Rentnerin in Düsseldorf.

Daß Fritz Walter 1948 mit seiner Wut auf Heckert völlig recht hatte, das war die Auffassung aller KPD-Studenten. Neben Meier (Mies), Krüger (Korb), Gärtner (Görres) und mir war auch der Hamburger Ludwig Sonnenberg derselben Meinung. Ihn hatte die Hamburger KPD zum Studium geschickt, tatsächlich hieß er Ludwig Seidel. Der schlanke und eher kontaktscheue, damals etwa 30jährige war zeitweise mit unserer Mitschülerin Lucy Schlef aus

Vorlesung von Walter Ulbricht am 12. August 1948 an der Parteihochschule. Im Präsidium Rudolf Lindau, Otto Heckert, Bruno Langner und Paul Lenzner.

Genthin liiert, die einige Jahre älter war und die Parteihochschule bereits Ende 1948 verließ. Er blieb später unter seinem richtigen Namen als Assistent an der Parteihochschule (Beschluß des Kleinen Sekretariats vom 9. Juni 1949) in der Fakultät Grundfragen. Ludwig wurde allerdings wegen »Kadermangels« in Westdeutschland durch Beschluß des Politbüros im September 1950 wieder an die KPD als Instrukteur überstellt; sein weiteres Schicksal ist mir unbekannt.

Ebenso ist nicht genau festzustellen, wer der siebte Hochschüler aus der KPD war. Hier versagt die Erinnerung (auch bei den nach 1990 von mir befragten Mitschülern). Die Unterlagen sind widersprüchlich.[104] Beispielsweise wird Jupp Kurth, der mit mir in der Gruppe »Thälmann« war, aber 1948 die Parteihochschule verlassen mußte, zu den Westdeutschen gezählt. Ich halte das für unwahrscheinlich, da er mir dann als einer der Westdeutschen im Gedächtnis geblieben wäre. Außerdem ist sich unter anderem Werner Wölk sicher, daß Kurth aus Rostock stammte.[105] Schließlich wird noch Winfried Müller (auf der Parteihochschule Winfried Mauser) angegeben. Das ist ebenfalls wenig wahrscheinlich, wie Wolfgang Leonhard bestätigt. Winfried Müller, 1950 in Westdeutschland in der titoistischen »Unabhängigen Arbeiterpartei« aktiv, in der Leonhard führend wirkte, wurde später bekannt als »Si Mustapha«, Berater der FLN in Algerien. Über ihn gibt es sogar einen Film: »Si Mustapha Müller – kurze Zeit des Ruhms«, der im März 1992 in Hamburg uraufgeführt wurde. Es ist eher anzunehmen, daß Müller 1948/49 wohl nur einen kürzeren Lehrgang absolviert hat. Wir erinnern uns aber, daß ein etwas älterer, beinamputierter Genosse, vermutlich aus Hannover, am ersten Zweijahreslehrgang teilgenommen hat. Letztlich war die Identität des »siebten Mannes« trotz aller Recherche nicht aufzuklären.

Während es den meisten KPD-Schülern mangels Westgeld nicht möglich war, im August 1948 nach Westdeutschland zu fahren, war es bei Herbert Mies und mir anders, denn wir konnten uns das notwendige Westgeld regulär besorgen. Gerdas Tante Grete Goldschmidt in Steglitz war so hilfsbereit, für die relativ geringen Fahrkosten unsere Ostmark in West-DM zu tauschen, und so reisten wir schließlich doch nach Mannheim.

Vor allen Kursanten der Parteihochschule hatte am 12. August nochmals eine »Großveranstaltung« mit Walter Ulbricht stattgefunden. Er sprach zum Thema »Die gegenwärtige politische Lage und die daraus für die SED erwachsenden Aufgaben«. Nun konnte Ulbricht ohne alle Umschweife das sowjetische Modell Stalins propagieren, die Partei neuen Typus als sofortige Aufgabe proklamieren, die jugoslawische Führung als Verräter attackieren und auch in der SED Säuberungen androhen. Mit diesem Ausblick auf die künftig geplanten Maßnahmen der Parteispitze, die SED rasch und gründlich zu stalinisieren, fuhren wir in die Ferien und hatten mit einigem Abstand Zeit zum Überlegen.

Meine Zweifel wachsen

Unter den Mannheimer Kommunisten hatte sich inzwischen, wie ich ziemlich rasch bemerkte, viel verändert. Die ablehnende Stimmung gegen die Umbenennung der KPD in »Sozialistische Volkspartei« war noch vorhanden, aber die hiesige Führung war bereit, die politische Linie der SED zu befolgen. Das konnte nun umso leichter geschehen, da die Personen an der örtlichen Parteispitze ausgewechselt worden waren. Jakob Ritter amtierte seit Mai 1948 als Bürgermeister und hatte sich völlig aus der Parteiarbeit zurückgezogen. Willy Boepple wurde mehr und mehr isoliert. Bei ihm fanden zwar »Fraktionssitzungen« statt, aber der Teilnehmerkreis war geschrumpft, was mir bei einem Gespräch Ende August auffiel. Nur noch Fritz Karg, Wilhelm Rihm, Jakob Ritter (sein Sohn war jetzt Mitglied der SPD) und Hans Babelotzki waren gekommen. Die hauptamtlichen Funktionäre hielten sich fern, und auch Herbert Mies hatte die Einladung ausgeschlagen. Willy Boepple stand mit seinen – inzwischen radikalisierten – oppositionellen Ansichten in der Mannheimer Parteileitung ziemlich allein. Sein Bruch mit der SED-Führung war bereits Anfang 1948 erfolgt, als Boepple im Parteivorstand in Ost-Berlin eine oppositionelle Rede gehalten und Ulbricht ihn angebrüllt hatte. »In einer Sitzungspause kam der SED-Führer Anton Ackermann zu Willy Boepple und riet ihm dringend, sofort nach Mannheim abzureisen.«[106] Daraufhin rief er seinen Fahrer zu sich (das war gerade Fritz Karg), und sie verließen auf dem kürzesten Weg die SBZ. Über diesen schlimmen Vorfall berichtete uns Boepple, und später hat Fritz Karg die Episode immer wieder erzählt.

Als wir nun im August 1948 in Mannheim zusammensaßen, hatte Boepple bereits sein Landtagsmandat und sämtliche Funktionen niedergelegt. In der Diskussion wurde deutlich, daß er alle Hoffnung aufgegeben hatte, die KPD werde sich gegen die beginnende Stalinisierung zur Wehr setzen. Allerdings ist dem damaligen Mannheimer Parteichef Willy Grimm von diesem Gesprächskreis durchaus selbständiges Denken bescheinigt worden. Willy Grimm war von Beruf Schlosser. Schon als Jugendlicher hatte er zusammen mit seinem Freund Paul Wandel (der später in der SBZ/DDR wichtige Führungspositionen übernahm), die kommunistische Jugend in Baden geleitet. 1932 arbeitete er als Redakteur bei der KPD-Zeitung in München. Dort wurde er 1933 von den Nazis verhaftet und ins KZ Dachau verschleppt. 1945 befreit, wurde Grimm dennoch einige Zeit von der US-Besatzungsmacht festgehalten, da es falsche Anschuldigungen gegen ihn als »Funktionshäftling« gab. 1947 kehrte er nach Mannheim zurück, löste Boepple als Bezirksleiter ab und war 1949 Chefredakteur des KPD-Organs »Badisches Volksecho«. Grimm wurde Ende 1949 mit der gesamten Kreisleitung Mannheim von der KPD-Führung angegriffen, weil er sich »dem notorischen Parteifeind« Boepple gegenüber »versöhnlerisch« verhalten habe. Nach dem KPD-Verbot 1956 fand er Arbeit als Korrektor beim »Mannheimer Morgen«. Einige Redakteure dieser Zeitung haben uns 1970 zusammengebracht, und wir freundeten uns wieder an. Er folgte sogar einer Einladung und hielt in meinem Seminar an der Universität einen interessanten Vortrag. Darüber hinaus hat er auch meinen Freund und Kollegen Erich Matthias und mich bei der Erforschung des Mannheimer Widerstands unterstützt.[107]

Überraschend ist Grimm im Februar 1973 verstorben. Der »Mannheimer Morgen« würdigte ihn in einem Nachruf: »Seine überlegene, abgewogene Art zu reden, zu schreiben und zu verhandeln, hat ihn trotz aller Leidenschaftlichkeit seiner Ansichten davor bewahrt, sich sektiererisch zu verrennen.« Willy stand der DKP distanziert gegenüber und hat auch keine Funktion übernommen. Wie diese dann seine Person für sich auszunutzen versuchte, mußte ich bei seiner Beerdigung erleben. Der Redner (es war der bekannte Stalinist Emil Carlebach) stilisierte Grimm zum Freund der DDR und Ulbrichts. Das habe nicht nur ich, das haben auch andere jedoch besser gewußt, denn oft hatte er seine Abneigung gegenüber der DDR und seine Feindschaft zu Ulbricht thematisiert. Aber Tote können sich gegen Mißbrauch nicht wehren.

Als Herbert Mies und ich im August und Anfang September

1948 lange Gespräche mit Willy Grimm führten, imponierte mir sehr, wie er seine Leitartikel für die damalige Wochenzeitung »Badisches Volksecho« fast nebenbei direkt in die Maschine diktierte. Grimm erläuterte uns, daß die KPD seit der Währungsreform Massen von Mitgliedern verloren habe und zunehmend isoliert werde. Kurz zuvor, im Juli, war der kommunistische Arbeitsminister Rudolf Kohl aus der Regierung von Württemberg-Baden entlassen worden. Bis dahin waren ja in den drei Westzonen noch an fast allen Landesregierungen Vertreter der KPD beteiligt gewesen. Nachdem sich die KPD hinter die sowjetische Blockade West-Berlins gestellt hatte, war es überall zum Bruch gekommen. Seither spielte die Partei wieder eine Außenseiterrolle, und da sie im Konflikt mit den jugoslawischen Kommunisten ebenfalls die Position Moskaus bejahte, verschärften sich jetzt die internen Probleme.

Nicht nur Grimm verhielt sich in diesen Fragen sehr zurückhaltend, sondern ebenso Fritz Salm. In den Jahren 1945 bis 1947 war Fritz Salm unser »Jugendleiter« gewesen. Der gelernte Maschinenschlosser war 1931 von der SPD-Jugend zur kommunistischen Jugend übergetreten. Aktiv im Widerstand, wurde er 1935 zu drei Jahren und sechs Monaten Zuchthaus verurteilt. 1945 zunächst Jugendsekretär der Bezirksleitung Baden, war er später bis zum Verbot der KPD Kreissekretär in Mannheim, auch 1954, als mich die Partei hier ausschloß. Salm veröffentlichte 1979 ein Buch über den Widerstand in Mannheim und war nach einigen Bedenken bereit, Matthias und mir bei dem erwähnten Forschungsprojekt zum Widerstand in Mannheim behilflich zu sein.

Während der Gespräche im September 1948 gewann ich den Eindruck, daß Grimm, Salm und andere Mannheimer Kommunisten, vor allem Kurt W. Weber, sowohl über den aktuellen Bruch mit Jugoslawien sowie über die Absage an den »besonderen deutschen Weg zum Sozialismus« wenig erfreut waren. Dennoch wandten sie sich von Boepple ab, den sie ja anfangs noch unterstützt hatten. Ansonsten war ich sehr erstaunt darüber, daß es hier in Mannheim nach der Währungsreform schon wieder alles zu kaufen gab und die Geschäfte voll waren. Doch nun war das »neue« Geld knapp, wie ich nicht nur zu Hause, bei meinen Eltern, rasch bemerkte.

Wilhelm Rihm hatte mich wieder reichlich mit Material von kommunistischen Oppositionsgruppen versorgt. Inzwischen war er fest in der kleinen »Brandler-Gruppe« organisiert (Brandler war bereits von Kuba nach London übersiedelt, nach Deutschland konnte er erst 1949 kommen). Rihm wußte schon im September, daß ab November die Zeitschrift der Gruppe »Arbeiterpolitik« erscheinen werde. Die rechtskommunistischen und trotzkistischen Argumente, die ich in diesen hektographierten Materialien fand, haben meine Zweifel an Stalin, der UdSSR und der SED noch weiter genährt. Erst recht, als ich in der »Neuen Zeitung« vom 28. August eine erste Liste der deutschen Kommunisten fand, die den Stalinistischen Säuberungen zum Opfer gefallen waren. Ich hatte die Zeitung noch in Mannheim gelesen, aber in Kleinmachnow fehlte ausgerechnet das Exemplar mit diesen Enthüllungen, es war wohl sofort von der Schulleitung konfisziert worden. Diese »weißen Flecken« in der Geschichte des Kommunismus haben mich dann nicht mehr losgelassen. Und ich bin stolz darauf, daß ich als erster, noch ohne Zugang zu den Archiven, das Schicksal zahlreicher deutscher Stalin-Opfer aufklären konnte. Als ich dann 1989 den Band »Weiße Flecken in der Geschichte. Die KPD-Opfer der Stalinschen Säuberungen und ihre Rehabilitierung« veröffentlichte, war das immerhin eine kleine Sensation.

Natürlich habe ich seinerzeit ausführlich mit Boepple über den Stalin-Tito-Konflikt und die Abwendung der SED (und KPD) vom »besonderen deutschen Weg« diskutiert, den wir als Internationalisten ursprünglich abgelehnt hatten. Nun wurde aber ganz deutlich, daß dieser Kurswechsel keineswegs in eine positive Richtung ging, sondern damit das Stalinsche Modell oktroyiert werden sollte. Da Jugoslawien den eigenen und »besonderen Weg« für seine Unabhängigkeit gegenüber Moskau reklamierte, wurde klar, daß das Problem nicht in ein »Links-rechts-Schema« zu pressen war. Es beruhigte mich, daß auch Willy Boepple als ein versierter Theoretiker dies ähnlich einschätzte. Rückblickend ist mir bewußt, wie politisch naiv, ja geradezu blind ich 1946/47 in dieser Frage war. Mir schien die Politik der KPD nach 1945 viel zu »rechts«, weil ich ihre Politik mit der Theorie der »Klassiker« verglich und mir als jugendlichem »Radikalinski« der Antikapitalismus zu kurz kam. Und ein »deutscher Weg« war mir suspekt, weil ich mich voller Emotionen ganz als Internationalist fühlte. Bei solch dogmatischem Rechts-links-Denken blieb mir die Realität lange verschlossen. Es dauerte, bis ich erkannte, daß Stalins Strategie einer scheinbar gemäßigten Politik lediglich der Tarnung diente, und daß mit dem Kalten Krieg und vor allem dem Konflikt Stalin – Tito nun in allen kommunistischen Parteien eine Wendung zu erfolgen hatte. Doch ging es nicht nach »links«, sondern direkt an die Kandare Stalins. Was mir bei der Diskussion um die Novemberrevolution gedämmert hatte, begriff ich nur zögerlich und habe es lange nicht wirklich durchschaut. Freilich erhielten wir an der Parteihochschule sofort neuen Anschauungsunterricht.

Vor der Abfahrt nach Kleinmachnow hatte ich nochmals Willy Boepple aufgesucht. Ich sagte ihm, daß ich eigentlich keine Lust hätte, wieder zur Parteihochschule zu fahren, und führte als einen Grund für meine »Bauchschmerzen« den Vortrag von Melis über die Prozesse und meine opportunistische, ja feige Haltung an, die mich bedrückte. Er riet mir dringend davon ab, in Mannheim zu bleiben, denn was wolle ich denn hier ohne Ausbildung und Arbeit tun? Auf der Parteihochschule dagegen könne ich intensiv weiterlernen, selbst wenn ich mit meiner Meinung zurückhaltend sein müsse. Seine Argumente überzeugten mich allerdings kaum. Wenn ich dennoch zur Parteihochschule zurückging, dann vor allem, weil ich dort Gerda Röder wiedersehen wollte.

Als wir in Kleinmachnow ankamen, erwartete mich Gerda schon. Sie hatte die Ferien – wie berichtet – mit ihrer Zimmerkollegin Ilse Claus und anderen Genossen im Harz verbracht. Organisiert hatte den gemeinsamen Urlaub Werner Scharch, der mit Ilse auf der Parteihochschule liiert war und sie später auch heiratete. Er stammte aus Rendsburg und war von Beruf Chemotechniker. Seit 1927 in der Sozialistischen Arbeiterjugend, schloß er sich 1945 der SPD an, wurde 1946 Vorsitzender der FDJ in Halle, 1947 Jugendsekretär der SED-Landesleitung Sachsen-Anhalt, die ihn Ende 1947 an die Parteihochschule delegierte. Der umtriebige, kleine, aber stämmige Scharch fiel durch Aktivitäten im Sport auf. Er war auch einer der Initiatoren zum Bau des schuleigenen Sportplatzes, dessen Gestaltung dann vor allem unter seiner, Heinz Buschs und Werner Kaufmanns Leitung stand.

Bereits im April 1949 hat Scharch auf Beschluß des Kleinen Sekretariats die Parteihochschule verlassen und wurde Referent für Sportfragen in der Abteilung Jugend des SED-Parteivorstandes. Nach verschiedenen Funktionen wurde er 1958 Präsident des Deutschen Radsportverbandes in der DDR. Daß er im Oktober 1960 von einer »offiziellen« Reise in die Bundesrepublik nicht zurückkehrte, erregte natürlich erhebliches Aufsehen. Scharch war damit einer der wenigen ehemaligen Studenten der Parteihochschule, die in den Westen flüchteten. Er blieb als Angestellter in Süddeutschland und starb 1990 in Radolfzell. Ilse Claus (sie hatten ja 1950 geheiratet, und 1951 wurde ein Sohn geboren), die sich nach Werners Flucht zunächst von ihm distanzierte und mit ihrem gemeinsamen Kind in der DDR geblieben war, ist ihm im Juli 1983 noch nach Radolfzell gefolgt und 1994 am Bodensee gestorben.

Herbert Mies und ich reisten Anfang September von Mannheim ab. Das 3. Semester unseres Lehrgangs startete am Montag, dem 6. September,[108] und es begann geradezu mit einem politischen Paukenschlag. Wenige Tage danach, am 16. September, hat der SED-Parteivorstand nämlich auf seiner 13. Tagung in einer Entschließung erstmals den bisher gültigen »besonderen deutschen Weg« klipp und klar verworfen. Es war Ulbricht, der vor diesem Gremium die jugoslawischen Kommunisten heftig angriff. Der Auftrag des Parteivorstandes lautete, sofort den »deutschen Weg« ebenso zu bekämpfen wie den »Nationalismus, der seinen Ausdruck findet in der Verleumdungskampagne gegen die Sowjetunion«. Ein »besonderer Weg« wurde als Abgleiten in den »westeuropäischen Scheinsozialismus«, den Opportunismus und Nationalismus verdammt. Vom bisherigen Hauptverkünder des »deutschen Weges«, Anton Ackermann, konnten wir am 24. September im »Neuen Deutschland« dazu seine Selbstkritik lesen: »Diese Theorie von einem ›besonderen deutschen Weg‹ bedeutet zweifellos eine Konzession an die starken antisowjetischen Stimmungen in gewissen Teilen der deutschen Bevölkerung: Sie bedeutet ein Zurückweichen vor der wilden antikommunistischen Hetze, wie sie in Deutschland besonders kraß im Zusammenhang mit der Vereinigung der KPD und SPD zur SED einsetzte.« Die Abkehr vom Gründungskonsens der SED wirkte auf manche Funktionäre, wohl auch an der Parteihochschule, als Schock.

Wie Ackermann aber zunächst noch versucht hatte, sich zu rechtfertigen, haben wir erst jetzt aus dem geheimgehaltenen Protokoll dieser PV-Sitzung vom 15./16. September 1948 erfahren. Dort erinnerte er an die Tatsache, daß der »besondere Weg« damals die gültige Linie der KPD gewesen war. Seinen berühmten Artikel von 1946 habe er selbstverständlich »im Auftrag des Sekretariats der KPD« geschrieben. Grotewohl, der frühere Sozialdemokrat, meinte süffisant, dies sei doch »Geschichte«, und diese

»kleine Familienangelegenheit interessiert uns nicht«. Ulbricht allerdings machte Ackermann gegenüber den Zwischenruf: »Aber richtig ist es nicht!«[109] Die Einschüchterung wirkte, denn eine Woche später veröffentlichte Ackermann seine »Selbstkritik« mit anderem Tenor.

Doch auch offiziell wurde schon 1948 klargestellt, daß die Verdammung der Theorie vom »besonderen deutschen Weg« zugleich die Umwandlung der SED in eine stalinistische Partei, eine Nachahmung von Ideologie, Struktur und Methoden der KPdSU bringen werde. Im »Bildungsheft« wurde im September 1948 herausgestellt, allein die »von Lenin und Stalin geschaffene Partei der Bolschewiki« sei das »Musterbeispiel« einer solchen Partei. Als wesentliche Merkmale wurden genannt »straffe Parteidisziplin«, ebenso Kritik und Selbstkritik sowie die »Reinigung« von feindlichen »Elementen«, vor allem von »Schumacher-Agenten«. Obligatorisch wurde nun eine neue, positive Einstellung zur Sowjetunion: »Jeder Sozialist und Demokrat muß sich heute vorbehaltlos hinter die Sowjetunion stellen. Mitglieder, die eine sowjetfeindliche Einstellung bekunden, können wir nicht in der Partei dulden.«[110] Solche »Parteibefehle« bestimmten von nun an das politische Klima in der SED.

Erziehung zum Mißtrauen: Das 3. Semester

Gleich in den ersten Wochen des 3. Semesters wurden wir mit den neuesten politischen »Aufgaben« vertraut gemacht. Während am Ende des 2. Semesters im August Walter Ulbricht referiert hatte, sprach am 16. September der Parteivorsitzende Wilhelm Pieck zur Eröffnung des neuen Halbjahreslehrgangs, und auch wir waren als Hörer dabei; anwesend war sogar eine Delegation albanischer Kommunisten, die gerade in Berlin weilte. Alle mußten etwas warten, bis Pieck eintraf, denn er kam direkt von der 13. Tagung des Parteivorstandes. Wir spürten, daß der Parteivorsitzende noch ganz unter dem Eindruck der zweitägigen Sitzung stand. Dort wurden ja nicht nur die Thesen zur Novemberrevolution verabschiedet, sondern auch die Bildung von Parteikontrollkommissionen beschlossen, um Säuberungen einzuleiten. Pieck selbst hatte dabei Tito und die Führung der jugoslawischen KP massiv angegriffen, und jedem »besonderen Weg zum Sozialismus« den Kampf angesagt.

Das war natürlich auch der Inhalt seines längeren Referats vor den Teilnehmern sämtlicher Lehrgänge. Pieck behauptete, es gebe »die schärfste Zuspitzung des Klassenkampfes«. Er betonte, daß es »nur einen, den revolutionären Weg zum Sozialismus geben kann«, und er verlangte die »Ausmerzung« der »Schumacher-Agenten«. Uns Hochschüler ermahnte er, nun »müßt ihr fleißig die Werke unserer Klassiker, die Werke von Marx, Engels, Lenin und Stalin studieren. Besonders müßt ihr auch die Geschichte der KPdSU sorgfältig studieren, die das beste Lehrbuch des Marxismus-Leninismus darstellt.« Deutlicher konnte die politisch-ideologische Veränderung, die im 3. Semester anstand, nicht ausgesprochen werden. Und weil dies ja vom SED-Vorsitzenden persönlich vorgetragen wurde, stand dahinter die Autorität der Parteiführung. Ich ahnte nichts Gutes, meine Distanz zur SED-Politik wurde rasch größer.

Andererseits verstärkten sich die emotionalen Bindungen eher noch. Am Sonntag, dem 12. September, hatten wir an einer imposanten Gedenkkundgebung der VVN im Berliner Lustgarten teilgenommen. Eingekeilt in eine unübersehbare Menschenmenge fühlten wir uns als Teil einer großen Gemeinschaft von Antifaschisten, was ein Gefühl enger Verbundenheit hinterließ. Der damalige 2. Vorsitzende der Berliner VVN, Heinz Galinski, der spätere Vorsitzende des Zentralrats der Juden in Deutschland, rief in seiner Eröffnungsansprache zur Verständigung aller Hitler-Gegner auf. Redner aus Frankreich und der Sowjetunion bekamen enthusiastischen Beifall für ihre Friedensforderungen. Erst hinterher wurde mir klar, wie mitreißend die Massenstimmung gewesen war, hatte doch auch ich bei Redepassagen begeistert mitgeklatscht und gebrüllt, die ich dann beim Nachdenken für kritikwürdig hielt.

Der Unterricht verlief freilich am Anfang noch in den gewohnten Bahnen. In der Philosophie gab es zunächst »Wiederholungen« des Stoffs aus dem 2. Semester, und es wurde dann die »Philosophie im Zeitalter des Feudalismus« thematisiert. Referent war Matthäus Klein, 14 Stunden hatten wir dafür zur Verfügung. Im Oktober nahmen wir Lenins »Materialismus und Empiriokritizismus« durch, Victor Stern hielt am 20. und 21. Oktober eine Einführungsvorlesung, und danach wurde das grundlegende philosophische Werk Lenins in Seminaren und im Selbststudium behandelt. Während für uns 65 Stunden zur Bearbeitung vorgesehen waren, hatten die anderen Fakultäten nur 25 Stunden Zeit. Wie üblich standen die Frage Materialismus und Idealismus in der Philosophie sowie die Dialektik im Mittelpunkt, daher wurden in der Gruppe Philosophie zusätzlich noch Lenins Überlegungen zur Dialektik aus dem philosophischen Nachlaß studiert. Die behandelten Probleme waren interessant, und dazu gab es in den Seminaren lebhafte Diskussionen über Philosophiegeschichte.

Allerdings bemerkten wir rasch, daß drei der bisher 16 Kommilitonen fehlten. Ausgeschieden war der Chemnitzer Hans Beck. Der damals fast Vierzigjährige war im Unterricht stets zurückhaltend gewesen. Im Sommer hatte er wegen »wechselnder Verhältnisse« zu Frauen vom Küchenpersonal noch Selbstkritik üben müssen. Wir wußten jedoch, daß Beck ein hartes Schicksal hinter sich hatte. Wegen einer Schießerei mit der SA war er 1932 zunächst zum Tode verurteilt worden und blieb dann viele Jahre im Zuchthaus eingesperrt. Aus den überlieferten Protokollen der Fakultät geht hervor, daß (am 23. Juli) ein »Abgang« Becks beschlossen worden war. Victor Stern hatte zunächst noch empfohlen, ihn zur Fakultät Grundfragen zu »überweisen«, wohl ein Hinweis darauf, daß er vom Niveau dieser »politischen« Fakultät wenig hielt. Nun aber war Beck aus Kleinmachnow verschwunden.

Ein zweiter Mitschüler war zu einer anderen, der Geschichtsfakultät übergewechselt. Der 22jährige Thüringer Günter Milde, über 1,90 Meter groß und dünn, war der »Längste« des Lehrgangs. Mit dem teilweise sehr abstrakten Lehrstoff in der Philosophie war er nicht klargekommen. Doch auch Paterna beschwerte sich dann in einem Brief an Lindau im Dezember 1948, »durch starke Ablenkung infolge seiner privaten Verhältnisse und durch wiederholte Erkrankungen« seien Mildes Leistungen beeinträchtigt. Daraufhin vorfristig nach Thüringen zurückgekehrt, arbeitete er zunächst bei einer Zeitung. Als er später Instrukteur in Westdeutschland war, bin ich ihm in Düsseldorf 1950 oder 1951 einmal kurz begegnet. Ab 1952 soll Milde für das Ministerium für Staatssicherheit gearbeitet haben, doch lassen sich darüber keine Unterlagen finden.

Der dritte Fall in unserer Fakultät lag ganz anders. Wilhelm Arnold gehörte mit 40 Jahren ebenfalls zu den älteren Studenten. Der Feinmechaniker war 1929 in die SPD eingetreten, 1932 zur SAP gestoßen und danach illegal in der KPO aktiv. Er wurde 1934 verhaftet und im KPO-Prozeß 1935 in Jena verurteilt und saß bis Juni

1937 im Zuchthaus. Danach arbeitete er als Mechaniker, trat 1945 der KPD bei. 1945 in der Polizeiverwaltung Jena tätig, lehrte Arnold ab 1946 an der SED-Landesparteischule Thüringen. Nachdem er lange Zeit wegen schwerer Krankheit in Kur gewesen war, kam er von da aus direkt an die Parteihochschule. Und auch in unserer Fakultät hatte er weiterhin mit gesundheitlichen Problemen zu kämpfen. Der sehr gebildete Arnold war anderen gegenüber verschlossen, ja geradezu abweisend. Er galt manchen als Sonderling, weil er oft mehrmals täglich eiskalt duschte. Bei der Diskussion in der Fakultät wurde damals der Vorschlag gemacht, ihn wie Beck zum »Abgang« zu empfehlen.

Doch statt dessen stieg er im Dezember nach einem längeren Erholungsaufenthalt als Assistent und dann als Lehrer in der Philosophischen Fakultät auf und leitete von nun an Seminare. Da Arnold an der Parteihochschule aus seiner KPO-Vergangenheit keinen Hehl machte, führte ich mit ihm anfänglich wie mit Fritz Schulze oder Ernst Schneider manche Diskussion über die Geschichte des Kommunismus. Er blieb bis 1955 an der Parteihochschule und war dann (bis er 1971 in Rente ging) Mitarbeiter der Sektion Geschichte am Institut für Marxismus-Leninismus. Er lebte bis zu seinem Tod 1992 in Berlin. In Kleinmachnow hatte er 1948 noch die Mitschülerin Hannelore Prill, damals 24 Jahre alt, geheiratet. Sie stammte ursprünglich aus Hamburg und war im Krieg nach Mecklenburg gekommen. Die Landesleitung hatte die Aktivistin an die Parteihochschule geschickt, die sie aber nach der Heirat sofort verließ.

Während der Gespräche mit Arnold, die wir meist in den Pausen führten, war mir aufgefallen, daß er für Bucharins »rechten Kommunismus« Sympathie hatte, die radikalen Positionen Trotzkis jedoch völlig ablehnte. Weil ich damals aber öfter Trotzki verteidigte, kam ich mit anderen, durchaus kritischen Genossen in Konflikt. Gut erinnere ich mich an eine Debatte, die bei schönem Herbstwetter Ende September 1948 im Freien stattfand. Es waren Genossen aus verschiedenen Fakultätsgruppen, die mit uns diskutierten, darunter die Lehrerin Hanna Henniger geb. Lorbeer aus der Geschichtsfakultät. Sie wurde von allen als sehr kluge, hilfsbereite Frau akzeptiert und ihr politischer Lebenslauf war uns ebenfalls bekannt. 1930 als Siebzehnjährige in ihrer Heimatstadt Jena der KPO beigetreten, war sie ebenso wie ihr Mann Rudi für diese im illegalen Widerstandskampf gegen Hitler aktiv. 1934 wurde sie verhaftet und im Juni 1935 zu fünf Jahren Zuchthaus verurteilt. Ihr Mann Rudi erhielt im gleichen Prozeß gegen die KPO sechs Jahre Zuchthaus. Nach der Haftentlassung waren beide erneut im Widerstand tätig, und sie kamen von August 1944 bis April 1945 wieder in Haft. Im Jahr 1946 gehörte Johanna Henniger zur Kreisleitung der SED in Jena, die sie Anfang 1947 zum Halbjahreskurs nach Liebenwalde schickte, wo sie als Dozentin blieb. In Kleinmachnow lehrte sie weiter in der Historischen Fakultät, übernahm hin und wieder auch die Vertretung des Dozenten Wolfgang Leonhard, ist aber nach dessen Flucht 1949 sofort entlassen worden. Hanna Henniger kam dann als Verwaltungsdirektorin an die Universität Jena, und wurde dort im Juni 1952 aus der SED ausgeschlossen, weil sie ihre KPO-Vergangenheit mutig verteidigt hatte. 1956 rehabilitiert und wieder in die SED aufgenommen, arbeitete sie bis zur Rente als Betriebsangestellte.

Beim Gespräch im kleinen Kreis im September (wenn ich recht erinnere, waren unter anderem Fritz Schulze, Karl Hense, Ernst Schneider anwesend) ging es um theoretische Konzeptionen im Kommunismus und speziell in der Sowjetunion, wobei niemand auf die Idee kam, den »Theorien« Stalins besondere Bedeutung zuzumessen. Aber alle sahen in Bucharins Überlegungen (die doch offiziell auf der Parteihochschule gar nicht zur Kenntnis genommen wurden) interessante Ansätze. Mich hatte inzwischen Trotzkis harte Kritik an Stalin mehr überzeugt, und ich hielt auch seine Ablehnung der Stalin-These vom »Sozialismus in einem Land« für richtig. Damit stieß ich sofort auf heftigen Widerspruch, vor allem bei Hanna Henniger, aber ebenso bei Hense und Schneider, ja selbst Schulze schloß sich der Kritik an Trotzki an. Von den Diskussionen in Mannheim mit den »Altkommunisten« Boepple und Ritter her betrachtete ich Trotzkis Analysen des Stalinismus als zutreffend. Hier bemerkte ich nun, daß selbst nachdenkliche Kommunisten kein gutes Haar an ihm ließen, sie den weniger kritischen Bucharin aber eher akzeptierten. Diese Einstellung war und ist übrigens auch Jahrzehnte später noch zu beobachten, z. B. zeigte sie sich bei Gorbatschow und selbst heute in der PDS. Darin widerspiegelt sich wohl die tradierte innerliche Verbundenheit vieler Kommunisten mit dem sogenannten Experiment in der Sowjetunion. Die radikale Kritik Trotzkis bis hin zu seiner Forderung einer politischen Revolution in der UdSSR erschien den meisten zu »extrem« und suspekt.

Einer der Hochschüler in unserer Runde vertrat diese Haltung besonders harsch. Im ersten Zweijahreslehrgang war er der einzige Student, der schon während der Nazi-Zeit vorübergehend in der Sowjetunion gelebt und daher mehr von der internationalen Diskussion erfahren hatte als andere. Kurt Wissusek war mit 42 Jahren sieben Jahre älter als die Lehrerin Henniger. Von Beruf Maschinenbauer, hatte sich der Berliner 1922 in der Kommunistischen Jugend und 1928 in der KPD organisiert. 1930 übersiedelte Wissusek zur Arbeit in die Sowjetunion, wurde Mitglied der KPdSU und heiratete eine Russin. Schon Ende 1936 kehrte er (mit Frau und Tochter) nach Nazi-Deutschland zurück. Dies geschah nach seinen Angaben im Auftrag der Komintern, wahrscheinlicher ist wohl ein Zusammenhang mit der damaligen Ausweisung deutscher Facharbeiter. In Berlin arbeitete er als Maurer, stand jedoch unter Polizeiaufsicht. 1940 zur Marine eingezogen, wurde Wissusek aus kurzer britischer Gefangenschaft in Kopenhagen 1945 nach Berlin entlassen. Er gehörte als Mitglied zur KPD- bzw. SED-Leitung in Berlin-Steglitz und wurde von dort aus zum Zweijahreslehrgang geschickt.

Wissusek reagierte geradezu hysterisch auf meine Verteidigung Trotzkis, schließlich hatte er die Anfänge der Säuberung von »Trotzkisten« in der Sowjetunion ja noch mitbekommen. Er studierte an der Fakultät Ökonomie und blieb nach 1949 als Lehrer an der Parteihochschule. Wegen zu forscher Kritik an Stalin nach dem XX. Parteitag der KPdSU ist Wissusek dann 1958 mit anderen Lehrern von der Direktorin Hanna Wolf gefeuert worden. Danach war er Betriebsdirektor, später Leiter der Betriebsakademie Berlin, wurde aber erst 1969 als Verfolgter des Nazi-Regimes anerkannt.

Der ökonomisch interessierte Wissusek hatte die Bucharinschen Konzeptionen für die Wirtschaft interessant gefunden und sich 1948 auch so geäußert. Einige weitere Kursanten standen dabei, beteiligten sich jedoch nicht am Gespräch; später stellte sich heraus, daß einer sich als Spitzel angebiedert hatte. Schon wenige Tage darauf wurde ich nämlich zu Heckert gerufen (von Wissusek, Schulze und Hense erfuhr ich dann, daß mit ihnen das gleiche geschehen war) und der Parteisekretär wollte von mir wissen, wieso ich Trotzki verteidige. Ich war schockiert – »Wachsamkeit« einiger Genossen, die im Denunziantentum mündete. Ich versuchte mich herauszureden, es sei doch eine völlig abstrakte Diskussion gewesen und wir hätten nur über philosophische Konzeptionen und keinesfalls über Politik gesprochen. Heckert erinnerte an die Vorlesung von Melis im Juli, daher müßte doch jedem klar sein, daß es sich bei Bucharin wie bei Trotzki nicht etwa um »Abweichler«, sondern um Verbrecher handle. Er meinte, da die Geschichte der KPdSU ja nun bald im Mittelpunkt des Unterrichts stehe, würde ich meine falsche Einschätzung rasch erkennen. Der Parteisekretär klopfte mir auf die Schulter, entließ mich mit Ermahnungen, aber freundschaftlich, und ich bin noch mal mit einem blauen Auge davongekommen. Natürlich würde mich interessieren, ob Heckert den »Fall« damals in meinen »Akten« festgehalten hat; diese sind aber, wie gesagt, nirgends aufgetaucht. Fritz Schulze prophezeite, daß hiermit eine Erziehung zum Mißtrauen beginne, das im Stalinismus ebenso wie die daraus resultierende Angst zu den Mechanismen der Macht gehöre. Das leuchtete mir ein, und tatsächlich bestätigte es sich. Auch auf der Parteihochschule begann im Herbst 1948 mit dem Ruf nach »Wachsamkeit« und der Forderung nach »Unversöhnlichkeit« selbst unter den Parteikadern eine Atmosphäre des Argwohns. Dies schuf eine miserable Stimmung, die ich als immer unerträglicher empfand.

Verteufelung der Sozialdemokratie

Immerhin gab es im September 1948 nochmals eine allgemeine Diskussion, in der sehr kontrovers und (wohl zum letzten Mal) auch offen ein grundsätzlicher politischer Streit ausgetragen wurde. Das Parteiorgan »Neues Deutschland« hatte im September ständig von (zum Teil auch handgreiflichen) Auseinandersetzungen in Berlin berichtet und dabei die Sozialdemokraten immer heftiger angegriffen. Im Leitartikel vom 16. September »Es gibt kein Pardon« wurden sie abermals als »Kriegshetzer« diffamiert. Wörtlich hieß es über »die SPD-Führer«: »Sie wollen den Krieg«, ja sie »wollen einen neuen Faschismus und einen neuen Krieg.« Insbesondere über den Satz »in *allem* gleichen sie den Faschisten und als solche müssen sie bekämpft werden« hat sich als erster der frühere Sozialdemokrat Flucke in unserer Gruppe »Joseph Dietzgen« fürchterlich aufgeregt. Er fand sofort Unterstützung bei Fritz Schulze, den solche Formulierungen an die verderbliche »Sozialfaschismus«-These der KPD in den dreißiger Jahren erinnerten. Flucke stieß in der Fakultätsgruppe zunächst auf wenig Widerspruch, aber Erich Hanke brachte das Thema in die Lehrgangsparteigruppe. Denn er war ebenfalls gegen die »vereinfachte und damit politisch gefährliche Darstellung« und schrieb später darüber: »In der Parteiversammlung äußerte ich mich in diesem Sinne. Die Wirkung war außerordentlich. Es setzte sofort eine heftige Diskussion ein. Dabei bildeten sich drei Gruppen: eine, die gegen meine Auffassung argumentierte und auch von einzelnen Lehrkräften unterstützt wurde; eine weitere aus jüngeren Genossen, die aufmerksam die Diskussion verfolgte, aber nicht teilnahm, weil sie sich wahrscheinlich kein festes Urteil bilden konnte; einige Genossen – unter anderem Gustav Urbschat, später Professor an der Hochschule für angewandte Kunst – unterstützten meine Auffassung. Diese politische Auseinandersetzung erstreckte sich über mehrere Abende und wurde schließlich durch Genossen Rudolf Lindau, der sich zunächst nicht in die Diskussion eingeschaltet hatte, durch seine klaren Argumente zu meinen Gunsten entschieden.«[111]

Doch Hankes Bericht ist geglättet. Im Oktober wurde die Debatte fortgesetzt. Inzwischen waren ja die Angriffe gegen die Sozialdemokraten immer hemmungsloser geworden, und sehr energisch wurde jetzt Fluckes Sicht (und erst recht die von Schulze) als zu »versöhnlerisch« kritisiert. Altkommunisten wie Langner und Schörnig, aber auch »einfach gestrickte« Schüler wie Anni Lörler traten gegen »sozialdemokratische Tendenzen« auf. In Erinnerung ist mir auch, wie die eher ruhige Helene Morgenstern gegen die SPD aufbrauste. Die damals 37jährige magere und »lange« Frau war in Sachsen vor 1933 im Kommunistischen Jugendverband aktiv gewesen. In Nazi-Deutschland im Widerstand tätig, kam sie deswegen auch in Haft. 1945 wieder in der KPD in Chemnitz, war Helene Morgenstern dann an einer Kreisparteischule der SED beschäftigt. Nach dem Besuch der Parteihochschule Instrukteurin für Propaganda im SED-Apparat, wurde sie im November 1950 in die Kommission für die »Überprüfung« der Parteimitglieder berufen. Danach Lehrerin an der SED-Landesparteischule in Dresden, arbeitete sie später an der TU in Dresden, wo sie hochbetagt lebt.

Noch am 18. Oktober 1948 informierte die Schulleitung das Zentralsekretariat über die von der »Gruppe Philosophie« ausgehende »ausführliche Diskussion« und hielt fest, daß es in der

Schülerdiskussion »noch Mängel (Widersprüche) bei exakten Formulierungen des Charakters der SPD und der SPD-Führer« gebe. Und im Protokoll der Philosophischen Fakultät vom 22. Oktober zum Tagesordnungspunkt »Leitartikel im N.D. vom 16. 9. 1948« ist vermerkt, »die Genossen mit unrichtigen Ansichten müssen überzeugt« werden. Als »unrichtig« wurde inzwischen aber auch die »Schonung« der SPD bezeichnet. Und was war mit »müssen überzeugt werden« gemeint?

Jedenfalls holte die Schulleitung am Dienstag, dem 2. November, Dr. Günter Scheele nach Kleinmachnow, wo er in der Parteiversammlung über »Die Rechtssozialisten in den europäischen Ländern« sprach. Scheele war seit 1928 in der SPD, hatte aber bei den Nazis als Sportreferent gearbeitet. 1946 wurde er Mitarbeiter im Zentralsekretariat der SED und war dort zeitweise persönlicher Referent von Max Fechner. Er schien der Parteiführung wohl der Geeignete zur »Entlarvung« der Sozialdemokraten zu sein, denn er ging dann Ende 1948 als Dozent für Marxismus und Leninismus an die Humboldt-Universität und ist später an der Pädagogischen Hochschule Potsdam (bis 1965) sogar Rektor geworden.

Obwohl Scheele heftig gegen seine ehemaligen sozialistischen Genossen zu Felde zog, blieben »Unklarheiten« bestehen, und so folgte am 10. November eine weitere Diskussion. Auch am Sonnabend, dem 13. November, gab es zum Thema wiederum in den Schülergruppen lange Debatten. Endlich konnten die Direktoren dem Zentralsekretariat (am 15. November) melden, daß bei den Hochschülern »Klarheit über den Charakter der Rechtssozialisten besteht«. Die letzte freimütig geführte Auseinandersetzung zwischen Gruppen von Hochschülern und Lehrern war vorbei. Da nun Mißtrauen dominierte, wurde bei politischen Grundsatzfragen nicht selten »gekniffen«. Für alle galt das Parteidogma, »Abweichler« und »Versöhnler« müßten zu Selbstkritik gezwungen und zur Rechenschaft gezogen werden.

Allerdings war im Herbst nicht nur das philosophische Studium interessant, sondern ebenso das in den anderen Fakultäten. Ein riesiges Programm stand in Geschichte an. Die Themen reichten von der Revolution 1848 bis zur Novemberrevolution 1918, und vorgesehen war im Stundenplan unter anderem die Gründung und Entwicklung der deutschen Arbeiterbewegung seit Lassalle. In Ökonomie hielt Oelßner nicht nur Vorlesungen zu »nichtmarxistischen Theorien über Zirkulation und Reproduktion«, sogar für Rudolf

Hilferdings Werk »Finanzkapital« (als »Zugeständnis« an die Sozialdemokraten ja bereits 1946 im SED-Verlag Dietz erschienen) waren 40 Stunden (mit Vorlesung, Seminar, Selbststudium) angesetzt.

Selbst in »Grundfragen« rückten nicht nur aktuelle Ereignisse, sondern ebenso die »Pariser Kommune« von 1871 (mit 24 Stunden Studienzeit) auf den Lehrplan. Die Lektion dazu hielt am 13. Oktober Arthur Dorf, der inzwischen Heinz Abraham als Stellvertreter von Frida Rubiner (die häufiger krank war) immer deutlicher verdrängte. Dorf stammte aus Wuppertal. Der 40jährige kräftige, glatzköpfige ehemalige Spanienkämpfer war zwar ein eher rauher Typ, daneben aber zugleich eine »rheinische Frohnatur«. Schon 1926 Leiter des KJVD in Wuppertal, trat er 1929 in die KPD ein, besuchte 1930 die Reichsparteischule der KPD und wurde zunächst Redakteur, dann Unterbezirksleiter in Solingen und Hagen. 1933 verhaftet, konnte Dorf im September aus dem Gefängnis fliehen und nach Frankreich emigrieren. Im Spanischen Bürgerkrieg wurde er Politkommissar und Oberst in den Internationalen Brigaden, ist aber wegen »schlechter Arbeit« zum Soldaten degradiert und zugleich aus der KP Spaniens ausgeschlossen worden. Ab Februar 1939 in Frankreich interniert, kam er im November 1941 nach Nordafrika und wurde 1943 noch als Soldat eines britischen Pionierbataillons in Italien eingesetzt. Dorf kehrte im Juli 1945 nach Berlin zurück.

Schon im August 1945 war Dorf Chef der Volkspolizei im Land Brandenburg geworden. Dort im April 1946 auf eigenen Wunsch vom ZK der KPD entlassen, ging er als Lehrer an die Parteihochschule. Die mußte er allerdings im August 1950, eingeholt von seiner Vergangenheit, wieder verlassen und ist auf niedrige Posten (etwa Direktor für Kultur an der Volkswerft Stralsund, Kulturleiter eines volkseigenen Gutes usw.) abgeschoben worden. Später erhielt er wieder höhere Funktionen, so von 1956 bis 1968 als Stellvertretender Vorsitzender der Gesellschaft für Sport und Technik der DDR. Von Dorfs Schwierigkeiten mit der Partei in Spanien hatten wir 1948 natürlich keine Ahnung. Er galt als »Held« im Spanischen Bürgerkrieg, genoß großes Ansehen und war – im Gegensatz zu Abraham – bei vielen Genossen beliebt. Außerdem kümmerte er sich sehr um die verschiedenen Einrichtungen, die in Kleinmachnow den reibungslosen Ablauf des Internats sicherten.

Damals war die Parteihochschule schon beinahe ein Mittelbetrieb, zu dem nicht nur Lehrer, Bibliothekare, Buchhalter, Sekretä-

Die Poststelle der Parteihochschule.

rinnen usw. gehörten. Neben dem Küchenpersonal und den Servie-
rerinnen gab es zahlreiche Arbeiter und Angestellte. Beispielsweise
war eine Kolonne für die Gartenarbeit, andere für das Reinigen der
Gebäude und Zimmer zuständig, Techniker hatten für Heizung,
Licht und die Instandsetzungen zu sorgen. Es bestanden sogar eine
Schreinerei, eine Wäscherei, ebenso eine Schuster- und eine
Schneiderwerkstatt. Weitere Dienstleistungen boten ein eigener
Kindergarten sowie eine Poststelle. Beschäftigt war aber auch Si-
cherheitspersonal, unter anderem gab es Pförtner an den Eingän-
gen, oder in jedem der Bauten am »Kontrollpunkt« einen Wach-
mann, in dessen Kabine sämtliche Schlüssel deponiert waren.
Nicht zu vergessen eine spezielle Fürsorgerin (die Frau von Teub-
ner), die Krankenschwestern sowie die Fahrer der hochschuleige-
nen Autos. Eine Liste der Mitarbeiter beim Kostenvoranschlag für
Kleinmachnow zeigt, daß elf Personen in den Sekretariaten, 17 in
Bibliothek und Lehrmittelabteilung, in der »Wirtschaftsabteilung«
jedoch (Buchhalter, Lagerhalter, drei Köche, acht Kraftfahrer, elf
Schlosser und Tischler, sechs Gartenarbeiter, 22 Küchenhilfen und
Serviererinnen, 15 Putzfrauen, acht »Wächter«, 12 Arbeiter, elf in
der Wäscherei usw.) insgesamt 111 Personen beschäftigt wurden.
An der Parteihochschule standen also etwa 140 Arbeiter und Ange-
stellte in Lohn und Brot.[112] Die meisten davon waren SED-Mitglieder, die Jüngeren in der FDJ, so daß es die entsprechenden Or-

226

ganisationsgruppen gab, in die teilweise auch Lehrer und Schüler eingebunden waren.

Die Leitung des Wirtschaftsbetriebs lag in den Händen von zwei Personen, die sich ewig stritten. Der geheimnisumwitterte Genosse Richard Schust, vorher bei ADN, dem Allgemeinen Deutschen Nachrichtendienst, tätig, war im September 1947, noch in Liebenwalde, »zum Wirtschaftsleiter« ernannt worden (Beschluß des Zentralsekretariats vom 17. September 1947). Diesen Posten hatte aber gleichzeitig der Altkommunist Walter Köppe inne. Der damals 57jährige Köppe (Schust war gleichaltrig) ist schon 1912 in die SPD und 1920 in die KPD eingetreten, er hatte viele Jahre den Unterbezirk Berlin-Pankow geleitet und war von 1930 bis 1933 KPD-Stadtverordneter in Berlin. 1933 emigrierte Köppe, kämpfte dann im Spanischen Bürgerkrieg und konnte 1939 in die UdSSR reisen. Wie Wolfgang Leonhard und andere kam er 1945 mit der »Gruppe Ulbricht« nach Berlin und war seit 1947 Wirtschaftsleiter bzw. »kaufmännischer Direktor« der Parteihochschule »Karl Marx«. Während Schust bereits 1949 eine andere Funktion übernahm, blieb Köppe bis 1952 Wirtschaftsleiter. Außerdem waren noch zwei weitere Altkommunisten in der Wirtschaftsabteilung eingesetzt und uns allen bekannt: Maria (Mary) Doms und ihr Mann Herbert Doms. Er war Einkäufer und für die Verbindungen zu den Behörden zuständig, Mary leitete die »Versorgung« und die Küche.

Aufstellung von Studenten, Personal und Lehrkräften zur Demonstration.

»Genosse Albin« und Harich referieren

Im Oktober und November 1948 hielten etliche Parteiführer und Funktionäre aus Berlin interessante und aufschlußreiche Vorträge. Einige der Referenten studierten zu dieser Zeit noch am Dozentenlehrgang des »Forschungsinstituts für wissenschaftlichen Sozialismus«, das seit Herbst in der Hakeburg untergebracht war (und über das noch zu berichten sein wird). Wir kannten diese Studierenden, weil wir beim Essen mit ihnen zusammenkamen oder gelegentlich mit ihnen diskutierten. Dazu gehörte der später bekannte Philosoph Hermann Ley, der am 5. Oktober bei uns über Philosophie im Mittelalter referierte.

Eine »fakultative Vorlesung« in Philosophie hatte schon am 27. September (mit einem zusätzlichen Seminar am 1. Oktober) ein Genosse Felix Albin abgehalten. Der bebrillte, geschäftig wirkende und meist etwas verbissen blickende Mittdreißiger fiel durch sein »Schwäbeln«, d. h. seinen schwäbisch gefärbten Tonfall auf. Er sprach über den »Kampf zwischen Materialismus und Idealismus im Zeitalter der Sklaverei«. Die Lektion war informativ, aber nicht originell und dazu noch recht langweilig vorgetragen. In der Vorstellung hatte Dekan Stern betont, daß der Referent, Genosse Albin, schon seit 1929 der KPD angehörte und bei den Nazis eingesperrt gewesen war. Während der anschließenden Emigration in Frankreich und England tätig, ist er 1946 zurückgekehrt. Bei der dahinplätschernden Diskussion oder im Seminar nannte unser Dekan aber Albin mehrmals »Genosse Hager«. Tatsächlich war Albin der Parteiname von Kurt Hager. Nach dem Besuch des Dozentenlehrgangs wurde er im Parteivorstand für Schulung zuständig und machte ab 1954 eine steile Karriere im ZK bis ins Politbüro. Hagers unrühmliche Rolle ist bekannt, ebenso seine wenig ergiebigen Memoiren[113], und so erübrigt es sich, weiteres über ihn zu sagen. Aus dem gleichen Dozentenkurs referierte wenige Tage später eine damals weit interessantere Person, die ebenfalls – allerdings auf andere Weise als Hager – in die Geschichte einging.

Am 11. Oktober hatte nämlich Wolfgang Harich seinen Auftritt vor unserem Lehrgang. Als junger Philosoph in Berlin berühmt, ein geistiger Wirbelwind, der zu jedem Thema etwas beizusteuern wußte und überall aufkreuzte. Harich, gerade 25 Jahre alt, galt als eine Art Wunderkind der SED, war aber auch als sehr streitsüchtig berüchtigt. Er hatte unserem Zweijahreslehrgang bereits am 3. Juni in einer Parteiveranstaltung von einer Reise in die Sowjetunion berichtet (und das Land über alle Maßen gelobt), nun trat er als Philosoph auf. Er sprach über »Die marxistische Überwindung der bürgerlichen Philosophie« und kam bei den Zuhörern sehr gut an. In der Fakultätskritik (Protokoll vom 13. Oktober) hieß es zu seinem Vortrag: »In der Form gut, jedoch etwas intellektuell. Schöngeistige Formulierungen. Ungenügende Anwendung des Historischen Materialismus. Bedeutung der Praxis für Entstehung des Marxismus und Orientierung desselben auf die Praxis nicht klar herausgestellt. Gen. Harich hat trotz Aufforderung keine zweckmäßige Literatur-Zusammenstellung für Selbststudium zur Verfügung gestellt.«

Harich begegneten wir öfter. Zu seiner Person braucht nicht viel gesagt zu werden; über ihn gibt es eine breite Literatur.[114] Mit der Opposition der sogenannten »Harich-Gruppe« gegen Ulbricht, ihrer Konzeption eines »dritten Weges« und ihrer Verfolgung 1956/57 ist Wolfgang Harich weithin bekannt geworden. Jahrzehnte später traf ich nochmals mit ihm zusammen. Während ich ab 1992 der Enquete-Kommission des Deutschen Bundestages »Aufarbeitung von Geschichte und Folgen der SED-Diktatur in Deutschland« angehörte, war Harich Vorsitzender der von früheren SED-Wissenschaftlern gegründeten »Alternativen Kommission«. Der Politologe Claus Leggewie hatte uns zu einer eineinhalbstündigen Rundfunkdiskussion zusammengebracht. Harich war wie immer geistreich, aber auch ziemlich verworren. Irrtümlich hatte er angenommen, unser Gespräch würde über drei Stunden dauern, und so hat er beim »Urschleim« angefangen. Er bezeichnete sich immer noch als deutschen Kommunisten, machte gegenüber meinen kritischen Darlegungen aber Zugeständnisse, und selbstverständlich waren wir beide vor allem Antistalinisten. Im Anschluß daran unterhielten wir uns noch, er bedankte sich für die »faire Diskussion« – ich weiß nicht, was er erwartet hatte. Und wir kamen auch auf die gemeinsamen Zeiten in Kleinmachnow zu sprechen.

Im Dozentenlehrgang war auch Harichs Intimfeind Klaus Schrickel, der übrigens wie Zweiling unseren Dekan Stern immer wieder attackierte. Schrickel gehörte wie Harich zu den agilen jungen SED-Philosophen, beide waren sich spinnefeind. Schrickel war nach dem Abitur 1942 zur Wehrmacht eingezogen worden und bis Juli 1945 in amerikanischer Kriegsgefangenschaft. Er studierte in München kurze Zeit Medizin, wurde dann aber (seit 1946 Mitglied der SED) Assistent für dialektischen und historischen Materialismus in Jena. Nach der Promotion war der 26jährige als Mitarbeiter ans Forschungsinstitut gekommen. 1951 erhielt Schrickel eine Professur an der Humboldt-Universität, von 1956 bis 1958 an der Akademie der Wissenschaften der DDR. Da Schrickel im Mai 1959 in den Westen floh, wurde er als »Republikflüchtling« zur Unperson; er lebt nun wieder in Berlin.

In Kleinmachnow war am 28. Oktober 1948 Franz Dahlem erneut zu einem Vortrag erschienen. Er sprach am Donnerstagnachmittag zu »Inhalt und Formen des Klassenkampfes in der Gegenwart« und war in seinen Formulierungen weitaus schärfer als noch bei seinem Referat im April. Die Stimmung war ohnehin ziemlich aufgeheizt, hatten wir doch alle am Tag vorher in Berlin an einer SED-Kundgebung gegen die »westlichen Kriegstreiber« teilgenommen. Ob Dahlem bereits bekannt war, daß seine »Parität« Gniffke in den Westen geflohen war, ließ er uns natürlich nicht wissen. Das »Neue Deutschland« brachte ja erst am 31. Oktober die Meldung: »Erich Gniffke wegen Parteibetrug aus der SED ausgeschlossen.« Auffallend war indes, wie Dahlem gegen den »Sozialdemokratismus« wetterte, der dann in der Folgezeit für die SED neben dem »Trotzkismus« zum Hauptfeind wurde. Auch die Notwendigkeit von »Parteisäuberungen« thematisierte er. Immerhin hatte das Zentralsekretariat ihn ja bereits am 26. Juli in eine entsprechende Kommission berufen – zusammen mit Paul Merker, Walter Beling und August Karsten, die alle, wie Dahlem selbst, später Opfer von »Säuberungen« wurden. In Kleinmachnow berichtete er über die 14. Tagung des Parteivorstandes vom 20. und 21. Oktober. Er erläuterte außerdem die geplante 1. Parteikonferenz der SED, die dann im Januar 1949 eine erste Etappe zur Umwandlung der SED in eine »Partei neuen Typus« abschließen sollte.

Diese Thematik wurde schließlich in den Parteigruppen in endlosen Debatten weiter behandelt, oft waren es monotone, fast gebetsmühlenartige Bekenntnisse zur Schaffung der Partei neuen Typus. In den Lehrveranstaltungen waren natürlich wieder Fred Oelßner und Anton Ackermann dominierend. Oelßner, der sich nicht auf ökonomische Probleme beschränkte, wandte sich nun besonders heftig gegen seinen »Konkurrenten« Ackermann. Er nahm jede Gelegenheit wahr, um die These vom »deutschen Weg zum Sozialismus« als schädlich, ja »feindlich« anzugreifen. Inzwischen war Ackermann gänzlich umgefallen. Und als er am 16. November über »den Kampf um die marxistisch-leninistische Linie in den revolutionären Parteien« sprach, war das fast ein Versuch, bei der Verdammung des »deutschen, demokratischen« Weges zum Sozialismus Oelßner noch zu übertreffen. Während er den »Sozialismus« in der Sowjetunion als alleiniges Modell für Kommunisten propagierte, wirkte der sonst so ruhige und souveräne Ackermann hektisch und überreizt. Es war zu spüren, wie sehr er sich bemühte, nicht nur uns, sondern auch sich selbst seine »Wandlung« zu beweisen. Doch viele Zuhörer erinnerten sich wohl ebenso wie ich an frühere Lektionen, in denen er mit zahlreichen Marx- und Lenin-Zitaten ausdrücklich die Möglichkeiten eines »deutschen« und »friedlichen« Wegs zum Sozialismus im Gegensatz zu Rußland hervorgehoben hatte. Und mancher wird sich dies ebenso notiert haben wie Wolfgang Leonhard damals in seiner Mitschrift.

Bei aller zwiespältigen Einstellung, die ich gegenüber dem »deutschen« Weg hatte, schien mir dieser plötzliche Gesinnungswandel unwürdig. Erst nach Diskussionen mit Fritz Schulze begriff ich, daß Ackermanns »Umfallen« auf eine fatale Mischung aus Parteiergebenheit, anerzogener Unterwerfung unter die Linie Moskaus und einem längst gebrochenen politischen Rückgrat zurückzuführen war. Mir graute, wie tief das ging. So empfand ich es jedenfalls, mußte aber bald erschreckt feststellen, wie die große Mehrheit völlig anders reagierte. Auch mancher Freund hatte sich einfach damit abgefunden, daß »die Linie« (warum auch immer) sich geändert hatte, akzeptierte die Vorgaben und paßte sich an. Die Rechtfertigung dieses Verhaltens (vor anderen und sich selbst) bewirkte die immer strikter angemahnte Parteidisziplin, lieferten außerdem der sich verschärfende Kalte Krieg sowie einseitiges Freund-Feind-Denken. Das Mißtrauen führte schließlich dazu, daß sich der Kreis der kritischen Gesprächspartner ständig verkleinerte. Fritz Schulze, Gerda, Picasso, Hense und Schneider, nur mit diesen wagte ich noch unbedenklich alle Probleme zu debattieren. Bei anderen wurde ich vorsichtiger, selbst gegenüber Herbert Mies, dem meine Meinung jedoch sehr wohl bekannt war. Und bei einigen Freunden, etwa bei Werner Kaufmann (Mehring), spürte ich, wie sie kritischen Diskussionen jetzt mehr und mehr auswichen. Es waren die Angst vor möglichen Folgen von »Abweichungen« und nicht zuletzt das wachsende Mißtrauen, geschürt durch die ständige Forderung nach »Wachsamkeit«, die offensichtlich auch bei bisher »kritischen Geistern« zur Anpassung führten.

Meine Arbeit als »Aspirant« und Redakteur

Neue Aufgaben und Aktivitäten konnten die Unsicherheit, verursacht durch das Mißtrauen und die beginnende Angst, freilich zeitweise verdrängen. Wegen des in allen Fakultäten unterbesetzten Lehrkörpers geriet die Leitung der Parteihochschule in einen personellen Engpaß. Innerhalb eines Jahres war unser Lehrgang im Oktober 1948 zwar von 79 auf 68 Teilnehmer geschrumpft, doch daneben liefen ein neuer großer Halbjahreslehrgang, ein weiterer Journalistenlehrgang sowie zahlreiche kürzere Lehrgänge für Studenten, Kreisparteischullehrer usw., meist studierten bis zu 500 Hochschüler in Kleinmachnow. Hinzu kam, daß die wenigen Lehrkräfte noch dadurch beansprucht wurden, daß einige von ihnen am neugeschaffenen »Forschungsinstitut« mitarbeiteten. Wie also die Lehraufgaben erfüllen?

Die Fakultäten erhielten deshalb den Auftrag, fähige Schüler des Zweijahreslehrgangs als »Aspiranten« zur Lehre in den anderen Kursen heranzuziehen. Dies geschah gleich zu Beginn des 3. Semesters. Aus der Philosophischen Fakultät, deren Lehrkörper besonders schwach besetzt war, wurden als Aspiranten sofort Georg Becker, Erich Hanke und Gustav Urbschat eingespannt. Ende Oktober kamen noch Marianne Lorenz, Paul Flucke und ich dazu. Im Protokoll der Fakultätssitzung vom 1. November und den folgenden Sitzungen tauche ich als Aspirant »Wunderlich« auf.

Dies gibt auch Gelegenheit, auf Schwächen und Lücken von Erinnerungen aufmerksam zu machen. Beispielsweise war ich immer überzeugt, daß ich erst am Ende des 3. Semesters, also erst im Frühjahr 1949, Aspirant geworden sei. Dies schien mir völlig logisch, weil ich es als unwahrscheinlich ansah, daß Victor Stern – als Dekan zusammen mit der Schulleitung der Hauptverantwortliche für die Auswahl – so früh meine »Begabung« bemerkt haben sollte. Mit meinen 20 Jahren war ich immerhin der Jüngste unter den Aspiranten, die erfahrenen Genossen Hanke, Urbschat und Flucke waren mehr als doppelt so alt wie ich und auch Becker und Lorenz noch sieben bzw. sechs Jahre älter. Insofern schmeichelte mir die

»Berufung« durchaus. Schließlich wurde im Dezember noch Heinz Heuer als Aspirant eingesetzt und endlich auch der klügste Student unserer Fakultät, Fritz Schulze. Schon bald gehörte Schulze nicht mehr dazu, denn einen bekannten politischen »Abweichler« duldete die Leitung nicht im Lehrkörper. Immerhin waren von uns 14 Studenten der Philosophischen Fakultät im 3. Semester die Hälfte gleichzeitig als Aspiranten tätig, während aus den anderen und größeren Fakultäten weit weniger Hochschüler zu einer Aspirantur aufgestiegen sind.

Unsere Aufgabe, Lehraufträge in den Seminaren vor Journalisten, Studenten und selbst im Halbjahreskurs zu übernehmen, war ungewohnt und schwierig. Erich Hanke schildert es so: »Das war für uns ›auserwählte‹ Genossen natürlich kein leichtes Brot. In dem Halbjahreslehrgang, in dem wir unterrichteten, befanden sich viele qualifizierte Genossen aus Landes- und Kreisvorständen sowie von Landesparteischulen, wo sie selbst bereits als verantwortliche Funktionäre oder Lehrer tätig gewesen waren. Da mußte man schon einigermaßen sattelfest sein und sich gründlich vorbereiten, wenn man vor solchen ›Schülern‹ bestehen wollte. Daß die zeitliche Belastung, die sich durch unsere ›Nebenbeschäftigung‹ ergab, enorm war, wird man sich denken können. Zum Beispiel benötigte ich neben der Bewältigung meines eigenen Studienpensums wöchentlich noch weitere 18 Stunden für die Aufgaben in dem Halbjahreslehrgang, von der übrigen gesellschaftlichen Arbeit ganz abgesehen.«[115]

Mir ging es nicht anders. Aber die neue Herausforderung machte auch Freude, sie verlangte meinen vollen Einsatz. Im wesentlichen hatte ich – manchmal gemeinsam mit einem zweiten Aspiranten – die Entwicklung des Marxismus zu thematisieren, wobei auch die Geschichte der Arbeiterbewegung im 19. Jahrhundert einbezogen wurde. Da konnte ich die Fakten und meine Meinung ohne »Bauchschmerzen« vortragen. Denn in diesen Fragen war mein Standpunkt seinerzeit (wie noch heute) klar: Als soziale Bewegung war der Kommunismus eine Abspaltung von der klassischen Arbeiterbewegung. Die freiheitliche Arbeiterbewegung des 19. Jahrhunderts war indessen weniger geprägt von alten Menschheitsträumen einer gerechten Gesellschaft. Sie entstand in erster Linie als eine Antwort, als Protestbewegung gegen die asoziale Seite des ungezügelten Kapitalismus, auf die Ausbeutung und Rechtlosigkeit der unteren Klasse bei fürchterlicher Armut und Wirtschaftskrisen, war aber auch Reaktion auf die politische Entmündigung großer Bevölkerungskreise und das Bildungsprivileg der Reichen. Ihre Forderungen nach sozialer Gerechtigkeit, politischer Demokratie, dem Zugang der Arbeiter zu Bildung und Kultur usw. hat die Arbeiterbewegung verknüpft mit der Zielsetzung einer »klassenlosen« Gesellschaft, also der Utopie von einer neuen Weltordnung, in der Gleichheit und Frieden herrschen. Die Theorie von Marx war das ideologische Banner der Arbeiterbewegung, mit ihrer Hilfe schien der Kapitalismus überwindbar und die neue, bessere Ordnung zu erbauen. Freilich meinte ich damals und habe dies auch so geäußert, daß die kommunistische Bewegung diese Tradition im 20. Jahrhundert fortführte. Es dauerte, bis mir bewußt wurde, daß diese sich zunehmend von den klassischen Ideen der Arbeiterbewegung entfremdete und in Gegensatz zu ihr geriet.

Im Unterricht hatte ich Fragen des historischen Materialismus abzuhandeln, etwa die These von der »Basis« und dem »Überbau« der Gesellschaft sowie die verschiedenen historischen Gesellschaftsordnungen (Urkommunismus, Sklaverei, Feudalismus, Kapitalismus). Aber auch den zukünftigen Sozialismus und die »höhere Stufe« Kommunismus hatte ich zu beschreiben, wobei ich folgende Prinzipien hervorhob, die es zu verwirklichen gelte: Aufhebung jeder Form einer Herrschaft von Menschen über Menschen durch die Schaffung einer klassenlosen Gesellschaft, in der es keine Ausbeutung und Unterdrückung und keine Privilegien gibt. Die Produktionsmittel sind in dieser Zukunftsgesellschaft Gemeineigentum, die Produktion wird zur Deckung der Bedürfnisse geplant; eine höhere Produktivität der Arbeit als in allen vorhergegangenen Gesellschaftsformationen kann die menschlichen Bedürfnisse befriedigen und die Armut ausschließen. Damit sind die ökonomischen Voraussetzungen für die Emanzipation, die Entfaltung aller Kräfte des Individuums in einer freien Gesellschaft, gegeben.

Das habe ich mit großer Emphase vorgetragen. Weder mir noch den Zuhörern war klar, daß ich mit solcher Beschreibung den angeblichen Sozialismus in Stalins Sowjetunion völlig in Frage stellte, denn dessen »Sozialismus« war als Diktatur das Gegenteil der so gelobten und erwarteten Zukunftsgesellschaft.

Die ungewohnte Tätigkeit in der Lehre im November und Dezember 1948 hat mich nicht nur befriedigt, sie half mir manchmal auch über den immer trister werdenden politischen Alltag an der Parteihochschule hinweg. Hier rückte nun die Stalin zugeschriebene »Geschichte der KPdSU (B) – Kurzer Lehrgang« in den Mittelpunkt, sollte zur Grundlage der gesamten Schulung werden. Das wurde vom Zentralsekretariat bereits am 20. September 1948 festgelegt im Beschluß »Über die Verstärkung des Studiums der ›Geschichte der Kommunistischen Partei der Sowjetunion (Bolschewiki) – Kurzer Lehrgang‹«[116]. Zwar wurde dem Zentralsekretariat berichtet[117], auf der Hochschule »Karl Marx« sei »in den ersten zwei Semestern des Zweijahreslehrgangs die Geschichte der KPdSU (B) in 28 Themen behandelt« worden, wofür »264 Stunden vorgesehen« waren. Obwohl wir mit der Thematik geradezu »überfüttert« waren, genügte das der Führung nicht – der »Kurze Lehrgang« war zu kurz gekommen. Und daher wurde im veröffentlichten »Beschluß« für die Parteihochschule sogar konkret angeordnet: »Auf der Parteihochschule ›Karl Marx‹ ist der ›Kurze Lehrgang‹ zur Grundlage der Lehrpläne zu machen. Sowohl im Zweijahreslehrgang wie in den Halbjahreslehrgängen sind zwölf Vorlesungen entsprechend den zwölf Kapiteln des ›Kurzen Lehrgangs‹ durchzuführen. In den Lehrplänen ist genügend Zeit einzusetzen, um allen Schülern das gründliche Studium der ›Geschichte der Kommunistischen Partei der Sowjetunion (Bolschewiki)‹ zu ermöglichen.«

Es verging einige Zeit, bis dieser Beschluß realisiert wurde. Immerhin änderte die Schulleitung den »Vorlesungsplan für das 3. Semester im Zweijahreslehrgang«, der am 29. Juli 1948 für alle Fakultäten vorgelegt worden war. Deshalb konnte sie am 21. September dem Sekretariat mitteilen, wie sich die Pläne »nach dem Einbau der Geschichte der KPdSU darstellen«.[118] Angeordnet waren bei über 350 Stunden jeweils 35 für den »Kurzen Lehrgang« in den Fakultäten Geschichte und Politische Ökonomie (diese hatte aber auch Seminare zu Rosa Luxemburg, Rudolf Hilferding und sogar Fritz Sternberg im Programm). Bei der Philosophie waren lediglich 17 Stunden (von insgesamt 455) eingeplant. Aber in Grundfragen gewann der »Kurze Lehrgang« mit zusätzlich 40 zu den dort ohnehin festgelegten 94 Stunden (von insgesamt 262 Stunden) bedeutend an Gewicht.

Doch erst drei Monate später startete der Vorlesungszyklus mit dem 1. Kapitel (das in diesem Lügenbuch ja noch das relativ harmloseste war) am Mittwoch, dem 15. Dezember. Die Lektion dazu hielt Wolfgang Leonhard, dem die Leitung aufgrund seiner Ausbildung in der Sowjetunion die Behandlung des Themas am ehesten zutraute. Kurz zuvor, am 6. Dezember, hatte er (wie ja schon berichtet), über anarcho-syndikalistische Strömungen in der europäischen Arbeiterbewegung gesprochen, bei denen es unter anderem um Max Stirner ging. Das 2. Kapitel des »Kurzen Lehrgangs« behandelte Heinz Abraham dann bereits am 16. Dezember, die nächsten Vorlesungen folgten 1949.

Da der Beschluß des Zentralsekretariats aber nicht etwa nur die kapitelweise Durcharbeitung des »Kurzen Lehrgangs« vorschrieb, sondern zugleich seine »Verankerung« in den Lehrplänen, befaßte sich unsere Fakultät mit der Durchführung. Vorgesehen war, daß Victor Stern im Januar 1949 über Kapital IV des »Kurzen Lehrgangs« referieren sollte, und deshalb wurde darüber am 1. Dezember grundsätzlich diskutiert. Dekan Stern empfahl den Lehrern und uns Aspiranten, die Stalinschen Thesen zum Dialektischen und Historischen Materialismus (also Teile des Kapitel IV) künftig zum Kern des philosophischen Studiums zu machen. Über die Ausführung kam es allerdings zu Differenzen. Hier registrierte ich bei etlichen Anwesenden eine eigenartige Taktik (die später in der Wissenschaft der DDR gang und gäbe war): Zunächst wurde ein Loblied auf Stalins »hervorragendes« Werk gesungen, dann aber im einzelnen versucht, die oberflächliche Propaganda durch ernsthaftere Darlegung zu unterlaufen. Diesem Vorgehen schloß ich mich an und wies darauf hin, daß die Stalin-Thesen (als kleine selbständige Broschüre längst veröffentlicht) wohl den allgemeinen Rahmen lieferten, wir aber doch bereits jetzt Einzelheiten durcharbeiteten, etwa Lenins »Materialismus und Empiriokritizismus«, ja sogar Teile aus dem Nachlaß zur Dialektik. Wir müßten also weiterhin konkret im Stoff vorankommen. Dem stimmte Stern zu. Ich begriff, daß Vorstellungen, die als »Abweichungen« gelten konnten, nur noch mit »dialektischen« Raffinessen zu vertreten waren, was ich ziemlich mies fand. Jedenfalls gelang es mir, zu verhindern, in meinem eigenen Unterricht im Halbjahres- oder Studentenlehrgang Stalins »Grundzüge« durchackern zu müssen, vorläufig konnte ich noch beim 19. Jahrhundert und bei Marx bleiben.

Neben der Aspirantentätigkeit hatten wir als Studenten unser Lernpensum zu erfüllen. Auch wir erhielten »Kontrollfragen« zur Klausur, die in der »Wiederholung« im November zu beantworten

waren. Es ging um Lenins »Materialismus und Empiriokritizismus«, und einige Prüfungsfragen ließen durchaus ein Niveau erkennen, das dann 1949 rasch absank. 24 Fragen wurden gestellt,
z. B.: »Was bedeutet ›Elemente‹ bei Mach?; Was ist die ›Prinzipial-
koordination‹ bei Avenarius?; Gibt es bei Mach einen Unterschied
zwischen Physischem und Psychischem?; Kann man den Empiriokritizismus als Idealismus bezeichnen?; Wie steht Lenin zu
dem Problem: ›Das Ding an sich‹?; Wie stehen Mach und Kant zu
›a priori‹ und wer hat recht?; Worin sehen die Machisten eine
›Einseitigkeit‹ des Materialismus?; Das Verhältnis von Gehirn und
Empfindung bei den Machisten; Worin besteht Plechanows Irrtum
bezüglich des Begriffs der Erfahrung?; Was ist Machs Standpunkt
zur Kausalität?; Welcher Hauptgedanke liegt allen Definitionen
Lenins des Begriffs ›Materie‹ zugrunde?« Die Beantwortung
mancher Frage setzte zumindest das Studium und die Kenntnis
»feindlicher« Argumentation voraus, der Übergang zur strikten Indoktrination war also noch nicht abgeschlossen.

Verschafften mir Studium und Lehre in der Philosophie 1948
Zufriedenheit, so wurde die Funktion als Redakteur der Wandzeitung für mich zunehmend problematischer. Die Wandzeitung
»Schwarz auf weiss« entwickelte sich nämlich nach und nach zum
direkten Partei-Organ, fast zu einem Pranger. Es galt, »abweichende« Gedanken öffentlich zu denunzieren und die »Abweichler« zu zwingen, hier schriftlich selbstkritisch Stellung zu beziehen. Das war zwar schon im »Fall Schneider« im Sommer so geschehen, gegen Ende des Jahres 1948 wurde es Methode. Als ein
besonders fieser Vorgang erwies sich Erich Schäfers Angriff auf
Fritz Schulze, wobei sich herausstellte, daß Schäfer geradezu ge-
spitzelt hatte. Unter der Überschrift »Ist die KPD oder die KPO
(Opposition) den richtigen Weg gegangen?« hatte er uns, nur mit
dem Kürzel »E. Sch. Grdfrg« versehen, den Entwurf gegeben. In
seinem Anfang Oktober ausgehängten Leserbrief berichtete Schäfer unter anderem, beim Mittagessen sei an einem Tisch über die
Brüsseler Konferenz und die Wende der KPD 1935 gesprochen
worden. Von dem privaten Gespräch verriet Schäfer nun öffentlich: »In diesem Punkt vertrat der Genosse Fritz Schulze folgenden Standpunkt: … ›da war die Politik der K.P.O. (Opposit.) doch
die Richtige gewesen.‹ Wie kann ein Genosse zu solch einer Auffassung kommen, nachdem er bereits 1 Jahr auf der Hochschule
studiert? … Ich bin der Meinung, daß man über diese falschen

Auffassung [sic!] nicht stillschweigend hinweggehen soll und schlage folgendes vor: 1. Der Genosse Fritz Schulze soll seinen Standpunkt vor dem Schulkollektiv begründen und das Kollektiv wird dann dazu Stellung nehmen. 2. An unserer Schule befindet sich ein Teil von Genossen, die noch keinen richtigen Überblick über die K.P.O. haben. Es ist die Aufgabe der Schulleitung u. des Lehrkörpers über die K.P.O. Aufklärung zu geben.«

Erich Schäfer war ein kleinwüchsiger, stämmiger Genosse aus Dresden, der immer in Knickerbockerhosen herumlief und Pfeife rauchte. Mit seinen 36 Jahren war er nur ein Jahr jünger als Schulze. Voller Stolz verkündete er, vor 1933 in der KPD, dann im Widerstand gewesen und 1945 sofort der KPD beigetreten zu sein. Tatsächlich war Schäfer 1933 im KZ Hohnstein und 1935 im KZ Sachsenhausen inhaftiert. Von 1940 bis 1942 Soldat, wurde er als Gefreiter schwer verwundet entlassen, war dann kaufmännischer Angestellter bei der Gauwirtschaftskammer Sachsen. Als Mitarbeiter der SED-Kreisleitung Dresden kam er 1947 an die Parteihochschule. Der schwerfällige, bauernschlaue Schäfer hatte mit dem Gespür eines Angepaßten die neue politische Linie sofort zur Abrechnung mit früheren KPO-Genossen genutzt, natürlich um sich wichtig zu machen. Auch ich bekam es persönlich noch mit Schäfer zu tun, wovon später zu berichten ist.

Aber jetzt stand die Frage: Was soll Fritz darauf antworten? Er beriet sich mit mir, mit Ernst Schneider und Karl Hense und lieferte einen Kompromißartikel, in dem es unter anderem hieß, man solle eingestehen, »daß andere Teile der Arbeiterbewegung schon manche Fehler früher erkannt und auf ihre Art bekämpft haben. Das trifft im allgemeinen zu z. B. in der Gewerkschaftspolitik und Einheitsfronttaktik, die unmittelbar mit der Einschätzung der Sozialdemokratie zusammenhängt, dann muß man zugeben, daß die KPO., die den RGO-Kurs bekämpfte und für die Einheit der Gewerkschaften auftrat, im allgemeinen in der Gewerkschaftsfrage die richtige Linie bezog.« Er brachte einige Beispiele und schrieb: »Das mag genügen. Im allgemeinen hat die KPO schon in den letzten Jahren vor 1933 die Einheitsfronttaktik verfochten.«

Doch dann machte Schulze Schlußbemerkungen, die weder Schneider noch ich billigten: »In diesen Teilfragen war die Haltung dieser oppositionellen Gruppe im allgemeinen richtig. Die KPO. als Ganzes muß trotzdem aber unbedingt abgelehnt werden. Wir sehen, wo Teile ihrer Nachfahren gelandet sind.« Wer es zur

»Spaltung kommen läßt und damit praktisch nicht uneingeschränkt zur SU steht, hilft dem Klassenfeind.« Schulzes Einlenken war vermutlich unvermeidlich, ging mir aber zu weit. Viele waren mit seiner Antwort aus ganz anderem Grund nicht zufrieden, sie war ihnen nicht selbstkritisch genug. Daher hatte ich Mühe, die Veröffentlichung gegen den Widerstand der übrigen Redakteure überhaupt durchzusetzen. Und über Fritz Schulze brauten sich dann vor allem 1949 neue Wolken zusammen.

Norwegische Kommunisten an der SED-Hochschule

Auseinandersetzungen gab es unter den norwegischen Kommunisten, die als Studenten am Zweijahreslehrgang (manche am Halbjahreslehrgang) teilnahmen. In Liebenwalde gehörte 1947 auch eine Reihe schwedischer Kommunisten zum Halbjahreslehrgang, bei uns im Zweijahreslehrgang studierten die Genossen Erick (Erling Johnsen), Birger Gillensten und Knut Langfeldt. Im 2. Semester stieß dann noch Janda dazu. Das waren alles selbstbewußte Kommunisten, etwa um die dreißig Jahre alt, die zuvor in der Widerstandsbewegung gegen die deutsche Besatzung aktiv gewesen waren. Knut Langfeldt war sogar von den Deutschen zum Tode verurteilt worden, hatte aber fliehen können. Zusammen mit norwegischen Hochschülern des Halbjahreskurses bildeten sie 1948 ein »politisches Kollektiv«. Die schwere innere Krise, in der sich die Norwegische KP seit 1946 befand, schlug sich auch im norwegischen »Kollektiv« in Kleinmachnow nieder. Der legendäre Parteiführer Peder Furubotn war vor allem bei den Jüngeren umstritten, 1948 existierten regelrecht zwei Flügel in der norwegischen Partei. Zunehmend wurde Furubotn als »Trotzkist« angefeindet und er und seine Anhänger dann im Oktober 1949 aus der KP ausgeschlossen. Die Genossen des norwegischen »Kollektivs« verlangten Ende 1948, daß wir an der Wandzeitung über ihre Gegensätze berichten sollten, wobei sie auch »schmutzige Wäsche waschen« wollten. Wir Redakteure erreichten jedoch mit dem Hinweis auf den illegalen Status der Norweger, daß sie das Thema fallenließen.

Ich hatte ebenso wie Werner Wölk mit Erick näheren Kontakt, während z. B. Fred Voigtländer 1947 eng mit Birger Gillensten befreundet war.[119] Erick erzählte von heftigen Parteidiskussionen, er selbst gehörte zu den Anhängern Furubotns. Liiert war er mit unserer Krankenschwester Ursula Krautwald, deren Vater als Einkäufer für die Parteihochschule arbeitete. Darüber heißt es in einem für die Verhältnisse typischen Bericht des norwegischen »Kollektivs«: »Er [Erick] hat sich in eine Krankenschwester an der Schule verliebt und hat den Wunsch geäußert, sie recht schnell zu heiraten. Die Personalabteilung hat diesem Vorhaben entgegengewirkt und hat ihm die Frage gestellt, wie er wohl glaube, die Parteiarbeit auszuführen, wenn er nach Norwegen zurückkommt mit einer Gattin, der das Milieu fremd ist und die ihn mit Beschlag belegt. Das wesentliche hierbei ist, daß diese Frau nicht politisch bewußt ist. Johnsen hat daraufhin nachgegeben und steht vorläufig auf dem Standpunkt, daß er nach Lehrgangsabschluß heiraten wird.« Erick verließ nach heftigen Diskussionen die Parteihochschule bereits im Frühjahr 1949, heiratete Ursula, und beide gingen nach Norwegen.

Knut Langfeldt schließlich wurde eine »bürgerlich-intellektuelle Einstellung« vorgeworfen. Im Juni/Juli 1948 mußte er wegen Tbc in ein Sanatorium, dort befreundete er sich mit einem Ehepaar, das früher in der KPO gewesen war. Deren Argumente gegen den »Kurzen Lehrgang« und gegen Stalin verbreitete er dann nach der Kur im Herbst unter den norwegischen Studenten. Das wurde zunächst nicht bekannt, allerdings geriet er 1948 wegen einer anderen Angelegenheit dennoch in Schwierigkeiten. Am 3. Mai hatte das Zentralsekretariat beschlossen, Rosel H. vom Halbjahreskurs vorfristig zu entfernen; sie sollte außerdem aus der SED ausgeschlossen werden. Der Vorwurf gegen sie lautete, mit ihrer venerischen Erkrankung Schüler infiziert zu haben. In der Kritik norwegischer Genossen an Langfeldt hieß es: »Er ist in eine ärgerliche Angelegenheit mit einer Schülerin hineingeraten, die später als moralisch ungeeignet für einen Hochschulaufenthalt entlarvt und wurde von der Schule verwiesen [sic!]. Langfeldt hat zum Ausdruck gebracht, daß er mit dieser Entscheidung nicht einverstanden ist, obwohl diese in der Schulleitung und im Zentralsekretariat behandelt worden ist! Das zeigt eine unreife Einstellung zur Frage der marxistischen Autorität.«

Die meisten Hochschüler bekamen den Streit zwischen den norwegischen Studenten nur am Rande mit, aber wir in der Redaktion mußten uns damit herumschlagen. Da ein Norweger nach dem anderen ausschied (Gillensten schon 1948), konnte dies nur bedeuten, daß sie nicht bereit waren, sich so einfach unterzuordnen wie eine Mehrheit der deutschen Parteihochschüler. Dennoch wollte das ZK der KP Norwegens im Sommer 1949 wieder zehn Teilnehmer an die Parteihochschule »Karl Marx« schicken, und das Kleine Sekretariat der SED in Berlin stimmte im August 1949 zu, wollte aber [in Moskau?] anfragen, ob »gegen diese Regelung Bedenken« bestünden.

Schwierig wurde die Redaktionsarbeit beispielsweise, als nach Gniffkes Flucht Ende Oktober die Wogen hochgingen. Leserbriefe kritisierten, daß sein »feindliches Treiben« nicht erkannt worden sei, die »Wachsamkeit« fehle. Besonders hinterhältig waren die Angriffe auf seinen Neffen Siegfried Witt. Der damals 25jährige, aus der SPD kommende Mitschüler hatte natürlich bei Gniffkes Besuchen mit seinem Onkel Erich zusammengesessen; deswegen wurde von ihm nun »Selbstkritik« verlangt. Bereits am 1. November hatte das Zentralsekretariat im Zuge der »weiteren Untersuchung in der Angelegenheit Gniffke« beschlossen, gegen Hertha Witt, die Mutter von Siegfried, die in einem SED-Betrieb arbeitete, ein Verfahren einzuleiten und sie zu »beurlauben«. Davon wußten wir damals natürlich nichts, aber im Sommer 1949 mußte auch Siegfried Witt die Parteihochschule verlassen.

Erschwert wurde die Arbeit der Redaktion durch »Beschlüsse«, die eine sogenannte Wettbewerbskommission am 7. Oktober 1948 gefaßt hatte. Ziel war es, den »Arbeitseifer« zu »heben«. Zusätzlich zur allgemeinen Wandzeitung, die mindestens einmal monatlich hergestellt wurde, war eine »schnelle Ecke« vorgesehen, die ständig aktualisiert werden sollte. Aber das Schlimmste war, die »Wettbewerbskommission« (wer vom Lehrkörper und wer von den Hochschülern zu dieser gehörte, läßt sich nicht mehr sagen) verlangte, insbesondere »Kritik und Selbstkritik« nun »breitenwirksam« in den Mittelpunkt zu rücken. Das vermieste mir die Arbeit.

Wolfgang Leonhard im Visier

Ende November 1948 stand ich in der Redaktion vor meiner schwierigsten Aufgabe. Am 22. November übergab uns Rudolf Fritsche von der Fakultät Ökonomie einen Artikel »Jugoslawien und der Genosse Leonhard« mit Vorwürfen gegen den Geschichtsdozenten. Nicht nur mir war klar, daß der Fritsche-Text kaum aus persönlichem Impuls geschrieben, sondern vielmehr eine »Auftragsarbeit« von »oben« war. Seinerzeit galt gerade Fritsche wie sein Freund Karl Hense eher als sozialdemokratisch »verdächtig«. Der damals 39jährige belesene, aber sehr verschlossene Fritsche war wie ich in der Gruppe »Thälmann« gewesen, dann aber in die Fakultät Ökonomie gegangen. Er war bereits als 19jähriger der SPD beigetreten, aber 1931 zur SAP übergewechselt. Wegen illegaler Arbeit 1935 verhaftet und zu 1½ Jahren Gefängnis verurteilt, arbeitete er danach bis 1945 als Schlosser in seiner Heimatstadt Meißen. Er kam 1947 von der Stadtverwaltung Meißen an die Parteihochschule. Vielleicht hat ihm die »Wachsamkeit« des Jahres 1948 bei seiner späteren Karriere geholfen. Von 1949 bis 1955 Abteilungsleiter im Ministerium des Innern, wurde er von 1956 bis 1961 1. Sekretär der DDR-Botschaft in Warschau, später stellvertretender Leiter der Außenhandelskammer in Wien und schließlich von 1967 bis 1972 Rat und Geschäftsträger der DDR-Botschaft in Albanien.

Im November 1948 hieß es in Fritsches Artikel: »Unter Teilnahme von Lehrern und Schülern wurden auf unserer Schule die Fehler der K.P.J. gründlichst durchdiskutiert, Klärung über unzureichende und falsche Stellungnahme [sic!] herbeigeführt und somit eine einheitliche Auffassung erzielt. Als Grundlage unserer Diskussion diente die Resolution des Informbüros und der Entschliessung des Z.S. [sic!] Man könnte nun die Sache als abgeschlossen betrachten, wenn bei all diesen Auseinandersetzungen hier auf der Schule, nicht nur von mir, sondern auch von anderen Genossen, eine klare und offene Stellungnahme des Genossen Leonhardt [sic!] vermisst wurde. Ich erinnere mich noch eines Vortrages des Genossen Leonhardt [sic!], in dem er aufgrund seiner reichen Erfahrungen und guten Kenntnisse die Lage in Jugoslawien schilderte. Mit überzeugenden Worten liess er die Leistungen des wahren Führers des jugoslawischen Volkes Tito Revue passieren. Die Arbeit der K.P.J. wurde sozusagen als Meisterwerk einer konspirativen Arbeit hingestellt. Jugoslawien marschierte auf dem Weg zum Sozialismus allen Volksdemokratien voran. Nun genug, ich zähle dies nicht auf, um Altes, längst Vergessenes wieder auszugraben. Es kann jedoch für uns alle und für den Genossen Leonhard von Wert sein, aus seinem eigenen Munde eine klare und präzise selbstkritische Meinung zu hören, die wir bis jetzt so schmerzlich vermisst haben.«

Am Schluß lobte er noch die Selbstkritik von Anton Ackermann, die »nicht nur eine hohe Achtung vor dem Genossen Ackermann uns abzwang, sondern daß wir aus ihm [sic!] darüber hinaus alle sehr, sehr viel gelernt haben«.

Wir Redakteure diskutierten über Fritsches Angriff. Zu Flucke, Schörnig und mir war noch ein vierter Kollege hinzugekommen, der 25jährige Werner Thurmann aus Berlin (er wurde im September 1949 zur Volkspolizei abkommandiert und war später Major bei der NVA). Flucke und ich vertraten zunächst die Meinung, wir sollten den Beitrag gar nicht erst bringen, worüber Schörnig explodierte und uns zurechtwies. Er wußte vermutlich, wer Fritsche angestiftet hatte. Thurmann hielt sich zurück. Den Abschnitt über Ackermann strichen wir, aber der übrige Text gegen Leonhard war Anfang Dezember in »Schwarz auf weiss« zu lesen. Seine Reaktion auf das Fritsche-Pamphlet hat Wolfgang Leonhard 1955 in »Die Revolution entläßt ihre Kinder« geschildert:

»Es war mir sofort klar, daß der Kursant Rudolf Fritsche aus der Fakultät Ökonomie diesen Artikel nicht aus eigenem Antrieb geschrieben haben konnte. Es war ein ›Warnschuß‹ von oben. Die Tendenz war deutlich. Ich sollte zur Selbstkritik herausgefordert werden. Was sollte ich tun? Immer wieder dachte ich darüber nach. Tagelang ging mir das Problem nicht aus dem Kopf. Schließlich verfaßte ich eine Antwort – nur wenige Zeilen –, in der ich darauf hinwies, das Problem Jugoslawien sei zu kompliziert, um in einem kurzen Wandzeitungsartikel behandelt zu werden. Ich sei aber gern bereit, vor interessierten Genossen darüber zu sprechen. Ich brachte den Artikel einem der Wandzeitungsredakteure. Er las ihn rasch durch. Skeptisch blickte er mir ins Gesicht: ›Glaubst du, daß sie sich damit zufrieden geben werden, Genosse Wolfgang?‹

Die eigentümliche Betonung und das Wörtchen ›sie‹ machten mich stutzig. Bald war ich mit dem Wandzeitungsredakteur in ein reges Gespräch vertieft, und ich merkte, daß auch er in der Jugoslawienfrage ›politische Bauchschmerzen‹ hatte. Der Redakteur war ein junger westdeutscher Kommunist, der auf der Parteihochschule den Namen ›Wunderlich‹ trug, in Wirklichkeit aber Hermann Weber hieß. Hermann Weber hat einige Jahre nach mir mit dem Stalinismus gebrochen und lebt jetzt in der Bundesrepublik. Das Original des Wandzeitungsartikels gegen mich ist in seinem Besitz.«

Wolfgang Leonhard hat die Situation korrekt wiedergegeben. In der Tat hatte ich sofort erkannt, daß seine erste Fassung nicht ak-

Wolfgang Leonhards Antwort für die Wandzeitung mit handschriftlichen Ein-
fügungen nach dem Gespräch mit Hermann Wunderlich.

zeptiert werden würde. Deshalb fügte Wolfgang nach unserer Diskussion handschriftlich den Passus mit der Zustimmung zur Resolution des Informationsbüros ein und machte aus »kritisch« nun
das erwartete »selbstkritisch«. In den folgenden Wochen hatten
wir »unter uns« noch manches Gespräch über unsere politischen
Bauchschmerzen, und auch Leonhards Freundin Ilse Streblow
(die dann ebenfalls nach Jugoslawien flüchtete und später Redakteurin des »Deutschland Archiv« wurde[120]) sowie Gerda nahmen
manchmal daran teil. Die Angriffe gegen die jugoslawischen
Kommunisten und Tito wurden ja immer hanebüchener. Schon im
November 1948 lautete z. B. der Titel von Nr. 11 des »Sozialistischen Bildungshefts«: »Über die Entartung der Führung der Kommunistischen Partei Jugoslawiens«. Darin war zu lesen: »Tito und
seine Clique haben sich eindeutig auf die Seite des Klassenfeindes
gestellt.«
    Während die Tätigkeit als Aspirant, aber auch das Studium in
Philosophie, Geschichte und Ökonomie selbst noch Ende 1948

244

einigermaßen angenehm waren, hat mich die Arbeit in der Wand-
zeitungsredaktion zunehmend verunsichert, und die Parteiveranstaltungen empfand ich als schier unerträglich.

In Igelitschuhen nach Berlin

Wir waren ja jung, und so gab es für uns selbstverständlich auch
im 3. Semester nicht nur Lernen und Politik. Gerda und ich waren
in der Freizeit fast immer zusammen, erlebten viel Neues, wir hatten meist gute Laune und manchen Spaß. Wie im Sommer besuchten wir auch im Herbst und Winter wieder Ausstellungen und genossen Theateraufführungen in Berlin, gingen ins Kino oder zum
Tanz. Und wenn die Hochschüler gemeinsam nach Berlin fuhren,
waren wir – nach wie vor auch Herbert Mies und ich – ausgelassen
und machten dabei unseren Jux. Wir wußten es zu schätzen, daß
wir satt wurden und für die Nachkriegsverhältnisse sehr gut wohnten, unsere Gebäude ordentlich geheizt waren. Selbst von den in
ganz Deutschland üblichen Stromsperren waren wir nicht betroffen. Das bedeutete jedoch keineswegs, daß wir von der überall vorhandenen bitteren Not gar nichts zu spüren bekamen. Es gab auch
für uns Probleme.

Beispielsweise besaß ich, als
ich in Liebenwalde eintraf, nur
eine Hose und eine Jacke sowie
einen Pullover, Hemden wohl
zwei oder höchstens drei. Meine
Hose war zu weit, bereits abge-
wetzt, und ich machte mir öfter
die Gaudi, mit der Hand durch
die kaputten Hosentaschen zu
fahren und am Hosenbein unten
heraus mit den Fingern zu win-
ken. Diese schwarze Frackhose
war, wie ich frotzelte, »zwar
nicht meine beste, aber meine
einzige Hose.« Nachdem meine
Eltern in Mannheim ausgebombt
waren, erhielten wir 1945 eine
Werkswohnung zugewiesen. Ein

Hermann Wunderlich im Gelände
der Parteihochschule Kleinmachnow. Im Herbst 1948 wurden die
KPD-Studenten mit neuem Anzug
und Krawatte ausgestattet

245

Nachbar, der ohne Erben verstorben war, hatte einige wenige Möbel und Kleidungsstücke hinterlassen, die uns zugeteilt wurden. So war ich zu der noch sehr gut erhaltenen Frackhose aus feinem Stoff gekommen. Doch inzwischen war sie, wie gesagt, etwas zerschlissen, und bei meinem Ulk kam es, wie es kommen mußte: Ich zerriß die Hose, plötzlich stieß ich mit meiner Hand durch den abgewetzten Stoff am Knie. Wie groß mein Schreck war, ist heute kaum noch vorstellbar, denn mit diesem Loch in der Hose konnte ich ja nirgends herumlaufen. Nun zeigte sich, daß Gerda neben allen anderen Vorzügen auch noch gute praktische Fähigkeiten besaß. Sie beschaffte sich Garn in unserer Schneiderei, und durch »Kunststopfen« und gründliche Reinigung war meine Hose dann wieder fast wie neu. Aber solange mußte ich mir mit einer schlackrigen Trainingshose behelfen, die wir für den Sport bekommen hatten.

Die meisten von uns besaßen nur schlechtes und abgelatschtes Schuhwerk. Heinz Busch erinnert sich, daß Sultan (Görres) bei einem Berlin-Besuch stolperte, sich dabei die Schuhsohle abriß und sie mit Kordel wieder zusammenzubinden versuchte. Im Herbst 1948 wurden wir Westdeutschen endlich besser ausgestattet. Alle erhielten einen modernen Anzug und eine Krawatte, nun konnten wir »vornehm« herumstolzieren und uns in Berlin sehen lassen. Doch überall sind wir mit den Schuhen aufgefallen, die jedem bedürftigen Schüler zugeteilt wurden. Gerda erinnert sich: Wenn wir auf den S-Bahnhöfen warteten, staunten die Menschen. Was trugen wir jungen Leute denn da an unseren Füßen – etwa Lackschuhe? Viel schlimmer! Es waren Igelit-Schuhe. Zu jener Zeit gab es den gummiartigen Kunststoff Igelit (von IG Farben), der für alle möglichen Zwecke sicher sehr brauchbar war, jedoch für Bekleidung (zwar sehr pflegeleicht, mußte nur feucht abgewischt werden) vollkommen untauglich. Igelit war enorm haltbar, langlebig, aber nicht atmungsaktiv. Das bedeutete für die Schuhträger feuchte und kalte Füße.[121]

Seit den beiden Währungsreformen war der Schwarzmarkt in Berlin ziemlich geschrumpft. Der Verkauf meiner Zigaretten durch Picasso war als Geldquelle für Bücher kaum noch der Rede wert. Uns Westdeutschen bewilligten dann aber Landesverbände der SED ein erhöhtes Literaturgeld. So war es möglich, außer politischen oder wissenschaftlichen Neuerscheinungen auch Belletristik zu erwerben. Ab und zu besuchte unser Freund Heinz Knapp Herbert Mies und mich in Kleinmachnow. Er brachte auch Lektüre mit, die wir sonst wegen ihrer kleinen Auflage kaum bekommen hätten. Die aktuelle Politik bereitete Heinz weniger »Bauchschmerzen«, dagegen die Lehrveranstaltungen der Philosophie beim Studium an der Berliner Universität um so mehr. In diesen Fragen war ich nun wiederum orthodoxer, und ich erinnere mich an manche lebhafte Diskussion. Bis zu meinem Parteiausschluß im September 1954 habe ich immer mal wieder von ihm gehört, denn seine Mutter, Friedel Knapp, arbeitete im Mannheimer Parteibüro der KPD im Quadrat S 3, 10. Völlig überrascht hat Heinz Knapp aber Gerda und mich, als er im Frühjahr 1974 eines Tages vor unserer Wohnungstür in Mannheim stand. Er befand sich auf einer Dienstreise in der Bundesrepublik und besuchte dabei seine Eltern in Schwetzingen. Daß er es gewagt hatte, bei uns »Renegaten« und »Parteifeinden« vorbeizuschauen, war mehr als mutig, was ich ihm hoch anrechnete. Mein ehemals engster Freund Herbert Mies ist nach unserem Ausschluß nie auf die Idee gekommen, mit uns Kontakt aufzunehmen, obwohl er 1951 zeitweise bei uns in Düsseldorf gewohnt hatte. Heinz Knapp hat seinen Besuch bestimmt nicht ohne Bedenken unternommen, aber erfreulicherweise war ihm die alte Freundschaft wichtiger als Parteibefehle.

Und so wunderte ich mich keineswegs, wie freundschaftlich er mich begrüßte, als ich Ende Mai 1989 erstmals nach 37 Jahren wieder Ost-Berlin betreten konnte. Das war möglich geworden, weil die Historische Kommission beim Parteivorstand der SPD, der ich angehörte (und angehöre), nach einem Besuch von DDR-Historikern in Bonn eine Gegeneinladung der Akademie der Wissenschaften nach Ost-Berlin angenommen hatte. Da die sozialdemokratischen Kollegen solidarisch darauf bestanden, daß entweder alle zur Akademie kämen oder keiner, hatten SED und MfS (wie ich jetzt aus Stasi-Akten weiß), meine generelle Einreisesperre für drei Tage aufgehoben. Die Ost-West-Tagung war interessant.[122] Hermann Rudolph bewertete das Verhalten der SED-Historiker als »Lockerungsübungen im Umgang mit Geschichte« und schrieb über meine Teilnahme: »Daß er, in jungen Jahren selbst Kommunist, nun als Mitglied des Aufgebots der SPD-Kommission nach 37 Jahren zum ersten Male wieder in der DDR war, dabei mit manchen der Autoren sprechen konnte, mit denen er – und sie mit ihm – überdies seit Jahrzehnten über die Geschichte der KPD streitet, gab der Tagung dann doch noch einen kleinen

Hauch von historischem Ereignis.«[123] Ganz selbstverständlich ging Heinz Knapp mit mir zusammen in ein Restaurant. In jenem Mai 1989 konnte keiner ahnen, daß wenige Monate später das SED-Regime zusammenbrechen würde. Wir pflegen seither wieder die alte Verbindung aus der Jugendzeit.

Zurück zu 1948. In den Seminaren befaßten wir uns auch mit Problemen, die außerhalb des Lehrplans lagen. Beispielsweise haben wir damals mit heißen Köpfen Victor Klemperers Entlarvung der »Sprache des Dritten Reiches«, in seinem 1947 erschienenen Buch »LTI« debattiert. Als Klemperers Tagebücher 1998 veröffentlicht, dann verfilmt und viel diskutiert wurden, erinnerten wir uns daran, daß wir uns schon 50 Jahre zuvor mit diesem interessanten Wissenschaftler beschäftigt hatten. Ähnliches gilt etwa für das Buch des (später in der DDR verfemten) Holländers Nico Rost »Goethe in Dachau«. Der Tagebuchbericht über das KZ Dachau und die Rolle der deutschen Klassik und Goethes war 1948 in Berlin mit einer Einleitung von Anna Seghers herausgekommen, und wir haben uns intensiv darüber ausgetauscht.[124]

Häufig stritten wir auch über den sowjetischen Dichter Wladimir Majakowski. Seine politischen Gedichte wurden ja bei feierlichen Anlässen stets vorgetragen. Die expressiven Verse paßten aber überhaupt nicht in den angestrebten »sozialistischen Realismus«. Auch seine Vergangenheit als Futurist oder sein Selbstmord mit 36 Jahren schon 1930 prädestinierte ihn keineswegs als Vorbild stalinistischer Ideologie. Er blieb jedoch von offizieller Kritik verschont und wurde sogar gepriesen. Es genügte zu seiner Verherrlichung, daß Stalin Majakowski merkwürdigerweise einmal den »besten und begabtesten Dichter unserer Sowjetepoche« genannt hatte. Nach diesem Ausspruch, für jeden Stalinisten wie jeder »Wink« des »Führers« ein Dogma, war Kritik an Majakowski – auch an seinem formalistischen Stil – verpönt. Schon 1946 hatte der SWA-Verlag eine (1943 von Hugo Huppert ins Deutsche übersetzte) Gedichtauswahl von Majakowski herausgegeben, und 1949 erschienen im Verlag Volk und Welt Auswahlbände (unter anderem eingeleitet von Stephan Hermlin). Der Widerspruch zwischen offizieller Akzeptanz und einem Stil, der gar nicht in die Linie paßte, hatte in unseren Formalismusdebatten an der Parteihochschule eine Rolle gespielt. Bei der Verdammung der Moderne konnten wir auf Majakowski als Gegenbeispiel (kommunistischer Inhalt und eher expressionistische Form) verweisen.

Wir Jüngeren zitierten allerdings immer wieder ein eher atheistisches Spottgedicht von 1925, die »Sechs Nonnen«. Besonders gefielen mir die Zeilen »Zum Himmel gewandt die Bratkartoffelgesichter, schwärzer als ein nie gewaschener Mohr, stiegen sechs weibliche Kirchenlichter, das Fallreep des Dampfers Espagne empor.« Es war die gleiche Zeremonie wie mit den Zitaten von Max Stirner oder Brecht: Im Speisesaal beim Essen, in den Pausen auf dem Gang oder bei Unterhaltungsveranstaltungen haben Picasso, Heinz Busch oder ich die Verse lautstark »aufgesagt«.

Die Rezitation des Majakowski-Textes sollte zugleich unseren Atheismus demonstrieren. Denn wir fühlten uns religionslos, ja antireligiös. Im Unterricht, insbesondere in der Fakultät Philosophie, war die Auseinandersetzung mit der Religion sachlich, orientiert am Ausspruch von Marx, die Religion sei »das Opium des Volkes«. Der Atheismus war selbstverständlich, Diskussionen gab es um den Agnostizismus. Vor allem wies Stern die Grundthese des Agnostizismus zurück, da man vom absoluten Sein oder Gott nichts wisse, bleibe die Frage der Existenz Gottes offen.

Von Kindheit an nicht religiös erzogen, bin ich sofort, als dies möglich war – wie es sich damals bei guten Kommunisten gehörte – offiziell aus der Evangelischen Kirche ausgetreten. Da meine Mutter evangelisch war, hatten die Eltern mich so taufen lassen. Religion war für mich kein Thema. Und ähnlich ging es wohl den Hochschülern und auch den Lehrern in Kleinmachnow. Hier wurde insbesondere in der Philosophie im Sinne der Aufklärung gelehrt, was ich als Atheist gerne aufnahm. Doch in Wirklichkeit waren der »Marxismus« oder dann der »Marxismus-Leninismus« und speziell »die Partei« unser Religionsersatz. Auch mir wurde erst später bewußt, daß entgegen des Marxschen Mottos »An allem ist zu zweifeln« dieser Zweifel gerade nicht für das eigene Lehrgebäude galt, daß hier das Dogma, der Glaube verbindlich war. Nachdem ich bemerkte, wie Kommunisten den Führer Stalin gottähnlich verehrten, siegte mein Zweifel. Vor allem aber, weil ich feststellte, daß von der Aufklärung das Wichtigste nicht übernommen worden war: die Toleranz. Und als ich erkannte, daß der »Marxismus-Leninismus« lediglich Glaube und Ersatzreligion war, da wurde ich endgültig »ungläubig«.

An der Parteihochschule sorgte vor allem Direktor Paul Lenzner dafür, daß es kulturelle Veranstaltungen gab und auch das Vergnügen nicht zu kurz kam. Beispielsweise fand zu unser aller

Freude am 23. Oktober 1948 ein »Unterhaltungsabend« mit Kabarett und Tanz statt. Die Laienspieler vom politischen Kabarett »Drehorgel« aus Potsdam erhielten lebhaften Beifall. Wenige Tage später, am 28. Oktober, hielt abends Wolfgang Langhoff, der bekannte Schauspieler und Regisseur, einen Vortrag. Er war insbesondere durch seine »Moorsoldaten« ein Begriff und fesselte alle mit dem Thema »Das Theater als politische Waffe«. Mich hat das fasziniert, denn hier erlebte ich einen kommunistischen Agitator, andererseits einen anerkannten Fachmann des progressiven Theaters, der versuchte, beides miteinander zu vereinbaren. Freilich fiel auf, daß er keineswegs die Litanei des »sozialistischen Realismus« herunterbetete. Anschließend gab es eine lebhafte Diskussion, an der sich zwar nur zwei Hochschüler des Halbjahreslehrgangs und zwei Lehrer, aber sechs Studenten aus unserem Kurs beteiligten. Schon zwei Jahre später ist Langhoff dann als Westemigrant und wegen Kontakten zu Noel Field in Ungnade gefallen.[125]

Am 2. November gab es einen »Friedrich-Wolf-Abend«. Es wurde aus den Werken des berühmten Schriftstellers gelesen und angekündigt war, Friedrich Wolf, der 1948 gerade das deutsche PEN-Zentrum mitgegründet hatte, wolle selbst kommen und mit den Hochschülern diskutieren. Allerdings hat das nach meiner Erinnerung aber doch nicht geklappt. Schließlich trat in der Parteihochschule in Kleinmachnow auch der Arbeiterschriftsteller Hans Marchwitza auf, der durch seinen Roman »Sturm auf Essen« (1930) bekannt geworden war. 1946 aus den USA nach Stuttgart zurückgekommen, war er 1947 mit seiner Frau Hilde (mit der Gerda nach der Parteihochschule noch im DFD zusammenarbeitete) nach Potsdam übersiedelt. Bei uns las er aus seinem Roman »Meine Jugend«.

Die Schulleitung förderte ebenso den Besuch von Theatern und Konzerten in Berlin. Damals traten wir sofort als Mitglieder dem gemeinnützigen Volksbühne-Verein bei, der 1947 in der Tradition der Arbeiterbewegung wiedergegründet worden war. Der erschwingliche Monatsbeitrag ermöglichte uns regelmäßige Theaterbesuche. Gerda erinnert sich, daß die Mitglieder wie in der Lotterie ein Los zu ziehen hatten: Zu jeder Veranstaltung gab es dafür im Foyer des jeweiligen Theaters einen »Zettelkasten« mit dem Platzkontingent der »Volksbühne«. Manchmal hatten wir Glück, so konnten wir Lessings »Ring-Parabel« in der dritten Zuschauerreihe anhören. Einige Vorstellungen verließen wir in ausgesprochener Hochstimmung, summten beispielsweise noch auf der Straße das von dem bekannten Schauspieler Aribert Wäscher in unnachahmlicher Weise vorgetragene Lied »Als ich noch Prinz war von Arkadieen …« bis zum S-Bahnhof vor uns hin. Oft fuhren Hermann und ich mit unserem hochgebildeten Studiengenossen Fritz Schulze zu den Theaterveranstaltungen. Das war stets ein Gewinn, denn Fritz, der sich in Oper und Schauspiel fabelhaft auskannte, gab uns auf dem Weg jedesmal eine sehr nützliche Einführung zu dem, was uns in den Vorstellungen erwartete.

Besuch der »Fliegen« und verpönte Erinnerungen Otto Frankes

Bei der SED verpönt war allerdings der Besuch nicht konformer Stücke. Im Hebbel-Theater in West-Berlin lief seit Anfang 1948 Sartres Schauspiel »Die Fliegen«. Schon am 4. Januar hatte Anton Ackermann im »Neuen Deutschland« das Stück (noch vor der ersten Aufführung) als »wildesten Contre-Humanismus« und »Diffamierung des Freiheitsbegriffes« denunziert. Im Existentialismus Sartres habe »der bürgerliche Individualismus seine reaktionäre Vollendung gefunden«. In der ersten Besprechung im SED-Organ standen über Jürgen Fehlings Inszenierung im Hebbel-Theater (mit O. W. Hasse) dann aber auch lobende Worte. Bis zum Sommer waren die Vorstellungen jedoch ständig ausverkauft oder es gab nur »geschlossene Veranstaltungen«.

Erst Ende September konnten Gerda und ich uns »Die Fliegen« ansehen. Dazu waren wir heimlich nach West-Berlin gefahren, wo die beeindruckende Aufführung von 18 bis 21.15 Uhr dauerte. Sartre hatte die antike Tragödie um Elektra aktualisiert: Die Schmeißfliegen, die Jupiter geschickt hatte, um das Volk in Angst zu halten, symbolisierten die Besetzung von Paris. Aber der Kern des Existentialismus war im Hebbel-Theater deutlich herausgestellt: Nur wer sich von den Göttern abwendet, wer selbst Entscheidungen trifft, kann frei sein. Natürlich konnte das, wozu Sartre einst die Pariser Bevölkerung aufforderte, sie sollten sich nicht unterdrücken lassen, jetzt gegen die neue Diktatur ausgelegt werden. Kein Wunder, wenn sich Tulpanow noch Jahrzehnte später in seinen Erinnerungen bei den »erkenntnistheoretischen Wurzeln des Faschismus« zu dem Vergleich hinreißen ließ: »Wir waren beispielsweise schon in der Lage, die geistige Verbindung des Theaterstücks ›Die Fliegen‹ von Sartre und überhaupt der gesamten Philosophie des Existentialismus mit der Ideologie des Nazismus hinreichend fundiert nachzuweisen.«[126] Die Stalinisten behaupteten ja ständig, jeder ihrer Gegner sei ein »Faschist«, bezeichneten jede »Abweichung« als »Faschismus«. Wir hatten Sartres Werk, ganz im Gegenteil, als Aufruf zur Freiheit verstanden.

Für uns beide gab es allerdings ein Nachspiel: Aus Protest gegen die Politik des FDGB und die Berlin-Blockade hatten sich viele Eisenbahner in einer eigenen Gewerkschaft zusammengeschlossen, der UGO, und diese bestreikte gerade den S-Bahn-Verkehr. Als wir das Theater verließen, fuhren keine S-Bahnen mehr. Gerda und mir blieb so nur, den weiten Weg zu Fuß zu gehen, was Stunden dauerte. Wir kamen sehr spät an, konnten uns aber beim Pförtner mit dem Streik entschuldigen. Doch es hatte sich gelohnt; wir empfanden den Besuch der »Fliegen« als ein Stück Eroberung geistiger Freiheit, unserer beginnenden »Abnabelung« von der doktrinären Obrigkeit.

Völlig perplex war ich, als nur wenige Wochen darauf bekanntgegeben wurde, die Fakultät Philosophie werde gemeinsam nach Berlin fahren, um sich (gewissermaßen zur Abschreckung) Sartres »Fliegen« anzusehen. Der »kollektive Besuch« der »Fliegen« (»Teilnehmer: Schüler und Lehrer der Phil. Fakultät«) am 24. Oktober (einem Sonntag) wurde dann am 15. November dem Zentralsekretariat gemeldet: »Der Besuch hatte den Zweck, die Ideologie des Existentialismus anschaulich kennenzulernen.« Die Schulleitung behauptete, die Teilnehmer hätten in der anschließenden Diskussion »unter dem Eindruck des Krankhaften und der Fäulnis der Philosophie Sartres« gestanden. Meinungsverschiedenheiten habe es lediglich darüber gegeben, »welche Ideen das Stück veranschaulichen will«.

Das Streitgespräch war tatsächlich heftig, da einige Mitglieder der Fakultät im Sinne von Ackermann und Tulpanow diskutierten, sich aber nicht durchsetzen konnten. Noch waren solche theoretischen Debatten möglich, sogar die Prüfung »feindlicher Argumente«, was nur wenige Monate später bereits als »Objektivismus« verdammt wurde.

In den Diskussionen hatte sich vor allem ein im Oktober neu in der Fakultät eingesetzter Lehrer gegen den Dogmatismus gewandt. Herbert Eppinger, ein gelernter Werkzeugmacher, hatte seit 1929 Beziehungen zur KPO unterhalten und war dann für diese in der Illegalität nach 1933 unter dem Decknamen »Stephan« aktiv gewesen, unter anderem fertigte er illegale Zeitschriften an. 1945 trat er der KPD bei, war dann Mitglied der Kreisleitung Bernau der SED und besuchte den Halbjahreslehrgang an der Parteihochschule von November 1947 bis Mai 1948. Nunmehr war er Assistent und später Lehrer in Kleinmachnow. Aber wegen seiner »früheren KPO-Zugehörigkeit« mußte Eppinger wie alle »Abweichler« die Parteihochschule 1950 verlassen. Typisch die Umschreibung in der Fakultätssitzung vom 15. Mai 1950: »Gen. Stern teilt mit, daß Gen. Eppinger laut Parteibeschluß in eine andere Funktion geht.« Eppinger war danach in der Industrie tätig, zuletzt Technischer Leiter im Werkzeugbau in Berlin-Treptow, bis er 1967 Invalidenrente erhielt. Durch seine eigenwilligen Vorstellungen brachte der quirlige Eppinger zwar Schwung in die Seminare, ist aber zugleich durch Stilblüten und exzentrische Ideen aufgefallen. Beispielsweise hatte er in einem Wandzeitungsartikel vorgeschlagen, das zur »Verschönerung des Hauses 2« angebrachte »Goldfischglas ohne Goldfische« in nützliche Lampen umzuwandeln. Vorteil: »daß man künftig nicht mehr parkende Autos anrennt oder sich wider Willen gegenseitig anrempelt«.[127]

Während wir in der Philosophie teilweise noch dem »Objektivismus« frönen konnten, hatte die Geschichtsfakultät viel Arbeit und Mühe in eine Ausstellung gesteckt. Auch Gerda Röder, die inzwischen Gruppenleiterin der Fakultät Geschichte im Zweijahreslehrgang war (Herbert Mies hatte die gleiche Funktion in der Fakultät »Grundfragen«), bekam alle Hände voll zu tun. In ihrer »Gruppe Pariser Kommune« mußte sie vor allem bei der organisatorischen Vorbereitung dafür sorgen, daß die Ausstellung »Zwei Revolutionen« rechtzeitig fertig wurde. Denn in Haus 3 wurde in 14 Räumen mit viel Material »die Vorgeschichte und der Verlauf der Oktoberrevolution [in Rußland] sowie die Geschichte der deutschen Novemberrevolution mit ihren Lehren anschaulich dargestellt«, wie die Schulleitung am 1. November an Walter Ulbricht berichtete. Die Ausstellung startete mit einem umfangreichen Programm. Schon Tage vorher hatte ein Chor unter Leitung von Waltraud Schörnig geprobt. Und Georg Becker, Lucy Schlef, Otto Krüger sowie Fritz Seidel haben sich auf ihre Rezitationen vorbereitet. Am Sonntag, dem 7. November, sprach um 9 Uhr früh im

Speisesaal Otto Winzer, der spätere Außenminister der DDR, danach erfolgte die feierliche Eröffnung, am Abend war dann »froher Ausklang im Speisesaal«. Und am Dienstag, dem 9. November, referierte Rudolf Lindau in einer gemeinsam mit der SED-Ortsgruppe in den Kammerlichtspielen in Kleinmachnow veranstalteten »öffentlichen Kundgebung« über »30 Jahre Novemberrevolution«.

Inzwischen hatten die Thesen der Parteiführung zu den »Lehren« der Novemberrevolution ja absolute Verbindlichkeit, und deshalb wurde die russische Oktoberrevolution – weit eindeutiger als bei den Feiern ein Jahr zuvor in Liebenwalde – als das große Vorbild herausgestellt. Das prägte auch die Ausstellung mit ihren vielen Bild- und Texttafeln. Neben Bildbänden wurden zahlreiche Bücher ausgelegt, in denen sogar einige »Abweichungen« zu finden waren. Auf einem zentralen Tisch konnte nämlich das 1929 von KPD-Funktionären herausgegebene Werk »Illustrierte Geschichte der deutschen Revolution« eingesehen werden. Daran hatten schon bald darauf verfemte KPO-Führer wie Paul Frölich und Albert Schreiner mitgearbeitet. Dieser illustrierte Band entsprach zwar durchaus kommunistischer Sicht, aber ohne die Fakten zu verschweigen. Darin waren später verdammte KPD-Gründer mit Bild vorgestellt, z. B. auf Seite 135 zehn Teilnehmer der Reichskonferenz des Spartakusbundes vom 1. Januar 1916 mit Fotos abgedruckt sowie zwei weitere Teilnehmer genannt (die ausgeschlossenen Otto Rühle und Karl Minster). Abgebildet war unser Direktor Rudolf Lindau, aber ebenfalls die KPO-Führer Berta und August Thalheimer sowie die »Versöhnler« Ernst Meyer und Hugo Eberlein (der später ein Opfer der Stalinschen Säuberungen wurde).

Lindau war sicher stolz, daß seine historische Rolle gewürdigt wurde, weniger gefiel ihm vermutlich das Foto seiner Hamburger »Feindin« Erna Halbe (Reichsfrauenleiterin der KPD, 1929 KPO bzw. nach 1945 SPD). Im ausgelegten Band von 1929 waren sämtliche Mitglieder der ersten Zentrale der KPD namentlich aufgeführt. Wer sich dafür interessierte, konnte feststellen, daß von den 12 Zentralemitgliedern später die Hälfte als »Parteifeinde« galten (Eberlein, Frölich, Lange, Levi, Meyer und Thalheimer), Luxemburg, Liebknecht und Jogiches schon 1919 ermordet wurden, nur Käte und Hermann Duncker sowie Pieck die einzigen Überlebenden in der SBZ waren. Ich glaube freilich nicht, daß sich außer mir viele Ausstellungsbesucher die Mühe machten, das detailliert zu recherchieren. Über die KPD-Gründung hieß es in diesem Buch sogar noch: »im rechten Augenblick griff Karl Radek ein«. Ausgerechnet ihn hatte Melis aber im Juli in seiner Lektion doch zum Verbrecher erklärt. Kurzum, das ausgelegte Werk von 1929 entsprach in keiner Weise dem stalinistischen Geschichtsbild, wie es ab 1948 dominierte.

Allerdings war in dem Buch meist die Seite 190 aufgeschlagen. Darüber haben wir im jugendlichen Unverständnis gefeixt, weil die »Aufsichtsperson« der Ausstellung dafür sorgte, daß dieses Blatt stets offen dalag. Abgebildet war dort nämlich diese »Aufsicht« selbst. Es war der KPD-Funktionär Otto Franke, vorgestellt mit der Unterschrift: »Leitend tätig im Kreis der revolutionären Obleute, Organisator unterirdischer Arbeit im Spartakus-Bund, nach Karl Liebknechts Entlassung aus dem Zuchthaus ihm als Vertrauensmann beigeordnet.« Dieser Otto Franke, ein »politisches Urgestein«, war bis 1933 Mitarbeiter von Pieck, 1946 aus der Emigration in England zurückgekommen und seit 1947 eine Art Faktotum an der Parteihochschule. Hier begegneten wir ihm öfter auf den Gängen oder bei Veranstaltungen, aber keiner wußte so richtig, was dieser an der Hochschule eigentlich zu tun hatte.

Nachdem ich das Bild und den kurzen Hinweis zu seiner Person in der »Illustrierten Geschichte« gesehen hatte, bemühte ich mich um ihn. Ich bat ihn um das, was Lindau und Rubiner abgelehnt

Die Revolutions-Ausstellung propagierte 1948 auch »Erfolge« in der SBZ.

255

hatten: er solle uns aus seiner Lebensgeschichte erzählen. Dazu war Otto Franke gern bereit. Noch im November kam er zu Horn, Mies und mir ins Zimmer, eine Reihe junger Genossen hatte ich ebenfalls dazu eingeladen, und alle konnten Otto Franke ausfragen. Sein Gedächtnis war fabelhaft, er berichtete unter anderem über die Versammlungen und Treffen Karl Liebknechts im Jahr 1918, wußte noch Uhrzeit, Straße und Hausnummer, ja sogar das Stockwerk. Unser Zimmer war total überfüllt, aber alle Anwesenden von dem betagten, damals bereits über 70jährigen Funktionär begeistert. Diese spannende Methode der Befragung ist inzwischen ja als »oral history« geläufig. Gerda und ich haben uns im nachhinein noch oft über Frankes Auftritt im engen Kreis unterhalten. Damals war ich durchaus stolz auf meine Aktivität, und viele Hochschüler lobten mich für diesen Einfall.

Ganz anders reagierte die Schulleitung. Schon wenige Tage danach wurde ich zu Lindau vorgeladen und mußte berichten. Doch statt Anerkennung bekam ich gehörigen Ärger. Von allen Genossen, so Lindau, sei der Schulplan einzuhalten und exakt durchzuführen, da seien »private Erzählungen« nur störende Ablenkung. Wir sollten gefälligst den von den Referenten vorgegebenen Stoff durcharbeiten und uns nicht verzetteln, schnauzte mich Lindau an. Ab sofort verbot er mir grollend, jemals wieder solche Eigenmächtigkeiten zu unternehmen. Weil ich meine Initiative zu verteidigen suchte, verwies er mich aus seinem Zimmer. Über Lindaus Zurechtweisung war ich wie vor den Kopf geschlagen und verstand nun gar nichts mehr. Otto Franke war doch schließlich ein altbewährter Genosse, und vor uns Jungen hatte er keine irgendwie »abweichenden« Gedanken geäußert.

Erst nach und nach habe ich begriffen, was das Verbot bezweckte: Wegen der neuerlichen Umschreibung und Glorifizierung der KPD-Geschichte und der Novemberrevolution (Lindau führte uns das dann zum Jahresende vor) bestand die Gefahr, daß durch detaillierte Berichte der Akteure die völlig andere historische Realität bekannt wurde. Lindau fürchtete, daß allein damit schon die Legenden der SED über die »heroische« Vergangenheit der KPD oder die Darstellung ihrer Gründung als »Wendepunkt« in der deutschen Geschichte als Lügengebilde entlarvt würden. Denn Franke hatte ja freiweg nur aus seiner eigenen Erinnerung erzählt und keinerlei Anweisungen von oben gehabt. Im übrigen hat mir dann Otto Franke ganz traurig bestätigt, daß ihm von der

Schulleitung ebenfalls untersagt wurde, in Zukunft ähnliche »Gespräche« zu führen. Immerhin konnte er mitteilen, daß fast 4500 Besucher (darunter 700 Schüler) die Ausstellung besichtigt hatten. Aber leider mußte es bei dieser einzigen, so lebendigen und interessanten Zusammenkunft mit einem engen Freund Karl Liebknechts bleiben. Verbot und Zurechtweisung trugen dazu bei, daß die Stimmung eisiger wurde und die Situation mir trostloser erschien.

Ergebenheitsrituale

Immer unerträglicher empfand ich die ständigen Partei- und Gruppenversammlungen, die uns – nicht zuletzt mit »Kritik und Selbstkritik« – disziplinieren und auf die »neue Linie« einschwören sollten. Im Stundenplan wurden nun sowohl der ganze Dienstagnachmittag (und meist auch -abend) sowie der Donnerstagnachmittag für »Parteiversammlungen«, der Samstag für »Gruppenversammlungen« freigehalten. Im allgemeinen waren diese Parteiversammlungen für den ganzen Lehrgang (also wir 68 Hochschüler und unsere Lehrer) angesetzt, und wenn »bedeutende« Referenten kamen, für sämtliche Lehrgänge. Gruppenversammlung hieß entweder Zusammenkunft der Fakultätsgruppen, manchmal aber auch der FDJ-Gruppe usw. Da wir an dieser Parteischule doch alle SED-Mitglieder waren (wir Westdeutschen gehörten ja während unseres Studiums ebenfalls der Einheitspartei an), schien diese Unterteilung in »Schülerkollektiv« und »Parteikollektiv« fast dubios und eigentlich überflüssig, doch zeigte sich darin das bürokratische Gehabe der SED.

Seit Frühjahr und Sommer waren wir von den Parteiführern Pieck, Ulbricht, Dahlem, Grotewohl, Ackermann laufend über die Entwicklung zur »Partei neuen Typus« unterrichtet worden. Und von den Entscheidungen der 10. bis 15. Tagung des Parteivorstandes zwischen Mai und Oktober (die jetzt dokumentiert sind)[128] hatten wir dadurch ebenfalls aus »erster Hand« erfahren. Deshalb war es nun an uns, Stellung zu beziehen.

Die Versammlungen der Teilnehmer aller Lehrgänge am 23. und am 28. September von insgesamt nicht weniger als neun Stunden Dauer hatten – so berichtete die Schulleitung den »Gen. Pieck und Grotewohl« – »zur 11., 12. und 13. Parteivorstandssitzung«

debattiert und eine »Entschließung« verabschiedet. »In der Diskussion sprachen 28 Genossen nach einem Bericht des Gen. Fred Oelßner«, teilten die Direktoren mit. Es war eine lange, ermüdende und quälende Veranstaltung, in der Oelßner nochmals mit der »Theorie vom besonderen deutschen Weg« als einer »sowjetfeindlichen« und verderblichen Konzeption abrechnete und sich in Lobhudeleien über die KPdSU und ihren Führer Stalin erging. Er forderte verstärkte »Wachsamkeit« und Forcierung des Wegs zur »Partei neuen Typus«. Sämtliche Diskussionsredner, 28 Hochschüler und Lehrer, überboten sich gegenseitig in »lebhafter« Zustimmung zu den Beschlüssen. Andererseits kritisierten einige, die Parteihochschule würde in diesem Prozeß nicht vorangehen, sondern eher hinterherhinken, und mahnten außerdem mehr Selbstkritik an.

Am Ende nahm die Versammlung – natürlich einstimmig gebilligt – eine fast siebenseitige Entschließung an.[129] Der Text dokumentiert den Geist, der nun in Kleinmachnow eingezogen war. Zunächst wurde festgehalten, daß sich der »Klassenkampf« in der SBZ »auf allen Sektoren des gesellschaftlichen Lebens« verschärft. Deshalb müsse die SED »im tiefsten Sinne des Wortes eine Partei neuen Typus werden und qualifizierte Funktionäre« heranbilden. »Stärke und Kraft der Partei hängen entscheidend davon ab, inwieweit sie den Lehren Marx', Engels', Lenins und Stalins folgend die internationalen Erfahrungen des Klassenkampfes des Proletariats verwertet und sich zu eigen macht.«

Selbstverständlich wurde in der Entschließung auch »lebhaft begrüßt, daß Stalins Werk ›Geschichte der Kommunistischen Partei der Sowjetunion, Kurzer Lehrgang‹ durch den Beschluß des Parteivorstandes zur Grundlage für die Hebung des ideologischen Niveaus der Partei genommen wird«. Allerdings wurden nicht nur Stalin und sein »Lehrgang« begrüßt, sondern ebenso die Bedenken aufgezählt, die es auf der Parteihochschule dagegen gegeben hatte. Denn die Schulleitung mußte in der Versammlung selbstkritisch bestätigen, daß dieses »Grundwerk« in den früheren Lehrplänen bei weitem nicht im »notwendigen Maß« berücksichtigt worden war. Deshalb forderte die Entschließung, es sei »dringendes Gebot für die Parteihochschule, dieses marxistische Werk als Grundlage des Studiums zu nehmen«. In der Diskussion war vor allem die Ökonomische Fakultät angegriffen worden, weil einige ihrer Lehrer früher »Vorbehalte« gegen das »Grundwerk« geäußert

Die Lehrkräfte der Ökonomischen Fakultät im Frühjahr 1949. Von links nach rechts: Günther Juhre, Maria Bergmann (Jutta Lubisch), Bernhard Thiel, Alfred Lemnitz, Sepp Triebe, Luise Wagner, Alfred Heinke, Kurt Herholz.

hatten. Dekan Lemnitz gestand ein, in seiner Fakultät gebe es »ernste Mängel«, und versicherte, in Zukunft werde »die Politökonomie als *revolutionäre* Wissenschaft« behandelt.

Tatsächlich lehrten und studierten in der Ökonomischen Fakultät auch etliche »Querdenker«. Bemerkenswert ist, daß der einzige Hochschüler, der später in den Westen flüchtete (außer Scharch und seiner Frau Ilse) aus dieser Fakultät kam. Es war Heinz Grüner aus Gotha. Der damals 24jährige Grüner, der aus einer SPD-Familie stammte, hielt sich in den Parteiversammlungen meist sehr zurück. Wegen seines Asthmas mußte er öfters in die Krankenstation. Nach Abschluß des Lehrgangs arbeitete er Ende 1949 beim FDGB in Thüringen, wohnte in Gotha und soll noch aktiv an den »Parteiüberprüfungen« teilgenommen haben. Grüner flüchtete 1951 in die Bundesrepublik, wo er inzwischen gestorben sein soll.

Die »Abweichung«, derentwegen Dekan Lemnitz Selbstkritik üben mußte, betraf etliche Dozenten. Wie schon erwähnt, gehörte dazu Sepp Triebe. Allgemein bekannt war der Widerspruchsgeist von Luise (Liesel) Wagner, geb. Hahn. Sie hatte in Liebenwalde die Gruppe »Zetkin« geleitet. Die damals 42jährige Liesel Wagner,

Tochter eines Angestellten aus Dresden, gehörte seit 1924 der SPD an. In der Illegalität war sie bei den »Roten Kämpfern« aktiv, die für die KPD zu den Parteifeinden zählten. Ihr Mann leitete die Gruppe der »Roten Kämpfer« in Schwerin und flüchtete dann in die USA (1949 wurde ihre Ehe geschieden). 1945 Neulehrerin, wurde sie dann Leiterin des Frauensekretariats der SPD Ostsachsen. An der Parteihochschule wirkte Liesel Wagner seit Juli 1947, sie nahm kein Blatt vor den Mund, ja sie hatte 1948 gar den »Kurzen Lehrgang« der KPdSU als »Märchenbuch« bezeichnet. Deshalb wurde von ihr Selbstkritik verlangt, sie hielt sich danach sehr zurück, beschränkte sich auf die fachliche Arbeit und war bemüht, sich anzupassen. Doch wie andere »Abweichler« wurde auch sie im März 1950 entlassen, fand dann Arbeit als Lektorin im Verlag »Die Wirtschaft«.

Am heftigsten opponierte in der Fakultät indes Bernhard Thiel. Der Nachrichtentechniker aus Berlin (er hatte viele Jahre bei Siemens gearbeitet) war ein anerkannter Lehrer. Der großgewachsene, damals 32jährige Thiel (meist in Sandalen und mit Aktentasche unterwegs) hielt nicht nur Seminare, sondern auch Vorlesungen und galt als klügster im Fach, war er doch in Ökonomie sehr bewandert und zudem pädagogisch begabt. Offen wehrte sich der ehemalige Sozialdemokrat, der von 1933 bis 1938 einer kleinen trotzkistischen Widerstandsgruppe in Berlin-Moabit angehört hatte, gegen die zunehmende Verballhornung der Marxschen Ökonomie. Er war nach 1945 der SPD beigetreten, »weil die KPD schon damals stalinistisch zu werden drohte«. Seinerzeit wurde er schon insgeheim überprüft, weil er an einer Zusammenkunft ehemaliger »trotzkistischer« Emigranten teilgenommen hatte. Die Vorwürfe gegen ihn verschärften sich später. Er wurde Anfang 1950 als »Trotzkist« angegriffen, da er Trotzki-Zitate verwandt hatte.

Sogar die Sitzung des Politbüros am 21. Februar 1950 befaßte sich mit ihm. In einem »Bericht des Genossen Sindermann« wurde Thiels »Auftreten als bewußte trotzkistische Provokation« bewertet und der Ausschlußantrag der Parteihochschule an die ZPKK überwiesen.[130] Thiel wurde daraufhin aus der SED ausgeschlossen, und es hieß, er sei damals auch verhaftet worden. Nachdem ich im März 2001 seine Adresse erfahren hatte, haben wir miteinander gesprochen. Er bestätigte mir, seinerzeit mit der Verhaftung gerechnet zu haben, vermutet aber, Fred Oelßner habe wohl seine schützende Hand über ihn gehalten. Thiel arbeitete bis zur Rente in seinem alten Beruf als Nachrichtentechniker, wurde nie wieder Mitglied der SED. An den Dozenten Bernhard Thiel erinnerte ich mich selbstverständlich lebhaft, aber er sich ebenso an den Hochschüler Hermann Wunderlich, der ja bekannt gewesen sei wie ein »bunter Hund«.

Es waren jedoch nicht nur selbständig und kritisch denkende Genossen, die seit dem 3. Semester unter Beschuß gerieten. Die Parteiversammlung im September 1948 mißbilligte vor allem, »daß selbst ein Genosse des Zweijahreslehrgangs die November-revolution völlig falsch als proletarische Revolution bezeichnete«. Dies hatte Fritz Schörnig, ausgerechnet ein Student der Geschichtsfakultät, geäußert und deswegen riesigen Ärger bekommen. Seine Selbstkritik wurde als zu schwach zurückgewiesen, und er schied dann sogar aus der Redaktion der Wandzeitung aus. Obwohl er in der Entschließung nicht namentlich genannt wurde, wußten alle, um wen es hier ging. Viele fragten sich, was noch offen auszusprechen erlaubt war, wenn selbst gegen einen so treu ergebenen und bewährten Parteifunktionär wie Schörnig solche Vorwürfe erhoben wurden.

Natürlich gab es unter uns auch ältere Kommunisten, die voll und ganz die neue Parteilinie begrüßten, weil sie an ihre Richtigkeit glaubten. Mir schien es, als träfe dies vor allem für unsere »Parteileitung« zu. »Polleiter« oder »Sekretär« der Parteiorganisation unseres Zweijahreslehrgangs blieb im 3. Semester weiterhin Erich Hanke. Seine Stellvertreter waren Bruno Langner und Hans Tammer. Tammer, der im 4. Semester »Parteisekretär« wurde, kam, wie schon erwähnt, aus Sachsen. Von Beruf Steindrucker, war der kleine, stämmige und selbstbewußte Sohn eines Korbmachers 1945 sofort der KPD beigetreten. Er arbeitete als Lehrer an der SED-Landesschule Sachsen und war im Vorstand in Bautzen. Von dort kam der 34jährige 1947 zum Zweijahreslehrgang nach Liebenwalde. In Kleinmachnow studierte er in der Ökonomischen Fakultät, in der Tammer und Wissusek im 3. Semester als Aspiranten tätig waren. Im Juni 1949 beschloß das Kleine Sekretariat der SED Tammers Anstellung als Assistent bzw. Lehrer an der Parteihochschule. Bis 1952 blieb er als Leiter des Lehrstuhls für Politische Ökonomie des Kapitalismus, studierte danach drei Jahre an der Parteihochschule der KPdSU in Moskau und arbeitete bis zur Pensionierung am Institut für Politik und Wirtschaft. Tammer gehörte zu den bekannten Ökonomen der DDR.

Stellvertreter Hankes als »Sekretär« unseres Lehrgangs war Bruno Langner. Mit 43 Jahren war er älter als Hanke und Tammer. Der großgewachsene und mit derben Sprüchen nicht geizende, flapsige Berliner war von Beruf Mechaniker. Seit 1930 Mitglied der KPD, war er 1932 Kandidat für die Reichstagswahl (wurde aber nicht gewählt). In der Berliner Stadtverordnetenversammlung war er Vertreter von Pieck. Im September 1933 inhaftiert, von der Anklage »Vorbereitung zum Hochverrat« aber 1934 freigesprochen, arbeitete und wohnte er bis 1945 in Berlin. Langner war bis 1947 Sekretär der SED in Wittenberge, wo ihn Gerda Röder – wie beschrieben – als Referenten der SED-Schule des Kreises Westprignitz erlebte. In der Parteihochschule zählte er zu den Aktivisten der »Parteiarbeit« und studierte in der Fakultät Grundfragen. 1949 bis 1956 arbeitete er als Instrukteur bei der Abteilung Landwirtschaft des ZK der SED. Wegen seines lockeren Mundwerks als Abweichler bezichtigt, wurde Langner dann in die SED-Bezirksleitung Magdeburg versetzt und war von 1960 bis zur Pensionierung Referent in der »Liga für Völkerfreundschaft.«

Mit Hanke und Tammer und ebenso mit Langner kam ich persönlich sehr gut zurecht. Selbst wenn bei mir irgendwelche Abweichungen kritisiert wurden, hielten sie das meiner Jugend zugute, deshalb hatte ich öfter das Gefühl, daß sie mich schützten. Meinerseits erkannte ich in den Diskussionen dieser gestandenen Funktionäre mit mir Jungkommunisten, daß sie unbeirrbare Stalinisten waren. Daher kam ich zu der Einschätzung, daß sie und einige weitere ältere Hochschüler wie Hans Lauter, Alfred Grün, Fritz Schörnig oder Gustav Urbschat den neuen Kurs nicht etwa aus Anpassung oder Karrieresucht (wie Schäfer und andere), sondern als Kommunisten aus voller Überzeugung mittrugen. Auch diese Genossen teilten damals wohl die Meinung von Elisabeth Shaw: »Wir alle waren große Bewunderer Stalins und davon überzeugt, daß alles, was aus Moskau kam, nur Gutes sein konnte, auch wenn es manchmal etwas verwirrend war.«[131]

Zurück zur Entschließung der obligatorischen Parteiversammlung im September. Im üblichen Parteijargon war formuliert: »In der Diskussion nahm das Problem des Weges zum Sozialismus den breitesten Raum ein. Einmütig wird begrüßt, daß der Beschluß des Parteivorstandes, der die Theorie eines ›besonderen deutschen

Weges zum Sozialismus‹ ablehnt, mit Auffassungen aufräumt, die von den Lehren des Marxismus-Leninismus abweichen.« Die Entschließung »enthüllte« außerdem, welche Schwächen gerade unserem Zweijahreslehrgang anzulasten seien. »Die Disziplin ist noch zu verbessern, die Mitarbeit im Kollektiv zu erhöhen. Es kann z. B. nicht unbeachtet bleiben, daß von den 28 Diskussionsrednern dieser beiden Versammlungen 9 dem Lehrkörper, 16 dem soeben eröffneten Halbjahreslehrgang und nur 3 dem Zweijahreslehrgang angehörten. Wenngleich in den kürzlich durchgeführten Versammlungen des Zweijahreslehrgangs fast jeder Teilnehmer das Wort ergriff, drückt sich ein Mangel darin aus, daß die Genossen des Zweijahreslehrgangs vor der großen Anzahl Diskussionsredner zurückgewichen sind. Es ist auch zu vermerken, daß es sogar an der Schule selbst im Lehrkörper noch Genossen und Genossinnen gibt, deren Haltung sich durch Schweigen über die aktuellen Probleme und das Leben der Partei auszeichnet. Es muß auf der Hochschule erreicht werden, daß jedes Mitglied der Schulgemeinschaft zu den aktuellen Problemen Stellung nimmt. Vor allem sind gegenteilige oder abweichende Meinungen zum Ausdruck zu bringen.«

Beim erneuten Lesen dieses Sermons mit all den Vorwürfen, Bekenntnissen und Stalin-Lobhudeleien wird heute klar, wie rasch sich die Parteihochschule während des 3. Semesters – zumindest in den Parteiveranstaltungen – von den offeneren, liberalen Anfängen entfernt hatte. Und dieser Schwachsinn ist seinerzeit sogar einstimmig gebilligt worden. Auch Fritz Schulze, Ernst Schneider, Sepp Triebe, Paul Matthei und die anderen früheren KPO-Funktionäre stimmten zu, die kritischen Sozialdemokraten und natürlich auch wir Jüngeren, Wolfgang Leonhard ebenso wie ich. Insgesamt waren wohl alle selbst im Umgang untereinander sehr viel vorsichtiger geworden, »Abweichungen« wurden kaum noch öffentlich geäußert.

Die Flucht von Hermann Möhring

Diese Zurückhaltung hatte wohl nicht zuletzt mit einem Vorfall zu tun, der in der Entschließung (von einer »Redaktionskommission« »überarbeitet«) nur am Rande gestreift wurde. »Sehr ernst zu nehmen ist die Tatsache, daß ein Angehöriger der Lehrmittelabteilung,

Gen. Möhring, die ›Humanität zum Schutze gegen die Sowjetunion‹ anruft, sich schützend vor Feinde der Sowjetunion stellt und sich mit Ausführungen des ›Tagesspiegel‹ solidarisiert. Es hätte nicht bei der scharfen Verurteilung durch die Parteigruppe der Lehrer bleiben dürfen, sondern es wäre notwendig gewesen, Gen. Möhring sofort vor der gesamten Schulgemeinschaft zur Verantwortung zu ziehen.«

Als unsere Resolution am 8. Oktober 1948 an Pieck und Grotewohl abgeschickt wurde, war der »Gen. Möhring« bereits nach West-Berlin geflüchtet. Ihm war klar geworden, was auf ihn zukam, und er hatte den Mut aufgebracht, einen Schritt ins Ungewisse zu gehen. Hermann Möhring wird in den Arbeiten über oder Erinnerungen an die Parteihochschule kaum erwähnt,[132] obwohl ihn dort 1947 und 1948 jeder kannte. Schon äußerlich fiel er mit seinem rotblonden Lockenkopf auf. Er war für die Lehrmittelabteilung verantwortlich, die ja eine zentrale Bedeutung hatte, wurden doch von ihr alle die hektographierten Materialien zusammengestellt, die wir für den Unterricht benötigten.

Der damals 48jährige Möhring, ein umtriebiger, temperamentvoller Genosse, war sehr belesen, er kannte die Geschichte der Arbeiterbewegung bis ins Detail und war zudem organisatorisch begabt. 1919 trat er in die SPD ein, er übte verschiedene Funktionen aus, unter anderem war er auch Redakteur. 1933 sofort für die Sozialdemokratie illegal im Widerstand tätig, wurde Möhring mehrfach verhaftet und zu Gefängnis verurteilt. Im Krieg noch zur Wehrmacht eingezogen, kam er 1945 aus russischer Gefangenschaft in seine Heimatstadt Magdeburg zurück. In dieser sozialdemokratischen Hochburg wurde er Redakteur und Mitglied des SPD-Bezirkssekretariats. Obwohl Gegner der »Vereinigung« mit der KPD, die er durchaus als Zwangsvereinigung bewertete, machte er diese mit, weil er in der SBZ unter sowjetischer Vorherrschaft keine andere Perspektive sah. In der Magdeburger SED hatte Möhring bald Schwierigkeiten, bekam Ärger mit der SMAD und wurde im Frühjahr 1947 zum Halbjahreskurs an die Parteihochschule nach Liebenwalde geschickt. Ausgerechnet Frida Rubiner empfahl, ihn in den Lehrkörper aufzunehmen, und ab Herbst 1947 war Hermann Möhring Leiter der Lehrmittelabteilung, hielt aber Verbindung zu Sozialdemokraten wie Gniffke. In Kleinmachnow kam ich in näheren Kontakt zu ihm, als ich Vorschläge machte, was die Lehrmittelabteilung zusätzlich für uns an

Material herstellen könnte. Er hatte manche Differenzen mit dem Parteisekretär Heckert, und zunächst mißtraute er wohl auch mir als westdeutschem Kommunisten. Aber nachdem Möhring meine »politischen Bauchschmerzen« bemerkt hatte, diskutierten wir recht freimütig. Allerdings konnte er mich damals von seinen sozialdemokratischen Ansichten nicht überzeugen, ebensowenig wie ich ihn mit meinen suchenden Überlegungen eines »besseren« Kommunismus. Immerhin ließ er auf meinen Wunsch hin Rosa Luxemburgs Schrift »Was will der Spartakusbund?« als Lehrmaterial vervielfältigen, das dann im Oktober 1948 an die Studenten verteilt wurde. Persönlich haben wir uns verstanden, aber natürlich wußte er vor mir zu verbergen, daß er »abhauen« wollte, oder besser gesagt, Anfang Oktober flüchten mußte. 1976 hat Hermann Möhring darüber berichtet:

»Wir hatten am 30. September 1948 eine Lehrersitzung, da wurde diskutiert, ob man den kleinen Lehrgang der KP der UdSSR als Lehrstoff einführen sollte ... Als sie [eine frühere SPD-Genossin, vermutlich Liesel Wagner] plötzlich wörtlich sagte: Wir Sozialdemokraten halten das für ein Märchenbuch, da war ich erschrocken und fragte mich, was kommt jetzt? Ich habe dann ausgeführt, die Rolle Trotzkis sei darin vollkommen falsch dargestellt, und das war ja nun ein Stein durch die Fensterscheibe ... Professor Lindau ergriff das Wort, und in diesem Schlußwort griff er mich in einer ganz schäbigen Art und Weise an, wahrscheinlich war alles, was vorher schon gegen mich gelaufen war, in dem Augenblick lebendig, und da griff er mich in einer unanständigen Art und Weise an. Ich hatte auch keine Möglichkeit, ihm zu antworten. Ich bin also um 1 Uhr nach Hause gegangen ... Am anderen Tag habe ich mich hingesetzt und habe dem Zentralsekretariat geschrieben.«[133]

In diesem Brief äußerte Möhring unter anderem: »Selbst, wenn man die politische Konzeption und den strategischen Plan des Weltkommunismus bejahen sollte, kann man an der politischen Verwerflichkeit der Methoden nicht vorbeigehen, so wenig man an der Tatsache vorbeigehen kann, ob ein Gut durch ehrbare Arbeit oder durch Raub erworben wurde. Das Ziel rechtfertigt nicht jedes Mittel. Die Strategie des Weltkommunismus ist im Grunde menschenfeindlich, weil er Menschen der Machtgier opfert ... Sozialismus bedeutet für mich: 1. größere wirtschaftliche und politische Freiheit und Verantwortung, 2. eine gesicherte private Rechtssphäre, 3. eine höhere politische Moral, 4. höherer Wohlstand u. a.

m. Der Weg der SED in absoluter Hörigkeit zur russischen Besatzungsmacht verbürgt mir nicht die Erfüllung dieser Forderungen.«[134]

Der Flüchtling Möhring hatte es in West-Berlin sehr schwer (er bekam nur Arbeitslosenhilfe). Die SPD verübelte ihm, daß er die Zwangsvereinigung aktiv mitgemacht hatte. Daraufhin schloß er sich einer kleinen linken Gruppe an. Diese gab die Zeitschrift »pro und contra« heraus, bei der er Redakteur wurde und sogar unter seinem Namen über die Zustände in der DDR schrieb. Hermann Möhring riskierte es, die von der SED und vom MfS als gefährliches feindliches Organ eingestufte »pro und contra« einem Mittelsmann nach Ost-Berlin zu bringen. Dabei wurde er im November 1952 von der DDR-»Volkspolizei« verhaftet und an die russische Geheimpolizei übergeben. Er wurde zu 25 Jahren Lager verurteilt und nach Workuta verbannt. Wie andere politische Gefangene wurde Möhring nach dem Adenauer-Besuch in Moskau 1955 zwar entlassen, dennoch in der DDR festgehalten und erneut eingesperrt, dann erst 1965 freigekauft. Als Sozialdemokrat mußte er über 12 Jahre kommunistischer Haft erleiden, diesem »Parteifeind« hat die SED besonders übel mitgespielt. Später arbeitete er in einem Bildarchiv in Frankfurt am Main. Natürlich war ich hocherfreut, als er sich bei mir meldete. Wir haben unsere Verbindung wieder aufgenommen, und mich erstaunte, daß Hermann Möhring trotz seines schweren Schicksals lebendig und aktiv geblieben war.

Seinerzeit auf unserer Parteiversammlung im Oktober 1948 war Möhrings »Sozialdemokratismus« also ein Thema. Und erst recht wurde in den folgenden Veranstaltungen der Parteigruppen dieser »Überläufer« verdammt. Vor allem Lindau schäumte über ihn, vorgeworfen wurde dem »Dieb«, er habe aus seiner »Dienst«-Wohnung »Parteieigentum« entwendet, sogar jeden Lichtschalter abgeschraubt. Damit sollte natürlich Haß gegen den »Verräter« geschürt werden. Er selbst berichtete darüber: »In meiner Wohnung geblieben sind die Vorhänge, damit man meinen Auszug nicht bemerkt, ein Gartenschlauch und ein Regenmantel. Mehr haben die nicht gekriegt. Ein Nachbar mit seinem Sohn haben mir oft geholfen«.[135]

Für die Parteihochschule »Karl Marx« war die Flucht des Leiters der Lehrmittelabteilung Hermann Möhring ein Einschnitt, weil hier erstmals ein bekannter Sozialdemokrat – ausgerechnet beim beginnenden Kampf gegen den »Sozialdemokratismus« – diese Bildungsstätte verließ. Als dann wenige Wochen später mit Erich Gniffke gar ein Mitglied der obersten Parteiführung flüchtete, gab es noch mehr Aufregung. Die Auswirkung auf den Unterricht, vor allem aber in den Parteiveranstaltungen war verheerend, die Angst nahm zu, Duckmäusertum machte sich breit. Um so merkwürdiger, daß der schon im September beschlossene reguläre Vorlesungszyklus über den unsäglichen »Kurzen Lehrgang« dann aber erst Mitte Dezember begann.

Von Oktober bis Dezember wurden noch einige aktuelle Themen behandelt. Am 14. Oktober referierte Robert Korb von der Presseabteilung des PV über die internationale Lage. Da wir wußten, daß er 1936 Mitglied des Politbüros der KP der Tschechoslowakei gewesen war, erwarteten wir seinen Vortrag mit Spannung. Den späteren Generalmajor des MfS erlebten wir aber als einen recht langweiligen Redner.

Kurz danach kam wieder ein westdeutscher Kommunist zu uns. Albert Buchmann war bereits von 1924 bis 1932 Reichstagsabgeordneter der KPD sowie Politischer Leiter der Partei in Südbayern gewesen. Von 1935 bis 1945 im Zuchthaus eingesperrt, leitete er ab 1945 die KPD Nordwürttemberg und dann Württemberg-Baden. Mir war Buchmann als Widersacher von Boepple und Ritter bekannt, und ich ging daher auf Distanz. Seine Frau Erika Buchmann, 1950 als Frauensekretärin im Parteivorstand der KPD für den westdeutschen DFD zuständig, setzte sich dann für Gerda Röders Übersiedlung in die Bundesrepublik ein. Familie Buchmann zog 1952 in die DDR.

Am 11. Dezember referierte schließlich Hans Jendretzky über die kritische Situation in Berlin. Er war gerade als Vorsitzender des FDGB abgelöst und im Oktober Landesvorsitzender der Berliner SED geworden. Er trat als feuriger Redner auf, doch der Vortrag war agitatorisch. 1953 wurde Jendretzky dann ja (ebenso wie Anton Ackermann) als Ulbricht-Gegner aus dem Politbüro entfernt, blieb aber bis 1990 Abgeordneter der DDR-Volkskammer. Der Inhalt der verschiedenen Referate ist mir kaum noch erinnerlich, sie entsprachen wohl ganz der damaligen SED-Linie. Immerhin hatten wir während des 3. Semesters etliche SED-Führer kennengelernt. Und von ihnen erfuhren wir sofort jede aktuelle Änderung der »Linie«, so auch in der Kulturpolitik.

Dymschitz verordnet »sozialistischen Realismus«

Am Dienstag, dem 7. Dezember, hatte der Leiter der Abteilung Kultur der SMAD (bis März 1949), Alexander Dymschitz, vor allen Lehrgängen über den »Verfall der bürgerlichen Kultur« gesprochen. Der Offizier galt als Sprachrohr der SMAD in Fragen der Kunst, und er fungierte in der Sowjetischen Besatzungszone als Haupteinpeitscher des »sozialistischen Realismus«. Dymschitz, damals 38 Jahre alt, kam schon deswegen gut an, weil er als Germanist hervorragend deutsch sprach. Inhaltlich schien mir sein Referat allerdings eine Katastrophe. In den Grundzügen hatte er seine Thesen schon wenige Tage zuvor (am 19. und 24. November) im SMAD-Organ »Tägliche Rundschau« unter dem Titel »Über die formalistische Richtung in der deutschen Malerei« ausgebreitet. Der Rundumschlag gegen die Moderne wurde im Vortrag noch härter. Bei seinen Attacken gegen den »Formalismus« machte er zwar gewisse Unterschiede zwischen Picasso (»der seit Jahren dem überschwenglichen Formalismus reichlich Tribut zollte«) und Sartre (mit dem »jedes Gespräch zwecklos ist«), aber verdammt hat er sie alle. Picasso warf er »Antihumanismus« und »widernatürliche« Bilder vor. Insbesondere griff er den von mir so geschätzten Carl Hofer an, der von der SED doch kürzlich noch gewürdigt worden war. Dymschitz beschuldigte ihn nicht nur der »Wirklichkeitsverfälschung« und »subjektivistischen Phantasie«, sondern warf ihm sogar »Hokuspokus« vor, kurzum, Hofer sei »kunstfeindlich«.

Wie in allen Bereichen änderte die SED (die »Hinweise« der SMAD waren für sie ja Befehle) nun sofort ihre Kultur- und Kunstpolitik. Hatte ich bisher noch angenommen, wenigstens auf diesem Gebiet »auf Linie« zu sein, so war es jetzt auch damit vorbei. Eine Folge war, daß ich wegen der Reproduktionen von Picasso-Bildern, die meinen Schrank schmückten, nun in infamer Weise angefeindet wurde. Ich kapitulierte. Nachdem mich eine Gruppenversammlung wegen angeblicher Provokation mit diesen »widernatürlichen« Bildern angriff, entfernte ich sie. Die Bildmappe schickte ich sofort nach Mannheim, und die Blätter (mit den Spuren von Reißnägeln) habe ich bis heute aufbewahrt. Ich wußte, es war feigherzig, aber die Atmosphäre hatte mich geschafft. Da half es nur wenig, daß Herbert Sandberg in der »Täglichen Rundschau« (am 17. Dezember) Picasso und Hofer in einer

Sozialistische Einheitspartei Deutschlands

Parteihochschule „Karl Marx"

Institut für Forschung und Schulung
Berlin-Kleinmachnow

Schulleitung

(im Betreff und bei der Antwort anzugeben)

Kleinmachnow, den 2... .... 194 8

Telefon: Berlin 84 79 32   He/dau

An das
Zentralsekretariat der SED
z.Hd.d.Genossen Gyptner
Zentralhaus der Einheit.

Werte Genossen!

Anlässlich des letzten Zusammenseins der Lehrer und Schüler
der Parteihochschule "Karl Marx" am 17.d.M. wurde folgende

<u>Begrüssungsresolution zum Jahresende</u>

angenommen:

" Im Zeichen sich zuspitzender Klassenauseinandersetzungen und
Provokationen der Reaktion, die in dem schändlichen Anschlag
auf den Berliner Sender ihren letzten Ausdruck fanden, schliessen wir das Jahr 1948 ab, um gefestigt und gestärkt in das neue
Jahr einzutreten.

In klarer und überzeugender Weise haben uns die Beschlüsse der
11., 12., 13. und 14. Tagung des Parteivorstandes die vor uns
stehenden politischen und wirtschaftlichen Aufgaben aufgezeigt.

Überzeugt, dass das Zentralsekretariat so wie bisher auch
fernerhin ein zielklarer und zuverlässiger Leiter unserer Partei und aller fortschrittlichen Kräfte sein wird, grüssen Schüler, Lehrer und Schulleitung der Parteihochschule "Karl Marx"
das Zentralsekretariat zum Jahresschluss.

Wir geloben, im kommenden Jahr unsere Bemühungen noch mehr zu
verstärken und unsere Arbeit zu verbessern, um einen möglichst
hohen Beitrag zu der notwendigen Schaffung einer Partei neuen
Typus zu leisten."

Mit sozialistischem Gruss!

S.E.D.
Parteihochschule
Karl Marx

Heckert

Antwort auf Dymschitz recht mutig verteidigte. In seiner Rede
hatte Dymschitz übrigens Horst Strempel (»bei aller Umstritten-
heit vieler seiner Werke«) ausdrücklich gelobt, und gerade hierin
zeigte sich, wie das Niederreißen der Moderne damals schrittweise erfolgte. Noch konnten wir uns an Strempels phantasti-
schem Wandbild im Bahnhof Friedrichstraße erfreuen, das seit
Oktober 1948 zu sehen war. Bekanntlich ist es dann als formali-
stisch angefeindet und im Februar 1951 entfernt worden.

Die letzte »Parteiveranstaltung« des Jahres 1948 fand am 17. Dezember statt. Abermals wurde eine devote »Begrüßungsresolution
zum Jahresende« angenommen, die Parteisekretär Heckert nach
Berlin schickte. Es hieß darin, das Zentralsekretariat sei der »zu-

verlässige Leiter« unserer Partei, und wir »gelobten« unsererseits, im »kommenden Jahr unsere Bemühungen noch mehr zu verstärken und unsere Arbeit zu verbessern, um einen möglichst hohen Beitrag zu der notwendigen Schaffung einer Partei neuen Typus zu leisten«.

Direktor Lindau hielt die letzte Lektion über »30 Jahre KPD«. Waren vorher die Fehler der Partei, etwa die Sozialfaschismusthese oder die Gewerkschaftsspaltung, sowie deren »Überwindung« durch die »Brüsseler Konferenz« mit ihrer Selbstkritik 1935 besonders hervorgehoben worden (auch um 1945/46 den Sozialdemokraten formal entgegenzukommen), so galt nun allein die verklärende Sicht auf die KPD. Natürlich unterstrich Lindau vor allem die Rolle Ernst Thälmanns, den er wieder zum überragenden Parteiführer stilisierte. Auch Victor Stern äußerte sich zum Thema, am 30. Dezember brachte das »Neue Deutschland« sogar seinen Artikel: »Dreißig Jahre KPD. Die Bedeutung des 30. Dezember 1918.« Stern brachte wie Lindau das Kunststück fertig, die Abspaltung der KPD 1918/19 »nicht als eine Vertiefung der Spaltung der deutschen Arbeiterbewegung« zu deuten, sondern »im Gegenteil«, als »den ersten entscheidenden Schritt zur Überwindung ihrer Zersplitterung«. Obwohl ich seinerzeit die KPD-Gründung eher positiv beurteilte, war ich doch verblüfft von derart unlogischen Argumenten. Zur »geschichtlichen Bedeutung« der Gründung meinte Stern (und auch hier folgte er Lindau): »Mit ihr begann in Deutschland die Herausbildung einer proletarischen Partei des neuen Typus.« Die Historie wurde wieder einmal zur Rechtfertigung der Politik verbogen.

Endlich waren zwei Wochen frei, bis sich alle am 5. Januar 1949 wieder zum Unterricht einzufinden hatten. Die meisten Hochschüler fuhren nach Hause, wir wenigen Weststudenten konnten uns in Kleinmachnow erholen. Nach über einem Jahr war es auch an der Zeit, sich über die Parteihochschule und über bisherige Ergebnisse Gedanken zu machen. Lernen bereitet ja bekanntlich Freude, wenn es die intellektuelle Neugier befriedigt, was 1948 vielfach geschehen war. Neben zahlreichen persönlichen Freundschaften war für mich natürlich die Liebe zu Gerda ein großes Glück. Die kulturellen Erlebnisse bedeuteten für uns, die wir ausgehungert waren nach Kultur, einmalige Höhepunkte. Und daß wir in einem der schlimmsten deutschen Notjahre satt wurden, vorzüglich wohnten und – ohne hartem »Broterwerb«

nachgehen zu müssen – studieren konnten, das waren durchaus Privilegien. So habe ich es damals empfunden.

Doch war ich innerlich zerrissen. Denn was war aus den Visionen geworden, wir Kommunisten würden gemeinsam eine bessere Welt aufbauen? Zwar war die Erkenntnis verschwommen, wurde aber nach und nach immer deutlicher, daß die erhoffte klassenlose Gesellschaft mit dieser Bewegung wohl nie zu errichten sein würde. Die Schrecken der Stalinschen »Säuberungen«, die ich »entdeckt« hatte, ließen mich schaudern, wiesen sie nicht eher auf das Gegenteil hin, eine neue Barbarei? Insbesondere im 3. Semester hatte sich gezeigt, wie sehr die beiden Grundpfeiler der Arbeiterbewegung ins Gegenteil verkehrt wurden: Statt Emanzipation und Toleranz zu fördern, sollte offensichtlich ein getreuer Untertan und Befehlsempfänger erzogen werden, und an die Stelle der Kritik trat der Glaube an »die Partei« oder gar »den großen Stalin«.

Immer krasser wurde die Atmosphäre des Mißtrauens, beginnender Spitzelei und Angst, die allmählich auch wie ein persönlicher Rückschlag wirkten. Als Kind einer Kommunistenfamilie war ich ja in der Nazizeit so sozialisiert worden, daß ich stets zurückhaltend sein mußte. Ständig sollte ich überlegen, was ich sagen durfte und konnte, immer in der Furcht, als »Feind« aufzufallen oder meinem Vater zu schaden. Die eigene Meinung, jede Nonkonformität mußte ich geradezu verstecken. Nach 1945 endlich frei reden, offen auftreten und handeln zu können, waren für mich ein großer Gewinn. Und dann 1947 und 1948 schrittweise auch im gesellschaftlichen Umgang oder beim Lernen alle Hemmungen abzulegen, die von der proletarischen Erziehung herrührten, hat mir Zufriedenheit und manchen Erfolg gebracht. Nun im 3. Semester holten mich die früheren Erfahrungen beklemmend wieder ein. Zurück ins Schneckenhaus zu kriechen, selbst unter Gleichgesinnten auf der Hut zu sein, ja diesmal sogar sich anpassen zu müssen, war eine bedrohliche Aussicht. Doch wo war eine Alternative, welchen Ausweg gab es? Die Lage erschien mir, einem immer noch überzeugten, aber »abweichenden« jungen Kommunisten, fatal. Ich fühlte mich der Bewegung zugehörig, aber das Unbehagen wuchs ebenso wie die Scham, aus Angst vor den Konsequenzen die eigene Meinung nicht mehr ganz und ehrlich zu vertreten.

Meine Bilanz der historischen und theoretischen Studien verlief parallel zu den persönlichen Erlebnissen auf der Parteihochschule und der Erkenntnis des Widerspruchs zwischen Theorie und Praxis: In mir wuchs die Überzeugung, daß all das, was ich schon lange ablehnte, eben keine »Fehler« waren, sondern das System selbst. Und daß dieses System nicht die Macht der Arbeiter, nicht der Übergang zu einer klassenlosen Gesellschaft war, sondern die Herrschaft des Apparates. Ich sah den Stalinismus nicht mehr als Fehler oder Abweichung, sondern als politische Konterrevolution. Also stand ich auf der falschen Seite? Hier setzten wieder die Zweifel ein, ich schwankte. Waren diese Erwägungen wirklich richtig? Mit einer gewissen Überheblichkeit ärgerte ich mich über die Genossen, mit denen mich doch das gemeinsame »Endziel« einer Gesellschaft ohne Ausbeutung, ohne Klassen und ohne Krieg verband. Das waren doch keine Deppen. Wieso erkannten sie denn nicht, daß Stalin die kommunistische Bewegung kaputtgemacht hatte und dabei war, sie völlig zu zerstören?

Auf der anderen Seite gab es starke emotionale Bindungen an den Kommunismus; die Überlegung, daß das Kollektiv doch mehr erkenne als der einzelne, verunsicherte mich. Wieso sollte ausgerechnet ich politischer Anfänger mit meinen 20 Jahren klarer sehen als Dutzende erfahrener Genossen und Freunde, die zudem den mutigen Kampf gegen Hitler geführt hatten? Und diejenigen, die in der Theorie, sei es in Philosophie, Ökonomie oder Geschichte, doch viel profundere Einsichten hatten als ich, also auch unsere Dozenten oder Referenten, wieso machten die alles mit? Das hielt mich wieder zurück. Die Lösung vom Stalinismus war erst theoretisch erfolgt. Der Prozeß war noch nicht abgeschlossen. Wohin konnte sich ein gefühlsmäßig so fest gebundener Kommunist wenden, wenn es doch nur eine kommunistische Bewegung von Gewicht gab, diese aber offensichtlich nicht mehr den kommunistischen Idealen entsprach?

Ob diese Zweifel damals schon so konkret durch meinen jugendlichen Kopf gingen, kann ich nach über 50 Jahren nicht mehr genau sagen. Aber ich weiß, daß ich darüber unglücklich war und mich die einschneidenden politischen Veränderungen – ungeachtet persönlicher Freuden – mehr als beunruhigten. Erst in der Reflexion und im Abstand wird begreiflich, wie im 3. Semester innerhalb weniger Monate die Weichen neu gestellt wurden und damit der entscheidende Schritt von der Parteihochschule – mit dem doppelten Ziel, die Studenten sowohl zu bilden als auch zu Funktionären zu erziehen – zur Indoktrinationsanstalt stalinistischen

Typus erfolgte. Wie nach Titos Abfall die SED als Partei neuen Typus forciert den Kurs zum Stalinismus steuerte, so mit ihr logischerweise die Parteihochschule »Karl Marx«. Der Unterricht, vor allem in der Philosophie, hinkte dem Anspruch zwar eher etwas hinterher, und die Lehrer bemühten sich immer noch, Wissen zu vermitteln. Dagegen bewiesen die verschiedenen »Parteiversammlungen«, daß die Hochschule bei der Umstrukturierung der Organisation und bei der Indoktrination ihrer Funktionäre der Gesamtpartei einen Schritt vorausging. Was hier praktiziert oder genauer gesagt, an uns vorexerziert wurde, zielte schon auf den parteitreuen, doktrinären Kader, der nur noch schwarz-weiß oder im Freund-Feind-Bild denkt. Aber es wurde 1949 noch bedrückender.

IV. Stalinistische Indoktrination 1949

Das 3. Semester dauerte bis zu unserer Abreise in die »Praxis« am 10. März 1949, also gerade noch zwei Monate. Der Unterricht im Januar bestand lediglich in einer Abfolge von Lektionen und Seminaren, die alle einem einzigen Thema galten: dem »Kurzen Lehrgang« der Geschichte der KPdSU. In diesem Buch stand der Personenkult um Stalin im Mittelpunkt. Daher waren die Vorlesungen durchzogen von den Legenden über die hervorragende Rolle des »großen« Stalin, und auch in den Seminaren gab es schon regelrechte Huldigungen Stalins, wie sie dann ab dem 70. Geburtstag des Diktators im Dezember 1949 gang und gäbe wurden.[136] Außer im Unterricht rückte Stalin natürlich auch in den Parteiveranstaltungen in den Vordergrund. Beispielhaft war eine Feier zu Lenins 25. Todestag am 21. Januar. Bei dieser sprach Hauptmann Tregubow von der SMAD (damals stellvertretender Leiter des »Hauses der Kultur der Sowjetunion« in Berlin) weit mehr über Stalin als über Lenin. Er äußerte bereits die bald allgemein üblichen Floskeln, nannte Stalin »Führer der Werktätigen der ganzen Welt«, oder den »großen Freund des deutschen Volkes«, und natürlich war dieser der »große Führer des Weltfriedenslagers«. Wir hatten inzwischen das »Haus der Kultur der Sowjetunion« Am Festungsgraben 1 in Berlin schon besucht, wo neben Theater- und Filmaufführungen sowie Vorträgen auch eine Ausstellung gezeigt wurde, die einen Vorgeschmack des Stalin-Kults gab.

Der wurde bestimmender Tenor der Vorlesung zum dritten Kapitel des »Kurzen Lehrgangs« sofort nach den Weihnachtsferien. Referent am 6. Januar war Hans Teubner. In der Parteihochschule kannten wir ihn als umtriebigen Mann, der zunächst in der Journalistenausbildung aktiv war, dann in der Lehrmittelabteilung, in der Fakultät Grundfragen, schließlich zeitweise Vertreter von Lindau. Wegen seiner früheren Tätigkeit galt der 42jährige Teubner uns als eine Respektsperson. Da er aus seiner Vergangenheit keinen Hehl machte, wußten wir, daß der in Aue in Sachsen Geborene zunächst Glasmaler war, seit 1919 der KPD angehörte, 1923 im Militärapparat der KPD gearbeitet hatte und 1924 Redakteur in Düsseldorf wurde. Nur »unterderhand« war allerdings bekannt geworden, daß er von 1928 bis 1930 an der Internationalen Leninschule in Moskau studiert und sich für die Komintern in Rumänien und anderen Ländern betätigt hatte. In Berlin im November 1933 festgenommen, wurde er schwer mißhandelt und bis November 1935 im Zuchthaus Luckau festgehalten. 1936 emigrierte er nach Prag. Im Spanischen Bürgerkrieg war er Mitarbeiter von Franz Dahlem, es gelang ihm, 1939 in die Schweiz fliehen. 1945 war er zunächst Chefredakteur des KPD-Zentralorgans »Deutsche Volkszeitung« in Berlin, wurde im März 1946 Chef der »Sächsischen Volkszeitung« in Dresden und kam von dort im September 1947 nach Liebenwalde an die Parteihochschule. Ich sah in ihm einen überzeugten Stalinisten, der bewußt für die Stalinisierung der SED eintrat. Sein weiterer Aufstieg schien vorhersehbar. Schließlich sprach Teubner anstelle von Lindau bei der Gedenkfeier für Liebknecht und Luxemburg am Samstag, dem 15. Januar, in der Parteihochschule. Lindau hatte statt des erkrankten Wilhelm Pieck das Referat auf der zentralen Gedenkfeier in Berlin gehalten. Bei uns bezeichnete Teubner die beiden KPD-Gründer als »große Menschen und furchtlose Kämpfer«. Es entstand der Eindruck, Teubner werde von nun an in Geschichtsfragen Wortführer. Denn er hatte kurz zuvor (am 7. Januar) im »Neuen Deutschland« einen (gut aufgemachten) Artikel zur KPD-Geschichte publiziert.

Die Lektionen zum »Kurzen Lehrgang« hielten hauptsächlich unsere eigenen Dozenten oder Vertreter des Zentralsekretariats; noch im Januar referierten Victor Stern, Wolfgang Leonhard, Ernst Melis, Fred Oelßner und Alfred Lemnitz. Die beiden letzten Kapitel (das 12. umfaßte die Schreckensjahre von 1935 bis 1937) stellte Heinz Abraham vor, der nun noch wortreicher seine stalinistische Gesinnung bewies. Nur zu zwei Kapiteln kamen auswärtige Referenten, die erstmals in Kleinmachnow Vorträge hielten. Für Kapitel sechs, die Zeit von 1914 bis 1917, war zunächst Rudolf Lindau vorgesehen, doch dann sprach zu diesem Kapitel am 14. Januar ein Offizier der SMAD aus Berlin. Und auch über das zentrale Kapitel sieben zur Oktoberrevolution referierte am Dienstag, dem 18. Januar, ein hochrangiger Funktionär aus Berlin, der damalige Leiter der SBZ-Zentralverwaltung für Volksbildung, Paul Wandel. Der Ingenieur, ein gebürtiger Mannheimer, hatte einst mit seinem

Jugendfreund Willy Grimm den kommunistischen Jugendverband Baden geleitet. Bereits 1931 zum Studium an die Leninschule in Moskau entsandt, blieb er dort bis 1936. Wandel wurde dann in der Sowjetunion Sekretär des KPD-Vorsitzenden Pieck und Lehrer an Parteischulen; über diesen »Lehrer Klassner« hat Wolfgang Leonhard in »Die Revolution entläßt ihre Kinder« umfassend berichtet.

Seine späteren hohen Funktionen in der SED, als Minister für Volksbildung oder als Botschafter der DDR in China, sind bekannt, ebenso die strenge Rüge, die Wandel 1957 erhielt, weil er zu wenig »Härte« in der Kulturpolitik gezeigt hatte. In der Lektion zum Kapitel sieben verkündete er das Hohelied der »Großen Sozialistischen Oktoberrevolution« von 1917, und wie alle anderen Referenten hielt er sich strikt an den Text des »Kurzen Lehrgangs«, machte also Stalin neben Lenin zu »dem Führer« der Revolution – und wie die Lügen alle lauteten. Da er erfahren hatte, daß zwei Hochschüler aus Mannheim anwesend waren, setzte er sich nach dem Unterricht mit Herbert Mies und mir kurz zusammen. Wandel wollte von uns wissen, wie es in der Partei vor Ort aussehe (er hatte übrigens einige Male seine Verwandten in Mannheim aufgesucht) und wie es Willy Grimm gehe. Der großgewachsene Wandel, der immer noch mit leichtem Mannheimer Tonfall sprach, wirkte ruhig und abwägend, uns beiden Jungen gegenüber war er kein bißchen überheblich. Vom Typus her erinnerte er fast an Anton Ackermann. Dieser war übrigens im Februar, als der »Kurze Lehrgang« endlich abgeschlossen war, nochmals in Kleinmachnow und referierte über »bürgerliche Angriffe auf die marxistische Philosophie«.

In der Philosophischen Fakultät kam es zu einigen Aufregungen. Schon in der ersten Sitzung im Januar 1949 teilte Dekan Stern mit, Direktor Lindau wolle die kleine (nur noch 13 Hochschüler umfassende) Gruppe Philosophie auflösen. Die Schuld daran wurde uns Aspiranten gegeben, weil wir statt an einem Seminar an einer Fakultätssitzung teilgenommen hatten. Fünf von uns sollten der Gruppe Ökonomie und je vier den Gruppen Geschichte und Grundfragen zugeteilt werden. Nach heftigen Protesten beruhigte uns Stern dann auf der Sitzung am 18. Januar, unsere Philosophiegruppe bleibe vorerst bestehen, die Fakultät erhielt sogar zwei neue Lehrer.

Einer der Dozenten war der 42jährige Martin Unglaub, der besonders durch seine großen, etwas abstehenden Ohren auffiel. Seit

1931 in der KPD, saß er von April 1933 bis Mai 1939 im Zuchthaus und im KZ, danach arbeitete er in seinem Beruf als kaufmännischer Angestellter. Geboren in Oberfranken, lebte Unglaub von 1927 an in Niesky in Sachsen. Er leitete seit 1947 die dortige SED-Kreisparteischule und war nun ab 1949 in Kleinmachnow. Nach einem Schlaganfall mit rechtsseitiger Lähmung hat er 1956 die Parteihochschule verlassen und kehrte nach Niesky zurück. Von Unglaub, einem sehr ruhigen, eher spröden Lehrer, hatten manche den Eindruck, daß er in der Philosophischen Fakultät überfordert sei.

Der zweite Lehrer, Kurt Magritz, der Anfang 1949 in die Fakultät kam, jedoch nur einige Monate blieb, war ein in Philosophie, vor allem aber in Kultur- und Kunstfragen sehr bewanderter Genosse. Persönlich war er ein zänkischer, sich immer in den Vordergrund spielender Dozent. Magritz, nur zwei Jahre jünger als Unglaub, kam ebenfalls aus Sachsen und hatte nach seinem Architekturstudium von 1934 bis 1945 bei einer Dresdner Baufirma gearbeitet. Er stand 1941 unter Polizeiaufsicht, wurde von der Gestapo 1944 mehrfach verhört, mußte aber 1945 noch zum Militär. 1946 war Magritz der SED beigetreten und wurde Professor an der Hochschule für Grafik und Buchkunst in Leipzig. Während der Kampagnen gegen den »Formalismus« in der Kunst galt er als einer der übelsten Wortführer, wobei er sich durch denunziatorische Angriffe, etwa gegen Carl Hofer, hervortat. Sehr viel später wurde über den Scharfmacher sogar in der DDR geschrieben: »Den Gipfel der Bösartigkeit stellte dann der Artikel des Leipziger Hochschullehrers Kurt Magritz ›Der künstlerische Bankrott Carl Hofers‹ dar, der am 29. Oktober 1950 in der ›Täglichen Rundschau‹ erschien und in dem Hofer ›eine dekadente, antihumanistische Tendenz‹ vorgeworfen, seine Werke indiskutabel, seine Entwicklung ein ›zum Fortschritt entgegengesetzter reaktionärer volksfeindlicher Weg‹ genannt wurden.«[137]

Entsprechend hatte Magritz sich in unserer Fakultät aufgespielt. Ich ging davon aus, daß im Gegensatz zum Umgang mit politischen »Abweichungen« der Streit auf kulturellem Gebiet auch 1949 an der Parteihochschule noch möglich sei und legte mich daher in Fakultätssitzungen und Seminaren mehrmals mit ihm an. Vor allem verteidigte ich den Expressionismus und Hofer, der ja wenige Monate zuvor auch im »Neuen Deutschland« positiv vorgestellt worden war und von dessen Werk der Magistrat im Oktober

1948 eigens eine Ausstellung gestaltet hatte, ebenso noch im Dezember das Museum in Leipzig. Lautstark nahm er mich daraufhin »auseinander«. Er warf mir vor, wie Hofer den »Skeptizismus« zu vertreten, ein Begriff, der bald als Totschlagargument benutzt wurde. Dann brüllte er mich sogar an, doch wenig bange, brüllte ich zurück. Und ich war angenehm überrascht, daß Magritz' recht primitive Anschauungen sowohl von Urbschat als auch von Flucke attackiert wurden. Die Auseinandersetzungen blieben eine Ausnahme, denn Magritz fehlte bei den meisten Sitzungen, er reiste viel umher und schrieb seine Schmähartikel. Schon im Frühsommer 1949 verließ er die Parteihochschule ganz, war bis 1953 Kulturredakteur der »Täglichen Rundschau«, dann bis 1961 in der Redaktion »Deutsche Architektur« und schließlich bis 1974 Mitarbeiter an der Bauakademie der DDR. Solche scharfen Debatten haben allerdings die Fakultätssitzungen, die ansonsten eher langweilig waren, belebt.

Im Februar 1949 fanden trotz der Prüfungen und Wiederholungen natürlich auch ständig Parteiversammlungen statt. Diese befaßten sich besonders mit der 1. Parteikonferenz der SED, die vom 25. bis 28. Januar 1949 in Berlin getagt hatte. Referenten waren dort die SED-Führer Pieck, Grotewohl und Ulbricht. Und die Resolution der Konferenz endete mit der nun üblichen Phrase: »Vorwärts unter dem unbesiegbaren Banner von Marx, Lenin und Stalin!« In unseren Parteiveranstaltungen im Februar wurde deutlich, daß mit der Parteikonferenz die erste Transformationsphase der SED zur stalinistischen Partei neuen Typus abgeschlossen war. Zum Prinzip des Parteiaufbaus war der »demokratische Zentralismus« avanciert und somit Fraktionen und Gruppierungen streng untersagt. Zugleich schrieb die SED den Kampf gegen den »Sozialdemokratismus« auf ihre Fahnen. Das Bekenntnis zur KPdSU Stalins und zur führenden Rolle der Sowjetunion wurde für alle Mitglieder verpflichtend. Kontrollkommissionen sollten die »Reinheit« der Partei überwachen. Die seit 1946 bestehende Parität bei der Funktionsbesetzung (je ein Sozialdemokrat und ein Kommunist) wurde abgeschafft, Sozialdemokraten aus Funktionen verdrängt. Wie verhielten sich die früheren sozialdemokratischen Funktionäre an der Parteihochschule dazu? Ich erinnere mich an keine lauten Proteste; es waren wohl auch die Verhaftungen sogenannter »Ostbüro-Agenten« der SPD in der SBZ, die eine Atmosphäre der Angst geschaffen hatten.

Oberste Leitung der Partei war von nun an ein Politbüro. Zu dieser neuen Spitzenführung nach dem Muster der KPdSU gehörten als Mitglieder die Kommunisten Wilhelm Pieck, Walter Ulbricht, Franz Dahlem und Paul Merker sowie die ehemaligen Sozialdemokraten Otto Grotewohl, Friedrich Ebert und Helmut Lehmann. Hinzu kamen Anton Ackermann und Karl Steinhoff als Kandidaten. Von diesen Funktionären, deren Porträts uns am 30. Januar aus dem »Neuen Deutschland« entgegenschauten, waren uns die meisten bereits durch ihre Vorträge an der Parteihochschule bekannt.

Empfang eines »amerikanischen Spions«

Einen Hauch von der internationalen Bedeutung der Parteikonferenz bekamen wir bei der »Begrüßung ausländischer Gäste« in der Parteihochschule am Samstag, dem 28. Januar mit. Lindau empfing die Gäste, die direkt nach dem Konferenz-Ende in Kleinmachnow eintrafen. Allerdings war der wichtigste, der Vertreter der KPdSU, M. A. Suslow, nicht dabei. Aber hohe Funktionäre der französischen, belgischen, italienischen, holländischen, spanischen kommunistischen Parteien waren gekommen, die SED schien also ganz in die Reihen des internationalen Kommunismus aufgenommen. Die Bulgarische Kommunistische Partei hatte Unterrichtsminister Kyrill Dramaljeff, ZK-Mitglied, geschickt. Dieser hatte (schon am 17. Januar) bei uns sogar ein Referat über seine »Volksdemokratie« gehalten. Wie dann auf der Parteikonferenz, beendete er auch in Kleinmachnow seinen Vortrag mit dem Ausruf: »Es lebe die Sowjetunion und ihr genialer Leiter, Generalissimus Stalin!«

Interessant war die Anwesenheit des Vertreters der Partei der Werktätigen Ungarns. Es war der Leiter der Kaderabteilung des Zentralkomitees in Budapest, Tibor Szönyi. Lindau begrüßte ihn ebenso herzlich wie die übrigen ausländischen Parteiführer, und wie alle anderen richtete er am 28. Januar eine kurze Ansprache an uns. Wir spendeten Szönyi wie allen Gästen freundlichen Applaus. Auch auf der Parteikonferenz war er zu Wort gekommen, seine Rede hatte das »Neue Deutschland« abgedruckt (26. Januar 1949). Die »Neue Berliner Illustrierte« brachte im Februar sogar eine Bildleiste, auf der Szönyi zwischen Dramaljeff und dem Engländer Campbell zu sehen ist.

Schon acht Monate später, im September 1949, wurde der 46jährige Dr. Szönyi im Schauprozeß zusammen mit Rajk und anderen in Ungarn zum Tode verurteilt und hingerichtet. In den Diskussionen an der Parteihochschule über diesen Budapester Schauprozeß wurde der Auftritt Szönyis im Januar bei uns in Kleinmachnow nicht erwähnt. Selbst die fanatischsten Stalinisten wollten an diesen »Fall« nicht erinnern. Weithin unbemerkt blieb auch, daß der Name Szönyi im Protokoll der 1. SED-Parteikonferenz, das im Herbst 1949 gedruckt erschien, gar nicht mehr auftauchte, er war (da bereits im Mai 1949 verhaftet) weder als Redner noch als »ausländischer Gast« aufgeführt. Wie nunmehr üblich, mußte dieser Kommunist als »Unperson« im Orwellschen »Gedächtnisloch« verschwinden. Im Protokoll des Rajk-Prozesses tauchte Dr. Tibor Szönyi als »amerikanischer Spion« wieder auf. Dieser Band, der auch auf deutsch zunächst in Budapest herauskam, wurde dann (mit einem Vorwort von Kurt Hager vom 29. Oktober) Ende 1949 vom SED-Verlag Dietz in Berlin vertrieben.[138]

In der Anklageschrift hieß es über Szönyi, der auf der 1. Parteikonferenz ebenso wie in der Parteihochschule als Spitzenfunktionär der ungarischen Kommunisten mit viel Beifall bedacht worden war: »Szönyi und seine Spionenbande gelangten nach einiger Zeit auf bedeutende Posten. Szönyi selbst wurde Leiter der Kaderabteilung der Kommunistischen Partei, was ihm ermöglichte, die mit ihm angekommenen oder die von Rajk zu ihm gesandten amerikanischen Spione in entsprechenden Stellungen unterzubringen.« Und in der Anklagerede beschuldigte der ungarische »Volksanwalt Dr. Alapi« den früher führenden Kommunisten: »Tibor Szönyi wurde nachgewiesen, daß er während des Krieges amerikanischer Spion geworden war, daß er in der Schweiz von Noel H. Field und Allen Dulles seine Weisungen erhielt und daß seine ganze Tätigkeit in Ungarn im Dienste der amerikanischen und jugoslawischen Spionageorganisationen stand.« Entsprechend der »Regie« aller Schauprozesse hat auch Szönyi »gestanden«: »Mit aufrichtiger Reue und tiefer Scham stehe ich hier vor dem Angesicht des ungarischen Volkes, in Gesellschaft von Spionen, Verrätern, Provokateuren, zu denen ich selbst gehörte.«

Doch die Anklage, die Vorwürfe und das »Geständnis« waren nicht erst dem später gedruckten Protokoll zu entnehmen. Schon am 20. September 1949 hatte das »Neue Deutschland« über Szönyis »Geständnis« berichtet. Die wesentlichen Vorwürfe gegen

UdSSR: M. A. Suslow   ČSR: Stellv. Minister-   Spanien: Victor Velasco
                       präsident Fierlinger

Polen: Eduard Ochab   Freies Griechenland: Bulgarien: Kultusmin.
                       Gen.-Major Lambros   Dramaljeff

Ungarn: Tibor Szönyi   England: John Campbell   Frankreich: François
                                                 Billoux

Die »Neue Berliner Illustrierte« bildete in ihrem 2. Februarheft 1949 Gäste
der I. SED-Parteikonferenz, Delegierte aus verschiedenen europäischen Ländern, ab; darunter war auch Tibor Szönyi, Kaderchef der ungarischen Kommunisten, der auf der Parteihochschule sprach, aber wenige Monate später als
angeblicher Agent nach einem Schauprozeß hingerichtet wurde.

ihn meldete die Zeitung am 23. September ebenso wie am 25. das Urteil: »Todesstrafe«.

Ich erschrak, denn die Parallelen zu den Moskauer Schauprozessen, deren Protokolle ich studiert hatte, fielen mir sofort auf. Aber einen der »verbrecherischen« Hauptangeklagten hatten wir diesmal sogar persönlich erlebt. Doch es erfolgte weder ein Aufschrei noch eine kritische Nachfrage, wie es denn zu erklären sei, daß der wenige Monate vorher noch überall gefeierte Kaderchef der ungarischen Kommunisten nun als Agent »entlarvt« und von einem Volksgericht zum Tode verurteilt worden war. Auch ich schwieg dazu. Offensichtlich wiederholte sich die Schreckenszeit der Moskauer »Säuberungen« im Stalinismus jetzt in den »Volksdemokratien« und vielleicht auch in der Ostzone, wo die Sowjetische Militäradministration das Sagen hatte. Der lebensbedrohende Vorwurf »Agent« konnte jeden treffen, selbst wenn er lediglich »abweichende« Gedanken äußerte. Im Grunde begriff ich wohl damals schon, was solche »Säuberungen« bedeuteten, und daher rührte die Angst, kritisch nachzufragen. Am Beispiel des Ungarn Szönyi hatten wir und hatte ich entsetzt registriert, wie rasant im Stalinismus der Abstieg vom führenden Kommunisten zum »Agenten« verlief. Für mich als Jungkommunisten eine erschütternde Erkenntnis und ein nachhaltiges Erlebnis.

Natürlich hatte sich Szönyis Ansprache in der Parteihochschule im Januar 1949 nicht im geringsten von den anderen unterschieden, er hatte die gängigen Phrasen ausgebreitet. Das Budapester Tribunal zeigte: Die Schauprozesse nach 1945 richteten sich eben nicht nur gegen »Abweichler« oder gar »Feinde«, sondern betrafen gezielt ausgesuchte Kader mit »dunklen Flecken« in ihrer Biographie: Der Ungar Szönyi hatte im Schweizer Exil Verbindungen zur Hilfsorganisation von Noel H. Field, damit paßte er in das Schema des »amerikanischen Agenten«, der angeblich die Unabhängigkeit von Moskau anstrebte. Zur Abschreckung von »Titoisten« und »Nationalkommunisten« wurde er vor Gericht gestellt und – obwohl »treuer Parteisoldat« – geopfert. Daß Szönyi 1956 »rehabilitiert«, also seine Unschuld offiziell bestätigt wurde, half ihm nicht mehr, er war tot.

Als am 26. Februar 1949 nachmittags in Kleinmachnow wieder einmal die Bedeutung der »Partei neuen Typus« hervorgehoben wurde, da war diese Seite des Stalinismus überhaupt kein Thema. An diesem Tag wurde nämlich der zweite Zweijahreslehrgang der

Parteihochschule feierlich eröffnet. Den etwa 70 Hochschülern wurde aufgetragen, aktive »Kämpfer« in der Partei neuen Typus zu werden und hier »für die Partei« zu lernen. Hauptredner war Wilhelm Pieck, der erklärte, welche Aufgabe die 1. Parteikonferenz uns allen zugewiesen habe. Wie inzwischen üblich, spickte er seinen Vortrag mit vielen Stalin-Zitaten und bekam großen Beifall, als er zum Schluß »Marx, Engels, Lenin und Stalin« hochleben ließ. Am Beginn hatte wieder einmal Georg Becker Revolutionsgedichte rezitiert. Von unserem Lehrgang begrüßte Hans Lauter die »Neuen«, die nun viel härter angefaßt wurden als wir seinerzeit in Liebenwalde.

Im Unterricht unserer Philosophiegruppe stand neben den Wiederholungen auch die Kulturpolitik auf dem Programm. Aber zum Leidwesen von Magritz ging es nicht um »Formalismus«, sondern um eher historische Probleme. Dabei wurde der (1948 in deutsch erschienene) Band des Prager Literaturwissenschaftlers Paul Reimann »Über realistische Kunstauffassung« behandelt. Interessant und bei uns umstritten war seine Behauptung, daß Gorki und Majakowski die »zwei größten sozialistischen Schriftsteller unserer Epoche« seien. Diskussionen gab es über die Arbeiten von Georg Lukács zur deutschen Literatur. Von Lukács hatte der Aufbau-Verlag 1947 und 1948 zahlreiche Schriften herausgegeben. Über Teile der vorliegenden Werke (in auffälligem Gelb) kam es zum Streit. In den Mittelpunkt rückten »Karl Marx und Friedrich Engels als Literaturhistoriker«, doch die heftigsten Auseinandersetzungen verursachte Lukács' Aufsatz »Größe und Verfall des Expressionismus« aus dem Jahr 1939, der 1948 im Band »Schicksalswende« wieder abgedruckt war. Lukács' These, der Expressionismus sei später »mit einem gewissen Recht« ein »brauchbares Erbe« für den Faschismus geworden, ja dies gelte sogar für die »Neue Sachlichkeit«, wurde selbst von Victor Stern mit großem Fragezeichen versehen. Ich weiß noch, wie ich mich in einem solchem Disput gegen diese Auslassung von Lukács erhitzte, ohne allerdings schon tiefer in diese Theorie eingedrungen zu sein. Gleiches galt in der Gruppe Philosophie für Urbschat und Flucke, die freilich viel später ganz andere Positionen einnahmen.

Doch insgesamt dominierten in unserem Lehrplan im Februar 1949 die am Semesterende üblichen Wiederholungen und Prüfungen. Die Philosophische Fakultät hatte am 14. Februar beschlossen, »von einer schriftlichen Klausur wird Abstand genommen«.

Allerdings mußten am 18. Februar doch sechs Fragen schriftlich beantwortet werden, darunter etwa zum Thema Verhältnis der Naturwissenschaft zur Philosophie. Für die drei übrigen Fakultäten blieb eine Klausurarbeit vorgeschrieben. Jeder Student konnte sich denken, daß die Prüfungen am Ende des vorletzten Semesters auch personellen Einschätzungen dienten, die entscheidend für die künftige Laufbahn waren.

Ich hatte jedoch den Eindruck, daß gerade bei uns Jüngeren die Frage der »Karriere« keine große Rolle spielte. Immerhin galt dies nicht generell. Beispielsweise zeigte ein Leserbrief von Johannes Schubert für die Wandzeitung, daß etwa in der Gruppe »Grundfragen« über die Karriere durchaus diskutiert wurde. Er gab in Form eines Gesprächs folgendes wieder: »Ich habe mir sagen lassen, Grundfragen bedeutet Staatswissenschaft, und ich möchte dann später einmal zur Regierung.« – »Wieso Regierung? Bist Du nicht der Ansicht, daß es gerade nach dem Studium der Grundfragen am vorteilhaftesten ist, in einem Kreis zu arbeiten …?« – »Vielleicht muß ich auch erst diese Etappe durchlaufen; im übrigen glaube ich aber nicht, daß die Partei soviel Geld für unser Studium ausgibt, um uns dann Kreissekretär werden zu lassen, zumal man doch in einer höheren Position viel bessere Parteiarbeit leisten kann, als in einer niederen.«

Der Leserbrief wurde zwar nicht an der Wandzeitung ausgehängt, aber es war doch bemerkenswert festzustellen, welche Gedanken und »Ziele« einige Hochschüler damals bewegten. Johannes Schubert aus der Fakultät Grundfragen, der dies aufgeschrieben hat, war mit 40 Jahren einer der ältesten Hochschüler. Der gelernte Former stammte aus Leipzig, war seit 1929 in der KPD. Zwar 1941 in Haft, wurde er dennoch von 1942 bis 1945 Soldat in der Wehrmacht. Die Kreisleitung Merseburg der SED hat ihren Organisationssekretär Schubert 1947 an die Parteihochschule geschickt. Anschließend wurde er in Chemiebetrieben Kulturdirektor und Werkleiter der VEB Stickstoffwerke Piesteritz. Schubert war bis 1963 Vorsitzender der Gesellschaft für deutsch-sowjetische Freundschaft und Mitglied der SED-Bezirksleitung Halle.

Aber es waren weniger zukünftige »Karrieren«, sondern vielmehr der bevorstehende »praktische Einsatz«, der uns beschäftigte. Bis dahin kam in den ersten Märztagen noch allerhand auf uns Studenten zu.

Politbüro entdeckt »Trotzkismus« an der Parteihochschule: Der »Fall Erna Stracke«

Am 4. März, einem Freitag, ging in der Parteihochschule das Zentralorgan »Neues Deutschland« von Hand zu Hand. Besonders im Zweijahreslehrgang und vor allem in der Geschichtsfakultät herrschte helle Aufregung. Das Sekretariat des gerade gebildeten Politbüros hatte Stellung genommen zu einem Artikel, der zwei Tage zuvor im »Neuen Deutschland« veröffentlicht worden war. Aus diesem Aufsatz vom 2. März hatte das Politbüro den »provokatorischen Versuch« herausgelesen, die »verräterische Rolle Trotzkis« zu »entschuldigen und zu beschönigen«. Autor »E. Strache« [sic!] und der Redaktion wurden »ideologische Verwirrung und mangelnde Klassenwachsamkeit« vorgeworfen. »E. Strache« war aber niemand anderes als eine Hochschülerin unseres Zweijahreslehrgangs in der Geschichtsfakultät, nämlich die Genossin Erna Stracke. Sie hatte in ihrem Artikel für das SED-Zentralorgan durchaus sachlich über den Frieden von Brest-Litowsk 1918 zwischen Deutschland und Rußland berichtet.

Dabei ging es ihr um die innerparteilichen Auseinandersetzungen, die damals um den Abschluß des deutschen Diktatfriedens stattfanden. Sie nannte die Gründe für den Abbruch der Verhandlungen in Brest-Litowsk durch Trotzki, der »hoffte«, damit »die Weltrevolution zu entfachen«. Recht gab sie aber Lenin und zitierte dazu aus dem »Kurzen Lehrgang« die These von der Notwendigkeit des sofortigen Friedensabschlusses. Historisch genau beschrieb sie, daß Lenin zunächst in der Minderheit blieb und sich beugte, bis er die Mehrheit bekam. Diese Debatte bezeichnete Erna Stracke als »ein Musterbeispiel innerparteilicher Demokratie und Parteidisziplin«, aber natürlich verteidigte sie Lenins Standpunkt und nannte als seinen Anhänger ausdrücklich Stalin. Für jeden, der die historischen Ereignisse einigermaßen kannte, war also der Aufschrei im »Neuen Deutschland« am 4. März unverständlich oder schien zumindest weit überzogen.

Die Berliner Zeitung »Sozialdemokrat« (5. März) kommentierte freilich treffend, »Strache« [!] habe »gegen den Stalinismus verstoßen, der jede Objektivität als Ketzerei betrachtet«. Tatsächlich markierte das Veto des Politbüros eine Wendung der Geschichtsbetrachtung. Allein schon Trotzkis Erwähnung als Parteiführer und die Darstellung seiner Zielsetzungen galten nun als »Provokation«.

Denn die »ruchlosen Versuche« Trotzkis und » seiner Handlanger Bucharin, Radek, etc.«, so das Politbüro, dienten nur der »Konterrevolution«. Stracke wurde vorgeworfen, »parteifeindlichen und antibolschewistischen Stimmungen Vorschub« geleistet zu haben. Kurzum, »Parteifeinde« waren als Verbrecher hinzustellen oder totzuschweigen, so lautete die Botschaft des Politbüro-Verdikts, das selbstverständlich den »Kurzen Lehrgang« zitierte.

Inzwischen belegen die Akten, daß die Parteiführung die Angelegenheit sehr wichtig nahm, wohl auch auf Druck der SMAD. Bereits am 4. März beauftragte das Kleine Sekretariat Daub und Hager damit, zu untersuchen, in »wessen Auftrag« der Artikel geschrieben wurde, wer ihn an der Parteihochschule »kontrollierte« und wer ihn in der Redaktion gelesen hatte. Auf der Parteivorstandssitzung am 9. März bewertete Ulbricht im »Zusammenhang mit Agenturen« wie KPO, Trotzkisten und »Schumacher-Leuten« Strackes Artikel als einen »besonders ernsten Fall ideologischer Verwirrung«.[139] Ulbricht verkündete »Schlußfolgerungen«, unter anderem eine Verwarnung für die Redaktion, auch eine Überprüfung durch die Schulleitung, »welche Mängel in der Behandlung des Trotzkismus vorhanden waren«. »Der Genossin Stracke, der Verfasserin des Artikels, die eine Schülerin der Parteihochschule ist, wird eine strenge Rüge erteilt.« Außerdem sei nachzuprüfen, »wieweit ein ernsthaftes Verschulden des Genossen Täubner [sic!] vorliege« und es notwendig sei, »in kürzester Zeit« einen neuen »geeigneten Parteisekretär für die Hochschule« zu bestimmen. Teubner erhielt schließlich wegen »mangelnder ideologischer Wachsamkeit« vom Kleinen Sekretariat am 23. März eine »Verwarnung«.

Im einzelnen kannten wir diese Beschlüsse seinerzeit natürlich nicht, bekamen aber bereits Auswirkungen noch in den letzten Tagen vor dem »praktischen Einsatz« zu spüren und die waren verheerend. Aufgrund des »schlimmen Vorfalls« wurde von uns allen mehr Wachsamkeit gefordert. Erna Stracke mußte »ernste Selbstkritik« üben. Ich hatte das Gefühl, die arme Frau wußte gar nicht, warum dies plötzlich über sie hereinbrach. Gerda kannte die damals 32jährige Mitschülerin aus der Geschichtsfakultät als besonders fleißig, aber auch introvertiert, sie hatte daher wenig persönliche Kontakte in der Parteihochschule. Die aus Köthen in Sachsen-Anhalt kommende Erna (dort leitete sie vorher eine Kreisparteischule) fiel nur dadurch auf, daß sie ihr Haar immer mit einem (damals modernen) sogenannten Turban umwickelte, die meisten sahen in ihr eher eine »graue Maus«.

In einer Beurteilung von Anfang 1949 hieß es noch, Erna Stracke habe eine gute Entwicklung durchgemacht, was »auf ihren Fleiß und gesunden Ehrgeiz« zurückzuführen sei, allerdings wurde eine gewisse »Starrheit« bemängelt. Als frühere Schulleiterin der Kreisparteischule in Köthen-Sibbesdorf hatte sie schon kurze und nichtssagende Artikel im Parteiorgan »Neuer Weg« veröffentlicht. Unsere Lehrer publizierten häufiger im »Neuen Deutschland«,[140] und so erhielten auch einige Schüler die Möglichkeit, Aufsätze zu liefern. Beispielsweise wurde in der »Einheit« (Dezember 1948) eine Buchbesprechung von Herbert Mies (natürlich unter seinem Namen »Meier«) abgedruckt. Da Teubner den Artikel Erna Strackes der Redaktion »Neues Deutschland« vermittelt hatte, geriet er nun selbst in die Schußlinie, sein Aufstieg wurde gebremst. In Zukunft – so der Beschluß der Parteiführung – durften Beiträge von Parteischülern »nur noch nach Prüfung durch die Schulleitung veröffentlicht werden«.

Deutlich erkennbar wurden die Grenzen der »Parteidisziplin« immer enger gezogen. Diese verschärfte Gängelung erlebten wir in den nächsten Tagen ganz kraß. Am 4. März hatte Direktor Lindau in einer Vorlesung zu Lenins Schrift »Der ›Linke Radikalismus‹, die Kinderkrankheit im Kommunismus« die Gelegenheit wahrgenommen, auf Studenten herumzuhacken. Er verlangte strikte Einhaltung der Studiendisziplin und kündigte weitere Auseinandersetzungen mit dem »Trotzkismus« an.

Für den nächsten Tag, den 5. März, einem Samstagvormittag, war schon seit längerem ein Referat von Walter Ulbricht, gewissermaßen zum Abschluß des Semesters, vorgesehen. Lindau hatte ihm bereits am 25. Februar einen Brief geschrieben. Es ging um »Dein bevorstehendes Referat vor den Schülern des Zweijahreslehrgangs (anläßlich ihres Weggangs in die Praxis)«. Er erwähnte »fehlerhafte Auffassungen«, auf die Ulbricht »nach Belieben« eingehen könne. Lindau meinte, die »ärgsten Unklarheiten« bestünden in der »Stellung zur Bauernschaft«. Außerdem werde gefragt, ob wegen der »strategischen Orientierung« auf die Losung »Einheit und gerechten Frieden« nicht etwa »unsere Entwicklung in der Ostzone« gebremst werden müsse, »um die Schere mit den Westzonen nicht zu weit aufklaffen zu lassen!«

Gerade dies wies Ulbricht in seinem wieder sehr langen Referat energisch zurück. Die Veränderungen in der Ostzone müßten weitergehen, Blockpolitik sei kein Ausdruck von Schwäche der Arbeiterklasse, sondern derzeit notwendig. Dennoch sollten die »reaktionären Kräfte« in den Blockparteien stärker bekämpft werden. Daher sei es auch richtig, »bekannte Genossen als führende Funktionäre in die Bauernpartei zu senden«. Selbstverständlich ging Ulbricht auf die Weltpolitik ein, beschwor eine neue Kriegsgefahr und griff den USA-Imperialismus als Kriegstreiber an. Neben dem Antifaschismus bot dieses Thema der Parteiführung eine passende Gelegenheit, widerspenstige Funktionäre zu disziplinieren und bei der Stange zu halten. Dafür war ja auch ich anfällig. Ulbricht verwies auf die bedeutsame Entschließung des Politbüros vom 1. März, also erst wenige Tage zuvor. Darin hatte die SED – ebenso wie die großen kommunistischen Parteien in Frankreich und Italien oder in den Volksdemokratien – im Falle eines Krieges die »Unterstützung der Sowjetarmee« (so die Schlagzeile im »Neuen Deutschland«) zugesagt.

Dieses uneingeschränkte Bekenntnis zur Sowjetunion sowie die weitere Verschärfung des Kalten Krieges blieben natürlich auf die innerparteiliche Lage und damit auch die Situation an der Parteihochschule nicht ohne Auswirkung. Und in diesem Zusammenhang wandte sich Ulbricht dann hauptsächlich der brandaktuellen Debatte um den »Fall Stracke« zu. Während er gegen die »ideologische Verwirrung«, die sie angerichtet hatte, donnerte, saß die Angegriffene ganz verängstigt in einer der hinteren Reihen. Sie mußte dem Zentralsekretariat eine »Erklärung« abgeben. Schließlich machte Ulbricht uns allen die Hölle heiß: gegenüber dem Klassenfeind und insbesondere dem Trotzkismus sei viel mehr »Wachsamkeit« erforderlich. Deshalb wurde es mir nun mulmig zumute – was würde passieren, wenn einer der Diskutanten meine zaghafte Verteidigung Trotzkis am Anfang des 3. Semesters vorbrächte? Doch zum Glück kam niemand auf die Idee.

Als Ulbricht in einer Unterrichtspause mit Paterna zusammenstand, erblickte er mich und winkte mich heran. Mit seinen kalten Augen schaute er uns durchdringend an. Paterna und ich warteten unruhig, was er wohl vorhatte. »Nu, Genosse Wunderlich«, fragte er, »ist inzwischen die Novemberrevolution und der Spartakusbund genügend behandelt worden?« Erleichtert atmete ich auf, bejahte dies eifrig, und auch Paterna schien gelöster. Natürlich war ich völlig überrascht, daß der Parteiführer meinen Namen, den eines Parteischülers, noch wußte. Er schien dies beinahe belustigt zu bemerken, und wie um sein hervorragendes Gedächtnis zu beweisen, wollte er wissen, wann ich denn das letzte Mal in meiner Heimatstadt Mannheim gewesen sei. Nach der Auskunft gnädig entlassen, begriff ich, daß zum erfolgreichen »Apparatschik« auch ein enormes Personengedächtnis gehört, was gerade Ulbricht immer wieder bestätigt wurde.

Erna Stracke kam nicht gut weg. Bei den Diskussionen nach Leonhards Flucht teilte Parteisekretär Mickin im April mit: »Genossin Stracke steht vor dem körperlichen Zusammenbruch.« Monatelang wurde ihr »Fall« noch untersucht, das Sekretariat trug schließlich der Schulleitung am 6. Juli auf, sie wegen ihres »schlechten Gesundheitszustandes« endlich zu entlassen. Tatsächlich war sie inzwischen der völligen Erschöpfung nahe, die Diskussionen und die Distanzierung, vor allem in der Gruppe Geschichte, hatten sie zusehends verstört. Dekan Paterna und insbesondere der Lehrer Felix Rossmann hatten zunächst versucht, sie halbwegs in Schutz zu nehmen. Gerda erinnert sich, daß der damals 45jährige Dozent Rossmann bestrebt war, die Wogen zu glätten. Er kam aus der Sozialdemokratie in Sachsen-Anhalt, wo sein Vater einst »Kommunalbeamter« gewesen war. Dieser hatte Felix den Besuch des Gymnasiums ermöglicht, so daß er Lehrer werden konnte, der in der Nazizeit freilich entlassen und überwacht wurde. Wegen seiner sehr guten Geschichtskenntnisse holte ihn die Führung schon 1946 als Dozent an die Parteihochschule. Hier wurde er später fast ein »Außenseiter« und sollte nach Feststellungen einer »Überprüfungskommission« schon 1951 abberufen werden. Doch erst 1953 beschloß das Sekretariat Rossmanns Ausscheiden und seine Degradierung zum Mitarbeiter im Fachbuchverlag Leipzig.[141]

Zurückhaltender bei den Angriffen auf Stracke war neben Hanna Henniger auch Karl Pürschel. Dieser kam aus der SPD in Schwerin und blieb nach Ende des Halbjahreslehrgangs 1947 Lehrer in der Geschichtsfakultät der Parteihochschule. Hier war er mit der Studentin Ruth Heinrich liiert und hat sie auch geheiratet. Ruth Heinrich, dann Pürschel, war wie ich zuerst in der Gruppe »Thälmann« gewesen, dann ging sie in die Geschichtsfakultät. Weil sie ein Kind bekam, verließ Ruth Pürschel den Lehrgang im Frühjahr 1949. Später hat sie als Sekretärin wieder in Kleinmachnow gearbeitet, denn inzwischen war dort die Bezirksparteischule, danach war sie in der Abteilung Wirtschaft des ZK der SED tätig. Karl Pürschel ist 1950 als Lehrer ausgeschieden.

Erna Stracke litt sehr darunter, daß viele der Lehrer und Schüler (nicht nur aus der Geschichtsfakultät) sie drangsalierten. Das hat sie völlig vergrämt, bis sie schließlich noch im Sommer 1949 von der Parteihochschule verschwand.

Alles, nur hier nicht als Lehrer bleiben!

Vor der Abfahrt in die »Praxis« am Donnerstag, 10. März, gab es noch verschiedene »Einzelgespräche«. Ich wurde zu unserem Dekan, Victor Stern, gerufen. Er war, wie er mir sagte, mit meinen Leistungen als Aspirant sehr zufrieden. Geplant sei wegen des Lehrermangels, schon im 4. Semester einige Aspiranten als Assistenten aus dem Lehrgang herauszuziehen, die dann ganz im Lehrkörper in Kleinmachnow bleiben sollten. Dafür sei auch ich vorgesehen. Ich erschrak mächtig. In einem immer schlimmeren stalinistischen Milieu zu arbeiten war wirklich das Allerletzte, was ich wollte. Stern meinte, er habe sich überlegt, außer Becker und Heuer könnte ich ebenfalls in der Philosophie mitwirken. Nun lag es an mir, abzuwehren. Es sei doch wohl zunächst an Schulze, Urbschat, Flucke oder Hanke zu denken, wandte ich ein. Schulze komme nicht in Frage, für die anderen gebe es bereits feste Pläne, wies der Dekan zurück. Ich konnte nicht ahnen, daß Direktor Lindau die Genossen Urbschat und Flucke, die ja immer betonten, wie gerne sie bleiben würden, schon damals loswerden wollte. Deshalb hatte er dann in einem Brief vom 8. Juni 1949 die beiden für Verlagsarbeit vorgeschlagen (Dietz Verlag). Nun blieb mir nur meine »Trumpfkarte«: Ich käme doch aus Westdeutschland, und Victor Stern wisse am besten, daß sich dort »unser Kampf« verschärfe und ich unbedingt zurück müsse zur Parteiarbeit in der KPD.

Daraufhin mischte sich Götz (Gottfried) Scharf ein, der sich als 25jähriger Assistent immer sehr wichtig und für den Dekan unentbehrlich machte. Er trug daher den Spitznamen »Zauberlehrling«. Nach dem Besuch des Halbjahreslehrgangs 1947 war er an der Philosophischen Fakultät geblieben. Scharf versuchte, mir den bedeutenden Rang eines Lehrers an der Parteihochschule klarzumachen, um mich zu »ködern«. Stern hingegen hatte rasch bemerkt, daß ich mich mit Händen und Füßen wehrte. Er nahm mein Argument ernst; ich möge also in den Westen zurückkehren. Schließlich war er damit einverstanden, daß ich im 4. Semester nach einiger Zeit die Aspirantur aufgeben würde. Mir fiel ein Stein vom Herzen. Denn es war ja nicht nur der »Fall Stracke«, durch den sich die Verhältnisse an der Parteihochschule zusehends verhärteten.

Götz Scharf.

Bei der »Kritik und Selbstkritik« waren bereits vorher weitere Studenten ins Visier der »Aufpasser« geraten. Einer unserer beliebten Mitschüler, Heinz Nehmer, und sein Zimmerkollege Georg Baumann standen im Kreuzfeuer, weil sie gemeinsam mit anderen jüngeren Genossen, darunter Werner Wölk, kritische Gespräche geführt und Lehrer bespöttelt hatten. Nehmer und Baumann vermuten noch heute, ihr dritter Zimmerkollege Harry Trost habe sie denunziert. Heinz Nehmer aus Rostock besaß schon vor dem Krieg das Kapitänspatent auf große Fahrt. Mit seinem U-Boot geriet er im Mai 1941 in britische Kriegsgefangenschaft. Von Hause aus antifaschistisch eingestellt, kam er in England unter anderem zum Kreis von Sefton Delmer, dem bekannten Publizisten bei der BBC. Nehmer durfte aber als Kommunist erst im Juni 1946 nach Deutschland zurück. Er wurde Leiter der SED-Landesparteischule in Schwerin und kam von dort an die Parteihochschule »Karl Marx«. In der Geschichtsfakultät war »Schiffmann« einer der Wortführer, doch seine Verbindung zum »Agenten« Sefton Delmer machte Heinz Nehmer der Führung zunehmend verdächtig. Und so wurde er nach dem Besuch der Parteihochschule 1950 zunächst in eine Maschinen-Ausleih-Station (MAS) auf dem Land abgeschoben. Erst viel später durfte er wieder als Kapitän (Tanker »Leuna 2«) zur See fahren.

Der Lebenslauf seines Zimmerkollegen Georg Baumann war ein völlig anderer. Aus Oberschlesien stammend, arbeitete er 1945 als Schlosser in Weimar, trat der KPD bei und war von dort 1947 zur Parteihochschule gekommen. Wir studierten beide in der Fakultät Philosophie, wo er in »Kritik und Selbstkritik« immer wieder als »hochnäsig« abgekanzelt wurde. Baumann wurde Anfang 1949 gerügt, aber wegen Kritik, die sich keineswegs oppositionell gegen die SED richtete, sondern alltäglichen Problemen galt. Doch hat ihm dies im Gegensatz zu Nehmer nicht geschadet. Baumann wurde 1950 1. Sekretär der VdgB Thüringen und war (neben Lauter und Neukranz) der einzige, der (wenn auch nur als Kandidat) von 1950 bis 1954 im ZK der SED saß. 1953 1. Sekretär der VdgB Neubrandenburg, wurde er schließlich 1955 Offizier der KVP/NVA. Als Oberst in der Fliegerausbildung konnte Baumann bis zu seiner Absetzung 1980 sogar öfter ins Ausland reisen und war dann bis 1990 Inspektor im Schulwesen.

Nehmers Einfluß auf Werner Wölk, der ebenfalls zur Geschichtsfakultät gehörte, war noch größer. Werner war der Sohn des bekannten Kommunisten Arthur Wölk. Dieser war in der Weimarer Republik Funktionär der Bezirksleitung Berlin-Brandenburg, zwar 1928 Mitbegründer des linken »Leninbundes«, dann aber wieder in der KPD. Nach 1933 war Arthur Wölk viele Jahre im Zuchthaus Luckau und im KZ Buchenwald inhaftiert. Er arbeitete danach bis 1951 als Orgleiter der SED im Land Brandenburg. Werner Wölk geriet als Soldat noch von Mai bis September 1945 in sowjetische Kriegsgefangenschaft, wurde dann Mitglied der KPD. Auf der Parteihochschule gehörte er zu uns Jüngeren, die manche Streiche ausheckten und durch Nonkonformismus die Leitung ärgerten. Heute sieht es Werner Wölk so: »Heinz Nehmer war ein kritischer Geist, der oft bei der ›Obrigkeit‹ aneckte. In seiner Umgebung fanden oft kleine improvisierte Diskussionsrunden statt … In einer Aktennotiz wurde festgestellt, daß H. Nehmer einen schlechten Einfluß auf mich ausübt. Trotzdem hatte ich zu H. Nehmer und A. Wulf noch jahrelang persönlich guten Kontakt.«[142] Werner war nach dem Studium an der Parteihochschule vor allem als Politik-Lehrer an Volkspolizei-Schulen, so unter anderem an der Kraftfahrzeug-Instandhaltungs-Schule Potsdam, wo der ehemalige Freund von der Parteihochschule, Amandus Wulf, sein »Chef« wurde. Auch in diesem Bereich eckten beide oft wegen ihres unmilitärischen Verhaltens an. So ist es sicher nicht verwunderlich, daß sie bald wieder im Zivilleben landeten. In den siebziger Jahren bis 1990 wirkte Werner Wölk als Lehrer im Bereich Ausländerstudium der ZK-Schule der SED Kleinmachnow, insbesondere mitverantwortlich für die Betreung der Absolventen der selbständigen Schule der SP Chiles »S. Allende«.

Meine so unterschiedlichen Mitschüler, der vitale und autoritative 37jährige Nehmer, der 22jährige große und betont aufrecht gehende Baumann sowie der mittelgroße, immer aktive, hinter seiner starken Brille fast verschwörerhaft blickende 21jährige Wölk gerieten in den Mittelpunkt heftiger Kritik. Sie hatten sich sowohl über einige Lehrer als auch etliche Politiker insgeheim »verächtlich« geäußert. Den beiden Jüngeren wurde zudem vorgeworfen, zusammen mit anderen (darunter Heinz Busch) Unfug getrieben, ja einmal gefeiert und zu viel getrunken zu haben, wobei Horst Gaudigs sogar auf dem Tisch getanzt habe. Gaudigs aus Zeitz war von Beruf Schlosser, dann von 1938 bis 1945 in der Wehrmacht, zuletzt Obergefreiter. 1945 der SPD beigetreten, kam er 1947 von der Kreisleitung zur Parteihochschule. Wie Thurmann und Wölk wurde der bereits 31jährige im September 1949 ebenfalls an die Volkspolizei überstellt. Dort war er »Politarbeiter« und später von 1960 bis zum Ruhestand 1978 Oberst in der Politischen Verwaltung der Nationalen Volksarmee.

Die Studenten Gaudigs, Baumann und Wölk wurden 1949 wegen allerlei Späßen und damit »Disziplinlosigkeit« angegriffen. Damit geschah ihnen das, was früher mir wegen meiner Stirner-Aussprüche oder Picasso-Bilder passiert war. Doch nun war die Kritik viel strenger, nicht nur die Humorlosigkeit, auch der Druck zur »Einordnung« hatten sich deutlich gesteigert, zumal wenn, wie bei Nehmer, Baumann oder Wölk, sogar »Abweichungen« vermutet wurden. Baumann, »Picasso« und Wulf wurden 1949 verdächtigt, ständig den Westberliner RIAS zu hören. Lehrgangsleiter Ernst Melis fragte Werner Wölk, ob ihm das bekannt sei, und verlangte von Werner, eine Stellungnahme für die Wandzeitung zu schreiben. Nach einer Beratung mit Heinz Nehmer verfaßte Wölk einen kurzen Artikel, in dem er Melis und die »verdächtigen« Genossen aufforderte, sich selbst zu äußern. Mit Recht bezeichnet Werner Wölk dies als ein Beispiel für »die Methoden des Ausspionierens und Intrigierens« in unserem Lehrgang.[143]

Wegen politischer »Abweichungen« wurde indes ein anderer Mitschüler unserer Philosophischen Fakultät zur Zielscheibe heftiger Attacken, auch wenn dies nicht – wie im Fall Stracke – an die Öffentlichkeit drang. Am 2. Februar 1949 hatte wieder einmal in einer Parteiveranstaltung der SED-Vorsitzende und nunmehr Mitglied des Politbüros Otto Grotewohl in Kleinmachnow referiert. Auch von diesem Vortrag über die Ergebnisse der 1. Parteikonferenz hat Wolfgang Leonhard Stichpunkte festgehalten, diese jahrzehntelang aufbewahrt und mir freundlicherweise Kopien davon überlassen.

Seine schon auf der Parteikonferenz vorgetragenen »Sechs Punkte« zur Partei neuen Typus wiederholte Grotewohl bei uns und erklärte, warum die SBZ noch keine »Volksdemokratie« sei. Außerdem beschäftigte er sich ausführlich mit der »Bauernfrage«. Während der Diskussion geschah etwas Ungewöhnliches. Einer unserer Kommilitonen, Heinz Buschmann, der bei seinem Großvater Landwirt gelernt hatte, widersprach dem Parteivorsitzenden. Grotewohl hatte die Klein- und Mittelbauern als politisch schwankend bezeichnet, da sie einerseits Werktätige, andererseits Besitzer seien. Es sei zwar keine zweite Bodenreform erforderlich, aber – so Grotewohl wörtlich – »Indem wir den Bauern helfen, zwingen wir sie an unsere Seite«. Diese Ausführungen seien unklar, wagte der Student Buschmann zu kritisieren, und kein Bauer könne sie verstehen. Denn: »Entweder helfen wir dem Bauern oder wir zwingen ihn.« Mit seiner Kritik löste Heinz Buschmann eine lange Debatte aus und wurde – wenn auch nicht so heftig wie Erna Stracke – angegriffen.

Heinz Buschmann, damals 27 Jahre alt, stammte aus Essen, wo sein Vater Bergmann war und sich in der KPD betätigte. Bis 1940 war Heinz ebenfalls Bergarbeiter und Hilfsarbeiter, wurde dann bis 1945 Soldat (Obergefreiter). 1945 ging er zu den Großeltern, die im Land Brandenburg lebten, trat in die KPD ein und amtierte bis 1946 als Bürgermeister in Sieversdorf. Nach einem Lehrgang an der SMA-Schule übernahm er die Leitung der SED-Kreisparteischule Templin, und von dort ist er im Oktober 1947 an die Parteihochschule gekommen. Wir studierten dann gemeinsam in der Philosophischen Fakultät. Buschmann war ein typischer Einzelgänger, er galt als Eigenbrötler. Bei den Prüfungen 1949 hatte Götz Scharf in der Beurteilung Anfang Februar jedoch betont, Heinz sei »ein für die Partei äußerst wertvoller Genosse, der bereit ist, sich in jeder Situation selbst unter Vernachlässigung aller persönlicher Belange rückhaltlos für die Partei einzusetzen«. Allerdings hieß es zugleich: »Sucht auch schwierige Probleme selbst zu lösen, wobei er sich manchmal verrennt.«

Genau das wurde ihm wegen der Diskussion mit Grotewohl

Heinz Buschmann (rechts) spielt mit dem rauchenden Erich Schäfer Schach, Lehrer Rossmann schaut fachmännisch zu.

vorgeworfen, wobei außer der politischen Abweichung noch heftig kritisiert wurde, daß Buschmann »überheblich« gegenüber dem Parteivorsitzenden polemisiert habe. Offenbar war jetzt nicht nur Stalin als »Gott« tabu, sondern auch Kritik an Parteiführern ein Frevel und verwerflich. Und sofort wurde eine frühere »Unklarheit« angesprochen. Buschmann hatte nämlich im September 1948 nach Fred Oelßners Vortrag gegen die »Theorie vom deutschen Weg zum Sozialismus« diesen »deutschen Weg« zunächst weiter verteidigt. Nun wurden alle bisherigen »Fehler« zusammengetragen, aufgebauscht und er zur Selbstkritik gezwungen. Zu diesem Zeitpunkt war mir schon klar, daß jetzt stalinistische Prinzipien galten und jedes Aufbegehren zwecklos, ja gefährlich war. Anders Buschmann, diese »ehrliche Haut«, er hatte den Wandel nicht erkannt und daher noch offen diskutiert. Rückblickend schreibt er heute: »Daß ich jemals nach dem Faschismus an Grenzen der Meinungsfreiheit stoßen würde, habe ich nach 1945 nicht für möglich gehalten. Ich habe immer das gesagt, was ich gedacht habe.«[144] Damit war er allerdings 1949 an »bedrohliche« Grenzen gestoßen. Heinz Buschmann wurde nicht nur bis zur Abfahrt in die »Praxis« heftig bedrängt, die Angriffe gegen ihn setzten sich im 4. Semester fort.

Bereits in der Fakultätssitzung am 10. Februar 1949 hat Stern die Diskussion verdammt, die wir in der Gruppe Philosophie zunächst über Grotewohls Referat geführt hatten. Im Protokoll heißt es: »Gen. Stern hält es nicht für Zufall, daß gerade in der Fakultät Philosophie die Diskussion in so abwegiger Form geführt wurde, da naturgemäß Neigung zu grüblerischer Spekulation besteht.« Nunmehr habe die Schulleitung beschlossen, die Studierenden der »Klasse Philosophie« endgültig aufzuteilen. Das war die Quittung sowohl für Buschmanns Sündenregister, vor allem aber für die relativ liberale Atmosphäre, die in unserer Gruppe so lange bestanden hatte.

Im bereits erwähnten Brief an Ulbricht zur Vorbereitung für dessen Referat vom 5. März hatte Lindau ja schon den Grund dafür genannt. Daß es nämlich im Anschluß an Grotewohls Vortrag vom »2. Februar vor dem ganzen Schülerkollektiv« über die 1. Parteikonferenz »in 8- bis 9stündigen Diskussionen in den einzelnen Seminargruppen unter Teilnahme der Lehrer und Assistenten« auch »fehlerhafte Auffassungen« gab. »Diese wurden zwar von Lehrern und politisch reiferen Schülern korrigiert«, Ulbricht solle sie aber kennen. Es folgten die Diskussionspunkte, insbesondere zur Bauernfrage, für die der Übeltäter Buschmann verantwortlich gemacht wurde und die Ulbricht dann autoritär »klarstellte«.

Vom so gepeinigten Heinz Buschmann veröffentlichten wir noch vor Ende des Semesters in einer der letzten Ausgaben der Wandzeitung am 1. März eine »notwendige Selbstkritik«. Natürlich war er inzwischen, vor allem wegen der endlosen Debatte über ihn am 26. Februar, niedergeschlagen. Die – wie er in seinem Artikel schrieb – »aggressive und offene Sprache der Gen. Neukranz, Stern, Scharf, Maier [Mies] und anderen« hatte ihn veranlaßt, den »entscheidenden Fehler bei mir zu suchen«. Denn er habe »einen wie mir nun klar ist, verwerflichen Streit über – Hilfe und Zwang – begonnen«. Ein solcher Streit würde nur »dem Klassengegner sehr willkommen sein«, ihm sei bewußt, »wie gefährlich und verwerflich meine Stellungnahme zum Referat des Gen. Grotewohl war«. Es gelte eben, »mit mehr Verantwortung« über die Ausführungen verantwortlicher Genossen zu diskutieren«.

Doch auch diese Selbstkritik sowie sein Kotau vor den »verantwortlichen Genossen« genügten bei weitem nicht. Allerdings blieb Buschmann wegen des »Falls Stracke« bis zur »Praxis« zunächst aus der Schußlinie, doch nach der Rückkehr zogen sich die Diskussionsversammlungen bis zum Juli hin. Alle diese Unterlagen haben als »Kaderakte« seinen Lebensweg bis 1989 begleitet. Nach dem Zweijahreslehrgang zunächst SED-Kreisse-kretär in Fürstenwalde und Cottbus, wurde er 1954 abgesetzt und zum Traktoristen »degradiert«. 1957 aufgestiegen zum Direktor eines Staatsgutes, dort aber von der Partei 1966 wiederum abgesetzt: Er hatte zu laut protestiert gegen seines »Nachbarn« Mielkes Treibjagd während der Schonzeit. Schließlich übernahm Heinz 1967 für viele Jahre den Vorsitz der LPG Altkalen in Mecklenburg. 1990 rehabilitiert, stehen wir seit dieser Zeit wieder miteinander in Verbindung.

Der »Fall Stracke« sowie der intern nicht weniger dramatische »Fall Buschmann«, aber ebenso die Kritik an Mitschülern wie Nehmer und anderen hatten meinen Bedarf an »Parteihochschule« absolut erschöpft. Was fortan auf die Genossen zukommen würde, war voraussehbar: Strenge Reglementierung des Zusammenlebens, Indoktrination und Manipulation im Studium, gegenseitige Überwachung und damit Mißtrauen, Selbstkontrolle und Anpassung. Das 4. Semester wollte ich jedoch noch durchhalten, aber dann am Lehrgangsende – nichts wie weg.

Neue Schulordnung verschärft Reglementierung

Diesen Drang weg von der Parteihochschule haben weitere Ereignisse noch vor der »Praxis« verstärkt. Allmählich nahm die Überwachung obskure Formen an. Ende Februar hatte die Gruppe Grundfragen, um die Studiendisziplin zu prüfen, eine »Kontrolle« über das Selbststudium der Geschichtsgruppe durchgeführt. Das Ergebnis wurde in einem Artikel der Wandzeitung mitgeteilt, und darin einigen Genossen vorgeworfen, das Selbststudium »geschwänzt« zu haben. Daraufhin schrieb Fritz Schörnig am 5. März 1949 eine wütende Antwort und hielt fest, daß »die Genossen stichhaltige Gründe für ihr Fehlen während der Kontrollzeit« hatten. »Z. B. die Genossen Milde und Sorge waren beim Zahnarzt, die Gen. Heinrichs war zur Gruppenleiterin Gen. Röder gegangen und hatte sich zum Arztbesuch abgemeldet« und »Gen. Seidel« habe sich fehlende Bücher geholt. Schörnig kritisierte nicht etwa die »Kontrolle« an sich, sondern deren »Unzulänglichkeit«, denn eine Erkundigung hätte die Angriffe in der Wandzeitung erübrigt. Mir wurde unbehaglich, denn nun war die Zeit endgültig vorbei, in der ich einfach in die Bibliothek verschwinden und selbst bestimmen konnte, was ich las. Auch formal trat nun an die Stelle eines relativ freien Studiums die reglementierte Schulung.

Schörnig blieb indes auch in der Folgezeit hartnäckig. Deswegen warf ihm Paterna vor, »gegenüber den Anordnungen und Einrichtungen der Schulleitung und besonders gegenüber bestehenden oder auch nur vermeintlichen Mißständen eine freimütige, scharfe, häufig überspitzte Kritik« zu üben. Er sei wohl auch verärgert, weil er – bereits Aspirant – nicht für eine spätere »Lehrtätigkeit an der Parteihochschule in Aussicht genommen wurde«. Schörnig wurde als »rechthaberisch und starrköpfig« kritisiert, dabei wollte er doch nicht einen einzigen Zentimeter von der Parteilinie abweichen. Jetzt genügte bereits Kritik an den Vorschriften und Maßnahmen der Leitung, um ins Kreuzfeuer zu geraten.

Führung wie Schulleitung stützten sich dabei auf eine »Schulordnung« und eine »Hausordnung«, die im Februar 1949 verbindlich wurden.[145] In der Präambel hieß es: »Die Genossen Schüler sind sich dessen bewußt, daß sie als Funktionäre der Sozialistischen Einheitspartei Deutschlands, getragen von dem Vertrauen der Partei, die Schule besuchen und sich freiwillig zur Erreichung des Lernzieles und im Interesse aller in eine feste und disziplinierte Ordnung einfügen. ... Die Schulordnung setzt verantwortungsbewußtes, politisches und moralisches Verhalten der Genossen Schüler voraus, würdig dem Geiste der Parteihochschule ›Karl Marx‹.«

Die dreiseitige Schulordnung bestimmte, daß die Teilnehmer aller Lehrgänge eine »Parteigruppe« bilden, die direkt dem Zentralsekretariat »unterstellt ist«. Zur »politischen und parteierzieherischen Tätigkeit der Parteigruppe« wurde für jeden Lehrgang eine »Parteileitung« gewählt. Sie bestand aus »den beiden Vorsitzenden (Pol. und Org.), dem personalpolitischen Obmann, dem Presseobmann, dem Kulturobmann, dem Obmann für Wettbewerb, dem Obmann für Sozial- und Wirtschaftsfragen, dem Verbindungsmann für die politische Außenarbeit«. Daneben waren Kommissionen zu bilden (Personalpolitik, Redaktion, Kultur, Wettbewerb) und verlangt, die »Seminarklassen wählen sich ihre eigenen Gruppenvorstände (Pol., Org., Personalpolit., Obmann, sowie die Vertreter für die Kommissionen)«.

Ausdrücklich war es »selbstverständlich Pflicht jedes Studierenden, daß er den von der Schulleitung bekanntgegebenen Lehr- und Unterrichtsplan pünktlich und gewissenhaft einhält«. Bei

»Vergehen« gegen die Schul- und Hausordnung konnten »Rügen und Verwarnungen« erteilt werden, bei »mangelndem Lerneifer und Verstößen gegen Parteimoral und -disziplin« im Einverständnis mit dem Zentralsekretariat sogar »die Verweisung von der Schule« erfolgen. Jedem Hochschüler war auferlegt, »treu der Partei ergeben, mit größtem Fleiß« zu arbeiten, und zwar »im Geiste ihrer Lehrmeister Marx – Engels – Lenin – Stalin«. Da hatten wir es nun schwarz auf weiß, die meisten nahmen es mehr oder weniger gelassen hin, offene Kritik gab es nicht, ich resignierte.

Ähnlich sah die »Hausordnung« aus, die solche Selbstverständlichkeiten aufzählte wie Sauberhalten der Zimmer, Gesundheitsfürsorge, Postausgabe usw. Hinzu kamen aber auch grundsätzliche Anweisungen, etwa zur verstärkten »Wachsamkeit«. Das las sich so: »Die Verschärfung des Klassenkampfes erfordert erhöhte Wachsamkeit gegenüber allen Vorgängen auf dem Schulgelände und in dessen Umgebung. Es gilt, dies besonders zu beachten bei Gesprächen miteinander und gegenüber Dritten. Aus dem gleichen Grunde soll sich jeder verpflichtet fühlen, die an der Schule bestehenden Kontroll- und Aufsichtsmaßnahmen zu beachten und tatkräftig zu unterstützen. *1. Torkontrolle:* Jeder an der Schule Tätige ist im Besitz eines Schulausweises, welcher beim Passieren der Tore unaufgefordert vorzuzeigen ist. Ohne diesen Ausweis bzw. Passierschein für Schulfremde darf das Schulgelände weder betreten noch verlassen werden. Wer *nach 23.00 Uhr* das Schulgelände betritt oder verläßt, muß seinen Namen sowie Nummer seines Ausweises bei dem Pförtner eintragen lassen. Besuche von Angehörigen auf dem Schulgelände sind grundsätzlich nicht erlaubt und können in Ausnahmefällen nur auf schriftliche Anweisung der Schulleitung gestattet werden.«

Daneben gab es praktische Hinweise: Das Essen wurde »nur gegen die betreffenden Essensmarken und von den Serviererinnen ausgegeben. Bestecke werden am Eingang des Speisesaals gegen Abgabe von Besteckmarken ausgegeben, die bei Rückgabe der Bestecke wieder ausgehändigt wird« [sic!]. Wir erhielten eine komplette Bettwäschegarnitur, deren Umtausch »erfolgt in der Regel vierwöchentlich«. Private Wäschestücke waren »mit einem Zeichen« zu versehen und konnten in begrenzter Zahl zum Waschen gegeben werden. »Baden erfolgt in der Regel wöchentlich einmal«, im Sommer konnte »das Schwimmbad benutzt« werden. Nach dem Wecken um 6.45 Uhr war zwar »Morgengymnastik«

Viele begeisterten sich am Fußball – ohne mich!

vorgesehen, ansonsten »sportliche Veranstaltungen« aber nur »empfohlen«. Als Sportmuffel ist mir verborgen geblieben, wie viele Genossen sich tatsächlich beteiligten.

Der Alltag hatte sich gegenüber 1948 nicht spürbar verändert. Er war angefüllt mit Unterricht und Parteiversammlungen, aber wir nutzten die Zeit auch für den Besuch von kulturellen Veranstaltungen. Insgesamt war der Lebensstandard der Bevölkerung etwas gestiegen, aber wir waren immer noch privilegiert. Unsere Verpflegung war sogar noch besser geworden. Materiell lebten wir weiterhin gut abgesichert. Aus einem Vermerk an die Schulleitung geht hervor, daß wir nun statt 700 Gramm Fleisch ab Januar 960 Gramm pro Woche bekamen. Die Fettrationen waren um 110 Gramm erhöht worden. Konnte schon bisher »unser Mittagessen allgemein als gut bezeichnet werden«, so sollte durch die Erhöhungen »der Normen, die wir im März 1948 reduzieren mußten« auch das Abendessen wieder besser werden.[146]

Die von oben vorgegebene Schul- und die Hausordnung legte den Rahmen fest, in dem sich unser tägliches Leben an der Parteihochschule von nun an bewegen durfte. Manches Banale, völlig Alltägliche und Normale war nunmehr auch strikt formal geregelt. Doch das Zusammenleben war ja inzwischen von Mißtrauen geprägt und von Frostigkeit überschattet. Mit den schriftlich fixierten Regelungen erstarrte die Institution, denn es handelte sich ja nicht

300

etwa um die disziplinierte Erfüllung des Lernpensums. Als »Nomenklaturkader« waren wir direkt der Parteiführung unterstellt und hatten uns deren Vorgaben zu fügen. »Erhöhte Wachsamkeit« war befohlen, verpönt die tolerante Austragung von Meinungsverschiedenheiten. Insofern widerspiegelten die Schul- und Hausordnung die streng reglementierte »Parteierziehung« im Sinne einer strafferen Disziplinierung und Unterordnung, schuf totale Abhängigkeiten. Doch im März fuhren wir – halbwegs erleichtert, weil erst einmal weit weg vom Schuß – »hinaus« in die »Praxis«.

»Praxis« in Nordhausen und Glauchau-Meerane

Noch am Donnerstag, dem 10. März 1949, reisten wir ab zum »praktischen Einsatz«. Nach den Turbulenzen der letzten Tage ging es wohl einigen Studenten wie mir: ich war heilfroh, wegzukommen. Freilich wurde die Freude gedämpft, denn die »Praxis« bedeutete auch vier Wochen Trennung von Gerda, die zum »Einsatz« nach Glauchau-Meerane fuhr, worüber sie berichten wird.

Mein Anlaufziel war zunächst die SED-Landesleitung in Erfurt, und von da ging es dann weiter nach Nordhausen, meinem Einsatzort. Was ich sah, als ich den Bahnhof verließ, hat mich erschüttert. Von Mannheim und Berlin her war ich an schwere Kriegszerstörungen gewöhnt, aber die relativ kleine Stadt Nordhausen hatten Fliegerangriffe in ein wahres Trümmerfeld verwandelt. Das hat wieder mein Bewußtsein gefestigt, mehr für den Frieden zu tun. Damit wuchs die Bereitschaft, trotz Kritik, ja Verbitterung über die stalinistische SED, für die Partei politisch aktiv zu bleiben, hatte sie doch neben der Einheit Deutschlands den Kampf um den Frieden vorrangig auf ihre Fahnen geschrieben.

Da mich die Kreisleitung in der Parteischule unterbrachte, war ich wie im Jahr zuvor in Zeitz materiell gut versorgt. Meinen »praktischen Einsatz« leistete ich in der Lokalredaktion der SED-Tageszeitung »Thüringer Volk«. Ich wurde als Volontär, Lokalreporter und Redakteur eingesetzt. Die Zeitung bekam zwar für ihren politischen Teil die Matern von der Zentralredaktion Erfurt, aber den recht umfangreichen Lokalteil stellte sie in einer eigenen Druckerei her. So erhielt ich die Chance, meine geringen Kenntnisse über die Zeitungsherstellung und den Umbruch der Seiten, die ich beim »Badischen Volksecho« in Mannheim erworben hatte, auszubauen. Insofern war ich mit der »Praxis« zufrieden. Während die zuständigen Lokalredakteure hilfreich waren, gaben sich die Setzer und Metteure gegenüber dem »Parteihochschüler« wohl etwas mißtrauisch, aber doch kollegial. Deshalb blieben mir die fast vier Wochen in Nordhausen in angenehmer Einnnerung. Von den damaligen Problemen wird noch zu sprechen sein, denn das Parteiblatt war alles andere als eine freie Presse, und die Redaktion hatte ihren »Parteiauftrag« zu erfüllen.

Im September 2000 nahm ich als Mitglied des Kuratoriums der Gedenkstätte Buchenwald an einer Tagung der Gedenkstätte des KZ Dora in der Nähe Nordhausens teil. Bei meinem ersten Aufenthalt 1949, also nur vier Jahre nach dem Krieg, war dieses fürchterliche KZ, in dem die Häftlinge bei der Zwangsarbeit in Massen umkamen, übrigens kein Thema. Die SED in der Trümmerstadt hatte es wohl ebenso verdrängt wie die Bevölkerung. Selbstverständlich habe ich im September 2000 noch einen Abstecher nach Nordhausen gemacht. Den Ort habe ich nicht wiedererkannt, alles war in Jahrzehnten, und vieles wohl nach 1990 neu aufgebaut. Der schöne Roland vor dem Rathaus war 1949 noch zerstört gewesen. In der Redaktion der Nachfolgezeitung »Thüringer Allgemeine« konnte mir die freundliche Redakteurin ebensowenig Auskünfte über den ehemaligen Sitz der Zeitung geben wie die Mitarbeiter der Stadtverwaltung. Leider befanden sich im Archiv auch keine Exemplare vom März 1949, in denen eine Reihe meiner Artikel veröffentlicht waren.

Berichterstattung gehörte ja zu den spannenden Aufgaben. Beispielsweise war ich in ein Salzbergwerk eingefahren (zum ersten Mal in meinem Leben so tief unter der Erde), um über die schwere Arbeit zu schreiben. Nach dem Besuch eines Dorfs verfaßte ich eine kleine Reportage über Neubauern: »Raubritterburgen oder Neubauernhöfe Wahrzeichen unserer Dörfer?« Eine Veranstaltung des Kulturbundes in Bleicherode fand ich seicht und verglich sie in einem Leitartikel mit »Limonade«. Selbst über Kinofilme schrieb ich kurze Beiträge. Den DEFA-Film »Das Mädchen Christine« (aus dem Dreißigjährigen Krieg) kritisierte ich heftig wegen des »hohlen Pathos«, der das »Grauen des Krieges« nicht widerspiegelte. Ich verwies positiv auf die DEFA-Filme »Ehe im Schatten« und »Affäre Blum«, die ich ja neben etlichen anderen gemeinsam mit Gerda in Kleinmachnow oder Berlin gesehen hatte. Natürlich war das Kulturleben in Nordhausen nicht mit dem in Berlin zu vergleichen. Dort hatten wir (wohl im Februar) mit großer Begeisterung Brechts »Mutter Courage« im Deutschen Theater gesehen, mit Helene Weigel in der Hauptrolle, und wir waren gerade von dieser Aufführung tief beeindruckt.

In Nordhausen war für mich besonders interessant, daß ich zu dortigen Künstlern, vor allem Malern, Kontakt fand. Es gab eine Kunstausstellung, darunter auch abstrakte Bilder, die auf ziemlichen Unwillen der SED gestoßen war. Die Redaktion wollte, daß ich an zwei Diskussionen teilnehme und darüber berichte. Natürlich verhielten sich die Künstler mir gegenüber reserviert, war ich doch ein Vertreter der Partei, die vom SMAD-Offizier Dymschitz gerade veranlaßt wurde, den »Kampf gegen den Formalismus« zu beginnen. Dennoch kamen wir ganz gut ins Gespräch. Allerdings wurde ich ausgelacht, weil ich die mexikanischen Realisten wie Diego Rivera, für den ich mich damals gerade begeisterte, als »Vorbilder« des Realismus empfahl, ebenso die »soziale Grafik« in Mexiko, die ein Jahr zuvor die Zeitschrift »bildende kunst« beschrieben hatte. Viele der ausgestellten Bilder in Nordhausen waren mir zu farblos, und für die »Abstrakten« hatte ich wenig übrig. Trotz lebhafter Diskussion habe ich die existentielle Angst der Künstler und ihre Rebellion gegen den »Realismus«, der ihnen aufgezwungen werden sollte, kaum begriffen, daher ging meine Einschätzung an den Problemen vorbei.

In zwei Artikeln für das »Thüringer Volk« kritisierte ich die zu »graue« Ausstellung. Im ersten Beitrag (»Wir brauchen zeitnahe Künstler«) habe ich den Verlauf der Diskussion geschildert, aber – worüber ich mich gleich nach der Veröffentlichung schämte – den SED-Standpunkt verteidigt. Das war kein Ruhmesblatt für Hermann Wunderlich (so war der Zweispalter unterschrieben). Im zweiten Artikel bin ich auf moderne mexikanische Kunst eingegangen, »vergaß« aber den sowjetischen Realismus. Dem verantwortlichen Lokalredakteur war mein Text wohl zu »heiß«, ohne mich zu fragen, schickte er ihn an die Hauptredaktion nach Erfurt. Und von dort kam er mit Auflagen zurück: die Kritik von Dymschitz am Formalismus sei einzufügen, dafür der Teil über mexikanische Malerei zu kürzen. Ich ließ mich breitschlagen und überarbeitete den Artikel, auch wenn mir nicht wohl dabei war.

Doch je mehr ich darüber nachdachte, um so klarer wurde mir, daß nicht das »Einknicken« vor »Oben« das schlimmste war. Bereits im ersten Aufsatz und ebenso in der Diskussion hatte ich ja

»Parteidisziplin« geübt, eine Kulturpolitik vertreten, die mir widerstrebte. Anstatt die Freiheit der Künstler zu betonen, persönliche Vorbehalte gegen die neue, antimoderne Linie der SED zumindest anzudeuten, hatte ich schon Selbstzensur betrieben. Auch in den Berichten über den Bergbau und die Landwirtschaft sah ich die Wirklichkeit durch die Parteibrille verzerrt. Ich hatte statt der kritischen Stimmen zum »Aufbau«, die mir auch begegnet waren, die »Lautsprecher«, die nur Parteiparolen verkündeten, herausgestellt. Zwar war mir die volle Bedeutung dieser Anpassung noch nicht bewußt, hatte mich aber schon erschreckt. Längst weiß ich, mit solcher Fügsamkeit beginnt der »Bruch des politischen Rückgrats«, der dann den unkritischen Parteisoldaten schafft, der sogar gegen bessere Einsicht alles, was die Führung fordert, bereitwillig mitmacht. Gleichzeitig bemerkte ich auch bei mir den Versuch – z. B. während der Diskussion mit den Künstlern – durch Lautstärke nicht etwa nur den »Gegner« zu übertönen, sondern auch die Stimme des eigenen Gewissens. Was also tun, solange ich nicht bereit war, ganz mit der Bewegung zu brechen? Es blieben nur Resignation und, soweit möglich, der Rückzug ins Schneckenhaus.

Ansonsten habe ich in Nordhausen deutlich gespürt, wie – im Kontrast zu Zeitz ein Jahr früher – die Angst wuchs, die eigene Meinung frei zu vertreten. In der Partei nahmen Disziplinierung und Unterordnung zu. Neben solchen Erfahrungen in Redaktion und Druckerei gab es allerdings auch andere. In der Kreisparteischule war eine 40köpfige SED-Studentengruppe der Universität Jena untergebracht, die einen zweiwöchigen Schulungskurs absolvierte. Über ihren »Abschiedsabend« am 16. März berichtete ich ebenfalls in der Zeitung. Der Leiter der Gruppe, Kurt Langendorf, und ich konnten uns hier als Mannheimer begrüßen. Sein Vater Rudolf war 1942 als einer der Führer der Mannheimer »Lechleiter-Gruppe« als Kommunist hingerichtet worden. Seine Mutter Anette (Antonie) saß im KZ und wurde nach 1945 Stadträtin in Mannheim, woher sie mir (sie war führendes Mitglied der KPD-Bezirksleitung) sehr gut bekannt war. Die Studenten aus Jena unterhielten sich vor allem über Auseinandersetzungen mit ihren Gegnern von der LDP und CDU an der Universität, aber manche übten durchaus Kritik an der neuen Linie der »Partei neuen Typus« und forderten mehr Freiheit. Auch einige Bemerkungen von Kurt Langendorf waren keineswegs »linientreu«.

Unglaublich schien mir ein anderes Erlebnis. Als ein wichtiger

Funktionär für zwei Tage in der Parteischule untergebracht werden mußte, habe ich für eine Nacht mein Einzelzimmer geräumt und kam in einen Schlafsaal, in dem etwa zehn Teilnehmer eines Lehrgangs, wohl alle Arbeiter der Traktorenfabrik Nordhausen, einquartiert waren. Sie kamen spätabends lautstark von einer Kneipe, wurden jedoch etwas leiser, als sie mich »Fremden« in einem Bett liegen sahen. In der Annahme, daß der »Gast« schliefe, führten sie ihre abfälligen Gespräche fort, fluchten in allen Tonarten auf die »Iwans«, also sowjetische Besatzungssoldaten. Mit denen war es wohl zu einer Auseinandersetzung gekommen und so steigerten sie sich geradezu in eine nationalistische Hetze. Das stieß mich fast ab, zeigte mir aber die wahre Haltung einfacher Arbeiter in der SED gegenüber der Besatzungsmacht und deren Diktatur. Der Kontrast zu dem, was die Führung mit der stalinistischen Partei neuen Typus und ihrem Kotau vor Stalin in der SBZ anstrebte und was uns an der Parteihochschule als Tatsache hingestellt wurde, war groß

Der Oberbürgermeister von Nordhausen Hans Himmler und seine Frau Johanna (geb. Mildner) hatten mich zu sich nach Hause eingeladen. Es gab nicht nur Kaffee, sondern es wurde eine interessante Nachmittagsunterhaltung. Schon in der Weimarer Republik waren beide aktive KPD-Funktionäre, er arbeitete als Redakteur, Johanna saß von 1930 bis 1933 als Abgeordnete im Reichstag. Während der Nazizeit waren sie jahrelang inhaftiert, Johanna Himmler sogar noch ins KZ Ravensbrück verbracht. Natürlich machten sie auf mich großen Eindruck, doch schienen sie mir politisch sehr »verbohrt«. Denn zumindest verteidigten sie mir »Junggenossen« gegenüber die aktuelle Parteilinie ohne Einschränkung und wiesen meine zaghafte Kritik an der Kulturpolitik zurück. Daß sie dann gar noch meinen Zeitungsartikel über die Kunstausstellung lobten, war mir eher peinlich, weil ich mit diesem unkritischen Beitrag ja keineswegs zufrieden war.

In den ersten Apriltagen endete der »praktische Einsatz« in Nordhausen, es ging zurück nach Kleinmachnow. Dort war auch Gerda inzwischen eingetroffen, sie brachte fast ähnliche Erfahrungen mit. Hier ihr Bericht über die Zeit in Glauchau-Meerane.

Am Ende des 3. Semesters bin ich das erste Mal zur Praxis an die »Basis« gefahren. Meine Mitschüler hatten ja bereits Erfahrungen aus dem Jahr zuvor. Wir nach Sachsen Entsandten hatten uns bei der SED-Landesleitung in Dresden einzufinden und wurden von ihr den jeweiligen Bestimmungsorten zugeteilt. Zunächst übernachteten wir in einem Quartier auf den Hügeln des »Weißen Hirsch« oberhalb der Stadt. Von dort hatte man einen weiten Blick, doch was ich da unten vor mir sah, entsetzte mich zutiefst, ließ mich nicht einschlafen. Dieses einst wunderschöne »Elbflorenz« war vier Jahre nach dem Krieg, seit einem Bombeninferno, immer noch ein schrecklicher Trümmerhaufen. Hinzu kam das Wissen um die hunderttausend Toten in nur einer einzigen Nacht. An diesem Ort war zu verstehen, was Krieg bedeutet, und dies durfte nie wieder – nirgendwo – geschehen. Für mich hieß das, mit voller Kraft einzutreten für den Frieden und in der SED zu lernen und zu arbeiten. Mit solchen Gefühlen traf ich in Glauchau und Meerane ein, wo ich gleich einen kleinen Schock erlebte. Denn zum ersten Mal bekam ich hier mit, unter welchen Bedingungen sich Industriearbeiterinnen (in »Volkseigenen Betrieben«) abrackerten. Nicht nur die lauten, staubigen Arbeitsplätze in veralteten Textilfabriken, sondern auch die ungenügenden Zuteilungen an notwendigen Lebensmitteln (für die sie, müde von der Schicht, oftmals lange anstanden) erschwerten ihren Alltag. Vielfach hatten sie für ihre Kinder ganz allein zu sorgen, die Familienväter waren im Krieg umgekommen, aus der Gefangenschaft noch nicht alle heimgekehrt, oder ihr Verbleib unbekannt. In einigen kleineren Orten gab es zudem durch die Aufnahme von Flüchtlingen (sogenannten Umsiedlern) schwierige Wohnungsprobleme. Heizmaterial war knapp – und das im März.

Mir sind diese Erlebnisse (denn vorübergehend wohnte ich hier und da bei einigen Funktionärsfamilien oder Arbeiterinnen, war also weder in Hotels noch parteieigenen Häusern untergebracht) bis heute im Gedächtnis haften geblieben. Die Arbeiterinnen stellten bereits Perlonstrümpfe und moderne Trikotagen her, die sie allerdings nicht käuflich erwerben konnten, da diese für den Export bestimmt waren. Umso verblüffter war ich über die eleganten Strümpfe, mit denen die Frauen sogar in die Fabrik gingen. Ich erfuhr dann, daß sie aus einem ganz besonderen Material (Perlon – Nylon?) angefertigt seien und die Werksangehörigen sie gewissermaßen als »Testpersonen« bei jeder Gelegenheit tragen und täglich waschen mußten. Leider wurde ich nicht zur »Testperson« erkoren und schaute neidisch auf die hübsche Beinbekleidung.

In Glauchau-Meerane hatte ich noch einen sonderbaren »Auftritt«. Es kam damals in der Ostzone überall zu Protestveranstaltungen gegen den »amerikanischen Imperialismus« unter freiem Himmel, auf Marktplätzen, zu denen zu erscheinen ungeschriebene Pflicht war. Bei so einer Gelegenheit hatten mich die örtlichen Funktionäre einmal aufgefordert – als Studentin der Parteihochschule aus Berlin – einen Redebeitrag zu leisten. Für mich eine schwierige Sache, war ich doch noch nie zuvor bei einer solch großen Ansammlung aufgetreten – ja, und was sollte ich eigentlich sagen?! Drücken ging nicht. Also »durchforstete« ich die SED-Zeitungen, suchte mir passende Zitate, dankte der Sowjetunion, Stalin und der SED und schimpfte von »hoher Warte« aus auf den USA-Imperialismus. Meine ganze Verachtung und deutlichen Protest äußerte ich gegenüber dem damaligen US-Außenminister Acheson, der die europäischen Völker, insbesondere Deutschland, versklaven wolle usw.

Nach einigen Vorrednern hatte ich mich mit zitternden Knien an das Rednerpult begeben, aber nicht nur mein Text – entsprechend der Parteilinie – war schrecklich. Vor der großen Menschenmenge aus Betrieben, Schulen, Verwaltungen usw. kamen meine ersten Worte ziemlich stockend, und ich erschrak ganz furchtbar. Denn jeder Ton aus dem Lautsprecher schallte als mehrfaches Echo von den angrenzenden Häusern zurück. Ich war erleichtert, als dieser Spuk vorüber war. Alles in allem brachte mir die erlebnisreiche »Praxis« nicht nur viele interessante Begegnungen, neue Erfahrungen, sondern die tiefe Einsicht vom schweren Los der Fabrikarbeiterinnen. Sah ich doch, daß sie mit der alltäglichen Last überfordert waren, keine Zeit fanden zum Lesen oder gar für politisch-gesellschaftliche Aktivitäten.

Ich hatte großen Respekt davor, wie sich diese Frauen und Mütter teilweise selbstbewußt durchsetzten. Beim herzlichen Abschied gaben sie mir junger Frau mit auf den Weg, Gerda, du warst uns sehr nah, hast es mit eigenen Augen gesehen, wir haben keine Zeit und Gelegenheit, uns fehlen die Kraft und der Mut, etwas Neues zu lernen. Nun erwarten wir, daß du das bei der Rückkehr zur Hochschule für uns machst. Es war ein aufwühlender Moment, ich sah mich in die Pflicht genommen, gerade für diese Frauen und Mädchen zukünftig aktiv zu werden. Das beförderte meinen Entschluß, mich intensiver mit »Frauenfragen« (statt wie bislang mit Kinder- und Jugendproblemen) zu beschäftigen, d. h. in der Frauenbewegung zu arbeiten. Nach Lehrgangsende hat mich die SED dann im Demokratischen Frauenbund (DFD) eingesetzt.

Bei der Ankunft in Kleinmachnow wußte Gerda noch nichts davon, daß ausgerechnet ihr Klassenlehrer »abgehauen« war. Ich hatte schon im Zug nach Berlin insgeheim erfahren, daß sich an der Parteihochschule eine wahre Katastrophe ereignet hatte. Während ich aus dem Zug in die Landschaft schaute, stellte sich die Mitschülerin Annelies Witt aus der Geschichtsfakultät zu mir. Die knapp dreißigjährige Mecklenburgerin fragte mich, ob ich denn schon das Allerneueste wisse, daß nämlich Wolfgang Leonhard geflüchtet sei. Wie es hieß, soll sie eine Freundin Anton Ackermanns gewesen sein und kannte wohl durch ihn die noch nicht nach außen gedrungene Nachricht. Ich war völlig perplex, und »mir blieb die Spucke weg«. Einerseits verstand ich Wolfgangs Schritt, andererseits ahnte ich schon, was da auf der Parteihochschule nun Schreckliches auf uns zukommen würde.

Ein Donnerschlag!
Die Flucht von Wolfgang Leonhard

Schon am 12. März 1949, nur zwei Tage nach unserer Abfahrt in die »Praxis«, war einer der hoffnungsvollsten Dozenten der Parteihochschule, Wolfgang Leonhard, nach Jugoslawien geflüchtet. Damit hatte er als oppositioneller Kommunist aus der Stalinisierung der SED für sich persönlich die Konsequenzen gezogen. Über seine Entscheidung und deren Folgen hat er – wie im Stalinismus üblich als »Agent« und »Trotzkist« verfemt – 1955 in seinem Buch »Die Revolution entläßt ihre Kinder« berichtet. Und anhand

Wolfgang Leonhard in den Tagen vor der Flucht.

der Akten konnte er 1998 zudem die Reaktionen von SED und MfS beschreiben.[147] Leonhards Flucht erregte seinerzeit im Westen ebenfalls großes Aufsehen. »Der Spiegel« schilderte (wenn auch mit vielen Fehlern) die »Sensationen im roten Kloster«.

In Kleinmachnow und in der Parteizentrale in Berlin hat es allerdings einige Tage gebraucht, um Leonhards Verschwinden, und noch länger, um seine »Flucht zu Tito« aufzudecken. Aber dann brach auf der Parteihochschule eine Welle von Versammlungen und empörten Stellungnahmen los, es gab stundenlange Diskussionen über »fehlende Wachsamkeit«. Hatte schon das Verschwinden des früheren Sozialdemokraten Hermann Möhring Ärger bereitet, so bedeutete die Flucht des in der Sowjetunion erzogenen Kommunisten Wolfgang Leonhard eine Katastrophe. Unseren Zweijahreslehrgang traf der Schreck mit einiger Verspätung, da wir ja noch »auswärts«, im praktischen Einsatz waren.

So blieben uns die erste grundsätzliche Verdammung des Trotzkismus am 29. März (selbstverständlich vorgetragen von Abraham) und die vielstündige Veranstaltung am 30. März zur »Trotzkistischen Agententätigkeit und der Fall Leonhard« erspart. Natürlich wurde in den folgenden Tagen die Diskussion intensiv fortgesetzt. Als wir uns am Montag und Dienstag (4. und 5. April) aus der Praxis zurückzumelden hatten, wurden wir sofort einbezogen. Anstatt – wie geplant – ab Donnerstag, 7. April, zehn Tage Osterurlaub zu genießen, galt es Tag für Tag Leonhard als »Agenten« zu brandmarken. Besonders aggressiv geschah dies auf einer Lehrerversammlung am 6. und 7. April.[148] Am Sonntag, 10. April, fand dann ab 15 Uhr eine Art erste Abschlußdiskussion sämtlicher Lehrgänge statt. Direktor Lindau tobte geradezu und beschimpfte – so wie später auch in seinem Brief an Wilhelm Pieck[149] – Wolfgang Leonhard als »Schurken, Schuft, Mistkerl und Agenten«. Schließlich verabschiedeten wir einstimmig [!] eine Resolution. Darin hieß es:

»Schon der provokatorisch-trotzkistische Artikel der Genossin Erna Stracke im ›N.D.‹ mußte als ein ernsthaftes Signal dafür dienen, daß an der Parteihochschule ›Karl Marx‹ die trotzkistische Gefahr stark unterschätzt wurde. Der Ernst unseres Versäumnisses wird dadurch unterstrichen, daß sich das Politbüro der Partei genötigt sah, zu dieser Angelegenheit in einer öffentlichen Erklärung Stellung zu nehmen. Wie berechtigt diese Mahnung zur Wachsamkeit war, kam noch erschreckender dadurch zum Ausdruck, daß ein Lehrer der Parteihochschule, Wolfgang Leonhard, als niederträchtiger trotzkistischer Agent der imperialistischen Reaktion an der Parteihochschule sein Unwesen treiben konnte. Unter dem erschütternden Eindruck dieser Tatsachen haben Lehrkörper und Schülerschaft in Sondervorlesungen, Lehrerkonferenzen und Parteiversammlungen zur Frage der trotzkistischen Gefahr Stellung genommen ... Welches gefährliche Ausmaß die trotzkistische Gefahr annehmen kann, das zeigt besonders deutlich die verräterische, verbrecherische trotzkistische, sowjet- und friedensfeindliche Politik der Tito-Clique in Jugoslavien ... Aus all dem ergibt sich die Notwendigkeit, dieser Gefahr mit äußerster Klassenwachsamkeit und Entschlossenheit entgegenzutreten, die trotzkistischen Verbrecher schonungslos zu entlarven und unschädlich zu machen ...«

Es gab ab Montag, 11. April, nur eine kleine Verschnaufpause. Die meisten Kursanten fuhren bis zum 18. April in den nun einwöchigen Osterurlaub. Aber gleich nach der Rückkehr am 19. April, mit dem offiziellen Start des 4. Semesters, rückte auch der »Fall Leonhard« wieder in den Mittelpunkt.

Ostern gelang es uns also für ein paar Tage, das Ganze noch zu verdrängen. Wir Westdeutschen sind mit einigen anderen in Kleinmachnow geblieben. Daran erinnert sich Gerda: Die Parteihochschule war fast ausgestorben, so daß Hermann und ich gemeinsam ein schönes ruhiges Fest feiern konnten. Zum Glück hatte ich mir von der »Praxis« noch Zucker-, Mehl- und Fettmarken aufgespart. Die »Küche« sah sich somit imstande, uns davon eine köstliche Ostertorte zu backen. Und die konnte ich dann sogar – was uns beiden gut gefiel – auf »privatem Porzellan« kredenzen. In Meerane hatte ich nämlich bei einer der seltenen örtlichen Haushaltwaren-Zuteilungen mein erstes eigenes (Streublümchen-)Kaffeeservice, noch dazu ohne Bezugsschein, ergattert. So wurde Ostern für uns auch ein »Gaumenfest«. An den Feiertagen erfreuten wir uns bei abendlichen Tanzveranstaltungen im nahegelegenen Teltow.

Der Unterricht, der am 20. April für das nun letzte Semester begann, schien zunächst in den gewohnten Bahnen zu verlaufen. Bis zum kurzen Pfingsturlaub Anfang Juni wurde in den Vorlesungen (von Lemnitz und Oelßner) die Marxsche Theorie weiter abgehandelt, etwa über das »zinstragende Kapital« oder über die »Grundrente« gesprochen. In Grundfragen referierten Lindau und Teubner (über Lenins »Zwei Taktiken«), in Geschichte behandelte Melis die III. Internationale, und entsprechend der Kampagne wurde nun der »Kampf gegen Trotzkismus« in den Vordergrund gerückt, wobei dieser Begriff als Synonym für alle Abweichungen und innerparteilichen Feinde galt.

Das zeigte sich deutlich in der Gruppe Philosophie. Schon in der Fakultätssitzung am 7. April hatte die »selbstkritische Stellungnahme zu Fragen des Trotzkismus« auf der Tagesordnung gestanden. Bei der Besprechung der »planmäßigen Vorlesungen« im 4. Semester kamen zu den »Einzelproblemen des historischen Materialismus« und dem »Studium der Klassiker« vor allem »Beispiele« für die »Anwendung der marxistischen Methode in der aktuellen Politik«. Darüber sollten in der Philosophie [!] Ulbricht, Grotewohl, Dahlem usw. referieren. Als überraschend Ackermann noch hinzukam, entbrannte in dieser vierstündigen Fakultätssitzung eine heftige Debatte zwischen ihm und Stern. Sie war, ähnlich wie der Streit zwischen Zweiling und Stern, recht abstrakt. Das Protokoll verzeichnet: »Gen. Ackermann ist der Meinung, dass Stoff und Welle zwei verschiedene Erscheinungsformen, zwei Seiten der Materie sind und daher die Welle nicht als stofflich bezeichnet werden kann. Gen. Stern meint, dass auch die Welle eine Zustandsveränderung der Materie darstellt und daher stofflich ist, d. h. einen stofflichen Träger braucht.«

Die Diskussion zum Trotzkismus war brisanter. Zunächst teilte Matthäus Klein »einige Beobachtungen über Leonhard mit«. Er übte fortan heftigste Kritik an Wolfgang, schäumte geradezu, wenn er den »Trotzkisten« angriff. Daß dies Schutzbehauptungen und Angst vor Entdeckung waren, wissen wir inzwischen. Schließlich hatte er sich Leonhard gegenüber als Stalin-Hasser offenbart und mußte angesichts der Wachsamkeitskampagne entsetzliche Qualen durchlebt haben – aber er hatte Glück,

Matthäus Klein.

es wurde nichts davon erwähnt.[150] Dann übten die ehemaligen KPO-Mitglieder Eppinger und Arnold Selbstkritik, warfen der KPO sogar »Trotzkismus« vor. Theilen führte gar »Schwankungen« seines Vaters an. Nunmehr war die politische Indoktrination auch in der Fakultät Philosophie angekommen, der Kampf gegen den »Trotzkismus« wurde zum Schwerpunkt, z. B. in der Sitzung

311

vom 22. April, der letzten, an der ich als Aspirant teilnahm. Doch nicht nur ich gab meine Aspirantur auf, auch das »Ausscheiden des Gen. Scharf« wurde mitgeteilt.

Wie alle hatte Götz Scharf bereits in der Lehrerversammlung am 6. April heftig gegen Leonhard und den Trotzkismus gewettert. Außerdem gab er zu, er habe sich im Westen eine Broschüre des »Renegaten« Koestler gekauft, was er selbstkritisch »Objektivismus« nannte. Zerknirscht ging er in der Versammlung vom 10. April viel weiter. Er müsse etwas »gestehen«. »Erfahrene Genossen haben uns gezeigt, daß Agenten oft dadurch neue Agenten werben, daß bisher unbescholtene Genossen in ihre Fänge geraten. Und warum? Weil sie der Partei etwas verschweigen oder sie gar belogen hatten. Die Erpressung war dann sehr leicht. Das ist für mich eine ernste Lehre, denn auch ich habe die Partei belogen, verschwieg ich doch in meinem Fragebogen, daß ich in der HJ eine bedeutende Funktion innehatte. Wenn ich mir vorstelle, ein Agent wie Leonhard hätte das erfahren und mich unter Druck gesetzt ...« Scharf nutzte die Gunst der Stunde, um für seinen Betrug eine Absolution zu erhalten. Er war schlau genug, um zu merken, daß die Hysterie über Agenten ihm die Gelegenheit bot, persönlich mit einem »blauen Auge« davonzukommen. Schulleitung und Parteiführung honorierten das »gute Beispiel«, das er gegeben hatte. Scharf verlor zwar seinen Lehrerposten und kam zur Bewährung als Angestellter in einen Betrieb. Aber schon im Mai 1950 durfte er als Dozent zur Parteihochschule zurückkehren und brachte es dort noch zum Professor. Später war er u. a. an der Universität Greifswald. 1990 hat Götz Scharf Selbstmord begangen.

Die wichtigsten politischen Diskussionen fanden in den Parteiveranstaltungen statt, die sich unendlich ausdehnten. Dafür sorgte neben Direktor Lindau vor allem der neu eingesetzte Parteisekretär. Nach den »Fällen« Stracke und Leonhard war Otto Heckert als Parteisekretär abgelöst worden, an seine Stelle trat Ende März Hans Mickin. Seit September 1948 Kursant im vierten Halbjahreslehrgang, ist er dort vorfristig abgezogen worden. Mickin hatte sich zwar gegen die Ernennung zum Parteisekretär gewehrt, aber nach dem Beschluß des Sekretariats versprochen, sich voll einzusetzen. Und genau das tat er dann als einer der Eifrigsten beim Aufspüren von Parteifeinden und als Einpeitscher beim Kampf gegen den »Trotzkismus«. Allerdings wußten die wenigsten, daß der 41jährige Mickin ein sehr schweres Leben gehabt hatte. Er wuchs als uneheliches Kind (Vater ein Arzt) in einem Pflegeheim auf. Seit 1929 war er Mitglied der KPD und im Arbeitersportverein »Fichte«, wurde 1935 zu lebenslanger Zuchthausstrafe verurteilt. Mickin verbrachte zehneinhalb Jahre in Haft, davon über ein Jahr in strengster Einzelhaft. 1945 an leitender Stelle in der Berliner Polizei, kam er 1946/47 in die Deutsche Verwaltung des Inneren, wurde Chefinspektor, kurze Zeit sogar Vizepräsident.

Als Parteisekretär der Parteihochschule ist Mickin schon nach einem Jahr entlassen worden. Lindau hatte ihm »Methoden des Kommandierens, die Tendenz sich der Kritik zu entziehen«, vorgeworfen. Mitte 1950 wurde sogar ein Untersuchungsverfahren gegen ihn eingeleitet, die ZPKK sprach ihm »wegen Verletzung der Parteimoral eine Rüge« aus. Mickin war vom Direktor bezichtigt worden, seine Funktion »zur Befriedigung seiner Gelüste schändlich mißbraucht zu haben«. Er wehrte sich zwar, »ich laufe Frauen nicht nach und bin auch kein Säufer«, mußte aber »Beziehungen« zu Schülerinnen sowie Alkoholprobleme eingestehen. Später wurde er Arbeitsdirektor im Walzwerk Hennigsdorf, danach Angestellter im Stadtbezirk Berlin-Weißensee. Von 1964 bis 1978 war Mickin Mitarbeiter der Deutschen Hochschule für Körperkultur in Leipzig und Vizepräsident des Deutschen Turn- und Sportbundes der DDR.

Im Parteiverfahren gegen Mickin kam auch eine fast unbekannte Seite der Hierarchie an der Parteihochschule ans Tageslicht. Eine Kursantin hatte über die »Annäherung« des Parteisekretärs ausgesagt, »sie sei deswegen nicht energisch aufgetreten, weil sie Angst gehabt habe, Gen. Mickin sei als Parteisekretär ein einflußreicher Genosse, der bei den Charakteristiken mitarbeitet. Es würde ihr so ergehen wie es bereits anderen Genossen ergangen ist, die Gen. Mickin kritisiert haben.« Es bestanden also Abhängigkeiten, es herrschte Furcht vor Karrierebrüchen durch negative »Charakteristiken«. Ausgerechnet dieser Funktionär überschlug sich 1949 in den Parteiversammlungen als Scharfmacher gegen Leonhard und den »Trotzkismus«. In einem Brief an Pieck vom 21. April stellte er fest, vor allem die Jüngeren an der Parteihochschule hätten »über den wirklichen Charakter des Trotzkismus keinerlei Kenntnisse«, aber trotzkistische Veröffentlichungen gingen »als Rarität von Hand zu Hand«. Natürlich kannten wir seinen Brief nicht, aber ähnliche Töne gab Mickin auch vor uns laufend von sich.

Beratung der »Leitenden Lehrkräfte« der Parteihochschule; von links: Käte Stange, Ruth Steinert, Parteisekretär Hans Mickin, Arthur Dorf, Hans Teubner, Direktor Rudolf Lindau, Direktor Paul Lenzner, Dekan Erich Paterna, Dekan Victor Stern und Dekan Alfred Lemnitz.

Es zeigte sich: In der Entwicklung der Parteihochschule brachte die Flucht Wolfgang Leonhards im März 1949 nach Jugoslawien einen tiefen Einschnitt. Was uns an stalinistischer Praxis schon vorher das Leben schwergemacht hatte, war nichts gegen das, was nun über uns hereinbrach. Denn jetzt waren Kritik und Selbstkritik gewissermaßen zum »Hauptfach« und damit die Suche nach »Agenten« zur Manie geworden. Niemand konnte sicher sein, ob nicht irgendein kritisches Wort, das er früher unbefangen gesagt hatte, in einer Selbstkritikveranstaltung wieder auftauchen und ihm zum Verhängnis werden würde. Die Praktiken der entwürdigenden Kritik und Selbstkritik bewiesen außer dem politischen zugleich den moralischen Niedergang des Stalinismus. Inzwischen war wohl jedem klar, daß der Vorwurf »Parteifeind« nicht nur einen Verweis von der Schule zur Folge hatte, sondern sogar ins Gefängnis führen konnte. Es entstand eine unerträgliche Atmosphäre.

Beispielsweise mußte selbst Hilde Bamberger, die Zimmerkollegin von Gerda, die immer fleißig und diszipliniert war, nun harte Vorwürfe über sich ergehen lassen. Schon im Dezember 1948 hatte Dekan Paterna mitgeteilt, »daß sie seit ihrer Freundschaft mit dem Genossen Dr. Schie [!] in parteischädigender Weise kleinbürgerliche Auffassungen vertritt und sich den Einwirkungen des Kollektivs widersetzt«. Dies wurde nach der Flucht Wolfgang Leonhards – wie so viele frühere »Schwächen« anderer Hochschüler – hervorgekramt, um die Selbstkritik zu forcieren und an solchen Beispielen die fehlende »Wachsamkeit« nachzuweisen. Schließlich sollte sogar geprüft werden, ob Hilde Bamberger »weiterhin auf der Schule verbleiben soll«, doch verließ auch sie den Lehrgang mit uns erst im November 1949.

Krankhafter Argwohn

Als ein Instrument der Indokrination diente maßgeblich der »Kampf gegen den Objektivismus«. Dies hieß, die Argumente von »Feinden« hatten in der Lehre nichts zu suchen, also war es falsch gewesen, daß wir beim Studium Lenins auch Werke seiner Kontrahenten durchgearbeitet hatten. Strikte Parteilichkeit wurde beschworen, denn es gebe keine »objektive« Wissenschaft. Wer verlange, gegnerische Literatur zu lesen, um sich ein »objektives Bild« zu verschaffen, sei dem klassenfeindlichen »Objektivismus« verfallen. Und das betraf natürlich Fritz Schulze, denn ihm wurde vorgeworfen, an der Parteihochschule sogar Trotzki-Broschüren verliehen zu haben. Ungeachtet aller Angriffe vertrat er weiterhin offen die Ansicht, um sich eine eigene Meinung bilden zu können, müsse man »beide Seiten« kennen. Er forderte, außer Lenins Schriften auch die seiner Gegner zu studieren, ja er beharrte darauf, nicht allein Stalins »Kurzen Lehrgang«, sondern ebenso die Werke Bucharins oder Trotzkis zu lesen. Doch solche Selbstverständlichkeiten der Wissenschaft galten nun geradezu als Blasphemie.

Schließlich wurde sogar die Bibliothek »gesäubert«, deren Leiterin Li Seehof hatte ohnehin Ärger bekommen. Auf der Lehrerkonferenz war sie angegriffen worden, weil sie das berühmte Buch von John Reed »Zehn Tage, die die Welt erschütterten« ausgeliehen habe. Dieses Werk hatte Lenin zwar als »wahrheitsgetreu« bezeichnet und wollte es »in Millionen Exemplaren verbreitet« wissen. Doch weil Stalin darin kaum, Trotzki, Sinowjew oder Bucharin, die wahren Revolutionsführer, aber um so öfter genannt wurden, stand das das Buch in der Stalin-Ära auf dem Index. (Erst

1957 erschien in Ostberlin eine Neuauflage.) Li Seehof redete sich heraus.

Der »Kampf gegen den Objektivismus« hatte weitreichende Folgen. Für die meisten Hochschüler gab es nur noch die monotonen Ost-Publikationen, denn im öffentlichen Lesesaal lagen ab Juni keine Westzeitungen mehr aus. Lediglich uns Westdeutschen wurde gestattet, in einem Sonderzimmer einige Westblätter einzusehen, wir sollten bei unserer Rückkehr im Herbst ja einigermaßen auf dem laufenden sein. Aber Zeitschriften wie die seit Oktober 1948 in Westberlin redigierte »internationale Zeitschrift für Politik und geistiges Leben« »Der Monat«, in der viele Exkommunisten die westliche Freiheit verteidigten, blieben selbst für uns tabu. Freilich konnte man den »Monat« ja überall in Westberlin kaufen, was ich mir dann einfach »erlaubte«.

Inzwischen waren Schulze, Schneider und Hense, also die KPO-Leute, zusammen mit dem früheren Sozialdemokraten Kurt Pichler in die – wie sie spöttelten – Verbannung geschickt worden, nämlich in ein Viererzimmer im Untergeschoß. Ich habe sie öfters aufgesucht, aber alle waren unsicher geworden. Die Diskussionen verliefen keineswegs mehr so offenherzig wie früher. Schulze indes blieb stur, er habe sowieso nichts mehr zu verlieren. Schneider und Hense haben in den Versammlungen Schulze nur zurückhaltend unterstützt und rieten auch mir, behutsam und abwägend zu diskutieren.

Aber Schulze wurde zur direkten Zielscheibe beim Kampf gegen den Objektivismus. Vor allem drei Mitschüler gingen ihn geradezu gemein an, Wiehagen, Graf und Neukranz. Sein Zimmerkollege Roland Wiehagen, der schon Li Seehof wegen John Reeds Buch angefeindet hatte, beschimpfte jetzt Schulze. Dieser habe ständig Trotzki gelesen und dessen Schriften verbreitet. Wiehagen, ein stattlicher 24jähriger, war ebenso wie Tammer und Wissusek Aspirant der Fakultät Ökonomie. Von Beruf Verwaltungsangestellter, kam er von 1943 bis 1945 zur Luftwaffe. Er floh aus US-Gefangenschaft, wurde wieder Angestellter und Mitglied der SPD. Nach Abschluß des Zweijahreslehrgangs blieb Wiehagen als Lehrer an der Parteihochschule, zuletzt bei der Direktion zuständig für Kaderfragen. Doch im Frühjahr 1953 erhielt er eine »strenge Rüge« und mußte zwei Jahre als Stanzer zur »Bewährung« in einen Betrieb. Zunächst hatte ihn die Parteigruppe – nach Konflikten mit der Direktorin Hanna Wolf – sogar aus der SED ausgeschlossen. Das hat die ZPKK nicht bestätigt, sie beließ es bei der »strengen Rüge«. Wiehagen hatte nämlich gelogen, in seinem Fragebogen der Partei »verheimlicht«, daß er 1944 einen Antrag auf Aufnahme in die NSDAP gestellt hatte und zudem beim Rückzug der Wehrmacht »einer italienischen Bürgerin gewaltsam das Fahrrad« raubte. Also mußte er sich wegen seines »Verschweigens« vor der Partei bewähren – da war Götz Scharf aber viel raffinierter gewesen. Später arbeitete Wiehagen in der Gesellschaft zur Verbreitung wissenschaftlicher Kenntnisse, der Urania, wurde in den achtziger Jahren Leiter des Büros bei dessen Präsidium und hat 1985 sogar den Vaterländischen Verdienstorden in Silber erhalten.

Schulze wurde besonders hart von Rudolf Graf attackiert und in einer Parteiversammlung sogar verunglimpft: »In der Zeit des verschärfenden Klassenkampfes spreche ich einem Genossen, der so wenig Klassen- und Parteibewußtsein hat wie der Gen. Fritz Schulze, die Fähigkeit ab, ein verantwortlicher Funktionär der Partei zu sein.« Der damals 27jährige Graf, Werkzeugmacher aus Altenburg in Thüringen und von 1941 bis 1945 Obergefreiter der deutschen Wehrmacht, hat sich angemaßt, den Widerstandskämpfer Schulze mit dem Bannfluch zu belegen. Allerdings gab es doch einige, die dagegen murrten. Und Fritz Schörnig, politisch ein Kritiker von Schulze, nahm sich Graf beiseite und stellte ihn zur Rede, woraufhin der sogar Schörnig persönlich anging. In der Wandzeitung schrieb Graf, dieser habe von »Verdiensten« Schulzes gesprochen. Da kam er aber an den Richtigen. Schörnig antwortete am 30. Mai mit einem Leserbrief, der gleich sarkastisch begann: »Vor Jahrhunderten prägte der Adel – und dazu gehörten auch die Grafen – das Wort ›Noblesse oblige‹, Adel verpflichtet! Leider richtet man sich nur sehr selten nach diesem schönen Grundsatz. Das braucht aber für den Gen. Graf absolut keine Ursache zu sein, nun dasselbe zu tun. Wenn er die Unterredung, die ich mit ihm hatte, an der Wandzeitung behandelt, so verpflichtet es ihn, sie wenigstens wahrheitsgemäß wiederzugeben.«

Doch an der Wandzeitung habe Graf nicht die Wahrheit gesagt. Er, Schörnig, habe nicht von »Verdiensten« gesprochen, aber Schulze »Klassenbewußtsein« abzusprechen, sei der schwerste Vorwurf, den man ihm machen könne. Vor allem, da »Gen. Schulze in der Zeit des Faschismus bewiesen hat, dass er Klassen- und Parteibewußtsein besitzt«. Wäre der Vorwurf Grafs richtig, dann hätte

Schulze »nicht nur nichts mehr auf der Schule zu suchen, sondern auch in der Partei«.

Schörnigs Verteidigung half nicht viel. Nur kurze Zeit später, nach ständigen Anwürfen gegen Schulze, der nicht bereit war, sich völlig zu beugen, beschloß eine Versammlung der Parteiorganisation unseres Lehrgangs, er solle von der Parteihochschule abberufen werden. Und zwar, weil Schulze »Zersetzungsarbeit« betreibe und deshalb im »Sinne der Schulordnung« wegen Verletzung der Parteidisziplin zu verweisen sei. Bei der ersten Versammlung fehlte ich wegen Krankheit. Das war nicht geheuchelt, denn ich lag mit mit Fieber im Krankenrevier, fühlte mich total fertig. Schließlich kam es zu einer zweiten Versammlung mit der Abstimmung, und Schulze beschwor mich, »vernünftig« zu sein und »mit den Wölfen zu heulen«. In der Diskussion schwieg ich ebenso wie Schneider und Hense, aber wir stimmten, zwar voller Scham, alle der Resolution zu. Doch irgendwer hat die schützende Hand über Schulze gehalten, er blieb bis Lehrgangsende.

Graf fungierte weiterhin als Scharfmacher. Er wurde später Sekretär der SED in Eisenach, dann Schulleiter in Erfurt und kam schließlich nach Berlin ans Institut für Marxismus-Leninismus, die höchste ideologische Institution der SED. Dort war er von Mai 1962 bis Juni 1963 sogar stellvertretender Direktor, mußte aber ausscheiden, weil er – wie Hager feststellte – »seine Aufgaben als stellvertretender Direktor nicht erfüllen« konnte, und wurde ans Ostberliner Institut für Zeitgeschichte versetzt. Graf starb schon 1975.

Ähnlich wie Graf agierten plötzlich weitere Hochschüler, die bisher kaum in Erscheinung getreten waren, jetzt aber als »Agentensucher« das große Wort führten. Typisch dafür war das Verhalten von Gerhard Neukranz. Noch vor unserer Auflösung als Gruppe Philosophie Ende Mai drehte er durch. Der 25jährige Angestellte stammte aus Magdeburg, war 1942 bis 1945 Fallschirmjäger bei der Wehrmacht und kurz in britischer Gefangenschaft. 1945 wurde er Mitglied der KPD und leitete die FDJ in Magdeburg. Er nahm wie ich am Gründungsparlament der FDJ in Brandenburg/Havel teil, aber natürlich haben wir uns von daher nicht gekannt. Das 2. Parlament der FDJ 1947 wählte ihn in den Zentralrat der Organisation. Als Bezirksleiter der FDJ Sachsen-Anhalt 1947 an die Parteihochschule gekommen, ging er wie ich ab dem 2. Semester zur Philosophischen Fakultät. Da war er der Schwächste und hat sich im Unterricht zurückgehalten. In einer Einschätzung von 1948 wurde ihm noch bescheinigt, er sei »unentschlossen« und habe »bemerkenswerte Minderwertigkeitskomplexe«. Jetzt aber sah er seine Zeit gekommen! Seit er Anfang 1949 gegen Buschmann (dieser erwähnte ja Neukranz' »aggressive« Kritik), gegen Stracke und vor allem Leonhard als Feinde angehen konnte, war er wie ausgewechselt. Nun wurde Neukranz sogar bescheinigt, »die Minderwertigkeitskomplexe abgelegt« zu haben, und vor allem seine »klare Haltung« und der »überraschende Durchbruch« gelobt.

Tatsächlich blieb er ein Kleingeist. Nur ein Beispiel: Er berichtete in einem Wandzeitungsartikel im August, er habe im Urlaub gesehen, daß »Tischdecken vor dem zu schnellen Schmutzigwerden« durch »Igelitplatten« geschützt wurden. »Sie sind sauber und verrichten gute Dienste, weil sie die Tischdecken schonen und selber leicht abwaschbar sind. Wäre dies nicht vielleicht auch für unsere Tischdecken im Speisesaal ein brauchbarer Vorschlag, oder ist so etwas bei uns nicht nötig?« Auf diesem Niveau bewegten sich zugleich die Verunglimpfungen aller »Parteifeinde« durch Neukranz. Doch er überzog, als er im August 1949 Kurt Pichler angriff. Nun mußte er in der Wandzeitung selbstkritisch »die Lehre ziehen«, in Zukunft »gründlicher und aufmerksamer andere Artikel zu lesen, bevor ich den Artikelschreiber kritisiere«. Aber obwohl Neukranz bei der mündlichen Abschlußprüfung vor der Kommission (unter Leitung Abrahams) nur mit drei minus abschloß und sich deshalb nochmals einer Prüfung unterziehen mußte, stieg er sofort steil auf.

Neukranz wurde Vorsitzender der FDJ in Sachsen-Anhalt und Abgeordneter des dortigen Landtags. Vom III. SED-Parteitag im Juli 1950 zum Kandidaten des ZK berufen, war er von 1951 bis März 1954 Sekretär des Zentralrats der FDJ (verantwortlich für Agitprop und Kultur). Doch wegen »kapitulantenhaftem Verhalten« im März 1954 seiner Funktion enthoben, kam er ins Ministerium für Kultur auf einen untergeordneten Posten, wurde dann aber 1958 Leiter einer Hauptabteilung. Ein weiterer Schlag traf Neukranz schließlich Ende 1960, als »herauskam«, er sei 1942 oder 1943 Mitglied der NSDAP geworden. Daraufhin entlassen und mit einer Rüge bestraft, wurde er Lektor im Akademie-Verlag. Neukranz verstarb schwerkrank mit nur 45 Jahren im Oktober 1969.

Die hier etwas ausführlicher dargestellten Beispiele sind symptomatisch für die angespannte Situation, die Stimmung und Verhaltensweisen, die nach Leonhards Flucht herrschten. In allen Parteiveranstaltungen 1949 haben sich Wiehagen, Neukranz oder Graf sowie von den Älteren Lörler, Morgenstern, Schäfer, Langner oder Schubert bei ihren Anschuldigungen gegen »Abweichler« fast überboten, während Hanke (er ging im Juni, Lauter war seit April weg), Grün, Schörnig oder Urbschat zwar in der Sache hart diskutierten, aber persönliche Verurteilungen vermieden. Wie die meisten Jüngeren bin ich dabei relativ gut weggekommen, vor allem, weil Schulze, auch Schneider und Hense im Zentrum der Kritik standen.

Geheime Überprüfungen

Natürlich blieb nicht aus, daß die »Verbindungen« von Lehrern und Schülern zu Wolfgang Leonhard ebenfalls »gründlich untersucht« wurden. Wie erwähnt, mußte die Dozentin Hanna Henniger rasch die Schule verlassen. Ein weiteres Opfer dieser Kampagne war der erst Ende 1948 als Assistent nach Kleinmachnow gekommene Manfred Stambula. Er galt als enger »Vertrauter« Leonhards und hatte diesen geradezu angehimmelt. Da seine Selbstkritik mäßig ausfiel, wurde sie weder im Lehrgang noch in der Geschichtsfakultät akzeptiert. Stambula wurde bereits im April von der Parteihochschule verwiesen und sollte sich nach dem Willen des Sekretariats in Dresden bei einer Zeitung »bewähren«, floh jedoch in den Westen. Hier war er 1950 zusammen mit Wolfgang Leonhard in der Unabhängigen Arbeiterpartei aktiv, ist dann bald nach rechts abgedriftet. Als hervorragender Agitator und Redner machte der naive Stambula auf dem »sozialen« Flügel der Rechtsradikalen Karriere und wurde Sekretär von Otto Strasser. Aber er entfremdete sich auch dieser Gruppe. Seine Memoiren gelten als verschollen. Stambula starb 1979 oder 1980.

Kurt Herholz, der dritte Lehrer, der ebenfalls wegen Leonhard in Schwierigkeiten geriet, nahm einen ganz anderen Weg. Von ihm hatte der 44jährige Ökonomiedozent nämlich jugoslawisches Material erhalten, dies aber nicht – wie inzwischen »Pflicht« – bei der Leitung abgeliefert. Das wurde ihm als einem gestandenen Kommunisten besonders verübelt. Der gelernte Maurer war schließlich seit 1926 in der KPD und hatte 1929 einen Kurs an der Internationalen Leninschule in Moskau absolviert. Anschließend wurde Herholz Redakteur der KPD, kam 1933/34 in NS-Haft und arbeitete nach seiner Entlassung wieder als Maurer. 1945 war er Redakteur und kurzzeitig Vorsitzender des FDGB in Mecklenburg, bereits seit Mai 1946 lehrte er an der Parteihochschule und war z. B. im vierten Halbjahreslehrgang Klassenlehrer. Im April 1949 verpaßte ihm die ZPKK eine Rüge wegen »ideologischer Sorglosigkeit«, und im Mai mußte er die Parteihochschule verlassen. Abgeschoben zur VdgB, stieg Herholz wieder auf und war von 1956 bis 1976 noch Mitarbeiter im IML, dort zeitweise für Kaderfragen zuständig.

Ein weiterer Dozent kam mit einer Verwarnung davon. Es war Alexander Grüttner, der 1948 in der Philosophie die kleine Gruppe leitete, der auch ich angehörte. Allgemein war bekannt, daß Grüttner und Wolfgang Leonhard befreundet waren. Zur Zeit von Leonhards Flucht war Grüttner krank, doch die Parteikontrollkommission beschäftigte sich am 5. April mit ihm und teilte Parteisekretär Mickin mit: »Ferner beschloß die ZPKK Euch zu beauftragen, nach Wiedergenesung des Genossen Grüttner mit demselben ernsthaft Rücksprache zu nehmen. Gr. war eng befreundet mit Leonhard und es ist festzustellen, warum er nicht früher die Schulleitung und die Parteileitung auf [sic!] die ideologischen Unklarheiten Leonhards informierte.«

Obwohl noch nicht gesund, verfaßte Grüttner am 10. April einen mehrseitigen »Bericht über Wolfgang Leonhard«. Selbstkritisch stellte er es so dar, als habe er Leonhard in der Jugoslawienfrage »immer widersprochen«, und dieser habe »eingeräumt«, keine »Schwankungen mehr« zu haben. Allerdings mußte Grüttner zugeben, von Leonhard jugoslawische Broschüren bekommen sowie »Leonhards Freundin Ilse« gekannt zu haben. Aber Leonhard sei ebenfalls »öfter mit dem Genossen Mischa Wolf« zusammengekommen. Außerdem beschrieb Grüttner, wie ihm Wolfgang Leonhard einen Krankenbesuch abstattete und dabei berichtete: »Er [Leonhard] habe sich ... vor einer Kommission verantworten müssen, weil er mit dem Genossen Stambula über Jugoslawien diskutiert habe. Dieser hätte es Bruno Rüffler erzählt, der es Rudolf Lindau mitgeteilt habe.« Deshalb erwartete Leonhard nun eine Rüge oder gar den Parteiausschluß. Ansonsten versuchte sich Grüttner herauszureden. Mickin teilte Hager am 19. April mit, er habe Grüttner »aufgefordert, in der nächsten Lehrerversammlung selbstkritisch zu seinem Verschweigen der Tatsache, daß er von Leonhard Materialien, Mitteilungen usw. erhalten habe, Stellung zu nehmen«. Doch dieser hatte Glück. Ende Mai erklärte die ZPKK die »Angelegenheit Grüttner« für »erledigt«.

Alle diese widerwärtigen Diskussionen, unqualifizierten Beschuldigungen, persönlichen Beleidigungen, die Absetzungen, Parteistrafen usw. haben sich logischerweise auf die zwischenmenschlichen Beziehungen verheerend ausgewirkt. Wie wohl so mancher Genosse überlegte ich jeden Satz zweimal. Abschreckende Vorgänge wie die Ablösung von Herholz, Stambula oder Henninger, aber auch Scharf, die Kritik an Grüttner, dazu noch die Demütigungen von Schulze oder Schneider schufen ein eisiges Klima.

Manfred Stambula flüchtete in den Westen.

Auch der Lehrer Paul Matthei, der 1948 noch selbstbewußt zu seiner KPO-Vergangenheit gestanden hatte, verstummte, bis er im Juni 1949 wegging. Zunächst stieg Paul noch auf, wurde 1. Sekretär der SED in Altenburg. Aber gerade diese Parteiorganisation war wegen »Sozialdemokratismus« in »Verruf« geraten. Und wieder typisch für stalinistische Methoden: Ausgerechnet ein früherer Abweichler mußte nun die Drecksarbeit erledigen, d. h. Sozialdemokraten ausschließen und der Verfolgung überantworten. Daß dies sogar Paul Matthei praktizierte, beweist, wie sehr er inzwischen zermürbt war. Allerdings holte ihn die Vergangenheit doch ein, er wurde 1952 wieder abgesetzt, war danach Lehrer sowie Leiter an Landesgewerkschaftsschulen und von 1964 bis 1969 Instrukteur der Gewerkschaft Handel. Paul Matthei starb 65jährig, im Mai 1972.

Was unter solchen Umständen tun? Politisch hielt ich mich möglichst bedeckt und habe nur noch bei harmlosen Fragen in Philosophie, Ökonomie oder Geschichte mitgeredet. Inzwischen wurden aber diese Themenbereiche immer enger, die stalinistische Indoktrination immer umfassender und ich daher immer stiller. Die persönlichen Beziehungen zu den Jüngeren, zu Picasso, Busch, Kaufmann, Wölk, Mies blieben normal, doch aufrechterhalten hat mich nur die Liebe, die innige Zuneigung von und zu Gerda Röder.

Auch Gerda wurde, wie wir jetzt aus den Akten wissen, mißtrauisch überwacht. Schon am 5. April 1949 hatte die ZPKK beschlossen, Wolfgang Leonhard und Ilse Streblow wegen »trotzkistischer Tätigkeit« aus der SED auszuschließen, den Genossen Stambula und Herholz Rügen zu erteilen sowie Alexander Grüttner weiter zu »überprüfen«. Außerdem ist im Protokoll festgehalten: »Das Parteisekretariat der Parteihochschule wird beauftragt, nach Rückkehr der Genossen des Zweijahreslehrganges aus der praktischen Arbeit, alle Genossen und Genossinnen, die in engster Verbindung zu Leonhard standen, zu überprüfen. Es handelt sich dabei besonders um die Genossin Röder, den Genossen Siegfried Witt, die Genossin Helga Lauenroth usw.«[151]

Gerda hatte natürlich als »Gruppenleiterin« der Studenten der Geschichtsfakultät ständig Verbindung zum Klassenlehrer Leonhard gehabt und wurde deshalb »verdächtigt«, ebenso der Neffe von Gniffke, Siegfried Witt. Zur Geschichtsfakultät gehörte ebenfalls die damals etwa 24jährige Helga Lauenroth. Sie wurde nach dem Lehrgang Instrukteurin des ZK für Propaganda, und von 1952 bis 1955 hat sie die Parteihochschule der KPdSU in Moskau absolviert. Schließlich kehrte sie als »rechte Hand« von Hanna Wolf an die Parteihochschule »Karl Marx« zurück und hat diese zusammen mit der Direktorin 1983 auch wieder verlassen. Nach 1990 lebte sie schwerkrank in Berlin.

Freilich ahnte Gerda nichts von ihrer »Überprüfung«, die ja sogar die Briefkontrolle einschloß. Beispielsweise meldete Parteisekretär Mickin im September an Hager, daß Leonhard aus Belgrad eine Karte an Grüttner geschickt hatte. Auch Fritz Walter (Wichert) aus unserer Gruppe Philosophie hatte von Wolfgang Leonhard einen Brief erhalten. Die Überprüfungen der Lehrer und Schüler gingen intensiv weiter. Am 12. April hatte die Zentrale Parteikontrollkommission nochmals angemahnt, daß diejenigen, »die in engster Verbindung zu Leonhard standen, von Euch zu überprüfen sind. Wir verweisen hierbei besonders auf die Genossinnen Röder und Helga Lauenroth sowie den Genossen Siegfried Witt.« Die ZPKK hat Mickin am 31. Mai darüber informiert, daß Grüttner über seine Beziehungen zu Leonhard einen schriftlichen

Bericht abgegeben habe, aber »wenn Ihr Eure Untersuchungen in Bezug auf Schülerinnen und Schüler des Zweijahreslehrgangs abgeschlossen habt, erbitten wir Euren Bericht«.

Der krankhafte Argwohn innerhalb der stalinistischen Bewegung hatte sich nun vollends in der Parteihochschule eingenistet.

4.Der Kreis der durch Leonhard ideologisch stark be-
einflussten Jugendlichen geht hinein bis in die
Reihen des Zentralrates der FDJ. Es ist notwendig,
dass das Kleine Sekretariat eine gründliche ideologische Diskussion über die jugoslawische Frage mit
diesem Kreis der Jugendlichen durchführt. Es handelt
sich in der Hauptsache um die Genossen Heinz Schef-
zig/Wilmersdorf, Herbert Goldstein und Arno Löwen-
berg im Zentralrat der FDJ, Beate Eckert/Rundfunk,
Ursel Rostin(Landesleitung der SED Berlin), Ilse
Deckert und Ursel Püschel von der FDJ.
Die Genossen Jochen Weigert und Gerda Rehdes von
der Landesleitung Berlin der FDJ können den weiteren Kreis benennen und festlegen.

5.Die Vorsitzenden der Betriebsgruppen der SED im
Zentralrat und in der Landesleitung der FDJ Berlin erhalten den Auftrag, gemeinsam für ihre Betriebsgruppe
eine gründliche ideologische Diskussion in der jugoslawischen Frage durchzuführen und alle Mitglieder
unserer Partei zu überprüfen in Bezug auf Verbindungen
zu Leonhard und ideologische Verseuchung.

6. Der Landesvorstand Berlin der SED erhält den Auftrag, in der Betriebsgruppe unserer Partei in der
Gesellschaft zum Studium der Kultur der Sowjet-Union
eine gründliche Untersuchung über die auch hier,eben-
falls durch Kreise um Leonhard, erfolgte ideologische
Verseuchung durchzuführen. Ebenso ist auch hier eine
gründliche Diskussion über die jugoslawische Frage notwendig.

7. Der Gen.Alexander G r ü t n e r hat monatelang in
der Parteihochschule enge freundschaftliche Beziehung
zu Leonhard unterhalten. Die Schulleitung wird beauftragt zu überprüfen, ob G. über die Abweichungen des
Leonhard informiert war und festzustellen, warum G.
die Partei nicht in Kenntnis setzte.

8. Das Landessekretariat Berlin der SED wirdbeauftragt
sich um den Kreis der Genossen Heinrich Schwandt und
Pampuch in Wilmersdorf zu kümmern und festzustellen,
welche Tätigkeit diese in der Organisation ausüben.
Die LPKK Berlin verfügt über die Unterlagen, die aus-
reichen, um diese Aufgabe durchzuführen.

9.Das Parteisekretariat der Parteihochschule wird
beauftragt, nach Rückkehr der Genossen des Zweijahres
lehrganges aus der prakti.chen Arbeit, alle Genossen
und Genossinnen, die in engster Verbindung zu Leonhard
standen, zu überprüfen. Es handelt sich dabei besonders
um die Genossin Röder, den Genossen Siegfried Witt,
die Genossin Helga Lauenroth usw. Weitere Namen findet man bei der Kontrolle des Schriftverkehrs des
Leonhard.

10.Der Beschluss über den Ausschluss von Leonhard
und Streblow ist, wie auch im Kleinen Sekretariat
beschlossen, mit politischer Begründung zu veröffentlichen.

11.Das Kleine Sekretariat und auch die ZPKK lenken
die Aufmerksamkeit des Politbüros auf die Tatsache,

Laut Protokoll der Zentralen Partei-Kontrollkommission von April 1949 soll
auch Gerda Röder überprüft werden.

Die Solidarität, die ich als eines der höchsten Güter der Arbeiterbewegung schätzte, war bedroht. Mißtrauen untereinander war für
die solidarische Gemeinschaft geradezu tödlich. Gezielt wurde die
Selbstkritik gerade in der Fakultät Geschichte vorangetrieben, um
die »fehlende Wachsamkeit« bei der »Entlarvung« Leonhards zu

ergründen. Nachdem das »Neue Deutschland« den Parteiaus-schluß von Wolfgang Leonhard und Ilse Streblow am 26. April bekanntgegeben und dabei vor der »trotzkistischen« und »verbrecherischen Tätigkeit« der »Agenten« der jugoslawischen Mission in Berlin gewarnt hatte, nahmen die »selbstkritischen« Debatten in der Geschichtsfakultät kein Ende. Davon konnte ich mir bald persönlich ein Bild machen.

Als unsere Philosophiegruppe »Joseph Dietzgen« Ende Mai aufgelöst wurde, kam ich zusammen mit Georg Becker, Paul Flucke, Heinz Heuer, Marianne Lorenz und Gerhard Neukranz in die »Gruppe Internationale« (die vorher »Pariser Kommune« hieß) der Geschichtsfakultät. Dort tobte ja der »Kampf gegen den Objektivismus«, den »Trotzkismus« und »Titoismus« besonders, und so erlebte ich, wie dieser bis ins Absurde gesteigert wurde. Das tiefgreifende, geradezu pathologische Mißtrauen selbst gegenüber uns Genossen, Studenten der höchsten Bildungseinrichtung der SED, widerte mich Jungkommunisten an. Ein Beispiel lieferte ja nicht etwa nur das Verbot, Westzeitungen zu lesen.

»Schutz« vor feindlichen Ideen: Die Seiten 31 bis 50 herausgetrennt und vernichtet

Im Mai oder Juni 1949 ereignete sich ein fast unglaublicher Vorgang. Als Lehrmaterial hatten wir Kursanten den im Verlag »Tägliche Rundschau« Ende 1947 gedruckten Bericht »Für Frieden und Volksdemokratie« über die Gründung des Kominform zur eigenen Verfügung bekommen. Er war Anfang 1948 in Seminaren der Fakultät »Grundfragen« intensiv durchgearbeitet worden. Plötzlich wurden jetzt alle Schüler aufgefordert, die Broschüre, mit ihrem Namen versehen, »vorübergehend« in der Lehrmittelabteilung abzuliefern, ohne daß ein Grund angegeben wurde. Ich witterte schon etwas Hinterhältiges und »bedauerte«, mein Exemplar bereits nach Mannheim abgeschickt zu haben – was ich daraufhin sofort tat. Mein »unbehandeltes« Heft habe ich noch heute, war es doch als einziges der »einschneidenden« Zensur in Kleinmachnow entgangen.

Als nämlich die Genossen kurz danach ihr Eigentum zurückerhielten, staunten sie nicht schlecht, denn etwas Unerhörtes war geschehen. Die Seiten 31 bis 50 waren fein säuberlich herausge-

Edward Kardelj

Die Kommunistische Partei Jugoslawiens im Kampf um die Unabhängigkeit der Völker Jugoslawiens, um die Volksmacht, um den wirtschaftlichen Wiederaufbau und den sozialistischen Ausbau der Wirtschaft*)

Der Weg, den die Kommunistische Partei Jugoslawiens von der faschistischen Invasion in Jugoslawien bis zum heutigen Tage zurückgelegt hat, ist ein ruhmvoller Weg großer Siege und Erfolge im Kampf um die Unabhängigkeit der Völker Jugoslawiens, um die Volksmacht, um den wirtschaftlichen Wiederaufbau des Landes und seinem sozialistischen Ausbau. So große Siege über einen mächtigen Feind konnte nur eine Partei erringen, die in langjährigem Kampf gegen die Feinde des Volkes gestählt war und in diesem Kampf ein verhältnismäßig hohes ideologisches Niveau erreicht hatte. Gerade. dies befähigte die Partei dazu, alle Möglichkeiten und alle durch die objektiven Verhältnisse gegebenen Mittel zur Vernichtung der Feinde und der Volksverräter auszunutzen.

Ganz verfehlt ist die Ansicht, daß die Kommunistische Partei Jugoslawiens erst während des Krieges Verbindung mit den breiten Volksmassen erlangte oder nur „zufällig", dank gewisser „günstiger" Umstände während des Krieges, Einfluß auf die Volksmassen gewann. Im Gegenteil, die Kommunistische Partei Jugoslawiens eroberte sich schon lange vor dem Kriege feste Positionen unter den Volksmassen. Die Partei erwies sich nicht nur als Vorkämpferin für die wirtschaftlichen Forderungen der Arbeiterklasse, der Bauernschaft und der gesamten werktätigen Massen, sondern auch als die einzige konsequente politische Partei in Jugoslawien, die in der nationalen Frage eine klare Stellung einnahm und die Aktivität der Massen im Kampf um die Selbstbestimmung und Gleichberechtigung der Völker Jugoslawiens, um die demokratischen Rechte der Volksmassen weckte. Eine bedeutens große Rolle spielte bei der Stärkung des Einflusses unserer Partei die Politik der Mobilisierung der Massen zur Verteidigung des Landes gegen die akut gewordene Gefahr einer Aggression der Achsenmächte.

Daneben festigte sich die Kommunistische Partei Jugoslawiens innerlich trotz tiefster Illegalität, unter grausamem Terror und Verfolgungen, sie säuberte ihre Reihen und erfaßte in organisatorischer Hinsicht das ganze Land. Es ist nicht zu bezweifeln, daß die Säuberung und organisatorische Festigung der Kommunistischen Partei Jugoslawiens, wie sie nach dem Jahre 1937 unter

*) Aus der „Prawda" vom 4., 5. und 6. XII. 1947.

Der Artikel von Kardelj wurde aus der Kominform-Broschüre entfernt, mein Exemplar konnte ich unbeschädigt retten.

trennt und vernichtet worden; es fehlte der Bericht von Edward Kardelj über die KP Jugoslawiens. Inzwischen »Titoist«, galt er als »Parteifeind«, und deshalb hat die SED-Führung sogar den Parteihochschülern, ihrer künftigen »Elite«, nicht mehr gestattet, seine früheren Texte zu lesen. Obwohl solch widernatürlicher »Schutz« vor feindlichen Ideen vielen Kopfzerbrechen bereitete, wurde die Tatsache zwar erstaunt, aber ohne lautes Murren hingenommen. Jedermann mußte bewußt sein, was dieser Eingriff bedeutete, allerdings wagte niemand, laut nach deren Sinn zu fragen. Wir haben uns wie brave Untertanen benommen, gekuscht.

Mir hatte schon seinerzeit gedämmert, warum die Broschüre »verstümmelt« wurde und der Beitrag von Kardelj den SED-Ideologen so gefährlich schien, daß selbst wir Parteischüler – die ihn ja zunächst »gebüffelt« hatten – diesen auf einmal nicht mehr sehen durften, uns nicht einmal damit auseinandersetzen konnten. Da die SED inzwischen als »Partei neuen Typus« ihren Gründungskonsens verlassen und den »besonderen deutschen Weg zum Sozialismus« verworfen hatte, paßte der »besondere jugoslawische Weg«, jetzt als Titoismus diffamiert, nicht mehr ins stalinistische Weltbild. Und Material von Parteifeinden wie den »Titoisten« wurde uns überhaupt nicht mehr »zugetraut«, selbst wenn es zur Entstehungszeit die offizielle »Linie« wiedergab. Diese Maßnahme zeigte, daß jeder innerkommunistische Feind des Stalinismus nicht nur zu »vernichten«, sondern seine Person und seine Gedanken aus der Geschichte zu »tilgen« waren.

In der Parteihochschule hatte mit dieser Aktion jene Methode »parteilicher« Umschreibung und Fälschung der Geschichte begonnen, die dann in der Historiographie der DDR üblich wurde: Auslöschung von Namen, Textauslassungen ohne Kenntlichmachen, bis hin zum Retuschieren von Fotos. Bedurfte es für mich noch eines weiteren Beweises, daß an die Stelle einer teilweise liberalen Parteihochschule nun die Indoktrinationsanstalt der Partei neuen Typus getreten war?

Übrigens führte mir ein merkwürdiger Zufall diese Praktiken viel später nochmals vor Augen. Ausgerechnet der von mir antiquarisch erworbene Jahrgang 1951 der »Einheit« hatte einst der Parteihochschule gehört. Und siehe da: das Heft 20 vom Dezember 1951 des theoretischen Organs der SED ist in der Bibliothek der Parteihochschule ebenfalls von einem Artikel gesäubert worden. Aus diesem gebundenen Jahrgang waren die Textseiten 1553 bis 1564 primitiv herausgeschnitten worden, die Seite 1552 hatte man überklebt und den Verfassernamen im Inhaltsverzeichnis geschwärzt. Es handelte sich dabei um den Aufsatz »Der Frieden kann gerettet werden« des 1953 abgesetzten Franz Dahlem. 1953 galt es erst recht, wie 1949 die Hochschüler vor »feindlichem« Gedankengut zu schützen, selbst wenn das seinerzeit noch gültige Parteilinie war.

Gerade diese geistige Abschnürung von Wissen sowie die Reduzierung auf Propaganda kennzeichneten die Situation, bis es

Demonstranten der Parteihochschule »Karl Marx«; in der ersten Reihe von links Verwaltungsleiter Walter Köppe, Dekan Erich Paterna, Dekan Alfred Lemnitz, Hans Teubner, Artur Dorf, Parteisekretär Otto Heckert.

Anfang Juli 1949 in die Sommerferien ging. Allein die Feiern zum 70. Geburtstag von Frida Rubiner Ende April, die Einweihung der Aula am 30. April, der 1.-Mai-Umzug oder das erwähnte Fest anläßlich des 75. Geburtstags von Hermann Duncker am 24. Mai sowie die Eröffnung des erweiterten Kinderheims »Liselotte Hermann« am 29. Mai haben die mich deprimierenden Parteiversammlungen unterbrochen. Als der vierte Halbjahreslehrgang (er hatte im September 1948 begonnen) Kleinmachnow am 2. Juni verließ, wurde es an der Parteihochschule etwas ruhiger, der nächste große Funktionärskurs begann erst im September.

In der Politik wurde die Spaltung Deutschlands inzwischen offensichtlich. Am 15. und 16. Mai 1949 fanden »Wahlen« zum III. Deutschen Volkskongreß auf »Einheitslisten« statt, die ein Drittel der Wähler trotz massiver Agitation und Manipulationen ablehnten. Wir hatten uns einige Male am »Wahlkampf« zu beteiligen, und vor Ort spürte ich, daß die SED in der Bevölkerung isoliert war. Als der Volkskongreß Ende Mai den Entwurf einer Verfassung für eine »Deutsche Demokratische Republik« annahm, fragte ich mich, ob etwa in der Ostzone ein Separatstaat etabliert werden solle. Eine gesamtdeutsche »Demokratische Republik« war ja durch den Kalten Krieg, den bevorstehenden Zusammenschluß der Westzonen zu einem demokratischen, aber kapitalistischen Staat sowie durch die Stalinisierung in der SBZ in weite Ferne gerückt.

Vor allem in der Viersektorenstadt Berlin wurden die Kontroversen immer handfester. Am 20. Mai rief die UGO, die vom FDGB unabhängige Gewerkschaft der Eisenbahner, zum Streik auf. Da die Reichsbahn jedoch Ost-Berlin unterstand, verlangten die Westberliner Eisenbahner von dort ihre Entlohnung in Westgeld. Es kam einige Wochen zu gewalttätigen Auseinandersetzungen. Für Stationen und Trasse der S-Bahn in ganz Berlin war die Ostberliner Polizei zuständig, und sie prügelte sich mit den Streikenden und deren Unterstützern. Was ich damals aber nicht erfahren habe: Auch eine Gruppe von Parteihochschülern ist zum »Schutz« des Bahnhofs nach Zehlendorf geschickt worden. Wir (gewissermaßen illegalen) Westdeutschen wurden weder eingeweiht noch mobilisiert. Die Aktion war jedoch kein Ruhmesblatt, denn unsere Mitschüler mußten Reißaus nehmen. Also wurde darüber Stillschweigen bewahrt. Erst Jahrzehnte später hat mir Heinz Busch, der beteiligt war, davon erzählt. Dekan Alfred Lemnitz hat das 1985 sehr gewunden beschrieben: »Der S-Bahnhof Zehlendorf war jedoch von Putschisten besetzt, so daß wir uns zu Fuß auf den Weg machen mußten. Die von Kleinmachnow kommende Straße führte durch eine Bahnunterführung nach Zehlendorf. Als wir diese passieren wollten, bewarfen uns die Putschisten von der Brücke aus mit gefüllten Flaschen, vor denen wir uns nur noch durch einen Sprung hinter die Bäume retten konnten.«[152]

Allmählich wurden wir Westdeutschen auf unsere Rückkehr vorbereitet. Nachdem im März 1949 die »Solinger Parteikonferenz« der KPD stattgefunden hatte, sind wir wenigen KPD-Mitglieder im April und Mai mehrfach zusammengeholt worden. Dabei wurden wir über die Tagung informiert und haben darüber diskutiert. Die Resolution dieser westdeutschen Konferenz war sogar mit dem Vermerk »Nur für den inneren Schulgebrauch« für die Hochschule vervielfältigt worden. Ein Referent, dessen Name sich nicht mehr feststellen läßt, sprach über »die neue Lage« im Westen. Einen Artikel in der Mai-Nummer der »Einheit«, dessen Verfasser mit dem Pseudonym »Ewald Martin« unterschrieb, mußten wir ebenfalls durcharbeiten. Nun galt in der KPD den »Parteifeinden« das besondere Augenmerk. Mies und ich hatten bereits erfahren, daß Boepple die Partei verlassen hatte. Die Solinger Konferenz, so war in der »Einheit« zu lesen, »beschäftigte sich mit dem Kampf gegen den Trotzkismus«, da dieser im Auftrag »von Besatzungsoffizieren« die KPD zersetzen wollte. Während in der Entschließung vom März ganz allgemein der »Kampf für Einheit und gerechten Frieden« gefordert wurde, unterrichtete uns der KPD-Vertreter detailliert über die Säuberungen in der KPD, die jetzt anliefen. Und der »Einheit« konnten wir im Mai entnehmen, »Trotzkismus in Westdeutschland entlarvt sich immer mehr als übler Agentenunrat«. Da »schwante« mir schon, was bei der künftigen Arbeit im Westen auf mich zukommen würde.

Schließlich war der Unterricht ebenfalls inhaltloser und öder geworden. Als sei die Parteihochschule in Verruf gekommen, hielten zwischen April und Juli (abgesehen von Ackermann und Oelßner) nur noch drei auswärtige Referenten einen Vortrag. Am 22. Juni sprach nochmals Paul Wandel (diesmal über die internationalen Beziehungen im Weltkrieg), und bereits am 14. Mai hatte Rudolf Dölling von der Schulungsabteilung des Parteivorstandes uns über »Agitation und Propaganda« belehrt. Er wurde später als stellvertretender Verteidigungsminister und von 1959 bis 1965 als Botschafter der DDR in Moskau bekannt.

Außerdem referierte am 21. Juni wieder Klaus Zweiling. Diesmal entsprach seine Lektion ganz dem Zeitgeist: »Unversöhnliche Parteilichkeit anstatt Objektivismus«. Die »informative Vorlesung« in der Aula war grotesk, weil hier ein überzeugender Naturwissenschaftler (er hatte ja Physik und Mathematik studiert) die absurde These vertrat, »feindliche« Argumente seien zu ignorieren, die Zeitungen oder Bücher »des Gegners« solle man erst gar nicht lesen. Abgesehen von diesem Schwachsinn, lag Zweiling rasch abermals im Clinch mit Victor Stern. Beide stritten wieder um »Materie und Stoff«, wobei Zweiling sich nun auf die Autorität von Ackermann berufen konnte. Es fiel mir auf, wie sich Stern merklich zurückhielt, die Gründe kannte ich damals noch nicht.

In der Fakultätssitzung vom 17. Mai (bei der ich schon nicht mehr anwesend war) hatte sich Stern (laut Protokoll) der »Selbstkritik« gestellt, die damals alle Sitzungen ausfüllte. Dem anerkannten Theoretiker wurde »einseitige Vermittlung von Kenntnissen« vorgeworfen, ja sogar eine »gewisse Scheu vor selbständiger, praktischer Anwendung« des Marxismus-Leninismus. Solche Charakteristik war in einer stalinistischen Partei bedrohlich. Als erprobter Funktionär hatte Stern die Gefahr gesehen. In der Sitzung vom 27. Juni wurde protokolliert, die Einschätzung vom 17. Mai sei nicht vollständig, sie wurde »ergänzt«. Nun hieß es – für ein früheres Politbüromitglied der KPČ wohl selbstverständlich –, »Genosse Stern ist in hohem Maße klassen- und parteitreu«. Für die Fakultät geradezu blamabel, folgte noch, er verfüge »über gute Kenntnisse in der Geschichte der Philosophie«. Solcher »Nachtrag« war bei der fast hysterischen Suche nach Abweichungen auch nicht unbedenklich.

Im Juli 1949 wurde Victor Stern zudem in aller Öffentlichkeit in der »Einheit« wegen eines Artikels vom November 1948 [!] von Klaus Schrickel heftig attackiert. Und in den Fakultätssitzungen vom 29. August und 1. September regte sich Widerstand gegen Sterns Versuche, sich Zweilings und Schrickels Angriffe zu erwehren. Kein Wunder also, wenn unser Dekan recht geknickt herumlief, sich oft auf sein »schlechtes Gedächtnis« herausredete. Schließlich ging Stern in die Offensive. Noch 1949 veröffentlichte er im Aufbau-Verlag eine Huldigungsschrift: »Stalin als Philosoph«. Wieder ein Kniefall. Obwohl damals bei weitem nicht alle Hintergründe bekannt waren, hat mich der »Vorgang« Stern ziemlich beunruhigt. Wie rasch konnte doch der Vorwurf des »Objektivismus« oder anderer Abweichungen einen jeden treffen, ich – als kleiner Parteihochschüler – sollte da in den letzten Monaten besser still und zurückhaltend sein.

Die Vorlesungen wurden nun hauptsächlich von den Lehrern gehalten, z. B. hat über die Geschichte der Weimarer Republik mehrfach Bruno Rüffler doziert. Der 37jährige Angestellte, seit April 1948 an der Geschichtsfakultät, hatte vorher eine vierwöchige Gewerkschaftsschulung in der Sowjetunion besucht. Er war häufig mit Wolfgang Leonhard zusammen gewesen und hatte Lindau sogar dessen Gespräche mit Stambula hinterbracht. Dennoch mußte er Selbstkritik üben, wobei er Leonhard unqualifiziert angriff. Rüffler wechselte im Herbst 1949 zur Fakultät Grundfragen. Weil er beim Ausschluß von Bernhard Thiel im März 1950 zunächst kritisiert wurde, seinen Lehrerkollegen »geschont« zu haben, erging sich Rüffler dann wie alle anderen in groben Ausfällen gegen Thiel. Das half ihm jedoch nichts. Da Hager im März 1950 behauptete, Rüffler sei ungeeignet, mußte er die Parteihochschule verlassen. Er übernahm zunächst untergeordnete Funktionen in Halle, später lebte er in Zwickau. Mit ihm schied auch seine Frau Alice aus, die bis dahin in der Verwaltung der Parteihochschule tätig war.

Schriftliche Selbstkritik

Im Juni 1949 (und dann noch einmal im August) verfielen Schul-
und Parteileitung auf eine perfide Idee. Von allen Kursanten wurde
eine »schriftliche Selbstkritik« verlangt, über die dann in der jeweiligen Gruppe diskutiert werden mußte. Sogar im offiziellen
Lehrprogramm sind für Donnerstag, den 16., und Samstag, den
18. Juni »Kritik und Selbstkritik« als eigenes Thema eingetragen.
Von einigen Hochschülern unseres Lehrgangs (Becker, Buschmann, Neukranz, Schörnig, Urbschat) sind diese handschriftlichen
Selbstkritiken archiviert. Daraus ist zu entnehmen, daß uns allen
offenbar die gleichen Fragen vorgelegt wurden wie im Juni den
Studenten des zweiten Zweijahreslehrgangs. Jeder hatte dort mit
einem Schreiben »Nur für den inneren Schulgebrauch« eine Art
Fragenkatalog ausgehändigt bekommen, die Antworten waren
dem »personalpolitischen Obmann« zurückzugeben. Und alle Anweisungen und Fragen, die für den zweiten Zweijahreslehrgang
im Archiv überliefert sind,[153] haben gleichermaßen für uns gegolten. In einer »Selbsteinschätzung« waren die »theoretischen Voraussetzungen bei Schulbeginn« sowie etwaige »politische Unklarheiten« zu benennen. Vor allem nach der »kollektiven Mitarbeit
und Parteiarbeit« wurde gefragt, ebenso interesierte: »Welche
Mängel und Hemmungen in theoretischer (hinsichtlich der bisher
gelernten), politischer und charakterlicher Hinsicht bestehen bei
dem Genossen noch und wie glaubt er sie zu überwinden?« Es war
eine ganz und gar private Kontrolle, denn »die anderen beiden Genossen« mußten »gemeinsam und schriftlich eine kritische Einschätzung über den dritten Genossen« in ihrem Zimmer abgeben.
　Ich erinnere mich nur noch sehr dunkel, daß ich damals selbstkritisch auf meinen »Individualismus« verwies und in der Diskussion natürlich mein Hang zum »Objektivismus« und mein Skeptizismus kritisiert, zum Glück aber der Verdacht des Trotzkismus
nicht erhoben wurde. Als jedoch der Vorwurf kam, ich rede zu viel
von der Freiheit, konterte ich, denn inzwischen war ich gut präpariert. In der Bibliothek hatte ich im »Grünberg Archiv« von 1921,
dem berühmten »Archiv für die Geschichte des Sozialismus und
der Arbeiterbewegung«, den Abdruck des »Probeblatts Kommunistische Zeitschrift« von 1847 entdeckt und mir daraus die – Marx
zugeschriebenen – Sätze notiert, die ich gelegentlich vorlas:
　»Wir sind keine Kommunisten, welche die persönliche Freiheit

vernichten und aus der Welt eine große Kaserne oder ein großes Arbeitshaus machen wollen. Es gibt freilich Kommunisten, die es sich bequem machen und die persönliche Freiheit, die nach ihrer Meinung der Harmonie im Wege steht, leugnen und aufheben wollen, wir aber haben keine Lust, die Gleichheit mit der Freiheit zu erkaufen.«[154] Damit habe ich zunächst alle verblüfft, denn die meisten kannten weder das »Grünberg Archiv« noch das »Probeblatt Kommunistische Zeitschrift«. Dennoch hagelte es rasch Angriffe gegen mich. Ein Sachkenner meinte, es stehe gar nicht fest, ob dieser Satz überhaupt von Marx stamme. Und ein Lehrer zitierte die Standardformel des Marxismus-Leninismus, daß nämlich »Freiheit die Einsicht in die Notwendigkeit« sei. Diese »Weisheit« hatte auch ich am Ende der Diskussion aus Parteidisziplin zu akzeptieren.

Beim Lesen der einst geforderten »Selbstkritiken« im Archiv wird erschreckend deutlich, wie sich jeder einzelne herauswinden wollte, jedoch von den Mitschülern fest in die Zange genommen wurde. Neukranz lobte z. B. die »parteierzieherische Bedeutung« des Kollektivs. Urbschat wiederum gestand seine »falsche Stellungnahme« zum Referat Grotewohls ein. Doch den von etlichen gegen ihn gerichteten Vorwurf, Urbschat lasse es an »kämpferischer Schärfe« vermissen und sei »pastoral«, haben Flucke, Baumann, Lorenz u. a. zurückgewiesen.

Sogar Fritz Schörnig akzeptierte »die vom Kollektiv angesetzte Kritik« an seiner »Impulsivität«. Die Gruppe, zwar mit seiner Selbskritik »einverstanden«, stellte dennoch eine »gewisse Starrheit« fest. Obwohl Heinz Buschmann in der Selbstkritik vom Juni seinen »Hang zum Objektivismus« zugab, wurde diese als unzulänglich zurückgewiesen, ihm darüber hinaus »Verworrenheit« vorgehalten. Als Georg Becker allerdings versuchte, in seiner Selbstkritik den Vorwurf der Überheblichkeit oder gar des »Karrierismus« zu entkräften, hielt die Gruppe gerade an dieser Charakteristik fest.

Die wiederholten schriftlichen Selbsteinschätzungen zeigen, wie sehr die Hochschüler kurz vor Lehrgangsende noch bemüht waren, sich anzupassen und fügsam ins Kollektiv einzuordnen. Das »Kollektiv«, also die übrigen Genossen, hatten inzwischen die Selbstkritik so verinnerlicht, daß sie ihre Bewertung der Mitschüler ständig verschärften. Allerdings haben Genossen, die später in hohe Funktionen aufrückten, aus diesem Verfahren etwas Positives hergeleitet. Jedenfalls behauptete das im Jahre 1976 Erich

Hanke: »Die Parteihochschule war nicht einfach eine Universität. Sie mußte eine Kaderschmiede besonderer Art sein. … Ich bin auch heute noch der Ansicht, daß vor allem die Erziehung zur Selbstkritik für unsere Persönlichkeitsentwicklung außerordentlich bedeutsam war.«[155]

Ich sah und sehe das völlig anders. Natürlich war die Selbstkritik in ihrer stalinistischen Form für die »Persönlichkeitsentwicklung bedeutsam«. Aber im negativen Sinne, nämlich als Methode zur Erziehung eines »Parteisoldaten« als Untertan und Duckmäuser. Zudem war damals den wenigsten von uns bewußt, daß das Prinzip von »Kritik und Selbstkritik« keine neue, etwa deutsche Erfindung war. Sie wurde bereits in der Sowjetunion zur Festigung des Stalinismus praktiziert und auch an der Lenin-Schule und anderen Institutionen der Komintern ab Ende 1928 systematisch angewandt. Dabei waren ja nicht nur »politische Abweichungen im engeren Sinne das Thema, sondern auch Mißerfolge im Studium, unbedachte Äußerungen und Verhaltensweisen im Privatleben« Teil des Rituals zur Unterwerfung des einzelnen Mitgliedes unter das Kollektiv. In der stalinistischen Bewegung griff eine Atmosphäre wachsenden Mißtrauens, der Denunziation und Überwachung um sich.[156]

Nach diesen Vorgaben der stalinistischen KPdSU wurde nun in der SED verfahren. Und wir erlebten seinerzeit an der Parteihochschule unmittelbar, was die Wissenschaft heute nachweist: Das öffentliche Bekenntnis von Fehlern vor dem Kollektiv oder die schriftliche Selbstkritik bedeuteten Reue, Einsicht, Gehorsam gegenüber »der Partei«.[157]

»Verwöhntes Exemplar des Parteinachwuchses«

Im Juni 1949 staute sich der Unmut zahlreicher Studenten über die mehr und mehr reglementierten und hierarchischen Zustände im Alltag an der Parteihochschule in Kleinmachnow. Dabei ging es weniger um politische Fragen wie bei den Diskussionen über die Flucht Wolfgang Leonhards oder den Kampf gegen den Objektivismus bei Fritz Schulze. Aber gerade durch diese langen und anstrengenden Sitzungen war für jeden großer Zeitdruck entstanden, und der ging ja zu Lasten des Unterrichts, des Sports oder der Freizeit. Viele waren nicht damit einverstanden, daß alles über unsere Köpfe hinweg entschieden wurde, und das dauernd geschürte gegenseitige Mißtrauen war manchen ebenso zuwider. Schließlich brachte Lindaus selbstherrlicher Führungsstil das Faß zum Überlaufen. Er war es, der (zusammen mit Mickin) die Unruhe wegen Leonhards heimlicher Flucht immer wieder anheizte und sich Schikanen ausdachte. Schließlich ging der Direktor – obwohl von fast allen als Autorität akzeptiert – zu weit. Lindau war nach einem Krankenhausaufenthalt Anfang Juni wieder zurück in Kleinmachnow.

Inzwischen war unser Lehrgang weiter geschrumpft, denn im ersten Halbjahr wurden Witt und Stracke abgeschoben, Milde mußte ebenfalls gehen, und Pürschel und Prill schieden nach ihrer Heirat aus. Wegen Krankheit (Tbc) verließ im Mai auch Anni Pisker den Lehrgang. Die 28jährige hatte zunächst in der elterlichen Bäckerei gearbeitet und war dann in Berlin Stenotypistin. Sie wurde 1945 Mitglied der KPD und kam als Frauenreferentin aus Calau zum Zweijahreslehrgang. Ab 1950 bei der SED-Landesleitung in Potsdam eingesetzt, war sie von 1956 bis 1986 nach einem Fernstudium an der Parteihochschule wissenschaftliche Mitarbeiterin in der Marx-Engels-Abteilung des IML. Drei Norweger waren ebenfalls vorzeitig abgereist.

Schließlich hatte das Kleine Sekretariat unter Ulbricht in Berlin bereits im April damit begonnen, bewährte Genossen abzuziehen und in vakante Funktionen zu bringen. Das galt für Hans Lauter, der zunächst nach Sachsen zur SED-Landesleitung zurückging, und für Werner Scharch, der im April als Referent für Sportfragen in die Abteilung Jugend des Parteivorstandes berufen wurde. Erich Hanke wurde im Juni abgezogen, um die Arbeiter-und-Bauern-Fakultät in Berlin aufzubauen. Ab 1951 war er dann Professor »für dialektischen und historischen Materialismus« bzw. für Marxismus-Leninismus in Berlin, Babelsberg und Berlin-Karlshorst, dort wurde er 1962 wegen einer Herzerkrankung emeritiert. Hanke verfaßte einige Bücher,[158] darunter (in 3. Auflage 1987) völlig an der Realität vorbeigehende Prognosen (»Ins nächste Jahrhundert. Was steht uns bevor?«). Im Juni verließ Roland Weißig den Lehrgang und übernahm die Leitung der Deutschen Sportschule in Leipzig. Der 31jährige Chemnitzer hatte Werkzeugschlosser gelernt und war Mitglied im Jung-Spartakusbund. Von 1940 bis Kriegsende in der Wehrmacht, war er 1945 der KPD beigetreten und vor dem Besuch der Parteihochschule SED-Sekretär in Annaberg. In den fünfziger und sechziger Jahren wurde der kräftige und sportliche, aber starrsinnig wirkende Weißig Vizepräsident des Deutschen Turn- und Sportbundes der DDR, von 1970 bis 1974 Staatssekretär für Sport in der DDR-Regierung. Roland Weißig hatte nach Ende des Zweijahreslehrgangs unsere Mitschülerin Gerda Müller geheiratet. Die damals 28jährige kam ebenfalls aus der sächsischen KPD und wurde nach der Parteihochschule Instrukteurin für Kader des ZK der SED, später war sie Hausfrau.

Durch den Weggang von Lauter, Hanke und anderen älteren Genossen wuchs die Rolle von Gustav Urbschat. Obwohl qualifiziert genug, wurde er weder im Verlauf des Lehrgangs in eine besondere Funktion berufen, noch durfte er danach auf der Parteihochschule bleiben. Das hing auch mit den wachsenden Spannungen zwischen ihm und Lindau zusammen. Urbschat war am 30. Juni, einem Donnerstag, auf einer Parteiversammlung unmittelbar vor Abreise in die Ferien der schärfste Kritiker des Direktors. Er scheute sich nicht, unterstützt vor allem von Flucke, Nehmer, Schörnig, Wulf, aber auch Tammer und Wissusek, Lindau seine Fehler vorzuhalten. Dazu zählten auch Lindaus Attacken gegen Gerda Röder, denn ausgerechnet sie war für ihn plötzlich ein Stein des Anstoßes geworden.

Gerda erinnert sich: Lindau hat mich in einem Wandzeitungsartikel öffentlich »verdonnert«. Die Genossin Röder sei nämlich ein »verwöhntes Exemplar des Parteinachwuchses«. Was war geschehen, was warf er mir vor? Als wir uns in einer wichtigen Vorlesung befanden, gingen bei einem plötzlichen Gewitter mit Platzregen enorme Wassermengen nieder. Wegen des schönen Sommerwetters hatten aber viele – darunter auch wir in unserem Zimmer – die Fenster offengelassen. Daher richtete das Unwetter erheblichen Sachschaden an. Voller Sorge überlegte ich mit

Mit Gerda Pfingsten 1949 in Kleinmachnow.

den Zimmerkolleginnen, was dagegen zu tun sei, und machte an der Wandzeitung einen gutgemeinten Vorschlag: Der Wachmann im Wohnblock könne doch bei einem solchen unvorhersehbaren Ereignis prüfen, ob die Fenster geschlossen seien und – da bei ihm alle Schlüssel deponiert waren – im Notfall helfen. Lindau empörte sich schriftlich, so ginge das nicht, jeder sei für die ihm anvertrauten Sachen selbst verantwortlich, wenn die Genossen in der Illegalität so »liederlich« gewesen wären … usw. – also, »verwöhntes Exemplar des Parteinachwuchses«. Mich rührte fast der »Schlag« ob dieser heftigen Reaktion, hatte ich mich doch besorgt und verantwortlich gezeigt, um zukünftig Schaden vom »Parteieigentum« abzuwenden.

Gerda war sehr verunsichert. Immerhin wurde Lindaus Rüpelei auch von älteren Genossen mißbilligt. Auf der Versammlung vom 30. Juni ging Urbschat direkt auf den »Fall Röder« ein. Lindau seinerseits war sauer und erwartete sofort nach den Juliferien eine genauere schriftliche Stellungnahme. Inzwischen war Urbschat noch mehr verärgert. Ihm war nämlich zugesagt worden, nach dem Urlaub Ende Juli eine Stelle in der Personalabteilung des Parteivorstands zu bekommen. Vielleicht war er am 30. Juni auch deswegen so mutig, ja rabiat gegen Lindau, weil er annahm, dies sei sein letzter Auftritt an der Parteihochschule. Die zuständigen Leute der Zentrale waren im Juli aber für ihn nicht zu erreichen. Auch ein Brief Urbschats vom 28. Juli mit der Bitte um Entscheidung, damit er noch »alle meine Angelegenheiten in Kleinmachnow« erledigen könne, blieb unbeantwortet. Deshalb vermutete er wohl zu Recht, daß Lindau »sabotiert« habe. Was weder Urbschat noch wir wissen konnten, waren Nachforschungen über seine Zuchthauszeit, wobei im August 1949 ehemalige Mitgefangene befragt wurden. Diese bescheinigten ihm »gutes Verhalten«, freilich sei er »weich« gewesen und hätte sich »abgefunden«.

Am 1. August nach Kleinmachnow zurückgekehrt, faßte Urbschat die Kritik an Lindau in einem vierseitigen Papier zusammen, und er konnte nunmehr sogar im Namen aller Genossen der »Gruppe Engels« (der Ökonomie) antworten: »Die ganze Gruppe ohne Ausnahme sieht in der Bezeichnung Verwöhntes Exemplar des Parteinachwuchses eine Beschimpfung der Genossin Röder. Wir alle sind Genossen der SED und keine ›Verwöhnten Exemplare des Parteinachwuchses‹ und erwarten eine dementsprechende Behandlung.« Schon auf der Versammlung und dann im Brief der Gruppe wurden weitere Verärgerungen laut. Gegen die geplante Veröffentlichung an der Wandzeitung schritt Direktor

Lindau zusammen mit Parteisekretär Mickin energisch ein, der Text durfte nicht angebracht werden.

Der »Aufstand« vom 30. Juni und das Papier vom 1. August bewiesen, daß unser Lehrgang noch keineswegs dem Anspruch einer »Partei neuen Typus« genügte. Neben einigen Jüngeren widersetzten sich auch altbewährte Kommunisten den Anforderungen, die später für die Parteihochschule selbstverständlich wurden: widerspruchslos und fügsam alle Anweisungen von oben hinzunehmen, damit ohne politisches Rückgrat zu »funktionieren«, um Karriere zu machen. Damals kamen die Hochschüler eben noch nicht aus einer stalinistischen Partei. Bei ihrer Auswahl hatten deren Kriterien erst ansatzweise gegolten. Und so ließen sich gerade die im Kampf gegen den Nationalsozialismus bewährten Genossen nicht alles gefallen. Sie haben die Eskapaden von uns Jüngeren teilweise belächelt, aber uns auch verteidigt. Der Brief vom 1. August als Ergebnis der heftigen Auseinandersetzungen vom 30. Juni widerspiegelt diesen Geist, war aber zugleich das letzte »Aufbegehren« an der »Kaderschmiede«.

Abgelehnt wurde in dem Papier u. a. die »Festsetzung der 23 Uhr Grenze für den Aufenthalt außerhalb des Schulgeländes« und das damit verbundene »Aufschreiben« an der Pforte. »Für diese richtige Maßnahme, welche offenbar zum Ziel hatte, die Genossen zum Einhalten der Bettruhe zu veranlassen, wurde eine Begründung, nämlich die Frage der Wachsamkeit auf dem Schulgelände angeführt. Dadurch wurde das Verständnis dieser Maßnahme wesentlich erschwert.« Weitere Kritikpunkte: »Die Abberufung des Gen. Heckert wurde lediglich bekannt gegeben. Das Kollektiv ist der Auffassung, daß es berechtigt ist, nach allen Auseinandersetzungen mit dem Gen. Heckert zu erfahren, ob der Genosse aus diesen Gründen abberufen worden ist, und warum er nicht zu den gegen ihn erhobenen Vorwürfen Stellung genommen hat.«

Aufgezählt wurden Beispiele für eine »bürokratische Handhabung der Bestimmungen«: »Der Vater des Gen. Helm. Sorge durfte das Gelände nicht betreten als er die Begründung brachte, zum Gen. Sorge (Schüler) zu wollen. Es wurde ihm jedoch sofort genehmigt, als er sagte, daß er zu dessen Frau, die hier angestellt war, wolle ... Auch der Braut des Gen. Walter, der ehem. Schülerin des 1. Zweijahreslehrgangs der Gen. S. Nathan, wurde das Betreten des Geländes und damit der Besuch und die persönliche Übergabe eines seit vielen Monaten erwarteten Briefes von seiner

Mutter aus Westdeutschland verweigert, obwohl der Gen. Walter schon seit 14 Tagen bettlägerig im Krankenrevier lag.«

Zahlreiche Ereignisse, die Unmut erregt hatten, wurden angeführt. »Das Gruppenkollektiv ›Pariser Kommune‹ [Geschichtsfakultät] faßte den Beschluß, dem ZS das Verbleiben des Gen. Milde auf der Schule vorzuschlagen. Obwohl in dieser Frage anders entschieden wurde, ist dem Kollektiv bis heute keine Begründung vorgetragen worden. Natürlich sind wir nicht berechtigt, derartige Entscheidungen als letzte Instanz zu treffen, betrachten es aber als unser selbstverständliches Recht, daß anders lautende Entscheidungen im Interesse der Schaffung und Erhaltung eines guten Verhältnisses zu den Parteileitungen entsprechend bekanntgegeben und begründet werden. Allgemein ist zu sagen, daß die Schüler das formelle, unpersönliche Verhältnis unangenehm empfinden. Das Gruppenkollektiv Fr. Engels vertritt die Auffassung, daß es sich um Kleinigkeiten handelt, die sich im Laufe der Zeit ansammeln und nicht immer konkret aufzuzeigen sind. Viele Dinge lassen sich nur unter Schwierigkeiten darstellen. Empfindungen und Gefühle sind aber darum nicht weniger Realität, weil sie oft schwer erfaßbar sind.«

Mißbilligt wurde schließlich die Überlastung durch immer »dichteres Aufeinanderfolgen von Seminaren, Versammlungen und Veranstaltungen vor den Ferien«. »Der letzte Urlaub begann am Freitag-Nachmittag. Am Donnerstag aber fanden 4 Versammlungen statt, die uns fast pausenlos von 8 bis 22 Uhr beschäftigten. Dies Beispiel dürfte wohl treffend die Verdichtung beweisen.«

Diese schriftliche Kritik der »Gruppe Engels«, die alle Gruppen teilten und wozu bereits in der Diskussion am 30. Juni Urbschat und andere noch weitere Beispiele parat hatten, war also keineswegs ein politisches Aufbegehren. Im Gegenteil, auch »im Falle unseres Beschlusses bezüglich des Gen. Fritz Schulze« wurde eine »Begründung« gefordert, also der Inhalt der schändlichen Resolution des Lehrgangs zu Schulzes Abberufung nicht in Frage gestellt, sondern weiter unterstützt. Dennoch verdichtete sich mein Eindruck, daß die Mißstimmung sich zwar an der Schulleitung festmachte, aber ebenso von den politischen Zuständen, den schrecklichen stalinistischen Methoden herrührte, die hier 1949 dominierten. Doch daran wagte niemand zu rütteln. Und so wurde auf die allgemeine Stimmung abgehoben, ohne zu merken oder ohne es klar auszusprechen, daß dies ja der Stalinisierung der Schulung, dem Mißtrauen, der Agentenfurcht usw. zuzuschreiben war. Das Aufmucken vom 30. Juni ist am Kern der Probleme vorbeigegangen und verpuffte, wohl auch, weil am nächsten Tag die Ferien begannen.

Endlich war es soweit. Einen ganzen Monat lang Ferien! Eine Genossin hatte einigen von uns, darunter auch Gerda und mir, eine Urlaubsgelegenheit in Bansin auf der Insel Usedom vermittelt. Wir blieben keinen Tag länger in Kleinmachnow, sondern verbrachten das Wochenende bis zur Abfahrt bei einer Tante Gerdas in Berlin. Hier Gerdas Erinnerungen an die unvergeßlichen Tage in Bansin:

Voller Vorfreude zuckelten wir mit der Bahn von Berlin aus in Richtung Norden. In Wolgast mußten wir nochmals den Zug wechseln, dann waren wir an unserem Ziel, einem kleinen, bescheidenen Hotel. Um Frühstück und Abendbrot mußten wir uns selbst kümmern, dafür waren wir mit Lebensmittelkarten versorgt. Doch es gab keine Steckdose, und ohne Strom konnten wir unseren elektrischen Wasserkocher nicht benutzen. Aber im Nachbarort, im Seebad Ahlbeck, wurden wir fündig und kauften eine Schraubsteckdose, deren Gewinde in die Lampenfassung einzudrehen war, damit besaßen wir die benötigte Stromquelle. Das Mittagessen bekamen wir in einer HO-Gaststätte, nur wenige Häuser weiter an der Strandpromenade, natürlich ebenfalls nur gegen Lebensmittelkarten. Im Lokal bediente ein (sogar) befrackter Ober, dem Hermann sogleich den Namen »Krebs« verpaßte. Nicht etwa nur, weil der Mann so arg lahm war, sondern auch, weil er sich – als professioneller Kellner – immer rückwärts von unserem Tisch entfernte. Hermann und ich hatten uns einen Strandkorb gemietet, und da tauchte schon bald ein Fotograf auf: »Halli Hallo – ein Sonnenfoto!« Unbeschwert, denn Kleinmachnow war ja weit, genossen wir fast drei Wochen lang bei strahlendem Sommerwetter Sonne, Sand und die sanften Wellen der Ostsee.

Diese schönen Eindrücke frischten wir genau 50 Jahre später auf. Wir fanden Bansin und Usedom noch (oder wieder) so herrlich wie 1949. Und irgendwie symptomatisch für die Entwicklung in der DDR und danach schien es uns, daß unser einstiges »Quartier« 1999 unbewohnt und völlig verwahrlost dastand, während das frühere HO-Hotel nun – freilich ohne den Kellner »Krebs« – als erstrangiges Restaurant auch von außen neu erstrahlte. Aus Tradition nahmen wir wieder in einem Strandkorb Platz.

Mit Gerda in Bansin – im Sommer 1949 und 50 Jahre später.

Da wir 1949 noch etwa 10 Tage Zeit hatten, fuhren wir von Bansin nach Perleberg, Gerdas Heimatstadt, wo ich einen jahrhundertealten Roland bewundern konnte. Der schien mir allerdings klein geraten gegen den Roland von Bremen, und Perleberg nannte ich spöttisch »Perlebuckel«, denn Berge konnte ich dort keine sehen. Wir verbrachten eine gemütliche Woche bei Gerdas Mutter, Maria Dornauer, und den beiden Schwestern. Die jüngste Schwester Dorothea besuchte uns 1956 in Mannheim, später bestanden jahrzehntelang keine Verbindungen. Erst 1990 gab es ein Wiedersehen. Von der Familie beeindruckte mich auch Großvater Johann Gottlieb Groß, ein wahres Original. Ich lernte hier wieder andere Leute, eine ganz neue Gegend und andere Probleme kennen. Gerda war natürlich froh, eine Weile zu Hause zu sein. Am Montag, dem 1. August, sind wir von Perleberg nach Kleinmachnow zurückgefahren, denn am 2. fing ja wieder der »Ernst des Lebens« an.

Erich Schäfer – Mein »Aufpasser«

Der erste Unterrichtstag nach den Ferien begann weder mit einer Lektion noch einer Parteiversammlung, sondern (am Vormittag des 2. August 1949) mit einer kurzen »Dimitroff-Gedenkfeier«. Der Held des Reichstagsbrandprozesses, der Kominternführer und dann bulgarische Ministerpräsident war am 2. Juli gestorben, als wir gerade in den Urlaub gefahren waren. Victor Stern hielt eine Ansprache, Rezitationen wurden vorgetragen und die »Internationale« gesungen. Dimitroff genoß bei uns allen großes Ansehen. Damals waren mir die Widersprüche in seiner Person und seiner Politik noch nicht bekannt.[159]

Ambivalenter war für mich eine Veranstaltung zum 5. Jahrestag der Ermordung Ernst Thälmanns am 18. August. Wir fuhren an diesem Donnerstag nach Berlin (eigentlich war »Studium Grundfragen« angesetzt), wo in der Staatsoper eine Feierstunde stattfand. Rosa Thälmann, die hier sprechen sollte, war nicht gekommen, sondern nach Hamburg gereist. So stand Ulbrichts Referat (Anfang 1950 als Broschüre gedruckt) im Mittelpunkt. Für mich war Thälmann einerseits das Symbol des Kampfes gegen Hitler, andererseits war mir inzwischen klar, daß ihm eine Hauptverantwortung für die Stalinisierung der KPD zukam. Und genau in diese Tradition rückte Ulbricht (»einer der engsten Freunde und Mitarbeiter Ernst Thälmanns«, wie das »Neue Deutschland« schrieb) nun die SED. Er betonte, die SED werde im Sinne Thälmanns und der KPD kämpfen. Also war die Zeit der »Einheitspartei« endgültig vorbei. Obwohl Ulbricht das noch nicht so deutlich sagte, zeigte sich immer mehr, daß sie zu einer kommunistischen Partei nach Stalins Vorbild geworden war. Denn, so Ulbricht, Führung und Mitglieder der SED »werden von der gleichen tiefen Freundschaft zu Genossen Stalin, zu dem weisen Führer und Lehrer der Sowjetunion und der fortschrittlichen Menschheit erfüllt sein, wie es Ernst Thälmann war«.

Irgendeine Diskussion über Ulbrichts grundsätzliche Aussage zur veränderten SED-Politik war nicht mehr möglich. Aber in Gesprächen mit Gerda und »Picasso«, mit Schulze und Schneider konnte ich meinen Frust über dieses Bekenntnis zum Stalinismus sowie den wachsenden Personenkult um Stalin in der SED wenigstens etwas loswerden.

In Kleinmachnow lief in den nächsten Tagen und Wochen der Unterricht fast normal ab, die Aufregungen um die Flucht Leonhards hatten sich etwas gelegt, womit sich auch die Parteiversammlungen reduzierten. Besonders verspürten wir, daß die Teilnehmerzahl unseres Lehrgangs im August weiter geschrumpft war. Mit gerade 45 Parteihochschülern zählte unser Lehrgang nur noch die Hälfte von 1947.[160] Nun waren nämlich neun bisherige

Kommilitonen als Assistenten eingesetzt, also bei uns ausgeschieden. Ihre Berufung hatte das Kleine Sekretariat in Berlin bereits am 9. Juni bestätigt. Nach Rückkehr aus dem Urlaub lehrten Hans Tammer und Kurt Wissusek jetzt in der Fakultät Ökonomie, Georg Becker und Heinz Heuer in Philosophie, Werner Horn und Walter Nimtz in Geschichte, Roland Wiehagen, Hans Olschewski und der Westdeutsche Ludwig Seidel (Sonnenberg) in Grundfragen. Sie alle blieben auch nach Lehrgangsende in Kleinmachnow, an mir war der Kelch vorübergegangen.

Die meisten Lehrer sind in diesem Band schon vorgestellt worden. In der Geschichtsfakultät war ich auch öfters mit dem Studenten Walter Nimtz zusammengekommen. Der bereits 36jährige Angestellte stammte aus Stettin, war im Krieg Unteroffizier und nach der Kriegsgefangenschaft in Sachsen-Anhalt in der SED aktiv, zuletzt Leiter der SED-Kreisparteischule in Halle. Nimtz, der immer betont gut gekleidet und vornehm auftrat, war mir ebenso wie Gerda in der Gruppe »Internationale« aufgefallen als einer der Wortführer des »Kampfes gegen den Objektivismus«, gegen Leonhard und den Trotzkismus. Für viele lediglich ein typischer Karrierist, blieb er bis 1963 als Professor (Promotion 1959) an der Parteihochschule. Nimtz gehörte zum Autorenkollektiv des unsäglich verlogenen SED-»Grundrisses« der Geschichte der deutschen Arbeiterbewegung von 1963 (später zu den Mitautoren der achtbändigen Geschichte der deutschen Arbeiterbewegung). Er war 1963 bis 1966 Direktor des Museums für deutsche Geschichte im Zeughaus in Ostberlin, dann Stellvertretender Direktor des Zentralinstituts für Geschichte der Akademie der Wissenschaften und bis zur Rente 1977 Vizepräsident der Historiker-Gesellschaft der DDR. Nimtz machte in der DDR Karriere und hatte als Hofgeschichtsschreiber erheblichen Anteil an den Legenden und der Instrumentalisierung der Historiographie durch die SED-Ideologen.

Hans Olschewski, Jahrgang 1928, war erheblich jünger. Der stark sehbehinderte Genosse, nach 1945 in der KPD und der SED aktiv, zuletzt an einer Landesparteischule, gehörte auf der Parteihochschule zu den belesenen und kenntnisreichsten Kursanten. Nicht zuletzt deshalb wurde er auch von den Älteren und der Schulleitung akzeptiert, konnte als Lehrer bleiben. Für ihn wurde im Januar 1951 beantragt: »Das Politbüro stimmt einer Behandlung des Augenleidens des Genossen Hans Olschewski, Lehrer an der Parteihochschule ›Karl Marx‹, in der Sowjetunion zu und bittet das ZK der KPdSU (B), diese Behandlung zu ermöglichen.« Olschewski wurde in Moskau operiert, allerdings nur mit vorübergehendem Erfolg. Der ehemalige MfS-Generaloberst Werner Großmann, von 1980 bis 1990 Leiter der Hauptverwaltung Aufklärung beim MfS, berichtete kürzlich von einem Schulungslehrgang des MfS im Jahr 1952 ganz lapidar: »Der Leiter der Schule, Bruno Haid, stellte sich vor, auch sein Stellvertreter, der Philosoph Hans Olschewski, er ist blind.«[161] Schon 1953 war Olschewski bei der SED-Bezirksleitung Halle tätig, wurde aber 1959 seiner Funktion enthoben. In den siebziger Jahren lehrte er als Dozent an der Technischen Hochschule Leuna-Merseburg.

Der »Schwund« beim Zweijahreslehrgang führte auch zu etlichen personellen Umbelegungen der Zimmer. Ich hatte allerdings schon im Juni aus dem Zimmer, in dem ich eineinhalb Jahre mit Herbert Mies und Werner Horn lebte, ausziehen müssen. In dem neuen Raum, der einen Stock höher lag, kam ich mit Harry Trost und Erich Schäfer zusammen. Der etwa 24jährige Trost aus Mecklenburg war ebenfalls in der Fakultätsgruppe »Internationale«, also Geschichte. Ihn hatten Nehmer und Baumann verdächtigt, ihre Gespräche an die Schulleitung »verpfiffen« zu haben. Nun hatte er wohl die Aufgabe, Genaueres über »Wunderlich« zu berichten. Nach dem Lehrgang ging Trost, ein blasser junger Mann, an die Betriebsparteischule der »Neptun«-Werft in Rostock, nicht gerade ein hoher Posten.

Im Zusammenhang mit Fritz Schulze habe ich bereits über Schäfers Auftritte berichtet. Wir bekamen schon nach wenigen Tagen Krach. Dabei sagte er mir ganz brutal, schließlich sei ich zu ihm verlegt worden, weil er meine Verirrungen beobachten sowie »erzieherisch« auf mich einwirken solle. Schäfer war also mein Aufpasser. Doch das sollte sich rasch ändern. Im August und September war der Badeteich, den wir ausgebaut hatten, ständig überfüllt – bei insgesamt 400 Parteischülern kein Wunder. Deshalb badeten einige Frauen schon in aller Frühe, wie es hieß, etliche sogar nackt. Als Schäfer dabei als »Spanner« ertappt wurde, brach das Donnerwetter über ihn herein, und er wurde ganz klein. Der neue Parteisekretär Mickin, zu dem ich sonst kaum Kontakt hatte, rief Trost und mich zu sich und verlangte, wir beide sollten ein »wachsames Auge« auf Schäfer haben. Vielleicht hat Trost sogar »Meldungen« gemacht; ich jedoch war froh, meine Ruhe zu haben, denn von da an verliefen die letzten Wochen im gemeinsamen Zimmer reibungslos.

Schäfer ging nach dem Lehrgang zurück nach Dresden. Als das SED-Politbüro im September 1950 die »Verstärkung der [KPD-] Arbeit in Westdeutschland« durch »Instrukteure« beschloß, gehörte zu denen auch »Erich Schäfer, Dresden«. Es heißt im Protokoll: »Genosse Erich Schäfer wird gleichzeitig in das Sekretariat des Landesvorstandes Niedersachsen der KPD entsandt und arbeitet dort vier Wochen auf Probe.« Tatsächlich bin ich Schäfer beim KPD-Parteivorstand in Düsseldorf noch einmal kurz begegnet; da wir uns nie mochten, wechselte ich nur einige Worte mit ihm. Schäfer blieb bis 1953 Instrukteur des ZK, danach war er an SED-Schulen tätig, z. B. 1956 bis 1958 an der Bezirksparteischule Dresden. In den sechziger Jahren kam er als Mitarbeiter der Sektion Marxismus-Leninismus an die Technische Universität Dresden und war zugleich von 1964 bis 1972 (bis zur Rente) Leiter der Gedenkstätte »Münchner Platz« in Dresden.

»Kampf gegen den Trotzkismus« und »Objektivismus« wurde eiserner Bestandteil des Schulalltags und »Wachsamkeit« ständige Forderung. Immerhin hatte Philipp Daub, der am 14. September zum Thema »Kader und Nachwuchsfragen unserer Partei« referierte, die Trotzkisten als »Bande von Faschisten« bezeichnet. Forderungen nach Objektivität im Unterricht verurteilte er als »Objektivismus«, wer dies verlange, sei »bewußt oder unbewußt Helfer des Feindes«. Solche Aussagen von Daub, seit 1948 Leiter der Abteilung Personalpolitik beim Parteivorstand und damit Dahlems rechte Hand, waren nunmehr gängige Sprachregelung. Auch Hermann Matern, Leiter der zunehmend allmächtiger werdenden Zentralen Parteikontrollkommission, gebrauchte den Jargon.[162] Und die spätere Direktorin der Parteihochschule, Hanna Wolf, hatte am 12. August 1949 im »Neuen Deutschland« geschrieben: »Nicht die trotzkistische ›Literatur‹ müssen wir also studieren, sondern unsere marxistisch-leninistischen Klassiker, die uns eine strenge prinzipielle Waffe liefern, mit deren Hilfe wir die Feinde trotz geschicktester Tarnung erkennen und unschädlich machen können. Die kleinste Abweichung von der [sic!] in der sozialistischen Sowjetunion erprobten Prinzipien der leninistischen Theorie, ein Verfallen in den sogenannten Objektivismus führt zwangsläufig in das Lager des Imperialismus.«

Dieser Irrwitz galt seit der Flucht Leonhards selbst auf der Par-

Mein »Aufpasser« Erich Schäfer als »Sportsmann« (rechts: Werner Wölk).

tei-»Hochschule« als Axiom. Jeder, der wissenschaftlich zu arbeiten gedachte und sich objektiv informieren wollte, beging also eine »parteifeindliche« Handlung. Schon im April 1949, bei der »Abrechnung« mit dem »Trotzkismus«, hatte eine »Studentin« des Halbjahreskurses in der Diskussion diese neue Linie klar umschrieben: »Ein Quellenstudium brauchen wir nicht, denn die letzten Jahre haben uns gezeigt, wie der Marxismus recht hatte. Der sogenannte Objektivismus [gemeint: Objektivität] ist ebenfalls nicht nötig. Das ist schon ein Abweichen von unserem Klassenstandpunkt. Wir haben ein Quellenstudium nicht nötig. Aber wir müssen doch auf die Gefährlichkeit hinweisen, weil noch junge Genossen sich noch auf der Schule befinden, die noch wenig Ahnung von dieser Gefahr haben.«

»Trotzkistische Stimmungen auf der Schule«

Wir hatten 1947 und 1948 neben der »parteilichen Erziehung« wenigstens ansatzweise wissenschaftliche Arbeitsmethoden kennengelernt, damit war es an der Parteihochschule jetzt endgültig vorbei. Der Glaube sollte an die Stelle von Wissen treten. Eine grauenvolle Entwicklung des »Marxismus«, die hoffentlich nicht nur auf mich abstoßend wirkte. Aber auf diesem Niveau wurde nun »studiert«, entsprechende Aufsätze aus der »Einheit« waren zu büffeln. Dort hatte Hans Teubner in der Juli-Nummer 1949, als wir in den Ferien ausspannten, einen Grundsatzartikel über »Wachsamkeit und politische Weitsicht« veröffentlicht. Er trug den bezeichnenden Untertitel »Die Gefahren des Trotzkismus und Sozialdemokratismus und die Zerschlagung ihrer Agenturen«. Teubner, im »Fall Stracke« ja kurz zuvor selbst gerügt, überschlug sich geradezu, um seine Parteitreue zu demonstrieren. Für ihn waren Sozialdemokratismus und Trotzkismus »ihrem Wesen nach und im Resultat ihrer Politik identisch«. In seinem Rundumschlag nannte er sie »Verbrecheragenturen« sowie eine »ernste aktuelle Gefahr«; notwendig sei der Kampf gegen diese »Banditen«.

Teubner wurde konkret. Er nannte Wolfgang Leonhard als Beispiel eines »trotzkistischen Agenten«, griff die Parteihochschule an, weil es dort »allgemeiner Wachsamkeit ermangelt«. Außerdem fehle an der »höchsten Schule der Partei« der »unerbittliche Kampf gegen den Klassenfeind und seine schumacherisch-trotzkistischen Agenturen«. Die SPD und ihr Führer Kurt Schumacher einerseits, der Trotzkismus andererseits seien hier nicht genügend entlarvt worden, weil die »ganze Tiefe der Bedeutung des Studiums der Geschichte der KPdSU (B) vom Lehrkörper und der Schulleitung nicht erfaßt« wurden. Teubners schwachsinnige These: der »Kurze Lehrgang«, diese gewissermaßen heilige Schrift, sei nicht genügend »gelehrt« worden, die schreckliche Folge: »die Verkennung trotzkistischer Stimmungen auf der Schule und die liberale Kurz- und Nachsichtigkeit gegenüber trotzkistischen Agenten«.

Dieser starke Tobak Teubners mag heute lächerlich erscheinen, damals mußte er auf jeden Wissenden wie ein Alarmsignal wirken. Denn Schumacher- oder trotzkistische Agenten waren ja gefährliche »Banditen«, und was mit solchen zu geschehen hatte, das wurde von Stalin seit Jahrzehnten in der Sowjetunion vorexerziert. Aber wenn es an der SED-Parteihochschule neben dem »Agenten« Leonhard sogar verbreitet »trotzkistische Stimmungen« [!] und eine »liberale Kurz- und Nachsichtigkeit gegenüber trotzkistischen Agenten« gab, was war daraus abzuleiten? Jeder, der nachdachte und nicht naiv war, mußte da wirklich erschrecken.

Typisch für die Praktiken des Stalinismus wiederum, daß der

»Einheit«-Autor Teubner, vom Kleinen Sekretariat im September noch in eine »Propagandakommission« berufen (um die »Auseinandersetzung mit den feindlichen Ideologien« zu führen), ein Jahr danach selbst in die erste große SED-Säuberung geriet. Er verlor alle Funktionen und konnte sich später nur mühsam wieder hochdienen.[163]

Das Juli-Heft der »Einheit« enthielt übrigens auch einen Beitrag von Anton Ackermann. Darin bezeichnete er den »Leninismus« als »unsere schärfste Waffe«, hob Stalin hervor und sprach gar von den »Größten unserer Großen, nämlich Marx, Engels, Lenin und Stalin«. In dieser Nummer wie im Augustheft wurde noch eine neue Kampagne eingeläutet. Entsprechend der Linie der KPdSU galt es zusätzlich, einen energischen »Kampf gegen den Kosmopolitismus« zu führen. Für eine angeblich internationalistische Partei fand ich das besonders makaber. Vor diesem Hintergrund mußte der Unterricht zur Propaganda verkümmern.

Welcher Tiefpunkt dabei erreichte wurde, zeigte ein Wandzeitungsartikel im August 1949, den ausgerechnet Urbschat verfaßt hatte. Schon die Überschrift ließ erkennen, wo auch er nun geistig gelandet war: »Der Kosmopolitismus – eine Theorie zur Vorbereitung eines neuen Krieges«. Urbschat warnte, der »Internationalismus der Arbeiterklasse« biete dem Kosmopolitismus »einen realen Anknüpfungspunkt für seine arbeiterfeindlichen Absichten«. Die SED müsse an der nationalen Politik festhalten, denn Kosmopolitismus heiße »Krieg gegen die Sowjetunion, das ist der Sinn …, das ist die innerste Wahrheit ihrer Theorie.« Mit solchen Artikeln war mir die Wandzeitung noch unausstehlicher geworden. Ich war froh, daß ich der Redaktion nicht mehr angehörte und eine harmlosere Funktion als »Literaturobmann« der Gruppe ausübte.

Am 23. August konnte ich meinen 21. Geburtstag feiern, ich war nun gesetzlich »volljährig«. Noch hieß ich ja Wunderlich, und ich beging den Tag natürlich mit Gerda – in einem kleinem Kreis – recht nett. Es war ein Dienstag, und auf dem Programm stand »Studium Ökonomie«. Die Atmosphäre in Kleinmachnow und meine innere Zerrissenheit ließen keine »feierliche« Stimmung aufkommen.

Schließlich wurden im September Anstrengungen unternommen, um den »Kurzen Lehrgang« durch ein »wissenschaftliches Werk« zu untermauern. Von Heinz Abraham in der August-Nummer der »Einheit« bereits angepriesen, wurde das 1949 im Verlag

Volk und Welt erschienene Buch der Amerikaner Michael Sayers und Albert Kahn »Die große Verschwörung« sogar Lehrstoff. Es sollte offensichtlich dazu beitragen, bei etwas kritischen Geistern den primitiven Text des »Kurzen Lehrgangs« durch eine »wissenschaftliche« Darstellung abzustützen. Der Band schilderte die »Verschwörung« gegen Sowjetrußland von 1917 bis 1948, wobei die innerstalinistischen Säuberungen einen zentralen Platz einnahmen. Während die Verfasser des »Kurzen Lehrgangs« in plumper, inhumaner Sprache gegen die trotzkistischen »Verbrecher und Banditen« vom Leder zogen, hatten die beiden amerikanischen Kommunisten eher westliche Leser im Auge. Mit dem Buch, das flott geschrieben und mit »bibliographischen Notizen« versehen war, sollte Seriosität und Objektivität vorgegaukelt werden. »Das Material entstammt verschiedenen urkundlichen Quellen«, hieß es im Vorspann (S. 10).

Zwar mit anderen Worten, aber im Kern mit den gleichen Lügen wie im »Kurzen Lehrgang« wurde behauptet: »Alle diese Prozesse, Säuberungsaktionen und Liquidierungen, die damals so gewaltsam schienen und in der ganzen Welt Empörung hervorriefen, stellen sich heute [1949] klar und deutlich als ein Teil der kraftvollen, entschlossenen Bemühungen der Stalin-Regierung dar, sich nicht nur gegen Aufstände im Innern, sondern auch gegen Angriffe von außen zu schützen. Die verräterischen Elemente im Lande wurden mit aller Gründlichkeit ausfindig gemacht und beseitigt. Alle Zweifel wurden zugunsten der Regierung gelöst. In Rußland gab es 1941 keine Vertreter der Fünften Kolonne – man hatte sie erschossen. Die Säuberung hatte das Land von Verrätern gereinigt und befreit. Die Fünfte Kolonne der Achse in Rußland war vernichtet.« (S. 303)

Inzwischen ist allgemein bekannt, daß die blutigen Stalinschen Säuberungen eine barbarische Abrechnung mit ehemaligen politischen Gegnern waren. Aber damals griffen viele gerne das Argument auf, die Nazis hätten gegen Stalin intrigiert, sogar alte Bolschewisten hätten zur »Fünften Kolonne der Achse« gehört. Bei den Diskussionen über »Die große Verschwörung« ging in den Seminaren etwas Sonderbares vor sich. Es waren die älteren Kommunisten, die diese »wissenschaftliche« Handreichung spürbar erleichtert, fast dankbar aufnahmen. Offensichtlich half sie, ihre eigenen Zweifel über die Gründe der Ausrottung der Altbolschewiki zu beheben. Da Sayers und Kahn das verpönte Buch von John

Reed lobten und neben dem »Kurzen Lehrgang« auch die Geschichte der KPdSU von Popow erwähnten (was Abraham milde rügte), waren manche vom Objektivismus »Angekränkelte« von der Publikation der amerikanischen Kommunisten geradezu begeistert. Deshalb schluckten sie willig die stalinistischen Grundthesen von Sayers und Kahn, nach denen »Kreaturen« wie Trotzki, Sinowjew, Bucharin und ihre Komplizen durch ihre Verbrechen und Niederträchtigkeit der Menschheit Schaden zugefügt hätten.

Kluge Mitschüler wie Urbschat oder Schörnig, ehemals halbwegs kritische Kommunisten wie Wissusek, selbst frühere KPO-Leute wie Arnold oder Eppinger zeigten sich zufrieden mit den »eindeutig belegten Wahrheiten« über die Säuberungen. Kaufmann und andere Freunde hielten mir vor, durch »Die große Verschwörung« werde bewiesen, daß meine Kritik an den »Säuberungen« falsch gewesen sei.

Rückblickend erscheint mir zweierlei bemerkenswert. Zum einen hatte der »blinde Glaube« sich noch nicht ganz und nicht bei allen durchgesetzt. Daher wurde gierig nach »wissenschaftlichen Beweisen« gegriffen, um sich mit dem offiziellen Geschichtsbild identifizieren zu können. Und zum anderen beruhigten sich sowohl Studenten als auch Lehrer: Parteilichkeit war richtig, Objektivismus falsch, denn die »Grundwahrheiten« des »Kurzen Lehrgangs« wurden ja von amerikanischen »Wissenschaftlern« bestätigt. Also war keineswegs alles in Zweifel zu ziehen, nachzuforschen, gar die Gegenseite zu studieren. Und nunmehr wurde dies sogar gefährlich. Das Kleine Sekretariat beschloß am 21. Oktober als eine der »Lehren« aus dem Rajk-Prozeß, Artikel mit der These zu veröffentlichen: »Der ›Objektivismus‹, eine Waffe der feindlichen Agenturen«. Die Augen verschließen, um unangenehme Dinge gar nicht wahrzunehmen, hieß jetzt die Devise. Schließlich ist aber »niemand so blind wie der, der nicht sehen will« – »belehrte« uns viele Jahre später unsere alte Freundin, die erfahrene Kommunistin und Antistalinistin Rosa Meyer-Leviné[164] immer wieder.

Ich aber wollte alles »sehen«, am Motto von Marx festhalten, daß an allem zu zweifeln ist. Doch das war in den letzten Wochen weder im Unterricht noch im eingeengten Selbststudium möglich.

Inzwischen hatte das »Forschungsinstitut«, das bis zum Sommer in der Hakeburg angesiedelt war, Kleinmachnow verlassen. Für etliche unserer Dozenten, die dort mitwirkten, bedeutete dies wohl auch einen Verlust. Und manche Diskussionen mit dessen wissenschaftlichen Mitarbeitern beim Mittagstisch oder der Besuch ihrer kleinen Forschungsbibliothek in den Räumen des Instituts in der Hakeburg fielen nun für uns aus.

Das »Forschungsinstitut für wissenschaftlichen Sozialismus« war durch Beschluß des Zentralsekretariats im Oktober 1948 eingerichtet worden. Zum Chef wurde Dr. Joseph Winternitz ernannt, der schon in der Weimarer Republik unter den Pseudonymen »Lenz«, »Sommer« u. a. als Ideologe in der KPD eine Rolle spielte, aber 1931 seiner Funktion enthoben wurde.[165] Gerade aus der englischen Emigration zurückgekehrt, leitete er nun das Forschungsinstitut, 1949 dann das Marx-Engels-Lenin-Institut, ist aber schon im März 1950 wegen »Schwankungen« abgesetzt worden. Mit einer Abteilung Philosophie und einer Abteilung Politische Ökonomie verfügte das Institut über nur jeweils 13 Angestellte.

Schon vor dessen offizieller Eröffnung hatte dort im Sommer 1948 ein »Dozentenlehrgang« begonnen, an dem, wie erwähnt, auch der später berüchtigte Kurt Hager und Philosophen wie Wolfgang Harich und Klaus Schrickel teilnahmen. Da im Dozentenlehrgang in der Hakeburg auch die bekannten Ideologen Hermann Duncker, Anton Ackermann oder Klaus Zweiling referierten, konnte unsere Philosophiegruppe hin und wieder bei solchen Vorträgen zuhören. Dabei lernten wir dann den einen oder anderen Teilnehmer kennen, der dort bis zum Winter studierte. Zeitweise zog die Parteihochschule Dozenten zur Arbeit am Institut heran, etwa von der Fakultät Philosophie Matthäus Klein, von dem Hager 1996 in seinen »Erinnerungen« schrieb, er sei ihm »freundschaftlich verbunden« gewesen – er hatte eben keine Ahnung von Kleins Verbindung zu Wolfgang Leonhard. Am 28. März 1949 beschloß das Politbüro der SED die »Gründung eines Marx-Engels-Lenin-Instituts«, das »mit dem in Kleinmachnow bestehenden Forschungsinstitut zusammengelegt« werden sollte. Eine Abteilung wurde beauftragt, die Werke von Marx und Engels herauszugeben, ab Herbst dann vor allem Stalins Schriften, die andere hatte »den Aufgabenkreis des bisherigen Instituts« der Hakeburg fortzuführen.

Allerdings ging dessen Tätigkeit zunächst wie gewohnt weiter. Erst als im August 1949 Umzugswagen eintrafen, merkten wir, daß das Institut seine Zelte in Kleinmachnow abbrach, und erfuhren, es werde vorläufig in Berlin im ehemaligen Reichstagspräsidentenpalais am Reichtagsufer eingerichtet. Das Institut wuchs rasch und ist noch mehrmals umgezogen. Von 1954 bis 1956 trug es den Namen »Marx-Engels-Lenin-Stalin-Institut«, danach hieß es Institut für Marxismus-Leninismus beim ZK der SED (IML). Die Einrichtung war bis 1989 vielen Wissenschaftlern als ideologisches »Leit«-Institut der SED weithin suspekt.[166] Seit dem Weggang von Kleinmachnow hatten unsere Lehrer und Dozenten mit diesem Institut kaum etwas zu tun, später wirkten dort allerdings einige Mitschüler und ehemalige Lehrer.

Obwohl unser Lehrgang im Herbst nur noch etwa vierzig Studenten umfaßte und nun auch die Gruppen Ökonomie und Grundfragen zusammengelegt wurden, also lediglich zwei »Klassen« bestanden, blieben die Dozenten weiter überfordert. Allein der Achtmonatekurs, der im September 1949 eröffnet wurde, zählte ja 180 Kursanten. Vor allem die Ökonomische Fakultät klagte – wie aus den Parteiakten hervorgeht – über Personalmangel. Im Juni hatte die Schulleitung eine Aufstellung erarbeitet, nach der für jede Fa-

Lehrer der Fakultät Geschichte im Spätsommer 1949. Sitzend: Margarete Taut, Dekan Erich Paterna, Felix Rossmann. Stehend von links: Walter Nimtz, Ernst Melis, Bruno Rüffler, Werner Horn, Heinz Lindner, Willi Garbe.

kultät außer dem Dekan mindestens acht Dozenten vorgesehen waren. Diese Liste wurde von Berlin bestätigt und ab August gültig.[167]

In der Fakultät Philosophie unterrichteten wie bisher die Dozenten Fritz Theilen, Matthäus Klein, Alexander Grüttner, Herbert Eppinger, Wilhelm Arnold sowie Martin Unglaub, und neu unsere bisherigen Mitschüler Georg Becker und Heinz Heuer. In der Geschichte, deren Lehrer Gerda ja schon länger genau kannte und mit denen ich nun gegen Lehrgangsende auch mehr Kontakt hatte, waren es Felix Rossmann, Ernst Melis, Dr. Marga Taut, Karl Pürschel sowie unsere Kommilitonen Werner Horn und Walter Nimtz. Zwei weitere Lehrer waren erst zu unserer Zeit in die Geschichtsfakultät nach Kleinmachnow geholt worden. Willi Garbe kam Ende 1948 und sollte bereits im Mai 1949 wieder gehen, blieb dann aber auf Beschluß des Kleinen Sekretariats, weil zwei andere Lehrer (Matthei und Heinke) die Schule verließen. Mit dem 48jährigen Garbe hatte der Zweijahreslehrgang wenig zu tun. Hingegen unterrichtete Heinz Lindner bei uns. Der 33jährige, kleine und bewegliche Lindner war lange Zeit in sowjetischer Kriegsgefangenschaft, aus einer Antifaschule in der UdSSR ist er 1948 direkt nach Kleinmachnow gekommen. In den fünfziger Jahren wurde er Vertreter von Heinz Abraham am Lehrstuhl für Geschichte der KPdSU. Lindner gehörte zu den wenigen unserer Dozenten, die dort bis zur Pensionierung, fast bis zum Ende der Parteihochschule, als Professoren blieben.

In der Ökonomie lehrten weiterhin Bernhard Thiel, Luise Wagner und Joseph Triebe, neu hinzugekommen waren als Assistenten Hans Tammer und Kurt Wissusek. Herholz wurde nach Leonhards Flucht abberufen, aber auch unser Ökonomielehrer Alfred Heinke ging im Juli 1949 zurück nach Thüringen. Der 37jährige Heinke, 1932 in die SPD eingetreten, im Krieg Soldat und 1945 Mitglied der KPD, war vorher in Gera als Parteisekretär eingesetzt worden. Seit 1946 Assistent, dann Lehrer, bekam er Differenzen mit Lemnitz und Thiel, aber auch mit Lindau, und wollte schon länger weg. Später lehrte er viele Jahre als Dozent an der Hochschule für Ökonomie in Berlin-Karlshorst. Seit August 1947 war »Maria Bergmann« Assistentin bzw. Lehrerin der Ökonomie an der Parteihochschule. Nun kamen zwei Jüngere hinzu. Der 34jährige Heinz Doege, vorher im Halbjahreskurs, wurde im Mai 1949 durch Beschluß des Kleinen Sekretariats Lehrer. Er war 1945 der KPD beigetreten und arbeitete später in der Redaktion der »Einheit«. Aus dem gleichen Lehrgang kam ebenfalls im Mai Fritz Hering (ihn hatte Lemnitz im März noch als »zu schwach« abgelehnt). Später lehrte er an der SED-Bezirksparteischule Cottbus.

Als Dozent in der Fakultät Ökonomie arbeitete auch Günther Juhre. Der damals 28jährige Berliner war im Krieg Leutnant und kam während sowjetischer Kriegsgefangenschaft auf eine Antifaschule. Von dort ist er im Juli 1947 in Liebenwalde eingetroffen, wurde Assistent und 1948 Lehrer. Auch er verließ Ende 1949 die Parteihochschule und war danach offenbar im Architekturwesen tätig, denn im Juli 1951 gehörte er zu einer Delegation für Fragen der Architektur, die die Sowjetunion besuchte. Schließlich kam im Herbst 1949 Kurt Hoppe zur Fakultät Ökonomie, doch hatten wir mit dem damals 37jährigen kaum noch etwas zu tun.

In den Akten wird (allerdings erst in einer Liste von Ende 1949) bei der Fakultät Ökonomie als Dozentin seit 1947 noch Jutta Lubisch genannt. Die 40jährige gehörte seit 1928 der KPD an. In Leipzig aktiv, war sie von Ende 1933 bis 1937 in Haft, dann bis 1945 in französischer Emigration. 1945/46 Sekretärin der KPD im Ruhrgebiet, nahm sie 1946/47 an einem Lehrgang der Parteihochschule teil und blieb bis 1951 dort als Assistentin bzw. Lehrerin der Ökonomischen Fakultät. Danach war sie Mitarbeiterin im ZK der SED bzw. im Bundesvorstand des FDGB, 1963 kam sie zu ihrem Mann Anton Joos[168] an die Handelsvertretung der DDR in Stockholm. Anton Joos galt seinerzeit als die »graue Eminenz« der Kaderabteilung im Parteivorstand und war 1945/46 ebenfalls in der Leitung der KPD Ruhr. Doch eine Jutta Lubisch (Joos) ist 1947/48 keinem der befragten Mitschüler in Erinnerung. Offensichtlich arbeitete sie damals unter dem Namen Maria Bergmann, den sie als Westdeutsche beim Studium 1946 erhalten hatte, in der Ökonomischen Fakultät.[169]

Inzwischen unterrichteten in »Grundfragen«, zuständig auch für Geschichte der KPdSU, die meisten Lehrer. Neben Arthur Dorf, Bruno Rüffler und Heinz Abraham kamen von uns Hans Olschewski, Ludwig Sonnenberg (Seidel) und Roland Wiehagen hinzu. Direkt von einer Antifaschule aus der UdSSR wurde Paul Heinrich Puls im Juli 1949 zur Fakultät delegiert. Puls, der als 20jähriger 1938 der NSDAP beigetreten sein soll, galt nun als umerzogen. Er blieb die nächsten Jahre an der Parteihochschule, obwohl Hager ihn 1950 für »ungeeignet« hielt. Von 1960 bis zu seinem Tode 1975 saß er dann im Redaktionskollegium der »Einheit«.

Die übrigen Dozenten der Fakultät Grundfragen gehörten bereits seit einiger Zeit zum Lehrkörper der Parteihochschule. Walter Hampel aus dem Ruhrgebiet blieb nach einem Halbjahreskurs 1949 als Assistent, kehrte aber 1950 zur KPD zurück. Ilse Fischer aus Chemnitz war vor 1933 in der SAP. Seit 1949 Lehrerin, bekam die 41jährige 1950 nicht nur Schwierigkeiten, weil ihr Bruder als »Schumacher-Agent entlarvt« wurde, sondern es sogar »Verdachtsmomente« gegen ihren Mann gab. Der älteste Lehrer, der 51jährige Hans Marx, war seit Mai 1948 Dozent an der Fakultät Grundfragen. Auch über ihn urteilte Hager im März 1950 »ungeeignet, muß weg«[170]. Schließlich lehrte eine weitere, kleine, bebrillte 48jährige Frau an der Fakultät, die sich im »Kampf gegen den Trotzkismus« und später gegen Bernhard Thiel besonders hervortat, Maria Zielke. Die Tochter eines adeligen ungarischen Offiziers (von Matskasi) war in München aufgewachsen und 1923 in Berlin der KPD beigetreten. Danach arbeitete sie bei der sowjetischen Handelsvertretung. Seit 1927 war sie in der Leitung der Marxistischen Arbeiterschule MASCH aktiv. Nach illegaler Tätigkeit für die KPD wurde sie 1934 zu eineinhalb Jahren Gefängnis verurteilt und kam 1936/37 erneut in Haft. Im Krieg arbeitete Maria Zielke als Sekretärin im Verlagswesen, danach war sie Redakteurin im Sowjetischen Nachrichtenbüro. Nach Abschluß des Halbjahreslehrgangs im Juli 1949 ist sie an der Parteihochschule geblieben und leitete hier ab 1952 die Bibliothek.

Auch Gerhard Rosenkranz, der zunächst in der Lehrmittelabteilung arbeitete, wurde 1949 zur Fakultät Grundfragen abgestellt. Der 29jährige war ebenfalls von einer sowjetischen Antifaschule 1948 direkt nach Kleinmachnow gekommen und blieb noch bis 1958, obwohl schon 1950 gegen ihn Hagers Verdikt »ungeeignet« erging. In den siebziger Jahren ist Rosenkranz sogar nochmals an die Parteihochschule zurückgekehrt, und zwar zum »Wissenschaftsbereich marxistisch-leninistische Lehre von der Partei«, später lebte er in Leipzig.

Am längsten gehörte Herbert Winkler zur Lehrmittelabteilung. Der beinamputierte 31jährige Winkler war zusammen mit Wolfgang Leonhard 1947 von der Abteilung Propaganda des Parteivorstandes nach Liebenwalde versetzt worden. Später ging er in seine Heimatstadt Dresden zurück, wurde in den neunziger Jahren Vorsitzender des Invalidenvereins sowie Mitglied der kleinen KPD-Gruppe.

Die Lehrer der Fakultät Grundfragen im Herbst 1949. Sitzend Maria Zielke, Arthur Dorf, Frida Rubiner, Heinz Abraham und Hans Marx. Stehend von links: Gerhard Rosenkranz, Hans Olschewski, Bruno Rüffler, Ilse Fischer, Ludwig Seidel, Roland Wiehagen und Paul Puls.

Zunächst zur Lehrmittelabteilung und dann zur Lehrabteilung (die für die Organisation der Lehre zuständig war und 1949 von Teubner geleitet wurde) gehörte Theo Solga. Der Sohn eines Bauern kam als Soldat in sowjetische Kriegsgefangenschaft und nach dem Besuch einer Antifaschule 1947 direkt an die Lehrmittelabteilung in Liebenwalde. Solga, damals 32 Jahre alt, wurde 1949 Leiter des Übersetzungsbüros und ist – wie eine Reihe anderer – 1953 aus der Parteihochschule ausgeschieden. Von einigen wenigen Lehrern ist uns kaum etwas in Erinnerung. Beispielsweise wissen wir von Heinz Kunze nur, daß er 1948/49 Assistent war. Da er Frau und drei Kinder hatte – das geht aus den Akten hervor –, erhielt er im April 1948 bereits ein volles Lehrergehalt. Nur kurze Zeit war Horst Feldmayer 1948 Assistent in der Geschichtsfakultät, vorher hatte er an einer SMA-Schule in Brandenburg gelehrt. Seine Frau arbeitete in Kleinmachnow als Sekretärin für Mickin. Gertrud Kropp, aus Stuttgart, die Frau des ehemaligen Schulleiters, blieb bis Ende 1947 noch als Lehrerin in Liebenwalde. Verbindung hatte unser Lehrgang außerdem zur Bibliothekarin Ruth Steinert aus Brandenburg, die von den Nazis als »Halbjüdin« verfolgt worden war. Auch sie verließ schon 1949 die Parteihochschule.

Zwei interessante Frauen der Lehrmittelabteilung bzw. Lehrabteilung waren uns zwar persönlich bekannt, von ihrem Lebenslauf ahnten wir aber nur Bruchstücke. Die 65jährige Frida Düwell gehörte zu den Mitbegründern der KPD. Bereits 1904 hatte die Tochter eines jüdischen Kaufmanns ihr Staatsexamen abgelegt; seit 1905 war sie Mitglied der SPD und in Hamburg als Lehrerin und Bibliothekarin tätig. Als Aktivistin der Antikriegsbewegung wurde sie 1918 angeklagt und arbeitete bis zur Übersiedlung in die Sowjetunion im Jahre 1928 für die KPD. 1937 wurde sie aus der Partei ausgeschlossen und inhaftiert, anschließend wie andere Opfer der Stalinschen »Säuberungen« nach Kirgisien verbannt (1941 bis 1944) und schließlich als Korrektorin einer Zeitschrift für Kriegsgefangene eingesetzt. Im März 1949 durfte sie nach Deutschland zurückkehren und war seither an der Lehrmittelabteilung der Parteihochschule beschäftigt.

Auch Käte Stange war von den Stalinschen Säuberungen in der UdSSR betroffen. Die 50jährige, jünger aussehende und großgewachsene schlanke Frau kam im Mai 1949 in die Lehrabteilung der Parteihochschule. Käte Heber hatte nach der Handelsschule als Kontoristin und Redaktionssekretärin gearbeitet. Über die Wandervogelbewegung war sie zu Spartakus und dann zur KPD gestoßen, wurde 1928/29 Archivarin der Komintern in Moskau, danach Büroangestellte im ZK der KPD bzw. RGO in Berlin. Im Juni 1934 wurde sie von den Nazis verhaftet, konnte aber im gleichen Jahr nach Prag und 1935 nach Moskau emigrieren, wo sie als Sprachlehrerin und Redakteurin arbeitete. Sie wurde von der Gestapo 1941 in der »Fahndungsliste UdSSR« ebenso gesucht wie ihr Mann Franz Stange, der vor 1933 Reichsleiter der »Roten Jungfront« war. Bis zur Verhaftung durch das NKWD im Juni 1938 lehrte er in Moskau an der Leninschule. Er wurde am 2. März 1939 zum Tode verurteilt und am 3. März erschossen (erst im November 1989 »rehabilitiert«), Käte Stange 1941 nach Kasachstan deportiert. Dort arbeitete sie zunächst in einem Kolchos, dann als Deutschlehrerin. Sie durfte 1946 nach Deutschland zurückkehren und wurde im Dietz Verlag angestellt. Von September 1948 bis Mai 1949 absolvierte sie den Lehrgang und blieb bis Oktober 1951 Assistentin der Lehrabteilung, danach kam sie ans IML. Da sie über den Tod ihres Mannes nie eine Mitteilung erhalten hatte, bat sie Ulbricht noch 1956 um die Aufklärung seines Schicksals. Vom Leben der Genossinnen Düwell und Stange im sowjetischen Exil hatten wir natürlich keine Ahnung, es hieß nur, sie seien als Widerstandskämpferinnen gegen Hitler in die Sowjetunion emigriert. Über ihre Vergangenheit dort mußten sie strenges Stillschweigen wahren, ihre Tragödie ließ sich erst viel später herausfinden.

Wie schon 1947 und 1948 war die Lehrerschaft im Herbst 1949, als unser Kursus zu Ende ging, bunt gemischt. Altkommunisten, die unter Hitler im Zuchthaus saßen, aber auch Emigranten, die unter Stalin gelitten hatten, zählten ebenso dazu wie frühere Soldaten und kleine Nazis, die in sowjetischer Gefangenschaft umerzogen worden waren. Bereits kurz nach unserem Weggang begann eine Säuberung unter den Lehrern. Am 8. März 1950 verlangte Hager in einer Vorlage für das Politbüro die Abberufung einiger von ihnen.[171] Die ZPKK habe ja festgestellt, daß »sieben ehemaligen oppositionellen Gruppierungen« angehörten. Von denen sollten Eppinger, Luise Wagner, Arnold und Triebe sofort von der Hochschule entfernt, Ilse Fischer und Dorf näher überprüft werden. Bernhard Thiel habe »bereits die Schule verlassen«. Die Genossen Puls, Marx, Rüffler, Rosenkranz, Wissusek seien als Lehrer »ungeeignet und müssen in andere Funktionen eingesetzt werden«. Grüttner und Marga Taut seien von Ackermann angefordert. Hager resümierte, »das heißt, daß von 41 Lehrern und Assistenten sofort aus den verschiedenen angeführten Gründen 12 ausscheiden müssen«.

Wegen des Lehrermangels hat die »sofortige« Entlassung nicht bei allen geklappt. Aber in den folgenden Jahren verließen die meisten unserer Dozenten die Parteihochschule. 1953 kam es nochmals zu größeren Veränderungen, dann schieden auch die Dekane Lemnitz und Paterna aus, und außerdem mußten Rossmann, Solga und Wiehagen gehen. Kurzum, die am Ende unseres Lehrgangs aktiven Dozenten wurden nach und nach entfernt, wohl auch, weil sie ebenso wie viele ihrer Studenten nicht die Anforderungen erfüllten, die in der Parteihochschule »neuen Typus« nötig waren.

Ihrer Parteigruppe (»Betriebsgruppe«) gaben die Lehrer nun den Namen »Stalin«, und deren Resolution vom 7. Oktober 1949 spiegelte schon den »neuen Geist«. Es hieß darin, der Parteivorstand habe »begründeten Anlaß« gehabt, »in den letzten Monaten« die Parteihochschule »wiederholt einer Kritik zu unterziehen«. Die »Hauptaufgabe der Parteihochschule«, die »Erziehung

Unsere Lehrkräfte im Herbst 1949. Sitzend von links: Alfred Lemnitz, Hans Teubner, Arthur Dorf, Frida Rubiner, Erich Paterna, Rudolf Lindau, Paul Lenzner, Victor Stern, Martin Unglaub (?). Stehend von links: Ilse Fischer, Sepp Triebe, Alexander Grüttner, unbekannt, Alfred Heinke, Felix Rossmann, Frieda Düwell, Bernhard Thiel, zwei Unbekannte, Bruno Rüffler, unbekannt, Ludwig Seidel, Jutta Lubisch, Georg Becker, Roland Wiehagen, zwei Unbekannte, Kurt Wissusek, unbekannt, Luise Wagner, zwei Unbekannte, Hans Olschewski, Hans Tammer, unbekannt.

führender Kader«, erfordere die »höchste Entwicklung der Wachsamkeit gegenüber den Feinden der Partei«. Aber die »Sorglosigkeit auf dem Gebiet der Klassenwachsamkeit ... führte zur verspäteten Entlarvung des trotzkistischen Agenten Leonhard. Dabei war der Lehrkörper schon durch die Provokation des trotzkistischen Artikels der Gen. Stracke gewarnt und an Wachsamkeit gemahnt worden ... Ideologische Sorglosigkeit, Objektivismus und mangelnde Sorge um das Parteieigentum sind in jeder Erscheinungsform konsequent durch rücksichtslose Kritik und Selbstkritik in Parteiversammlungen und an allen Wandzeitungen zu bekämpfen.« Außerdem dürfe kein »Versöhnlertum geduldet« werden. Der Unterricht müsse zu »Parteilichkeit und unerschütterlichem Vertrauen zur Partei erziehen«.[172] Unsere Lehrer zeigten sich durchaus bereit, künftig anstelle von Wissensvermittlung vorrangig stalinistische Indoktrination zu betreiben, eine pädagogische Ausbildung besaß ohnehin kaum einer von ihnen. Doch den meisten halfen die Bekenntnisse nichts, sie wurden in den nächsten Jahren abgelöst.

Mit all den Lehrern und Mitarbeitern und erst recht mit dem übrigen Personal der Parteihochschule hatten wir 1949 nur gelegentlich zu tun, engere Bindungen entstanden kaum. Wenn ich an mein gutes Verhältnis zu Sepp Triebe oder Paul Matthei 1947/48 dachte, schien mir das wie aus einer fernen Zeit. Nun übte auch das Lehrpersonal Zurückhaltung, keiner wollte groß auffallen, Kontakte waren eingeengt auf die formellen Seiten des Unterrichts oder der Parteiveranstaltungen. Wie schon in Liebenwalde wirkten die Lehrkräfte ständig überlastet und gehetzt, obwohl jetzt in Kleinmachnow 39 Dozenten und ein Dutzend Mitarbeiter in der Lehrabteilung sowie der Lehrmittelabteilung beschäftigt waren.

Die Spaltung Deutschlands und die Gründung der DDR

Unterstützung bekamen unsere Dozenten zwischen August und dem Ende des Zweijahreslehrgangs im November wieder durch auswärtige Referenten. Dabei lernten wir zugleich weitere führende SED-Funktionäre kennen, deren Namen uns geläufig waren, von denen wir jetzt aber noch einen persönlichen Eindruck erhielten. Am 10. August kam der Industriefachmann Fritz Selbmann zu einem Vortrag. Inzwischen stellvertretender Vorsitzender der Deutschen Wirtschaftskommission, leitete er die Industrie in der Ostzone. Er war ein guter Redner und sein Referat über die »Wirtschaftsstruktur Deutschlands nach dem 2. Weltkrieg« recht lehrreich. Bekannt war uns, daß Selbmann in der Weimarer Republik führender Kommunist war, in der SED wurde er ja später einer der innerparteilichen Gegner Ulbrichts.[173] Selbmann imponierte durch Sachkenntnis, kam in der Diskussion zum »Punkt« und hat dabei sein Selbstbewußtsein keineswegs versteckt.

Am 24. August referierte eine ebenfalls von der Parteigeschichte her bekannte Persönlichkeit: Wilhelm Koenen. Er gehörte zu den Aktivisten, die 1920 die Mehrheit der USPD zur KPD brachten. Bis Ende 1948 war er Landesvorsitzender der SED Sachsens, doch nunmehr Vorsitzender des Sekretariats des Deutschen Volksrats, über dessen »Aufgaben und Perspektiven« er vor uns sprach. Wilhelm Koenen ließ nicht durchblicken (wußte es vielleicht selbst noch nicht), daß sich die 330 Mitglieder dieses Volksrats bereits wenige Wochen später, am 7. Oktober, zur »Provisorischen Volkskammer« erklären und die DDR konstituieren würden. Er beharrte auf der These, eine »schrittweise Wiederherstellung der deutschen

Einheit« sei notwendig. Gegenüber dem impulsiven Referenten Selbmann empfand ich Koenen als eher langweiligen Redner.

Im September sind noch weitere Funktionäre aus Berlin aufgetreten. Am 19. referierte Albert Norden zum Thema »Die SED im Kampf um die Schaffung der Nationalen Front«. Norden war ein herausragender Agitator, der überzeugend und fast frei sprach. Als Chefredakteur leitete er die Zeitung »Deutschlands Stimme«, ein kurzlebiges Blatt, das die »Nationale Front« propagierte. Damals war schon bekannt, daß sich Norden als Rabbiner-Sohn früh dem Kommunismus angeschlossen hatte, KPD-Redakteur war und ins westliche Exil ging. Deswegen ist er (ähnlich wie Koenen) einige Zeit in die »Zweite Reihe« gedrängt worden, er gehörte aber von 1958 bis 1981 dem SED-Politbüro an. Dank seines großen Wissens gelang es Norden, im Vortrag sowie in der Diskussion mit vielen anschaulichen Beispielen zu beeindrucken.

Allerdings störten mich nationalistische Töne, die von Norden am wenigsten zu erwarten gewesen waren. Er sprach von der notwendigen »Nationalen Front« aller »gutwilligen« Deutschen gegen den USA-Imperialismus und dessen »Vasallen«. Schon seit Gründung der NDPD und dem offiziellen Ende der Entnazifizierung 1948 waren hin und wieder nationalistische Phrasen und Rechtfertigungen ehemaliger Nazis zu hören. Dies wurde im Lehrgang von den älteren Kommunisten mit Mißbilligung und von uns Jüngeren mit Verständnislosigkeit aufgenommen. Bereits Anfang August 1949 hatte Ulbricht in einem Interview erklärt, es gebe in der SBZ »nicht wenige frühere aktive Nazis, die eine verantwortliche Arbeit leisten«. Offensichtlich beabsichtigte die SED, den Nationalismus nun für ihre Politik zu instrumentalisieren. Als Organisation ist die »Nationale Front« gleichzeitig mit der DDR gegründet worden, und sie sollte neben ihren Aufgaben in der DDR nach Westdeutschland wirken. In den offiziellen Erklärungen – und so argumentierte auch Norden – hatte der »amerikanische Imperialismus das Erbe des Hitlerfaschismus« angetreten, und im Kampf gegen einen neuen Krieg sei es zweitrangig, ob jemand aktiver Nazi gewesen war. Entsprechend wandte sich die SED an »frühere Beamte, Soldaten, Offiziere und Generale der deutschen Wehrmacht« sowie »frühere Nazis«, mit denen sie jetzt zusammenarbeiten wollte.

Nach wie vor war ich ein energischer Gegner des amerikanischen Imperialismus und auch der gerade entstandenen Bundesrepublik. Aber die Vergleiche mit dem Nationalsozialismus schienen mir falsch und völlig überzogen. Und ein »Bündnis« mit Nationalisten (gar Nazis) war für mich als Internationalist geradezu verwerflich. Also wagte ich in der Diskussion nochmals Widerspruch gegen einige solcher Thesen, wurde von Norden dafür aber kurz »abgebürstet«. Aus seinen Ausführungen war allerdings kaum zu entnehmen, wie sich künftig die Deutschlandpolitik der SED konkret gestalten sollte. Norden wiederholte die damals gängige Floskel von der »Kolonisierung« Westdeutschlands, griff aber nun vor allem die Adenauer-Regierung an, die bereits einen Tag später, am 20. September, mit ihrer Arbeit in Bonn begann.

Auf »Bonn« ging schon am 23. September ein weiterer Spitzenfunktionär ein. Karl Schirdewan, der in der SED noch eine wichtige Rolle spielen sollte, sprach vor uns über »Die Bedingungen unserer Arbeit im Westen, nationale und antinationale Kräfte«. Der 42jährige Referent, von kräftiger Statur, mit einem markanten Kopf, war damals als Leiter der SED-West-Abteilung für die KPD zuständig. In den Jahren 1953–1958 Mitglied des Politbüros, war er zweiter Mann nach Ulbricht, der ihn aber 1958 ausschaltete. In seinem Vortrag hat Schirdewan 1949 alle westdeutschen Parteien verdammt. Er griff vor allem CDU und SPD an, kritisierte zugleich auch die Politik der »einzigen nationalen Partei« in Westdeutschland, der KPD. Diese bekam bei den ersten Bundestagswahlen am 14. August 1,3 Millionen Stimmen (5,7 Prozent) und stellte 15 Abgeordnete. Das war gemessen an dem späteren Abschneiden der KPD noch gut, aber 1949 schien es ein Desaster, sowohl im Rückblick auf die Weimarer Republik als auch auf die ersten Wahlen 1945. Wir waren alle enttäuscht darüber, auch Schirdewan machte da keine Ausnahme. Zwar versuchte die SED (etwa im »Neuen Deutschland«) mit der These von »undemokratischen und rechtswidrigen Separatwahlen« zu argumentieren und behauptete, gegenüber den letzten Kommunalwahlen habe die KPD sogar Stimmen gewonnen, doch das nahm kaum jemand ernst.

Herbert Mies und ich waren besonders niedergeschlagen. Bei den Oberbürgermeisterwahlen in Mannheim am 31. Juli hatte der KPD-Kandidat, der frühere Pfarrer Erwin Eckert, fast 35 Prozent der Stimmen erreicht, aber nur zwei Wochen später kam die KPD selbst hier auf »schwache« 18 Prozent (Direktkandidat war Willy Grimm). Ich sah meine kritische Haltung zum Stalinismus jetzt in noch einem anderen Licht. Offensichtlich fanden die Kommunisten bei der Bevölkerung, gerade auch in der Arbeiterschaft, immer weniger Zuspruch. Für mich ein Grund mehr zu überlegen, was mit dieser Bewegung falsch lief. Daß die Wählerzahlen aber so rapide weiter sinken würden, bis die Partei lediglich eine Sekte war, konnte ich damals nicht ahnen.

Nach seiner Vorlesung, die im »Aulavorraum« stattgefunden hatte, nahm Schirdewan uns westdeutsche Kommunisten zu einer Besprechung zur Seite. Er führte nun auch innerparteiliche Auseinandersetzungen an, die er für die Wahlniederlage verantwortlich machte, und verwies auf »Titoisten«, die es in der KPD energisch zu bekämpfen galte. Schirdewan hatte eine kraftvolle Stimme, sprach überlegt, und seine Art erinnerte mich etwas an Kurt Müller. Die PDS hat ihn nach der friedlichen Revolution in der DDR rehabilitiert, ich traf ihn dann einmal zufällig im Archiv in Berlin, und wir korrespondierten sporadisch miteinander. Natürlich war er gegenüber Ulbricht sehr kritisch eingestellt.

Aber 1949 hat Schirdewan wie alle Referenten selbstverständlich die offizielle Parteilinie vertreten. Diese schlug auch im Unterricht durch, insbesondere, als im September »Studium Grundfragen« auf dem Programm stand. Vorlesungen hielten unsere Dozenten Alexander Grüttner (Ideologischer Klassenkampf und moderne Physik) oder Bernhard Thiel (Finanzplanung in der volkseigenen Wirtschaft). Im wesentlichen gab es jedoch in allen Fakultäten Wiederholungen und intensives Selbststudium, denn für Oktober waren ja die Prüfungen angesetzt.

Bei einer »Goethe-Feier«, die wie überall im Land zum 200. Geburtstag des Dichters auch an der Parteihochschule stattfand, hatte Alexander Abusch bereits am 22. August gesprochen. Der 47jährige Abusch war einst führend in der KPD der Weimarer Republik und gehörte dort vorübergehend zu den ultralinken »Abweichlern«. 1946 aus dem mexikanischen Exil zurückgekehrt, war er nun Sekretär und Vizepräsident des Kulturbundes. Anfang 1950 stieg Abusch zum Sekretär des Parteivorstandes der SED auf, wurde aber im Juli 1950 als erster DDR-Funktionär wegen der »Field-Affäre« abgesetzt. Er wurde 1951 vom MfS als »Geheimer Informator« angeworben. Die von ihm gelieferten »dosierten« Informationen über Schriftsteller, Diskussionen in der Akademie der Künste und »feindliche Tätigkeit in den westlichen Emigrationen« nutzte er nach Einschätzung der Verbindungsoffiziere mehr dazu, seine eigene »Parteitreue« unter Beweis zu stellen als nennenswerte Aufklärungsarbeit zu leisten. 1956 beendete das MfS die Zusammenarbeit. Nach Bechers Tod 1958 wurde Abusch zum Kulturminister der DDR und von 1961 bis 1971 zum Stellvertretender des Vorsitzenden des Ministerrats ernannt.[174] In seinem mit Verve vorgetragenen Referat hatte er als guter Agitator den Dichter Goethe einbezogen in die Linie des Fortschritts in der deutschen Geschichte, deren Tradition in der SBZ von der SED fortgeführt werde. Es gab die übliche feierliche Umrahmung mit Musik und Rezitationen.

Ansonsten besuchten wir bis zum Lehrgangsende noch viele interessante Kulturveranstaltungen in Berlin, Ausstellungen, Opern- und Schauspielaufführungen. Besonders beeindruckt verließ ich eine Vorführung von Weisenborns »Ballade vom Eulenspiegel, vom Federle und von der dicken Pompanne«. Für die Stimmung unter uns war es durchaus typisch, daß ich nun daraus öfter zitierte: »Tollkühn ist er wie ein ... Engerling«. »Wie ein Engerling?« – »Wo es so viele Vogelschnäbel gibt, ist es doch direkt tollkühn von einem Engerling, daß er überhaupt lebt.«

Wenn wir heute nach Potsdam kommen, fällt uns ein Besuch von 1949 ein, von dem Gerda berichtet: Natürlich unternahmen wir Studenten auch lehrreiche Exkursionen. Eine führte, da wir uns im Unterricht gerade mit dem »reaktionären Preußentum« beschäftigten, zum nahegelegenen Potsdam. Dort bestaunten wir die herrlichen Gebäude, die königliche Architekten und Bauleute errichtet hatten, bewunderten die Parkanlagen der fürstlichen Landschaftsgärtner. Schließlich besuchten wir das berühmte Schloß Sanssouci. Zur Besichtigung stiegen alle natürlich in die obligatorischen Filzlatschen. Dann begrüßte uns die »preußische Schloßführerin« – die wußte, daß unsere Gruppe von der Parteihochschule kam – mit den Worten: »Über Rosa Luxemburg kann ich hier nicht sprechen – sie war niemals hier. Sanssouci gehörte Friedrich dem Großen, der hier von ... bis ... lebte!!!« Dann sprach sie über Friedrichs Flötenkonzerte im Schloß Rheinsberg sowie vom verlorenen Streit mit seinem Mühlennachbarn. Und als ich nach einem Baderaum, z. B. für die Körperpflege, fragte, stutzte sie und antwortete spitz: »Dafür gab's doch Diener und Zofen – und damals waren alle ja sehr züchtig.«

Selbstverständlich beteiligten wir uns auch weiterhin an Arbeitseinsätzen, vor allem beim Enttrümmern. Das war motivierend, weil es immer in guter Stimmung geschah und jedem sinnvoll erschien,

die Ruinen zu beseitigen. Beim Aufbau zu helfen hielt ich jedenfalls für angebrachter als vieles andere, was wir zu tun hatten. Bei
einer Enttrümmerungsaktion in der Nähe des Bahnhofs Friedrichstraße, an der Ecke Unter den Linden, gegenüber dem Schweizer-
haus, bin ich allerdings fast verunglückt. Als ich versuchte, einen
schweren Brocken hochzuheben, habe ich mir an einem Eisenträ-
ger so heftig den Kopf angestoßen, daß ich ohnmächtig wurde. Zur
»Wiederbelebung« schleppte mich Gerda dann zu einem HO-
Stand, wo es eine schmackhafte Bockwurst gab.

»Kopfschmerzen« bereiteten mir indes die Fragen, was nach
dem Ende des Studiums im November kommen solle, und nicht
minder, wie sich die politische Großwetterlage entwickeln würde.
Sowohl den Vorträgen im September als auch der Presse war immer deutlicher zu entnehmen, daß sich die Spaltung Deutschlands
rasant vertiefte, nach der Gründung der Bundesrepublik im Westen nun wohl auch im Osten ein eigener Staat geschaffen würde.
Die Weltlage wurde kritischer, der Kalte Krieg verschärfte sich.
Wie schon erwähnt, fand im September 1949 der Rajk-Prozeß in
Ungarn statt, der Freundschaftspakt zwischen der UdSSR und Jugoslawien wurde gekündigt und am 1. Oktober die Volksrepublik
China ausgerufen. Die Sowjetunion zündete am 23. September
ihre erste Atombombe. Und auf der westlichen Seite hatte sich die
Bundesrepublik Deutschland konstituiert, waren außerdem die
NATO und der Europarat gegründet worden. Alles das machte
mich immer skeptischer, und ich befürchtete, daß ein 3. Weltkrieg
vor der Tür stand. Wie also sich richtig verhalten? Inzwischen
zwar völliger Antistalinist, war ich immer noch überzeugter Kommunist. Die Situation schien mir daher ausweglos.

Es war nicht mehr zu übersehen, daß eine baldige Gründung der
Ost-Republik bevorstand. Was heute bekannt ist, daß die SED-
Führer im September bei Stalin waren und am 29. mit der Genehmigung zur Schaffung eines deutschen Teilstaates zurückka-
men,[175] konnten wir seinerzeit natürlich nicht wissen. Doch schon
damals registrierte ich die eigenartige Taktik, mit der die SED
schrittweise vorging. Zunächst konstruierte sie ein grobschlächti-
ges Feindbild, um die eigene Politik zu legitimieren. Die eben ge-
gründete Bundesrepublik wurde mit Nazi-Deutschland verglichen
(»Adenauer in Hitlers Fußstapfen«) und darüber hinaus behauptet,
die Bundesregierung bereite zusammen mit den USA einen Krieg
gegen die Sowjetunion und damit auch die SBZ vor.

An allen Demonstrationen in Kleinmachnow beteiligten sich Parteihochschüler.

Zweiter Schritt war die Mobilisierung »spontaner« Proteste von unten. Es gab Aufmärsche von Betriebsbelegschaften, Versammlungen usw., die eine »Antwort an die Bonner Spalter« verlangten und forderten: »Sofortige Bildung einer gesamtdeutschen Regierung mit dem Sitz in Berlin!« Solche (natürlich von »oben« angeordneten) Losungen auf »Friedenskundgebungen«, die am Sonntag, dem 2. Oktober, in der ganzen Ostzone stattfanden, waren keineswegs eindeutig. Als ich sie auf einer Kundgebung in Kleinmachnow bemerkte, überlegte ich, was das bedeuten solle: eine Regierung nur für die Ostzone oder etwa Anspruch auf ganz Deutschland? Letzteres war nicht nur irreal, es hätte größere Spannungen bis hin zu gewalttätigen Auseinandersetzungen provozieren können.

Beim dritten taktischen Schritt wurden, unter Berufung auf die »Forderungen der Massen«, Anfang Oktober administrativ-organisatorische Konsequenzen eingeleitet. Mit der Umwandlung des Volksrats zur Volkskammer am 7. Oktober, der Wahl Piecks zum Präsidenten am 11. sowie der Bildung der Regierung Grotewohl am 12. Oktober 1949 war schließlich klar, es handelte sich um die Konstituierung eines Teilstaates.

Genau dies war bereits angeklungen, als Ulbricht vor uns sein letztes Grundsatzreferat gehalten hat. Am Mittwoch, dem 7. September, hatte er in der Aula zum Thema die »gegenwärtigen Auf-

367

gaben der Partei« gesprochen – einen Monat danach saß er bereits als Stellvertretender Ministerpräsident in der Regierung des zweiten deutschen Staates. Seine Hauptangriffe richteten sich natürlich gegen den Westen, er forderte ausdrücklich einen Friedensvertrag und thematisierte die »Wiederherstellung der deutschen Einheit«. Ulbrichts Drohungen, sonst werde es »Folgen« haben, ließen freilich schon die Bildung einer eigenen Regierung in einem separaten Staat vermuten. Und nur eine Woche später, am 16. September, ist Ulbricht ja mit Pieck, Grotewohl und Oelßner nach Moskau gereist, um von Stalin die »Zustimmung für die Bildung einer provisorischen deutschen Regierung in der Sowjetischen Besatzungszone« einzuholen. Aber diese Konsequenzen aus Ulbrichts Andeutungen vom 7. September sind mir zunächst verborgen geblieben, weil ich immer noch zu sehr auf die innerkommunistische Situation fixiert war. Daher galt meine Aufmerksamkeit viel stärker Ulbrichts Kritik an der SED: der Umbau zur Partei neuen Typus geschehe zu langsam, der Kampf gegen den Titoismus und die Agenten in den eigenen Reihen (wenige Tage später begann ja der Rajk-Prozeß!) müsse forciert werden. Und insofern hat mich die Regierungsbildung doch wieder ziemlich überrascht.

SED-Regierungsmitglieder – uns längst bekannt

Für uns war Wilhelm Pieck, der am 11. Oktober 1949 zum Präsidenten der DDR gewählt wurde, kein Unbekannter. Wir sind dem ersten deutschen Kommunisten, der einen so hohen Staatsposten einnahm, anläßlich seiner vielen Besuche in der Parteihochschule begegnet, ich hatte ihn sogar schon 1946 auf der FDJ-Schule getroffen. Nach der Bildung der Regierung entdeckten wir uns vertraute Personen, neben dem Ministerpräsidenten Otto Grotewohl und seinem Stellvertreter Walter Ulbricht hatten wir bereits den Innenminister Karl Steinhoff, den Volksbildungsminister Paul Wandel (als 44jähriger jüngstes Regierungsmitglied), den Industrieminister Fritz Selbmann erlebt, und von den Staatssekretären war uns Anton Ackermann (im Außenministerium) bestens bekannt.

Längst wissen wir, daß von 1945 bis 1949, während der alliierten Militärherrschaft, in der Sowjetischen Besatzungszone wie in den drei Westzonen sich bereits Ansätze unterschiedlicher gesellschaftlicher und politischer Systeme herausbildeten, die 1948 zur

Teilung führten und schließlich 1949 in die Konstituierung zweier deutscher Staaten mündeten. Es war zwar keine zwangsläufige, aber eine von den Besatzungsmächten damals geförderte und vom Kalten Krieg beeinflußte Entwicklung. Die Gründung der DDR war also keineswegs nur eine »Antwort« auf die Bildung der Bundesrepublik. Unter Oberhoheit und Anleitung der SMAD hatte die SED in der SBZ rasch die wichtigsten Machtpositionen übernommen und war nach dem Vorbild der KPdSU in eine stalinistische »Partei neuen Typus« umgewandelt worden. Gerade dies erfuhren wir an der Parteihochschule ja hautnah. Nun waren die Weichen gestellt, um nach dem Modell der Sowjetunion aus der Ostzone einen deutschen Teilstaat zu schaffen.

Ich war selbst dabei, als nach der Wahl Piecks zum Präsidenten am 11. Oktober in Berlin eine Riesendemonstration mit einem Fackelzug stattfand. Ausgerechnet an diesem Tag waren für uns die ersten Abschlußprüfungen, nämlich in »Grundfragen«, angesetzt. Selbstverständlich wurden sie verschoben, statt dessen fuhren wir nach Berlin, wo der Ostsektor schon in den frühen Nachmittagsstunden mit Menschen aus der ganzen Sowjetischen Besatzungszone verstopft war. Wir sind im Jubelzug mitmarschiert und ließen die DDR und den ersten Arbeiterpräsidenten hochleben. Einen Monat zuvor, am Samstag, dem 3. September, hatte Wilhelm Pieck den fünften Achtmonatskurs auf der Parteihochschule mit einer Rede eröffnet. Zu diesem Lehrgang waren 180 leitende »Autoritäten aus dem öffentlichen Leben«, also »Spitzenfunktionäre auf die Schulbank« gekommen (wie das »Neue Deutschland« am 7. September schrieb). Von ihnen wie von uns allen forderte Pieck in seiner gewohnten Art: »… lernt die Geschichte der KPdSU … lernt von der bolschewistischen Partei.« Er hob zudem die »Bedeutung der nationalen Frage« hervor. Auf dieser Eröffnungsfeier (bei der Mitglieder des Parteivorstandes und auch Hermann Duncker zugegen waren) sprach Pieck ja noch als SED-Vorsitzender, nun konnten wir an ihm als Präsidenten der DDR vorbeidefilieren.

Auch Lieder wurden gesungen. Dabei kam mir die Idee: jetzt sollten wir das »Solidaritätslied« von Brecht und Eisler (er komponierte dann bald die DDR-Hymne) anstimmen. Die meisten unter uns Jungen schmetterten mit: »Und weil der Mensch ein Mensch ist, drum hat er Stiefel im Gesicht nicht gern. Er will unter sich keinen Sklaven sehn, und über sich keinen Herrn.« Dieser

Text paßte für den neuen Staat natürlich wie die Faust aufs Auge, flink kamen »Ordner« angerannt und verboten uns, diese »sektiererischen« Strophen zu singen. Nicht allein deswegen empfand ich die doppelte Staatsgründung als ein Problem. Mir schwante, die Bildung der DDR werde die deutsche Teilung nicht nur vertiefen, sondern auf lange Zeit zementieren. Vor allem befürchtete ich, daß nunmehr auch dem Osten Deutschlands ein stalinistisches Terrorregime ins Haus stand. Das sahen die meisten wohl anders. Als am späten Abend des gleichen Tages in der Aula der Parteihochschule eine Feierstunde zur Gründung der DDR und Piecks Wahl stattfand, herrschte gute Stimmung. Und beim anschließenden Tanz im Haus 6 waren alle sehr ausgelassen.

Sehr erstaunt war ich nach dem Ende der DDR allerdings bei einer Diskussion zum Jahrestag der Staatsgründung. Eingeladen hatte der Fernsehsender ORB im Januar 1993 zu einer Gesprächsrunde: »Am Tag als …« Teilgenommen haben daran u. a. Peter Florin, Sohn eines führenden Kommunisten der Weimarer Republik und von 1969 bis 1989 selbst hoher Funktionär des Außenministeriums der DDR, sowie der bekannte Schriftsteller Stephan Hermlin, der seinerzeit sogar Lobeshymnen auf Stalin verfaßt hatte. Beide erinnerten sich an die Begeisterung, die sie 1949 bei der Gründung dieses »fortschrittlichen« Staates empfunden hatten. Ja sie rechtfertigten diesen Schritt zur weiteren Spaltung Deutschlands noch immer als Tat für den Frieden. Obwohl sie – älter als ich – persönliche Erfahrungen mit dem Stalinismus hatten, glorifizierten sie »diesen Tag«. Florin, der als Jugendlicher die Stalinschen Säuberungen überlebte, und (etwas zurückhaltender) Hermlin verteidigten – nach mehr als 44 Jahren – die damaligen Ereignisse. Wir gerieten uns während des Fernsehgesprächs in die Haare. Gemeinsam mit der langjährigen Präsidentin des Bundestages, meiner SPD-Genossin Annemarie Renger, versuchte ich wenigstens den Zuschauern zu erklären, daß der 7. Oktober 1949 ein »schwarzer Tag« für alle Menschen in ganz Deutschland war.

Ähnlich habe ich innerlich schon Ende 1949 gedacht. Und so wie ich als Kommunist die Gründung der kapitalistischen Bundesrepublik vehement ablehnte, so Monate später als Antistalinist auch die Bildung der diktatorischen DDR. Allerdings hatte ich inzwischen begriffen, daß ich »tollkühn wie ein Engerling« gewesen wäre, dies offen zu bekennen. Also schwieg ich wie so viele andere, was politisch falsch war und mir auch körperlich nicht gut bekam.

Stalin hatte an die Führung des neuen Staates ein Grußtelegramm geschickt, das die östliche Presse am 15. Oktober groß herausstellte (in einem Extrablatt verbreitete es das »Neue Deutschland« schon am 14.). In diesem Telegramm bezeichnete Stalin die DDR-Gründung als einen »Wendepunkt in der Geschichte Europas«. Da das deutsche und das »sowjetische Volk« im »Kriege die größten Opfer gebracht« hätten, könne man, wenn sie nun »mit der gleichen Anspannung ihrer Kräfte« kämpften, den »Frieden in Europa für gesichert halten«. Pieck und Grotewohl dankten Stalin überschwenglich, nannten sein Telegramm gar ein »weltbewegendes Ereignis«. Wie sehr der Personenkult um Stalin wuchs, war auch in der DDR nicht mehr zu übersehen. Wir an der Parteihochschule mußten uns mit diesem »Ereignis« ebenfalls gründlich befassen, das gut zu den nationalistischen Tendenzen der SED paßte.

Dabei übertrieb allerdings das FDJ-Organ »Junge Welt« (19. Oktober). Es hatte aus den dürren Stalin-Worten abgeleitet, in Europa gebe es außer dem sowjetischen kein anderes Volk, das »durch Tüchtigkeit, Ausdauer und Fleiß befähigt« sei »wie das deutsche Volk«. Darüber ist auf der Parteihochschule gemurrt worden, und viele fanden es richtig, daß die Redaktion in der nächsten Ausgabe der Wochenzeitung ihren »groben Schnitzer freimütig« eingestand und diese »Überheblichkeit unseligen Andenkens« selbst kritisierte. Wegen der Überinterpretation eines »Stalin-Telegramms« sind die Redakteure des FDJ-Organs 1949 gerügt worden. Ungefähr ein halbes Jahr danach wurde ich als Chefredakteur in ganz anderem Zusammenhang, aber ebenfalls wegen eines »Stalin-Telegramms« gerügt, worauf noch zurückzukommen ist.

Im Unterricht und vor allem in den Parteiveranstaltungen wurde die DDR-Gründung zum Hauptthema, jedoch wegen der Wiederholung des Stoffes der vier Fakultäten und insbesondere wegen der Abschlußprüfungen rasch zurückgedrängt. Kurz vor der Staatsgründung waren zwei auswärtige Referenten nach Kleinmachnow gekommen. Am 6. Oktober sprach Horst Sindermann, der gerade als bisheriger 1. Kreisvorsitzender der SED in Chemnitz an die Redaktion der »Freiheit« nach Halle versetzt worden war. Vor uns referierte er noch über die »konkrete Aufgabenstellung eines Kreisvorstands bei der Schaffung der Partei neuen Typus«. Sindermann, der dann ab 1958 30 Jahre lang dem Politbüro angehörte, wirkte nervös und wenig überzeugend. Vielleicht hing das damit zusammen, daß er gerade von der ZPKK überprüft worden war und seine Versetzung in eine Redaktion nach Halle zunächst wohl eine Abschiebung bedeutete.

Am Vortag hatte Hermann Zilles gesprochen. Er kam aus der KPD in Köln, war jetzt aber in der Westabteilung beim SED-Parteivorstand Leiter des SPD-Referats. Sein Thema lautete entsprechend: »Die SPD-Führung als imperialistische Agentur«. Zilles Ausführungen, eine üble Schimpferei, stießen teilweise auf Ablehnung. Paul Flucke, der bereits bei der »Abschlußwiederholung« in Philosophie in unserer Gruppe »Internationale« aufgemuckt hatte, widersprach Zilles Grundthese. In der Fakultätssitzung vom 3. Oktober[176] wurde Flucke von Georg Becker denunziert: dieser habe es abgelehnt, »den Sozialdemokratismus in der heutigen Situation als ideologische Agentur der Bourgeoisie im Lager der Arbeiterbewegung zu bezeichnen«. Flucke hatte gemeint, das gelte für das Ostbüro, doch der Begriff »Agentur« führe »zu falschen Schlußfolgerungen« gegenüber den Arbeitern. Becker berichtete von einer langen Diskussion in der Geschichtsgruppe, »aber Gen. Flucke beharrte auf seiner Meinung«.

Ich erinnere mich gut an diese Debatte in unserer Gruppe »Internationale«, weil ich in der Einschätzung der Sozialdemokratie inzwischen vorsichtiger geworden war. Als »linker« Kommunist hatte ich früher Sozialdemokraten – von meinem Vater angestachelt – als »schwankende Gestalten« abgelehnt, als Opportunisten gesehen. Noch war ich von sozialdemokratischen Positionen ziemlich weit entfernt, für mich war das »Agentur«-Gerede einfach Blödsinn. Zilles »Einschätzungen« schienen mir ebenfalls primitiv. Ich verstand den Protest des früheren Sozialdemokraten Flucke, unterstützt habe ich ihn nicht. Er war schon nahe daran, selbst des »Sozialdemokratismus« bezichtigt zu werden.

Nach dem 7. Oktober – zwischen den Prüfungen und Wiederholungen – hörten wir weitere Vorlesungen von eigenen Dozenten (Lemnitz zur Nationalen Front, Rossmann über Polen, Grüttner über China) wie von Berliner Funktionären. Aus Anlaß der Gründung des Deutschen Gewerkschaftsbundes referierte Walter Hähnel über Gewerkschaften im Westen. 1927 war er als Jugendfunktionär Mitglied des ZK der KPD geworden, nun arbeitete er in der Westabteilung des SED-Parteivorstandes, wo er auch für Kader zuständig war. Hähnel berichtete eher sachlich über die westdeutschen Gewerkschaften.

Wenige Tage später, am 24. Oktober, hörten wir Bernhard Koenen, dessen Bruder Wilhelm kurz zuvor über den Volksrat gesprochen hatte. Bernhard Koenen war als führender Kommunist im Februar 1933 bei Auseinandersetzungen mit der SA schwer verletzt worden, geriet dann aber als deutscher Exilant während der Stalinschen Säuberungen 1937 und 1939 zeitweise in NKWD-Haft. Nun Vorsitzender der SED-Landesleitung Sachsen-Anhalt, beschrieb er (im »Hörsaal 2«) die »operative Leitung« und erläuterte die konkreten Aufgaben einer Landesleitung bei der »Schaffung der Partei neuen Typus«, was für uns immerhin recht informativ war.

Zwei Tage danach erläuterte uns Stefan Heymann die »reaktionäre Rolle des Vatikans«, und er fand damals unsere volle Zustimmung. Heymann[177] war Mannheimer, 1926 bis 1930 Redakteur der dortigen »Arbeiterzeitung«. Nach Referat und Diskussion setzte er sich mit uns beiden »Mannheimern«, Mies und mir, zusammen. Er hatte das KZ Auschwitz überlebt, arbeitete nach dem Ende des Krieges zunächst in Thüringen und gehörte dann zur Kulturabteilung des Parteivorstandes. Bedauernd sagte Heymann, er habe kaum noch Verbindungen nach Mannheim, nicht einmal zu seinen Verwandten. Er wollte also wissen, wie es dort jetzt aussehe. Da wir beide aber seit über einem Jahr nicht mehr in Mannheim gewesen waren, konnten wir ihm auch nichts Aktuelles berichten.

Am 31. Oktober sprach Alex Starck über die Aufgaben des FDGB. Der gelernte Zimmerer war immerhin der Stellvertretende Vorsitzende dieser größten Massenorganisation. Der FDGB hatte sich inzwischen längst der SED unterworfen, und Starck vertrat die Parteilinie. Im August 1950 auf dem 3. FDGB-Kongreß erneut zum Stellvertretenden Vorsitzenden gewählt, verlor er im Oktober 1951 seine Funktion und wurde 1953 sogar aus der SED ausgeschlossen. In Kleinmachnow trat der 40jährige noch selbstbewußt auf. Er erläuterte den »demokratischen Zentralismus« bereits als Prinzip auch des FDGB, und wie nun alle berief er sich auf Stalin.

Wenige Tage vor unserer Abschlußfeier hörten wir am 3. November die letzte Lektion – von einem neugebackenen Staatssekretär. Bruno Leuschner referierte über »Die Ergebnisse des ersten Jahres des Zweijahresplans«. Das erfolgte aus erster Hand, denn er war gerade im Ministerium für Planung (bei Minister Heinrich Rau) Staatssekretär geworden. Später stieg er sogar zum Politbüromitglied und Planungschef der DDR auf.[178] Uns berichtete er von den großen wirtschaftlichen Erfolgen, die es mit Sicherheit so nicht gab. Doch wenn der künftigen Parteielite schon auf der Hochschule der »Objektivismus« ausgetrieben, das Lesen feindlicher Argumente verboten wurde, warum sollten sie aus der letzten Vorlesung nicht auch ein geschöntes Bild der DDR-Wirklichkeit mitnehmen? In ihren künftigen Funktionen mußten die Absolventen ja ohnehin zahlreiche Legenden verbreiten, um die SED-These »Die Partei hat immer recht« zu stützen.

Begegnungen mit Erich Honecker

Walter Hähnel hatte mich – wie alle übrigen Westdeutschen in Kleinmachnow – nach seinem Vortrag am 17. Oktober beiseite genommen. Er war beauftragt, mit jedem einzelnen über die »zukünftige Verwendung« zu »beraten«. Allerdings hatten – wenige Wochen vor Lehrgangsende – schon viele Gespräche stattgefunden, um Vorschläge für den kommenden »Einsatz« zu erörtern. Natürlich bestimmte letztlich die Kaderabteilung in Berlin, und wir als »Nomenklatur-Kader« hatten deren »Befehl« dann zu befolgen. Aber zunächst waren die »Planspiele« noch ganz aufregend. Beispielsweise waren für Heinz Buschmann entweder Einsatz als Kreissekretär, Funktionen in der Landwirtschaft oder (von Gerda) in der Volkspolizei vorgeschlagen worden. Bei mir gab es keine Unklarheit, es hieß vielmehr allgemein, Wunderlich könne und müsse Redakteur werden. Ich hatte nichts dagegen, und in diese Richtung hatte wohl auch die Führung gedacht. Hähnel empfahl, ich solle als Chef zur KPD-Zeitung nach Schleswig-Holstein gehen. Dort seien die »Parteifeinde« um Fritz Latzke noch stark und deshalb sei es notwendig, die Redaktion auszuwechseln.

Darüber bekam ich einen gehörigen Schreck. Schon eher solchen »Parteifeinden« nahestehend als der »Linie«, wollte ich mich nicht instrumentalisieren lassen. Und so war ich erleichtert, darauf verweisen zu können, daß Paul Verner bereits vorgeschlagen habe, mir die Redaktion der westdeutschen FDJ-Zeitung »Freie Jugend« zu übertragen. Der Apparat der FDJ in Westdeutschland solle ja ausgebaut werden, sogar ein Gespräch darüber mit Honecker sei mir zugesagt worden. Hähnel wollte das in Berlin prüfen lassen. Damals war ich irrigerweise der Auffassung, in einer Redaktion der »Massenorganisation« FDJ gebe es mehr Freiraum als in einem KPD-Blatt.

Paul Verner hatte am 8. September nach seinem Referat über »Organisationsprobleme unserer Partei« schon Vieraugengespräche mit einigen Studenten geführt. Auch ich war zu ihm vorgeladen worden. Aus den Unterlagen hatte Verner wohl entnommen, daß ich Delegierter auf dem 1. Parlament der FDJ war, und vermutete daher, wir hätten uns bereits damals getroffen. Das konnte ich bejahen, denn ich gehörte auf dem Parlament zur Redaktionskommission unter seiner Leitung. Und an einem Gespräch zwischen FDJ-Führern und westdeutschen Jugendlichen hatten wir beide schon früher in Berlin teilgenommen. Er tat so, als erinnere er sich, und meinte, dann würde ich ja selbstverständlich auch Erich Honecker, den FDJ-Vorsitzenden, kennen. Verner hielt es für zweckmäßig, mit diesem meine künftige Funktion in der West-FDJ zu regeln.

Tatsächlich war ich drei Jahre zuvor Erich Honecker, Paul Verner, Hermann Axen und Heinz Keßler begegnet. Sie hatten einige von uns westdeutschen FDJ-Schülern für den Lehrgang am Bogensee nach der Ankunft in Berlin im Mai 1946 zu einem Treffen eingeladen. Diese Unterhaltung – die in einer Art Biergarten stattfand – lief ganz »unter uns Kommunisten« ab. Die Funktionäre erwarteten detaillierte Informationen über die Situation der Jugend im Westen. Die Gesprächsleitung unserer kleinen Runde – wenn ich mich recht erinnere, waren wir fünf oder sechs westdeutsche Jungkommunisten – lag bei Honecker. Er hatte sich kurz vorgestellt, und als ich hörte, daß er als Antifaschist zehn Jahre in den Kerkern Hitlers hatte verbringen müssen, bekam ich 17jähriger sofort großen Respekt. Der damals 33jährige Saarländer (sein Dialekt schlug noch voll durch) sprach ruhig, machte einen bescheidenen Eindruck. Außer ihm beteiligte sich am Gespräch der fast gleichaltrige Verner, der mir viel großspuriger vorkam, Axen und Keßler blieben zurückhaltend.

Alle vier FDJ-Führer traf ich kurz danach erneut auf dem 1. Parlament in Brandenburg/Havel. Zu der Redaktionskommission, in die ich »gewählt« war, gehörte Honecker, doch geleitet wurde sie von seinem Konkurrenten Verner. Beide waren die »Macher«, sie haben die Arbeit der Kommission gelenkt. Natürlich hatten sie alle Hände voll zu tun, und mir sind nur beiläufige Kontakte erinnerlich. Obwohl ich als »Sektierer« eigentlich immer noch einem Kommunistischen Jugendverband nachtrauerte, beeindruckte mich die freundschaftliche Art, in der Honecker nun

Im Präsidium der 1. Westdeutschen FDJ-Konferenz in Essen im Februar 1950; von rechts: Heinz Lippmann, Erich Honeckers Stellvertreter in der FDJ, Max Reimann, KPD-Vorsitzender, Hermann Weber, Chefredakteur des »Jungen Deutschland«, und der Berliner FDJ-Vorsitzende Peter Frey.

als Vorsitzender die FDJ überzeugend führte. Seinerzeit nahm ich ihm sogar das »Versprechen« als ehrlich ab, die Überparteilichkeit der FDJ »wie unseren eigenen Augapfel« zu hüten. Vermutlich hat er schon damals bewußt gelogen, verstand dies aber durch demagogische Floskeln geschickt zu überspielen.

Jetzt im Oktober 1949 sollte ich ihn also wiedertreffen, um meinen eventuellen »Einsatz« in der West-FDJ zu besprechen. Rückblickend fällt mir als bemerkenswert auf, daß der FDJ-Vorsitzende zu unserer Zeit nicht auf der Parteihochschule referiert hatte, und ebensowenig Elli Schmidt als Vorsitzende des Demokratischen Frauenbundes. (Sie war als Mitglied des SED-Zentralsekretariats nur zur Eröffnungsfeier gekommen.) Sollte hier etwa ein Stück »Überparteilichkeit« demonstriert werden? Allein Peter Nelken vom Zentralrat der FDJ hatte am 13. Juli 1948 ganz allgemein über »Jugendbewegung« gesprochen.

Der vorgesehene Termin meiner Vorstellung bei Honecker, der 11. oder 12. Oktober, war wegen der DDR-Gründung über den Haufen geworfen worden. Und deshalb konnte ich Walter Hähnel am 17. Oktober nur diese Absicht mitteilen. Am Ende des Lehrgangs wurden wir KPD-Genossen dann zur Kaderabteilung der

SED im »Haus der Einheit« (danach Sitz des IML in der späteren Pieck-, jetzt Torstraße) bestellt. Hier war kein FDJ-Vertreter dabei, also sah ich Honecker nicht.

Ich brauchte aber nicht (um das vorwegzunehmen) nach Kiel zur KPD-Redaktion, sondern wurde – natürlich mit Billigung Honeckers – Chefredakteur der westdeutschen FDJ-Zeitung. Sie erhielt den Namen »Das Junge Deutschland« und ist in Frankfurt/Main vom Zentralbüro der FDJ herausgegeben worden.[179] Eine weitere Zusammenkunft mit Honecker fiel wiederum aus. Zur Funktionärskonferenz der westdeutschen FDJ im Februar 1950 in Essen, zur eigentlichen Gründung eines organisierten Westverbandes, wurde neben dem KPD-Vorsitzenden Max Reimann auch Honecker erwartet. Statt des FDJ-Vorsitzenden, dem die SED-Führung aus Sicherheitsgründen abgeraten hatte, nach Essen zu fahren, kam sein Stellvertreter, der für Westarbeit verantwortliche Heinz Lippmann[180]. Im Präsidium der Konferenz habe ich als Chefredakteur neben Reimann und Lippmann Platz genommen.

Nur wenige Wochen später traf ich dann doch wieder mit Honecker zusammen. Mitte März 1950 hatte das FDJ-Organ »Junge Welt« in Berlin eine Tagung seiner »Jugendkorrespondenten« einberufen, zu der ich als Chefredakteur des »Jungen Deutschlands« natürlich eingeladen war. Übrigens war der Titel »Chefredakteur« etwas hochgestochen, denn wir waren ja nur vier Redakteure. Die weite und damals beschwerliche »Dienstreise« von Frankfurt nach Berlin habe ich gerne auf mich genommen, weil ich dabei einen Abstecher zu Gerda an ihre DFD-Schule in Niederlehme bei Königs Wusterhausen machen konnte. Meist wurde ich illegal über die Grenze geschleust, aber diesmal konnte ich mit einem Interzonenpaß ganz offiziell und legal fahren.

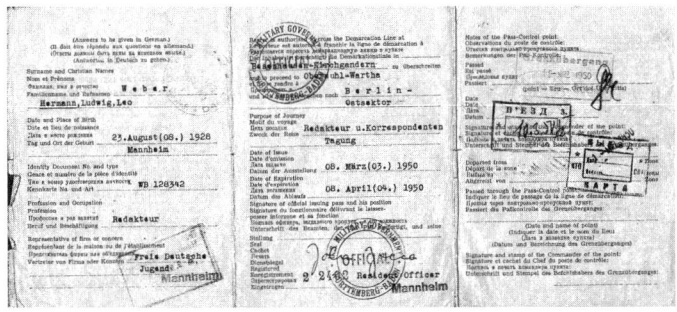

Mein Interzonenpaß für eine Tagung der FDJ in Berlin.

Hermann Weber mit dem Chefredakteur der »Jungen Welt«, Heinz Stern.

Hauptreferent der Tagung war Erich Honecker. Nach seinem Vortrag nahm er den Chefredakteur der »Jungen Welt«, Heinz Stern, und mich zu einem Gespräch beiseite. Er erläuterte uns, wie die weit größere »Junge Welt« das westdeutsche Organ zu unterstützen habe. Tatsächlich sind dann bis zum »Deutschlandtreffen« im Mai drei FDJ-Redakteure bei uns eingetroffen, darunter der bis zum Ende der DDR als suspektes Politbüromitglied so bekannte Joachim Herrmann. Mir gegenüber verhielt sich Honecker recht freundlich, aber daß er Heinz Stern nicht leiden konnte, war zu spüren. Heinz Stern kannte ich von dessen Besuchen bei seinem Vater, Victor Stern, in Kleinmachnow. Wir verstanden uns gut, auch er arbeitete erst seit kurzer Zeit als Chefredakteur, ist aber bereits im Januar 1952 von Joachim Herrmann abgelöst worden. Bemerkenswert für mich war, wie Heinz Stern nach 1990 sehr kritisch anmerkte, daß »unsere Ideale verraten« worden seien.

Nach dem Deutschlandtreffen der FDJ im Mai 1950 in Berlin, zu dem auch Tausende Westdeutsche gefahren waren, schickte Stalin – als Antwort auf ein Telegramm der Teilnehmer an ihn – eine Botschaft »An die deutsche Jugend«. Sie bestand nur aus zwei Sätzen: Im ersten dankte er »für die Grüße der jungen deutschen Friedenskämpfer«, der zweite lautete: »Ich wünsche der deutschen Jugend, dem aktiven Erbauer des einheitlichen, demokratischen und friedlichen Deutschland, neue Erfolge bei diesem

Das FDJ-Organ »Junge Welt« brachte Stalins »Telegramm« in einer Sondernummer, in »Das Junge Deutschland« gab es dafür nur ein kleines Kästchen, woraufhin ich sofort abgesetzt wurde.

großen Werk.« Inzwischen gehörte der Personenkult um den »großen Führer des Weltfriedenslagers« zum täglichen Einmaleins kommunistischer Propaganda. Entsprechend fabrizierte das FDJ-Organ »Junge Welt« in Ostberlin aus diesen Zeilen ein »Extrablatt«. Mir schien ein kleines Kästchen der »Antwort« auf der ersten Seite des »Jungen Deutschlands« ausreichend. Schon am

379

nächsten Tag kam Heinz Lippmann in Frankfurt angesaust und erklärte mich für abgesetzt: Erich Honecker verlange, daß ich umgehend nach Berlin komme und mich rechtfertige. Was tun?

Ich war längst soweit, den Bruch zu vollziehen. Aber gerade hatten wir eingefädelt, daß Gerda Röder nach Westdeutschland »delegiert« wurde, um dann den im März 1950 gegründeten DFD zu leiten. Am 10. Juni sollte sie in Frankfurt eintreffen und hier von der KPD »legalisiert« werden (deren Mitglieder arbeiteten noch in kommunalen Ämtern und konnten helfen). Mir war klar, daß Gerda das Beste war, was ich von dieser Parteihochschule mitbekommen hatte. Also kuschte ich, fuhr mit weichen Knien nach Berlin – wenn mein »Fehler« als »Agentenarbeit« ausgelegt würde, saß ich fest. Ich mußte ins »Hauptquartier« der FDJ, Unter den Linden.

Erich Honecker, der dort in einem riesigen Zimmer an einem pompösen Schreibtisch residierte (nach der friedlichen Revolution habe ich mir diesen Raum nochmals angesehen), brüllte mich sofort an. War das der bescheidene »Jugendfreund« von 1946? Nein, in nur vier Jahren war ihm die Funktion zu Kopf gestiegen. Er donnerte, einem ehemaligen Parteihochschüler wie mir dürfe so etwas nicht passieren. Honecker glaubte, mich über die Bedeutung Stalins belehren zu müssen, ich zeigte Reue, berief mich auf technische Probleme (die Redaktion saß in Frankfurt, Umbruch und Druck jedoch erfolgten in Hamburg) und übte Selbstkritik – wie das ging, hatte ich ja auf der Parteihochschule gründlich gelernt. Im Laufe des »Gesprächs« hat sich Honecker beruhigt, er gestattete mir, als Kulturredakteur weiterzuarbeiten. Nun rief er Heinz Lippmann, meinen damaligen Gegner und späteren Freund, hinzu. Ich bekam eine offizielle »Rüge« erteilt, die dann 1951 »erledigt« war.

Als die FDJ im Juni 1951 verboten wurde, bin ich wieder benötigt worden. In diesem Moment, nach dem Verbot der FDJ mit dieser Organisation und damit der kommunistischen Bewegung zu brechen, erschien Gerda und mir unmöglich, ja unmoralisch und feige. Deprimiert arbeitete ich also weiter. Bei einem erneuten Treffen mit Honecker in Berlin erteilte dieser mir genaue Anweisungen für das illegale »Junge Deutschland«. Bei Sitzungen der FDJ in Berlin (meist am Müggelsee) habe ich Honecker dann hin und wieder erlebt, er fertigte mich meist kurz ab, war nun ganz der »Führer«. Seit meinem Bruch mit der KPD 1954 bin ich Honecker natürlich nie mehr persönlich begegnet. Zu guter Letzt wäre es beinahe doch geschehen: Denn ausgerechnet an dem Tag, als Honecker nach Chile abreiste, flog auch ich von Berlin zurück. Honecker mußte ja von Tegel aus zuerst nach Frankfurt fliegen. Aber meine Maschine startete in Berlin bereits eine Stunde früher. Allerdings lag zwischen dem ehemaligen FDJ- und dann DDR-Führer und mir nicht etwa nur eine einzige Flugstunde, sondern uns trennten Welten.

Abschluß im Geiste Stalins

Von alledem war natürlich im Oktober 1949 nichts zu ahnen. Hier waren wir inzwischen eifrig bei den Prüfungen und Vorbereitungen für den Abschluß unseres Lehrgangs. Noch im September beschloß das Kleine Sekretariat, vier Mitschüler zur Kasernierten Volkspolizei, dem Vorläufer der Nationalen Volksarmee, abzustellen. Entsprechend einem Beschluß des Zentralsekretariats vom November wurden sie danach als Lehrer für die »Schule Torgau bestätigt«. Es waren neben Horst Gaudigs, Werner Thurmann und Werner Wölk auch Erwin Müller. Ilse Krasemann, mit diesem befreundet, wurde Ende September noch Assistentin der Philosophischen Fakultät, womit die Zahl der restlichen Lehrgangsteilnehmer unter 40 sank. Erwin Müller war im Krieg, um nicht als Soldat an die Front zu müssen, als Simulant in einer Irrenanstalt, was für ihn eine fürchterliche Zeit völliger Verstellung war. Ausgerechnet der 33jährige Müller, der aus seinem Antimilitarismus nie einen Hehl gemacht hatte, sollte jetzt beim Militär Dienst tun. Er beging schon 1950 Selbstmord, die genauen Gründe kenne ich nicht.

Die letzten Wochen unseres Lehrgangs sind aus dem überlieferten Lehrplan zu rekonstruieren. Außer den schon erwähnten wenigen Vorlesungen und der Demonstration in Ost-Berlin sowie der Feier in Kleinmachnow am 11. Oktober begannen am nächsten Tag die schriftlichen Prüfungen in Geschichte. Am Donnerstag, 13. Oktober, waren »Sonderstudium« und »Diskussion zum Sonderstudium« angesagt. Das hört sich zwar recht geheimnisvoll an, es fand aber nichts weiter statt als eine Debatte über die »Rolle« der gerade gegründeten DDR. Darauf folgten am Freitag »Prüfung Polit-Ökonomie«, am Samstag Prüfung in Philosophie und schließlich am Montag, 17. Oktober, die verschobene Prüfung in »Grundfragen«. Zu diesen hatten die einzelnen Fakultäten Fragen vorgelegt, die während der jeweils fünfstündigen Klausur zu beantworten waren. Der Fakultät Philosophie war am 3. Oktober auferlegt worden, daß deren Lehrer jeweils fünf »Kontrollfragen« für die Klausur erarbeiten sollten, woraus dann der Fragenkatalog erstellt wurde.

Die Prüfungen bewegten sich im Rahmen des zweijährigen Studiums, allerdings stand in Philosophie nun Stalins Schrift über dialektischen und historischen Materialismus im Vordergrund. Ähnlich sah es in den anderen Fakultäten aus. Bei »Grundfragen« bildeten selbstverständlich die Geschichte der KPdSU und speziell der »Kurze Lehrgang« den Schwerpunkt. Beispielsweise hieß es: »Was lehrt die Geschichte der KPdSU (B) die deutsche Arbeiterklasse?« Manche Prüfungsfrage war also weitgehend von der Thematik des letzten Semesters geprägt und daher eher propagandistisch als wissenschaftlich formuliert. 20 Stunden schriftliche Klausuren in verschiedenen Fächern innerhalb weniger Tage verursachten schon mächtigen Stress. Aber bei der Ausarbeitung blieb ja Zeit zum Überlegen und Formulieren. Dennoch gab es bei vielen Kandidaten so etwas wie Prüfungsangst. Die habe ich nie gehabt. Ich überschüttete die Prüfer mit einer Mischung aus Wissen, Analysen und Problemstellungen, so gelang es mir, selbst die eingebauten stalinistischen Klippen zu umschiffen.

Das galt besonders für die mündlichen Prüfungen, die am Mittwoch, dem 19. und Donnerstag, dem 20. Oktober vorgenommen wurden. Sie waren ein besonderes Ereignis, weil in den Kommissionen nicht etwa nur unsere Dekane bzw. ihre Vertreter saßen, sondern außerdem Mitarbeiter des Parteivorstands, von der Schulungsabteilung wie der Kaderabteilung, teilnahmen. Die Prozedur ging so vor sich, daß Gruppen von Dozenten gebildet worden waren, z. B. die »Kommission Paterna« oder »Abraham«, die jeweils die Fragenkomplexe zusammenstellten. Jeder Kandidat hatte aus einer Art Kasten oder Korb »Fragen zu ziehen«, die er vor den versammelten Prüfern beantworten mußte, und zwar jeweils aus fünf Bereichen: Geschichte der KPdSU, Philosophie, Ökonomie, Geschichte und Grundfragen. Die Mitglieder der Prüfungskommission konnten selbstverständlich Nachfragen stellen.

Die Fragenliste der »Kommission Paterna« ist im Archiv erhalten. Welche Fragen ich daraus und aus den vier anderen Bereichen

Paul Flucke (links) wird geprüft. Die Prüfer sind Martin Unglaub, Jutta Lubisch (Bergmann), Erich Paterna, Hans Teubner und Maria Zielke.

zog, weiß ich nicht mehr. Große Unterschiede gab es ja im Prinzip nicht. Eine Frage der »Kommission Paterna« war besonders fies: »Wie würdest Du in einer Universitätsbetriebsgruppe der Partei den Professoren und Studenten erklären, warum das Studium trotzkistischer Quellen mit wissenschaftlicher Erforschung der objektiven Wahrheit nichts zu tun hat?« Ob ich etwa darauf zu antworten hatte und wie ich mich herausschlängelte, ist mir entfallen. Andere Fragen waren harmloser, etwa in Ökonomie: »Warum ist die Produktion in der Sowjetunion eine Warenproduktion?«, oder in Grundfragen: »Zeige an Hand der marxistischen Staatslehre die staatliche Situation in Deutschland auf«. Eigenartig hingegen die historische Aufgabe: »Widerlege die amerikanischen Geschichtsfälschungen über die Voraussetzungen und den politischen Inhalt der deutsch-sowjetischen Verträge von 1939«. Da die »amerikanischen Geschichtsfälschungen« uns eigentlich nur aus »zweiter Hand« bekannt sein durften, war es eine seltsame Aufforderung, darüber in wenigen Minuten zu sprechen – sehr viel Zeit wurde für die Beantwortung nicht gewährt, die mündliche Prüfung dauerte ungefähr eine Stunde.

Die Noten (beispielsweise bekam Urbschat zwei Einsen, zweimal Eins minus und einmal Zwei plus) waren mit ausschlaggebend für die Zeugnisse, die uns dann Anfang November feierlich

PARTEIHOCHSCHULE »KARL MARX«

GENOSSIN

Gerda Röder

HAT AN DEM *erften Zweijahres* -LEHRGANG

DER PARTEIHOCHSCHULE »KARL MARX«

VOM *7.10.1947* BIS *7.11.1949* TEILGENOMMEN

UND DEN LEHRGANG

MIT FOLGENDEN BEWERTUNGEN ABGESCHLOSSEN:

GESCHICHTE DER KPdSU (B) *gut*

GRUNDFRAGEN
DER MARXISTISCH-LENINISTISCHEN POLITIK *genügend*

PHILOSOPHIE *genügend*

POLITISCHE ÖKONOMIE *genügend*

ALLGEMEINE GESCHICHTE
UND GESCHICHTE DER ARBEITERBEWEGUNG *gut*

FLEISS *fehr gut*

DISZIPLIN *gut*

KLEIN-MACHNOW, DEN *7. November 1949*

DIE SCHULLEITUNG:

[Stempel: Partei-Hochschule S.E.D. Karl Marx]

Im Abschlußzeugnis für den Zweijahreslehrgang rückte die Note für »Geschichte der KPdSU (B)« an die erste Stelle.

überreicht wurden. Das beste Zeugnis erhielt Georg Becker (inzwischen Assistent) mit sieben »Sehr gut«, an zweiter Stelle stand Urbschat mit vier »Sehr gut« und drei »Gut«, ich war schon auf dem fünften oder sechsten Platz. Ich weiß es deshalb, weil anschließend Schäfer und ein anderer Student insgeheim darüber meuterten, dieser Wunderlich habe doch den vorgegebenen Stoff viel zu wenig »gepaukt« und sei in den letzten Veranstaltungen immer schweigsamer geworden. Aber alle Mißgunst änderte nichts mehr, der Reihe nach erhielten wir mit Handschlag von Lindau und dem jeweiligen Dekan unsere Zeugnisse.

Das Blatt befand sich in einer Art Dokumentenmappe mit festem rotem Einband, zusammengehalten von einer schwarz-rot-goldenen Kordel. Das »Partei-Hochschule Karl Marx – Zeugnis« schmückten die »verschlungenen Hände« des SED-Emblems. Auf einem Blatt war links die bekannte These von Marx abgedruckt »Die Philosophen haben die Welt nur verschieden interpretiert, es kommt aber darauf an, sie zu verändern«; auf der rechten Seite stand ein Zitat von Engels, das mit den Worten endete, »daß der Sozialismus, seitdem er eine Wissenschaft geworden, auch wie eine Wissenschaft betrieben, d.h. studiert werden will«. Der »äußere Rahmen« war nicht auf der Höhe der Zeit, sonst wären wir ja mit Stalin- oder zumindest Lenin-Zitaten verabschiedet worden. Das Zeugnis selbst entsprach schon eher der Realität, die fünf fachlichen »Bewertungen« waren aufgezählt in der Reihenfolge »Geschichte der KPdSU (B)«, »Grundfragen der marxistisch-leninistischen Politik« (bisher hieß die Fakultät ja immer »Grundfragen des Marxismus«), schließlich »Philosophie«, »Politische Ökonomie« sowie »Allgemeine Geschichte und Geschichte der Arbeiterbewegung«. Außerdem wurden Noten für »Fleiß« und »Disziplin« erteilt.

Mein Exemplar wurde sofort einbehalten, ich durfte ja nichts in den Westen mitnehmen, und den Genossen Wunderlich, für den es ausgestellt war, gab es ja nach dem 7. November 1949 sowieso nicht mehr.

Welche Bedeutung hatten Prüfung und Noten aber für die Funktion, in die jeder einzelne Absolvent mit Beschluß der Kaderabteilung entsandt wurde? Fast die Hälfte der Lehrgangsteilnehmer hatten Kleinmachnow ohnehin bereits verlassen. Für uns Übriggebliebene waren die Prüfungen und das Zeugnis wohl auch nicht allein maßgebend. Beispielsweise hat Neukranz mit einem der schlechtesten Zeugnisse rasch Karriere gemacht, hingegen Urbschat mit dem zweitbesten keineswegs. Die Hochschüler mit durchschnittlichen Noten wurden ebenfalls recht unterschiedlich eingesetzt. Damals kam die 23jährige Anni Medes, die nie groß aufgefallen war, als Redakteurin zur SED-Zeitung nach Potsdam, während der ein Jahr ältere Horst Scholz aus Mecklenburg später

Leiter einer Margarinefabrik in Rostock wurde. Von den bereits erwähnten Hochschülern leitete Trost dann eine Betriebsparteischule, Schubert aber stieg zum Chef eines großen Betriebes auf. Und Langner oder Lauenroth wurden, ebenso wie der sie überragende Schörnig, Instrukteure bzw. Mitarbeiter des ZK.

Entscheidender als die »Abgangs«-Zeugnisse waren seinerzeit die – teilweise in den Akten noch vorhandenen – »Beurteilungen«. Sie enthielten den »Verwendungs«-Vorschlag und wurden am 21. Oktober von Direktor Lindau, Parteisekretär Mickin sowie »Lehrgangsleiter« Melis unterschrieben. Angefertigt waren sie wohl in erster Linie für die Tagung »Zentrale Bewertung und den Einsatz der Schüler«, die am 26. Oktober stattfand.[181] In einem Blatt wurden z. B. die »Schwächen« des Hochschülers vermerkt, ja sogar wie viele Artikel er für die Wandzeitung geschrieben hatte. Über Urbschat lautete die Einschätzung, er habe »in kritischen Situationen« des Lehrgangs »nicht nur abseits gestanden, sondern manchmal auch eine nicht richtige Stellung bezogen«. Daher notierte die Schulleitung in bezug auf seinen »Einsatz«: »Keine Verwendung als Parteierzieher«, sondern »Propagandistische Arbeit unter der bürgerlichen und künstlerischen Intelligenz an verantwortlicher Stelle«. Lindau hatte ihm also den Wunsch, als Dozent an der Parteihochschule zu bleiben, »versaut«.

Tatsächlich arbeitete Urbschat zunächst als Leiter der Kulturabteilung der Berliner SED. 1951 wurde er zum Professor für Marxismus-Leninismus an die Kunsthochschule Berlin-Weißensee berufen, war von 1957 bis 1961 sogar deren Rektor und danach bis 1969 Prorektor. 1952 kam noch sein Busenfreund, Paul Flucke, an diese Kunsthochschule. Er war als Dozent für Ästhetik bis 1973 maßgeblich an der »politisch-ideologischen Erziehung« der Studenten beteiligt. Da dort, wie schon erwähnt, auch Heinz Heuer lehrte, sind also drei Mitschüler unseres Lehrgangs an der Kunsthochschule tätig gewesen. Deren Arbeit wird rückblickend recht negativ beschrieben, sie traten offenbar als Einpeitscher des stalinistischen Marxismus-Leninismus auf. »Urbschat, Flucke u. a. sahen sich im geistigen Besitz objektiver Entwicklungsgesetze von Geschichte und Gesellschaft und dadurch legitimiert, eine Vormachtstellung über das eigene Fachgebiet hinaus geltend zu machen.«[182] Dies dürfte beispielhaft auch auf andere zutreffen, die an der Parteihochschule anfangs selbständig denkende SED-Funktionäre und sogar noch hin und wieder aufmüpfig waren. Ende

1949 war ihr politisches Rückgrat bereits gekrümmt, gebrochen wurde es bei vielen im Alltag der SED-Arbeit in den fünfziger Jahren des innerparteilichen Zwangs. Sie agierten dann wohl als Parteisoldaten und haben strikt die jeweils gültige Parteilinie vertreten.

Diese ebenso erbärmliche wie bedauernswerte Entwicklung war im November 1949 übrigens bei Urbschat schon fast vorhersehbar. Noch in den letzten Tagen – vollgestopft mit »Selbststudium« und Vorbereitungen für den Weggang – wurde verstärkt versucht, uns letztmals emotional einzuschwören. Dazu diente die »Fahnenübergabe« einer Delegation ehemaliger deutscher Kriegsgefangener am 2. November. Urbschat hat darüber in der letzten Nummer der Wandzeitung am 4. November pathetisch berichtet: »Vor den versammelten Lehrern, Schülern, Arbeitern und Angestellten schilderten die Heimkehrer die Wandlung, die sie … in der Sowjetunion von faschistischen Soldaten zu bewußten, mit der Arbeiterbewegung und dem Sozialismus aufs Tiefste verbundenen Kämpfern durchgemacht haben. ›Wir wurden nicht erschossen, der Faschist in uns wurde nur erschossen.‹ riefen sie aus … Genosse Lindau, der Direktor der Hochschule, übernahm die Fahne und dankte jedem einzelnen der Delegierten mit herzlichen Worten für das Geschenk. … Er schloss mit den Worten: ›Zehntausend deutsche Kriegsgefangene des Leningrader Gebiets haben, nach den Ausführungen der vor uns sitzenden Delegierten, Stalin eine Dankadresse geschickt und ihm gelobt, überall die Wahrheit über die Sowjet-Union zu verbreiten. Schliessen wir uns diesem Gelöbnis unserer Heimkehrer an, verbreiten wir überall die Wahrheit über den grossen sozialistischen Aufbau. Es lebe die Freundschaft zwischen dem deutschen Volk und der Sowjet-Union.‹«

»Geschlossen« hatte Lindau indes seine Rede – wie nun üblich – mit einem Hochruf auf Stalin. Der Direktor hatte unmittelbar an die letzte Vorlesung von Frida Rubiner vom 1. November angeknüpft. Die Dekanin war inzwischen Mitglied einer Arbeitsgruppe, die von der SED-Führung eigens zur »ideologischen Auseinandersetzung mit dem Trotzkismus« gebildet worden war.[183] Dazu gehörten auch Wolf, Hager und Glückauf. Sie sollten eine »systematische ideologische Auseinandersetzung« vorschlagen, um die »trotzkistische Zersetzungsarbeit« zu bekämpfen. Nicht die »vom Gegner aufgeworfenen Fragen« waren zu behandeln, vielmehr galt es, anhand des Vorbilds Stalin »seine Methodik anzuwenden, wie man die Argumentation des Feindes bekämpft«.

Frida Rubiner hatte uns in ihrer dreistündigen Lektion »Stalin als Freund und Helfer des deutschen Volkes« (kein Witz, das war der offizielle Titel) vom »großen Führer« vorgeschwärmt. Das Referat enthielt die ganze Palette der Legenden, der Lobhudeleien und Lügen, die dann zu Stalins 70. Geburtstag am 21. Dezember von der SED überall verbreitet wurde. Auch an der Parteihochschule ist dieser Geburtstag ja ab Oktober eifrig vorbereitet worden, wie ein Protokoll der Geschichtsfakultät belegt.[184] Ausgerechnet Frida Rubiner, die einstige Revolutionärin, die Übersetzerin von Lenin und Trotzki, Bucharin und Sinowjew, scheute sich nicht, diese Autoritäten des Kommunismus wüst zu beschimpfen und Stalin zu huldigen. Aber nicht allein diese gehässigen Anwürfe und die dem »großen Stalin« schmeichelnde Rede Rubiners machte es mir seinerzeit noch leichter, auf schnellstem Weg von der Parteihochschule fortzukommen, sondern auch die beinahe überschwengliche Begeisterung der Zuhörerschaft. Offenbar war es gelungen, die meisten Hochschüler auf Stalin einzuschwören.

Doch obwohl ich grundsätzlich mit dem Stalinismus »fertig« war, habe ich mich damals nicht von der Partei getrennt. Warum? Wie schon gesagt, war ich mir völlig klar darüber, daß es nur zwei Möglichkeiten gab: entweder in der Partei offiziell alles mitzumachen, oder aber völlig mit der KPD zu brechen. Um zu brechen, mußte man einen Ausweg finden, für sich eine Alternative sehen. Die Erkenntnis, daß ich mich offensichtlich einer falschen Politik verschrieben hatte, genügte nicht. Ich glaubte ja immer noch an die »Zwei-Lager«-These. Das hieß, entweder mit zusammengebissenen Zähnen weiter in den Reihen des stalinistischen Kommunismus kämpfen oder sich auf die »andere Seite der Barrikade« zu begeben. Da stand für mich Ende 1949 aber der Kapitalismus, der wieder zum Faschismus führen könne. Und SPD und Gewerkschaften betrachtete ich seinerzeit noch als den verlängerten Arm des Kapitalismus. Ich war überzeugt, daß ein neuer Krieg vor der Tür stehe und ich dem Frieden am besten diene, wenn ich trotz meiner Distanz weiterhin für die SED-KPD arbeite. Schließlich hat der beginnende McCarthyismus in den USA die westliche Demokratie damals keineswegs anziehend gemacht. Er hat nicht nur große Künstler (ich nenne nur Bert Brecht oder Hanns Eisler) den Stalinisten in Ost-Berlin in die Arme getrieben, sondern auch die Loslösung »kleiner Kommunisten«, wie ich einer war, hinausgezögert.

Diese Ausweglosigkeit hat der »Partei« noch einige Jahre einen Funktionär erhalten, der die Problematik seines Wirkens durch praktische Arbeit zu vergessen suchte. Wie mancher andere war ich in das Dilemma geraten, mich zu entscheiden zwischen dem Stalinismus, in dem ich noch immer einen deformierten Sozialismus sah, und dem Kapitalismus, von dem ich schlechterdings für die Arbeiter nichts erhoffte. Deshalb flüchtete ich mich in die Illusion, die »sozialistischen Grundlagen« der Sowjetunion würden sich eines Tages doch gegen den Stalinismus durchsetzen. Vor allem kam es mir sehr gelegen, daß ich Ende 1949 wieder nach Westdeutschland zurückkehren konnte. Hier schien die Lage einfacher. Weil die Herrschenden nicht aus meiner eigenen Partei kamen, konnten alle Fehler und Mängel der frühen Bundesrepublik aufgedeckt werden. Allerdings erschien es nur auf den ersten Blick leichter, als es dann war: gegenüber dem Stalinismus und der DDR wurde Unterwürfigkeit gefordert.

Ob mich solche Gedanken während der Feier zu unserem Abschied im November bewegten, kann ich nicht mehr sagen, aber vermutlich hatte ich doch schon ähnliche Empfindungen. Die Situation hatte sich gegenüber 1947 auch äußerlich verändert. Nun standen die Büsten von Lenin und Stalin hinter dem Präsidium – das wäre in Liebenwalde kaum denkbar gewesen. Der Hauptredner auf der Schlußfeier war Paul Merker. Ihn hatte das Politbüro am 1. November ausdrücklich mit dieser Aufgabe betraut. Merker, schon in der Weimarer Republik KPD-Spitzenfunktionär, war im Mai 1946 aus mexikanischem Exil zurückgekehrt und seit Bildung des Politbüros Anfang 1949 dessen Mitglied, nun gehörte er als Staatssekretär im Landwirtschaftsministerium auch der Regierung der DDR an. Merkers Leben ist bekannt.[185] Im August 1950 wurde er wegen der Verbindungen zu Noel Field aus der Partei ausgeschlossen und 1952 sogar verhaftet.

Bei der Abschlußveranstaltung des Zweijahreslehrgangs in Kleinmachnow schwor Merker uns noch auf die kommende Arbeit ein, den Prozeß zur »Partei neuen Typus« voranzubringen, die DDR zu stärken und zugleich die Wiedervereinigung Deutschlands anzustreben, vor allem aber der Sowjetunion nachzueifern und dem Beispiel des »großen Stalin« zu folgen. Merker stellte in seiner Ansprache die SED in die Traditionslinie der deutschen Arbeiterbewegung und verwies auf die großen Opfer, die gerade Kommunisten und Sozialdemokraten im Kampf gegen Hitler gebracht hatten. Mit der Betonung des Antifaschismus fand der 55jährige bei allen Zustimmung, denn dieser war noch immer das Band, das uns zusammenhielt.

Zur Abschlußfeier hatte die Schulleitung alle Studenten von 1947 eingeladen, und so waren auch Hans Lauter und selbst Erna Stracke gekommen. Die damals gemachten Fotos zeigen, wie wir alle, auch Gerda und ich, aufmerksam lauschen. In seinem Schlußwort ließ Direktor Lindau ebenso wie vorher Paul Merker die DDR, die Sowjetunion und Stalin hochleben, und mit dem gemeinsamen Gesang der Internationale waren wir verabschiedet.

Aus Wunderlich wird wieder Weber

Gerda wurde entsprechend ihrem Wunsch dem DFD im Land Brandenburg zugewiesen, dessen Landesschule in Niederlehme sie dann leitete. Wir beide bemühten uns sofort darum, daß auch sie in die Bundesrepublik kommen konnte. Alle Westdeutschen hatten sich vor der Abreise noch beim SED-Parteivorstand zu melden, wo wir die Ausweispapiere zurückbekamen – und aus Wunderlich wieder Weber wurde.

In der Kaderabteilung gab es noch ein Gespräch bei Heinz Wieland, einem gebürtigen Mannheimer. Er bat Herbert Mies und mich, auf seinen Bruder Ludwig, genannt Bippich, »aufzupassen«, weil der anarchistische Anwandlungen habe. Da Herbert Mies die Schule der westdeutschen FDJ übernehmen sollte, mußte er in der Schulungsabteilung vorbeischauen. Als ich mich mit Heinz Wieland weiter unterhielt, wurde der plötzlich zu Ulbricht gerufen und nahm mich einfach mit. Jetzt war Ulbricht ja nicht

Oben: Paul Merker spricht auf der Abschlußfeier des Zweijahreslehrgangs am 5. November 1949. Nun »schmücken« die Büsten von Lenin und Stalin das Podium.
Mitte: Bei der Abschlußfeier: Vorn rechts Otto Korb und Anni Medes, dahinter: Ilse Krasemann, Hermann Wunderlich und Gerda Röder, dahinter rechts außen: Hans Lauter.
Unten: Bei der Abschlußfeier; erste Reihe von rechts: Otto Krüger, Anni Medes, unbekannt, Heinz Heuer, Hans Tammer, unbekannt, Gustav Urbschat, Paul Flucke; zweite Reihe von rechts: Erna Stracke, Erwin Müller, Ilse Krasemann, Hermann Wunderlich, Gerda Röder, Heinz Buschmann, Fritz Seidel, Erich Schäfer, Fritz Schulze.

Gerda Weber, 1. Sekretärin des westdeutschen DFD, am Rednerpult bei einer DFD-Veranstaltung 1951 in Berlin mit Elli Schmidt, Vorsitzende des DFD und Kandidatin des Politbüros der SED.

etwa nur der starke Mann der SED, sondern auch stellvertretender Regierungschef der DDR. Er ermahnte mich, in der Praxis das umzusetzen, was ich auf der Parteihochschule gelernt hatte. Außerdem wollte Ulbricht wissen, wie denn Wunderlich in Wirklichkeit heiße, dabei schien es mir, als registriere er meinen richtigen Namen Weber.

Herbert Mies und ich fuhren zunächst nach Mannheim zurück und meldeten uns zu Hause wieder polizeilich an. Vom Parteivorstand der KPD in der Frankfurter Gutleutstraße wurden wir dann in die neuen Funktionen eingewiesen. Mies mußte zur FDJ-Schule nach Hirsau im Schwarzwald, ich zum Zentralbüro der FDJ am Domplatz in Frankfurt am Main. Mit der Redaktion siedelte ich dann im August 1950 nach Düsseldorf über. Darüber habe ich berichtet. Meine Arbeit in der FDJ – bei der ich ja uneingeschränkt die Politik der KPD, damit der SED und letztlich Stalins zu vertreten hatte – empfand ich als deprimierend. Auch nach der schon erwähnten Degradierung blieb die Tätigkeit als Kulturredakteur, verbunden mit »Schulungen« von FDJ-Kadern, zermürbend. Weniger wegen des oft 14- bis 16-Stunden-Tages, der Abhetzerei oder auch der Zusammenstöße mit der Polizei sowie des vielen Herumreisens. Die Anspannung rührte daher, daß ich mich nicht mit meiner Arbeit identifizieren konnte, widerstrebend und fast schizophren Dinge sagte oder schrieb, die ich nicht glaubte, ja wußte, daß sie falsch oder verlogen waren. Das auf Dauer durchzuhalten war mir unmöglich. Trotz Gerdas Unterstützung – sie war ja seit Juni 1950 ebenfalls in Düsseldorf, im Januar 1951 hatten wir geheiratet, und sie hatte es als 1. Sekretärin des DFD in Westdeutschland ebenfalls nicht ganz leicht – mußte der innere Zwiespalt zu meinem körperlichen Zusammenbruch führen, und ich schied zeitweise aus der Arbeit aus.

In einem Ferienheim im Harz hörten wir im November 1952 von den fürchterlichen Anschuldigungen und »Geständnissen« im Prager Slánský-Prozeß. Es war unerträglich und undenkbar, die neuen blutigen Säuberungen schweigend zu übergehen. Deshalb trafen wir gemeinsam Vorbereitungen für den endgültigen Bruch. Wir bemühten uns um eine Arbeitsstelle, und wir suchten eine Wohnung in Mannheim. Uns war inzwischen klar: Eine bessere Gesellschaft ist nicht auf dem Weg einer Diktatur zu erreichen. Demokratie, Rechtsstaat und Sicherung der Freiheitsrechte des einzelnen sind unverzichtbare Werte. Politisch hatten wir uns immer stärker der Sozialdemokratie angenähert.

Aber am 12. März 1953 wurde ich plötzlich in Düsseldorf verhaftet. Illegale Tätigkeit für die FDJ und damit Vorbereitung zum Hochverrat, Geheimbündelei und Rädelsführerschaft lauteten die Anschuldigungen. Unter diesen Umständen war ein Bruch nicht zu vollziehen. In der Untersuchungshaft vertrat ich den offiziellen KPD-Standpunkt.[186] Gerda saß von Juli bis Weihnachten 1953 ebenfalls in Untersuchungshaft.

Mit dem inhaftierten, angeblich sterbenskranken Hermann Weber sollte im
Juli 1953 noch Propaganda gemacht werden.

Den Akten konnte ich jetzt entnehmen, daß die FDJ-Führung
meine angeblich schwere Krankheit sogar instrumentalisieren
wollte. Auf einem Flugblatt des Zentralbüros der FDJ, das »Freiheit für Jupp Angenfort« forderte, stand zu lesen, »der schwerkranke Journalist Hermann Weber wurde verhaftet«. Und in einem
Geheimpapier an die Berliner FDJ-Leitung vom Juli 1953 hieß es
gar: »Wie ich erfuhr, leidet Hermann [Weber] an einer unheilbaren
Krankheit (Gehirntumor) und hat nur noch einige Jahre zu leben,
warum wurde dies bisher nirgends erwähnt und nicht entsprechende Maßnahmen eingeleitet???« Das mit dem Tumor stimmte
zum Glück nicht – und Totgesagte leben länger –, interessant aber,
daß meine Inhaftierung und angebliche Krankheit Propaganda-
zwecken dienen sollte. Bei meinem Ausschluß aus der KPD im
September 1954 hieß es dann nur noch, ich sei »vorher anderwärts
tätig« gewesen.

Erst im Oktober 1953 wurde ich, als einer der letzten FDJ-Ver-
hafteten der Aktion vom März, entlassen; eine illegale Tätigkeit
konnte mir nicht nachgewiesen werden. In den sieben Monaten der
Haft fand ich genügend Zeit (sogar meinen 25. Geburtstag verbrachte ich ja im Gefängnis), um mir, allein in meiner Zelle, darüber
klarzuwerden, daß wir nun rasch den Bruch mit dem Stalinismus
vollziehen sollten. Und nach Gerdas Haftentlassung im Dezember
1953 nahmen wir auch kein Blatt mehr vor den Mund, brauchten
mit unserer Meinung nicht länger hinter dem Berg zu halten.

Daß nun Jahre der Erwerbslosigkeit und finanzieller Sorgen,
z. B. ohne eigene Wohnung, auf uns zukamen, war uns bewußt.
Ich hatte kein Abitur, hatte keinen Beruf gelernt, mußte also ganz
von vorn anfangen. Tatsächlich mußten wir dann 1954/55 zweimal wöchentlich ins Arbeitsamt »stempeln gehen«. Und ich be-

kam in der Woche nur zwischen 13 und 25 DM Arbeitslosenunterstützung, Gerda nach einer »Sperrfrist« ebensowenig. Das war ein hartes Leben. Gerda verkaufte danach Siemens-Staubsauger, ich versuchte ziemlich erfolglos für Gewerkschaftszeitungen Anzeigen zu werben. Ab 1956 konnte ich hin und wieder Vorträge bei Gewerkschaften und in Volkshochschulen halten, wir rappelten uns allmählich auf. Die materiellen Schwierigkeiten nahmen wir eher gelassen hin, die Hauptsache war, daß der psychische Druck weggefallen war und wir nicht mehr heucheln mußten. Die Zeit des geistigen Zwanges und der Kotaus war endgültig vorbei. Wir haben uns damals geschworen, und diesen Schwur gehalten, unsere Meinung immer offen zu vertreten und sie uns nie wieder vorschreiben zu lassen.

Ich nutzte die Arbeitslosigkeit als eine Chance, denn nun fand ich die Zeit, um mir als Autodidakt Wissen und Kenntnisse anzueignen, die mir für eine Arbeit als Journalist und dann als Akademiker fehlten. Da ich mich an einem wissenschaftlichen Preisausschreiben der Evangelischen Akademie zum Thema »Die Stellung von Friedrich Engels in der Frühgeschichte des Marxismus« beteiligte und eine umfangreiche Untersuchung schrieb, mußte ich erstmals intensiv wissenschaftlich forschen. Und als ich dafür 1955 sogar einen Preis erhielt, entdeckte ich mein eigentliches Metier, die Forschung. Schließlich versuchte ich aus meinen historischen und politischen Interessen einen Beruf zu machen. Nach Schul- und Hochschulabschluß in den sechziger Jahren fand

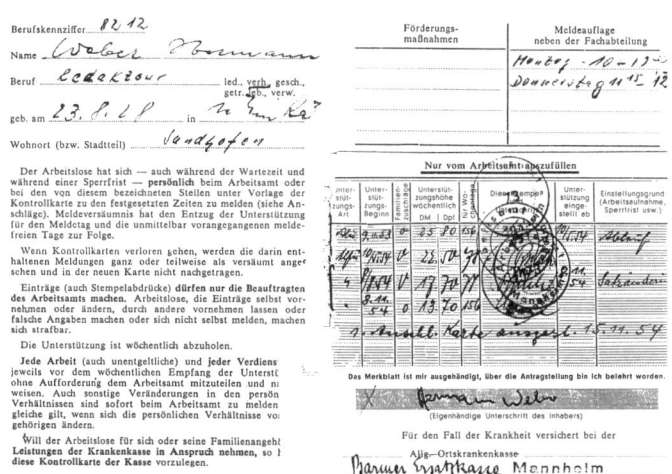

ich meinen Weg in die Wissenschaft. Von dieser Perspektive wagte ich freilich 1953/54 noch nicht einmal zu träumen.

Der Arbeiteraufstand vom 17. Juni 1953 – ich saß zu dieser Zeit im Gefängnis in Essen – hatte mich in meiner politischen Auffassung gefestigt. Dieses Ereignis in der DDR gab den letzten Anstoß für die Entscheidung zum Bruch mit dem Stalinismus. Die protestierenden Arbeiter hatten gezeigt, daß sie nicht bei der SED/KPD, sondern auf der »anderen Seite der Barrikaden« standen. Damit waren die Fronten eindeutig und mein Platz nicht bei der SED, sondern bei den Arbeitern. Es gelang mir 1954 noch, die ganze Ortsgruppe der KPD Mannheim-Sandhofen zu einer Stellungnahme gegen die Linie der Partei zu veranlassen. Darauf antwortete die Führung in Düsseldorf mit meinem und auch Gerdas Ausschluß.

Zuvor hatte die Partei sich freilich vergeblich bemüht, uns unter Druck zu setzen. Gerda erinnert sich: Im Sommer 1954 wurden wir nochmals in das Mannheimer Parteibüro in S 3, 10 eingeladen. Als Abgesandte des KPD-Vorstands war eine DFD-Funktionärin gekommen, die uns umstimmen sollte und an unsere Parteidisziplin appellierte. Es war übrigens eine Genossin aus dem Vogtland, die im zweiten Zweijahreslehrgang in Kleinmachow studiert hatte und die wie ich einem westdeutschen Kommilitonen gefolgt war, um hier zu heiraten. Als sie merkte, daß sie keine Resonanz bei uns fand, wir politisch nicht mehr zu überzeugen waren, versuchte sie es mit einer hinterhältigen Bemerkung. Wenn unsere Prozesse anstehen würden, dann könne »die Partei« aber nichts mehr für uns tun, keinen Verteidiger stellen usw. Und als auch das nichts half, kam sie mit der Drohung, die »Geschichte« werde es zeigen, »Wartet nur, wenn die Einheit Deutschlands kommt!« Sie erstarrte förmlich, als Hermann darauf ganz kühl erwiderte. »Vor der Geschichte ist mir nicht bange. Und die Einheit Deutschlands wünschen Gerda und ich uns lieber heute als morgen. Sie wird kommen, aber anders als du sie willst und dir denkst.« Damit hatten wir die letzten Fäden zur KPD, zur FDJ und zum DFD zerrissen, wütend zog sie ab, um in Düsseldorf mitzuteilen, die Webers seien nun »Feinde«.

Gerda und ich waren also keineswegs erstaunt, als wir am 22. September 1954 die westdeutsche KP-Zeitung »Badisches Volksecho« aufschlugen, wo unter der Überschrift »Legt den Agenten das Handwerk« auf einer ganzen Seite über den »Parteifeind« Hermann Weber berichtet wurde. Es war das gleiche Blatt,

Freiheit für Gerda und Hermann Weber

Vergangene Woche wurde die Vorsitzende des Demokratischen Frauenbundes Deutschlands, Frau Gerda Weber, in der Wohnung ihrer Schwiegereltern in Mannheim von Beamten des Amtes für Verfassungsschutz ohne jegliche rechtliche Handhabe verhaftet und verschleppt. Der Ehemann dieser jungen deutschen Patriotin, Hermann Weber, sitzt schon seit mehr als vier Monaten in Untersuchungshaft in Essen. Er war Redakteur der demokratischen Zeitschrift „Die Frau von Heute". Sein „Verbrechen" bestand darin, daß er für den Frieden kämpfte.

Für das KPD-Organ »Badisches Volksecho« galten Gerda und Hermann am 22. Juli 1953 als »Friedenskämpfer«, deren Freiheit gefordert wurde.

das vierzehn Monate zuvor auf der Titelseite ein Foto von uns beiden gebracht hatte. Damals wurden wir, weil »für die KPD« im Gefängnis, noch als »Friedenskämpfer« gefeiert, nun folgte dem »Hosianna« das »Kreuziget ihn!«. Doch wer die Geschichte des Kommunismus unter Stalin nur halbwegs kannte – und ich hatte sie so gründlich studiert, daß mich die Partei aus ihren Reihen entfernen mußte –, der wußte, wie die Beschuldigungen aussahen, die den Ausgeschlossenen trafen, der wußte aber auch, was davon zu halten war. Wenn Trotzki, der Held der Oktoberrevolution und Gründer der Roten Armee, als »faschistischer Agent« verleumdet und von der GPU ermordet wurde; wenn Sinowjew, der erste Vorsitzende der Komintern, als Spion Hitlers angeklagt und erschossen wurde; wenn Bucharin, den Lenin in seinem »Testament« den »Liebling der Partei« genannt hatte, im Moskauer Schauprozeß als »listige Mischung von Fuchs und Schwein« beschimpft und ebenfalls erschossen wurde, konnte ich da erwarten, daß »die Partei« sich ausgerechnet mit mir kleinem Funktionär der westdeutschen Kommunisten politisch auseinandersetzen würde?

Willi Bechtle: Legt den Agenten das Handwerk

(Faksimile eines Zeitungsartikels; der folgende Text ist teilweise nur eingeschränkt lesbar.)

> **Weber ist in einer Mitgliederversammlung der Ortsgruppe Mannheim-Sandhofen einstimmig aus der KPD ausgeschlossen worden. Die Genossen haben sich mit Abscheu von einem solchen politischen Agenten abgewandt. Sie haben jetzt das Falsche in ihrem Verhalten in seiner ganzen Bedeutung erkannt und die Lehren daraus gezogen.**

Achtung! Allgemeine Mitgliederschulung!

Eine Betriebsgruppe stellt sich die Aufgaben

Arbeitsentschließung der Betriebsgruppe AEG in Vorbereitung des Parteitages

Stuttgart-Bad Cannstatt (VK). …

Nehru: Für Politik der Nichteinmischung

In der KPD-Zeitung »Badisches Volksecho« wurde Hermann Weber am 22. September 1954 zum »Agenten« erklärt und als angeblicher »Feind der Sowjetunion, als Feind der Kommunistischen Partei, als Feind jeden Fortschritts und des Friedens« »entlarvt«.

Diese Einsicht half mir, die absurden Verleumdungen, die von der KPD über mich verbreitet wurden, mit Fassung zu tragen. Das war nicht ganz einfach, denn immerhin behauptete die KPD-Zeitung, ich hätte einen Umsturz des politischen Systems der Sowjetunion vorbereitet, da ich ein Trotzkist, ja sogar ein Dulles-Agent und Helferhelfer der Faschisten sei. Daß ich dabei die »KPD unterhöhlte«, verstand sich von selbst. Vor allem aber wurde ich wegen ideologischer Zersetzung verdammt. Es hieß da – und das war der einzige Vorwurf, der wenigstens nicht aus der Luft gegriffen war –, ich hätte geleugnet, daß Stalin ein Klassiker des Marxismus sei. Ulbricht hat das zwar zwei Jahre später ebenfalls festgestellt, aber im Jahr 1954 galt eine solche Auffassung noch als schlimmste Ketzerei.

Wie wir erst jetzt aus den Akten wissen, hat die Parteispitze unseren »Fall« durchaus ernst genommen. Im vertraulichen »Rechenschaftsbericht der Parteikontrollkommission beim Parteivorstand« der KPD an den »Hamburger Parteitag« im Dezember 1954 werden wir als die »Parteifeinde Weber« aufgeführt, freilich statt Mannheim-Sandhofen »Sonthofen, Baden Württemberg« geschrieben. Wir waren danach »in die Partei eingedrungene kleinbürgerliche Elemente, die den Marxismus-Leninismus verfälschen«, und hätten »schmählich kapituliert«. Zur Rechtfertigung »stellte Hermann Weber die trotzkistische Behauptung auf, daß die Politik der Partei in der nationalen Frage falsch sei. Man müsse die Politik der Partei überprüfen. Von dieser Forderung der ›Überprüfung‹ der Generallinie der Partei bis zur Gruppenbildung und dem Verteilen trotzkistischer Machwerke und Hetzmaterialien war es dann ein kurzer Weg. Nach einer gründlichen Diskussion in der Ortsgruppe und Aufklärung in der Presse wurden die Betreffenden ausgeschlossen. Dies ist ein typisches Beispiel für alle Leitungen und Organe der Partei, das uns alle verpflichtet, prinzipienfester solchen Signalen des Kapitulantentums und des Parteiverrats nachzugehen und sie schonungslos zu bekämpfen.«

Dieses Verdikt blieb zwar geheim, in der Öffentlichkeit wurde aber schon am 22. September 1954 im erwähnten Artikel verbreitet, Hermann Weber habe die KPD »in Gegensatz zur SU, zur KPdSU, zur Deutschen Demokratischen Republik und zur SED« bringen wollen. Und daraus gefolgert: »Damit ist Weber nicht nur als Feind der Sowjetunion, als Feind der Kommunistischen Partei, als Feind jedes Fortschrittes und des Friedens entlarvt, er ist auch entlarvt als bewußtes Werkzeug der Kriegstreiber.«

Selbst die emotionalen Bindungen waren nun zerschnitten, der Bruch mit der KPD vollzogen. Und der Genosse Wunderlich eben auch nur noch eine kurze historische Episode.

Anspruch und Wirklichkeit
der SED-Parteihochschule 1947 bis 1949

Als wir im Oktober 1947 an die SED-Parteihochschule »Karl Marx« kamen, hatte diese schon einen doppelten Auftrag: durch ein intensives Studium sollte Wissen vermittelt und zugleich ein Führungsnachwuchs erzogen werden. Die Schulung zielte darauf, die künftige Parteielite auszubilden. Nach nur zwei Jahren, als wir im November 1949 Kleinmachnow verließen, hatte sich der Charakter der Parteihochschule gründlich verändert. Inzwischen wurde »parteilich« indoktriniert, um den folgsamen Parteisoldaten zu erziehen, der alle Befehle von oben verinnerlicht und nach unten durchsetzt.

In dieser Entwicklung, die auch eine völlig veränderte Atmosphäre der Parteihochschule hervorbrachte, widerspiegelte sich die Wandlung der Einheitspartei in eine offen stalinistische, nach dem Vorbild der KPdSU ausgerichtete »Partei neuen Typus«.

Ende 1949 waren an der Parteihochschule wesentliche Merkmale des Stalinismus (mehr oder weniger ausgeprägt) vorhanden. Dies bedeutete erstens, daß Wissenschaft nicht mehr gefragt war, das Studium des Marxismus-Leninismus der dogmatischen Verbreitung einer Ideologie, eines Glaubens zu dienen hatte. In den Mittelpunkt rückte zweitens der Kampf gegen Feinde und »Abweichler«. Das Mißtrauen, der »Kampf gegen den Objektivismus«, also gegen Quellenstudium, sowie gegen jeden Individualismus zeigte, wie suspekt selbständiges Denken geworden war. Drittens war die Parteidisziplin als Instrument der Ein- und Unterordnung in die Hierarchien des Stalinismus entscheidender Schulungszweck. Die Praktiken von Kritik und Selbstkritik, striktes Reglementieren im Internat sollten die Anpassung einüben und gewährleisten. Zweifel, Zivilcourage oder Toleranz waren für SED-Studenten negativ besetzte Begriffe, Erziehungsziele waren Gläubigkeit, Unterordnung und Freund-Feind-Denken. Das Verbiegen bis hin zum Zerbrechen des politischen Rückgrats führte zur freiwilligen, möglichst sogar überzeugten Einordnung des Individuums in das Kollektiv. Dies endete in der Anerkennung des Dogmas: »Die Partei hat immer recht«, was konkret die Akzeptanz der »Unfehlbarkeit« der jeweiligen Parteiführung bedeutete. Diese stalinistischen Grundsätze von 1949 bestimmten – wenn auch immer wieder angepaßt an die sich ändernde Generallinie –

dann vierzig Jahre lang die Praxis der SED-Parteihochschule »Karl Marx«. Insofern sind die ersten Lehrgänge so etwas wie Versuchsobjekte gewesen.

Was brachte der erste Zweijahreslehrgang 1947 bis 1949 der SED? Da die angeordneten Auswahlkriterien offensichtlich nicht berücksichtigt wurden, war die Zahl der Studenten groß, die vorfristig ausscheiden mußten. Von den 70 SED-Teilnehmern des ersten Zweijahreslehrgangs (auf die 10 Kommunisten aus Westdeutschland und Norwegen wird zurückzukommen sein) hatten 14 bereits im Laufe des Studiums die Parteihochschule verlassen, sei es wegen Krankheit (Roland, Sandring, Schekelinski, Voigtländer), wegen politischer Vorwürfe (Stracke, S. Witt) oder aus anderen Gründen (Beck, Behrendt, Kurth, Milde, Nathan, Prill, Pürschel, Schlef). Von den übrigen 56 SED-Hochschülern, die bis zum Ende blieben oder zuvor schon in wichtige Positionen abgezogen wurden, erreichten nur drei unserer Genossen einen Status, der in etwa mit der Kaderplanung der Parteiführung übereinstimmte: Sie sind auf dem III. Parteitag der SED im Juli 1950 ins Zentralkomitee aufgerückt (das an die Stelle des Parteivorstands getreten war). Hans Lauter wurde Mitglied des ZK und sogar des Sekretariats, dem höchsten Organ neben dem Politbüro. Georg Baumann und Gerhard Neukranz kamen als Kandidaten ins ZK. Doch keiner unserer Mitschüler gelangte dann auf dem IV. Parteitag im April 1954 nochmals in dieses Führungsgremium. Lauter war im Mai 1953 aus dem ZK und dem Sekretariat ausgeschlossen, Baumann und Neukranz nun nicht mehr ins ZK berufen worden.

Im politischen System der DDR kam dem Apparat des ZK, d. h. den hauptamtlichen Mitarbeitern der einzelnen Abteilungen, eine wichtige Rolle zu. Aber nur fünf unserer Mitschüler fanden dort einen Arbeitsplatz (Langner, Lauenroth, G. Müller, Schäfer, Schörnig), und auch sie waren schon nach kurzer Zeit in andere Funktionen abgedrängt.

Im Sinne ihrer Ausbildung war es logisch, Absolventen in der Bildungsarbeit einzusetzen. Die größte Gruppe bestand deshalb aus denjenigen, die gleich als Lehrer an der Parteihochschule blieben, zunächst waren es zehn (Arnold, Becker, Heuer, Horn, Krasemann, Nimtz, Olschewski, Tammer, Wiehagen, Wissusek). Allerdings sind die meisten davon nach wenigen Jahren wieder ausgeschieden, und nur wenige (Nimtz, Tammer) stiegen danach in wichtigere Funktionen auf. Im Bildungssektor erreichte allein Hanke eine leitende Position, andere wurden Dozenten (Flucke, Kaufmann, Urbschat, Wölk) oder arbeiteten an SED-Landesschulen (Morgenstern). Ins IML gelangten später nur zwei (Graf, Pisker).

Im Bereich Sport übernahmen zwei Hochschüler führende Aufgaben (Busch, Weißig), ins Ministerium für Auswärtige Angelegenheiten kam einer (Fritsche). Weißig war auch der einzige aus dem ersten Zweijahreslehrgang, der für einige Jahre (1970–1974) als Staatssekretär für Sport den Sprung in die DDR-Regierung schaffte. Schließlich sind in der NVA bzw. vorher KVP Gaudigs, Thurmann, Wulf und (später) Baumann Offiziere geworden, von denen jedoch keiner über den Rang eines Obersten hinausgekommen ist. Nur ein einziger unserer ehemaligen Mitschüler hat in der DDR vier Jahrzehnte lang seine hohe Führungsposition behalten: Leonhard Helmschrott – jedoch nicht in der SED, sondern in der von ihr geschaffenen Bauernpartei, der DBD.

12 Parteihochschüler mußten sich mit Funktionen begnügen, die für die künftige »Partei-Elite« so kaum gedacht waren (Bamberger, Grün, Lörler, Lorenz, Medes, Stauf, Pichler, Scholz, Schubert, Sorge, Trost, A. Witt). Wegen ihrer »Vergangenheit« sind Hense, Schneider, Seidel und Schulze oder auch Nehmer nicht in die Positionen gelangt, die sie eigentlich hätten ausfüllen können. Unter etlichen Schikanen hatte Buschmann zu leiden, Erwin Müller verübte 1950 Selbstmord. Drei der Mitschüler (Claus, Grüner, Scharch) sind sogar in den Westen geflüchtet.

Es ist sehr zu bezweifeln, daß jeder dieser politischen Lebenswege die Erwartungen der Parteihochschüler erfüllt hat oder gar den Vorstellungen der Führung bei Beginn des Lehrgangs entsprach. Schließlich sind allein die materiellen Kosten der Funktionärsausbildung immens gewesen; Fred Oelßner bemerkte dazu schon im Juni 1948, daß die Schulen »der Partei ein Heidengeld kosten«.[187] Neben den Millionen für den Ausbau der Gebäude in Kleinmachnow waren bereits in Liebenwalde monatlich Personalkosten von über 115 000 Mark angefallen[188], und sie sind in Kleinmachnow noch erheblich weiter angestiegen.

Aber auch die Ausbildung auswärtiger Kommunisten an der SED-Parteihochschule »Karl Marx« blieb weit hinter den Plänen zurück. Alle vier Norweger sind später aus der kommunistischen Bewegung ausgeschieden. Und von uns Westdeutschen erreichte nur Herbert Mies eine politische Spitzenfunktion, er wurde 1969 Stellvertreter und 1973 bis 1989 sogar Vorsitzender der DKP.

Doch ist diese Partei in der Bundesrepublik stets eine Sekte geblieben (sie erhielt bei Bundestagswahlen nur 0,3 Prozent der Stimmen). 1988/89 konnte Mies nicht verhindern, daß die Splitterpartei wegen des Streits, ob Gorbatschows oder Honeckers Linie zu folgen sei, auseinanderbrach. Sein Titel »Parteivorsitzender« war in einer solchen »Partei« ohnehin viel zu hochtrabend.

Im Apparat der KPD wirkten ab 1949 Görres und nach seiner Rückkehr im September 1950 (bis dahin Lehrer an der Parteihochschule) Seidel. Die anderen Westdeutschen wurden ausgeschlossen und brachen mit der kommunistischen Bewegung: Krüger, Walter und – wie gesehen – Wunderlich. Und dies taten auch zwei Frauen, die, aus der DDR kommend, im Westen Funktionen übernommen hatten, Gerda Röder und Sonja Nathan.

Der erste Zweijahreslehrgang ist insgesamt eher als ein Mißerfolg der Kaderausbildung zu bewerten. Jedenfalls schaffte von den Hochschülern dieses Kurses kaum jemand den Aufstieg zur oberen DDR-Elite. So zeigt ein Blick in ausführliche biographische Lexika zur Geschichte der DDR bzw. der SED[189], daß von den 70 SED-Hochschülern unseres Lehrgangs lediglich drei als so bedeutend galten, daß sie im biographischen Handbuch »Wer war wer in der DDR« einen Platz fanden, nämlich Erich Hanke, Hans Lauter und Leonhard Helmschrott (letzterer nur als DBD-Funktionär). Im SED-Handbuch sieht es auch nicht anders aus, darin werden nur Georg Baumann, Bruno Langner und Hans Lauter genannt, außerdem Werner Scharch – aber der ist ja 1960 in den Westen geflohen. Und auch in westlichen biographischen Handbüchern zur DDR-Elite war außer Lauter und Helmschrott sowie zeitweise Neukranz aus unserem Lehrgang niemand zu finden.[190] Daß ehemalige Mitschüler mit allerlei Auszeichnungen »belohnt« worden sind, hat bei der unüberschaubaren Ordensschwemme in der DDR nichts zu bedeuten.

So betrachtet haben die 70 SED-Teilnehmer des ersten Zweijahreslehrgangs der Parteihochschule »Karl Marx« geringe Spuren in der DDR hinterlassen. Und von den einstigen westdeutschen Hochschülern war vor zehn Jahren im »Wer ist wer«[191] noch Herbert Mies aufgeführt. Er hatte in seiner autorisierten Kurzbiographie zwar die sowjetischen Orden angegeben, den Besuch der SED-Parteihochschule jedoch verschwiegen, und inzwischen ist er ganz aus dem Lexikon herausgefallen. Dort ist seit Jahrzehnten Hermann Weber vertreten, bei ihm heißt es u. a. »1947 bis 1949

SED-Parteihochschule«. Weber wurde 1994 sogar in die große »Brockhaus-Enzyklopädie« aufgenommen – was mich freut –, aber Wunderlich gibt es ja längst nicht mehr.

Der Blick in die verschiedenen Nachschlagewerke dient keineswegs nur der »Statistik« oder der Befriedigung der persönlichen Neugier. Da die höchste SED-Schulungseinrichtung 1947 bis 1949 Studenten ausbildete, um aus ihnen die kommende DDR-Elite zu rekrutieren, ist aus einer solchen Übersicht auch ein Fehlschlag abzulesen. Natürlich mag eine falsche Auswahl seinerzeit eine Rolle gespielt haben, doch diese galt ja damals für eine Parteihochschule der Einheitspartei und noch nicht einer »Partei neuen Typus«. Wichtig war, daß nach dem Ende des Lehrgangs statt gut gebildeter Parteifunktionäre nunmehr ergebene Nomenklaturkader für eine stalinisierte Organisation gebraucht wurden. Doch diese konnte die Parteihochschule 1949 kaum »liefern«, da die Erziehung eben nicht von Anfang an direkt auf dieses Ziel gerichtet gewesen war. Im ersten Studienjahr galten im Unterricht noch die üblichen Kriterien einer Hochschule. Erst mit der »Partei neuen Typus« dominierte ab dem zweiten Jahr die Indoktrination, doch da war es offensichtlich zu spät. Die veränderte Zielsetzung und widersprüchliche Ausbildung zwischen 1947 und 1949 können die negative Bilanz teilweise erklären.

Übrigens haben auch die Dozenten, die bei uns lehrten, keine große Bedeutung erlangt. Berühmt geworden ist nur Wolfgang Leonhard, aber der war ja bereits 1949 geflüchtet. Auch ein anderer Lehrer, den ich in Liebenwalde noch erlebt hatte, Helmut Einführ, ist wie Stambula oder Möhring in den Westen geflohen. Der Band »Wer war wer in der DDR« bietet nur Angaben zu Direktor Lindau und den Dekanen Lemnitz, Paterna, Rubiner und Stern. Von unseren Lehrern wurden lediglich Dorf, Klein, Magritz, Melis und Teubner aufgenommen sowie Lindaus Assistent Scheffler. Im SED-Handbuch sind davon aber noch weniger zu finden, nämlich Lindau, Lenzner, Paterna und Heckert sowie Herholz und Melis. Einen Ehrenplatz an der Ringmauer der »Gedenkstätte der Sozialisten« in Berlin-Friedrichsfelde bekam nur die Urne von Frida Rubiner. Für die insgesamt 60 Lehrkräfte, die mir an der Parteihochschule begegnet und die hier vorgestellt sind, ein fast blamables Ergebnis.

Schon die kurze Zusammenfassung zeigt, daß die Resultate des Zweijahreslehrgangs, gemessen an den Erwartungen, für die SED mehr als bescheiden waren. Aber aus dem Mißgeschick mit unserem Zweijahreslehrgang zog die stalinistische SED-Spitze Konsequenzen, um sich in den folgenden Lehrgängen Kader für Führungspositionen zu erziehen. Die erwähnte Lehrerkonferenz vom Oktober 1949 hatte bereits verlangt: »Alle zutage getretenen Mängel des ersten Zweijahreslehrgangs müssen analysiert, die Ursachen aufgedeckt und die Lehren für die Verbesserung unserer Arbeit gezogen werden.« Diese »Lehren« schlugen sich dann in den »Richtlinien« nieder, die das Kleine Sekretariat am 28. November 1949 für den ersten Einjahreslehrgang aufstellte. Seitdem wurden von den Hochschülern »gute Kenntnisse über die Geschichte der KPdSU« verlangt. Außerdem war nach strenger Auswahl ein »zehntägiger Kurzlehrgang auf der Parteihochschule« zu absolvieren, um bei den Studenten eine »gründliche Überprüfung auf ihre Eignung« garantieren zu können.

Neben der rigorosen Auslese für künftige stalinistische Kader sollten rasch Inhalte, Methoden und Struktur der Parteihochschule verändert werden. Zu diesem Zweck schickte das Politbüro schon im Januar 1950 eine Delegation unter Leitung von Fred Oelßner nach Moskau, um sich über die »Parteischulungsarbeit der KPdSU (B)« zu informieren und diese dann kopieren zu können. Den ausführlichen Bericht Oelßners behandelte das Politbüro am 21. Februar 1950. Daraufhin wurde Teubner beauftragt, an der Parteihochschule »mit der Anwendung der Erfahrungen der KPdSU (B) zu beginnen«. Eine kurze »Analyse« der verschiedenen Lehrgänge der Parteihochschule, die nach dem III. Parteitag (Juli 1950) erstellt wurde[192], kritisierte ebenfalls die vorhergehenden Kurse, u. a. weil damals zu wenige Absolventen »zentral«, also auf der Führungsebene, eingesetzt werden konnten. Das änderte sich – so die Analyse – ab Ende 1950. Was bei unserem Lehrgang noch nicht gelungen war, konnte später realisiert werden. Die Aufgaben, die Pieck der Parteihochschule im März 1952 stellte, waren jetzt Befehl: »Kader zu erziehen von hohem politischen Bewußtsein ... Kader vom bolschewistischen Typ, die im Geiste von Marx und Engels, Lenin und Stalin zu kämpfen gewohnt sind«.[193]

Doch was waren die Folgen? Mit der Einführung eines SED-»Parteilehrjahres« war 1950 die Angleichung von Inhalt und Aufbau des Schulungssystems an das der KPdSU vollzogen. Die Internatsschulung war ganz nach sowjetischem Muster umgestellt, mit verschiedenen Bildungsstätten, die das ganze Land wie ein

Netz überzogen. An der Parteihochschule »Karl Marx« beim ZK der SED fanden ab 1950 Lehrgänge von ein bis drei Jahren Dauer statt; sie hatte inzwischen einen Lehrkörper von weit mehr als 60 Dozenten. Von 1946 bis 1986 haben 15 336 Studenten die Parteihochschule »Karl Marx« absolviert.[194]

Die Indoktrination zeigte die gewünschte Wirkung. Resultat war ein geradezu militaristisches System von Über- und Unterordnung, Befehl und Gehorsam. Damit wurden Verhaltens- und Denkweisen vorgeschrieben und eingeübt, die den Anforderungen moderner Gesellschaften direkt widersprachen. Statt Kritikfähigkeit und Konfliktbewältigung zu lehren, wollte die SED-Führung auch in der eigenen Partei den angepaßten, folgsamen, doktrinärelitären und intoleranten Funktionär erziehen, der sich jederzeit die Vorstellungen der übergeordneten Autorität zu eigen macht. Er brauchte nur seine, in den Kaderplänen entsprechend vorgegebenen, Aufgaben zu erfüllen, um mit Privilegien belohnt (oder korrumpiert) zu werden. Andererseits hinderte ihn die Furcht vor Repressalien, selbständig zu handeln oder zu entscheiden, sogar erkennbar falsche Weisungen nahm er ohne Widerspruch hin.

Für die Hochschüler erwiesen sich die Konsequenzen als verheerend. »Fügsamkeit nach oben, disziplinarische Durchschlagkraft nach unten und erst an dritter Stelle Kompetenz« führten zu »Mittelmäßigkeit«, ja »Unehrlichkeit und Unsicherheit«, wie Rudolf Bahro 1977 aus eigener Erfahrung konstatierte.[195]

Ein früherer Lehrer der Parteihochschule stellte 1990 rückblickend fest: »Mehr als vier Jahrzehnte verstand sich diese Einrichtung als die ›höchste Bildungsstätte‹, als die ›Kaderschmiede‹ der SED. Die Nomenklatura in Partei, Staat, Wirtschaft, Kultur und Bildung, d. h. die höhere Bürokratie, die im Selbstverständnis der SED-Führung – neben der Staatssicherheit – ›das Rückgrat‹ der politbürokratischen Herrschaft bildete, erhielt hier die höhere Weihe. Wer diesen ›Bildungsweg‹ widerspruchslos durchlief und unter Beweis stellte, daß er nicht von ideologischen Zweifeln angenagt sei, für den wurde der weitere Aufstieg in die Hierarchien freigegeben.«[196] Das ist jedoch, wie hier nachgewiesen, bei den Studenten des ersten Zweijahreslehrgangs so noch nicht gelungen.

Aber was brachte der Lehrgang den Hochschülern? Wir waren 1947 mit der Utopie an die Parteihochschule »Karl Marx« gekommen, für ein besseres, ein friedliches und sozialistisches Deutschland arbeiten zu können, um zukünftig Krieg und Fa-

In den schönen Wohnräumen der Parteihochschule »Karl Marx« in Kleinmachnow lebte es sich angenehm; hier die Studentinnen Marianne Lorenz und
(am Fenster) Anni Medes.

schismus zu verhindern. Und wir waren begierig, hier zu lernen,
wollten wissenschaftliche Einsichten in Philosophie und Ökonomie, in die Geschichte der Arbeiterbewegung und den Marxismus
gewinnen. Trotz aller Schwierigkeiten und mancher Widrigkeiten
ist das im ersten Jahr noch einigermaßen gelungen. Doch dann
vollzog sich innerhalb weniger Monate, ab Ende 1948 bis Sommer 1949, die Wandlung der Parteihochschule zur Kaderschmiede,
nun traten Mißtrauen und Indoktrination als stalinistischer Alp-
traum an die Stelle des Traums von der erhofften besseren Welt.
Und das führte zur Anpassung, selbst bei denjenigen, die wie ich
den Stalinismus ablehnten. Sogar das Verhältnis untereinander änderte sich.

Manche Privilegien, die wir genossen, haben die Anpassung erleichtert. Wir lebten ja weit besser als die Bevölkerungsmehrheit
und selbst nach der Währungsreform zumindest besser als die
Menschen in der Ostzone. Zwei Jahre lang bekamen wir gutes Essen, wohnten vorzüglich, erhielten Kleidung und sogar reichlich
Zigaretten, seinerzeit eher Luxus und alles keine Selbstverständlichkeiten. Besuche vielfältiger Kulturveranstaltungen waren für
uns ebenso erschwinglich und möglich wie die Benutzung einer
hervorragenden Bibliothek. Während der allgemein miserablen
Nachkriegsverhältnisse lebten wir zwei Jahre in »Geborgenheit«.

407

Die SED-Führung forderte nicht nur Zustimmung oder gar Unterwerfung, sie versorgte ihre Kader auch gut. Ich weiß nicht, ob und wann meine Mitschüler den Paternalismus der Partei wahrnahmen, auch bei mir dauerte es lange, bis ich mir dessen bewußt wurde, schließlich wird solche fürsorgliche »Bestechung« ja allzu gerne verdrängt. Aber nur die Parteiführung konnte ihren Hochschülern Aufstiegschancen bieten. Selbst die Studenten, die nach Ende unseres Lehrgangs eher bescheidene Funktionen einnahmen, verfügten über allerhand Vorteile, die sie ohne den Besuch der Parteihochschule kaum erlangt hätten. Gleiches galt natürlich für die Funktionäre im Westen. Beispielsweise hatte ich als Straßenbahnschaffner in der Stunde 65 Pfennige verdient, also im Monat 120 Mark brutto. Als KPD-Angestellter war mein Lohn schon höher, und als Chefredakteur bekam ich 1950 ein Gehalt von 400 DM, für die damalige Zeit eine stolze Summe. Doch die Versorgung wie die Karrieren hatten ihren Preis. Sie setzten stets das Bekenntnis zur jeweiligen Parteilinie und die kritiklose Erfüllung der Aufträge von oben voraus, sie waren nur durch Anpassung zu erkaufen, die Persönlichkeit wurde zerbrochen. Kurzum, die Privilegien bedeuteten schon damals völlige Abhängigkeit von »der Partei«.

Denjenigen Funktionären, die das – sicher aus den verschiedensten Gründen – akzeptierten, bot der Zweijahreslehrgang 1947 bis 1949 durchaus gute Startbedingungen. Dennoch ist dieses Leben vielen vermutlich nicht immer leichtgefallen. Sie wurden – eine typisch stalinistische Methode – so mit Arbeit überlastet, daß sie wenig Zeit zum Nachdenken fanden und sich deshalb mit grundsätzlichen Fragen kaum auseinandersetzten. Galt auch für sie schon der »Grundsatz«, daß das Ergebnis des Schulungssystems zur »negativen Kaderauswahl« führte?[197] Da die Mehrheit der Mitschüler inzwischen verstorben, von etlichen der weitere Lebenslauf unbekannt ist,[198] wage ich nicht zu beurteilen, wie weit sich die Indoktrination auf den einzelnen ausgewirkt hat.

Mit Bestimmtheit kann ich jedoch sagen, daß die spätere Entwicklung sehr unterschiedlich verlief. Beispielsweise haben sich zwei Studenten, die beide mit mir 1948 in der Gruppe Philosophie befreundet waren, völlig gegensätzlich entwickelt und verhalten. Heinz Heuer wurde 1971 Prorektor der Kunsthochschule in Berlin Weißensee und arbeitete seit dieser Zeit eng mit dem MfS zusammen, wurde zum Denunzianten. Dagegen wurde Amandus Wulf wegen seiner Aufsässigkeit im gleichen Jahr 1971 bereits in Rente geschickt. Kurze Zeit darauf verfaßte er eine kritische Schrift gegen die SED-Diktatur, die er sogar im Westen drucken lassen wollte. Das hat ihm bis zu seinem Tod die strenge Überwachung des gleichen MfS und viele Schwierigkeiten eingebracht. Diese beiden Lebenswege zeigen exemplarisch, daß die gemeinsame Erziehung 1947 bis 1949 an der Parteihochschule später ein durchaus unterschiedliches Verhalten zur Folge haben konnte.

Seinerzeit waren wir Parteihochschüler des ersten Zweijahreslehrgangs von 1947 bis 1949 im Internat gut versorgt und hatten die Chance, intensiv zu lernen. Das gilt auch für Wunderlich, der unter dem Widerspruch von Theorie und Praxis beim Übergang der Parteihochschule zum primitiven Stalinismus gelitten hat und fast zerbrochen wäre. Doch obwohl von der SED anders »gelehrt«, habe ich schon auf der »Karl-Marx«-Hochschule begriffen, daß die so notwendige »bessere«, sozial gerechte, friedliche und solidarische Welt niemals durch eine Diktatur zu erreichen ist, sondern nur auf dem mühsamen Weg der Reformen in der Demokratie gelingen kann. Und deswegen habe ich den Bruch mit der Kommunistischen Partei – freilich verzögert – noch geschafft. Außerdem bleibt für mich das Wichtigste am Besuch der Parteihochschule, daß ich dort Gerda traf und wir danach den »Bund fürs Leben« schließen konnten. Daher kann ich heute trotz vieler Widrigkeiten ohne Zorn zurückschauen auf die Zeit, »Damals, als ich Wunderlich hieß«.

Nachwort

Die Darstellung des ersten Zweijahreslehrgangs an der SED-Parteihochschule »Karl Marx« in Liebenwalde bzw. Kleinmachnow beruht einerseits auf persönlichen Erinnerungen – und das nicht nur von Wunderlich, sondern auch von Gerda Röder – und andererseits auf der Analyse des Historikers. Die Beschreibung und die Wertung erfolgen also aus einer doppelten Sicht: der des Zeitzeugen und der des Wissenschaftlers.

Der Zeitzeuge, der um die Schwächen des Gedächtnisses und die Lücken in der eigenen Erinnerung weiß und diesen abzuhelfen sucht, ist auf Gespräche und den Austausch mit anderen damals Beteiligten angewiesen. Wir sind jenen Mitschülern des Zweijahreslehrgangs dankbar, die durch eigene Erinnerungen, Dokumente, Fotos und Kenntnisse zur Ergänzung beigetragen haben. Vorab ist allerdings vor allem zwei damaligen Dozenten der Parteihochschule zu danken: unserem Freund Wolfgang Leonhard sowie Bernhard Thiel. Ganz besonderer Dank gilt auch den Mitschülern Heinz Busch, Heinz Buschmann, Hans Lauter, Fred Voigtländer (†), Fritz Wichert (†), Sonja Wichert geb. Nathan und Werner Wölk. Sie haben über Jahre hinweg in Gesprächen und Briefen viele Details aufgefrischt. Hilfreich waren darüber hinaus auch diejenigen Mitschüler, mit denen ich in letzter Zeit Verbindung aufnehmen konnte und die ebenfalls für uns in ihrem Gedächtnis kramten: Georg Baumann, Werner Horn, Ilse Krasemann, Heinz Nehmer und Hans Olschewski. Ihnen allen sei, nicht zuletzt in Erinnerung an die alten Zeiten, gedankt. Es versteht sich von selbst, daß ich zusammen mit Gerda Weber für die Darstellung und erst recht die Wertungen, die sicher nicht in allen Fällen von den Genannten geteilt werden, die alleinige Verantwortung trage.

Für den Historiker galt es natürlich, vor allem die Akten zu sichten und zu befragen. Und da habe ich mich zuallererst bei einem Wissenschaftler zu bedanken, bei Andreas Herbst. Erst durch seine Hilfe und seinen außerordentlichen Spürsinn beim

Auffinden von Personen und Akten war es möglich, daß überhaupt in diesem Umfang berichtet werden konnte – was Gerda Weber und ich, als wir vor zwei Jahren begannen, kaum für möglich gehalten hätten. Als ohnehin bester Kenner kommunistischer Biographien hat uns Andreas Herbst während unserer gemeinsamen Arbeit am »Biographischen Handbuch des deutschen Kommunismus 1918–1945« (das 2003 in Berlin erscheinen wird) zusätzlich mit Aktenfunden und bei der Personensuche unterstützt. Dafür ein herzliches Dankeschön! Zu danken haben wir weiterhin den Wissenschaftlern Dr. Stephan Fingerle, Dr. Thomas Heimann, Dr. Ulrich Mählert, Dr. Fred Mrotzek, Dr. Heidi Roth und Dr. Michael Rudloff.

Wie bei jeder Untersuchung waren wir auf die Mithilfe vieler Personen und Institutionen angewiesen; gedankt sei den freundlichen Mitarbeiterinnen und Mitarbeitern zahlreicher Einwohnermelde- und Standesämter sowie Archiven, aber auch Freunden wie Fritz Karg (†) oder Heinz Knapp und alten Bekannten wie Hermann Nau. Von außerordentlicher Bedeutung waren natürlich die Unterlagen der Stiftung Archiv der Parteien und Massenorganisationen der DDR (SAPMO); Direktor Dr. Reiser und seinen Mitarbeitern ist dabei für vielfältige Unterstützung zu danken, insbesondere Frau Silvia Graefe für ihre unermüdliche Hilfsbereitschaft. Gleiches gilt bei der Bildbeschaffung für Herrn Dr. Vier und Frau Grit Ullrich sowie vom Deutschen Historischen Institut Herrn Dr. Vorsteher und Frau Carola Güllig. Und schließlich gilt der Dank meinen fleißigen Mannheimer Mitarbeitern, Frau Jördis Jung und Herrn Stephan Alfter, ebenso Sebastian Burghof und Frau Edith Reinhardt sowie Frau Gretel Kilian für Hilfe beim Korrekturlesen. Zu bedanken haben wir uns nicht zuletzt für die Aufnahme ins Verlagsprogramm und die Mühe von Frau Maria Matschuk, Frau Anja Lutter und Herrn René Strien. Über weitere Hinweise des einen oder anderen noch lebenden Zeitzeugen würden wir uns freuen.

Mannheim, im November 2001

Gerda Weber, Hermann Weber

Anhang

Klaus Schönhoven
Laudatio auf Hermann Weber

Mit einem Festakt am 8. 7. 1993 wurde Prof. Dr. Hermann Weber anläßlich seiner Emeritierung geehrt. Bei der Übergabe der Festschrift hielt sein Mannheimer Kollege Prof. Dr. Klaus Schönhoven eine kleine Laudatio, die wir im folgenden abdrucken.

Wenn man im akademischen Leben mit einer Festschrift geehrt wird, erhält man gleichzeitig mehrere eindeutige Signale übermittelt: man hat ein gewisses Alter erreicht, man hat sich offensichtlich als Forscher und Hochschullehrer verdient gemacht, und es gibt Freunde, Kollegen und Schüler, die ihre persönliche Zuneigung und ihren wissenschaftlichen Respekt auch schwarz auf weiß, eben in einer Festschrift dokumentieren wollen. Dies alles trifft auch auf Hermann Weber zu, der am Ende dieses Semesters seinen Lehrstuhl für Politische Wissenschaft und Zeitgeschichte räumt und damit auf das Privileg verzichtet, noch drei Jahre über die normale Pensionsgrenze hinaus ein ordentlicher Professor im aktiven Dienst zu sein.

Der Titel – ordentlicher Professor – will ja auch gar nicht so recht zu Hermann Weber passen, dessen Lebensweg eher außerordentlich war und keineswegs der bildungsbürgerlichen Normalbiographie deutscher Hochschullehrer entspricht. Dies sollen die folgenden Beobachtungen knapp illustrieren.

Der Mannheimer Arbeitersohn war sechs Jahre alt, als die Geheime Staatspolizei des »Dritten Reiches« zur Hausdurchsuchung anrückte, seinen Vater verhaftete und für eineinhalb Jahre ins Gefängnis sperrte, weil er illegal für die KPD gearbeitet hatte. Diese Haftzeit änderte die politischen Anschauungen des Vaters nicht, prägte sich aber dem Sohn tief ein. Als Jugendlicher folgte er dem Vorbild des Vaters und wurde ein ebenso überzeugter Kommunist wie Gegner des Nationalsozialismus.

Mit sechzehn Jahren mußte Hermann Weber die Lehrerbildungsanstalt verlassen, weil er sich weigerte, der SS beizutreten, die ihre Reihen mit Schülern auffüllen wollte. Er arbeitete dann in einem Mannheimer Großbetrieb und war auch ein tüchtiger Fahrkartenkontrolleur bei der Straßenbahn.

Wiederum ein Jahrzehnt später, mit 26 Jahren, stand er – wie er 1963 in einem autobiographischen Text rückblickend schrieb – »zwischen allen Fronten«. Er hatte sich von der KPD getrennt, weil er die Widersprüche zwischen Worten und Taten in Geschichte und Gegenwart des Kommunismus nicht mehr ertragen konnte. Zugleich mußte er sich aus einem Milieu lösen, in dem er seine Kindheit und Jugend verbracht hatte. Für die Kommunisten war er nun ein Parteifeind, ein – wie es im damaligen KPD-Jargon hieß – »Trotzkist, Dulles-Agent, Helfershelfer der Faschisten, ein bewußtes Werkzeug der Kriegstreiber«.

Wie ein junger Mensch, dem Selbstkritik und Selbstzweifel nicht fremd waren, mit derart maß- und haltlosen Anschuldigungen umging, läßt sich aus der historischen Distanz schwer einschätzen, handelte es sich doch um den Bannfluch einer Bewegung, für die er jahrelang als Journalist und Chefredakteur mit ganzer Kraft gearbeitet hatte. Diese Tätigkeit wiederum brachte ihm die Anklage der Bundesanwaltschaft in Karlsruhe ein, sich durch sein Eintreten für die KPD schwerer Verbrechen gegen die Bundesrepublik schuldig gemacht zu haben. Man sperrte ihn monatelang in Untersuchungshaft und klagte ihn wegen Vorbereitung zum Hochverrat und Geheimbündelei an. Auf dem Höhepunkt des Kalten Krieges wetteiferten also beide Lager in Ost und West miteinander, Hermann Weber zu einem ihrer Hauptfeinde zu stilisieren.

»Wäre ich damals nicht in einer so fatalen Lage gewesen«, schrieb er später, »hätte ich mich gewiß über die Gefährlichkeit amüsiert, die mir von zwei so gegensätzlichen Institutionen zugeschrieben wurde. Mir blieb nur übrig, darüber zu meditieren, wie rasch in unserer Zeit politische Aktivität und der Versuch, selbständig zu denken und nonkonformistisch zu handeln, zwischen die Fronten führt. Damals hatte ich – als Arbeitsloser mit dem niedrigsten Unterstützungssatz lebend – auch Zeit genug, mir zu überlegen, wie ich in diese Situation geraten war.«

Aus diesem Nachdenken an einer biographischen Bruchstelle erwuchs die jahrzehntelange Auseinandersetzung mit Theorie- und Praxisproblemen von Kommunismus und Sozialismus. Hermann Weber setzte das fort, was er schon zwischen 1947 und 1949 auf der Parteihochschule der SED unter einem ihn übrigens treffend charakterisierenden Decknamen – man nannte ihn dort »Genosse Wunderlich« – begonnen hatte: die wissenschaftliche Erforschung der Ideen-, Struktur- und Politikgeschichte der deutschen und internationalen Arbeiterbewegung.

Vor 35 Jahren publizierte er ein Buch, dessen Titel lautete: »Schein und Wirklichkeit in der DDR«. Diese Formulierung wurde geradezu zu einem Leitmotiv von Hermann Webers Arbeiten: Er wollte hinter die Fassaden eines Systems schauen, das sich selbst sprachlogisch verquer als »real existierender Sozialismus« charakterisierte, in Wirklichkeit aber eine Diktatur war, die alle humanen Grundsätze des Sozialismus mit Füßen trat.

Webers methodisches Prinzip bei seinen Forschungen war das Prinzip der minutiösen und kontinuierlichen Beobachtung. Wie kaum ein anderer hat er ausdauernd und akribisch jahrzehntelang Details zur DDR-Geschichte zusammengetragen und in einem Mosaik zusammengefügt, das die Herrschaftsstrukturen dieses Staates konturierte und ihre Veränderungen registrierte.

Fragt man danach, warum er diese Kärrnerarbeit auf sich nahm, erhält man eine lapidare, aber für ihn typische Antwort. »Ich will«, so erwiderte er in einem Interview, »einsehbar machen, daß man soziale Gerechtigkeit nicht über den Weg einer Diktatur, gleich welcher, herstellen kann. Weil das auf Kosten der Freiheit des einzelnen geht. ... Mir geht es darum, durch meine Arbeit mitzuhelfen, daß repressive gesellschaftliche Strukturen keine Chancen mehr haben.«

In dieser Antwort spiegelt sich das wissenschaftliche, aber auch das politische Engagement Hermann Webers wider, der sich bekanntlich nicht damit begnügte, nur Hochschullehrer zu sein, sondern in vielfältiger Weise auch publizistisch und in der Erwachsenenbildung tätig war, sich in die Tagespolitik einmischte und die Universität nie als einen weltabgekehrten Elfenbeinturm verstand.

Seine Beiträge zu den verschiedenen Themengebieten der Kommunismusforschung, des Marxismus und des Leninismus waren übrigens nie aus der Perspektive des Renegaten geschrieben, also der Perspektive eines Glaubensabtrünnigen, der im Rückblick alle Grundsätze seines vorherigen Lebens eifernd verdammt.

Ihn interessierte vielmehr, wie es dazu kam, daß sich die kommunistische Arbeiterbewegung verformte und fundamental vom Kurs der Aufklärung abwich. Seine Bewertungen orientierten sich dabei immer an einer Richtmarke, von ihm selbst als »Prinzip Links« definiert. Darunter versteht er, wie er schrieb: die Emanzipation und Selbstbestimmung der arbeitenden Menschen in einer solidarischen Gesellschaft, die Garantie der politischen Demokratie und der Rechtssicherheit und schließlich den Respekt vor den Freiheitsrechten eines jeden Individuums.

Mit derartigen Positionen kann man sich auch heute noch zwischen allen Stühlen wiederfinden. So hat es den einstigen Genossen Wunderlich überhaupt nicht überrascht, als ihn die Frankfurter Allgemeine Zeitung der Nähe zur PDS verdächtigte, weil er sich nach dem Ende der DDR vehement für die Rettung des zentralen Parteiarchivs der SED einsetzte. Gleichzeitig bescheinigte ihm die Zeitung der westdeutschen Kommunisten einmal mehr, ein Ideologe des Imperialismus zu sein.

Als ihn eine ostdeutsche Journalistin vor einem Jahr verwundert fragte, ob es ihm nach dem Zusammenbruch des Ostblocks nicht peinlich sei, daß man in seinen Büchern keine Spur von Antikommunismus finden könne, antwortete er: »Das ist mir überhaupt nicht peinlich. Ich bin immer davon ausgegangen, daß der Stalinismus nicht die einzige Möglichkeit des Kommunismus ist. Hatte sich der Kommunismus einmal gewandelt, in den Stalinismus, warum hätte er sich nicht zurück in eine nichtstalinistische Erscheinungsform wandeln sollen? Diese theoretische Annahme ist mir zwar immer verübelt worden, aber ich habe bis heute keinen Anlaß, davon abzurücken.«

Welche Wandlungen Sozialismus und Kommunismus in den letzten 150 Jahren erfahren haben, ist das zentrale Thema der Festschrift, die ich im Namen des Mitherausgebers Dietrich Staritz und stellvertretend für über 30 Autoren nun Hermann Weber überreichen darf. In ihr finden sich Beiträge von Forschern aus West und Ost, was bis vor wenigen Jahren noch undenkbar gewesen wäre, weil ostdeutsche und osteuropäische Kollegen sich an einem derartigen Projekt nie hätten beteiligen dürfen. Die Festschrift dokumentiert, welches Ansehen sich Hermann Weber in der wissenschaftlichen Welt erworben hat, und sie vermittelt einen Eindruck von den vielfältigen Impulsen, die von seinem Werk auf Kollegen und Schüler ausgegangen sind.

Da niemand, der Hermann Weber kennt, auf den Gedanken kommen kann, er werde jetzt in den Ruhestand gehen und Rosen züchten, kann ich uns allen nur eines prophezeien: Wir werden sicherlich noch viel von ihm hören und lesen. Und das ist gut.

[Quelle: Mitteilungen. Gesellschaft der Freunde der Universität Mannheim. Oktober 1993, S. 44 ff.]

Anmerkungen

1 Vgl. das Bild vom Präsidium zur Eröffnung des ersten Zweijahreslehrgangs. In: 40 Jahre Parteihochschule »Karl Marx« beim ZK der SED.
Eine Bilddokumentation. Berlin (Ost) o. J. (1986), S. 17. – 40 Jahre Parteihochschule »Karl Marx« beim ZK der SED. Festschrift. Berlin (Ost)
o. J. (1986), S. 21. – Vgl. zur Eröffnung auch Hans Tammer: Mit großer
Begeisterung Neuland beschritten. In: Kaderschmiede der Partei –
Schule für das Leben. Berlin (Ost) 1986, S. 10.

2 Vgl. Hermann Weber: Das 1. Parlament in Brandenburg und die Entwicklung der FDJ. In: Helga Gotschlich u. a. (Hrsg.): Aber nicht im
Gleichschritt. Zur Entstehung der FDJ. Berlin 1997. S. 50 ff.

3 Als meine Frau Gerda Weber geb. Röder und ich, die wir hier von Oktober bis Ende 1947 als Studenten lebten, nach 1990 das Anwesen wieder
besichtigten (heute ist dort das Hotel »Preußischer Hof«), fanden wir es
fast unverändert. Vgl. auch Wolfgang Leonhard: Spurensuche. 40 Jahre
nach Die Revolution entläßt ihre Kinder. Köln 1992, S. 201.

4 Am 10. Oktober 1947 brachte das SED-Organ »Neues Deutschland«
einen Beitrag über die Eröffnung des »Zweijahreskurses«. Grotewohl erklärte, so der Bericht über die Begrüßung, der Zweijahreslehrgang sei
»ein wichtiger Schritt zur Durchführung der auf dem II. Parteitag gefaß-
ten Beschlüsse«.

5 Der Jungkommunist. Schulungsinformation. Hrsg. KPD Landesleitung
Baden, Abt. Jugend, Nr. 4 (April 1947), S. 4 ff.

6 Victor Stern: Marxismus und Nationalismus. In: Einheit. Theoretische
Zeitschrift des wissenschaftlichen Sozialismus, Heft 10, 1947, S. 935 ff.

7 So Paul Raabe in seiner Einführung des Nachdrucks der »Aktion« der
Jahre 1911–1914 (Darmstadt 1961). Die nach dem Zweiten Weltkrieg so
gut wie vergessene Zeitschrift wurde dann rezipiert, auch in der DDR erschien eine von Thomas Rietzschel zusammengestellte »Auswahl« aus
den Jahrgängen 1911 bis 1918 (Berlin 1986). Vgl. jetzt: Pfemfert: Erinnerungen und Abrechnungen. Texte und Briefe. Hrsg. L. Exner und
H. Kapfer. München 2000.

8 Die Liste »Aufstellung der Delegierten von der Zentralen Jugendschule«
mit Namen, Geburtsdatum und Anschrift war im FDJ-Archiv erhalten;
zunächst unter der Nr. JA JzJ, A 2001 im Institut für zeitgeschichtliche
Jugendforschung Berlin, lagern sie jetzt bei der Stiftung Archiv der Parteien und Massenorganisationen der DDR (SAPMO).

9 Erstes Parlament der Freien Deutschen Jugend. Brandenburg an der Havel, Pfingsten 1946. Berlin o. J., S. 41.

10 Ebenda, S. 140.

11 Im stenographischen maschinenschriftlichen Protokoll steht »Wels, Mannheim«, ich hatte die schriftliche Wortmeldung mit meiner wohl schlecht lesbaren »Klaue« ausgefüllt.

12 Erstes Parlament (Anm. 9), S. 124, 179.

13 Thalheimer starb 1948 in Kuba, Brandler konnte erst 1949 nach Deutschland zurückkehren. Vgl. auch Unabhängige Kommunisten. Der Briefwechsel zwischen Heinrich Brandler und Isaac Deutscher 1949 bis 1967. Hrsg. Hermann Weber. Berlin 1981.

14 Wolfgang Alles schilderte kurz Boepples Leben und gab Schriften von ihm heraus: Gegen den Strom. Texte von Willy Boepple (1911–1992). Köln 1997.

15 Vgl. seine Kurzbiographie in Hermann Weber: Die Wandlung des deutschen Kommunismus. Bd. 2, Frankfurt/M. 1969, S. 260f.; vgl. auch Der Mannheimer Gemeinderat 1945–1984. Biographisches Handbuch. Mannheim 1984, S. 100f.; dort auch Kurzbiographien der kommunistischen Stadträte wie Kurt W. Weber.

16 Sein Sohn Jakob Ritter jun. (1914–1991) war bereits 1948 zur SPD übergetreten und ab 1964 im Mannheimer Stadtrat sowie Vorsitzender des SPD-Ortsvereins, dem auch ich dann angehörte.

17 Vgl. dazu Hermann Weber: Geschichte der DDR. Aktualisierte und erw. Neuausgabe. 2. Aufl., München 2000, S. 99f.

18 Vgl. 40 Jahre (Anm. 1), S. 18.

19 Ebenda, S. 37.

20 J. Stalin: Fragen des Leninismus. Moskau 1947, S. 594.

21 Ebenda, S. 715ff.

22 Vgl. dazu Hermann Weber und Ulrich Mählert (Hrsg.): Terror. Stalinistische Parteisäuberungen 1936–1953. Paderborn 1998, hier bes. S. 1ff. (erweiterte Sonderausgabe 2001).

23 Vgl. Hermann Weber: Weiße Flecken in der Geschichte. Die KPD-Opfer der Stalinschen Säuberungen und ihre Rehabilitierung. Frankfurt/M. 1989, Neuaufl. Berlin 1990.

24 Abgedruckt in Peter Erler/Horst Laude/Manfred Wilke (Hrsg.): Nach Hitler kommen wir. Dokumente zur Programmatik der Moskauer KPD-Führung 1944/45 für Nachkriegsdeutschland. Berlin 1994, S. 285. »Stalinismus« fehlt (wie üblich ohne Kenntlichmachung der Auslassung) in dem 1979 im Ost-Berliner Dietz Verlag erschienenen Band der Gesammelten Reden und Schriften Wilhelm Piecks (S. 318). Vgl. dazu auch Hermann Weber: »Hauptfeind Sozialdemokratie«. In: Rainer Eckert/ Bernd Faulenbach (Hrsg.): Halbherziger Revisionismus. Zum postkommunistischen Geschichtsbild. München 1996, S. 34ff.

25 Vgl. Joachim Schultz: Der Funktionär in der Einheitspartei. Kaderpolitik und Bürokratismus in der SED. Stuttgart 1956. – Eckart Förtsch: Parteischulung als System der Kaderpolitik in der SBZ (1946–1963). Erlangen 1964. – Wolfgang Leonhard: Die Etablierung des Marxismus-Leninismus in der SBZ/DDR (1945–1955). In: Aus Politik und Zeitgeschichte.

Beilage zur Wochenzeitung »Das Parlament«. B 40/94 vom 7. Oktober 1994, S. 3 ff.

26 Thekla Kluttig: Parteischulung und Kaderauslese in der Sozialistischen Einheitspartei Deutschlands 1946–1961. Berlin 1997.

27 Wolfgang Leonhard: Die Revolution entläßt ihre Kinder. Köln 1955, seither zahlreiche Neuauflagen. Vgl. auch Wolfgang Leonhard: Im Fadenkreuz der SED. Meine Flucht von der Parteihochschule »Karl Marx« im März 1949 und die Aktivitäten der Zentralen Parteikontroll-Kommission. In: Vierteljahrshefte für Zeitgeschichte, 46. Jg., Heft 2, 1998, S. 283 ff. Über die spätere Zeit vgl. die Berichte von Carola Stern und Michael Miller in Horst Krüger (Hrsg.): Das Ende einer Utopie. Olten 1963, S. 197 ff.

28 Erich Hanke: Im Strom der Zeit. Berlin (Ost) 1976, S. 97 ff. – Tammer: Mit großer Begeisterung (Anm. 1). Auf die Bilddokumentation und die »parteiliche« Festschrift zum 40. Jahrestag wurde bereits verwiesen (vgl. Anm. 1). Ebenso schwach ist eine weitere Selbstdarstellung, die unter dem Titel »Unsere Hochschule« ebenfalls 1986 erschien. Geradezu kümmerlich ist der am 16. Mai 1966 im DDR-Fernsehen ausgestrahlte halbstündige Film »Lernen und Kämpfen« über die Parteihochschule. Sogar das gefälschte Bild der letzten KPD-Demonstration von 1933 wird darin gezeigt (außer Ulbricht, Thälmann und Scheer waren alle Politbüromitglieder wegretuschiert). Vgl. dazu Hermann Weber: Ulbricht fälscht Geschichte. Köln 1964, S. 180 ff. Für eine Videokopie des Films bin ich Dr. Thomas Heimann sehr dankbar. – Die Leitung der Parteihochschule hatte in den 80er Jahren Prof. Helmut Neef beauftragt, die Geschichte der Parteihochschule »Karl Marx« zu schreiben. Nach dem Tod von Helmut Neef im Jahr 2000 hat seine Witwe dankenswerterweise den Nachlaß an SAPMO übergeben. Als ich diesen Nachlaß im April 2001 einsehen konnte, war das vorliegende Manuskript bereits weitgehend abgeschlossen. Ein von Neef 1988 fertiggestelltes, fast 600seitiges, ungedrucktes Konvolut entsprach noch ganz den damaligen SED-Vorgaben und hat mir für die Jahre bis 1949 keine neuen Erkenntnisse gebracht. Da Neef aber auch über die frühen Jahre Materialien gesammelt hatte (das meiste stammt freilich aus den nun zugänglichen Akten), waren lediglich Einzelheiten abzugleichen. Neef hatte versucht, die Studenten des ersten Zweijahreslehrgangs zu erfassen, deren Namen in den Akten ja nicht enthalten sind (vgl. Anm. 29). Ihm gelang es jedoch trotz Umfragen unter ehemaligen Lehrern nur, 51 Personen von den 79 zu ermitteln (38 hatte Wilhelm Arnold – z. T. fehlerhaft – zusammengestellt). Doch hat er kaum biographische Daten gesammelt.

29 In den Akten bei SAPMO fehlt z. B. eine Namensliste aller Schüler. Diese findet sich für Mai 1948 bzw. Januar 1949 nur für die Philosophische Fakultät, freilich ohne nähere Angaben wie z. B. Geburtsdatum usw. SAPMO, DY 30, J IV 2/2.09/231. Am 21. Oktober 1949 beschloß das Kleine Sekretariat (TOP 16), eine »zentrale Beratung« über die Bewertung und den Einsatz der Schüler des ersten Zweijahreslehrgangs durch-

zuführen, der am 7. November beendet würde. Diese Beratung mit den »Leitern der Kaderabteilungen der Länder« sollte am 26. Oktober stattfinden. Doch über die Konferenz und die Unterlagen zu den Schülern ließen sich keine Archivalien finden. Vgl. SAPMO, DY 30, J IV/2/3/058, S. 6.

30 Vgl. z. B. Hermann Weber: Die Instrumentalisierung des Marxismus-Leninismus. In: Jahrbuch für Historische Kommunismusforschung 1993. Berlin 1993, S. 160 ff.

31 Zu den Einzelheiten vgl. die Untersuchung von Kluttig (Anm. 26).

32 Herangezogen wurden unter anderem die Protokolle des Zentralsekretariats 1947/48 (SAPMO, DY 30, J IV/2/2.1), des Politbüros 1949/50 (DY30, J IV 2/2), des »Kleinen Sekretariats« 1949 (DY 30 J IV 2/3), der Abteilung Parteischulung 1947/49 (DY 30, J IV 2/903), der Parteihochschule 1946–1951 (DY 30 J IV 2/9.09, 20, 22, 24, 39, 50, 52, 75, 77, 102, 231, 298) sowie die Nachlässe von Pieck (NY 4036/674), Ulbricht (NY 4182/924), Lenzner (NY 4083 6-8,16), Stern (EA 0910), Lindau (EA 0577, Slg. 30/0577), Heckert (NY 4007/28, 30, 32), Konferenzen des PV der SED (DY 30, J IV 2/1.01 72), Zentrale Partei-Kontrollkommisssion (DY 30, J IV 2/174, 384, 438). Um die Anmerkungen nicht zu umfangreich werden zu lassen, wurden nur die wichtigsten Aussagen in den Akten belegt und dort, wo die Fundstelle aus dem Text hervorgeht, meist darauf verzichtet.

33 SAPMO, NL 36, 647 und DY 30, J IV 2/903/49, Bl. 230 ff.

34 Kluttig (Anm. 26), S. 70.

35 SAPMO, DY 30, J IV 2 /903/49, Bl. 233.

36 Ebenda, Bl. 228.

37 Vgl. die Tabelle SAPMO, NY 4083/16, S. 207.

38 SAPMO, DY 30, J IV 2/903/49 und DY 4036/674 sowie ebenfalls NY 4083/16, S. 207. Eine Differenz beider Aufstellungen gibt es beim Alter. Danach waren 1948 sieben Schüler jünger als 20 Jahre, 16 zwischen 21 und 25, 15 zwischen 26 und 30 Jahre, 13 zwischen 36 und 40 sowie 6 über 40 Jahre alt. Daß 1947 nur drei, ein Jahr später aber sieben Studenten unter 20 Jahre alt gewesen sein sollen, ist nicht nur unlogisch, sondern falsch. 1948 gab es lediglich zwei »Zugänge«: Gerda Röder sowie der Norweger Janda. Aber es waren von den Schülern der Jahrgänge 1927/28 mindestens drei ausgeschieden. Im Oktober 1947 sind statt der angegebenen drei mindestens neun unter 20 Jahre alt gewesen.

39 SAPMO, DY 30, J IV 2/2.01/135, Anlagen 1 und 2.

40 SAPMO, DY 30, NY 4083, S. 120.

41 SAPMO, DY 30, J IV 2/303/49, S. 304 ff.

42 SAPMO, DY 30, J IV 2/903/49, Bl. 165.

43 Vgl. Hubert Faensen: Geheimnisträger Hakeburg. Beispiel eines Funktionswandels: Herrensitz, Ministerresidenz, Forschungsanstalt, SED-Parteischule. Hrsg. Brandenburgische Landeszentrale für Politische Bildung. Potsdam 1997, S. 73. Den Hinweis auf die Broschüre verdanke ich Werner Wölk. Inzwischen erschien im Ch. Links Verlag auch ein Bild-

band, vgl. Hubert Faensen: Hightech für Hitler. Die Hakeburg – Vom Forschungszentrum zur Kaderschmiede. Berlin 2001.

44 SAPMO, DY 30, J IV 2/903/49, Bl. 238 ff.

45 Ebenda, Bl. 238.

46 Rudolf Lindau: Ernst Thälmann, Leben und Kampf. Berlin (Ost) 1956.

47 Diese erschien 1947 auch gedruckt im SED-Parteiverlag Dietz, 63 Seiten stark.

48 Vgl. seine spätere Darstellung Rudolf Lindau: Revolutionäre Kämpfe 1918/1919. Aufsätze und Chronik. Berlin (Ost) 1960.

49 Zur Biographie Lindaus vgl. Jürgen Schröder: Rudolf Lindau. In: Jahrbuch für Historische Kommunismusforschung 1997. Berlin 1997, S. 271 ff.

50 Hannelore Offner/Klaus Schroeder (Hrsg.): Eingegrenzt – Ausgegrenzt. Bildende Kunst und Parteiherrschaft in der DDR 1961–1989. Berlin 2000, S. 220, 326. – 30 Jahre Kunsthochschule Berlin. Berlin (Ost) 1977. – Vgl. MfS, BV Berlin A/M 5311/85 »Heureka«, Band I/1 und I/2.

51 Tammer: Mit großer Begeisterung (Anm. 1), S. 10 f.

52 SAPMO, DY 30, J IV 903/49, S. 270 f.

53 Vgl. die Beschreibung bei Wolfgang Leonhard: Die Revolution (Anm. 27), S. 493 f. Der junge westdeutsche Genosse, der aus Protest gegen solche Unterschiede das Parteihaus verließ, war übrigens mein Jugendfreund Heinz Knapp.

54 Hanke: Im Strom (Anm. 28), S. 99.

55 Vgl. Hermann Duncker: Einführungen in den Marxismus. Bd. 2, Berlin (Ost) 1959, S. 65. Vgl. auch die Kurzbiographie Dunckers in Weber: Die Wandlung (Anm. 15), S. 99 f.

56 Vgl. Marx/Engels: Das Kommunistische Manifest. (Elementarbücher des Kommunismus, Bd. 1). Hrsg. Dr. H. Duncker. 4. Aufl., 1927, S. 12, und dass. 8. Aufl., Berlin 1932, S. 10.

57 Joachim Hoffmann: Berlin-Friedrichsfelde. Ein deutscher Nationalfriedhof. Berlin 2001, S. 127. Dagegen: Einheit, Heft 12, Juli 1951, S. 814.

58 Die Bedeutung der Arbeiten des Genossen Stalin über den Marxismus und die Fragen der Sprachwissenschaften für die Entwicklung der Wissenschaften. Protokoll der theoretischen Konferenz der SED. 23./24. Juni 1951. Berlin (Ost) 1952, S. 123 f., 213, 263 f.

59 Vgl. seine Kurzbiographie in Helmut Müller-Enbergs u. a. (Hrsg.): Wer war wer in der DDR. Berlin 2000, S. 472, sowie Werner Krauss: Vor gefallenem Vorhang. Aufzeichnungen eines Kronzeugen des Jahrhunderts. Hrsg. Manfred Naumann, Frankfurt/M. 1995.

60 Vgl. Hans-Rainer Sandvoß: Widerstand in einem Arbeiterbezirk (Wedding). Berlin 1983, S. 44 ff. – Mitteilung vom 1. Dezember 1983 von Rainer Sandvoß an den Verfasser.

61 SAPMO, DY 30, J IV, NL 36, 674, S. 67.

62 Einheit, Heft 9, September 1947, S. 806 f.

63 Vgl. die Kurzbiographien in Weber: Die Wandlung (Anm. 15), S. 265; Geschichte der deutschen Arbeiterbewegung. Biographisches Lexikon. Berlin (Ost) 1970, S. 386 f.; Beiträge zur Geschichte der Arbeiterbewe-

gung, 19. Jg., 1977, S. 877 ff. Unter dem Pseudonym »Georg Rehberg« hat sie 1944 und 1945 auch Broschüren gegen Hitler geschrieben.

64 Frida Rubiner: Einst unglaubliche Berichte. Hrsg. Helga W. Schwarz. Berlin (Ost) 1987, S. 9.

65 Ebenda, S. 145 f.

66 Vgl. Alles: Gegen den Strom (Anm. 14), S. 50 ff.

67 Vgl. Faensen: Geheimnisträger Hakeburg (Anm. 43), S. 73, und ders.: Hightech (Anm. 43).

68 Ein Protokoll der Einweihungsfeier sowie der Einladung usw. befindet sich in den Akten von SAPMO, DY 30, J IV 2/1.01/72 und NL 36, 674.

69 »Neues Deutschland« berichtete am 11. Januar 1948 über den »feierlichen und bedeutungsvollen Akt in der Geschichte unserer Partei«. Nach dieser Version hatte Grotewohl vom »theoretischen Wissen von Marx, Engels und Lenin« gesprochen, Stalin war – warum auch immer – weggefallen.

70 Michael Herms/Gert Noack: Aufstieg und Fall des Robert Bialek. Berlin 1998.

71 Vgl. dazu Andreas Malycha: Die SED. Geschichte ihrer Stalinisierung 1946–1953. Paderborn 2000, S. 271 ff.

72 Vgl. Bernd Bonwetsch/G. Bordjugow/N. Naimark (Hrsg.): Sowjetische Politik in der SBZ 1945–1949. Bonn 1998, S. 143 f.

73 SAPMO, DY 30, J IV/2 /9.09/77 und eigene Aufzeichnungen.

74 Max Adler: Max Stirner und der moderne Sozialismus (1906). Wien 1992, S. 7, 36. Zur Wirkungsgeschichte des »Einzigen« vgl. Bernd A. Luska: Ein heimlicher Hit. 150 Jahre Stirners »Einziger«. Nürnberg 1994; ders.: Ein dauerhafter Dissident. Nürnberg 1996.

75 Ich bin dem Direktor der Mannheimer Kunsthalle, Prof. Manfred Fath, sehr dankbar, der mir Einblick in die Akten von 1947 gestattete und eine Kopie des Ausstellungskatalogs überließ.

76 Zu Hofer ist inzwischen eine umfängliche Literatur erschienen; vgl. Karl Hofer: Ich habe das meine gesagt. Reden und Stellungnahmen zu Kunst, Kultur und Politik in Deutschland. Berlin 1995 (der zitierte Artikel ist allerdings nicht abgedruckt). Dies gilt auch für Karl Hofer: Malerei hat eine Zukunft. Leipzig 1991.

77 Zur Rolle Piecks in dieser Zeit vgl. jetzt Jens Becker/Harald Jentsch: Wilhelm Pieck. In: Jahrbuch für Historische Kommunismusforschung 2000/2001. Berlin 2001, S. 421 ff. Zur Pieck-Legende vgl. auch Hermann Weber: Die SED und Wilhelm Pieck. In: Deutschland Archiv, 8. Jg., 1975, Heft 11, S. 1191 ff.

78 Vgl. Weber: Unabhängige Kommunisten (Anm. 13), S. 255.

79 Zur Biographie von Benkwitz und Schreck vgl. Weber: Die Wandlung (Anm. 15), S. 72 und 287 f. Vgl. auch Mannheimer Gemeinderat (Anm. 15), S. 108. Eine Schrift von Benkwitz (Bevor unsere Republik entstand. Erinnerungen) ist 1972 in Halle erschienen. Vgl. auch Andreas Herbst/ G. Stephan/J. Winkler: Die SED. Ein Handbuch. Berlin 1997, S. 908.

80 Brief von Ilse Krasemann an mich vom 14. 8. 2001.

81 Leonhard: Die Revolution (Anm. 27), S. 480.

82 Alfred Lemnitz: Beginn und Bilanz. Erinnerungen. Berlin (Ost) 1985, S. 100.

83 SAPMO, DY 30, 24/114 169 I.

84 SAPMO, DY 30, J IV 2/9.09/231.

85 Für die Hinweise auf Wulf bin ich Dr. Fred Mrotzek von der Universität Rostock außerordentlich dankbar. Das erwähnte Memorandum hatte Wulf auch an unseren ehemaligen Mitschüler von der Parteihochschule Heinz Nehmer geschickt, wie dieser mir am 4. 10. 2000 bestätigte. Die MfS-Akte »Renegat« der BV Schwerin war unter A. Op 675/88 abgelegt.

86 SAPMO, DY 30, J IV 2/9.09/77.

87 Protokoll der Philosophischen Fakultät vom 17. 5. 1949, SAPMO, DY 30, IV 2/9.09/231.

88 SAPMO, DY 30, NY 4006, 22.

89 Vgl. vor allem B. Bonwetsch u. a: Sowjetische Politik (Anm. 72), sowie Sergej Tjulpanow: Deutschland nach dem Kriege (1945–1949). Erinnerungen eines Offiziers der Sowjetarmee. Hrsg. Stefan Doernberg, Berlin (Ost) 1986.

90 Vgl. seinen eigenen Hinweis in seinen Erinnerungen, ebenda S. 219f.

91 Vgl. Leonhard: Die Revolution (Anm. 27), S. 482ff., dort auch ausführlich die Beschreibung des Referats.

92 Einzelheiten dazu und zu seinem Lebenslauf finden sich in Dieter Dowe (Hrsg.): Kurt Müller (1903–1990) zum Gedenken. Friedrich-Ebert-Stiftung, Bonn 1991. Vgl. auch die Kurzbiographie in Weber: Die Wandlung (Anm. 15), S. 227.

93 Vgl. Dowe, ebenda, S. 13f.

94 Hermann Weber: Walter Ulbricht überlebte sich selbst. In: Metall, Zeitschrift der IG Metall, vom 21. August 1973.

95 Vgl. jetzt Müller-Enbergs u. a.: Wer war wer (Anm. 59), S. 735.

96 Zu seinen Memoiren vgl. Anmerkung 82.

97 Vgl. Leonhard: Die Revolution (Anm. 27), S. 504ff.

98 Entscheidungen der SED 1948. Aus den stenographischen Niederschriften der 10. bis 15. Tagung des Parteivorstandes der SED. Hrsg. Thomas Friedrich u. a. Berlin 1995. S. 202ff. und 267.

99 Später wurde Paterna sehr gelobt, vgl. seine Biographie in Heinz Heitzer/Karl-Heinz Noack/Walter Schmidt (Hrsg.): Wegbereiter der DDR-Geschichtswissenschaft. Biographien. Berlin (Ost) 1989, S. 182ff.

100 Elisabeth Shaw: Wie ich nach Berlin kam. Berlin 2000, S. 140.

101 Von den übrigen 22 starben vier vor den Säuberungen, zwei verloren allen Einfluß, zehn wurden in Schauprozessen nach erzwungenen, entwürdigenden Geständnissen verurteilt: Sinowjew, Kamenew, Jewdokimow, I. N. Smirnow, Radek, Serebrjakow, Bucharin, Rykow, Rakowski und Krestinski. Vier wurden ohne öffentlichen Prozeß als »Volksfeinde« erschossen: Beloborodow, Preobrashenski, Rudsutak und Smilga. Tomski verübte Selbstmord, Trotzki wurde im Exil ermordet. Vgl. Weber/Mählert: Terror (Anm. 22).

102 SAPMO, DY 30, J IV 2/903/49, Bl. 190.

103 Helgard Goldberg schreibt an einer Biographie von Jakob und stellte mir freundlicherweise seinen Lebenslauf zur Verfügung.

104 Im Nachlaß von Neef (vgl. Anm. 28) sind wie gesagt nur 51 Namen aufgezählt, darunter Kurth als »Westdt.«.

105 Das Einwohnermeldeamt konnte leider keine Auskunft geben.

106 Alles: Gegen den Strom (Anm. 14), S. 25.

107 Vgl. Erich Matthias/Hermann Weber (unter Mitwirkung von Günter Braun und Manfred Koch): Widerstand gegen den Nationalsozialismus in Mannheim. Mannheim 1984, S. 20.

108 Die Erinnerungen sind unklar, und aus dem »Wochen-Arbeitsplan« ist nichts exakt zu entnehmen, da die Unterlagen zwischen 26. 7. und 26. 9. im Archiv fehlen. Aber aus anderen Materialien bei SAPMO, DY 30, IV, 2/9.03/49, Bl. 131 geht dieser Termin hervor.

109 SAPMO, DY 30, IV 2/1/52, S. 188ff. Vgl. auch Entscheidungen der SED 1948 (Anm. 98), S. 378ff.

110 Sozialistische Bildungshefte, Heft 9, 1948: Wie schaffen wir eine Partei neuen Typus, S. 3, 15.

111 Vgl. Hanke: Im Strom (Anm. 28), S. 101.

112 SAPMO, NY 4083/16, Bl. 47f.

113 Vgl. Kurt Hager: Erinnerungen. Leipzig 1996.

114 Vgl. z. B. Siegfried Prokop: Ich bin zu früh geboren. Auf den Spuren von Wolfgang Harich. Berlin 1997. Vgl. auch Wolfgang Harich: Keine Schwierigkeiten mit der Wahrheit. Berlin 1993.

115 Hanke: Im Strom (Anm. 28), S. 107f.

116 Vgl. Dokumente der Sozialistischen Einheitspartei Deutschlands. Bd. II, Berlin (Ost) 1952, S. 128ff.

117 SAPMO, DY, J IV 2/2/1/234.

118 SAPMO, DY, J IV 2/9.03/49, Bl. 132ff.

119 Einige Materialien über und von der norwegischen Gruppe hat mir 1998 freundlicherweise Fred Voigtländer überlassen.

120 Vgl. Ilse Spittmanns Hinweis in: Hermann Weber zum 70. Geburtstag. In: Deutschland Archiv, 31. Jg., 1998, Heft 4, S. 531.

121 Die einzelnen Passagen von Gerda Weber, auch im folgenden, stammen aus »Erinnerungen«, die sie im August 1998 als Privatdruck zu meinem 70. Geburtstag zusammenstellte (63 Seiten).

122 Vgl. den Bericht in: Deutschland Archiv, 22. Jg., 1989, Heft 7, S. 798ff.

123 Süddeutsche Zeitung vom 9. Juni 1989, vgl. auch den Bericht von Eckhard Fuhr in der Frankfurter Allgemeinen Zeitung vom 3. Juni 1989.

124 Vgl. jetzt Nico Rost: Goethe in Dachau. Ein Tagebuch. Hrsg. und mit Materialien und einem Nachwort versehen von Wilfried F. Schoeller. München 2001.

125 Vgl. dazu meinen Beitrag in Winrich Meiszies (Hrsg.): Wolfgang Langhoff. Theater für ein gutes Deutschland. Düsseldorf 1992, S. 170ff.

126 Tjulpanow: Deutschland (Anm. 89), S. 171.

127 Das »Gespür« des Historikers veranlaßte mich, einige Wandzeitungsartikel nach Hause zu schicken, die ich heute noch besitze. Die Kaderakten

einiger Lehrer und Hochschüler enthalten neben Zeugnissen, Kritiken usw. sogar ihre Wandzeitungsartikel. Bezeichnende Beispiele für die lückenlose »Erfassung« aller Lebensbereiche der Funktionäre. Die Akte Eppinger in SAPMO, DY 30, IV 2/11/v/2067.

128 Vgl. Entscheidungen (Anm. 98).

129 Vgl. SAPMO, DY 30, NY 674, Bl. 89–94.

130 Über die Diskussionen und die miesen Angriffe gegen Thiel, inzwischen »stellvertretender Fakultätsleiter«, liegt ein ganzer Akt vor (SAPMO, DY 30, IV 2/9.09/102, S. 2–63). Auch Kluttig (Anm. 26) verweist auf diesen Fall (S. 262, 471). Besonders übel wurde Thiel in den Sitzungen an der Parteihochschule vom 14. und 21. Februar sowie vom 19. März 1950 von Abraham, aber auch von Dorf und Melis beschimpft. Lemnitz wurde kritisiert, bis auch er sagte: »Thiel ist ein Parteifeind und ich trage die Schuld.« Selbst Eppinger und Triebe, die kurze Zeit später von der Schule verwiesen wurden, griffen schließlich Thiel an (Triebe sagte, daß für ihn persönlich »ein Parteiauschluss gleichbedeutend sein würde mit einem Todesurteil«). Am Ende der Lehrerversammlung wurde Thiels Ausschluß »einstimmig« gebilligt.

131 Shaw: Wie ich (Anm. 100), S. 129.

132 Möhring wird auch in der Untersuchung von Kluttig nicht genannt. Das Interview und Möhrings Brief an das Zentralsekretariat, auf die im folgenden eingegangen wird, sind nur mit den Initialen M. H. veröffentlicht, in: Beatrix W. Bouvier/Horst-Peter Schulz: … die SPD aber hat aufgehört zu existieren. Bonn 1991, S. 123 ff.

133 Ebenda., S. 136 f.

134 Ebenda, S. 146.

135 Ebenda, S. 138.

136 Vgl. Hermann Weber: SED und Stalinismus. In: Ilse Spittmann/Gisela Helwig (Hrsg.): Die DDR im vierzigsten Jahr (22. Tagung zum Stand der DDR-Forschung). Köln 1989, S. 3 ff.

137 Renate Hartleb: Carl Hofer. Leipzig 1987, S. 71.

138 Laszlo Rajk und Komplizen vor dem Volksgericht. Budapest o. J., 338 Seiten. – Laszlo Rajk und Komplizen vor dem Volksgericht. Berlin 1949, 384 Seiten. Der einzige Unterschied beider Ausgaben bestand darin, daß in der Berliner Ausgabe bei der Aufzählung der anwesenden »Auslandsjournalisten« der Vertreter von ADN Berlin (»Frau Julius David«) fehlte.

139 SAPMO, DY 30, J IV 2/1/61, S. 12 ff.

140 Beispielsweise veröffentlichte »Neues Deutschland« von August bis September 1948 eine Serie »Die Grundlagen des Marxismus«, in der ökonomische Fragen behandelt wurden (Lemnitz, Liesel Wagner, Bernhard Thiel); am 7. Dezember erschien der Artikel »Was verstehen wir unter Ideologie?« von Götz Scharf.

141 Rossmann war so verbittert, daß er z. B. Neef für dessen Untersuchungen zur Parteihochschule (vgl. Anm. 28) 1985 jede Auskunft verweigert hat.

142 Brief von Werner Wölk vom 30. 10. 2000. Ich danke Werner Wölk, der gegenwärtig seine Erinnerungen vorbereitet, für viele Auskünfte.

143 Brief von Werner Wölk an mich vom 23. 7. 2001.

144 Heinz Buschmanns Erinnerungen »Aus meinem Leben in Ostdeutschland« sind noch unveröffentlicht. Er hat mir freundlicherweise Material seiner Kaderakte sowie sein Manuskript zur Verfügung gestellt. Die Parteihochschule nimmt darin allerdings nur wenig Raum ein.

145 SAPMO, DY30, J IV 2/9.09/50 und NY 4083/16, S. 128 ff.

146 SAPMO, DY 30, NY 4083, 16, S. 118.

147 Vgl. Leonhard: Die Revolution (Anm. 27), Vorwort und S. 540 ff. – Leonhard: Spurensuche (Anm. 3), S. 225 ff. Leonhard: Im Fadenkreuz (Anm. 27), S. 203 ff. Vgl. auch das Interview mit Karlen Vesper in: Neues Deutschland vom 12. März 1999 sowie das Gespräch mit Schafranek in Hans Schafranek: Kinderheim No. 6. Österreichische und deutsche Kinder im sowjetischen Exil. Wien 1998, S. 209 ff.

148 Zu den Einzelheiten vgl. Leonhard: Im Fadenkreuz (Anm. 27), S. 294 ff.

149 Vgl. Schröder: Lindau (Anm. 49), S. 285 f.

150 Vgl. Leonhard: Im Fadenkreuz (Anm. 27), S. 309, Leonhard: Gespräch (Anm. 147).

151 SAPMO, DY 30, J IV 2/4/438.

152 Lemnitz: Beginn (Anm. 82), S. 159.

153 SAPMO, NY 4083/17, Bl. 230 f. – Vgl. auch Kluttig (Anm 26), S. 472.

154 Archiv der Geschichte des Sozialismus und der Arbeiterbewegung. Hrsg. Carl Grünberg. 9. Jg., 1921, Leipzig, S. 269.

155 Hanke: Im Strom (Anm. 28), S. 101 f.

156 Julia Köstenberger: Die Geschichte der Kommunistischen Universität der nationalen Minderheiten des Westens, in: Jahrbuch für Historische Kommunismusforschung 2000/2001, Berlin 2001, S. 285.

157 Ebenda, vgl. auch Berthold Unfried: Rituale von Konfession und Selbstkritik. Jahrbuch für Historische Kommunismusforschung 1994, Berlin 1994, S. 149 ff. – Klaus-Georg Riegel: Konfessionsrituale im Marxismus-Leninismus. Graz 1985.

158 Zu weiteren Lebensdaten vgl. seine Memoiren (Anm. 28).

159 Vgl. jetzt Georgi Dimitroff: Tagebücher 1933–1943. Hrsg. von Bernhard H. Bayerlein und Wladislaw Hedeler. 2 Bde. Berlin 2000.

160 Dies meldete die Schulleitung am 27. August 1949 an Wilhelm Pieck. Vgl. SAPMO, DY 30, NL 36, 674, S. 153.

161 Werner Großmann: Bonn im Blick. Die DDR-Aufklärung aus der Sicht ihrer letzten Chefs. Berlin 2001, S. 10.

162 Vgl. Malycha: Die SED (Anm. 71), S. 418 ff. Zu Daub vgl. Müller-Enbergs u. a.: Wer war wer (Anm. 59), S. 143 f.

163 Zu Teubner vgl. Wolfgang Kießling: Partner im »Narrenparadies«. Berlin 1994, S. 227 ff.

164 Vgl. Rosa Meyer-Leviné: Im inneren Kreis. Hrsg. u. eingeleitet von Hermann Weber. Köln 1979.

165 Zur Person vgl. Weber: Die Wandlung (Anm. 15), S. 344 f.

166 Vgl. die Jubelschrift: 1949–1989. Vierzig Jahre Institut für Marxismus-Leninismus beim ZK der SED. Berlin (Ost) 1989.

167 SAPMO, DY 30, IV 2/9.09/52.

168 Vgl. Herbst u. a.: Die SED. Ein Handbuch (Anm. 79), S. 986 f., vgl. auch Müller-Enbergs u. a.: Wer war wer (Anm. 59), S. 397 f.

169 Auch Berhard Thiel, damals Dozent an der Ökonomischen Fakultät, hält Bergmann und Lubisch-Joos für »identisch« (Brief vom 26. Juli 2001 an mich).

170 Im Band über Frida Rubiner »Einst unglaubliche Berichte« (vgl. Anm. 64) ist in der Unterschrift eines Fotos der Fakultätslehrer bei Fischer wie bei Marx interessanterweise »unbekannt« vermerkt. Warum waren beide 1987 im »Gedächtnisloch« verschwunden?

171 SAPMO, DY 30, J IV 2/4/147, S. 83 ff.

172 Die neunseitige Entschließung der Betriebsgruppe »Stalin« wurde »Nur für den inneren Schulgebrauch« damals auch an uns verteilt. Vgl. SAPMO, NY 4083/16, S. 170 ff.

173 Zu seiner Biographie und denen der folgenden Personen vgl. Müller-Enbergs u. a.: Wer war wer (Anm. 59), hier S. 791 f.

174 Zur Biographie vgl. Weber: Die Wandlung (Anm. 15), S. 58. Müller-Enbergs u. a.: Wer war wer (Anm. 59), S. 11 f., und Karin Hartewig: Zurückgekehrt. Die Geschichte der jüdischen Kommunisten in der DDR. Köln, Weimar 2000, S. 164 ff.

175 Vgl. Weber: Geschichte der DDR (Anm. 17), S. 123 ff.

176 SAPMO, DY 30, IV 2/9.09/231.

177 Zu Heymann vgl. Weber: Die Wandlung (Anm. 15), S. 163, sowie Hartewig: Zurückgekehrt (Anm. 174), S. 158 ff.

178 Vgl. zu seiner Person auch die Erinnerungen seines später geflüchteten Mitarbeiters Fritz Schenk: Im Vorzimmer der Diktatur. Köln 1962.

179 Über die westdeutsche FDJ vgl. Michael Herms: Hinter den Linien. Westarbeit der FDJ 1945–1956. Berlin 2001.

180 Vgl. zu seiner Biographie Michael Herms: Heinz Lippmann. Porträt eines Stellvertreters. Mit einem Vorwort von Hermann Weber. Berlin 1996.

181 Vgl. Anm. 29.

182 Vgl. Zwei Aufbrüche. Symposon der Kunsthochschule Berlin-Weißensee. Hrsg. S. D. Sauerbier unter Mitarbeit von Hildtrud Ebert. Berlin 1996, S. 46. Vg. auch Urbschats Vorwort zu 10 Jahre DDR. Hrsg. Hochschule für Bildende Kunst. Berlin (Ost) 1959, S. 3 f.

183 SAPMO, DY 30, IV 2/2/35, Beschluß Kleines Sekretariat vom 23. 7. 1949.

184 SAPMO, DY 30, IV 2/9.09/298, S. 4.

185 Vgl. Weber: Die Wandlung (Anm. 15), S. 219 f. Kießling: »Narrenparadies« (Anm. 163).

186 Vgl. dazu Jahrbuch für Historische Kommunismusforschung 1995. Berlin 1995, S. 232 ff.

187 Vgl. Entscheidungen der SED 1948 (Anm. 98), S. 173.

188 SAPMO, DY 30, IV NY 4083, S. 48.

189 Müller-Enbergs u. a.: Wer war wer (Anm. 59); Herbst u. a.: Die SED. Ein Handbuch (Anm. 79).

190 Vgl. SBZ-Biographie. Bonn 1961 (hier auch noch Neukranz); Wer ist wer in der SBZ. Berlin 1958; Wer ist wer? Bd. 2 (DDR). Berlin 1965; Günter Buch: Namen und Daten. 4. Aufl., Bonn 1987.

191 Wer ist wer? Das deutsche Who's Who. XXX. Ausgabe, Lübeck 1991, und XXXVI. Ausgabe, Lübeck 1997.

192 Thüringisches Hauptstaatsarchiv Weimar, A N 2/5-153. Die darin angegebene »Vorlage an das Sekretariat« war bei SAPMO nicht zu finden. Das hier genannte Dokument ist erstmals von Kluttig entdeckt worden, vgl. ihre Darlegung (Anm. 26).

193 Kaderschmiede (Anm. 1), S. 35.

194 Vgl. Festschrift (Anm. 1), S. 6.

195 Rudolf Bahro: Die Alternative. Köln 1977, S. 499 ff., S. 251.

196 Uwe Klenner/Jörn Schütrumpf: »Die Partei hat immer recht!« Geschichtsverständnis an der Parteihochschule der SED. In: Utopie kreativ, Nr. 2, Oktober 1990, S. 41.

197 Leonhard: Spurensuche (Anm. 3), S. 244 f., und Kluttig: Parteischulung (Anm. 26), S. 504.

198 Von den 81 Studenten des ersten Zweijahreslehrgangs (79 und zwei Nachzügler) waren 80 zu ermitteln. 21 leben noch, 30 sind gestorben, über die anderen konnten keine Daten gefunden werden. Von den insgesamt 64 Mitgliedern des Lehrkörpers 1947–1949 leben noch fünf, 40 sind tot, von 19 sind keine Angaben bekannt. Vgl. dazu das Personenregister im Anhang.

Abkürzungen

Abt.	Abteilung
ADN	Allgemeiner Deutscher Nachrichtendienst
Agitprop	Agitation und Propaganda
BBC	British Broadcasting Corporation
BL	Bezirksleitung
CDU	Christlich Demokratische Union
DBD	Demokratische Bauernpartei Deutschlands
DDR	Deutsche Demokratische Republik
DEFA	Deutsche Film AG
DFD	Demokratischer Frauenbund Deutschlands
DGB	Deutscher Gewerkschaftsbund
DIN	Deutsche Industrie Normen
DKP	Deutsche Kommunistische Partei
DM	Deutsche Mark
EKKI	Exekutivkomitee der Kommunistischen Internationale
FAZ	Frankfurter Allgemeine Zeitung
FDGB	Freier Deutscher Gewerkschaftsbund
FDJ	Freie Deutsche Jugend
FLN	Front de Libération Nationale (Nationale Befreiungsfront [Algeriens])
Gen.	Genosse
Gestapo	Geheime Staatspolizei
GPU	Gossudarstwennoje polititscheskoje uprawlenije (Staatliche Politische Verwaltung; Name der sowjetischen Geheimpolizei 1922 bis 1934)
GULag	Glawnoje Uprawlenije Lagerej (Hauptverwaltung für Lager)
HJ	Hitler-Jugend
HO	Handelsorganisation
IG Metall	Industrie Gewerkschaft Metall
IM	Informeller Mitarbeiter des MfS

IML	Institut für Marxismus-Leninismus
IAH	Internationale Arbeiterhilfe
KAP	Kommunistische Arbeiter Partei
KJVD	Kommunistischer Jugendverband Deutschlands
Kominform	Kommunistisches Informationsbüro (Informationsbüro der Kommunistischen und Arbeiterparteien)
Komintern	Kommunistische Internationale
KP	Kommunistische Partei
KPČ	Kommunistische Partei der Tschechoslowakei
KPD	Kommunistische Partei Deutschlands
KPdSU	Kommunistische Partei der Sowjetunion
KPdSU (B)	Kommunistische Partei der Sowjetunion (Bolschewiki)
KPF	Kommunistische Partei Frankreichs
KPJ	Kommunistische Partei Jugoslawiens
KPO	Kommunistische Partei – Opposition
KPÖ	Kommunistische Partei Österreichs
KVP	Kasernierte Volkspolizei
KZ	Konzentrationslager
LDP(D)	Liberal-Demokratische Partei Deutschlands
MAS	Maschinen-Ausleih-Station
MASCH	Marxistische Arbeiterschule
MdB	Mitglied des Bundestages
MdL	Mitglied des Landtages
MdR	Mitglied des Reichstages
MEGA	Marx-Engels-Gesamtausgabe
MfS	Ministerium für Staatssicherheit
NATO	North Atlantic Treaty Organisation
ND	Neues Deutschland
NDP(D)	National-Demokratische Partei Deutschlands
NÖP	Neue Ökonomische Politik
NRW	Nordrhein-Westfalen
NS	Nationalsozialismus, nationalsozialistisch
NSDAP	Nationalsozialistische Deutsche Arbeiterpartei
NVA	Nationale Volksarmee
ORB	Ostdeutscher Rundfunk Brandenburg
Orgsekr.	Organisationssekretär
Orgleiter	Organisationsleiter
PDS	Partei des Demokratischen Sozialismus
PHS	Parteihochschule

Polbüro	Politisches Büro (der KPD)
Politbüro	Politisches Büro (der SED)
PV	Parteivorstand
RGO	Revolutionäre Gewerkschaftsopposition
RIAS	Rundfunk im amerikanischen Sektor Berlins
RM	Reichsmark
SA	Sturmabteilung der NSDAP
SAG	Sowjetische Aktien Gesellschaft
SAP	Sozialistische Arbeiterpartei
SAPMO	Stiftung Archiv der Parteien und Massenorganisationen der DDR im Bundesarchiv
S-Bahn	Stadt-Bahn
SBZ	Sowjetische Besatzungszone
SED	Sozialistische Einheitspartei Deutschlands
SMA(D)	Sowjetische Militäradministration (in Deutschland)
SPD	Sozialdemokratische Partei Deutschlands
SS	Schutzstaffel der NSDAP
SU	Sowjetunion
SVD	Sozialistische Volkspartei Deutschlands
SWA	Sowetskaja wojennaja administrazija (w Germanii) Sowjetische Militäradministration (in Deutschland)
Tbc	Tuberkulose
TH	Technische Hochschule
TU	Technische Universität
U-Boot	Unterwasserboot
UdSSR	Union der Sozialistischen Sowjetrepubliken
UGO	Unabhängige Gewerkschafts-Organisation
US	United States
USA	United States of America
USPD	Unabhängige Sozialdemokratische Partei Deutschlands
VdgB	Vereinigung der gegenseitigen Bauernhilfe
VEB	Volkseigener Betrieb
VVN	Vereinigung der Verfolgten des Naziregimes
Z.B.	Zentralbüro (der FDJ)
ZK	Zentralkomitee
ZPKK	Zentrale Parteikontrollkommission
ZS	Zentralsekretariat

Bildnachweis

Stiftung Archiv der Parteien und Massenorganisationen der DDR im Bundes-
  archiv, Berlin: S. 18: Y 1-1324/75; S. 34: Y 1-1319/75; S. 48: Y 1-PHS
  222/75; S. 52: Y 1-PHS 224/75; S. 65: Y 1-PHS 16/74; S. 76: Y 1-PHS
  243/75; S. 85: NL 36/674, Bl. 67; S. 102: Y 1-PHS 243/75; S. 109:
  Y 1-1323/75; S. 118: Y 1-PHS 229/75-1; S. 119: Y 1-PHS 731/87; S. 121:
  Y 1-1322/75; S. 183: Y 1-PHS o. Nr.; S. 197: Y 1-PHS 741/87; S. 208:
  Y 1-PHS 8/74-2; S. 227: Y 1-PHS 113/75-17; S. 291: Y 1-PHS 731/87;
  S. 311: Y 1-PHS 731/87; S. 322: Y 1-PHS 731/87; S. 324/325: DY 30 IV
  2/4/438; S. 329 Y 1-PHS 113/75-7; S. 347: Y 1-PHS 229/75-2; S. 353:
  Y 1-PHS 223/75; S. 360: Y 1-PHS 223/75; S. 367: Y 1-PHS 113/75-12;
  S. 383: Y 1-PHS 222/75; S. 391: Y 1-PHS 115/75-1, Y 1-PHS 115/75-3,
  Y 1-PHS 115/75-2; S. 394: DY 24/13/342; S. 407: Y 1-PHS 228/75
Deutsches Historisches Museum, Berlin: S. 36, 92, 101, 113, 157, 206, 226,
  295, 300, 314
Gedenkstätte Deutscher Widerstand, Berlin: S. 81, 110
Privatarchiv Hermann Weber: S. 12, 13, 14, 28, 29, 30, 45, 55, 58, 75, 116,
  131, 132, 133, 135, 144, 148, 149, 160, 175, 180, 181, 207, 244, 245, 255,
  259, 269, 327, 337, 342, 376, 377, 378, 379, 384, 392, 395
Privatarchiv Wolfgang Leonhard: S. 94, 308
Archiv Aufbau-Verlag: S. 172
Reproduktionen aus Publikationen:
  Bilder, die lügen. Begleitbuch zur Ausstellung der Stiftung Haus der Ge-
  schichte der Bundesrepublik Deutschland. 2. Aufl. Bonn 2000: S. 107
  Frida Rubiner: Einst unglaubliche Berichte. Hrsg. Helga W. Schwarz. Ber-
  lin 1987: S. 87, 357

Personenregister

Die Namen der Parteihochschüler des 1. Zweijahreslehrgangs sind kursiv gedruckt, bei den Mitarbeitern der Parteihochschule ist die Funktion angegeben.

Abraham, Heinz (1911–1992), PHS-Lehrer 45 80 90f. 206 225 236 275 309 319 349 351 354f. 357 382

Abusch, Alexander (1902–1982) 364f.

Acheson, Dean (1893–1971) 307

Ackermann, Anton (1905–1973) 11 39f. 46 60–64 66f. 76 150 154 162 166f. 173 177 195 210 215f. 230f. 243 251f. 257 267 276 279 308 311 331 349 352 359 368

Adenauer, Konrad (1876–1967) 366

Adler, Max (1873–1937) 126

Alapi, Gyula (1911–1976) 280

Albin, Felix s. Hager, Kurt

Aldebaran s. Thalheimer, August

Allende, Salvador (1908–1973) 293

Andersen Nexö, Martin (1869 bis 1954) 206

Andrejew, A. A. (1895–1971) 200

Angenfort, Jupp (1924) 394

Arnold, Wilhelm (1908–1992) 168 218f. 311 351 354 359 401

Arp, Hans (1887–1966) 127

Avenarius, Richard (1843–1896) 237

Axen, Hermann (1916–1992) 32 375

Babelotzki, Hans (1911–1985) 97 99 210

Baer, Maria 105

Bahro, Rudolf (1935–1997) 164 406

Bamberger, Hilde (1921–?) 152 314f. 402

Barlach, Ernst (1870–1938) 129

Baumann, Edith (1909–1973) 32

Baumann, Georg (1927) 141 168 291ff. 334 345 401ff.

Baumgarten, Arthur (1884–1966) 171

Bebel, August (1840–1913) 36 53

Becher, Johannes R. (1891–1958) 365

Beck, Hans (1909–?) 168 218 401

Becker, Georg (1921–1974) 106 232 253 283 290 326 333f. 344 354 360 372 384 401

Behrendt (1923–?) 121 123 401

Beling, Walter (1899–1988) 230

Benjamin, Hilde (1902–1989) 167

Benkwitz, Max (1889–1974) 138f.

Bergmann, Maria s. Lubisch, Jutta

Berkeley, George (1685–1753) 78

Berlit, Rüdiger (1883–1939) 25

Bernstein, Eduard (1850–1932) 79

Bialek, Robert (1915–1956) 106f. 204

Billoux, François (1903–1978) 281

Blum, Leon (1872–1950) 104

Boepple, Willy (1911–1992) 17 33f. 73f. 97ff. 175 210–214 220 267 330

Borde, Waldemar (1912–1971) 31

Bose, Karl 46f.

Brandler, Heinrich (1881–1967) 33 49 135 213

Braun, Alfred 84

Braun, Dieter (1927–?) 159

Brecht, Bertolt (1898–1956) 24 91 154f. 160 201f. 249 303 369 388

Bredel, Willi (1901–1964) 130

Broh, James (1867–?) 25

Broué, Pierre (1926) 9

Brupbacher, Fritz (1874–1945) 25

435

436

256 265 f. 270 274 ff. 279 287 290
296 309 f. 312 ff. 321 332 336 bis
339 354 360 385 ff. 390 404
Lindau, Rudolf jun. (1912–1934) 47
Lindner, Heinz (1916), PHS-Lehrer
353 f.
Lippmann, Heinz (1921–1974)
376 f. 380
Lomow, A. (1888–1939) 91
Lorenz, Marianne geb. Schaaf, verh.
Plesse, Libera, Reinke (1922 bis
1982) 161 ff. 232 326 334 402
407
Lörler, Anni (1911–?) 42 58 223
320 402
Lubisch, Jutta verh. Joos, (Berg-
mann, Maria) (1908–1994), PHS-
Lehrerin 259 354 f. 360 383
Luca, Vasile (1898–1959) 191
Lukács, Georg (1885–1971) 283
Luxemburg, Rosa (1871–1919) 26
95 135 192 235 254 265 275 365

Mach, Ernst (1838–1916) 237
Magritz, Kurt (1908–1992), PHS-
Lehrer 277 f. 283 404
Majakowski, Wladimir (1893–1930)
106 f. 130 248 f. 283
Mann, Heinrich (1871–1950) 24
104 130
Marc, Franz (1880–1916) 127 f.
Marchwitza, Hans (1890–1965) 250
Marchwitza, Hilde (1905–1993)
250
Marx, Hans (1898–?), PHS-Lehrer
356 f. 359
Marx, Karl (1818–1883) 18 26 37
54 61 65 f. 68 74 78 84 102 ff. 109
113 125 f. 140 150 f. 154 166 184
191 217 234 236 249 258 278 283
299 333 f. 349 351 f. 385 405
Masereel, Franz (1889–1972) 25
Matern, Hermann (1893–1971) 67
346
Mathis, Frida geb. Weber (1907 bis
1992) 21 123

Matthei, Paul (1907–1972), PHS-
Lehrer 119 f. 263 322 354 361
Matthias, Erich (1921–1984) 211 f.
Mauser, Winfried s. Müller, Win-
fried
Medes, Anni (1926–?) 385 390 402
407
Mehring s. Kaufmann, Werner
Mehring, Franz (1846–1919) 53
Meier, Herbert s. Mies, Herbert
Meier, Otto (1889–1962) 39 46
101 f. 154 184
Melis, Ernst (1909), PHS-Lehrer
198 ff. 214 222 255 275 293 310
353 f. 386 404
Menke, Hans-Joachim, PHS-Lehrer
156 167
Merker, Paul (1894–1969) 67 230
279 389 f.
Meyer, Ernst (1887–1930) 49 254
Meyer-Leviné, Rosa (1890–1979)
351
Mickin, Hans (1908–1981), PHS-
Parteisekretär 289 312 ff. 321
323 336 339 345 357 386
Mielke, Erich, (1907–2000) 297
Mies, Herbert (Meier) (1929) 11 14
16 f. 23 27 54 89 96 f. 99 112
117 f. 127 154 183 200 208–211
215 231 245 247 253 256 276 287
296 323 330 345 363 373 390
392 f. 402 f.
Mikojan, Anastas (1895–1978) 79
Milde, Günter (1926–?) 165 218
297 336 340 401
Minster, Karl (1873–1942) 254
Möhring, Hermann (1900–1986),
PHS-Angest. 50 263–266 309
404
Morgenstern, Helene (1912) 223
320 402
Mühsam, Erich (1878–1934) 25
Müller, Erwin (1916–1950) 381 390
402
Müller, Gerda verh. Weißig (1921)
34 337 401

440

Müller, Gustav (Gustl) (1905–?) 17
Müller, Helmut (1919–?) 30
Müller, Herbert (1900–1994) 33
Müller, Herbert jun. (1924) 31 33
Müller, Kurt (1903–1990) 172
175 ff. 177 205 364
Müller, Winfried (Mauser) 209
Münzenberg, Willi (1889–1940) 131

Nasarow, P. F. (1903–?) 104 ff. 173
Nathan, Sonja verh. Wichert (1927)
121 207 f. 339 401 403
Nau, Hermann (1927) 16 30
Nehmer, Heinz (1912) 112 291 ff.
297 337 345 402
Nelken, Peter (1919–1966) 376
Nerlinger, Oskar (1893–1969)
129
Neukranz, Gerhard (1924–1969) 34
292 296 316 318 ff. 326 333 f. 385
401 403
Neumann, Heinz (1902–1937) 27
175
Nimtz, Walter (1913–2000) 344
353 f. 401
Norden, Albert (1904–1982) 362 f.
Nuschke, Otto (1883–1957) 184

Ochab, Edward (1906–1989) 281
Oelßner, Alfred (1879–1962) 63
Oelßner, Fred (1903–1977) 51 60
62 ff. 66 f. 120 150 167 224 230 f.
258 260 275 295 310 331 368 402
405
Ollenhauer, Erich (1901–1963) 193
Olschewski, Hans (1928) 344 f. 355
357 360 401

Passarge, Walter (1898–1958) 128
Paterna, Erich (1897–1982), PHS-
Dekan 17 ff. 34 47 115 150 192
194 f. 218 288 f. 298 314 329 353
359 f. 382 f. 404
Pauker, Ana (1893–1960) 191
Pfemfert, Franz (1879–1954) 24 56
88

Picasso, Pablo (1881–1973) 127 f.
201 293
»Picasso« s. Stauf, Günter
Pichler, Kurt 121 124 316 319 402
Pieck, Wilhelm (1876–1960) 38
63–67 83 ff. 101 f. 134 ff. 150 165
173 f. 177 191 195 216 f. 254 f.
257 262 264 275 f. 278 f. 283 309
313 367–371 405
Pinzke (?–1950) 195 f.
Pisker, Anni verh. Krüger (1921)
336 402
Plechanow, Georgi (1856–1918) 78
103 237
Pleß, Philipp (1906–1973) 110
Plesse, Werner 163
Popow, N. 79 351
Prill, Hannelore verh. Arnold (1924
bis ?) 219 336 401
Prokop, Siegfried (1940)
Puls, Paul Heinrich (1918–1975),
PHS-Lehrer 355 357 359
Pürschel, Karl, PHS-Lehrer 34 45
58 289 f. 336
Pürschel, Ruth s. Heinrich, Ruth

Radek, Karl (1885–1940) 26 200
255 286
Rajk, László (1909–1949) 280 351
366
Rau, Heinrich (1899–1961) 373
Reed, John (1887–1920) 315 f.
350
Reich, Wilhelm (1897–1957) 58
Reimann, Max (1898–1977) 175 ff.
376 f.
Reimann, Paul (1902–1976) 283
Reimer, Erich 105
Renger, Annemarie (1919) 370
Rennor, Elise s. Seehof, Li
Rihm, Wilhelm (Willi) (1908–1972)
33 73 97 f. 110 210 212 f.
Ritter, Jakob (1886–1951) 17 33 f.
73 f. 82 97 ff. 210 220 267
Ritter, Jakob jun. (1914–1991) 97
Rivera, Diego (1886–1957) 303

Röder, Bernhard (1897–1933) 143
Roland, Joachim (Jochen) (1928–?) 57 111 121 401
Rosenkranz, Gerhard (1920–1996), PHS-Lehrer 356f. 359
Rosenkranz, Helga (1927–?) 159
Rossmann, Felix (1904–?), PHS-Lehrer 87 150 206 289 295 353f. 359f. 372
Rost, Nico (1896–1967) 248
Rubiner, Frida geb. Ichak (1879 bis 1952), PHS-Dekanin 47 86–91 115 120 162 194f. 225 255 264 329 357 360 387f. 404
Rubiner, Ludwig (1882–1920) 25 88
Rudjak, Ljubow verh. Grüttner (1887 bis 1974) 161
Rudolph, Hermann (1939) 247
Rüffler, Alice (1914–1989), PHS-Angest. 323
Rüffler, Bruno (1912–1991), PHS-Lehrer 45 150 321 332 353 355 357 359f.
Rühle, Otto (1874–1943), 25 254
Rykow, Alexej (1881–1938) 80 90

Salm, Fritz (1913–1983) 212
Salomon, Hans Jürgen (1929–?) 159
Sandberg, Herbert (1908–1991) 133f. 268
Sandring, Walter (1928–?) 71 111 121 401
Sartre, Jean-Paul (1905–1980) 251f. 268
Sayers, Michael 350f.
Schäfer, Erich (1912–1980) 237f. 262 295 320 342 345ff. 384 390 401
Schäfer-Ast, Albert (1890–1951) 160
Schafranek, Hans (1951) 187
Scharch, Werner (1912–1990) 151 214f. 259 336 402f.
Scharf, Gottfried (Götz) (1924 bis 1990), PHS-Lehrer 167 290f. 294 296 312 317 322

Schedlich, Reinhold (1909–1950), PHS-Bibliothekar 81f.
Scheele, Günter (1905–1982) 224
Scheffler, Felix (1915–1986), PHS-Direktionssekretär 182f. 404
Schehr, John, (1896–1934) 49
Schekelinski, Franz (1921–?) 58 111 401
Schiller, Friedrich (1759–1805) 103
Schirdewan, Karl (1907–1998) 363f.
Schlapnikow, Alexander (1884 bis 1937) 91
Schlef, Lucy (1914–?) 34 121 208 253 401
Schmidt, Elli (1908–1980) 67 101f. 376 392
Schmidt, Kaspar s. Stirner, Max
Schmidt, Maria 148f.
S*chneider, Ernst* (1905–1970) 70f. 73 110 121f. 156–159 174 190 219f. 231 237f. 263 316 318 320 322 343 402
Scholochow, Michail (1905–1984) 130
Scholz, Horst (1925–?) 385 402
Schörnig, Fritz (1909–1998) 141 157ff. 183 185 206 223 243 261f. 297f. 317f. 320 333f. 337 351 386 401
Schörnig, Waltraud (Traudl), PHS-Angest. 158 253
Schreck, Paul (1892–1948) 138f.
Schreiner, Albert (1892–1979) 254
Schrickel, Klaus (1922) 229f. 332 352
Schubert, Johannes (1909–1991) 284 320 386 402
Schulze, Fritz (1911–1975) 34 58 165f. 173f. 189f. 219–223 231 233 237ff. 251 263 290 315ff. 318 320 322 335 340 343 345 390 402
Schumacher, Kurt (1895–1952) 18 83 104 134 193 348

Literarische Spaziergänge mit Büchern und Autoren

STREIFZÜGE
MIT
BÜCHERN UND
AUTOREN

aufbau
VERLAGSGRUPPE

Neue Promenade

13 | WINTER 2001/2002

Sebastian
HAFFNER
Die erste Biographie des
»Historikers wider Willen«

Boris
AKUNIN
Ein neuer Serienheld ermittelt
im Dienste Seiner Majestät

Susann
COKAL
Donna W. Cross, die Autorin
der »Päpstin«, über eine Frau,
die Geschichte schreibt

Kleiner Mann, ganz groß?
Dem deutschen Mimen
zum 100. Geburtstag.
Von Michael Verhoeven

HEINZ RÜHMANN

Das Kundenmagazin der Aufbau Verlagsgruppe
Kostenlos in Ihrer Buchhandlung

Aufbau-Verlag   Rütten & Loening   Aufbau Taschenbuch Verlag   Gustav Kiepenheuer   Der >Audio< Verlag

Oder direkt: Aufbau-Verlag, Postfach 193, 10105 Berlin
e-Mail: marketing@aufbau-verlag.de
www.aufbau-verlag.de